생각
박물관

2011년 4월 5일 초판 1쇄 인쇄
2012년 4월 15일 초판 2쇄 발행

지은이 ┃ 박영규
펴낸이 ┃ 이종춘
펴낸곳 ┃ BM 성안당

주   소 ┃ 경기도 파주시 문발로 112
전   화 ┃ (031) 955-0511
팩   스 ┃ (031) 955-0510
등   록 ┃ 1973. 2. 1 제 13-12호
홈페이지 ┃ www.cyber.co.kr

ISBN 978-89-315-7511-8 (03100)
정가 25,000원

이 책을 만든 사람들
주간 ┃ 이호준
북디자인 ┃ 김희정
제작 ┃ 구본철

생각 박물관

동서양 철학자
100인의
생각 세계

박영규 지음

BM 책문

차례

제2부 고대 서양의 자연 철학과 인간 철학

제3부 동양의 불교 철학과 서양의 기독교 철학

25년 동안의 철학적 족적을 돌아보며

문학! 역사! 철학!

문·사·철(文·史·哲), 내 인생에서 이 세 가지만 놓지 않는다면 더 이상 바랄 것이 없다. 그렇다고 대단한 작가나 학자로 살겠다는 것도 아니다. 그저 문학도나 사학도, 그리고 철학도로 남을 수만 있다면 만족한다.

20대 이후로 나는 늘 이런 마음으로 살아 왔다. 그리고 그 마음이 결국 나를 책을 써서 먹고 사는 인생으로 만들었다. 문·사·철을 놓지 않고 택할 수 있는 유일한 직업이 글쟁이밖에 없었기 때문이다.

문·사·철, 그 중에서도 철학! 무엇 때문에 이 단어에 그토록 매력을 느꼈는지 지금 생각해도 알 수가 없다. 스물한 살 무렵, 처음으로 철학책을 접했을 때 느꼈던 그 뜨거움은 지금도 생생하게 기억할 수 있다. 전공인 독일문학보다 더 열정적으로 수북하게 쌓아 놓고 마구잡이로 읽어대던 책들, 물론 서양 철학책이었다. 그때만 하더라도 동양 철학은 그저 조선을 몰락시킨 폐품 정도로 생각하던 시절이었다.

그때 나를 처음으로 매료시킨 인물은 플라톤이었다. 서양 철학은 이미 플라톤에서 완성되었다. 나는 그렇게 떠벌이고 다녔다. 하지만 그가 가장 미워한 제자 아리스토텔레스 역시 매력적인 인물이었다. 플라톤이 서양 철학의 체계를 완성했다면 아리스토텔레스는 보다 정교하게 다듬고, 세련되게 만들었다고나 할까.

그 뒤 서양 학문은 플라톤과 아리스토텔레스를 빼고는 말할 수 없게 되었다. 그들의 토대 위에 나는 아우구스티누스와 토마스 아퀴나스를 읽었고, 데카르트와 칸트를 읽었다. 물론 로크와 흄도 마찬가지였다.

그러다가 다시 나를 사로잡은 이는 헤르만 헤세와 프란츠 카프카였다. 그렇게 나는 문학 속에서 또 다른 철학을 만났다. 이어서 카뮈와 사르트르, 그들로부터 문학과 철학이 결코 둘이 아니라는 사실을 깨달았다.

행복하게도 나는 그때 아놀드 조셉 토인비의 『역사의 연구』에 빠져 살았다. 토인비를 만나면서 비로소 문·사·철이 하나라는 생각을 하게 되었다. 그 뒤 역사에 대한 탐독은 서양에서 동양으로 이어졌고, 결국 한국사로 연결되었다. 또한 『조선왕조실록』을 파고들다가 거기서 동양 철학을 만났다. 불가와 유가로부터 도가와 묵가, 음양가와 명가, 그리고 법가에 이르기까지 동양학의 바다에 빠져 허우적거렸다. 그러면서 나는 동서양 철학을 하나로 묶어보고 싶다는 열망을 키웠다. 『생각 박물관』은 그 열망의 작은 결실이 아닐까 싶다.

이 책은 철학이라는 바다에 무모하게 뛰어들어 개헤엄을 친 끝에 간신히 살아 나온 나의 지난 25년간의 철학도 생활의 족적이다. 그런 만큼 내용이 허술하고 생각이 정밀하지 못한 것은 당연하다. 수영을 배워 본 사람이라면 누구나 알고 있듯이 개헤엄의 한계는 명백하기 때문이다. 하지만 개헤엄에도 깨달음은 있는 법이다. 그 깨달음이 나처럼 무모하게 철학의 바다로 뛰어든 개헤엄 철학도들에게는 작은 길잡이가 될 수도 있지 않을까 싶다.

이 책은 총 5부로 구성되어 있다.

제1부는 고대 중국 철학이다. 춘추전국시대의 백가쟁명 중에서는 도가, 유가, 묵가, 명가, 법가를 다뤘다. 특히 도가와 유가는 상고대로부터 노자와 공자를 거쳐 장자와 순자에 이르기까지 비교적 상세하게 다루었다.

제2부는 고대 서양 철학이다. 탈레스로부터 비롯된 고대 이오니아의 자연 철학자들을 시작으로 아테네의 소크라테스, 플라톤, 아리스토텔레스를 거쳐 헬레니즘시대의 디오게네스와 플로티노스 등 15명의 고대 철학자들을 다뤘다.

제1부와 제2부를 이렇게 구성한 것은 고대 동서양 철학을 비교하는 재미를 주고 싶어서였다.

제3부는 동양의 불교 철학과 서양의 기독교 철학을 하나로 묶었다. 또 불교 철학은 선 철학을 중심으로 다시 중국 불교와 한국 불교로 장을 나눴다. 그래서 중국 선 철학, 한국 선 철학, 그리고 기독교 철학 등 3장으로 분류했다.

이 때문에 제3부에서는 동서양의 종교적 색채를 대비시켜 보는 재미를 느낄 수 있다.

제4부의 제목은 이성에 눈 뜬 동서양 철학인데, 서양 부분에서는 경험주의와 관념주의를 다뤘고 동양에 와서는 성리학과 양명학을 다뤘다. 제4부는 전혀 다를 줄 알았던 동서양 철학이 얼마나 유사한 길을 걸어왔는지 확인하는 시간이 될 것이다.

제5부는 19세기와 20세기의 서양 철학을 정리했다. 이 두 세기는 '서양의 세기'라고 해도 과언이 아니다. 때문에 철학도 서양 철학이 주류가 될 수밖에 없다는 생각에 '근현대를 이끌어낸 새로운 철학'이라는 제목을 붙였다. 이 시대의

철학은 사실 동서양이 따로 없다. 말하자면 동양이 서양에 동화된 시대라고나 할까.

부록으로 '박영규의 생각 자료실 20제'를 덧붙인다. 짧고 간단한 내용이지만, 생활철학도로서 그동안의 연구와 생각을 많은 고민 끝에 정리한 것이기에 이 20제가 독자에게 조금이나마 도움이 되길 바란다.

철학도로서의 지난 삶을 돌이켜보면 20대부터 30대 중반까지는 서양 철학에, 그리고 30대 중반부터 40대 중반까지는 동양 철학에 몰두했던 것 같다. 그 열매로 얻은 졸저가 부디 청년들의 막걸리 판에 안줏거리라도 되길 바랄 뿐이다.

2011년 신묘년
박영규

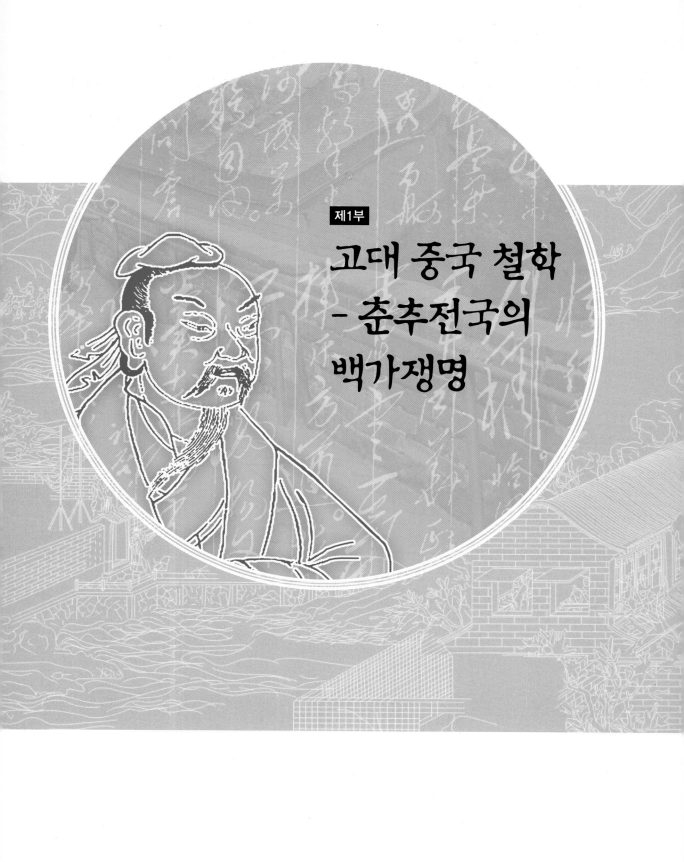

제1부

고대 중국 철학
– 춘추전국의
백가쟁명

1장

도가
노자의 스승들로
부터 장자까지

■■ 우주적 삶을 추구한 도가

도가(道家) 사상은 춘추전국시대에 유행한 대표적인 학문 중 하나로서 흔히 노장 사상이라고 불린다.

춘추전국시대란 공구(孔丘, 공자)가 지은 노나라 역사서 『춘추(春秋)』와 유향(劉向)이 지은 것으로 알려진 『전국책(戰國策)』에 기록된 시대를 합쳐서 부르는 용어로서, 왕조로는 주왕조의 동주시대와 거의 일치한다.(『전국책』이 유향의 저작이라는 것에 대해서는 논란의 여지가 많다.)

춘추전국시대는 혼란기였지만, 그 혼란은 다양한 학문의 발전과 수많은 사상가들을 낳았다. 그들은 힘을 키우기 위해 집단을 형성했고, 또한 어떤 형태로든 정치적 영향력을 행사하기 위해 안간힘을 썼다. 그들은 자신의 출생지와 상관없이 자신의 사상을 받아 주는 군주가 있으면 몸을 의탁했고, 또 스스로 군주들을 찾아다니면서 사상을 현실에 적용하려고 애썼다. 이를 두고 백가쟁명이라 하며, 그 백가의 중심에는 도가 사상이 있었다.

도가의 학문은 원래 세상에서 벗어나 숨어 살던 은자(隱者)들로부터 비롯됐다. 도가의 대표자라고 할 수 있는 노자와 장자는 모두 은자였다. 때문에 그들은 세상의 권력이나 관심으로부터 철저히 멀어지는 것을 추구했다. 하지만 그들은 불교의 승려들과는 달리 범인들과 함께 살면서 조용히 도를 추구했다.

이러한 도가의 전통은 대개 요임금 시절의 허유로부터 시작된 것으로 전해지고 있다. 물론 허유 이전에도 도가적 삶을 추구하던 사람들은 있었지만 허유의 세계관에는 미치지 못했다. 허유는 우주적 시각으로 삶을 바라보았고, 그것은 인간을 우주의 먼지와 같은 미미한 존재로 인식시키는 데 성공했다.

허유의 이런 인식은 은자들을 통해 이어져 노자에 이르러 체계화되었다. 도가의 사상이 노장 사상이라 불리는 이유는, 노자 때에 체계화되어 장자에 이르러 이론이 확대되고 완성되었기 때문이다.

노자는 초나라 고현 여향 곡인리 사람으로 성은 이(李)씨고 이름은 이(耳)며, 자는 담(聃)이다. 그의 직업은 주나라 수장실 사(史)였다. 요즘 직업으로 하자면 국립중앙도서관 사서에 해당한다.

사람들은 그를 노자(老子)라고 불렀는데, 이씨 성을 쓰는 그를 왜 이자(李子)가 아닌 노자라고 불렀는지는 정확하게 알려져 있지 않다. 일설에는 그가 아주 오래 살았기 때문에, 혹은 그가 늙은 나이에 학문을 펼쳤기 때문에 그렇게 불렀다는 말도 있다. 또 그를 높이고 존경하는 의미에서 노자라고 불렀다는 말도 있고, 태어나기 전에 어머니 뱃속에 무려 72년간이나 있다가 늙은 상태로 태어났기 때문이라는 말도 있다. 하지만 대개 노자라는 말은 '나이 많은 선생'을 의미한다.

그가 구체적으로 어떻게 자신의 학문을 설파했는지도 사실 제대로 알려지지 않았다. 『장자』의 기록 일부에서 그의 행적이 조금 드러나 있으나 그 내용이 사실을 옮긴 것인지는 불분명하다. 그에 대해 가장 분명하게 말할 수 있는 것은 『도덕경』이라는 책을 남겼다는 사실이다.

그가 『도덕경』을 남기게 된 배경은 『사기』에 수록되어 있다. 그를 존경하고 따르던 인물 중에 윤희(尹喜)라는 사람이 있었는데, 그는 관문을 지키는 수문장이었다. 그는 노자가 주나라를 떠나기 위해 함곡관을 지날 때, 이렇게 부탁했다.

"선생께서 이제 은둔하려 하시니, 가르침을 남겨 주실 수 없겠는지요."

그 말을 듣고 노자가 책을 한 권 지어 주고 떠났는데, 그것이 『도덕경』이다. 그 뒤, 그가 어디서 어떻게 살다 죽었는지 정확하게 알려져 있지 않다.

이때 그가 남긴 『도덕경』은 총 2,000여 자로 이뤄진 것인데, 현재 죽간본으로 남아 있다. 이후 도덕경은 여러 차례 가필되어 총 5,000자가 넘는 형태로 남아 있는데, 사마천의 『사기』에 언급된 『도덕경』은 5,000여 자로 된 것이다. 노자는 『도덕경』을 남김으로써 도가적 가치관을 학문적으로 정립시키는 기반을 제공했고, 그것은 많은 왕들과 정치가들에게 회초리가 되었다. 이렇듯 노자의 사상은 다분히 정치적 색채를 띠고 있었다.

노자 이후 도가의 맥은 열자로 이어진다. 그에 이르면 도가적 풍취는 다소 환상적이고 신비한 색채를 띠게 된다. 노자가 품었던 현실세계에 대한 비판적 시각은 사라지고 도술적인 신비주의에 휩싸이게 된 것이다. 때문에 열자가 활동한 시점의 도가는 다소 비현실적이고 환상적인 정신세계에 매몰되었다.

하지만 장자에 이르러 초기 도가의 면모가 되살아난다. 장자는 자연과 합일되는 삶을 목표로 도를 추구하였고, 이는 곧 인간세상에서 벗어난 우주적 초월자로서의 삶을 염원하는 형태로 드러난다.

장자(莊子)는 노자보다 약 200년 뒤의 인물인데, 서기전 369년에서 290년 사이에 살았던 인물이다. 그는 송나라 출신이며, 성은 장(莊), 이름은 주(周), 자는 자휴(子休)이다. 그는 당시에 유행했던 유가와 묵가를 비판하고 도가 사상을 집대성하여 『장자』라는 책을 남겼다.

『장자』는 「내편」 7편, 「외편」 15편, 「잡편」 11편으로 되어 있는데, 그 중 「내편」 7편만이 장자가 저술한 것이고, 나머지는 제자들이 덧붙인 것이다.

『장자』에서 그는 유가를 창시한 공자를 노골적으로 비판하고 있으며, 유가 사상의 어리석음에 대해서도 여러 우화를 통해 통렬하게 조소하고 있다. 『장자』 「잡편」에는 그의 임종 장면이 나오는데, 그 내용이 그의 사상을 단면적으로 보여 주고 있어서 여기에 옮긴다.

장자는 제자들이 자신의 장례를 후하게 지내려 하자 이렇게 말했다.

"하늘과 땅이 곧 내 관이요, 해와 달이 내 그릇이요, 별들이 내 구슬이요, 만물이 나를 받아들이니 어찌 내가 장례 도구를 갖추지 못했다 하겠는가?"

제자들이 말했다.

"저희들은 까마귀와 솔개가 선생을 먹을까 두렵습니다."

장자가 말했다.

"땅 위에 있으면 까마귀와 솔개의 밥이 될 것이고, 땅 아래에 있으면 땅강아지와 개미의 밥이 될 것이다. 이것이 무슨 문제인가?"

장자는 자연의 법칙에 순응하는 것이 곧 도를 아는 것이고, 그것은 인위적으로 얻을 수 있는 것이 아니라고 가르쳤다. 이렇게 장자는 크고 넓은 우주적 삶을 추구했다. 따라서 그의 눈에는 세상의 욕심에 매달려 권력과 명예를 위해 아등바등 사는 유가들의 삶과 학문이 한심스럽게 여겨질 수밖에 없었다.

노자의 스승들

도가를 대표하는 인물은 단연 노자다. 하지만 노자가 도가의 창시자는 아니다. 노자가 비록 천지를 스승으로 삼아 삶의 가치관을 확립했다고는 하나 그에게도 스승들이 없는 것은 아니었다. 그는 주나라 수장실의 사서로 지내면서 수많은 책들을 섭렵하였고, 그 책들 속에서 여러 스승들을 만났을 것이기 때문이다. 그러나 노자 스스로 자신의 스승에 대해 말한 적이 없고, 『도덕경』에도 그 흔적이 없다. 다만 『도덕경』의 사상을 확대하여 재생산한 『장자』, 은둔자들의 삶을 채집하여 기록한 『고사전』을 통해 일부나마 그 존재를 확인할 수 있을 따름이다.

노자 이전에도 도가의 정신으로 살았던 여러 인물들이 있었는데, 그 중에는 노자보다 훨씬 이전의 인물들도 여럿 있다. 노자의 사상은 이들에게서 배운 것이므로 이들을 알면 노자를 보다 쉽게 이해할 수 있을 것이라 판단하여 이들의 면면을 소개한다.

천자의 자리를 마다한 허유(許由)

허유는 노자보다 약 1,800년 전인 요(堯)임금 시절의 인물로 자는 무중(武中)이며, 양성(陽城) 괴리(槐里)사람이다. 당시 나라를 다스리던 요임금의 이름은 방훈(放勛)인데, 그는 제곡(帝嚳)이 진봉씨에게서 얻은 아들이었다. 그는 제곡으로부터 왕위를 받은 후에 뛰어난 정치력과 덕망으로 태평성대를 일궜는데, 허유가 자신보다 낫다는 소리를 듣고 그에게 제위를 물려주고자 그를 찾아갔다. 『장자』에는 그때의 장면이 기술되어 있는데, 옮겨 보면 다음과 같다.

요가 천하를 허유에게 사양하며 말했다.

"해와 달이 나와 있는데, 횃불을 끄지 않는다면 그것은 빛을 발하기 어렵지 않겠소. 때를 맞춰 비가 내렸는데 물을 준다면 그것 또한 헛되지 않겠소. 선생이 천자가 되면 천하가 잘 될 것이오. 내가 다스리는 것은 스스로 생각해도 모자라오. 청컨대 천하를 맡아주오."

허유가 이에 대답하였다.

"선생이 다스리고 있고, 천하는 이미 다스려졌소. 그런데 내가 선생을 대신하면 나는 장차 명성을 좇아 행하는 존재가 될 것이오. 명성이란 실상 하찮은 것이오. 그런데 내가 그 하찮은 존재가 되어야 하겠소이까?

뱁새는 깊은 산 속에 집을 짓지만 가지 하나에 불과하고, 두더지가 황하의 물을 마셔도 배를 채우는 것에 불과하오. 돌아가시오. 내게는 천하가 아무런 소용이 없소이다.

포인(庖人, 요리사)이 비록 음식을 만들지 않더라도 시축(尸祝, 제사장)이 술통과 도마를 넘어가 그 일을 대신하지는 않는 법이오."

요임금이 자신을 한껏 낮춰 스스로를 횃불에 비유하고 허유를 해와 달에 비유하며 나라를 맡아달라고 청했으나 허유는 일고의 가치도 없는 말이라며 거절한다. 자신은 세상의 명성에 관심도 없고, 그 명성을 좇는 것은 허망한 일이라고 말한다. 거기다 요임금이 다스리는 나라를 뱁새가 둥지를 튼 가지 하나에 지나지 않고, 요임금이 누리는 지위가 기껏해야 황하의 물로 배를 채우는 두더지의 포만감에 지나지 않는 것이라고 깎아내리기까지 한다. 그러면서 요임금을 음식을 만드는 포인에 비유하고 자신을 제사를 올리는 시축에 비유하며 서로 다른 본분이 있음을 말해 준다.

허유의 이런 태도에서는 마치 공자에게 욕심을 버리고 똑바로 살라고 충고하는 노자를 보는 것 같다.

요임금은 허유에게 그토록 모욕을 당했지만, 그 뒤에 다시 허유에게 사람을 보내 임금 자리를 권했다. 당시 허유는 기산(箕山) 자락에 은거하며 농사를 짓고 있었는데, 요임금의 신하로부터 구주를 맡아달라는 말을 다시 듣게 되자, 그는 더러운 말을 들었다며 강물에 귀를 씻었다. 그때 소에게 물을 먹이려고 강가에 나왔던 소보(巢父)라는 인물이 허유에게 귀를 씻는 연유를 물었다. 허유가 그 내막을 말하자, 소보는 더럽혀진 귀를 씻은 물을 소에게 먹일 수 없다며 소를 끌고 상류 쪽으로 갔다고 한다. 허유와 더불어 소보 또한 노자의 스승으로 손색이 없는 인물이었던 것이다.

허유에 관한 이야기는 『장자』「대종사편」에도 나온다. 그 내용을 옮겨 보면 이렇다.

의이자(意而子)가 허유를 보니, 허유가 물었다.
"요는 너에게 무엇을 주었는가?"
의이자가 대답했다.
"요는 나에게 반드시 인의를 실천하고 옳고 그름을 밝히라고 했습니다."
허유가 물었다.
"너는 무엇 하러 왔느냐? 요가 이미 너에게 인의를 몸에 새기고 시비를 가리고자 코를 베었으니 장차 무엇으로 요동하며 자유롭게 변화하는 길에서 노닐 수가 있겠느냐?"
의이자가 대답했다.

"그렇지만 울타리 안에서 놀고 싶습니다."

허유가 말했다.

"그건 안 될 말이다. 장님은 눈썹과 눈과 안색의 아름다움을 알 수 없을뿐더러 푸르고 노란 옷들의 아름다움을 볼 수 없다."

의이자가 물었다.

"무장(無莊)이 자신의 아름다움을 잃고, 거량(據梁)이 자신의 힘을 잃고, 황제(黃帝)가 자신의 지혜를 잃었지만, 모두가 다시 도를 닦아 회복했다고 들었습니다. 그렇다면 저도 새겨진 먹물을 없애고, 베인 코를 다시 붙여 완전한 모습으로 선생을 따를 수 있지 않겠습니까?"

허유가 대답했다.

"아아, 알 수 없구나. 그러나 너를 위해 몇 마디 하겠다. 내가 스승으로 삼은 도는 만물을 바로 세우고도 의롭다 하지 않고, 은혜가 만세에 미치게 해도 어질다 하지 않고, 상고보다 오래되어도 늙었다 하지 않고, 하늘을 덮고 땅을 들어 무수한 형상을 새겨도 훌륭한 솜씨라 하지 않는다. 이것이 곧 노니는 곳이니라."

허유를 찾아온 의이자는 이미 요임금 아래에서 녹을 먹던 자였다. 그런 까닭에 그는 세상의 법에 따라 이마에 글자를 새기는 형벌과 코를 베는 형벌을 알고 있었고, 그것으로 마음이 더럽혀진 상태였다. 허유는 그 점을 질타하고 있다. 의이자는 허유에게 도를 배우려 하면서도 세상의 울타리를 벗어나고 싶지 않다고 말한다. 허유는 그 세상의 울타리 속에 있는 것은 장님과 같은 상태라고 대답한다. 장님이 아름다움을 보지 못하듯, 세상의 울타리 속에서는 진정한 아름다움을 알 수 없다고 가르친다. 그러자 의이자는 전설의 미인 무장과 힘의 화신 거량과 세상에 다스림의 도를 남긴 황제가 모두 한때는 울타리 속에 갇혀 참다운 아름다움을 보지 못하다가 도를 닦고 새롭게 태어난 것을 예로 들며 자신도 그들처럼 새롭게 태어날 수 없겠느냐고 묻는다.

이에 허유는 도에 대해 한마디 한다. 그리고 그 도의 세계에서 노닐면 자연스럽게 다시 태어날 수 있다고 가르친다.

허유의 가르침은 『도덕경』 2장에 이렇게 나타난다.

萬物作焉而不辭 生而不有 爲而不恃 功成而不居
만물작언이불사 생이불유 위이불시 공성이불거

비록 만물을 만든다고 해도 자랑하지 않고, 생산은 하지만 소유하지 않고, 일을 하되 뽐내지 않고, 공을 이루기는 해도 차지하지 않는다.

『도덕경』의 말들은 곧 허유의 가르침을 그대로 옮겨 적은 것에 불과하다. 그러므로 노자는 허유의 충실한 제자라고 할 수 있다.

그렇다면 허유는 누구로부터 도를 배웠는가? 그의 스승은 설결(齧缺)이란 인물이다. 설결에 대해선 『장자』「천지편」에 나온다. 내용을 옮겨 보면 이렇다.

요임금의 스승은 허유라 하고, 허유의 스승은 설결이라 하고, 설결의 스승은 왕예라 하고, 왕예의 스승은 피의라고 한다.

요임금이 허유에게 물었다.

"설결은 하늘의 짝인 천자가 될 만합니까? 저는 왕예의 힘을 빌어 그를 맞이하고 싶습니다."

허유가 대답했다.

"위험한 일이오. 천하를 위태롭게 할 것이오. 설결의 사람됨은 총명하고 밝아 말을 잘하고 재빠르며, 그 성품이 남보다 뛰어납니다. 또한 사람의 지혜로 하늘을 받아들이려 합니다. 그는 허물을 살펴 금할 줄은 알지만, 그 잘못이 생긴 연유는 모르고 있소. 하늘의 짝이니 천자가 되게 한다면 그는 또한 인간의 지혜로써 하늘을 무시할 것이오. 자기를 근본으로 삼아 다른 것을 차별하려 할 것이고, 또 지혜를 존중하여 불길처럼 치닫고, 세상의 자질구레한 일의 노예가 될 것이며, 사물에 속박당하고, 사방을 돌아보면 만물이 자신의 뜻에 맞게 움직이게 할 것이며, 무리의 편의에 응하기 바쁠 것이오. 그는 사물의 영향을 받아 처음부터 변함없는 마음이란 것이 없었소. 그러니 어찌 하늘의 짝인 천자가 될 수 있겠소? 일족이 있으면 조상이 있듯이 그는 뭇사람의 어른은 될 수 있을 것이오. 하지만 어른의 어른은 될 수 없을 것이오. 그의 다스림은 혼란의 근본이 되어 신하에게는 화가 되고, 천자에게는 해가 될 것이오."

허유는 설결이 비록 자신의 스승이긴 해도 그에 대해 매우 냉혹한 평가를 하고 있다. 설결이 그의 선생이기는 했으나 허유는 이미 설결보다도 훨씬 그릇이 커져 있었던 것이다. 이런 까닭에 요임금도 설결보다는 허유를 더 크게 보았다.

허유는 기산에서 생을 마감했다. 그가 죽자, 기산 꼭대기에 장사 지내고 허유산이라고 불렀다고 한다. 또 요임금은 그 묘를 찾아가 기산공신(箕山公神)이라 부르고 배향했으며, 대대로 제사를 받들도록 했다고 한다.

도의 본질을 설파한 왕예와 피의

왕예(王倪)는 설결의 스승으로 역시 요임금 시절의 인물이다. 『장자』「제물론편」에 왕예에 관한 고사가 전한다. 그 내용을 옮겨 보면 이렇다.

설결이 왕예에게 물었다.
"선생님은 만물이 똑같다는 것을 아십니까?"
왕예가 대답했다.
"내가 그것을 어떻게 알겠는가?"
"그렇다면 선생님께서는 모르신다는 사실을 알고 계십니까?"
"내가 어떻게 그것을 알겠는가?"

"그러면 만물은 알 수 없는 것입니까?"

이에 왕예는 이렇게 대답했다.

"내가 그것을 어떻게 알겠냐만 시험 삼아 말해 보겠다. 내가 안다고 하는 것이 진정 모르는 것이 아닌 줄 어떻게 알며, 내가 모른다고 하는 것이 진정 아는 것이 아닌 줄 어떻게 알겠는가? 이제 내가 시험 삼아 자네에게 물어보겠네. 사람이 습지에 거주하면 허리가 아프고 반신불수가 되는데, 미꾸라지도 그러한가? 사람이 나무에 거처하면 두려워서 벌벌 떨게 되는데, 원숭이도 그러한가? 이 셋 가운데 누가 바른 거처를 알겠는가? 사람은 가축을 먹고, 순록과 사슴은 풀을 먹으며, 지네는 뱀을 달게 먹고, 솔개와 갈까마귀는 쥐를 좋아하는데, 이 넷 가운데 누가 바른 맛을 알겠는가? 원숭이는 편저(猵狙, 원숭이와 닮았으며, 머리는 개와 닮은 전설상의 동물)로 암놈을 삼고, 순록은 사슴과 교배하며 미꾸라지는 물고기와 논다. 모장(毛嬙, 옛 미인으로 춘추시대 월왕의 애첩)과 여희(麗姬, 춘추시대 진쯥나라 헌공의 부인)는 사람들이 아름답다고 여기는 대상인데, 물고기는 그들을 보면 깊이 숨고 새들은 그들을 보면 높이 날아 도망가며, 순록과 사슴은 그들을 보면 결사적으로 도망치니, 이 넷 가운데 누가 천하의 바른 미색을 알겠는가? 내가 보건대 인의(仁義)의 근본이나 옳고 그름의 불분명함이 서로 섞여 어지러울 뿐이다. 내가 어떻게 그것을 가릴 수 있겠느냐?"

설결이 물었다.

"선생님은 이익이 되고 해가 되는 것을 가릴 수 없다고 하시는데, 지인(至人, 도를 통한 사람)은 원래 이익이 되는 것과 해가 되는 것도 모르는 것입니까?"

왕예가 대답했다.

"지인은 원래 신이다. 큰 계곡이 불에 타도 그를 뜨겁게 하지 못하고, 하수(황하)와 한수가 얼어도 그를 차게 하지 못한다. 격렬한 우레가 산을 깨뜨리고 바람이 바다를 뒤흔들어도 그를 놀라게 하지 못한다. 지인은 구름을 타고 일월을 몰아 천지 밖에서 논다. 생사도 그를 변하게 할 수 없다. 하물며 이익과 손해를 따지겠는가?"

왕예가 말하는 지인은 곧 도인이고, 그는 곧 도와 한 몸이며, 곧 신이다. 도가에서는 그렇게 믿고 있다. 그들은 사람이 도를 알면 지인이 되고, 지인은 천지 밖으로 나가 천지의 운행을 주관할 수 있다고 믿었다.

왕예는 그런 사상을 피의(被依)를 통해 알았다고 전한다. 피의는 왕예뿐만 아니라 설결도 가르쳤는데, 설결은 피의에게도 도를 물었다. 그러자 피의는 이렇게 말했다.

"만약 너의 몸을 단정히 하고 너의 시선을 오직 하나로 하면 장차 하늘의 조화가 너에게 이를 것이며, 너의 사리분별을 억제하고 너의 마음을 하나로 하면 신령의 정기가 머무르게 될 것이다. 덕은 너를 아름답게 장식하고 도는 너를 편안히 안주시킬 것이니, 너는 갓난 송아지처럼 멍하니 바라보기만 할 뿐 굳이 작위적인 일을 하려고 들지 말아라."

그러나 피의가 말을 다 맺기도 전에 설결은 잠이 들었다. 피의는 그런 설결을 보며 크게 기뻐하여 노래를 부르며 떠났다. 그리고 떠나면서 그는 이런 말을 남겼다.

"몸은 마른 해골과 같고, 마음은 불 꺼진 재와 같네. 그 진실한 앎을 참되게 하며, 작위적인 일로 자부하지 않네. 아무것도 들어있지 않은 무지의 상태로 무심히 세상사에 관여하지 않으니, 그는 어떤 사람인가?"

그러나 불행히도 설결은 잠에 빠져 그 말을 듣지 못했다. 설결은 원래부터 지혜를 구하려 한 것이지, 도를 닦고자 함이 아니었던 것이다. 그런 까닭에 제자인 허유로부터 존경을 받지 못했다.

지인(至人)의 덕을 가르친 연숙(連叔)

연숙은 순임금시대 인물로 추측되는데, 전설상으로만 전해 오는 신선 같은 존재다. 그에 관한 이야기는 『장자』에 실려 있는데, 옮겨 보면 이렇다.

견오(肩吾)가 연숙에게 물었다.

"접여(接輿)의 말을 듣고 있자면 황당하고 앞뒤가 없다는 생각이 듭니다. 나는 그 말이 놀랍고 두렵기까지 하오. 마치 황하가 끝없이 흘러간다는 식의 말 같소이다. 정말 나와는 너무 다른 세계를 가지고 있소. 그것은 도저히 사람으로서는 가까이 할 수 없는 그런 곳이오."

연숙이 물었다.

"그의 말이 어떠했습니까?"

"묘고야란 산에 신인이 사는데, 살결은 빙설 같고 부드럽기는 처녀 같다고 합디다. 곡식을 먹지 않고 바람을 호흡하며 이슬을 마시며 살고, 구름을 타고 비룡을 몰아 사해 밖에서 논답니다. 그 정신이 뭉치면 만물이 병들지 않게 되고 그해 곡식을 익힌다고 합니다. 그래서 나는 접여를 미친 사람으로 생각하고 믿지 않았소."

연숙이 말했다.

"그렇소. 장님은 색깔을 볼 수 없고, 귀머거리는 쇠북소리를 들을 수 없다고 했소. 어찌 형체에만 장님과 귀머거리가 있겠소. 정신에도 또한 그런 부류가 있소. 바로 그 말이 그대를 두고 하는 말 같소이다.

그 사람의 덕은 장차 만물을 뒤덮을 것이오. 한 세상을 어지러움에서 건진다한들 누가 천하를 위해 일할 수 있겠소? 물질이란 그런 사람을 상하게 할 수 없는 법이오. 큰 홍수가 하늘에 닿아도 빠져죽지 않고, 큰 가뭄에 쇠와 돌이 부서지고 흙과 산이 타도 타죽지 않소. 바로 그는 그 먼지와 때와 쭉정이와 겨로도 요순 같은 자들을 구워낼 수 있는 사람이오. 그대는 어찌 물질로써 일을 도모하려 하시오."

연숙이 견오를 가르치는 태도 또한 노자가 공자를 가르치는 것 같고, 허유가 요임금을 가르치는 것 같다.

연숙의 말대로라면 천하를 섬기는 사람은 만물의 현상을 초월하고 세상을 덕으로 가득 채울 수 있다. 그러나 대개의 사람들은 장님이 색깔을 구분하지 못하고 귀머거리가 소리를 듣지 못하는 것처럼 그런 세계를 모른다. 연숙이 말하는 그런 사람이 바로 노자가 말하는 도인(道人)이다. 또한 그 도인을 인정하는 연숙 또한 도인이다. 말하자면 그들은 모두 노자의 스승인 셈이다.

노자의 스승으로 알려진 상용(商容)

노자가 어떤 과정을 거쳐 학문적 성과를 이루게 되었으며, 스승이 누구인지, 또 누구의 영향을 받았는지 하는 것들에 관한 기록을 남긴 책은 별로 없다. 다만 『고사전』, 『준생팔전(遵生八牋)』등의 책에 보면 노자와 관련하여 이런 기록이 있다.

은나라 상용(商容)은 어떤 사람인지 알 수 없다. 그가 병으로 눕자, 노자가 찾아와 물었다.

"선생께서는 제자들에게 남길 교훈이 없으십니까?"

상용이 대답했다.

"자네에게 일러주겠다. 자네가 고향을 지나다가 수레에서 내리면 알게 될 것일세."

이에 노자가 말했다.

"옛 땅을 잊어버리지 말라는 말씀 아닙니까?"

그러자 다시 상용이 이렇게 말했다.

"높은 나무 밑을 지나가 보면 알게 될 걸세."

노자가 다시 응수했다.

"노인을 공경하라는 말씀이겠지요?"

상용이 입을 벌리며 물었다.

"내 혀가 아직 남아 있는가?"

"예, 남아 있습니다."

상용이 이번에는 또 이렇게 물었다.

"내 이는 남아 있는가?"

"없습니다."

그러자 상용이 다시 물었다.

"알겠는가?"

"강한 것은 없어지고 약한 것은 남게 됨을 이르시는 것 아닙니까?"

상용이 그 말에 이렇게 말했다.

"천하의 일이 다 그러하니라."

여기서 상용이 노자에게 가르친 내용은 노자 사상의 핵심이다. 부드러운 것은 강하고, 딱딱한 것은 약하다는 것이다.

도가 사상의 대명사

노자 老子

성인은 사사로운 감정이 없다

주나라 함곡관 관령으로 있던 윤희(尹喜)가 노자를 찾아가 물었다.

"선생님께서는 도(道)를 알아야 한다고 하시는데, 도대체 도라는 것이 무엇입니까?"

노자가 웃으면서 대답했다.

"도는 무(無, 없음)를 낳고, 무는 유(有, 있음)를 낳고, 유는 만물을 낳았으니, 도는 우주의 근원이라 할 만하다."

그러자 윤희가 다시 물었다.

"그렇다면 도라는 것을 모든 것의 근원이자 원리라고 해석해도 되겠습니까?"

노자가 다시 웃으면서 대답했다.

"사실 도라는 것은 뭐라고 이름 붙일 수 없는 것인데, 그것을 도라고 이름 붙인 순간 그 의미는 좁아지기도 하고 달라지기도 한다. 말하자면 도를 도라고 이름 붙이는 순간, 그 본래의 의미가 왜곡되는 것이지. 그래서 도를 어떤 문장으로 규정하려고 하는 것 자체가 도의 의미를 왜곡하는 것이야."

"하지만 모든 것에 이름이 있고, 그 이름에 따라 의미를 갖게 되는 것인데, 도라는 것도 의미를 가지려면 이름을 가질 수밖에 없지 않겠습니까?"

"물론이지. 하지만 그게 우리 인간들의 한계야. 무엇이든 이름을 붙이지 않고는 이해할 수 없다는 것이 우리 인간들의 문제야. 하지만 굳이 인간이 이름을 붙이지 않아도 도는 있는 것이고, 또 그것을 굳이 도라고 이름 붙이지 않아도 우주의 근원은 있는 것일세. 즉, 우리가 이름을 붙인 것에 얽매이지 말고 그 본래의 순수한 의미를 아는 것이 중요하다는 것이지."

윤희는 고개를 끄덕였다. 그리고 또 물었다.

"선생님, 아름다움과 추함은 어떤 관계가 있습니까?"

노자가 대답했다.

"아름다움과 추함이란 손바닥과 손등의 관계와 같다. 추함이 없다면 아름다움이란 있을 수 없고, 아름다움이 없다면 추함이 있을 수 없다. 그러므로 아름다움과 추함은 항상 같은 곳에서 공존한다. 때로는 아름다움이 추함일 수도 있고, 추함이 아름다움일 수도 있다. 늙은이의 손등은 주름지고 쪼그라져 추하게 여겨지기도 하지만, 그 손으로 자식을 키우고 농사를 짓고 불쌍한 사람을 도왔다면 아름다운 손이 아니겠는가? 또 젊은 왕비의 손바닥은 희고 곱고 부드러워 아름답게 보일 수도 있지만, 그 손으로 노비의 등을 채찍으로 치고, 약한 자를 죽이도록 지시하고, 온갖 보화를 가지기 위해 남을 상하게 했다면 그것처럼 추한 손이 또 어디 있겠는가? 이렇게 추함과 아름다움은 공존하며, 서로 보완적인 관계에 있다."

윤희가 또 물었다.

"그렇다면 좋은 군주는 어떤 사람입니까?"

노자가 대답했다.

"재주 많은 자를 떠받들지 않고, 얻기 어려운 재물을 귀하게 여기지 않고, 욕심을 불러일으키는 것을 백성에게 보여 주지 않아야 좋은 군주가 될 수 있다. 재주 많은 자를 떠받들지 않으면 서로 시기하고 질투하지 않을 것이며, 얻기 어려운 재물을 귀하게 여기지 않으면 백성들이 재물을 얻기 위해 도둑질하지 않을 것이며, 욕심을 불러일으키는 것을 보여 주지 않아야 백성들의 마음이 어지럽지 않을 것이다. 무릇 좋은 군주란 백성들의 마음을 편안하게 하는 군주이니라."

"하지만 욕심이 없다면 일하지 않을 것이며, 일하지 않으면 나라 살림이 어려워져 나라가 망하지 않겠습니까?"

그러자 노자가 웃으면서 말했다.

"욕심이 없으면 필요한 만큼만 일하고, 필요한 만큼만 일하면 나라도 필요한 만큼만 부강할 것이다. 그러면 다른 나라를 침략하지도 않을 것이며, 세금을 더 걷기 위해 백성을 고통스럽게 하지도 않을 것이다."

그 말에 윤희가 이런 말을 하였다.

"그렇다면 선생님께서 그 도리를 군주에게 전하여, 나라와 백성이 편안하도록 도와주시는 것은 어떻겠습니까?"

하지만 노자는 고개를 저으며 웃었다.

"천지는 사사로운 감정이 없으며, 성인 또한 사사로운 감정이 없어야 한다. 이는 마치 독수리들이 자기 새끼가 낭떠러지에서 떨어져도 무심히 바라보는 것과 같은 이치다."

이에 윤희가 절을 하고 노자의 제자가 되어 길을 떠났다.

이 이야기는 『도덕경』 1장, 2장, 4장, 5장의 내용을 윤희와 노자의 대화체로 꾸며 본 것이다. 원래 『도덕경』은 윤희의 부탁으로 노자가 집필한 것으로 기록되어 있다. 따라서 노자가 『도덕경』을 집필하기 전에 윤희와 노자 사이에 이런 정도의 대화가 오고가지 않았을까 짐작하여 엮어본 것이다.

이 대화들이 『도덕경』 81장의 내용을 모두 대변할 수는 없지만 대략 노자 사상의 핵심을 간추린 정도는 될 것이다.

노자는 한 사람이 아니다

노자의 사상이 후대로 전해진 것은 그가 남긴 『도덕경』 덕분이다. 그러나 『도덕경』을 논하자면 노자를 거론하지 않을 수 없지만, 실상 노자에 대한 세세한 면모를 알 만한 기록은 없다. 다만 『사기』, 『장자』, 『고사전』 등에 그의 일면을 엿볼 수 있는 내용들이 조금씩 전하고 있을 뿐이다. 하지만 이 기록들도 대개 실증적인 내용이라고 보기는 어렵다.

그나마 노자(老子)에 관한 가장 구체적이고 실증적인 기록을 남기고 있는 책은 사마천의 『사기』라 할 수 있다. 그런데 사마천은 이상하게도 노자에 관해 기록하면서 한 사람이 아닌 세 사람의 행적을 적고 있다. 말하자면 사마천이 노자라는 인물이 한 사람이 아니거나, 또는 누가 정확하게 노자인지 확신하지 못했다는 뜻이다.

사마천이 거론하고 있는 첫 번째 노자는 초나라 고현(苦縣) 여향(厲鄉) 곡인리(曲仁里) 사람으로 성은 이(李)씨고, 이름은 이(耳)며, 자는 담(聃)이다. 그래서 흔히 노담(老聃)으로 불리었다. [그런데 삼국시대의 학자 황보밀은 자신의 『고사전』에서 이이의 자가 백양(伯陽)이고 그가 초나라 사람이 아니라 진(陳)나라 사람이며, 은나라 때 태어나 주나라에서 수장실 관리를 지냈다고 쓰고 있다.]

이씨 성을 쓰는 그를 사람들이 왜 이자(李子)가 아닌 노자(老子)라고 불렀는지는 잘 알 수 없다. 그가 아주 오래 살았기 때문에 그렇게 불렀다는 말도 있고, 그가 늙은 나이에 비로소 자신의 학문을 펼쳤기 때문이라는 말도 있다. 또 그를 높이고 존경하는 의미에서 노자라고 불렀다는 말도 있지만 어느 것도 분명한 답이 되지는 못한다. 그러나 확실한 것은 노자가 성인으로 추앙받았고, 신비한 인물로 여겨졌다는 점이다. 이는 사마천의 다음 글에서도 잘 확인된다.

"노자는 인위적인 조작을 하지 않고도 사람들을 저절로 감화시켜 맑고 조용하면서도 올바른 행동을 하게 하였다."

짧은 글이지만 이 내용만으로도 노자라는 인물이 결코 범상치 않은 사람이었음을 짐작할 수 있다. 사마천은 노자에 대해 또 이렇게 쓰고 있다.

"노자는 도덕을 닦았는데, 그의 학문은 스스로 재능을 숨기고 이름을 드러내지 않는 것에 힘쓰는 그런 것이었다."

학문을 하는 자는 의당 자신의 재능을 세상에 드러내 이름을 얻고자 하지만 노자는 오히려 재능을 숨기고 이름을 드러내지 않는 것을 목표로 삼았다고 하니, 범인의 머리로는 쉽게 이해할 수 없는 신선 같은 존재로 여겨질 법하다.

그렇지만 그가 속세를 등지고 산 속에 산 것은 아니었다. 노담 이이의 직업은 주(周)나라 수장실(守藏室)의 사(史)였다. 요즘으로 말하자면 국립중앙도서관의 사서에 해당한다. 그는 오랜 세월 동안 책에 파묻혀 지내면서 온갖 학문을 접하였고, 그러면서 스스로 새로운 경지를 개척하였으며, 늙어서야 비로소 세상에 자신의 학문을 드러냈다. 그는 굳이 제자를 키우지 않았으나, 그를 만나본 사람들의 입을 통해 세상에 알려졌다. 그에 대한 소문을 들은 사람은 누구나 한 번쯤 만나보길 원했는데, 그들 중에는 윤희(尹喜)라는 인물도 있었다.

윤희는 관문을 지키는 관령(關令), 즉 수문장이었다. 그는 평소부터 노담에 대한 소문을 듣고 흠모하고 있던 중에 노자를 직접 만나는 행운을 얻게 된다. 그때 노자는 주나라를 떠나기 위해 윤희가 머물던 함곡관(函谷關)을 지나게 됐던 것이다.

노자가 주나라를 떠나던 시절은 춘추시대의 말기로서 봉건왕조를 이뤘던 주왕실은 몰락을 거듭하며 유명무실한 존재로 전락하고 있었다. 노자는 그런 현실에 회의감을 느끼며 주나라를 떠나 어딘가에 은둔하고자 했다. 그러자 윤희는 노자에게 이렇게 말했다.

"선생께서 이제 은둔하려 하신다니, 저를 위해서 가르침을 남겨 주실 수는 없겠는지요."

그 말을 듣고 노자가 책을 한 권 지어 윤희에게 주고 떠났는데, 그 책이 곧 『도덕경』이다. 이때 윤희에게 남긴 『도덕경』에 대해 사마천은 5,000여 글자로 된 것이라 쓰고 있다. (이때 노담이 윤희에게 남긴 『도덕경』은 5,000여 자의 절반에도 못 미치는 것이었다. 이에 대해서는 "『도덕경』은 하나가 아니다."에서 상세히 언급하기로 한다.)

이렇듯 노담은 『도덕경』 한 권만 남겨 놓고 어디론가 훌쩍 떠나버렸다. 그 뒤로 그가 어떻게 살다 어떻게 죽었는지에 대한 기록은 없다.

사마천은 노담 이이에 이어 또 한 명의 노자에 대한 기록을 남기고 있다. 두 번째 노자는 노래자(老萊子)로 불리던 인물인데, 그 역시 이이와 마찬가지로 초나라 사람이었다. 하지만 그는 노담과 달리 15권이나 되는 많은 저서를 남겼다고 한다. (『한서』에는 그의 책 『노래자』는 15권으로 되어 있다는 기록이 있다.)

사마천은 공자와 같은 시대에 살았던 노래자가 노자와 동일한 인물이었을 것으로 추측하고 있다. (사마천은 노자가 200여 년을 살았다고 기록하고 있는데, 이는 노자와 노래자를 동일한 인물로 보았기 때문일 것이다.)

『열녀전』 「명현전」에 보면 노래자와 그의 부인에 대한 이야기가 기록되어 있는데, 옮겨 보면 이렇다.

노래자는 초나라 사람으로 세상이 어지러워지자 속세를 피해 몽산(蒙山, 산동성 모음현 남쪽에 있는 산)의 남쪽에서 땅을 일구었다. 갈대로 담을 쌓고 쑥대로 집을 이고 나뭇가지로 침상을 만들고 시초(蓍草)로 자리를 만들었으며, 물을 마시고 콩을 먹고 산을 개간하여 씨를 뿌렸다.

어떤 사람이 초왕에게 그에 대해 이야기하자, 초왕은 수레를 몰고 노래자의 집으로 찾아들었다. 노래자는 한창 삼태기를 짜던 중이었다.

초왕이 그를 보자 말했다.

"나라 다스리는 일로 내가 선생을 번거롭게 하려 합니다."

노래자가 말했다.

"그러시지요."

초왕이 가고 난 뒤에 그의 아내가 나무를 하고 돌아와서 물었다.

"당신은 허락하셨나요?"

"그렇소."

그러자 부인은 정색을 하며 이렇게 말했다.

"내가 듣기로는 술과 고기를 먹여 주는 자는 뒤이어 채찍질을 하고 벼슬을 시켜 주는 자는 뒤이어 도끼질을 한다고 합디다. 하지만 나는 다른 사람에게 제약당하고 살 순 없습니다."

부인은 삼태기를 내던지고 떠나버렸다. 노래자도 아내를 따라갔다. 강남에 이르러 그곳에 머무르며 노래자가 말했다.

"새와 짐승의 털은 옷을 만들 수 있고, 떨어진 낟알은 먹기에 충분하구나."

노래자는 책 15권을 지어 도가의 효용을 논했는데, 아무도 그의 종국을 아는 사람이 없었다.

사마천은 이이와 노래자 외에도 또 한 명의 노자에 관한 기록을 남기고 있다. 공자가 죽은 지 129년 후에 진(秦)나라 헌공을 만난 주나라의 태사 담(儋)이 바로 그다. 때는 춘추시대가 끝나고 전국시대 중엽에 이른 시기였다. 사람들은 노자가 도덕을 닦아 목숨을 오래 보전하여 200년 가까이 살았다고 믿었는데, 그 때문에 태사 담을 노자라고 생각하는 사람이 많았던 것이다. 하지만 사마천은 태사 담을 노자라고 말하는 사람도 있고, 노자가 아니라고 말하는 사람도 있다며 명확한 입장을 취하고 있지 않다. 그러면서도 노자의 자손들에 대해서는 매우 구체적인 기록을 남기고 있다.

노자의 아들 이름은 종(宗)이고, 위(魏)나라 장군이 되어 단간(段干)에 봉읍을 받았다고 한다. 또 그의 아들은 주(注)이고, 주의 아들은 궁(宮)이며, 궁의 현손은 가(假)라고 쓰고 있다. 또 가는 한나라 효문제 시절에 벼슬을 했다고 덧붙였다. 가의 아들 해(解)는 교서왕(膠西王) 앙(仰)의 태부(太傅)가 되었는데, 교서왕이 머물던 제나라에 살았다는 것이다.

그런데 여기서 노자의 아들로 거론되고 있는 종은 전국시대 중엽의 인물이므로, 종의 아버지는 이이도 노래자도 아닌 태사 담이어야 한다. 말하자면 태사 담이 노자로 인식되고, 그 자손들이 노자의 자손들로 기록되었다는 뜻이다.

이 때문에 학계에서는 노자라는 인물은 공자보다 선배도 아니고 춘추시대 인물도 아니라고 주장한다. 그런 까닭에 그가 지은 『도덕경』도 공자가 활동하던 춘추시대 말기에 지어진 것이 아니라 공자가 죽은 뒤인 전국시대에 지어져 진나라 이후까지 내용이 보태진 것으로 생각하고 있다. 즉 실제 『도덕경』의 저자 노자는 이이나 노래자가 아닌 태사 담이며, 그가 『도덕경』을 저술한 뒤에도 그의 후예들이 내용을 가필했다는 것이다.

하지만 『도덕경』도 하나가 아니라 여러 개이고, 그 내용이 모두 다르기 때문에 『도덕경』을 저술한 사람을 반드시 한 사람이라고 말할 수도 없다. 따라서 노자라는 존재는 한 사람이 아니라 이이와 노래자, 태사 담을 모두 포함하는 개념으로 이해해야 할 것이다.

노자는 후대로 갈수록 역사적인 인물이라기보다는 신화적인 존재로 변모한다. 후한시대에 이르면 노자는 한 사람의 철학자가 아니라 신적 존재로 부상한다. 심지어 황제조차도 그를 신으로 섬기게 된다. 도교에서는 그를 인류의 구세주인 노군(老君)으로 추앙하기까지 한다.

그런 까닭에 후한시대 이후로 그에 대한 신화적인 이야기들이 많이 만들어졌다. 그가 이씨 성을 쓰게 된 것은 오얏(李)나무 아래에서 태어났기 때문이라든지, 그의 어머니가 72년간 임신하고 있다가 그를 낳았기 때문에 노자(老子)로 불리게 됐다는 말들이 모두 그런 신화의 일종이다.

어쨌든 노자는 계층을 막론하고 모든 사람들이 존경하는 인물이었다. 도가의 제자들은 물론이고, 유가나 음양가 그리고 법가의 학자들도 모두 그를 추앙했다. 그런 까닭에 후대에 이연이 세운 당 황실은 자신들이 노자의 후손이라고 하면서 노자를 황실의 선조로 섬기며 도교를 국교로 삼기까지 했던 것이다.

도덕경은 하나가 아니다

노자가 지은 것으로 알려져 있는 『도덕경』이라는 책은 상편인 '도경' 37편과 하편인 '덕경' 44편을 합쳐 81편으로 이뤄진 통행본 『도덕경』을 의미한다. 또 통행본 중에서도 삼국시대 위나라의 사상가였던 왕필(王弼)이 주를 달아 놓은 왕필본이 주종을 이룬다. 하지만 『도덕경』은 대개 왕필본으로 불리는 통행본 외에도 초간본과 백서본 등 2종이 더 있다.

통행본은 일반적으로 우리가 『도덕경』이라는 이름으로 통용하고 있는 것으로써 왕필본 이외에도 여러 본이 있다. 하지만 왕필본이 가장 널리 읽히고 있기 때문에 통행본이 곧 왕필본이라고 해도 과언이 아니다.

백서(帛書)본은 1973년 중국 장사 마왕퇴의 한나라시대 묘에서 발견된 것으로 비단에 쓰여 있다고 해서 백서본이라고 불린다.

마지막으로 초간본이 있는데, 이것은 1993년 8월에 중국 호북성 곽점촌의 초나라 무덤에서 발견된 죽간본을 지칭한다.

이 세 종류의 『도덕경』 가운데 백서본과 통행본은 체제와 분장이 다를 뿐 내용은 거의 같다. 원래 통행본이 백서본을 원본으로 삼아 재편집한 것이기에 당연하다. 그러나 초간본은 나머지 둘과 체제도 다르고, 순서도 다르고, 내용에도 큰 차이가 있다. 때문에 『도덕경』을 제대로 알려면 초간본과 통행본의 차이를 분명히 알고 넘어가야 한다.

초간본은 대나무 책으로 만들어져 있으므로 죽간(竹簡)본이라고도 하는데, 죽간본의 출토는 그야말로 『도덕경』 연구의 일대 전환을 가져왔다.

『도덕경』은 『사기』에 기록된 대로 5,000여 자로 이뤄진 것으로 알려졌으나, 죽간본은 그 절반에도 못 미치는 2,000여 자밖에 되지 않았다. 거기다 저자와 저작 연대, 내용도 모두 달랐으며, 중심 사상마저 크게 차이가 났다.

죽간본이 발굴된 무덤의 주인은 서기전 4세기에서 5세기 사이에 살았던 인물로 학자이자 동궁의 스승이었다. 만약 그가 서기전 5세기의 인물이라면 춘추시대 말기에 살았다는 뜻이다. 그렇다면 죽간본 『도덕경』은 춘추시대에 저술되었다는 뜻인데, 이는 『도덕경』이 전국시대부터 진(秦)나라 이후까지 지속적으로 가필되어 여러 필자에 의해 만들어진 책이라는 학계의 통설을 완전히 뒤집는 결과를 낳는다. 또한 『도덕경』의 최초 저자는 사마천의 『사기』에 기록된 대로 공자의 선배 노담 이이라는 사실이 증명되는 셈이다. 하지만 『사기』에서는 『도덕경』의 양이 5,000여 자라고 했으니, 사마천도 노담이 저술한 죽간본은 보지 못했다는 것을 알 수 있다. 말하자면 사마천이 본 것은 통행본의 원본이라고 할 수 있는 백서본이었던 것이다.

하지만 이런 사실은 중요하지 않다. 죽간본 『도덕경』의 발굴이 갖는 의미 가운데 무엇보다 중요한 것은, 그 문구는 유사하나 중심 사상은 백서본이나 통행본과 판이하다는 사실이다. 죽간본에는 우리가 『도덕경』의 대표적인 문장이자 핵심 사상으로 삼는 통행본의 제1장 「도가도비상도(道可道非常道)편」도 없고, 엄청난 논란거리를 제공하고 있는 4장 「도충(道沖)편」도 없으며, 『도덕경』의 첫 번째 장인 38장 「상덕부덕(上德不德)편」도 없다. 말하자면 『도덕경』의 핵심사상을 이루는 문장들이 대거 빠져 있는 셈이다.

이렇듯 통행본 『도덕경』은 초간본을 토대를 삼긴 했지만 많은 부분을 손질하고 조작하고 가필하여 그 본래 내용을 상당히 왜곡하거나 변질시킨 결과물이다. 그러므로 초간본 『도덕경』과 통행본 『도덕경』은 그 사상적 틀은 유사할지 몰라도 사상적 깊이와 세계관은 크게 다를 수 있다.

『도덕경』을 읽고 노자의 사상에 대해서 평가하기 전에 우선 초간본과 통행본의 차이를 알아야만 하는 이유가 바로 여기에 있는 것이다. 사실, 우리가 익히 알고 있는 통행본 『도덕경』은 도가 사상을 대표하는 책일 수는 있지만, 노자 이이의 사상을 있는 그대로 보여 주는 책은 아니다. 따라서 노자 이이의 사상을 알고 싶다면 통행본이 아니라 초간본을 읽어야 하고, 이이 이후 노래자와 태사 담을 포함한 도가들의 사상을 알고 싶다면 통행본을 읽어야 할 것이다.

그러나 두 책을 모두 독파한다고 하더라도 『도덕경』을 제대로 이해하는 일은 쉽지 않다. 이 책의 문장이 워낙 독특하여 주석서가 없이는 내용을 제대로 이해하기 힘든 데다, 지금껏 수도 없이 쏟아져 나온 주석서들도 해석이 제각각이기 때문이다.

주석서들의 해석이 천차만별이다 보니, 어떤 주석서를 읽느냐에 따라 『도덕경』에 대한 해석과 이해가 달라질 수 있다. 심지어 같은 『도덕경』을 읽고도 전혀 다른 이야기를 하는 경우도 허다하다. 말하자면 주석서들이 또 다른 『도덕경』을 대거 양산해 놓고 있는 셈이다. 따라서 『도덕경』의 수는 단지 통행본, 백서본, 초간본 세 가지만 있는 것이 아니라 그에 따른 주석서의 숫자만큼 된다고 보는 것이 옳을 것이다.

『도덕경』에 대한 주석서는 앞으로도 수없이 쏟아질 것이고, 그 주석들에 의해서 또 다른 노자들이 수도 없이 태어나게 될 것이다. 어쩌면 이런 현상이 『도덕경』의 진짜 매력인지도 모른다.

공자가 만난 노자

우리는 도가(道家)를 대표하는 노자와 유가(儒家)를 대표하는 공자를 전혀 별개의 사상을 가진 인물로 취급하곤 한다. 실제 역사적으로 도가와 유가는 줄곧 대립하였으며, 그들의 사상은 늘 반대 방향으로 나아간 것으로 알려져 있다.

그렇다면 도가와 유가는 왜 이렇게 앙숙이 되었을까? 그것은 처음부터 예고된 일이었을까? 이 물음에 대한 답을 얻으려면 공자와 노자의 첫 만남으로 거슬러 올라갈 필요가 있다.

『사기』「노자전」에 보면 노자와 공자의 첫 만남이 나온다. 이 글을 보면 공자는 일부러 주나라에 와서 노자를 만났고, 그에게 가르침을 구했다. 그러자 노자는 공자에게 이렇게 말한다.

"그대가 말하는 옛 성인들도 지금은 뼈다귀까지 모두 썩어 없어졌으며, 단지 남은 것은 그들의 말뿐이다. 군자가 때를 얻으면 수레를 타게 되지만, 때를 얻지 못하면 떠돌아다니게 되는 법이다. '훌륭한 장사꾼은 물건을 깊이 감춰 겉으로는 초라하게 보이게 하고, 군자는 풍성한 덕을 지녔으면서도 그 겉모습은 어리석게 보인다.' 고 들었다. 그대는 교만과 욕심, 그리고 그 잘못된 생각들을 모두 버려라. 이런 것들은 그대에게 쓸모가 없다. 내가 그대에게 할 말은 이것뿐이다."

노자의 말을 듣고 나온 공자는 제자들에게 이렇게 말했다.

"새가 날고, 고기가 헤엄치며, 짐승이 달린다는 정도는 나도 알고 있다. 달리는 것은 그물을 쳐서 잡고 헤엄치는 것은 낚싯대로 낚고 날아다니는 것은 화살을 쏘아 잡으면 된다. 그러나 용은 바람과 구름을 타고 하늘에 오른다고 하니, 나로서는 알 길이 없다. 내가 오늘 노자를 만났는데, 그는 정말 용 같은 사람이었다."

용(龍)이란 모든 생명체의 왕이요, 하늘을 주관하는 신이며, 만상의 이치를 꿰뚫은 신령스런 존재를 상징한다. 공자가 선배 노자를 그런 용 같은 존재라고 한 것을 보면, 노자는 가히 공자로서도 넘볼 수 없는 대단한 인물이었던 것만은 분명하다. 하지만 공자가 그를 용 같다고 한 말은 단순한 찬사만은 아닌 듯하다. 용이란 비록 신비롭기는 하지만 비현실적인 존재다. 공자가 노자를 그런 용에 비유했다는 것은 은근히 노자의 비현실적인 측면을 비판하고자 했음을 보여 준다. 하지만 공자는 예와 덕을 최고의 가치로 아는 사람이다. 때문에 선배 학자인 노자를 노골적으로 비판하지 않고 용에 비유한 것이다. 즉, 공자가 본 노자는 용처럼 바람이나 구름을 타고 하늘이나 날아다니면서 살아야 할 사람이었던 것이다.

하지만 근본적으로 공자는 용이란 존재를 믿지 않았다. 그는 철저한 현실주의자였고, 철저한 논리주의자였다. 그런 그에게 용 같은 사람이란 곧 말만 그럴싸하고 내용은 없는 허망한 존재일 뿐이었다. 그래서 그는 '나로서는 알 길이 없다'고 말했던 것이다. 그것은 노자가 너무 깊고 크기 때문이 아니라 너무나 모호하고 흐릿하며 비현실적이었기 때문이다.

노자가 본 공자는 지식을 팔아 밥을 빌어먹고 어리석은 젊은이들을 모아 자신의 정치적 야망을 달성하려는 권력 지향적 인간이었다. 그런 까닭에 노자는 공자가 과거에 왕으로 군림하여 제법 성군 소리를 듣던 자들의 이름을 팔아 자신의 입지를 강화하고 예와 덕이라는 이름으로 자신의 교만을 정당화시키고 있다고 지적했다. 노자는 그런 공자에게 교만과 욕심을 버리고 그릇된 행동을 그만 멈추라고 충고했다. 그러나 공자는 자신을 무섭게 꾸짖는 노자를 천상에나 살아야 할 용이라고 말함으로써 자신의 입지도 유지하고 선배에 대한 예의도 지켰다. 덕분에 공자는 남을 비방한다는 소리는 면하였다.

이렇게 노자와 공자의 노선은 현격한 차이를 보였다. 그런 차이는 『도덕경』과 『논어』의 서술 구조에서도 분명히 드러난다. 『도덕경』은 모호하고 신비로우며 여러 해석이 가능한 반면, 『논어』는 구체적이고 현실적이며 정확한 결론을 내려 준다. 또 『도덕경』의 소리는 신선의 소리를 되받아 울리는 메아리처럼 은은하고 희미하게 들리나, 『논어』의 소리는 회초리를 들고 바로 앞에서 훈계하는 엄부(嚴父)의 꾸지람처럼 분명하고 무섭게 들린다.

공자는 인생을 화두로 삼지만 노자는 우주를 화두로 삼는다. 그래서 도가들은 유가들을 시야가 좁고 욕심 사나우며 형식에만 사로잡힌 멍청이들이라고 비난하고 유가들은 도가들을 허망한 말로 사람의 마음을 어지럽히고 스스로 신선이라도 된 양 거들먹거리는 사기꾼들이라고 비난한다.

공자는 모든 희망을 사람에게 거는 반면에 노자에게 사람이란 우주의 먼지 하나에 지나지 않는다. 공자가 그토록 존경하는 요임금이나 순임금도 노자에게는 우주의 발톱에 낀 때로밖에 치부되지 않는다. 유가의 입장에서 볼 때 그런 도가의 태도는 건방지고 허무맹랑할 뿐이다.

공자는 덕 있고 재주 있는 인물을 찾아 왕위를 물려주려 했던 요임금의 현명함을 추종했지만, 노자는 요임금이 제시한 임금자리를 한마디로 거절하며 그런 권력이 모두 허망한 것이라고 했던 허유(許由)를 추종한다. 유가들은 어떻게 해서든 태평성세를 구가하려 했던 요임금을 찬양하지만 도가들은 요임금 정도는 허유에 비하면 붕새의 발톱 사이에 둥지를 튼 뱁새에 지나지 않는다고 말한다. 이렇다 보니, 그들은 결국 서로 비난전으로 치달을 수밖에 없었다.

그들의 비난전은 먼저 도가들에 의해 시작되었다. 도가들은 그들의 경전을 노골적으로 유가를 비난하는 내용들로 채우기까지 했다. 그것은 다른 사람도 아닌 유가의 성인 공자를 노골적으로 깎아내리는 것이었는데, 그 대표적인 책이 바로 『장자(莊子)』다.

다음은 『장자』 「내편」 5장 덕충부(德充符)에 나오는 내용이다.

노나라의 숙산무지란 올자(兀子)가 발뒤꿈치를 끌고 중니(공자)를 찾았다.
중니가 말했다.

"그대는 삼가지 않아 올자가 되는 화를 당했다. 이제 와서 어찌 돌이킬 것인가?"

무지가 말했다.

"내가 비록 할 바를 하지 못하고 처신을 가볍게 하여 발을 잃었으나, 내가 찾아온 것은 발보다 더 소중한 것이 있음을 알고 그것을 힘써 보전하려 함입니다. 무릇 하늘은 덮지 않는 것이 없고, 땅은 싣지 않는 것이 없습니다. 나는 선생을 천지와 같이 알았는데, 이럴 줄은 몰랐습니다."

중니가 말했다.

"내가 잘못했소. 어서 들어오십시오. 내가 들은 바를 말해드리리다."

그러나 무지는 가버렸다. 중니가 제자들에게 말했다.

"무지는 올자인데도 배움에 힘쓰고 과거의 잘못을 돌이켜 보충하려 한다. 너희는 몸이 온전하니 더욱 학문에 힘쓰라."

무지가 노담에게 말했다.

"공구(공자)가 경지에 이른 사람이 되려면 아직 멀었는데, 그 사람은 어째서 학자인 척하는 걸까요? 그 사람은 괴상한 속임수로 명성을 얻으려고 합니다. 명성이 경지에 이르는 것이 수갑이나 쇠사슬 같은 것인 줄 모르는 모양입니다."

노담이 말했다.

"그렇다면 생사를 하나로 알고, 옳고 그름이 하나인 것을 아는 사람이 그의 수갑과 쇠사슬을 풀어 주는 것이 옳지 않겠소?"

무지가 말했다.

"천형인데, 어찌 풀 수 있겠습니까?"

이 이야기에 나오는 노담은 곧 초간 『노자』를 저술한 이이(李耳)이고, 중니는 곧 공구(孔丘, 공자)다. 올자(兀子)란 법을 어겨 월형(刖刑), 즉 발뒤꿈치를 잘리는 형벌을 당한 사람을 말한다. 말하자면 전과자로서 사람들에게 손가락질 당하던 부류다. 이 글은 그런 올자 중에 숙산무지(叔山無趾)라는 사람이 공자를 찾아갔다가 공자가 외모만으로 사람을 평가하는 것을 보고 발길을 돌린 이야기다.

이 글에서 쉽게 알 수 있는 것은 노자나 그의 제자들은 공자를 덜 된 인간으로 여겼다는 점이다. 그리고 공부도 제대로 되지 않은 사람이 학자인 양 거들먹거리며 사람들을 속이고 명성을 얻으려는 사기꾼 정도로 취급하고 있다.

숙산무지의 그런 한탄을 듣고 노자가 그에게 공자를 제대로 가르칠 것을 권하자, 숙산무지는 공자의 그런 행동은 천형(天刑)이기 때문에 절대 고칠 수 없을 것이라고 비아냥거리고 있다.

이 외에도 『장자』에는 공자에 관한 일화가 많다. 사실 『장자』에는 노자나 장자보다 공자가 더 많이 등장한다. 『장자』에 등장하는 공자는 비록 남의 뛰어남을 받아들이는 호인이기는 하나, 우주의 본질을 모르는 소인으로 그려져 있다. 『장자』에서는 세월을 구분할 때는 소년(小年)과 대년(大年)을 나누는데, 소년이란 좁은 세상의 햇수를 의미하고 대년이란 큰 세상의 햇수를 의미한다. 좁은 세상이란 인간이 사는 땅의 세계로서 1년이 365일로 되어 있고, 그것이 60년이 되면 1갑이 되는 곳이다. 그러나 큰 세상은 곧 우주의 세계로서 하루가 땅의 1,000년보다 길고, 1년이 수억 년이 되는 그런 곳이다.

공자는 그 둘 중에 소년의 세계는 겨우 알고 있으나 대년의 세계에 대해서는 완전히 무지한 한낱 소인(小人)에 불과하다는 것이 도가들의 생각이다. 그런 까닭에 도가들은 공자가 말하는 옳고 그름은 도를 모르게 만들고, 공자의 예와 덕은 도를 망치게 하고, 공자의 인과 의 또한 도를 해치는 것이라고 생각한다.

근원적으로 도가들은 옳고 그름이 하나이고, 선과 악이 하나이며, 앞과 뒤가 하나이고, 무와 유가 하나라고 생각한다. 따라서 옳고 그름을 나누는 것은 세상을 싸움판으로 몰아가는 것이고, 앞과 뒤를 나누는 것은 세상을 불신의 장으로 몰아가는 것이고, 무와 유를 나누는 것은 세상을 형식과 관습에 얽매이게 만들고, 선과 악으로 나누는 것은 세상을 지배와 피지배로 나누게 되는 것이다.

그런데 공자가 가르치는 것이 모두 이런 것이다. 공자는 행동을 예와 비례(非

禮)로 구분하고, 사람을 선인(善人)과 악인(惡人)으로 구분하며, 다스림을 옳고 그름으로 구분하며, 땅을 자기 나라와 남의 나라로 구분한다. 그래서 예법과 인성과 치도(治道)와 충효를 역설한다. 도가들에게는 그런 유가들의 가르침이야말로 사람들을 도(道)에서 멀어지게 만든 주범이다. 도가들의 생각이 이렇다 보니, 공자 또한 노자를 좋아할 까닭이 없다. 자신을 소인배의 괴수로 취급하고 학문을 한답시고 한낱 가소로운 속임수로 세상을 속인다고 욕하니 어찌 기분이 좋을 수 있겠는가?

하지만 공자의 미덕은 비록 자신과 다른 주장을 하더라도 그것이 이치에 합당하면 받아들였다는 점이다. 또한 공자는 자신과 뜻이 다르다고 해서 다른 무리를 비방하지도 않았으며, 자신이 모르는 세계를 말하면 오히려 그들이 더 큰 사람들이라고 말하기를 주저하지 않았다. 거기다 자신이 잘못했다고 생각하면 즉시 사과하고 배움 앞에서는 언제나 겸손했다. 이런 의미에서 보자면 공자는 비록 작은 세상을 추구했지만 마음은 넓은 편이었다.

이에 비해 노자는 어떤가? 그는 공자를 자신보다 몇 수 아래로 보았다. 또한 공자를 좁아터진 세상에서 아등바등 살아가는 한낱 소인으로 취급했다. 거기다 공자가 비록 옳은 말을 하더라도 그것은 그저 비좁은 눈으로 바라본 하찮은 생각이라고 단정하며 가르치려고만 했다. 노자에게는 배우려는 노력이나 배우는 자로서의 겸손함이 없었다. 그는 모든 것을 알고 모든 것을 몸에 익힌 것처럼 말했다. 이런 의미에서 보자면 노자는 비록 큰 세상을 추구하지만 마음은 좁아 보인다. 이것이 공자가 보는 노자였다.

노자의 후예들

도가 사상을 노장철학이라고 하는데, 이는 노자에서 비롯되어 장자에 의해 확대되고 체계화되었기 때문이다. 하지만 장자는 노자보다 200년 뒤의 인물이다. 따라서 노자에서 장자에 이르는 과정에는 여러 도가들이 있었다. 도가 사상의 이해를 돕기 위해 노자 이후로부터 장자에 이르기까지 도가를 빛낸 인물들을 정리해 본다.

노자에게 도덕경을 쓰게 한 윤희(尹喜)

노자의 제자로 거론될 수 있는 첫 번째 인물은 주나라 함곡관의 관령으로 있었던 윤희다. 그는 주나라를 떠나는 노자에게 자신을 위해 글을 남겨 줄 것을 청했고, 노자는 그의 부탁을 받아들여 『도덕경』을 집필했다. 그것이 바로 2,000여 자로 된 초간본 『도덕경』이다.

『한서』「예문지」에 따르면 윤희는 『도덕경』을 읽은 뒤에 관직을 버리고 노자를 따라갔으며, 『관윤자(關尹子)』 9권을 저술한 것으로 기록되어 있다. 『여씨춘추』 「심기(審己)편」에는 관윤자에 대한 짧은 기록이 나오는데, 그 내용을 옮겨 보면 이렇다.

자열자가 어쩌다가 한 번 화살을 과녁에 적중시키고는 이 일을 관윤자에게 말했다. 그랬더니 관윤자가 이렇게 물었다.
"그대는 그대가 적중시킨 까닭을 아는가?"
자열자가 대답했다.
"모릅니다."
그러자 관윤자가 말했다.
"그렇다면 적중시켰다고 할 수 없어."
자열자가 물러나서 활쏘기 연습을 3년간 한 뒤에 다시 적중시킨 일을 관윤자에게 말했다. 관윤자가 그 말을 듣고 물었다.
"그대는 그대가 적중시킨 까닭을 아는가?"
자열자가 대답했다.
"적중된 까닭을 알겠습니다."
관윤자가 말했다.
"적중시키게 된 이치를 잘 간직하여 잃지 않도록 하라."

여기 등장하는 자열자(子列子)는 곧 장자 이전에 노자 사상을 크게 퍼뜨렸던 열자(列子)다. 말하자면 노자의 학문은 관윤자에게 사사되었고, 관윤자는 열자를 가르친 셈이다.

열자의 스승 호구자림(壺丘子林)

열자는 노자, 장자와 더불어 도가의 3대 성인으로 불리는 인물인데, 그의 스승은 호구자림이다. 호구자림이 노자의 제자라는 기록은 없으나 도가 사상을 가르친 것은 분명하므로 넓은 의미에서 노자의 제자라고 보아도 무방할 듯하다.

호구자림에 대해서는 『열자』 「천서(天瑞)편」 1장에 짧은 기록이 나온다. 이 기록에 의하면 호구자림은 평소에 거의 말을 하는 법이 없었는데, 말로써 도를 가르치는 일도 없었다. 하지만 언젠가 호구자림이 열자의 도반(道伴)인 백혼무인(伯昏瞀人)에게 한 말이 있는데, 열자가 그 내용을 제자들에게 전해줬다. 호구자림이 백혼무인에게 한 말은 다음과 같다.

생성하는 것과 생성하지 않는 것이 있고(有生不生)

변화하는 것과 변화하지 않는 것이 있다.(有化不化)

생성하지 않는 것은 생성하는 것을 낳을 수 있고(不生者能生生)

변화하지 않는 것은 변화하는 것을 변화시킬 수 있다.(不化者能化化)

생성하는 것은 생성하지 않게 할 수 없고(生者不能不生)

변화하는 것은 변화하지 않게 할 수 없다.(化者不能不化)

그러므로 항상 생성하고 항상 변화해야만 한다.(故 常生常化)

항상 생성하고 항상 변화하는 것은(常生常化者)

어떤 순간에도 생성하지 않을 수 없고 어떤 순간에도 변화하지 않을 수 없다.

(無時不生 無時不化)

음양이 그렇고 사시가 그렇다.(陰陽爾 四時爾)

생성하지 않는 것은 홀로 뭉쳐져 있고(不生者疑獨)

변화하지 않는 것은 왕복한다.(不化者往復)

왕복하는 것은 그 끝을 제대로 볼 수 없고(其際不可終)

홀로 뭉쳐져 있는 것은 그 도를 제대로 헤아릴 수가 없다.(疑獨 其道不可窮)

황제의 책에 이런 내용이 있다.(黃帝書曰)

"곡신은 죽지 않으니(谷神不死)

이를 일러 현빈이라고 하고(是謂玄牝)

현빈의 음문을(玄牝之門)

천지의 뿌리라고 일컫는다.(是謂天地之根)

면면히 이어져 있는 듯 없는 듯하지만(綿綿若存)

작용은 지치지 않는다."(用之不勤)

그러므로 만물을 생성하는 것은 생성하지 않음이고(故 生物者不生)

만물을 변화시키는 것은 변화하지 않음이다.(化物者不化)

스스로 생성하고 스스로 변화하며(自生自化)

스스로 모습을 갖추고 스스로 빛깔을 만들며(自形自色)

스스로 알고 스스로 힘쓰며(自智自力)

스스로 없어지고 스스로 자라난다.(自消自息)

이것을 생화, 형색, 지력, 소식이라고 하는 것은 틀린 것이다.

(謂之生化形色智力消息者非也)

호구자림의 말에서 생성하지 않는 것과 변화하지 않는 것은 곧 무(無)이며, 생성하고 변화하는 것은 곧 유(有)다. 그러므로 무는 유의 근본이며, 그것은 스스로 모든 것을 만들어낸다는 것이다. 이는 노자의 사상과 일치한다. 또한 여기서 인용된 "계곡신은 죽지 않는다."는 시는 통행본 『도덕경』 6장에도 있다. 그러므로 호구자림이 『노자』의 영향을 받은 인물임을 알 수 있다.

열자를 호통친 백혼무인(伯昏瞀人)

호구자림의 맥을 잇는 제자 중에는 이미 언급한 백혼무인이란 인물이 있다. 백혼무인은 열자의 사형이자 스승이다. 그에 관한 이야기 몇 가지가 『장자』에

수록되어 있는데, 『장자』「잡편」 '열어구'에 있는 내용을 옮기면 이렇다.

　열어구(列禦寇, 열자)가 제나라로 가던 도중에 돌아오다가 백혼무인을 만났다. 백혼무인이 물었다.

　"어째서 벌써 돌아오는가?"

　"놀랐습니다."

　"무엇에 놀랐느냐?"

　"제가 열 곳의 주막에서 밥을 먹었는데, 다섯 곳에서 남보다 먼저 제게 밥을 줬습니다."

　백혼무인이 물었다.

　"어째서 그것이 너를 놀라게 했단 말이냐?"

　"저보다 먼저 온 손님 중에는 노인도 있었는데, 제 풍채가 주막 주인을 위압했는지 노인을 공경하는 마음조차 잊어버리고 제게 밥을 먼저 내줬습니다. 아직까지 저는 내면을 감출 능력이 없는 모양입니다. 그러니 주인이 제게 위압감을 느끼고 노인보다도 먼저 제게 밥을 내주지 않았겠습니까? 밥집 주인이란 별다른 권력도 없고 재력도 없는 존재인데, 그런 사람조차 저를 특별히 대우하니, 하물며 임금쯤 되면 제게 어떤 생각을 가지고 접근하겠습니까? 틀림없이 제게 여러 지혜를 구하고, 중책을 맡기며 공을 세우길 바랄 것입니다. 그래서 놀란 것입니다."

　백혼무인이 말했다.

　"잘 보았다. 하지만 네가 네 자신을 완전히 버리지 못하면 사람들이 늘 너를 붙잡으려 할 것이다."

　그로부터 얼마 뒤 백혼무인이 열자를 찾아가니, 그의 집에 신발이 가득했다. 백혼무인이 지팡이에 턱을 괴고 있다가 말없이 나갔다. 손님 중 하나가 그 말을 전했더니 열자가 신을 들고 맨발로 대문까지 쫓아갔다.

　"선생님께서 어찌 약을 주지도 않고 가십니까?"

　"닥쳐라! 내 일찍이 네게 사람들이 너를 잡으려 할 것이라고 하지 않았더냐? 네가 사람들로 하여금 너를 잡도록 하지는 않았겠지만 너는 그들로 하여금 너를 잡지 않게는 하지 못했다. 너는 어찌하여 그들에게 그런 느낌을 줬느냐? 네가 이상하게 보였기 때문에 그들이 느낀 것이다. 그런 느낌은 반드시 너의 본성을 해칠 것이다. 저들의 작은 말들이 다 너를 해치는 것이다. 깨침도 없고, 깨달음도 없이 어떻게 서로 친숙하려고 드느냐? 재주를 부리는 자는 수고롭고, 지혜를 부리는 자는 근심하는 것이다. 하지만 무능을 자각하는 사람은 일체의 욕심을 부리지 않으므로 일생을 배를 채우는 것으로 만족하며, 마음 편한 생활을 즐기게 된다. 매이지 않은 배와 같이 되어야 속이 비어 마음대로 놀 수 있는 것이다."

백혼무인은 『도덕경』의 말처럼 '마음을 비우고 배를 채우라'고 가르치고 있다. 그렇게 하려면 스스로의 의지로 다른 사람을 변화시키려 하지 말라는 것이다. 또한 비록 그런 의지가 없다 하더라도 다른 사람이 자신에게 특별한 느낌조차 갖지 못하도록 하라는 것이다.

백혼무인에 관한 이야기는 『장자』「내편」'덕충부'에도 있는데, 이 기록에 따르면 그에겐 신도가(申徒嘉)와 자산(子産)이라는 제자도 있었다.

철저한 쾌락주의자 양자(陽子)

양자는 노담에게 직접 배운 제자다. 양자는 전국시대 초기의 학자 양주(陽朱)를 지칭하는데, 그는 위(魏)나라 출신으로 양자거(陽子居)라고도 불리었다. 그는 노나라와 송나라 일대에서 학문을 배우다가 패(沛)에서 노자를 만나 도가 사상을 공부한 것으로 전해진다. 하지만 그는 노자의 철학에서 일부만 받아들여 자신의 몸을 건강하게 유지하는 것이 가장 중요하다는 논리를 만들어낸다. 그래서 천하를 위하는 일이라도 내 몸의 터럭 하나라도 뽑지 않겠다는 극단적인 논리를 펴며 자기중심적인 쾌락주의를 발전시킨다.

그와 노자의 대화는 『장자』「내편」의 '응제왕(應帝王)'에 전한다. 내용을 옮겨 보면 이렇다.

양자거가 노담에게 물었다.

"빠르고 굳세며 사물을 명철하게 알고, 도를 배우기를 싫어하지 않는 사람이라면 가히 밝은 왕에 비할 수 있겠지요?"

노담이 말했다.

"그런 사람은 오히려 성인에게는 하급관리나 장인처럼 몸을 괴롭히고 마음을 두렵게 하는 자에 불과하다. 범과 표범의 무늬는 사냥꾼을 부르고 원숭이의 재빠름과 살쾡이를 잡는 개는 사슬을 부르는 법이지. 이런 사람을 밝은 왕에 비할 수 있겠는가?"

양자거가 움찔하며 물었다.

"감히 밝은 왕의 다스림을 묻겠습니다."

노담이 말했다.

"밝은 왕의 다스림은 공이 천하를 덮어도 자기로부터 비롯된 것처럼 하지 않고, 교화가 만물에 미쳐도 백성은 그것을 모른다. 하는 일이 있어도 이름을 붙일 수 없고, 만물로 하여금 스스로 기쁘게 하며, 자신은 헤아릴 수 없는 곳에 서서 소유하지 않고 노는 사람이다."

하지만 양주는 노자의 가르침을 받아들이지 않았다. 그는 오히려 노자의 비현실적인 논리를 비판하고, 노자가 그토록 찬양하는 허유의 사상도 받아들이지 않았다.

그의 변화된 사상에 대해서는 『열자』 7편 '양주'에 잘 기록되어 있다. 이 기록에서 가장 먼저 눈에 띄는 것은 그의 명예에 대한 관점이다. 그는 이 책에서 노나라 사람 맹씨로부터 명예에 대한 질문을 받고 이런 말을 한다.

"진실에는 명예가 없고, 명예에는 진실이 없다. 명예는 허위일 뿐이다. 옛날에 요임금과 순임금은 허위로 천하를 허유와 선권(善卷)에게 내놓으려고 했다. 그 덕분에 천하를 잃지 않고 제위를 100년이나 누렸다. 그러나 백이와 숙제는 고죽국 군주를 사양하였고, 그 결과 수양산에 들어가 굶어 죽었다."

양주가 이런 말을 한 것은 명예란 것이 알고 보면 진실이 아니라 꾸며낸 것이고, 때문에 진실에는 명예가 있을 수 없다는 것이다. 따라서 명예란 남에게 보이기 위한 행위에서 온 것일 뿐, 진실을 통해 얻는 것은 아니라는 뜻이다. 말하자면 그는 요순의 제의와 허유와 선권의 거절은 모두 한낱 허세에 불과했다고 비판하고 있는 것이다.

요순은 임금 자리를 내놓을 의도도 없으면서 허유와 선권에게 임금자리를 주겠다고 했는데, 이는 스스로가 덕망 있는 임금임을 드러내려는 술책이었고, 또 허유와 선권은 요순이 자신들에게 임금자리를 주지 않을 걸 뻔히 알면서도 마치 임금자리라는 것이 보잘것없어 사양하는 듯이 행동했다는 것이다. 양주는 요순뿐 아니라 허유와 선권도 알고 보면 자신의 명예를 지키기 위해 위선적인 행동을 했다고 비판한 것이다.

그는 또 인생의 쾌락에 대해 이렇게 말하고 있다.

"사람이 삶에 있어 무엇을 하고, 무엇을 즐길 것인가? 아름다운 의복과 맛있는 음식을 취할 뿐이다. 그러나 이것들도 언젠가는 싫증을 느끼게 할 것이고, 또 형벌로 금하기도 하고 상으로 권장하기도 하며, 명예나 법률에 의해 나아가기도 하고 물러서기도 한다. 부지런히 한때의 헛된 명예를 다투고, 죽은 뒤에 남는 영화를 도모하며, 몸을 움츠리고, 귀로 듣고 눈으로 보는 것을 삼가고, 마음과 몸의 바르고 그른 것을 조심한다. 하지만 그 때문에 당장의 지극한 즐거움을 잃고, 스스로 한때의 자유를 누리지 못할 뿐이다. 이런 것들이 중죄인의 구속과 무엇이 다르겠는가?"

이렇게 양주는 명예를 위해 현재의 쾌락을 참는 행위는 어리석은 짓이라고 말한다. 그는 인간이 살아 봐야 기껏 100년도 살지 못하는데, 그동안 충분히 즐겁게 살다 죽는 것이 가장 현명한 일이라고 주장하고 있는 것이다. 말하자면 그는 노자의 가르침과는 달리 철저한 현실 쾌락주의자가 되어 버렸다.

양주는 수양산에서 굶어 죽은 백이에 대해서는 날카로운 칼날을 들이대며 이렇게 말한다.

"백이는 욕심이 없었던 것이 아니다. 청렴을 너무 심하게 과시했던 것이다.

그 때문에 굶어서 죽음에 이르렀을 뿐이다."

백이가 청렴에 지나치게 매달린 것은 실상은 욕심의 발로라는 지적이다. 그는 이런 자기 학대적인 욕심은 곧 어리석음에서 비롯되며, 그 어리석음은 곧 죽은 뒤의 명예를 생각하는 것이라고 주장한다.

양주는 가장 행복할 수 있는 방법은 살아있는 동안 건강하게 부귀를 누리며 사는 것이라고 결론짓고 있다. 이를 위해 그는 의술을 발달시켜야 한다고 주장했고, 스스로 건강을 누리기 위한 여러 원칙들을 만들었다.

그가 한 다음의 말은 그의 사상을 단적으로 보여 준다.

"내가 죽고 나면 내가 존재하겠습니까? 시체를 태우는 화장을 해도 좋고, 물에 가라앉히는 수장을 해도 좋고, 땅에 묻는 매장을 해도 좋고, 바람에 썩히는 풍장을 해도 좋고, 땔나무에 싸서 깊은 구덩이에다 던져 버려도 좋습니다."

그는 죽은 뒤의 육신은 한낱 썩은 고깃덩어리에 지나지 않는다고 보았던 것이다. 때문에 그는 무슨 수를 써서라도 건강하게 오래 살면서 부귀와 명예를 만끽하는 것이 최선의 행복이라고 주장했다. 이것이 그를 쾌락주의자라고 부르는 이유다.

또한 그는 철저한 현실주의자요 현명한 선비였다. 그런 면모를 잘 보여 주는 이야기가 『열자』 「설부편」에 전하는데, 내용을 옮겨 보면 이렇다.

양주의 아우는 양포다. 그가 흰옷을 입고 나갔다가 비를 만나 흰옷을 벗고 검은 옷으로 갈아입고 돌아왔다. 그런데 자기 집 개가 주인을 알아보지 못하고 짖어대는 것이었다. 양포는 화가 나서 그 개를 때리려고 했다. 그때 양주가 만류하며 말했다.

"개를 때리지 마라. 네가 만약 네 개가 흰 개였는데 검은 개가 되어 돌아오면 어찌 괴이하게 여기지 않겠느냐?"

개란 본디 집을 지키는 동물이다. 때문에 낯선 사람이 들어오면 당연히 짖어야 한다. 양포는 나갈 때와 들어올 때 옷의 색이 달라졌기에 개로서는 당연히 다른 사람인 줄 착각했을 법하다. 때문에 자신의 직분에 충실하여 짖은 것인데, 그것을 나무라는 것은 옳은 태도가 아니라고 지적한 것이다. 양주는 이렇게 어떤 일에서든 주변 상황과 내막을 정확하게 알아야만 현실적이고 현명하게 대처할 수 있다고 가르쳤다.

사람의 수렁에 빠진 경상초(庚桑楚)와 남영추(南榮추)

경상초는 노자의 직계 제자로 초나라 사람이며, 성은 경상이고 이름은 초다. 그에 대해서는 『장자』「잡편」에 나오는데, 그 내용을 옮기면 이렇다.

노담의 제자 중에 경상초란 자가 있었다. 노담의 도 한 조각을 얻어 북으로 가서 외루산에 살았다. 하인 중에 똑똑한 자는 보내고 계집종 중에 고분고분하고 어진 여자는 멀리하여 추한 자들과 함께 살고 열심히 일하는 자들만을 부렸다. 3년을 지내자, 외루산은 풍족해졌다. 외루산 사람들이 서로 모여 이렇게 말했다.

"경상자가 처음 왔을 때 우리는 놀라고 이상하게 여겼다. 지금 우리가 하루하루를 계산하면 부족하지만 1년을 통틀어 계산해 보면 남는다. 그분은 성인이 아닐까? 우리가 그분을 시축(尸祝)으로 떠받들고 사직(社稷)으로 모시는 것이 어떻겠는가?"

경상자가 이 말을 듣고 남쪽을 향해 앉은 채 석연치 않아 하였다. 제자들이 이상하게 여기자, 경상자가 말했다.

"너희들은 왜 나를 이상하게 여기느냐? 무릇 봄기운이 나면 온갖 풀이 생기고 가을이 되면 온갖 곡식이 영근다. 무릇 봄과 가을이라 할지라도 그 이치를 얻지 않고는 그렇게 될 수 없다. 천도(天道)가 이미 그렇게 만든 것이다. 내가 듣기로 지인은 작은 방에서 조용히 살지만 백성들은 마음대로 날뛰어 오고가는 바를 모른다고 했다. 지금 외루산의 하찮은 백성들이 쓸데없이 수군대며 나를 현인으로 받들려 한다. 그렇게 된다면 나는 사람들의 표적이 될 것이다. 그것은 노자의 가르침을 받은 나를 면목 없게 만드는 것이다."

노자는 사람들의 영웅이 되거나 선생이 되는 것을 경계하라고 했다. 사람들은 자기들에게 이익이 되면 영웅을 만들고 손해가 되면 칼을 들고 죽이려 하는 까닭이다. 또한 사람들이 영웅으로 떠받들면 영웅이 되고자 하는 자의 시기를 받을 것이고, 또 나라를 다스리는 자들로부터 다투어 초청을 받을 것이다. 그것을 거절하면 다른 군주에게 갈까 봐 죽이려 할 것이고, 승낙하면 권력의 수렁에 빠지는 것이다. 군주란 원래 자기가 쓸모가 있을 때는 극진히 대접하지만 쓸모가 없어지거나 자기를 위협한다고 판단되면 가차 없이 코를 배거나 죽이는 부류들이기 때문이다.

경상초는 그 점을 염려하며 사람들이 자기를 선생으로 받들고 제사장으로 삼아 신격화하는 것을 못마땅해 했다.

그런 경상초의 제자 중에 남영추(南榮추)란 자가 있었는데, 그가 양식을 지고 노자의 거처에 갔다. 그가 노자의 거처에 이르렀을 때 노자가 물었다.

"자네는 경상초에게서 오는 길인가?"

"네, 선생님."

"그런데 어째서 저렇게 많은 사람들과 함께 왔는가?"

그 소리에 남영추가 깜짝 놀라 뒤를 돌아보았다. 하지만 아무도 없었다. 남영추가 멍하니 쳐다보자, 노자가 탄식하며 말했다.

"자네는 내가 말한 바를 모르는군."

노자는 남영추의 표정에서 이미 그가 안고 있는 고민을 읽고 있었다. 남영추는 이렇게 말했다.

"저는 제 답을 잃었습니다. 그로 인해 저의 물음도 잃었습니다."

노자가 물었다.

"그것이 무엇인가?"

남영추가 대답했다.

"알지 못하면 남들이 저를 어리석다고 하고, 알면 도리어 제 몸을 근심하게 합니다. 의롭지 못하면 남을 상하게 하고, 의로우면 도리어 저를 근심하게 합니다. 저는 어떻게 해야 이런 데서 벗어날 수 있겠습니까?"

노자가 대답했다.

"아까 자네의 미간을 보고 알고 있었네. 자네는 여러모로 마음을 쓰지만, 그것은 마치 부모를 잃은 자가 바다에서 장대로 부모의 시신을 찾는 것과 같은 것일세. 지금 자네는 돌아갈 집이 없는 사람처럼 망망하기만 할 것이네. 자네는 자네의 본성으로 돌아가려고 하지만 돌아갈 곳을 모르니 말일세. 참으로 가련하구면."

길은 결국 스스로 얻는 것이다. 누군가에게 그 답을 구하려 하면 그것은 자신의 답이 아니라 남의 답이 된다. 노자는 남영추의 그 점을 안타깝게 생각하며 탄식한 것이다.

이런 노자의 태도는 불교 선승들의 태도와 흡사하다. 그래서 고대 중국인들은 불교가 처음 들어왔을 때, 불교와 도교를 동일시하고, 석가를 노자와 동일한 인물로 이해했다. 덕분에 불교는 중국에 쉽게 뿌리를 내릴 수 있었다.

도가 사상을 보다 구체화시킨 열자(列子)

열자는 정(鄭)나라 사람이며, 성은 열씨이고 이름은 어구다. 생존 연대는『한서』를 쓴 반고의 주장에 따라 대개 서기전 450년에서 375년까지로 추정되고 있으며, 관련된 책으로『열자』8권이 현존하고 있다. 열어구에 대해서는『열자』외에도『장자』,『순자』,『한비자』,『회남자』등에 짧은 기록이 있다. 하지만 그에 대해 자세하게 정리된 전기는 없다.

열자의 학문적 특성은 그의 사상을 집대성한『열자』에 잘 나타나 있는데, 큰 틀에서는 노자와 크게 다르지 않으나 세부적인 면에서는 독특한 개성을 드러내고 있다.

『열자』는 총 8편으로 이뤄져 있는데, 이 내용들을 알면 자연스럽게 『열자』와 『도덕경』의 차이를 이해할 수 있다.

『열자』제1편인 「천서(天瑞)」에서는 우주의 운행 원리와 본질에 대해 말하고 있다. 여기서 가장 특징적인 것은 음양설이다. 열자는 천지의 도는 음과 양으로 이뤄진다고 말하고 있다. 이것은 『도덕경』 42장의 다음 내용과 맥을 같이 한다.

도에서 하나가 나오고, 하나에서 둘이 나오고, 둘에서 셋이 나오고, 셋에서 만물이 나온다. 만물은 음을 등에 지고 양을 가슴에 안고서 텅 빈 기운으로 조화를 이룬다.

이 문장에서 "도에서 나온 하나"는 곧 "태극"을 의미하고, "하나에서 나온 둘"은 곧 "음양"을 의미하며, "둘에서 나온 셋"은 "천지인 삼재"를 의미한다. 그리고 음은 만물의 감춰진 부분을 지배하고 양은 드러난 부분을 지배한다. 이를 좀 더 구체적으로 말하면 음은 밤을 지배하고 양은 낮을 지배하며, 음은 잠을 지배하고 양은 활동을 지배한다. 또 음은 여성을 지배하고 양은 남성을 지배하며, 음은 추위를 지배하고 양은 더위를 지배한다. 하지만 『도덕경』은 이를 구체적으로 서술하지 않았다. 그에 비해 『열자』는 "옛날에 성인들은 음과 양으로 천지를 다스렸다." 또는 "성인의 도는 음이 아니면 곧 양이다."라는 식으로 분명하고 직설적으로 설파한다.

또 『열자』에서는 '기(氣)'라는 표현을 등장시켜 만물에 대한 관점을 보다 분명히 한다. 『도덕경』에서는 '유(有)'라는 개념을 통해 모든 사물을 다 담고자 하지만, 열자는 '기(氣)'라는 개념을 끌어들여 사물의 개념을 구체화시킨다. 말하자면 유(有)는 개념상으로 보이거나 잡을 수 있는 물체만을 지칭하는 것으로 이해되기 십상인데, 기(氣)는 그것뿐 아니라 보이지 않거나 인간이 미처 느끼거나 잡을 수 없는 에너지까지도 포함하고 있다. 인간의 능력으로는 보거나 잡거나 느낄 수 없는 에너지는 무수히 존재한다. 노자는 그런 에너지를 유(有)의 개념이 아니라 오히려 무(無)의 개념으로 설명하려 했다. 하지만 열자의 기(氣) 개념에서는 에너지를 확연히 물질 개념에 포함시킬 수 있다. 이것은 개념의 발달에 있어서 큰 전환이 아닐 수 없다.

『열자』는 또 노자와 달리 황제(黃帝)라는 인물을 매우 중시하고 있다. 『열자』 제2편 「황제」에서는 황제라는 인물이 그저 한 사람의 권력자로 살다가 도인으로 변한 이야기를 다루고 있다. 말하자면 평범한 인간이 마음의 변화에 따라 도인이 될 수 있다는 논리를 구체화시킨 것인데, 이 때문에 『열자』는 『도덕경』에는 등장하지 않는 도술이나 신선에 대한 이야기를 많이 싣고 있다. 또한 열자 스스로 바람이나 구름을 타고 다닌다거나 사람이 도를 익히면 계절을 마음대로 움직이고 우주를 마음대로 돌아다닐 수 있다는 것을 사실처럼 기술하고 있다. 이는 『열자』가 『도덕경』보다 훨씬 신비주의에 가깝다는 사실을 의미하며, 나아가서 『도덕경』의 철학적 사유를 종교적 신앙으로 전환하려는 시도를 하고 있음을 의미한다.

이러한 시도는 제3편 「주목왕」에서 더욱 강화되어 인간이 정신적으로 다른 세계를 왕래할 수 있고, 육체에서 정신만 빠져나가 세상을 돌아다닐 수도 있다고 역설한다. 이런 도술에 관한 것은 『도덕경』에서는 찾아볼 수 없지만, 『열자』에서는 매우 구체적으로 기술되어 있다.

제4편 「중니」에서는 공자의 사상적 한계를 지적하며 비판하고 있다. 『도덕경』에서는 공자의 이름을 구체적으로 거론하지 않으면서 유가를 비판했지만, 『열자』의 분위기는 이와는 사뭇 다르다.

제5편 「탕문」에서는 상나라를 세운 탕임금의 질문을 통해 태초와 물질의 관계를 규명하는데, 원래 세상에 존재하는 것은 먼저와 나중이 없고, 처음과 끝이 없다는 점을 강조하고 있다. 이는 익히 『도덕경』에서도 거론되고 있는 바이지만, 『도덕경』은 『열자』에서처럼 구체적으로 이야기하지는 않았다. 『도덕경』이 원리만 설파한다면 『열자』는 그것을 이해시키기 위한 구체적인 스토리를 등장시키고 있는 것이다.

제6편 「역명」에서는 사람이 도를 이루면 수백 년을 살 수 있다고 하면서, 그

구체적인 인물로 팽조(彭祖)를 등장시키고 있다. 『도덕경』에서는 이런 종류의 이야기는 전혀 언급되지 않았고, 오히려 원론적인 우주 원리와 통치 원리를 전개하고 있다. 그런데 『열자』는 이런 신비주의적인 요소를 등장시켜 사람들을 현혹시키려는 의도를 드러내고 있다. 이런 경향은 열자가 실존 인물이 아니라 가상의 인물이라고 판단하는 근거가 되곤 한다. 현실적으로 인간이 팽조처럼 800년을 살 수 없는 것이 자명한데, 『열자』에서는 그런 허황된 이야기가 사실인 것처럼 서술되고 있는 까닭이다.

하지만 제7편의 「양주」에서는 전혀 다른 면을 보여 준다. 양주는 이미 언급했듯이 철저한 현실주의자이며 쾌락주의자다. 『열자』는 양주의 그런 가치관을 충분히 보여 주는 한편, 그의 사상적 한계를 보여 주고자 했다.

그리고 제8편의 「설부(說符)」에서는 여러 사람의 이야기를 통해 인간의 도의와 그 도의의 깊이에 대해서 논하고 있다. 그러면서 결국 인간의 도의라는 것도 도(道)에서 비롯된 것임을 가르친다.

『열자』에서 드러나듯 열자의 가르침은 노자에 비해 구체적이고 다양하다. 하지만 때론 구체성을 강조하다 보니, 다소 신비주의로 흐르기도 했다. 하지만 신비주의는 그 본질이 아니다. 그것은 어디까지나 도를 설명하기 위한 수단에 지나지 않는다. 따라서 『열자』의 전체적인 맥락은 노자의 노선과 큰 차이는 없다.

열자는 세상에 얽매이지 않고 스스로 신선처럼 살고자 했다. 하지만 그에게도 현실은 있었다. 그가 아무리 신선처럼 살려고 해도 인간인 이상 먹어야 했고, 가족까지 거느리고 있었기에 차가운 생존의 밭에서 일하지 않을 수 없었다. 하지만 부유함을 추구하지 않았기에 그는 늘 얼굴이 궁색하고 자태는 굶주린 모습이었다. 『장자』 「잡편」에는 그런 궁색한 모습을 하고도 의연하게 살아가는 열자의 모습이 다음과 같이 그려져 있다.

자열자가 궁해서 용모에 굶주린 빛이 역력했다. 그 모습을 보고 손님이 정나라 자양에게 말했다.

"열어구는 도가 있는 선비인데, 상공의 나라에 있으면서 저토록 궁하게 지내니, 상공이 선비를 좋아하지 않는다는 소리를 들을까 염려됩니다."

그 소리를 듣고 정자양이 곧 관에 명령하여 자열자에게 곡식을 보냈다. 자열자가 사자를 보고 두 번 절하여 사양했다. 사자가 가고, 자열자가 들어오니 아내가 그를 바라보고 가슴을 치며 말했다.

"저는 도 있는 사람의 처자는 다 편함과 즐거움을 얻는다고 들었는데, 지금 굶주리고 있습니다. 그런 차에 모처럼 재상께서 양식을 보내 줬는데, 당신은 굳이 사양하고 받지 않으니 모두 제가 박복한 탓입니까?"

열자가 웃으면서 말했다.

"그 사람은 스스로 나를 안 것이 아니고 남의 말을 듣고 내게 곡식을 줬으니, 나에게 벌을 내릴 때도 남의 말대로 할 것이오. 이것이 내가 받지 않은 까닭이오."

그 뒤 백성들은 과연 난을 일으켜 자양을 죽였다.

『열자』와 『장자』에서는 열자가 마치 신선처럼 하늘을 날아다니고 바람과 함께 사라졌다가 다시 나타나는 사람으로 그려져 있으나, 그의 참모습은 굶주렸지만 자유로운 학 같은 선비의 모습이었던 것이다.

우주적 도가 사상을 집대성한 장자

장자는 송나라 출신이고 서기전 369년부터 290년까지 살았던 인물로서 성은 장(莊)씨고 이름은 주(周), 자는 자휴(子休)다. 그는 당시에 유행했던 묵가와 유가를 비판하고 도가 사상을 집대성했으며, 그 결과물로 『장자』를 남겼다. 『장자』는 내편 7편, 외편 15편, 잡편 11편으로 구성되어 있는데, 이 중에서 내편 7편은 장자가 직접 저술한 것이고, 나머지는 그의 제자들이 덧붙인 것이다.

장자는 근본적으로 노자의 사상을 잇고 있지만, 노자와 다른 면이 없지 않다. 노자는 『도덕경』을 통해 현실적인 문제를 도가적 입장에서 설명하고 가르치는 태도를 견지하고 있지만, 장자는 현실을 초월하여 자연 그 자체와 합일해야 한다는 주장을 펴고 있다. 그는 인간 사회의 명예와 입신양명이란 모두 허망한 것이며, 근원적으로 인간의 자유를 속박하는 감옥으로 보았다. 그는 육신의 쾌락보다는 정신의 안식과 자유를 추구하고, 천하만물이 모두 같다는 사고를 기초로 우주는 하나이며 인간은 그 일부로서 우주가 사라지지 않는 한 영원히 죽지 않는 존재로 남게 된다고 말한다. 그런 그의 사상은 임종을 앞둔 그의 태도에서 잘 드러난다. 『장자』「잡편」에 그의 임종 장면이 나오는데, 내용을 옮겨 보면 이렇다.

장자가 죽게 되어 제자들이 후하게 장사를 지내려 했다. 이에 장자가 말했다.
"하늘과 땅이 곧 내 관이요, 해와 달이 내 그릇이요, 별들이 내 구슬이요, 만물이 나를 받아들이니 어찌 내가 장례 도구를 갖추지 못했다 하겠는가?"
제자들이 말했다.
"저희들은 까마귀와 솔개가 선생을 먹을까 두렵습니다."
장자가 말했다.
"땅 위에 있으면 까마귀와 솔개의 밥이 될 것이고, 땅 아래에 있으면 땅강아지와 개미의 밥이 될 것이다. 이것이 무슨 문제인가?"

장자는 자연의 법칙에 순응하는 것이 곧 도를 아는 것이고, 그것은 인위적으로 얻을 수 있는 것이 아니라고 가르친다. 결국 인간도 동물들과 마찬가지로 자신의 육신을 다른 동물들에게 나눠주고 흙으로 흩어지고 바람으로 날아가 우주 곳곳에 먼지로 박혀 우주의 일부로 영원히 살아가는 존재임을 일깨운다. 진정 도를 아는 사람은 그저 무심히 자연과 사물에 순응해야 한다는 것이다. 억지로 지혜를 만들려고 하는 사람이나 스스로 지혜롭다고 생각하는 사람은, 그런 이치를 모르고 재주를 부려 순응하지 않으려고 애를 쓴다. 하지만 그런 자는 끝까지 속박에서 벗어나지 못한다는 것이다.

장자의 그런 태도는 아내가 죽었을 때도 그대로 드러난다. 사람은 대개 자신의 죽음은 잘 받아들이지만 혈육이나 배우자나 친구의 죽음 앞에서는 오히려 약해지기 마련인데, 장자는 인생의 반려자였던 아내의 죽음 앞에서도 의연했다. 『장자』 외편 「지락」에 그 이야기가 나오는데 이렇다.

　　장자의 처가 죽자 혜자가 조상을 갔는데, 장자는 다리를 뻗고 앉아서 분(盆)을 두드리며 노래하고 있었다.
　　혜자가 말했다.
　　"함께 더불어 살며 자식을 기르던 아내가 늙어서 죽었는데, 곡하지 않는 것은 괜찮다 해도 분을 두드리며 노래를 하다니 심하지 않은가?"
　　장자가 대답했다.
　　"그렇지 않네. 처음 죽었을 때는 나라고 어찌 느낌이 없었겠는가? 아내가 이 세상에 태어나기 전을 꼼꼼히 살펴보니 생명이란 원래 없는 것이었는데, 생명뿐 아니라 본래 형체도 없었고 기(氣)도 없었네. 혼돈 사이에 섞여 있다가 변하여 기가 있게 되었고, 기가 변하여 형체가 생겼고, 형체가 변하여 생명이 생긴 것이네. 또 지금 춘하추동이 바뀌는 것처럼 변하여 이렇게 죽었네. 지금 처가 큰방에서 잠들려고 하는데, 내가 시끄럽게 곡을 한다면 그건 천명을 모르는 소행이 아니겠나. 그래서 그친 것이네."

　　장자라고 어찌 아내의 죽음 앞에 슬프지 않았겠는가? 그러나 죽음이 무엇인가? 그것은 그저 기가 흩어지고 형체가 사그라드는 일일 뿐 사라지는 것은 아니지 않은가? 그것은 그저 다시 우주로 돌아가는 것일 뿐 그 이상도 이하도 아니지 않은가? 그러니 슬퍼할 것이 뭐 있겠는가? 그런 이야기다. 하지만 기로 뭉친 인간은 오감이 있고 칠정이 있어 슬픔을 쏟아내는 것 또한 당연하다. 어찌 보면 그 슬픔을 노래로 대신하는 장자의 마음은 천 근 바위처럼 무거울 것이다. 그것이 더 자연스런 것이다. 하지만 슬픔을 억지로 노래로 대신하는 것이 과연 도인다운 것인가? 혜자는 그렇게 묻고 있는 것이다.
　　여기 혜자(惠子)로 등장하고 있는 이 사람은 혜시(惠施)라는 인물인데, 장자의 둘도 없는 친구였다. 그는 사물을 실체와 이름(名)으로 구분하여 논리적으로 설명하는 학파인 명가(名家)의 대표적인 인물인데, 늘 장자와 이야기 나누길 좋아했다. 장자 또한 그와 대화하는 것을 즐겼는데, 혜시가 먼저 세상을 떠났다. 장자는 그의 무덤 앞에서 친구의 죽음을 안타까워했는데, 그 장면은 이렇다.

장자가 장례 행렬을 뒤따르다 우연히 혜자의 묘를 지나게 되었다. 그러자 제자를 돌아보며 말했다.

"초나라 서울인 영에 유명한 목수가 살았다. 장석이라고 하는 그 사나이에게 어느 날 손님이 찾아와 묘한 부탁을 했다. 그 손님은 자기 몸에 백토를 파리 날개처럼 바른 다음 장석에게 깎아 내리게 했던 것이다. 그는 장석이 도끼로 바람이 일도록 세게 내리쳤는데도 가만히 있었다. 그리고 백토는 떨어졌지만 코는 전혀 상하지 않았다. 또 그는 별다른 변화 없이 그 자리에 서 있었다. 그런데 그 이야기를 듣고 송원군(宋元君)이 장석을 불러 다시 한 번 재주를 보여 달라고 부탁했다. 그러나 장석은 이렇게 말할 뿐이었다. '저는 전에는 그 재주를 부릴 수 있었지만, 그 상대가 이미 죽고 없어서 다시 할 도리가 없습니다.' 나 역시 혜자가 죽은 뒤로는 상대가 없어졌다. 논하고자 해도 그럴 만한 상대가 없는 거야."

장자는 그렇게 혜시의 죽음을 안타까워했다. 비록 사람의 죽음이 자연의 이치고, 죽음이란 것이 그저 기가 흩어지고 육신이 삭는 것에 불과하다고 말해 왔지만 그래도 이별이 슬픈 것은 그도 어쩔 수 없는 일이었다.

하지만 장자는 죽음을 끝으로 보지 않았다. 그는 죽음이야말로 영원히 자유로워지는 것이며, 현실의 속박에서 완전히 벗어나는 일이라고 보았다. 그는 『장자』 외편에서 해골과의 대화를 통해 제자들에게 이 점을 일깨운다.

장자가 초나라를 여행할 때의 일이다. 앙상한 해골 하나가 들판에 나뒹굴고 있었다. 장자는 말에서 내려 들고 있던 채찍으로 해골을 내리치며 말을 걸었다.

"이 무슨 꼴인가? 그대는 방탕한 짓을 하다가 이런 꼴이 되었는가? 아니면 망국의 일로 중형을 받아 이렇게 되었는가? 그것도 아니면 행실이 좋지 못해 부모 처자에게 누를 끼칠 것이 부끄러워 이렇게 되었는가? 혹은 춥고 배고픈 나머지 이렇게 되었는가? 나이를 다하여 이렇게 되었는가?"

장자는 말을 마친 뒤, 해골을 베고 누웠다. 그런데 밤중에 해골이 꿈에 나타나 말했다.

"그대가 말하는 것은 변사를 닮았구나. 말하는 바를 보니 모두 산 사람의 쓸데없는 생각일 뿐 죽은 사람에게는 소용없는 소리로다. 임자는 죽음의 이야기를 듣고 싶지 않은가?"

장자가 말했다.

"듣고 싶소."

해골이 말했다.

"죽음에는 위로 임금이 없고, 아래로 신하가 없으며, 또 사계절의 변화도 없다. 으레 천지로서 춘추로 삼으니 남쪽을 향해 보고 있는 왕의 즐거움이 이만 할 것인가?"

장자가 믿지 못하고 말했다.

"내가 저승의 신으로 하여금 그대의 뼈와 살과 피부와 얼굴을 만들어 그대의 부모와 처자와 마을 친지들에게 돌려준다면 그대는 이것을 원하겠는가?"

해골이 깊이 눈살을 찌푸리고 이마를 찡그리며 말했다.

"내 어찌 왕의 즐거움을 버리고 인간의 노고로 돌아가리오?"

이 글은 장자의 허무주의적 사고를 잘 드러내고 있다. 이 세상의 명예와 출세와 부귀에 눈멀지 말고 우주의 원리와 본질을 간파하라고 충고하고 있는 것이다. 우리가 알고 있는 세상이란 것은 우주에 비하면 모래 한 알에 지나지 않으며 우리를 그토록 얽매고 있는 우리의 육신도 언젠가는 우주의 먼지가 되어 자유를 만끽하게 될 것이라고.

장자는 그렇게 크고 넓고 근원적인 삶을 추구했다. 그러나 그의 발은 언제나 이 땅 위에 있었고, 그의 배는 때에 맞춰 여지없이 허기에 시달렸고, 그의 아내는 고생만 잔뜩 하다가 가난한 학자의 아내로 일생을 마쳤으니, 이것이 곧 도가들의 이상과 현실의 괴리였다.

2장

유가

유가의 스승들로
부터 순자까지

유가(儒家)는 국가를 위한 학문에 종사하던 학자들로부터 비롯되었다. 때문에 유가는 국가와 왕, 관리 중심의 학문일 수밖에 없었다. 하지만 이것은 세월이 흐르면서 모든 사람의 행동과 가치관을 규정하는 학문으로 발전하였다.

유가는 공자에 의해 창시되고 맹자에 의해 폭이 넓어졌으며, 순자에 의해 깊어졌고, 동중서에 의해 부활했다.

유가의 창시자 공자는 학문에 뜻을 두고 공부하여 서른 살 이후에는 교사로서의 삶을 살았고, 그가 키운 제자만 하더라도 3,000명을 헤아리게 되었다. 공자는 역(易), 시(詩), 서(書), 예(禮), 악(樂), 춘추(春秋)를 재편찬하여 제자들을 가르쳤는데, 이것이 바로 인간이 갖춰야 할 여섯 과목인 육예(六藝)다. 이 육예는 오제 시절부터 전해져 오던 내용이었는데, 공자가 정리하고 개정하여 유가의 교과서로 삼았다. 그는 평생 육예를 추구했으며, 그의 제자 가운데는 육예(六藝)에 통달한 인물이 70여 명이나 있었다고 한다.

맹자는 공자의 손자인 자사(子思)의 제자에게 수학함으로써 공자의 계보를 잇게 되었다. 그는 공자의 인(仁) 사상의 본질을 인간의 선한 본성과 연결시키려 했고, 그것은 곧 그의 유명한 학설인 성선설(性善說)을 낳게 된다.

순자는 맹자와 반대로 인간의 본성은 근본적으로 악하다는 성악설(性惡說)을 주장하였다. 때문에 그는 인간은 교화되지 않으면 안 된다고 생각했으며, 이런 논리는 군주 입장에서는 통치 수단으로 이용하기에 아주 요긴한 것이었다.

맹자의 성선설은 인간 개인의 의지를 중시하고 개인적 자유를 강조한 반면, 순자는 국가가 백성을 강력하게 통치하지 않으면 질서가 무너져 나라가 엉망이 될 수 있다고 역설했다. 이는 그의 제자 한비자와 이사에게 영향을 끼쳐 진(秦)나라의 법치(法治)에 커다란 영향을 끼치게 된다.

이런 유가의 학문은 진시황의 통일 후 크나큰 시련을 맞게 된다. 시황은 이른

바 분서갱유를 단행하여 유가의 경서들을 불태우고 유학자들을 생매장시켜 죽이는 극단적인 조치를 취한다. 이 때문에 한때 유학은 거의 자취를 감추게 되지만, 한나라 때에 이르러 동중서(董仲舒)에 의해 다시 부활한다.

동중서는 서기전 179년에 현재의 하북성 광천에서 태어났는데, 유학을 한나라를 유지시킬 유일한 학문으로 떠받들어 종교적 위치로 끌어올린 인물이다. 그는 학문에 대한 열정이 대단했는데, 한번은 3년 동안이나 방에 틀어박혀 지내며 정원을 내다보지도 않았다는 이야기도 있다. 그 결과 그는 『춘추번로』라는 대작을 저술하였다.

동중서는 다소 기이한 인물이었는데, 제자들을 가르칠 때는 항상 장막 뒤에서 강의를 하였기 때문에 제자들은 그의 얼굴을 몰랐다고 한다. 그는 사회 질서를 위한 이론을 유학에서 취하였고, 또한 음양가의 학설을 유학으로 끌어들여 유학을 우주론적 이론으로 승화시켰다.

동중서는 우주가 열 개의 구성요소, 즉 천과 지, 음과 양, 목화토금수의 오행과 인간으로 이뤄져 있다고 설명했다. 또한 윤리에 있어서도 음양의 원리를 이용하여 삼강을 세우고 유교 경전을 기반으로 오상을 설파하여 강상(綱常)의 원칙을 확립했다.

그는 태학의 설립을 건의하여 백성의 교화를 추진하고 과거 제도를 창립하는 데 기여함으로써 교육 체계와 관리 임용 체계에도 막대한 영향을 끼쳤다. 덕분에 유학은 다시 부활하여 제자백가 중에 가장 중요한 학문으로 부상하였다.

유가의 스승들

유학을 창시한 인물은 공자다. 공자는 유가들이 본받아야 할 사람으로 여섯 명의 군주를 꼽았는데, 첫째가 상고시대에 태평성대를 이끈 대명사로 불리는 요임금과 순임금이고, 다음으로 하왕조를 세운 우임금, 상왕조를 세운 탕왕, 주왕조의 기반을 닦은 문왕, 상왕조의 타락한 군주 주왕을 내쫓고 주왕조를 개창한 무왕이었다. 그리고 유가들은 또 한 사람, 즉 왕은 아니었지만 신하의 표상으로 여겨지는 주나라 무왕의 동생 주공 단을 존경하였다.

공자는 이들 일곱 사람을 성인으로 떠받들며, 제자들에게 이들의 삶을 본받을 것을 강조하였다. 말하자면 공자가 말하는 군자의 표상은 바로 이들인 셈인데, 공자의 사상을 이해하기 위해 이들의 삶을 정리한다.

요임금 방훈

제요(帝堯)는 황제, 전욱에 이어 천자에 오른 제곡이 진봉씨에게서 얻은 아들이며, 이름은 방훈(放勳)이다. 제곡이 세상을 떠나자 추자씨의 아들 지(摯)가 제위를 이었는데, 지가 정사를 제대로 처리하지 못하자 이복동생 방훈이 지를 밀어내고 제위를 계승했다. 이때가 서기전 2357년이다.

제요는 지가 제위에 있을 당시에 당후(唐侯)로 봉해졌으며, 제위에 오른 뒤에는 도당씨(陶唐氏)로 불렸다. 때문에 제요가 다스리던 나라 이름을 당(唐)이라고 하고, 그를 흔히 당요(唐堯)라고 칭하는 것이다.

방훈의 치적은 크게 세 가지다. 첫째는 역상(曆象, 해와 달과 별의 운행 법칙)과 윤법(윤년, 윤월, 윤일 등에 관한 계산법)을 정리하여 사람들로 하여금 세월의 흐름을 정확하게 알게 하였고, 둘째는 치수에 성공하여 황하의 범람을 막았으며, 셋째는 제위를 아들이 아닌 제순에게 물려준 일이다.

방훈 휘하에서 역상을 맡은 신하는 희(羲)씨와 화(和)씨들이었다. 그들은 동서남북에 배치되어 춘분과 추분, 동지와 하지를 정확하게 계산하였고, 1년을 366일로 잡아 3년에 한 번씩 윤달을 정해 사계절의 오차를 바로 잡는 일을 하였다.

방훈으로부터 치수의 임무를 부여받은 사람은 곤과 순이었다. 방훈은 황하의 범람을 막고 치수에 성공하는 사람에게 제위를 물려줄 생각이었다. 그래서 신하들에게 물었다.

"도도한 홍수가 하늘에까지 넘쳐서 성대한 물줄기가 산을 감싸고 언덕까지 덮치니 백성들의 걱정이 태산이로다. 이 홍수를 다스릴 마땅한 인물이 없겠는가?"

이에 신하들이 모두 곤(鯀)을 천거했다. 방훈은 곤의 인물 됨됨이를 의심하며 고개를 가로저었지만, 신하들은 끝가지 곤을 추천했다. 곤은 전욱의 아들인데, 방훈의 아버지 제곡이 전욱의 아들들을 제치고 제위를 계승했으니, 방훈이 곤을 탐탁찮게 여기는 것도 당연했다. 그러나 방훈은 신하들의 강력한 주장을 물리칠 수 없어 곤으로 하여금 치수를 담당하도록 했다.

곤이 치수의 임무를 9년 동안 맡았으나 황하의 범람을 막지 못하자, 방훈은 다시 자신의 네 대신인 사악(四嶽, 네 개의 큰 산)에게 말했다.

"내가 재위한 지 이미 70년이나 지났으니, 이제 그대들이 나의 자리를 대신 맡아 주시오."

방훈에게는 아들 단주(丹朱)가 있었으나, 방훈은 단주가 덕이 없고 싸움을 좋아한다며 그에게 제위를 물려주지 않을 것이라고 했다. 그러자 신하들이 토목공사를 담당하고 있던 공공(共工)을 추천하자, 방훈은 공공은 말은 잘 하지만 마음이 사악하고 겸손하지 못하다고 말했다.

이에 방훈은 사악들의 추천을 받아 곤을 시험해 봤지만, 그도 역시 제왕감이 되지 못했다. 결국 방훈은 사악들이 직접 제왕의 일을 맡는 것이 어떠냐고 제안하기에 이른 것이다. 하지만 사악들은 자신들의 덕행이 미천하여 제왕이 될 수 없다고 대답했다.

방훈은 생각 끝에 당시 세간에 덕망이 높았던 허유(許由)라는 인물에게 제위를 물려주고자 했다. 하지만 허유는 일언지하에 거절하고 기산(箕山)에 은거하여 농사를 지었다.

허유를 얻는 데 실패한 방훈은 다시 사악을 모아 놓고 덕망 있는 사람을 천거해달라고 했다.

"신분 높은 친족이나 관계는 멀더라도 뛰어난 사람이 있으면 추천해 주시오."

방훈의 그 말에 사악들은 입을 모아서 이렇게 말했다.

"민간에 홀아비가 한 사람 있는데, 유우씨의 중화(순임금)라는 사람입니다."

방훈이 말했다.

"나도 중화에 대해 들은 바가 있소. 그런데 그는 어떤 사람이오?"

"장님 고수의 아들입니다. 아비는 도덕이라고는 전혀 모르는 무지랭이옵고, 어미는 남을 잘 헐뜯는 여자이며, 동생은 교만하기 이를 데 없습니다. 그러나 중화는 효성을 다하고 그들과 화목하게 지냅니다."

"그렇다면 내가 그를 한번 시험해 보겠소."

방훈은 자신의 두 딸을 중화에게 시집보냈다. 그러고 나서 중화가 그 딸들을 어떻게 대하는지 관찰했다. 중화는 자신의 분수에 맞게 부인들을 맞아들였고, 그들에게 부인의 도리에 맞는 예절을 지키게 했다. 방훈은 그 점이 마음에 들었다.

그 뒤 방훈은 중화에게 예의를 가르치게 하였더니, 백성들 사이에 오륜의 도가 널리 퍼졌고, 백관을 총괄토록 했더니 역시 조정이 순조롭게 돌아가고 제후들이 기쁜 얼굴로 중화를 공경하였다. 또한 산림과 하천, 연못에 관한 일을 맡겼더니 폭풍과 뇌우가 닥쳐도 전혀 동요하지 않고 묵묵히 일을 수행했다. 이런 모든 시험은 3년 동안 계속되었고, 중화는 모든 일에서 방훈을 만족시켰다. 방훈이 중화를 불러 말했다.

"그대는 일을 도모함에 있어 주도면밀하고, 말을 하면 반드시 지켰다. 그러니 그대가 제위에 올라도 손색이 없을 듯하다. 부디 제위에 올라 주기를 바란다."

중화는 여러 번 사양했으나, 방훈 또한 주장을 굽히지 않았다. 그리하여 중화는 방훈을 대신하여 섭정을 하였고, 방훈은 은거하였다. 이렇게 방훈은 혈육이 아닌 덕망과 지혜를 갖춘 사람에게 제위를 물려줌으로써 왕도정치의 초석을 놓았다.

방훈은 은거한 지 20년 만에 중화를 하늘에 추천하여 제왕으로 인정하였고, 그로부터 8년 뒤에 세상을 떠났으니, 때는 서기전 2260년이다. 제요 치세의 태평성대에 대한 『사기』의 평가는 이렇다.

"그는 하늘처럼 인자하고, 신처럼 지혜로웠으며, 사람들은 마치 태양에 의지하는 것처럼 그에게 가까이 다가갔고, 만물을 촉촉이 적셔 주는 비구름을 보듯 그를 우러러보았다. 그는 부유하였으나 교만하지 않았고, 존귀했으나 거드름 피우지 않았으며, 황색의 모자를 쓰고 짙은 황색의 옷을 입고서 흰 말이 끄는 붉은 마차를 탔다. 그는 큰 덕을 밝혀 구족(九族, 고조부에서 현손에 이르는 동종 친족)을 친하게 하였고, 구족이 화목하게 되자 백관의 직분을 분명히 구분하였다. 이에 백관이 모두 공명정대하니, 모든 제후국이 화합하였다."

이러한 요임금의 정치에 대해 공자는 이렇게 평가했다.

"크도다, 요의 임금됨이여! 높고 큰 것은 오직 하늘뿐인데, 요임금만이 이를 본받았도다. 너무나 넓고 아득하여 백성들이 형용할 바를 몰랐도다. 위대하도다, 그가 남긴 성공이여! 빛나도다, 그가 남긴 문물과 제도여!"

순임금 중화

제순(帝舜)은 유우씨(有虞氏) 출신이며, 이름은 중화(重華)다. 때문에 흔히 그를 우순(虞舜)이라 부르고, 그의 나라를 우나라라고 한다. 중화의 아버지는 고수(瞽叟)이며, 고수의 고조부는 궁선이다. 궁선은 전욱의 아들이고, 전욱은 창의의 아들이며, 창의는 황제의 아들이다. 따라서 중화는 황제로부터 9세손이다.

중화의 아버지 고수는 맹인이었다. 그는 중화의 생모가 죽자, 재혼하여 새 아내를 맞이하였고, 그녀로부터 상(象)을 얻었다. 고수는 상을 편애하여 항상 중화를 죽이려고 하였으나, 중화는 용케 죽음을 모면하며 목숨을 부지했다.

고수는 중화를 죽이기 위해 갖은 꾀를 다 쓰곤 했는데, 한번은 중화에게 창고에 올라가서 벽토를 바르게 하고는 아래에 불을 질러 창고를 태워버렸다. 그러나 중화는 두 개의 삿갓으로 자신을 보호하며 창고에서 뛰어내린 덕에 살 수 있었다.

그 뒤 고수는 또 중화를 죽일 작정으로 우물을 파게 했다. 중화가 우물 깊이 파들어가자, 고수는 아들 상과 함께 우물을 메워 버렸다. 하지만 중화는 이미 그들의 계획을 간파하고 우물을 파면서 동시에 자신이 빠져나올 비밀 통로를 함께 팠다. 그리고 고수가 우물을 메우자 그 통로를 통해 밖으로 빠져나왔다.

이렇게 고수와 상이 자신을 괴롭혔지만 중화는 계모에게 순종하였고, 이복동생을 잘 보살폈으며, 아버지에게는 효를 다하였다. 덕분에 나이 스물이 되었을 때는 효자로 소문이 자자했고, 서른 살 때 요임금의 신하들에게 추천을 받아 등용되었다.

제요는 그의 됨됨이를 시험하기 위해 자신의 아홉 명의 아들을 중화에게 보내 함께 지내게 하였고, 두 딸을 시집보냈다. 중화는 제요의 아들들을 잘 가르쳤고, 두 부인과 예를 지키며 잘 지냈다.

제요의 시험은 3년 동안 계속되었는데, 중화가 그 모든 과정을 무사히 통과하자 중화에게 정치를 대행하도록 하고 자신은 은거했다. 그로부터 중화는 동서남북의 영토를 다니며 제후들과 화합하고 백성들을 안정시켰다. 또한 역법(曆法)

을 바로 잡아 하루의 시각과 날짜와 계절을 일원화하고, 도량형을 통일했으며, 오례(길례, 흉례, 빈례, 군례, 가례 등 다섯 가지 예절)를 제정했다. 그는 또 5년에 한 번씩 지방을 순시했으며, 자신이 지방으로 가지 않는 4년 동안에는 제후들이 올라와서 함께 조회를 하도록 함으로써 중앙과 지방의 유대 관계를 강화했다. 또한 영토를 확대하여 전국을 9개 주(州)에서 12개 주로 개편하고, 열두 곳의 산을 지정하여 각 주의 진산으로 삼고 지키게 하였다.

형벌은 오형을 기본으로 삼았지만, 오형보다는 유배로 벌을 대신하게 했다. 오형은 묵형(墨刑, 이마에 먹물로 글자를 새기는 형벌), 의형(劓刑, 코를 베는 형벌), 비형(剕形, 발뒤꿈치를 자르는 형벌), 궁형(宮刑, 남근을 자르는 형벌), 대벽(大辟, 목을 베어 죽이는 형벌) 등을 말하는데, 이것은 모두 한 번 당하면 다시는 돌이킬 수 없는 상태가 되기 때문에 중화는 되도록 백성들에게 피해가 덜 가는 유배형을 내리도록 유도했던 것이다. 또 형벌을 가할 때 항상 신중에 신중을 기할 것을 관리들에게 당부하곤 했다.

그렇게 20년이 흐르자, 제요는 중화의 정치 능력이 탁월함을 인정하여 그에게 섭정을 맡겼고, 그로부터 8년 뒤에 죽었다. 중화는 제요의 3년상을 치른 뒤에 제요의 아들 단주에게 제위를 양보하고 물러났다. 그러나 신하들이 단주를 따르지 않고 중화를 섬기자, 중화는 그것이 하늘의 뜻이라고 판단하고 제위를 계승했다. 때는 서기전 2257년이었다.

중화 휘하에는 우, 고요, 설, 후직, 백이, 기, 용, 수, 익, 팽조 등 10명의 뛰어난 신하들이 있었다. 중화는 이들에게 치수와 농사, 형률, 건설, 산림, 음악, 학문, 예의 등에 관한 임무를 부여했다.

중화는 3년마다 한 번씩 10명의 신하들과 12주의 장관들을 평가하였고, 세 번 살핀 결과를 가지고 벼슬을 강등시키거나 승진시켰다. 때문에 이들 22명은 최선을 다했고, 덕분에 나라는 태평성세를 구가했다.

중화는 이들의 능력을 면밀히 평가하였고, 그 결과 치수를 맡았던 우(禹, 하나라의 시조)가 가장 많은 공을 세웠다. 때문에 중화는 자신의 아들 상균(商均)을 제쳐 놓고 우를 후계자로 지목하였다. 이후 중화는 17년 동안 우를 지켜보다가 세상을 떠났다.

　제순 중화가 아들에게 제위를 물려주지 않고 덕과 지혜와 정치력을 고루 갖춘 우에게 제위를 물려줌으로써 제요가 초석을 다진 왕도정치는 제순에 이르러 완성된 셈이다. 후세에 이르러 요순시대를 태평성세와 왕도정치의 모범으로 삼은 것은 바로 신하의 능력과 인품에 따라 직분을 주고, 인격과 정치력이 가장 탁월한 자에게 왕위를 물려주었기 때문이다. 그러나 불행하게도 이런 이상적인 정치는 요순시대에만 실현됐을 뿐 그 이후로 어느 왕조에서도 제대로 이뤄지지 않았다.

하왕조를 개창한 우임금 문명

　우임금은 곤의 아들이며, 이름은 문명(文命)이다. 그의 아버지 곤은 황제에 이어 왕위에 올랐던 전욱이다. 전욱은 황제의 손자이기에 문명은 황제로부터 5세손인 셈이다. 문명에게 제위를 물려준 제순이 황제의 9세손인데, 그가 제순보다 훨씬 항렬이 높다는 것은 선뜻 이해가 되지 않는 대목이다. 어쩌면 그의 아버지 곤이 황제의 증손자라고 하는 것은 억지로 꾸며낸 것인지도 모른다.

　문명의 아버지 곤은 제요 시절에 신하들의 추천으로 치수를 담당한 적이 있다. 신하들이 곤을 추천할 때 제요는 곤이 동족 간의 친목을 파괴한 적이 있다며 거절하다가 신하들의 강력한 주장에 밀려 하는 수 없이 곤에게 치수를 맡겼다. 그러나 치수를 9년이나 맡겨 보았지만 곤은 별다른 성과를 내지 못했다. 그 때문에 곤은 제요의 신임을 얻지 못해 관직에서 쫓겨났다. 이후 곤은 우산(산동성 동남쪽에 있는 산)으로 유배되었다가 죽었다. 곤을 우산으로 유배시켜 죽게 만든 사람이 곧 제순인데, 제순은 자신이 쫓아낸 곤의 아들인 문명에게 황하의 물을 다스리는 치수의 소임을 맡겼다.

　문명은 총명하고 현명하였으며, 매우 부지런하고 열성적인 인물이었다. 그는 아버지 곤이 치수에 실패한 것을 몹시 가슴 아파했고, 그 때문에 더욱 홍수를 다스리는 일에 열을 올렸다. 강과 이어진 산마다 나무를 심고, 길을 닦고 제방을 쌓고 운하를 만들었다. 덕분에 그는 그 일에 매달린 지 13년 만에 중원 전역의 치수 사업에 성공했다. 그러자 제순은 그를 재상격인 사공(司空) 벼슬에 임명하고 하(夏)나라의 제후로 삼았다. 또한 하늘에 그를 천거하여 후계자로 삼았다.

제순이 죽은 뒤에 삼년상이 끝나자 문명은 관례에 따라 제위를 제순의 아들 상균에게 양보했다. 하지만 제후들이 모두 상균을 떠나 문명을 알현하러 왔다. 문명은 제후들의 알현을 받으면서 제위에 오르는 것이 하늘의 뜻이라 생각하고 천자에 올랐다. 이후 기주(冀州, 지금의 산서성과 하남성 북부 및 하북성 일대)에 도읍을 정하여 국호를 하(夏)라 하고, 성을 사(女+以)씨라 하였다.

문명은 즉위한 후에 뛰어난 신하인 고요(皐陶)를 후계자로 선택하였다. 고요는 원래 형옥(刑獄)을 관장하는 사(士)의 직책을 맡고 있던 사람이다. 때문에 그는 법을 잘 알고 있었으나, 법보다는 덕으로 나라를 다스리는 것이 옳다고 생각했다. 그는 매일 세 가지의 덕을 실천하면 집안을 잘 거느릴 수 있고, 매일 여섯 가지의 덕을 잘 실천하면 나라를 잘 다스릴 수 있다고 했다. 또한 민심이 곧 천심이므로 백성의 말에 귀를 기울여야 한다고 했다. 문명은 그의 그런 점을 높이 평가하여 제위에 오른 뒤에 재상으로 삼아 정사를 맡겼으나, 고요는 왕위를 받기도 전에 죽고 말았다.

문명은 고요의 죽음을 슬퍼하며 다른 신하인 익(益)을 후계자로 택하여 정사를 맡겼다. 익은 원래 산과 못을 관장하던 신하였다. 그는 못을 관장하면서 지하수의 원리를 알아내 백성들에게 우물을 보급한 인물이었다. 문명의 치세는 그로부터 10년 동안 지속되었으며, 재위 10년째에 절강성 지역을 순시하다가 회계에 이르러 죽었다. 이러한 우임금의 치세에 대해 공자는 이렇게 평했다.

"우임금에 대해서 나는 흠잡을 것이 없구나. 자기의 음식은 간소하면서도 조상의 제물에는 정성을 다하였고, 자신의 평소 복장은 검소하면서도 제례의 슬갑과 면류관은 아름답게 장식하였다. 궁실은 낮고 허술했으나 백성을 구제하는 데에는 온 힘을 쏟았다. 우임금에 대해서 나는 흠잡을 것이 없구나."

우임금이 세운 하왕조는 서기전 2190년경에 우(禹)왕이 개창한 이래 14대에 걸쳐 17왕을 배출하였으며, 서기전 1751년까지 약 440년간 유지됐다. 왕조란 원래 왕위를 자식에게 세습하는 것을 원칙으로 삼지만, 오제시대만 하더라도 그 원칙이 제대로 지켜지지 않았다. 하지만 하왕조에 이르러 세습 왕조 체제가 확고하게 정립됨으로써 중국 역사는 명실공히 왕조시대의 서막을 연 것이다.

하왕조가 세습체제를 이루긴 했지만, 그것은 우임금이 의도한 게 아니었다. 그는 왕위에 오른 뒤에 뛰어난 신하였던 고요에게 왕위를 넘겨주려 했으나, 고요가 일찍 죽는 바람에 실천에 옮기지 못했다. 그래서 또 다른 신하인 익에게 천하를 넘겨주고 죽었다. 그러나 익은 우임금의 아들 계에게 제위를 양보하였고, 계가 천자에 올라 정사를 잘 돌본 덕분에 자연스럽게 세습왕조 체제가 굳어진 것이다.

우임금이 세운 나라의 이름을 하(夏)라고 한 것은 그의 부족이 하후씨(夏后氏)인 까닭이다.

상왕조를 세운 탕왕 천을

탕왕은 주계(主癸)의 아들이며, 이름은 천을(天乙)이다.(혹은 太乙이나 大乙이라고도 한다.) 상(商)나라의 시조는 설(契)인데, 탕왕은 설의 13대손이다. 설은 요순 및 우임금 시절에 등용되어 중책을 맡았던 인물이다. 순임금 시절에는 백성 교화를 총괄하는 재상격인 사도에 올랐는데, 이때 순임금은 그에게 상(商)땅을 봉지로 내리고, 자(子)씨 성을 하사했다. 이후로 그의 후손들은 상을 다스리며 살았고, 탕왕이 왕조를 세운 뒤에는 상을 국호로 삼게 되었다.

설의 어머니는 간적인데, 그녀는 하북성과 하남성 일대를 장악하고 있던 축융계통의 유융씨 부족의 딸이다. 그녀는 제곡의 둘째 부인이 되었는데, 사람들과 함께 목욕하러 갔다가 제비가 알을 떨어뜨리는 것을 보고 이를 받아 삼켜 설을 낳았다는 탄생 설화가 전한다. 『시경』이나 『초사』, 『여씨춘추』 등의 고서에는 모두 검은 새가 상나라 족속을 낳았다는 이야기가 전하는데, 이는 상족이 새를 숭배했음을 의미한다.

상족은 초기에는 하북성과 산동성 지역을 중심으로 살았으나 시간이 흐르면서 하남성 지역까지 세력을 확대한다. 천을이 걸왕을 정벌하기 이전의 상족 영토는 사방 70리 정도였고, 내부적으로 국가 조직을 갖추고 있었다. 천을이 상족의 제후가 될 당시에 상족의 수도는 지금의 산동성 조현 남쪽 지대인 박(毫)이었다. 당시 천을 휘하에는 이윤(伊尹)과 중훼(仲虺)가 우상과 좌상으로 있으면서 조정을 이끌고 있었는데, 특히 이윤은 현실을 정확하게 간파하고 미래에 적절하게 대비하는 현명한 신하였다.

이윤의 이름은 아형(阿衡)인데, 아형은 천을이 덕 있는 인물이라는 소리를 듣고 그 휘하에 들어가 신하가 되길 원했다. 하지만 뾰족한 방법이 없어 고민하고 있었는데, 마침 천을이 유신씨(有莘氏, 산동성 조현 북쪽에 있던 부족)의 딸을 아내로 맞이한다는 소문을 들었다. 그래서 아형은 유신씨의 잉신(媵臣, 여자가 시집갈 때 데리고 가는 남자 노복)이 되어 상나라로 갔다. 이후 천을을 만난 이윤은 음식의 맛을 정치에 비유하며 자신의 생각을 전달하여 천을의 마음을 사로잡아 재상의 자리에 오를 수 있었다. 천을은 그의 사람됨을 알아보고 무려 여섯 번이나 사람을 보내 등용하려 했고, 이윤은 다섯 번을 거절한 후에 비로소 그의 신하가 되었다.

이윤은 일찍이 상나라를 떠나 하나라에 간 적이 있는데, 당시 하왕조를 이끌고 있던 걸왕이 매우 탐욕스럽고 포악한 인물임을 알고 상나라로 돌아온 적이 있다. 그리고 천을의 덕에 감탄하여 차후로 상족이 하왕조를 대신하여 천하를 다스리게 될 것을 예언했다. 그가 상족의 천하를 예언한 것은 바로 천을의 덕과 지혜가 천하를 다스리기에 전혀 모자람이 없다는 사실에 근거한 것이었다.

『사기』에는 이윤의 그런 판단을 증명하는 한 일화가 전하고 있다. 언젠가 천을이 교외로 나갔다가 한 사람을 만났는데, 그는 사방에 그물을 치면서 이렇게 외치고 있었다.

"천하의 모든 것이 모두 내 그물로 들어오게 하소서!"

그 광경을 보고 천을이 말했다.

"어허, 한꺼번에 다 잡으려고 하다니!"

천을은 곧 그 사나이로 하여금 사방에 친 그물 중에 세 면의 그물을 거두게 했다. 그리고 이렇게 축원했다.

"왼쪽으로 가고 싶은 것은 왼쪽으로 가게 하고, 오른쪽으로 가고 싶은 것은 오른쪽으로 가게 하소서. 다만 내 명령을 따르지 않는 것만 내 그물로 들어오게 하소서!"

이 이야기가 사방에 전해지자, 제후들은 이렇게 감탄했다.

"천을의 덕이 지극하여, 심지어 동물에까지 이르렀도다!"

탕왕의 이 이야기에서 유래된 말이 탕망(湯網), 즉 '탕왕의 그물'이라는 단어인데, 이는 관대한 처사를 의미한다.

이렇게 천을은 탕망으로 제후들로부터 존경과 찬사를 듣고 있었지만, 천자인 하왕조의 걸왕은 나날이 포악성을 드러내며 주색과 놀이에만 빠져 있었다. 이로 인해 백성들은 고통에 허덕였고, 그에게 동조하는 몇몇 제후들을 빼고는 대부분이 하왕조에 등을 돌렸다.

이렇게 되자 천하의 기강이 무너지고, 제후들 중에는 예를 함부로 여기는 자들이 생겨났다. 갈족의 수령은 하늘에 대한 예를 저버리고 해마다 올리는 제사를 지내지 않았는데, 천을은 그것을 문제 삼아 갈(葛)족을 정벌했다. 이후로 그는 위(韋), 고(顧)를 차례로 정벌했다. 이들은 모두 하남성과 산동성의 소부족들인데, 상나라는 이들을 모두 정벌함으로써 하남성과 산동성 지역의 대부분을 차지하게 되었다. 이후로도 상나라는 무려 11번이나 정벌 전쟁을 벌여 모두 성공하였고, 이 때문에 상족의 위상은 하왕조를 능가하게 되었다.

그 무렵, 상족을 비롯한 여러 부족들은 하왕조에 조공을 하지 않았는데, 하왕조의 걸왕은 그것을 문제 삼아 천을을 공격하겠다고 선전포고를 하였다. 당시 걸왕이 큰소리를 칠 수 있었던 것은 강력한 군대를 가지고 있던 북방의 구이(九夷, 곧 동이족을 의미함)의 힘을 믿었던 까닭이다. 걸왕이 동이족을 이끌고 상나라를 침범하면 이길 승산이 없다고 판단한 우상 이윤은 아직 때가 아니라며 천시(天時)를 기다리자고 천을을 설득하여 걸왕에게 사죄하고 앞으로 조공을 바치겠다는 약속을 하라고 조언했다.

이윤의 건의를 받아들여 천을은 걸왕의 궁궐로 찾아가 머리를 조아리고 사죄했다. 하지만 걸왕은 사죄하기 위해 온 천을을 감옥에 가둬 버렸다. 천을이 갇히자, 이윤이 걸왕에게 사죄의 선물을 안겨 걸왕의 마음을 풀었고, 며칠만에 천을은 감옥에서 풀려나 귀국할 수 있었다.

천을은 귀국한 뒤에 걸왕을 더 이상 두고 볼 수 없다며 다시 조공을 거부했고, 걸왕은 이번에도 구이를 동원하여 응징하겠다고 엄포를 놓았다. 그러나 이번에는 구이가 걸왕의 요청을 받아들이지 않았다. 이에 천을은 마침내 천시가 도래했음을 알고 걸왕과 친분이 있던 곤오씨 세력을 정벌하였다. 이 소식을 듣고 걸왕이 군대를 동원하여 천을을 쳤으나, 오히려 패하여 달아났고, 천을은 그 여세를 몰아 하왕조의 도성으로 쳐들어가 걸왕을 내쫓았다. 그리고 제후들의 추대를 받아 마침내 천자의 자리에 올라 상왕조를 여니, 때는 서기전 1751년이었다.

요순 이래로 덕 있는 사람이 제위에 오르는 것을 계승의 법으로 삼았다가 하왕조에 이르러 자손에게 왕위를 물려주는 세습 체제가 확립되었다. 그러나 천을이 걸왕을 내쫓고 왕위에 오르기 전까지는 천자를 무력으로 내쫓고 새로운 왕조를 일으킨 예는 없었다. 이 일로 탕왕은 자기가 천자에 오른 일을 부끄럽게 여기며 이렇게 말했다.

"나는 후세에 사람들의 이야깃거리가 될까 두렵소."

이에 좌상 중훼가 그에 대한 대답으로 탕왕이 하왕조를 정벌한 것에 대한 정당성을 논한 글을 지어 올렸는데, 이를 '중훼지고(仲虺之誥)'라 한다. 그 내용은 걸왕이 학정으로 천하를 어지럽히고 백성을 고통스럽게 했으니, 탕왕이 그를 내쫓은 것은 하늘의 법도에 따라 천명을 행한 것이라는 논리로서, 훗날 맹자의 역성혁명론의 모태가 된다.

중훼의 논리를 옳게 여기며 천자에 오른 천을은 역법을 개정하고, 옷의 색깔을 바꿨다. 원래 하왕조는 검은색을 숭상하여 검은 옷을 입게 했으나, 상왕조는 흰색을 숭상하여 흰옷을 입게 한 것이다. 후에 상왕조를 무너뜨린 주왕조는 붉은색을 숭상하여 붉은 옷을 입게 한다. (전통적으로 동이족은 흰색을 숭상하여 흰옷을 입었는데, 이는 상왕조와 동이족이 매우 밀접한 연관성이 있음을 시사하는 대목이다. 동이족이 흰옷을 입게 된 것이 상왕조의 후예인 기자가 동이족을 교화했기 때문인지, 아니면 원래 상왕조의 뿌리가 동이족이었기 때문인지 단정할 수는 없지만, 상왕조와 동이족이 같은 지역에서 형성되어 비슷한 문화를 가졌던 것만큼은 분명해 보인다.)

서기전 1738년에 천을이 죽자 그의 묘호를 '탕(湯)'이라고 했는데, 이는 '덕이 넓고 넓어 천하를 덮는다.'는 의미다.

탕왕이 세운 상왕조는 서기전 1751년에 탕(湯)왕이 하왕조를 무너뜨리고 세운 이래 서기전 1111년까지 640년간 이어졌다. 상나라는 탕왕을 시작으로 17대 30왕이 재위했는데, 개국 당시에는 국호가 상(商)이었다. 그러나 상왕조를 무너뜨린 주(周)왕조는 상나라가 서기전 1383년 제19대 반경왕에 이르러 은(殷, 하남성 안양) 땅으로 천도한 것에 근거하여 상왕조를 은왕조라고 불렀다. 하지만 상족들은 항상 자신들의 국호를 상이라고 불렀다. 『서경』에 기록된 은나라에 관한 기록도 '상서(商書)'라는 제목을 달고 있다. 그런 까닭에 상왕조를 '은상(殷商)'이라 부르기도 한다.

상왕조는 은 지역으로 천도한 것을 기준으로 대개 전기와 후기로 구분되며, 탕왕으로부터 제18대 양갑제까지를 전기, 반경제부터 제30대 신제(주왕)까지를 후기라 일컫는다.

하왕조가 이미 세습 왕조 체제를 확립한 까닭에 상왕조는 자연스럽게 세습 체제를 유지했다. 또한 하왕조에 비해 왕조 체제가 보다 강력해지고, 제후들에 대한 지배력도 한층 강화되었다. 거기다 화폐가 등장하면서 시장이 발달했고 경제 구조에도 큰 변혁이 일어났다. 그러나 적자계승원칙이 깨지고 자주 형제세습이 이뤄지면서 정치적 혼란을 겪기도 했다. 또 잦은 천도로 백성들의 원망이 극대화되고, 시장이 안정을 찾지 못해 경제가 흔들린 경우도 많았다.

지금까지 유물과 유적이 제대로 발굴되지 못한 하왕조에 비해, 상왕조의 경우에는 은허(殷墟)가 발굴됨으로써 하왕조에 비해 보다 풍부한 연구가 가능하게 됐다. 은허에서는 한자의 모태가 된 갑골문이 대거 발굴되었는데, 그것은 상왕조의 사회 구조를 보다 심층적으로 파악할 수 있는 근거가 되었다.

주나라를 건설한 문왕

문왕은 계력(季歷)의 아들이며, 지임씨 출신 태임(太任) 소생으로 이름은 창(昌)이다. 주왕조를 세우기 전에는 그를 서백(西伯)이라고 불렀는데, 이는 '서방 제후들의 우두머리'란 뜻이다.

『사기』에는 주왕조의 시조는 제곡의 아들로서 요순시절에 농사를 담당하며 농경신으로 불렸던 후직(后稷) 기(棄)이며, 문왕은 그의 14대손으로 기록되어 있다. 하지만 문왕이 후직의 14대손이라는 기록은 신빙성이 떨어진다. 문왕보다 650년 전 인물인 탕왕이 후직과 같은 시대에 활동했던 설의 13대손이고, 문왕과 동시대 사람인 신제 주왕이 설의 29대손이다. 따라서 문왕이 후직의 14대손이라는 기록은 조작된 것이 분명하다. 주왕조가 왕실의 위엄을 세우기 위해 개국조 문왕을 제곡의 아들인 후직의 후손으로 만든 것이다. 아마도 그의 조상은 후직 휘하에 있던 세력이었을 것이다. 어쨌든 주왕조는 후직의 성씨를 따서 자신들을 희(姬)라고 하였다.

주왕조가 제후의 입지를 다진 것은 창의 조부인 고공(古公) 단보(亶父) 시절이다. 단보 이전에 그들의 세력은 위수(渭水) 중류의 황토고원에 터전을 두고 있었으나, 단보는 서북방에서 큰 세력을 형성하고 있던 융족의 위협과 공격을 견디지 못해 종족을 거느리고 동쪽으로 이동하여 기산(岐山) 아래의 주원(周原, 지금의 섬서성 기산 남부의 평야)으로 거주지를 옮겼다. 후에 창이 나라를 세우고 국호를 '주(周)'라고 한 것은 바로 이 주원에서 자신들의 세력이 기틀을 다졌기 때문이다.

창의 아버지 계력은 단보의 3남이며, 유태씨 출신의 태강(太姜)이 낳은 아들이다. 계력 위로 단보의 본부인이 낳은 태백(太伯)과 우중(虞仲)이 있었는데도 계력이 단보의 직위를 계승했다는 것은, 단보가 주원으로 이동한 뒤에 유태씨의 도움을 많이 받았다는 의미다. 단보가 계력에게 제후의 자리를 물려주자, 태백과 우중은 오월 땅으로 도망하여 문신을 하고 머리털을 깎아버린 채 지냈다고 한다.

계력으로부터 제후의 자리를 물려받은 창은 서백으로 불리며 어진 사람을 좋아하고 재주 있는 사람들을 잘 대우했다. 덕분에 많은 제후와 인재들이 창에게 몰려들었다. 그 무렵, 상나라의 주왕은 독단을 일삼으며 황음무도하여 제후들의 원망을 듣고 있었다. 이를 보다 못한 충신들이 간언하여 정사를 되돌아볼 것을 주청했지만, 주왕은 오히려 그들을 죽여 버렸다. 그러자 많은 제후들이 상나라를 등지고 창을 섬겼다. 이런 상황에서 간신 숭후호가 주왕에게 창을 제거해야 후환이 없을 것이라고 하자, 주왕이 그 말을 듣고 창을 불러들여 옥에 가둬 버렸다.

다행히 창의 충복 굉요가 주왕의 총애를 받고 있던 비중(費仲)을 매수하여 유신씨의 미녀와 여융씨의 준마, 그리고 유웅씨의 구사(九駟)와 많은 특산물을 주왕에게 바치고 창을 데려왔다. (사駟란 한 대의 수레를 끄는 4필의 말이므로, 구사란 9대의 수레를 끌던 36마리의 말을 가리킨다.)

주왕은 그런 엄청난 선물을 받고 이렇게 말했다.

"이 중에 한 가지만으로도 창을 석방시키기에 충분한데 이거 너무 많은 것 아닌가?"

주왕은 입이 한껏 벌어져서는 창을 석방시킬 때에 궁시와 부월을 하사하여 창이 주변 제후국들을 정벌할 수 있는 권한까지 줬다. 그러나 석방된 창은 내심 상왕조에 대한 충성을 접고 새로운 왕조를 일으킬 마음을 품었다. 그 일환으로 그는 기산 일대에 살고 있던 견융족과 감숙성에 살고 있던 밀수족을 정벌하여 세력을 확장했다. 그리고 산서성 지역으로 진출하여 기국을 정복함으로써 상나라를 위협했다. 상나라의 조이(祖伊)라는 인물이 주왕에게 창의 위험성에 대해서 고했지만, 주왕은 자신에게 천명(天命)이 있는데 무엇을 걱정하느냐며 대수롭지 않게 여겼다.

주왕이 그렇게 안이하게 생각하고 있을 때, 서백 창은 우족을 정벌하고, 이어 자신을 모함했던 숭후호도 정벌했다. 이때 그는 풍읍(지금의 섬서성 호현 동쪽)을 건설하여 기산 아래에서 이곳으로 천도함으로써 왕조의 기틀을 다졌다. 그는 국호를 가칭 주(周)라 칭했는데, 이는 자신의 조부 고공 단보가 주원에서 기반을 닦았기 때문이다. 또한 자체적으로 법령을 만들어 배포하고 독자적인 역(曆)을 사용하는 한편, 조부 고공 단보를 태왕으로 추존하고, 아버지 공계를 높여 왕계(王季)라 칭했다.

이렇게 서백 창은 주나라의 토대를 닦았으나 상나라를 무너뜨리지는 못한 채 죽었다. 그는 약 40년간 제후로 지냈으며, 스스로 왕이라 칭한 후 10년 동안 재위했다. 그의 아들 무왕은 그에게 문왕이라는 시호를 올리고 그를 주왕조의 개국조로 삼았다.

문왕은 주왕의 감옥에 갇혀 지낼 때 복희씨가 만든 8괘를 발전시켜 64괘를 고안했는데, 이 64괘를 기초로 『주역(周易)』이 만들어졌다.

상나라를 무너뜨린 무왕

문왕에 이어 그의 태자 발(發)이 왕위에 올랐는데, 그가 곧 상왕조를 무너뜨리고 정식으로 왕위에 오른 무왕(武王)이다. 발은 즉위한 뒤에, 태공망 강여상(姜呂尙)을 사(師, 군사 참모)로 삼고 동생 단(旦)을 보(輔, 천자를 보조하여 관원의 잘못을 바로 잡는 관직)로 삼았다. 또 다른 동생들인 소공과 필공으로 하여금 자신을 보좌토록 했다.

무왕은 재위 9년째 되던 해에 필 땅에서 제사를 올리고 군대를 사열한 뒤, 문왕의 위패를 수레에 싣고 상나라 정벌전에 나섰다. 이때 그는 자신을 태자로 낮추고 문왕의 명령을 받들어 정벌하는 것이라고 천명했다. 이렇게 하여 드디어 상나라로 향했는데, 군사 태공망 여상은 각 제후들에게 출병할 것을 통보하고, 늦게 도착하는 자는 목을 벨 것이라며 결연한 의지를 드러냈다. 이때 집결지인 맹진에 모인 제후는 800명이었다. 그러나 무왕은 아직 때가 무르익지 않았다며 제후들을 돌려보냈다.

그로부터 2년 뒤, 무왕은 다시 제후들을 불러 모았다. 그때 상나라의 주왕은 더욱 포악해져 충신들을 모두 죽이고, 당대의 성인으로 불리던 기자(箕子)마저 옥에 가뒀다. 이에 무왕은 드디어 천명이 떨어졌다며 주왕 정벌길에 올랐다. 때는 무왕 11년 12월 무오일이었다. 그로부터 한 달여 지난 이듬해 2월 갑자일 새벽에 무왕의 군대는 상나라의 수도 교외의 목야에 이르렀다. 그때 무왕은 제후들을 향해 이렇게 소리쳤다.

"옛말에 암탉은 새벽에 울지 않으니, 암탉이 울면 집안이 망한다고 하였소. 지금 상왕 주는 오직 부인의 말만 듣고 선조에게 지내는 제사를 멈추고 나라를 어지럽히고 있소. 또한 친족은 등용하지 않고 죄 짓고 도망쳐온 자들만 신임하고 중용하니, 그들은 백성들에게 온갖 악행을 일삼고 있소. 지금 이 사람 발은 오직 하늘이 내린 징벌을 그대들과 함께 수행할 것이외다."

그렇게 말한 뒤, 그는 군령을 하달하고 대오를 정비했다.

한편 신제 주왕 또한 무왕의 군대를 응징하기 위해 70만 명의 병력을 앞세웠다. 하지만 그들은 숫자만 많을 뿐 오합지졸이었다. 무왕의 군대는 단숨에 그들을 물리치고 주왕의 왕성을 무너뜨렸다.

패전 소식을 접한 주왕은 녹대에 올라가 스스로 불길로 떨어져 자살했다. 무왕은 새까맣게 타버린 그의 시신에 화살을 세 발 쏘고, 다시 마차에서 내려 검으로 시신을 자르고 황색 도끼로 목을 베어 커다란 백기에 매달았다.

무왕은 주왕의 아들 무경을 은 땅의 제후로 봉하고 자신의 동생인 숙선과 숙탁으로 하여금 무경과 함께 그곳을 다스리도록 했다. 또한 감옥에 갇혀 있던 기자를 석방시키고, 각 선대 왕들의 후손들을 지역의 제후로 삼았다. 신농의 후손을 초(焦)에 봉하고, 황제의 후손을 축(祝), 요임금의 후손을 계(薊), 순임금의 후손을 진(陳), 우임금의 후손을 기(杞)에 봉했다. 또 각 공신들을 지역의 제후로 삼았다. 태공망 여상을 영구(營丘)에 봉하고 제(齊)라 했으며, 동생 주공 단을 곡부에 봉하고 노(魯)라 했고, 동생 숙선을 관(管)에 봉했고, 동생 숙탁을 채(蔡)에 봉했다.

제 땅을 받은 여상은 문왕과 무왕을 도와 주왕조를 일으키는 데 가장 큰 역할을 했던 인물이다. 그는 나이 칠순까지 낚시를 하며 때를 기다리다 문왕에게 발탁되었는데, 주나라 창업의 최대 공신이었다. 그의 출신에 대해서는 원래 강씨 성을 가진 부락의 촌장이었다는 설과 출신이 비천하여 백정을 하다가 후에 술집을 경영했다는 설이 있다. 성은 강이고, 씨는 여(呂)이며, 자는 망(望), 이름은 상(尙)이다. 문왕은 그를 만난 뒤 그의 비범함에 감탄하여 자신의 조부인 태공이 바라던 사람이라 하여 태공망이라는 호를 내렸다고 한다.

근신들을 각 지역의 제후로 봉한 무왕은 수도를 지금의 서안 땅인 호경으로 옮기고, 낙양에 부수도를 설치했다. 또한 국호를 주(周)로 확정했으니, 때는 서기전 1122년이었다. 그러나 무왕의 영화는 오래 가지 않았다. 그는 천자에 오른 지 2년 만에 병으로 죽었고, 나이 어린 성왕이 왕위를 이었다.

즉위 당시 성왕은 어린 소년이었다. 때문에 숙부 주공 단이 섭정을 하였다. 그러자 단의 동생들인 선과 탁은 단이 왕위를 찬탈하려는 것으로 판단하고 반란을 일으켰다. 선은 관나라의 제후가 되었으므로 관숙선, 탁은 채나라의 제후가 되었으므로 채숙탁이라고 불렸는데, 이들은 상나라 주왕의 아들인 무경과 연합하여 군대를 일으켰다. 하지만 이들은 주공의 군대에 토벌되었고, 무경과 숙선은 죽음을 당했으며, 숙탁은 유배되었다.

탁과 선의 반란 이후 한동안 주왕조는 어수선한 분위기였지만, 주공의 노력으로 3년 만에 안정을 되찾았다. 주공의 섭정은 성왕 즉위 이후 7년 동안 이어지다가 성왕이 성인이 되자, 주공은 스스로 물러나 신하의 자리로 돌아갔다.

성왕은 숙부들인 노의 제후인 주공 단과 연의 제후인 소공 석을 태사와 태보로 삼고 정치적 안정을 꾀했다. 또한 회수 지역의 동이족인 회이를 직접 정벌하고 상나라의 제후국이었던 엄족을 멸망시켜 상왕조를 추종하던 세력들을 완전히 제거했다. 덕분에 전쟁이 종식되어 백성들이 태평성세를 구가하게 되었고,

그런 상황에서 성종은 법령을 정비하고 예악의 법도를 바로잡았다. 이러한 성종의 태평성세는 주공 단이 없었다면 불가능했을 것이다. 이 때문에 공자는 자신이 가장 존경하는 인물을 주공 단이라고 서슴없이 말하였다.

유가를 개창한

| | | | | | | | | | | | | | | | | | | | | | | | | | | | | | | |

공자 孔子

공자가 말하는 인(仁)이란 무엇인가?

공자의 가르침은 흔히 인(仁), 의(義), 예(禮), 지(知), 신(信)으로 요약된다. 그렇다면 그는 구체적으로 이 다섯 가지의 의미를 사람들에게 어떤 식으로 요구했을까? 그에 대한 대답을 공자는 『논어』에서 이렇게 알려주고 있다.

"젊은이는 집에서는 부모에게 효도하고 밖에서는 어른을 공경하며, 행동을 삼가고 신의를 지키며, 널리 여러 사람을 사랑하되 특히 어린이를 가까이 해야 할 것이다. 이런 일을 먼저 실천하고 남는 시간에는 글을 배워야 한다." (「학이편」 6장)

이 글을 요약하자면 효제(孝悌), 신의, 인애(仁愛), 면학(勉學)이라 할 수 있겠다. 이와 관련하여 『논어』「위정편」 5장에서 맹의자가 효도에 대해 물으니 공자가 이렇게 대답하였다.

"어기지 말아야 하오."

맹의자는 노나라 권세가인 맹하기를 지칭한다. 그에게 공자는 '어기지 말아야 한다'고 했다. 도대체 뭘?

그 말을 기이하게 여긴 번지가 물었다.

"무슨 뜻으로 하신 말씀입니까?"

공자가 대답했다.

"아버지가 살아계실 때는 예로써 섬기고, 돌아가신 뒤에는 예로써 장사지내며, 제사도 예로써 지내야 한다는 말이다."

흔히 공자의 학문을 예학이라고 한다. 그만큼 공자의 학문은 예를 강조하고 있다는 것이다. 심지어 공자는 이런 말까지 하였다.

"예가 아니면 말하지 말고, 예가 아니면 듣지 말고, 예가 아니면 행하지 말라."

이는 공자의 모든 가르침이 예와 통함을 말해 준다. 효를 행하는 데 있어서도 반드시 예를 지켜야만 제대로 행한 것이고, 충을 행함에 있어서도 예를 지켜야 바로 행한 것이다. 또한 신의와 배움에 있어서도 예가 먼저인 것이다. 하지만 예보다 더 먼저인 것이 있다. 그것에 대해 공자는 『논어』 「팔일편」 3장에서 이렇게 말하고 있다.

"사람이 어진 마음이 없다면 예는 알아 무엇할 것이며, 사람이 어진 마음이 없다면 악(樂)은 알아 무엇할 것인가?"

이것은 예보다 먼저 인(仁)이 있어야 한다는 말이다. 그리고 공자는 다시 이렇게 말한다.

"오직 어진 사람만이 사람을 좋아할 수도 있고, 사람을 미워할 수도 있다." (「이인편」 3장)

결국, 효도 좋고 예도 좋고 충도 좋고 신의도 좋지만 무엇보다도 먼저 어진 사람이 되어야 한다는 것이다.

그렇다면 어진 사람이란 도대체 어떤 사람인가? 공자는 『논어』 「이인편」 2장에서 이렇게 말하고 있다.

"어질지 않은 사람은 곤궁함을 오래 견디지 못하며, 안락함을 오래 누리지도 못한다. 어진 사람이라야 어진 것을 편안하게 여기고, 지혜로운 사람이라야 어진 것을 이롭게 여긴다."

이 말에 따르자면 어진 사람은 어진 것을 편안하게 여기고 어진 것을 이롭게 여기는 사람이다. 하지만 어질다는 것이 무엇인지 구체적으로 명시하고 있지 않다. 도대체 어질다는 것은 무슨 뜻인가? 흔히 인을 측은지심이라고 하는데, 그렇다면 남을 측은하게 여기는 마음이 어진 마음인가? 이와 관련해서 공자 스스로 측은지심을 보여 주는, 『논어』「옹야편」 8장을 살펴보자.

백우가 병들어 누웠다. 선생님께서 문병을 가시어 창 너머로 그의 손을 잡고 말씀하셨다. "이럴 수가 없는데, 운명이로다. 이 사람이 이와 같은 병에 걸리다니! 이 사람이 이와 같은 병에 걸리다니!"

백우는 공자의 제자 염경을 가리키는데, 그가 걸린 병은 문둥병이었다. 때문에 사람들은 감히 그 병이 옮을까봐 찾지도 않는데, 공자는 그의 손을 잡고 슬퍼한다. 이것이 곧 측은지심이요, 인이다. 하지만 공자의 제자들조차도 도대체 인이 무엇인지 잘 납득이 가지 않았던 모양이다. 그래서 그의 제자 번지가 이렇게 물었다.

"선생님 인이란 무엇입니까?"

공자가 대답했다.

"인이란 어려운 일을 남보다 먼저 행하고 그 대가는 뒤로 미루는 것이다."

하지만 이것도 인에 대한 하나의 사례에 불과하다. 그래서 공자는 또 이렇게 말한다.

"어진 사람은 산을 좋아하고 지혜로운 사람은 물을 좋아한다."

이 말뜻은 어진 사람은 산처럼 한결같다는 의미다. 그렇다면 어질다는 것은 남을 불쌍히 여기고, 어려운 일을 먼저 하고, 선한 일을 하고도 대가를 바라지 않는 행위를 산처럼 한결같이 하는 마음을 의미한다고 할 수 있다.

공자가 말하는 예란 무엇인가?

공자는 행동에 있어 가장 중요한 것은 예라고 가르쳤다. 그렇다면 그는 어떤 형태로 예를 실천하였을까? 『논어』에는 공자가 어떤 행동 방식을 지녔는지 알게 해 주는 여러 문구들이 있다. 그 문구들을 찾아 연결하면서 공자가 추구하는 예가 무엇인지 보도록 하자.

"공자께서는 마을에 계실 적에는 공손하시어 마치 말을 할 줄 모르는 사람 같았다. 종묘와 조정에 계실 때에는 사리를 따져 똑똑히 말하였으나, 다만 신중하였다.

조정에서 (동급인) 하대부와 말씀하실 때는 강직하였고, (자기보다 높은) 상대부와 말씀하실 때는 부드럽고 분명하셨다.

임금이 계시면 공경하는 태도를 보이면서도 태연하셨다.

임금이 불러 접대를 맡기시면 얼굴빛이 달라지고 발걸음도 빨라졌다. 함께 서 있는 빈객에게 읍할 때에는 손을 좌우로 돌려서 인사했는데, 옷자락이 가지런히 출렁거렸다.

빠른 걸음으로 나갈 적에도 몸짓이 단정하였고, 빈객이 물러가면 반드시 이렇게 복명했다.

'손님께서는 뒤돌아보지 않고 가셨습니다.'"

이 내용을 풀이하자면 그는 마을에 있을 때는 말을 삼가고 공손하게 처신했으며, 조정에 나가 나랏일을 볼 때는 사리를 따져 분명하게 처신했다는 뜻이다. 또한 사람을 대함에 있어 상대의 위치를 항상 고려하였고, 손님을 대할 때는 정중하고 빈틈없었다는 의미다.

이렇게 공자는 자리와 상황에 맞는 행동을 보여야 예에 맞는 것이라고 여겼는데, 다음 글귀들은 그런 태도를 한층 자세하게 보여 준다.

"공자는 대궐문으로 들어가실 때는 마치 몸이 작은 것처럼 몸을 굽혔고, 문의 중앙에 서 있지 않았으며, 문지방은 밟지 않았다.

임금의 자리를 지나갈 때는 얼굴빛을 엄숙히 하고 발걸음도 빨라졌으며, 말을 제대로 하지 못하는 듯했다.

옷자락을 잡고 당에 오를 때는 허리를 굽히고 숨을 멈추는 듯했으며, 당에서 내려올 때는 계단을 한 단 내려온 뒤에 얼굴빛을 펴고, 즐거운 듯했다. 계단을 다 내려와 종종걸음으로 나갈 때도 몸짓이 단정하였고, 제자리로 되돌아가서는 더욱 경건하였다.

규를 잡고 있을 때는 몸을 굽혀 그것이 힘에 겨운 듯하였고, 규를 위로 올릴 때는 읍하는 듯하고, 아래로 내릴 때는 물건을 넘겨줄 때처럼 했으며, 얼굴빛이 두려워하는 것처럼 변하였고, 발걸음은 더듬어가듯 좁게 걸었다.

예물을 드릴 때는 부드러운 얼굴빛을 띠었고, 개인적인 접촉에는 더욱 유쾌한 표정을 지었다."

이것이 공자가 말하는 신하로서의 예의범절이었다. 자신의 계급을 나타내는 규(圭, 홀)를 잡고 있을 때는 마치 자신에게 주어진 계급이 버거운 듯한 태도를 보이고 있는 점은 아주 인상적이다. 이렇게 공자가 말하는 예의라는 것은 늘 긴장하지 않으면 지킬 수 없는 것이었다.

예의를 드러내는 가장 일상적인 요소는 복장인데, 공자는 어떤 식으로 복장을 갖췄을까? 『논어』의 다음 기록이 그 단면을 보여 준다.

공자는 감색과 주홍색으로 옷깃을 달지 않고, 붉은색이나 자주색으로 평상복을 만들지 않았다. 무더운 여름철에는 베로 만든 홑옷에 반드시 속옷을 받쳐 입고 나갔다. 검은옷에는 검은 염소 갖옷을, 흰옷에는 어린 사슴 갖옷을, 누런 옷에는 여우 갖옷을 받쳐 입었다.

평상시에 입는 갖옷은 길었으나 오른쪽 소매는 짧았다. 반드시 잠옷이 있었으니, 그 길이는 키의 한 배 반이나 되었다. 방바닥에는 여우와 담비의 두꺼운 모피를 깔았다.

조회나 제사 때 입는 아래옷이 아니면 반드시 천을 잘라 꿰매어 입었다. 검은 염소 갖옷이나 검은 비단관으로 조상 가는 일은 없었다. 매월 초하루에는 반드시 조복을 입고 조회에 나갔다.

이 기록에서 평상복의 소매를 짧게 한 것은 일하는 데 불편함이 없게 하기 위해서였고, 잠옷을 길게 한 것은 살이 드러나지 않게 하기 위해서였다. 또 감색이나 주홍색으로 옷깃을 달지 않은 것은 그것이 상복의 색깔이기 때문이고, 붉은색이나 자주색으로 평상복을 만들지 않은 것은 그것이 관복의 색깔이었기 때문이다.

이렇게 공자의 예는 옷 하나 입는 것부터 모든 상황과 처지를 따져 분수와 위상에 맞는 것을 택하는 것이었다.

다음은 그의 음식 습관에 관해 알아보자. 다음 문장은 그의 음식에 대해 자세하게 서술하고 있다.

"공자는 밥은 곱게 찧은 쌀로 한 것을 좋아하였고, 회는 얇게 썬 것을 좋아하였다. 밥이 쉬어서 변한 것과 생선이 상하거나 고기가 썩은 것은 먹지 않았다. 빛깔이 나쁘거나 냄새가 좋지 않은 것도 먹지 않았다. 알맞게 익지 않은 것도 먹지 않았으며, 제철에 나온 것이 아니면 먹지 않았다. 썬 것이 반듯하지 않으면 먹지 않았고, 간이 맞지 않는 것도 먹지 않았다.

고기가 많아도 주식인 밥보다 많이 먹지 않았으며, 술은 정해진 양은 없었으나, 난잡한 일은 하지 않았다. 시중에서 사온 술과 육포는 먹지 않았고, 생강은 거르는 일은 없었으나 많이 먹지 않았다. 임금의 제사에 참례한 후에 받아온 고기는 밤을 넘기지 않고 먹었으며, 집안 제사에 쓴 고기는 사흘을 넘기지 않고 먹었으며, 사흘이 넘으면 먹지 않았다. 식사할 때는 말을 하지 않았고, 잠자리에서도 말을 하지 않았다. 거친 밥과 나물이라도 먹기 전에는 반드시 경건하게 고수레를 하였다."

한마디로 말해 몹시 까다롭고 따지는 것이 많았다는 것을 알 수 있다. 또한 지나치게 많이 먹는 일이 없고, 술에 취하는 일이 없었다는 것도 알 수 있다. 또 그는 항상 신분에 맞는 생활을 해야 한다고 주장했는데, 다음 이야기는 그의 관점을 단적으로 표현하고 있다.

공자가 가장 아끼던 제자는 안회였는데, 불행하게도 그는 32세라는 젊은 나이에 죽고 말았다. 그래서 공자가 그의 죽음을 너무도 안타까워하자, 공자의 제자이자 안회의 아버지인 안무요가 이렇게 말했다.

"선생님, 선생님의 수레를 팔아 아들의 장사를 지내게 해 주십시오. 저는 가난하여 아들의 장사를 제대로 지낼 수가 없습니다."

그의 말처럼 안무요는 아주 가난했다. 하지만 공자는 그의 부탁을 거절하며 이렇게 말했다.

"내 아들 이(백어)가 죽었을 때에도 관만 쓰고 덧관은 쓰지 않았다. 그러니 나는 내 수레를 팔아서까지 안회에게 덧관을 만들어 줄 수는 없다. 내가 대부의 끝자리를 차지하고 있는데, 걸어다닐 수는 없지 않겠느냐?"

이렇게 공자는 철저한 신분주의자였다. 자신의 신분이 대부이기 때문에 수레를 타고 다녀야만 하니, 수레를 팔아서 제자의 장례를 치러 줄 수는 없다는 것이다. 결국, 안회를 불쌍하게 여긴 제자들이 돈을 모아 장례를 치렀다고 한다.

이처럼 공자는 예에 사사로운 감정을 개입시키지 않았다. 또한 공자에게 있어서 예는 신분과 계급을 따져 자신의 분수를 지키는 것이었다. 하지만 단순히 분수만 지킨다고 예를 이룬 것은 아니다. 공자는 예에 대해 이렇게 덧붙인다.

"예는 사치스럽기보다는 차라리 검박해야 한다. 상례에는 형식보다는 슬퍼하는 마음이 나타나야 한다."

다시 말해 예의 본질은 분수를 지키면서 검박함을 유지하고, 형식을 따르되 근본적으로 마음이 먼저라고 가르치고 있는 것이다.

공자가 말하는 군자란 무엇인가?

흔히 공자의 학문을 '군자학(君子學)'이라고도 한다. 말하자면 그의 학문적 목표는 군자가 되는 것인데, 그렇다면 그가 말하는 군자란 어떤 존재인가? 군자란 원래 왕이나 왕에 버금가는 정치적인 권한을 가진 사람을 지칭하는 것인데, 공자가 말하는 군자는 왕노릇을 할 만한 사람을 가리키는 것이다. 말하자면 꼭 나라를 다스리는 사람이 아니라도 덕망이나 판단력이 나라를 맡겨도 손색이 없는 사람을 군자라고 지칭한 것이다.

하지만 공자가 말하는 군자를 한마디로 단정하긴 어렵다. 공자는 『논어』에서 여러 가지 표현으로 군자가 지녀야 할 덕목을 말하고 있는데, 그 내용들을 살펴보면 군자의 실체가 드러난다.

『논어』 첫머리에 공자는 이런 말을 하였다.

"남들이 나를 알아주지 않더라도 화내지 않는다면 이 또한 군자가 아닌가?"

여기서 말하는 군자란 곧 학식과 덕망과 지도력을 갖춘 이상적인 인간을 의미한다. 그 군자의 덕목 중 하나가 남의 평가에 연연하지 않는 것이라고 말하고 있다. 또 공자는 군자의 덕목을 이렇게 나열한다.

"먼저 실천하고 말은 나중에 하는 사람이 군자다."

"군자는 두루 살피나 비교하지 않고, 소인은 비교하나 넓게 살피지 않는다."

"군자는 다투는 일이 없다. 예외라면 활쏘기 정도이다. 서로 읍하고 사양하며 당에 오르고, 내려온 뒤에는 벌주를 마신다. 이것이 군자의 다툼인 셈이다."

"군자가 인(仁)을 버리고서야 어찌 이름을 이루겠는가? 군자는 밥 먹는 동안이라도 인을 어기지 않아야 하며, 위급한 때라도 인에 의지해야 하고, 넘어지고 자빠지는 순간에도 인을 지켜야 한다."

"군자는 이 세상의 일에 대해 한 가지만을 긍정하지도 않고, 또한 절대로 안된다고 부정하지도 않으며, 오로지 의(義)에 따른다."

"군자는 덕을 생각하나 소인은 땅을 생각하며, 군자는 형벌을 생각하나 소인은 특혜를 생각한다."

"군자는 도의에 밝고 소인은 이익에 밝다."

"군자는 말에는 느리고 둔하나, 실행에는 민첩하고자 한다."

"자산은 군자의 도를 네 가지 갖추고 있다. 즉, 몸가짐이 겸허하였고, 윗사람 섬김에는 공경스러웠으며, 백성을 기름에는 은혜로웠고, 백성을 부림에는 올바른 방도를 구하였다."

"바탕이 겉차림보다 앞서면 야비해지고, 겉차림이 바탕보다 앞서면 간사해진다. 겉차림과 바탕이 잘 어울린 연후에야 군자라 할 수 있다."

"군자가 널리 글을 배우고, 예로써 단속한다면, 비로소 올바른 도에 어긋나지 않게 될 것이다."

"군자가 무게가 없으면 위엄이 없으니 배워도 견실하지 못하다. 충성과 신의를 으뜸으로 삼으며 자기보다 못한 사람을 벗 삼지 말고 잘못된 점이 있으면 고치기를 꺼리지 말아야 한다."

이런 『논어』의 글귀들을 종합해 보면 군자의 덕목은 우선 인(仁)을 최고의 가치로 알고 스스로 인을 실천하며, 예로써 스스로를 단속하고, 의에 따라 행동하며, 널리 지식을 익혀 인식의 폭을 넓히고, 사귐에 있어서는 믿음을 주어야 한다는 것이다. 말하자면 군자는 유가에서 가장 중시하는 인, 의, 예, 지, 신을 실천하는 존재다.

하지만 공자가 추구하는 이상적인 인물은 군자의 단계가 아니다. 그는 다시 『논어』에서 이렇게 말한다.

"성인은 내가 만날 수 없으니 군자라도 만날 수 있다면 괜찮을 것이다."

군자보다 높은 단계의 인간이 있으니, 그것은 곧 성인이다. 성인은 학식과 덕망을 두루 갖추고 세상의 이치를 꿰뚫고 있으며, 세상을 구제할 수 있는 일종의 구세주다. 공자는 이런 성인의 경지에 이른 인물로 요와 순을 꼽는다. 하지만 공자시대에 요순과 같은 인물이 다시 나타날 수 없다고 생각한 그는 한 단계 아래인 군자라도 되라고 가르쳤던 것이다.

그렇다면 공자가 추구하는 진정한 군자의 상은 누구였을까? 그것은 바로 자기 자신이었다. 공자 자신은 비록 요와 순에 이르지는 못하지만 스스로 군자임을 자부했던 것이다. 그래서 제자들에게 최소한 스승인 자신만큼은 되라고 가르쳤던 것이다. 이는 제자들이 그에 대해 말한 다음의 기록들이 증명하고 있다.

"선생님께서는 낚시질을 하였으나 그물을 쓰지는 않으셨고, 주살로 나는 새는 잡아도 잠자는 새는 쏘지 않으셨다."

"선생님께서는 상을 당한 사람 곁에서 식사를 하실 때는 배불리 잡수시는 일이 없었다. 또한 선생님께서 곡을 하시면 그날에는 노래를 부르지 않으셨다."

"선생님께서 하지 않는 일이 네 가지 있었다. 즉, 억측하지 않았고, 억지를 부리는 일이 없었으며, 고집하지 않았고, 또한 자기를 내세우는 일이 없으셨다."

"선생님께서는 상복을 입은 사람이나 예복을 입은 사람이나 눈먼 사람을 만나면 비록 젊은이라 하더라도 반드시 일어나시고, 이들 앞을 지날 적에는 반드시 걸음을 재빨리 옮기셨다."

"선생님의 덕은 우러러볼수록 더욱 높고, 뚫을수록 더욱 굳으며, 앞에 계신 것을 본 것 같은데 어느덧 뒤에 계신다. 선생님께서는 차근차근 사람을 이끌어 학문으로 나를 넓혀주시고, 예절로 나를 다듬어 주신다. 내가 그만 배우려고 해도 그만 둘 수 없게 하시고, 내 능력을 다해 좇아 배우나 더욱 우뚝 서 계신 듯하다. 그러므로 아무리 따르고자 하여도 미처 따라갈 수 없는 것이다."

공자에 대한 제자들의 이런 표현들은 공자를 거의 성인의 경지에 이른 인물로 묘사하고 있다. 『논어』의 다음 기록은 제자들의 그런 마음을 대변한다.

태재가 자공에게 물었다.
"공자께서는 성인이신가요? 어찌 그리 다능하십니까?"
자공이 대답했다.
"본래 하늘이 내놓으신 큰 성인이시고 다재다능하십니다."

그렇다면 공자 스스로는 자신을 군자라고 생각했을까? 다음은 공자의 자평들을 모아 놓은 글들이다.

"나는 태어나면서부터 저절로 도를 깨달은 사람이 아니다. 다만 옛것을 좋아하여 그것을 힘써 구하는 사람일 뿐이다."

"나는 기술만 하고 창작은 하지 않으며, 옛것을 믿고 좋아한다. 나를 남몰래 노팽(노자와 팽조)에 비기고자 한다."

"깨달은 것을 묵묵히 마음에 새겨 두고 배움에 싫증을 내지 않으며 가르침에 지치지 않는다. 이런 일은 내게는 어려운 것이 아니다."

공자의 이런 말들을 종합해 보면 처음부터 도를 깨친 것은 아니지만 옛것을 좋아하고 끊임없이 배우는 자세로 임했더니 도를 깨쳤다는 뜻이다. 이에 대한 보다 직접적인 내용들이 『논어』에 다음과 같이 나온다.

섭공이 자로에게 공자에 대해 물었다. 그런데 자로는 대답하지 않았다. 이에 대해 공자께서 자로에게 말씀하셨다.

"너는 왜 말하지 않았느냐? 그분(공자)은 학문을 좋아하여 분발하면 밥 먹는 것도 잊고, 안 뒤에는 그 즐거움으로 걱정을 잊으며, 늙어감도 알지 못하는 사람이라고."

이런 공자의 말은 스스로가 학문에 심취하여 도를 구하는 일을 무엇보다도 우위에 둔다고 자부하고 있는 내용이다. 결론적으로 공자는 스스로의 삶을 이렇게 정리한다.

"나는 열다섯 살에 학문에 뜻을 두었고, 서른 살에는 뜻이 뚜렷하게 섰으며, 마흔 살에는 판단에 혼란이 없게 되었고, 쉰 살에는 하늘이 내린 사명을 깨닫게 되었다. 또 예순 살에는 듣는 대로 그 뜻을 저절로 알게 되었고, 일흔 살에는 무엇이든지 하고 싶은 대로 하여도 법도를 벗어나지 않게 되었다."

즉 일흔 살 이후에는 도를 깨쳐 무슨 일을 해도 도에 어긋나지 않게 되었다고 했다. 그는 스스로가 군자, 더 나아가서 성인의 경지에 이르렀다고 자평한 것이다.

공자의 생애와 사상

공자는 노나라의 수도인 창평향 추읍(산동성 곡부)에서 서기전 551년에 태어났으며, 이름은 구(丘), 자는 중니(仲尼)다. 아버지는 숙량 공흘이고 어머니는 안징재인데, 공흘이 늙어서도 자식이 없자 10대의 어린 소녀인 안징재를 후처로 받아들여 공자를 얻었다고 한다. 낳고 보니 공자의 머리 가운데가 언덕처럼 생겨서 이름을 구(丘, 언덕)라고 지었다고 전한다.

공흘은 공자가 세 살 때 명을 다하였고, 그 때문에 공자는 아버지 없는 아이로 자랐다. 그리고 19세에 견관씨의 딸과 혼인하여 이듬해에 아들 리(鯉)를 낳았다. 그리고 어머니 안징재는 공자가 24세에 세상을 떠났다.

공자는 19세에 벼슬길에 올랐는데, 첫 직임은 노나라 계씨의 창고 관리직이었다. 공자는 곡식 출납을 맡고 있다가, 21세에 가축 관리를 맡았다.

공자는 어릴 때부터 학문에 관심이 많았고, 특히 예학에 밝았다. 일설에는 그가 어린 시절에 제기를 벌여 놓고 제사를 지내는 것으로 놀이를 대신했다고 한다. 하지만 특별히 예학을 배우지는 않았으며, 스스로 책을 보고 익혔다고 한다. 덕분에 그는 30대 초반에 학문으로 명성을 얻었으며, 여러 제자들을 가르쳤다.

당시 노나라에서는 제후는 힘을 잃고 계씨, 맹씨, 숙씨 등 세 대부가 권력을 장악하고 있었다. 이들을 흔히 삼환이라고 하는데, 사실 이 대부들도 자기 가신들에게 권력을 빼앗기기도 하였다. 그 때문에 노나라는 계급 질서가 문란했고 기강이 제대로 잡히지 않았다. 공자는 이런 문제를 해결하기 위해 제후 소공과 함께 삼환을 제거하고 국가 기강을 바로 잡으려 하였다. 그래서 소공은 계평자를 공격하기 위해 군대를 동원했지만 오히려 삼환에게 패배하여 제나라로 도망치는 신세가 되고 말았다. 공자는 이때 소공을 보필하고 제나라로 갔다. 이때가 공자 나이 35세 때였다.

제나라에 간 공자는 그곳 제후 경공에게 정치에 대해 강의를 하였고, 제나라 관리로 등용되기를 희망했지만 실패했다. 당시 제나라 경공도 대부들에게 권력을 빼앗긴 채 유명무실한 상태였기 때문이다.

그 뒤 공자는 노나라로 돌아와 제자들을 양성하였다. 하지만 공자는 늘 관리로 임용되기를 소원하였고, 결국 51세에 노나라 중도의 재(宰)에 임명되었다. 그 뒤 53세에는 국토부 장관격인 사공 벼슬을 얻었으며, 이듬해에는 법무장관격인 대사구에 올랐다. 하지만 다시 삼환 세력을 쫓아내려다가 맹씨의 가신들에게 밀려 실패하였다.

그러나 그는 서기전 496년에 56세의 나이로 정승의 일을 겸직하였고, 이때 관리의 기강을 바로 잡기 위해 대부 소정묘를 처형하기도 하였다. 덕분에 나라의 질서가 잡히고 국력이 강해졌다. 이에 노나라의 강성을 두려워한 제나라에서 춤에 능한 미녀 80명과 말 120필을 보내 노나라 조정을 사치스럽게 하였다. 이 선물을 받은 노나라 정공과 계환자는 사흘이나 조회를 열지 않고 놀았는데, 공자는 이들과 함께 정치를 할 수 없다며 벼슬을 버리고 조정을 나와 버렸다.

이후 공자는 13년 동안이나 제자들을 이끌고 자신의 능력을 인정해 줄 제후를 찾아 천하를 떠돌게 된다. 그러나 어느 곳에서도 자신을 등용하지 않자, 결국 68세가 되던 서기전 484년에 노구를 이끌고 고향으로 돌아왔다.

이때부터 공자는 『시경』, 『서경』, 『역경』, 『예경』, 『춘추』 등의 책들을 엮어 제자들의 교과서로 사용하였다. 또한 음악을 정리하여 전통을 계승하고자 하였다.

그런 가운데 그는 아들 이와 가장 아끼는 제자 안회를 잃었다. 또 과격한 성격의 소유자였던 제자 자로가 위나라의 권력 투쟁에 휘말려 목숨을 잃는 상황도 경험했다. 그리고 서기전 479년 4월에 그는 73세를 일기로 생을 마감했다.

그의 제자는 3,000명이 넘었다고 하는데, 그 중에는 십철이라는 뛰어난 열 명의 제자와 72현이라고 불린 학자들이 나왔다. 그의 제자들은 공자가 죽은 뒤에 스승의 가르침을 정리하여 하나의 책으로 묶었는데, 그것이 바로 『논어』다.

『논어』는 유학의 핵심인 인, 의, 예, 지, 신, 악(樂)에 대한 가르침을 기반으로 효와 충을 역설하고 있다. 또한 공자가 꿈꿨던 이상적인 군주의 행동 양식을 나열한 '군자론' 과 세상의 이치를 표현한 '도' 에 관한 말들이 함께 실려 있다. 그 과정에서 제자들에게 행한 가르침과 제자들에 대한 평가, 역사와 인물에 대한 평가를 곁들이고 있다.

공자의 직계 제자들

공자를 빼닮은 유자

유자(有子)의 성은 유(有)씨이고, 이름은 약(若)이다. 그는 공자보다 마흔세 살 어리므로 서기전 508년 생이며, 공자가 세상을 떠났을 때는 서른 살이었다. 그는 외모가 공자를 빼닮았고, 말과 행동도 유사했다고 한다. 그래서 공자가 죽은 뒤에 제자들이 의논하여 그를 스승으로 삼았다.

그가 가르친 내용들이 『논어』에 기록되어 있는데, 우선 효도와 인에 대해 다음과 같이 가르치고 있다.

"효도하고 공경하면서 웃어른의 뜻을 거스르는 이는 드물다. 웃어른에게 거역하기를 좋아하지 않으면서 난을 일으키는 것을 좋아하는 사람은 여태 없었다. 군자는 근본에 충실하니 근본이 서면 도가 생긴다. 효도와 우애는 인을 행하는 것의 근본이니라."

또 행동의 원칙에 대해서는 이렇게 말하고 있다.

"도리에 어긋나지 않는 약속이라면 그것을 실천할 수 있다. 예의에 어긋나지 않은 공손함이라면 멸시를 당하는 일이 없다. 자신이 의지하려는 사람이 가까이

해도 될 만한 인품의 소유자라면 한평생 존경하고 받들 수 있다."

그리고 예에 대해서는 이런 말을 남겼다.

"예를 행할 때는 조화를 이루는 것이 가장 중요하다. 옛 성천자가 행하신 바도 이래서 아름다웠던 것이다. 크거나 작은 일에도 모두 이 원리에 따랐다. 그러나 제대로 행해지지 못할 경우가 있다. 즉 조화가 좋은 줄만 알고 예로써 조절하지 않는다면 생활의 질서가 깨어져 순조롭게 행해질 수 없는 것이다."

하지만 그의 이런 가르침과 행동에 대해 비판적인 시각을 가진 제자들이 있었던 모양이다. 그래서 어느 날 한 제자가 유자에게 나아가 이렇게 물었다.

"예전에 공자께서는 밖에 나가실 때 제자를 시켜 우산을 준비하게 한 적이 있습니다. 그리고 과연 비가 왔습니다. 그래서 제자가 어떻게 비가 올 것을 아셨냐고 물으니 선생님께서 『시경』에 이런 말이 있다며 들려주셨습니다.

'달이 필성에 걸려 비가 쏟아지려 하네.'

그리고 어젯밤에 달이 필성에 걸려 있지 않더냐고 물었습니다. 그런데 뒷날 또 달이 필성이 걸렸으나 끝내 비는 오지 않았습니다."

유자는 그런 제자의 말을 계속 듣고만 있을 뿐 아무 말도 하지 않았다. 그러자 제자의 말이 이어졌다.

"또 상구가 나이 많도록 아이가 없었으므로 그의 어머니가 그에게 새 아내를 얻어주려고 했습니다. 그때 공자께서 상구를 제나라에 사신으로 보내려 하자, 그의 어머니가 보내지 말라고 간청했습니다. 그러자 공자께서 그 어머니에게 걱정하지 말라며 상구의 나이가 마흔이 지나면 반드시 다섯 아들을 얻게 될 것이라고 했습니다. 그러더니 정말 그렇게 되었습니다."

제자는 거기까지 말하고 유자를 똑바로 보며 말했다.

"그런데 공자께서는 어떻게 이런 것을 아셨을까요?"

그 물음에 유자는 아무 대답도 하지 못했다. 그러자 그 제자가 일어나 소리쳤다.

"유자여, 이 자리에서 물러나시오. 이곳은 당신이 앉을 만한 자리가 아닙니다."

사실, 유약은 공자가 가장 아끼는 제자 열 명에 끼지 못했다. 흔히 공자가 가장 내세우던 제자들을 공문십철(孔門十哲)이라고 하는데, 그 이름을 공자 스스로 나열한 바 있다. 『논어』「선진편」1장에 그 이름을 나열하며 공자는 이렇게 말하고 있다.

"나를 따라 진나라와 채나라에 갔던 사람들이 지금은 다 내 문하에 있지 않구나. 그들 중 덕행에는 안연, 민자건, 염백우, 중궁이 있고, 언어에는 재아와 자공이 있고, 정사에는 염유와 계로가 있으며, 문학에는 자유와 자하가 있다."

유약이 공자가 언급한 십철에 들지 못한 것은 당시 나이가 너무 어렸기 때문일 것이다. 하지만 공자가 죽은 뒤에 제자들이 그로 하여금 공자를 잇도록 한 것을 보면 유약의 인덕과 학문은 십철에 뒤지지 않았을 것이다.

효행으로 유명했던 증자

증자는 성이 증(曾)이고, 이름은 삼(參)이며, 자는 자여(子輿)다. 남무성 출신으로 공자보다 마흔여섯 살 아래로 서기전 505년에 태어났다. 공자가 죽을 당시에는 27세의 젊은이였으나, 공자는 생전에 그의 효행을 높이 평가하여 『효경』을 짓도록 했다고 한다.

『논어』에 그가 가르친 내용이 나오는데, 그 문장들을 옮겨 보면 이렇다.

"나는 날마다 세 가지 일로 나 자신을 반성한다. 남을 위하여 일을 꾀하되 최선을 다하였는가? 친구와의 사귐에 있어 신의를 저버린 일은 없는가? 전해 받은 바를 올바로 익혔는가?"

증자는 이처럼 자신을 성찰하는 것을 새롭게 배우는 것보다 귀하게 여겼다. 이로 인해 행동이 신중하고 느린 편이었는데, 이런 증자에 대해 공자는 다음과 같이 평가했다.

"삼은 노둔하다."

말하자면 공자는 증자가 성실하기는 하나 행동이 느려 둔하고 미련하다고 말하고 있는 것이다. 그러나 그에게 『효경』을 짓도록 한 것을 보면 그의 효행은 인정했던 모양이다.

『효경』의 내용은 주로 공자가 효에 대해 말한 내용을 담고 있는데, 때때로 증자는 묻고 공자는 답하는 형식을 취하고 있다. 그 가운데 한 장면을 보면 이렇다.

증자가 물었다.

"감히 묻겠습니다. 성인의 덕은 효보다 더 나은 것이 없습니까?"

공자가 대답했다.

"하늘과 땅의 본성을 타고 난 것 중에 사람이 가장 귀하고, 사람의 행동 중에 효보다 더 큰 것은 없다. 효도 중에 아버지를 존경하는 것보다 더 큰 것은 없다. 아버지를 존경하는 것 중에 아버지를 하늘과 짝을 짓게 하는 것보다 더 큰 것은 없다. 이러한 행동을 한 사람은 주공이다."

여기서 하늘과 짝을 짓는다는 것은 결국 아버지를 신으로 모시고 제사를 올린다는 뜻이다. 말하자면 제사를 지내는 것은 아버지를 하늘처럼 높게 대한다는 의미인 것이다. 증자는 또 이렇게 공자에게 묻는다.

"사랑을 받고 친애하는 것과 밖으로 공손하고 안으로 공경하여 어버이를 편안하게 해 드리고 이름을 날리는 것들에 관한 가르침을 들었습니다. 감히 묻겠습니다. 자식으로서 아버지의 명령을 따르는 것을 효도라고 할 수 있겠습니까?"

공자가 대답했다.

"무슨 소린가? 옛날의 천자는 다투어 간언하는 신하 일곱 사람을 두면 비록 천자가 무도하더라도 그 나라를 잃지 않는다고 했다. 제후는 다투어 간언하는 신하 다섯 사람만 두면 그 제후가 도가 없다 할지라도 그 나라를 잃지 않는다고 했다. 또 대부는 다투어 간언하는 신하가 세 사람만 되면 자신이 도가 없다 할지라도 그 집안이 망하지 않는다고 하였다. 그리고 선비에게는 다투어 간언하는 벗이 있으면 그 선비의 몸에 아름다운 이름이 떠나지 않을 것이다. 마찬가지로 아버지는 다투어 간언하는 자식을 두면 아버지의 몸이 의롭지 않은 곳에 빠지지 않을 것이다. 그러므로 아버지가 의롭지 않은 일을 당하게 되면 자식으로서 다투어 간언하지 않으면 안 되고 신하된 자는 임금에게 다투어 간언하지 않으면 안 되는 것이다. 이로써 의롭지 않은 일을 당하게 되면 다투어 간언해야 하는 것이므로 아버지의 명령만을 따르는 것을 어찌 가히 효도라고 말할 수 있겠는가?"

이렇게 공자는 의로운 것은 따르고 의롭지 않는 것은 따르지 않는 것이 충과 효라고 증자에게 가르치고 있다. 이에 대해 증자는 이렇게 감탄한다.

"깊기도 하구나. 효도의 위대함이여!"

증자는 이렇게 자기 목소리를 내기보다는 공자의 말씀을 전달하는 일에 주력한 인물이다.

『효경』은 공자가 증자에게 짓게 했다는 말이 『논어』에 전하지만, 일설에는 공자가 이 책의 저자라는 말도 있고, 공자와 증자의 문답 내용을 다른 문인이 기록한 것이라는 말도 있다. 또한 한나라 때에 만들어진 위작이라는 설도 있다. 하지만 『효경』의 내용이 주로 공자의 가르침과 증자와의 문답 내용으로 된 것으로 봐서 증자가 어떤 형태로든 『효경』에 관여한 것만은 분명한 듯하다.

증자는 아버지 증석을 지극정성으로 섬긴 것으로 유명하였다. 증자는 증석을 봉양할 때는 반드시 식사 때마다 술과 고기를 마련하였고, 아버지가 음식을 남기면 누구에게 줄 것인지 물었다. 또 아버지가 남은 음식이 있느냐고 물으면 항상 있다고 대답했다고 한다. 그것은 혹 아버지가 부족함을 느끼면 언제든지 가져올 수 있도록 했다는 뜻이다. 또한 아버지가 맛있는 음식을 다른 사람에게 주고자 하면 줄 수 있도록 넉넉하게 준비했다는 뜻이기도 하다.

증자는 증석이 죽은 뒤에는 아버지가 좋아하던 음식은 먹지 않았다고 한다. 이는 아버지에 대한 존경의 표시였다. 증자는 이토록 지극한 효자였으나 그의 아들 증원은 증자에 미치지는 못했던 모양이다. 증원도 식사 때마다 반드시 술과 고기를 준비하긴 했으나 증자가 음식을 남겨도 누구에게 줄 것인지 묻지 않았고, 더 있느냐고 물으면 없다고 대답했다고 한다. 이는 남은 것을 뒀다가 다시 아버지의 밥상에 올리기 위함인데, 이를 두고 당시 사람들은 증원이 증자의 입과 몸은 봉양했으나 마음까지 봉양하지는 못했다고 평가했다.

변론의 귀재 자공

자공(子貢, 단목사의 자)의 성은 단목(端木)이고, 이름은 사(賜)다. 서기전 520년에 위나라에서 태어났으며, 공자보다 서른한 살 어리고, 공자가 죽을 당시에 42세였다. 그는 공자의 제자 중에 가장 이재에 밝고 변론에 뛰어난 인물로 전해지고 있다. 그래서 여러 나라에서 외교 활동에 수완을 보였고, 장사를 잘해 재산도 많았다. 공자는 자공이 입심이 좋고 언변이 뛰어난 것을 조심시켰으며, 자공은 그런 공자의 충고와 가르침을 겸손하게 받아들이곤 했다.

한번은 공자가 이렇게 물었다.

"너와 안회 중 누가 더 나으냐?"

안회는 공자가 최고의 제자라고 칭송하던 인물이었다.

자공이 대답했다.

"제가 어찌 안회와 견주겠습니까? 회는 하나를 들으면 열을 알지만, 저는 하나를 들어야 둘밖에 모르는 걸요."

그 다음에는 자공이 공자에게 물었다.

"선생님이 보시기에 저는 어떤 존재입니까?"

공자가 자공을 지긋이 쳐다보다가 대답했다.

"너는 하나의 그릇이다."

"어떤 그릇입니까?"

"호련(瑚璉)이라고나 할까."

호련은 종묘 제사 때 기장과 피를 담아 두는 귀한 그릇이다. 그만큼 공자는 자공을 귀재로 생각했다.

그런 자공에 대한 공자의 믿음이 돋보이는 이야기가 있다. 언젠가 대국인 제나라가 노나라를 치려고 했는데, 이 때문에 공자는 몹시 걱정했다. 그래서 제나라의 침입을 막을 요량으로 제자들을 불러 말했다.

"노나라는 조상들의 무덤이 있는 나라다. 나라가 이처럼 위태로운데, 너희들은 어째서 나서지 않느냐?"

그 말을 듣고 성미 급한 자로가 나섰다.

"제가 나가서 제나라의 공격을 막아 보겠습니다."

하지만 공자는 만류했다. 그러자 자장과 자석이 나서겠다고 했다. 하지만 공자는 그들에게도 허락하지 않았다. 그때 자공이 나섰다.

"제가 가는 것은 어떻겠습니까?"

그때서야 공자는 고개를 끄덕였다. 공자는 진작부터 자공이 나서길 바라고 있었던 것이다. 하지만 자공은 다른 제자들에게 양보한 뒤에 기다렸다가 더 이상 나서는 사람이 없자, 자신이 제나라로 가겠다고 한 것이다.

자공은 제나라로 가서 그곳의 권력자 전상을 만나 이렇게 설득했다.

"상공께서는 약하고 보잘것없는 노나라를 쳐 봤자, 득이 될 것이 없습니다. 차라리 오나라를 치십시오."

그 소리에 전상은 얼굴을 붉히며 말했다.

"그대는 어째서 손쉽게 이길 수 있는 노나라를 치지 못하게 하고, 오나라를 치라는 것인가?"

"병법에 근심이 국내에 있으면 힘 있는 나라를 공격하고, 근심이 국외에 있으면 약한 나라를 공격한다고 했습니다. 상공께서는 지금 근심이 나라 안에 있지 않습니까?"

당시 전상은 이미 허수아비로 전락한 제나라 제후를 쫓아내고, 자신이 그 자리에 앉으려 했다. 하지만 네 명의 대부가 반대하여 제후를 쫓아내지 못했다. 그래서 자신의 힘을 과시하기 위해 노나라를 치려고 했던 것이다.

자공의 말에 전상이 고개를 끄덕이며 말했다.

"그렇지. 나의 근심은 나라 안에 있지."

"그렇다면 노나라를 치면 상공의 근심은 더 커질 것입니다. 대부들이 군대를 동원하여 노나라를 쳐서 성공한다면 그들의 힘은 더욱 강해질 것이고, 그 때문에 상공의 힘은 오히려 약해질 것입니다. 하지만 그들에게 오나라를 치게 하면, 그들은 싸우다 죽거나 또는 죽지 않아도 힘은 약해지겠지요."

전상은 자공의 말을 받아들였다. 하지만 여전히 문제는 남아 있었다.

"그런데 이미 우리 제나라 군대가 노나라를 치기 위해 떠났소. 무슨 명분으로 그들을 멈추게 하여 오나라를 치게 할 수 있단 말이오."

그러자 자공이 방책을 일러주었다.

"상공께서 우선 군사를 멈추시면 제가 오나라로 가서 오나라가 노나라를 도와 제나라를 치도록 하겠습니다. 그러면 상공께서는 오나라 군사와 싸우시면 됩니다."

그런 다음 자공은 오나라로 가서 제나라를 치라고 설득했다.

"지금 제나라가 노나라를 차지하면 제나라의 힘이 크게 확대되어 오나라가 위험에 처할 것입니다. 그러니 왕께서는 노나라를 구원하여 명분을 세우고, 제나라의 확장을 막아 이름을 떨치십시오. 그러면 사수 지역에서 제나라에 억압받고 있는 작은 나라들이 오나라를 섬기게 될 것이고, 오나라는 그 힘으로 제나라를 꺾은 다음, 서쪽의 강국 진나라를 제압하면 패자가 될 것입니다."

듣고 보니, 일리 있는 말이었다. 그렇지만 오나라 왕 부차는 꺼림칙한 것이 있었다. 바로 절치부심 복수의 칼날을 갈고 있는 월나라가 뒤를 칠까 두려웠던 것이다. 그 말을 듣고 자공이 이렇게 장담했다.

"제가 월나라로 가서 월왕을 만나겠습니다. 그리고 월왕이 스스로 그들의 군사를 보내 제나라를 치는 일을 돕도록 만들겠습니다. 그러면 월나라가 오나라를 공격할 일은 없을 것입니다."

그렇게 자공은 다시 월나라로 가서 월왕 구천을 만나 설득했다.

"왕께서는 오나라를 도우십시오. 그러면 오왕은 제나라를 칠 것입니다. 그 싸움에서 오왕이 이기지 못하면 월나라는 자연히 오나라의 위협으로부터 벗어날 것입니다. 또 오왕이 이기면 그 여세를 몰아 서쪽의 진나라를 칠 것입니다. 그때 저는 진나라로 가서 월나라와 힘을 합쳐 오나라를 치도록 만들겠습니다. 그러면 오나라는 반드시 멸망할 것입니다."

그 말을 듣고 월왕 구천은 자공이 시키는 대로 오나라의 제나라 공격을 돕겠다고 하였다.

그리고 자공은 다시 진(秦)나라로 가서 왕을 만났다.

"지금 오나라가 제나라를 공격하여 승리하면 반드시 그 여세를 몰아 진나라로 진격할 것입니다."

그 말을 듣고 진왕이 몹시 두려운 얼굴로 물었다.

"그렇다면 우린 어떻게 하는 것이 좋겠소?"

"군대를 정비하고 군사들을 쉬게 하여 전쟁에 대비하십시오."

그런 다음 자공은 노나라로 돌아왔다.

그 뒤 오나라는 애릉에서 제나라 군사를 크게 이겼다. 그리고 그 여세를 몰아 진나라로 쳐들어갔다. 하지만 진나라 군대에 크게 패하고 말았다. 월왕 구천이 그 소문을 듣고 오나라를 공격하여 오왕 부차를 죽였다. 이후 월나라는 동쪽의 패자가 되었다.

이렇게 자공은 한 번 나서서 노나라를 위기에서 구했고, 또한 천하의 판도도 바꿔 놓았다.

그는 또 재산을 불리는데도 일가견이 있었다. 그는 폐거(廢擧)의 수완이 좋았다. 폐거란 물건 값이 쌀 때 사들였다가 비쌀 때 파는 장사 수법인데, 자공은 이 방법으로 많은 재물을 모았고, 그 재물로 공자의 어려움을 여러 차례 도왔다.

하지만 자공은 겸손한 인물이었다. 그 어떤 상황에서도 자신의 스승 공자를 깎아내리는 법이 없었다. 누군가가 자신을 공자에 견주려 하자 그는 이렇게 말했다.

"스승님에 비하면 나는 그저 어깨에도 미치지 못하는 낮은 담장에 불과하고, 스승님의 담장은 너무 높아 그 속에 무엇이 있는지도 잘 알 수 없습니다."

노년에 자공은 노나라와 위나라에서 재상을 지냈고, 많은 재산을 가지고 있었다. 공자가 죽은 뒤에 위나라 재상으로 있던 자공은 공자의 문하에서 함께 배웠던 원헌(原憲, 자사 子思)을 찾아갔다. 당시 자사는 풀이 우거진 숲에 숨어 살고 있었다.

자공이 자사를 보더니 안색을 살피며 말했다.

"선생은 어찌하여 병들어 있소?"

자사가 말했다.

"내가 듣기로는 재산이 없는 자를 가난하다고 하고, 도를 배우고도 행하지 못하는 자를 병들었다고 한다고 했소. 나는 가난한 것이지, 병든 것은 아니오."

그 말을 듣고 자공은 자신을 너무나 부끄러워하며 그곳을 떠났다. 그리고 죽을 때까지 그 일을 부끄럽게 여겼다고 한다.

그 뒤에도 자공은 여러 나라를 다니며 재상을 지냈고, 제나라에서 죽었다.

공자가 가장 아낀 제자 안회

안회(安回)는 서기전 521년에 노나라에서 태어났으며, 자는 자연(子淵)이다. 그래서 안연으로도 불리었다. 안회의 아버지는 안무요(安無繇)이며, 역시 공자의 제자였다. 안무요의 자는 로(路)였기에 안로라고 불리었다.

안회는 공자가 가장 아끼는 제자였는데, 공자는 그에 대해 이렇게 말했다.

"내가 안회와 하루 종일 이야기를 해도 조금도 나의 뜻에 거슬리지 아니하여 마치 멍청한 사람과 같았다. 그러나 물러나 홀로 생활하는 모습을 보면 내가 말한 것을 착실히 실천하고 있다. 안회야말로 결코 어리석은 사람이 아니다."

또 노나라 애공과의 대화에서도 공자가 그를 얼마나 아꼈는지 볼 수 있다.

애공이 물었다.

"제자 가운데 누가 배우기를 좋아합니까?"

공자가 안타까운 얼굴로 대답했다.

"안회라는 사람이 배우기를 좋아하며 노여움을 옮기지 아니하고, 과오를 되풀이하지 않았습니다. 불행히도 단명하여 지금은 죽고 없습니다. 그 후로는 아직 배우기를 좋아하는 이가 있다는 말을 듣지 못했습니다."

또 제자들에게 안회를 칭찬하며 이런 말도 하였다.

"안회야말로 그 마음이 여러 달 동안이나 인(仁)에서 벗어나지 않는 사람이다. 나머지 제자들은 겨우 하루나 한 달에 한 번쯤 인에 이를 뿐이다."

하지만 안회는 아주 가난하였다. 그래서 매우 검소하게 살았는데, 그런 안회에 대해 공자는 이렇게 말했다.

"어질도다, 회여! 한 그릇 밥과 한 표주박 물로 누추한 마을에 살게 되면 다른 사람들은 그 괴로움을 견뎌내지 못하는데, 안회는 그 즐거움이 변치 않는구나. 어질도다, 회여!"

또 안회를 앞에 앉혀 놓고 이런 말도 하였다.

"등용되면 벼슬하여 도를 행하고 버려지면 들어앉아 도를 즐길 수 있는 사람은 오직 나와 너뿐이로구나."

하지만 미인박명이라고 했던가. 공자가 그토록 아끼던 안회는 29세에 머리털이 죄다 세고 병이 들었다. 그리고 32세의 젊은 나이에 죽고 말았다. (어떤 책에는 41세에 죽었다는 말도 있다.)

공자는 그 일을 안타깝게 여기며 이렇게 말했다.

"회가 내 제자가 된 뒤부터 다른 제자들이 나와 더욱 친근해졌었는데……."

또한 그의 부고를 듣고 공자는 이렇게 말했다고 한다.

"하늘이 나를 버리는구나."

현실 참여 의식이 많았던 자장

자장(子張)은 진(陳)나라 사람으로 성은 전손(顓孫)이고 이름은 사(師)이며, 자장은 그의 자다. 공자보다 마흔여덟 살 어리다.

『논어』에서 자장은 공자에게 이렇게 물었다.

"선비가 어느 정도 되어야 통달했다고 할 수 있습니까?"

공자가 되물었다.

"네가 아는 통달이란 무슨 뜻이냐?"

자장이 대답했다.

"나라에서도 명망이 있고, 집에서도 명망이 있는 것을 말합니다."

"그것은 명망이지 통달이 아니다. 대체로 통달의 경지는 질박하고 정직하며, 의를 좋아하고, 남의 말을 알아듣고 얼굴빛을 알아보며, 남에게 겸손하게 행동하는 것을 일컫는다. 그렇게 행동하면 나라에서나 집안에서나 반드시 통달하게 된다. 그러나 명망이란 것은 겉으로는 어진 체하면서도 행동은 어긋나는데, 그러면서도 그것을 옳다고 믿고 의심하지 않는 것을 일컫는다."

이 외에도 자장은 공자에게 벼슬자리를 얻는 방법을 묻기도 했고, 행세하는 도리를 묻기도 했다. 그의 물음들은 학문적인 것보다 이처럼 현실적인 참여 문제에 집중됐음을 알 수 있다. 그래서인지 공자는 그에 대해 재주가 지나치다는 평가를 내렸다. 말하자면 속으로 덕을 쌓지 못하고 겉으로 드러내기를 좋아한다는 뜻이다.

공자가 미워한 제자 재여

재여(宰予)의 자는 자아(子我)인데, 흔히 성과 자를 합쳐 재아라고 불리기도 하였다. 공자의 제자 중에 자공과 더불어 변론이 뛰어난 인물로 평가된다.

공자에게 가르침을 받게 되자, 재여가 이런 질문을 하였다.

"부모의 상을 3년이나 치르는 것은 너무 길지 않습니까? 군자가 3년 동안 예를 행하지 않으면 예가 무너질 것이며, 3년 동안 음악을 내버려 둔다면 음악도 무너질 것입니다. 1년이면 묵은 곡식은 없어지고 햇곡식이 나며, 나무를 비벼 얻은 불씨도 바꾸게 됩니다. 상을 치르는 것도 1년이면 되지 않겠습니까?"

공자가 물었다.

"그렇게 해도 네 마음이 편안하겠느냐?"

"편안합니다."

"네 마음이 편안하다면 그렇게 해라. 군자는 부모의 상을 치르는 동안은 음식을 먹어도 달지 않고, 음악을 들어도 즐겁지 않다. 그래서 그렇게 하지 않는 것이다."

재여가 나간 뒤에 공자가 말했다.

"여는 어질지 않구나. 자식이 태어나면 3년이 지난 뒤에야 비로소 부모의 품을 벗어난다. 그러니 삼년상은 천하 누구에게나 공통된 도리다."

이렇게 공자는 재여의 심성을 못마땅하게 여겼다. 그래서 어느 날 재여가 낮잠을 잤는데, 공자가 이렇게 말했다.

"썩은 나무에는 조각을 할 수 없고, 더러운 흙담은 흙손으로 다듬을 수 없다."

공자는 이처럼 재여를 썩은 나무나 더러운 흙담에 비유했다.

그 정도로 공자는 재여를 싫어했다.

어느 날 재여가 오제의 덕에 대해서 묻자, 공자는 무서운 눈으로 이렇게 대답했다.

"너는 그런 것을 들려줄 만한 사람이 아니다."

그 뒤 재여는 제나라 임치의 대부가 되어 전상과 함께 반란을 도모했다가 그집안사람들이 모두 죽음을 당했다.

그 소식을 듣고 공자가 말했다.

"부끄러울 따름이다."

용맹이 지나쳐 죽음을 자초한 자로

자로(子路)의 성은 중(仲)이며, 이름은 유(由)다. 공자보다 아홉 살 어리며, 공자가 좋아하지 않던 제자 중에 하나였다. 그는 성격이 급하고, 직선적이었으며, 강직했다. 그런 내면을 표현하기 위해 수탉의 깃으로 만든 갓을 쓰고, 수퇘지 가죽으로 만든 띠를 두르고 다녔다. 하지만 공자를 만난 뒤에 교화되어 선비의 옷차림으로 바꿔 입고, 스스로 제자가 되길 청했다.

자로는 특히 현실 정치에 관심이 많던 인물인데, 공자에게 이렇게 물었다.

"정치를 어떻게 하는 게 좋습니까?"

"백성들보다 앞서서 애써야 한다."

"좀 더 가르쳐 주실 수는 없겠습니까?"

"게을리 하지 말아야 한다."

자로가 또 물었다.

"군자도 용기를 좋아합니까?"

공자가 대답했다.

"군자는 의를 가장 소중히 여긴다. 군자가 용기만 좋아하고 의가 없으면 어지러워지고, 소인이 용기만 좋아하고 의가 없으면 도적이 된다."

그리고 공자는 자로에 대해 이렇게 평가했다.

"유는 용기에 있어서는 나보다 앞선다. 하지만 용기를 알맞게 쓰지 못한다. 유와 같은 사람은 제 명에 죽지 못할 것이다."

그 뒤 자로는 위나라 대부 공회를 섬기게 되었는데, 공회는 반란에 성공했다. 하지만 자로는 공회가 옳지 못한 일을 했다며 새 임금인 위나라 장공에게 공회를 죽여야 한다고 주장했다. 임금이 그의 말을 듣지 않자, 자로는 임금과 공회가 서 있던 대에 불을 지르려고 하였다. 이에 장공이 부하들을 시켜 자로를 붙잡게 하였다. 붙잡힌 뒤, 그들이 자로의 갓끈을 쳐서 끊었다. 그러자 자로는 이렇게 소리쳤다.

"군자는 죽어도 갓을 벗지 않는다."

그래서 자로는 끝내 갓을 쓰고 죽었다.

그 전에 공자는 위나라에 반란이 일어났다는 소리를 듣고 이렇게 탄식했다고 한다.

"슬프구나. 유가 죽겠구나."

공자가 아끼던 또 다른 제자들

언급한 제자들 외에도 공자에게는 유능한 수십 명의 제자들이 있었다. 그들 중에 공자가 매우 아낀 제자들이 있는데, 민손, 북부제, 염옹, 공야장, 언언 등이 그들이다. 여기서는 그들과 관련된 짧은 이야기를 소개한다.

민손(閔損)의 자는 자건(子騫)인데, 공자보다 열다섯 살 어린 제자로 공자가 무척 아끼던 인물이다. 공자는 그의 효성에 대해 극찬을 하기도 했는데, 사람이 어질고 옳고 그름을 중시하는 성격이었다. 그래서 대부들의 가신이 되는 일은 없었고, 옳지 않은 왕을 섬기지 않았다. 당시 노나라의 세도가 계씨가 그를 휘하에 두고자 했으나, 그는 거절하며 이렇게 말했다.

"만일 나를 다시 부르는 일이 생기면 노나라를 떠나 제나라에 가서 살겠소."

복부제(宓不齊)의 자는 자천(子賤)인데, 공자보다 서른 살 어린 제자였다. 공자는 그의 인품을 아주 높게 평가하여 이렇게 말했다.

"자천은 군자로다!"

자천이 단보의 관리로 있을 때, 공자는 제자들을 앞에 두고 이렇게 말하기도 했다.

"부제가 다스리는 곳이 작아서 아깝구나. 그가 다스리는 곳이 컸더라면 선왕의 도를 행할 수 있었을 텐데……."

염옹(冉雍)의 자는 중궁(仲弓)인데, 그는 공자가 임금 자리에 앉힐 만하다고 극찬한 인물이다. 하지만 염옹의 아버지는 미천한 사람이었다. 그래도 공자는 염옹에 대해 이렇게 말했다.

"얼룩소의 새끼일지라도 빛이 붉고, 뿔이 잘 났으면, 사람들이 비록 희생 제물로 쓰지 않으려 해도, 산천의 신이 어찌 버리겠느냐?"

공야장(公冶長)은 제나라 사람인데, 자는 자장(子長)이다. 그에 대해 공자는 이렇게 말했다.

"공야장은 사위로 삼을 만하다. 그가 비록 감옥에 갇힌 적은 있었지만, 그의 죄는 아니다."

공자는 그렇게 말한 뒤에 자기 딸을 공야장의 아내로 주었다.

언언(言偃)은 오나라 사람인데, 자는 자유(子游)이고, 공자보다 마흔다섯 살 아래이다.

언언이 공자의 제자가 된 뒤에 무성의 고을원이 되었다. 공자가 지나다가 들렀더니, 거문고와 노랫소리가 들려왔다. 공자가 빙그레 웃으며 말했다.

"닭 잡는데, 어찌 소 잡는 칼을 쓰느냐?"

자유가 말했다.

"군자가 도를 배우면 남을 사랑하게 되고, 소인이 도를 배우면 부리기 쉽게 된다고 하지 않았습니까?"

그 말에 공자가 웃으면서 제자들에게 말했다.

"얘들아, 언의 말이 옳다. 아까 내가 한 말은 농담이다."

공자는 자유가 문학에 통달했다고 말했다.

이상주의적 유학을 일궈낸

| | | | | | | | | | | | | | | | | | | | | | | | | | | | | | | | |

맹자 孟子

칼로 죽이나 정치를 잘못해 죽이나 매한가지다

어느 날 양(梁) 혜왕(惠王)이 맹자에게 이렇게 말했다.

"과인은 나라를 다스리는 데 온갖 정성을 다 기울였습니다. 굶주리는 백성이 생기면 그곳 백성들을 풍년이 든 곳으로 이주시켜 살게 하고 있습니다. 이웃 나라를 살펴보면 과인처럼 백성에게 마음을 기울이지 않습니다. 그런데도 이웃 백성들이 과인의 나라로 이주해 오지 않는 까닭을 모르겠습니다."

그러자 맹자가 말했다.

"왕이 전쟁을 좋아하시니, 전쟁에 비유하여 말씀드리지요. 싸움에서 밀리는 쪽의 병사들 중에 어떤 자는 100보 달아나고, 어떤 자는 50보를 달아났습니다. 이때 50보 달아난 자가 100보 달아난 자에게 비겁하다고 비웃는 것이 옳습니까?"

혜왕이 고개를 흔들며 대답했다.

"그건 말이 안 되지요. 50보 달아난 자나 100보 달아난 자나 달아났다는 점에서는 마찬가지겠지요."

맹자가 웃으면서 다시 말했다.

"왕께서 그런 이치를 아신다면 왕의 나라에 백성들이 이주해 오지 않는다고 불평하지 마십시오."

맹자의 말인즉, 혜왕이 비록 굶주리는 백성들을 보살피기는 했으나 백성들 입장에서 보면 그런 행동이 큰 의미가 없다는 뜻이었다. 사실, 백성들은 일시적인 미봉책을 원하는 것이 아니라 근본적인 해결책을 원했다. 그러자면 자신들이 살고 있는 곳을 풍성하게 만들 정책이 필요한데, 혜왕은 그저 굶주리는 사람들에게 남의 동네에 얹혀 지내며 눈칫밥을 먹게 한 것이다. 그러니 백성들이 혜왕을 좋아할 까닭이 없었다. 혜왕은 그 점을 깨닫지 못하고 스스로 선정을 베풀었다고 공치사만 늘어놓았는데, 맹자는 바로 그 점을 비판한 것이다.

그리고 맹자는 또 이렇게 덧붙였다.

"왕께서는 흉년이 들어 가난한 백성들이 굶어 죽어도 부자들이 곡식을 개나 돼지에게 먹여도 제지하지 않았으며, 길거리에 굶어죽은 시체가 널려 있어도 창고를 열어 그들을 구휼하는 데 인색했습니다. 그러면서도 사람들이 죽은 것은 내 탓이 아니라 흉년 탓이라고 했습니다.

그것은 칼로 사람을 찔러 죽인 뒤에, 내가 사람을 죽인 것이 아니라 칼이 사람을 죽인 것이라고 하여 사람 죽인 죄를 칼에다 돌리는 것과 무엇이 다릅니까?

왕께서 흉년의 탓을 세월에다 돌리지 않으신다면 이웃 나라의 백성뿐 아니라 온 천하의 백성이 다 모여들 것입니다."

그 말을 듣고서야 혜왕은 고개를 숙이며 이렇게 부탁했다.

"과인의 정성을 다해 선생의 가르침을 받고자 합니다."

그러자 맹자가 물었다.

"사람을 죽임에 있어 몽둥이로 죽이는 것과 칼로 죽이는 것은 다른 것입니까?"

"죽인다는 점에 있어서는 같은 일이지요."

"그러면 칼로 사람을 죽게 하는 것과 정치를 바르게 하지 못해서 백성을 죽게 하는 것은 다를 바가 있습니까?"

"그것 또한 다를 바가 없습니다."

"그런데 왕은 어찌하여 백성을 굶어죽게 하고 있습니까?"

이 이야기에 등장하는 양 혜왕은 전국시대 7웅 중에 하나였던 위(魏)나라의 혜왕을 일컫는다. 위나라는 지금 중국 산서성에서 섬서성과 하남성의 일부 지역에 이르는 땅을 차지했던 나라인데, 혜왕 말기에 서쪽의 진(秦)나라의 공격을 피해 지금의 개봉 지역인 대량으로 천도했다. 그런 까닭에 위나라를 양나라로 부르고 혜왕을 양 혜왕이라고 부르는 것이다.

위나라는 혜왕의 할아버지 문후 시절에 강국으로 성장했고, 아버지 무후 시절까지 그 위세가 이어졌다. 하지만 혜왕이 정치를 제대로 하지 못하고 인재를 휘하에 두지 못한 상태에서 전쟁을 자주 일으켜 패배하는 바람에 위나라는 몰락을 향해 치닫게 된다. 혜왕과의 대화에서 보듯이 맹자는 군주를 매우 맹렬하게 비판하는 성향을 가진 인물이었다.

인자무적(仁者無敵)

양 혜왕은 맹자에게 또 이런 질문도 하였다.

"과인은 진나라와 싸워 서쪽 땅 700리를 잃었고, 동쪽으로 제나라와 싸워 태자가 사로잡혀 죽었으며, 남쪽으로 초나라에게 참패하여 모욕을 당했습니다. 이 원한을 갚고 부끄러움을 씻으려면 어떻게 해야 하겠습니까?"

맹자가 대답했다.

"영토가 100리밖에 되지 않는 작은 영토를 가지고도 천하에 명성을 얻는 왕이 될 수도 있는데, 왕께서는 넓은 영토와 막강한 국력을 가졌는데 무엇이 문제겠습니까? 왕도정치를 펼친다면 모든 것이 해결될 것입니다."

"왕도정치는 어떻게 펼치는 것입니까?"

"백성들에게 어진 정사를 베풀어 형벌을 줄이고 조세의 부담을 가볍게 하신다면 백성들은 안심하고 농사에 종사하여 수확을 많이 거둘 것입니다. 그러면 백성들의 삶이 안정되어 젊은이는 부모에게 효도하고 형제와 우애를 나누며 어른을 받들게 될 것입니다. 그리고 결국 어진 정치를 베푸신 왕께 충성을 다할 것입니다. 그러면 국력이 강해져 진나라와 초나라의 어떤 무기와 갑옷도 이겨낼 것입니다. 자고로 인자(仁者)는 무적(無敵)이라 하여 어진 사람에게 대적하여 이길 자는 없다고 하지 않습니까? 왕께서는 이 말을 의심하지 말고 어진 정치를 행하십시오."

이렇게 맹자는 가장 강한 나라는 어진 군주가 있는 나라라고 가르쳤다. 이를 두고 왕도정치(王道政治)라고 표현하기도 했다. 힘을 가지고 백성을 억누르는 패도정치(覇道政治)는 겉으로는 강해 보인다. 하지만 패도정치 아래에서 살아가는 백성들은 진심으로 충성심을 보이는 것이 아니라 무서워서 충성을 가장하기 때문에 위급한 순간에는 국가에 충성을 바치지 않는다는 논리다. 하지만 혜왕은 맹자의 말을 알아듣지 못했다. 그리고 얼마 뒤에 혜왕이 죽고 그의 아들 양왕(襄王)이 왕위를 이었다. 맹자는 양왕을 만나본 뒤, 실망하여 위나라를 떠났다.

70리의 동산보다 40리의 동산이 더 큽니다

맹자가 위나라를 떠나 7웅 중에 하나였던 동방의 강국 제나라 선왕을 찾아가니, 선왕이 그를 후대하며 물었다.

"옛날, 주나라 문왕의 동산은 사방이 70리나 되었다고 하는데, 그것이 사실입니까?"

"문헌에 그렇게 전하고 있습니다."

"그렇게도 동산이 컸군요."

"백성들은 그것도 작다고 생각했다 합니다."

"지금 과인의 동산은 사방 40리밖에 되지 않는데도 백성들은 오히려 크다고 하니, 어찌된 까닭일까요?"

그러자 맹자가 그 말을 빌미로 선왕을 가르쳤다.

"문왕의 동산은 사방 70리나 되는 넓은 동산이었으나, 그는 백성들이 마음대로 들어갈 수 있게 했습니다. 그래서 백성들은 그곳에서 나무도 하고 짐승도 잡고 놀 수도 있었습니다. 그러니 오히려 문왕의 동산이 더 커지길 바랄 수밖에요.

그런데 왕의 동산에 백성들이 들어가 짐승을 잡으면 살인죄로 다룬다는 말을 들었습니다. 말하자면 짐승 한 마리를 잘못 죽였다간 사형을 당하게 되는 셈이지요. 이는 마치 사방 40리나 되는 거대한 함정을 파놓은 것이나 다름없는 일이지요. 그러니 백성들은 왕의 동산을 크다고 생각할 수밖에 더 있겠습니까?

왕의 동산이 사방 70리나 되는 문왕의 동산보다 작지만 왕이 그 40리를 혼자만 즐기고 백성들에게는 고통만 안겨 주니, 백성들에겐 왕의 동산 40리가 문왕의 동산 70리보다 훨씬 크게 느껴지는 것은 당연하지요."

맹자는 여민동락(與民同樂), 즉 백성과 함께 즐기는 정치를 펼칠 것을 선왕에게 주문한 것이다. 맹자는 왕도정치의 근본은 백성을 행복하게 만드는 것이며, 그 기초가 바로 백성과 함께 즐기는 것이라고 가르치고 있다.

역성혁명(易姓革命)은 필요하다

제 선왕이 또 맹자에게 물었다.

"탕왕은 걸을 추방하고, 무왕은 주를 토벌했다고 하는데, 그와 같은 사실이 있습니까?"

이는 하나라의 마지막 왕 걸왕이 포악하여 상나라의 탕왕이 걸왕을 내쫓고 하왕조를 몰락시킨 일과, 상왕조의 마지막 왕 주왕이 폭정을 일삼자 주나라의 무왕이 그를 내쫓고 상왕조를 무너뜨린 일을 묻고 있는 것이다.

맹자가 대답했다.

"옛 기록에 그렇게 전하고 있습니다."

그러자 선왕이 맹자를 공격했다.

"신하로서 그 임금을 죽인 일을 선생께서는 옳다고 생각하십니까?"

선왕이 이런 질문을 한 것은 맹자가 늘 탕왕과 무왕을 어진 임금이라고 가르치는 것을 비판하기 위함이었다. 말하자면 신하가 임금을 시해하는 일이 옳은 일일 수 있느냐는 것이다.

맹자가 대답했다.

"인(仁)을 해친 자를 적(賊)이라고 하고, 의(義)를 해친 자를 잔(殘)이라고 하며, 잔과 적을 일삼는 자를 일부(一夫, 필부)라 합니다. 저는 인과 의를 해친 결과 주를 죽였다는 말을 들어본 적은 있으나 임금을 죽였다는 말은 들어보지 못했습니다."

이것이 맹자의 역성혁명론이다. 비록 왕이라고 해도 백성을 못살게 굴고 학정을 일삼으면, 이미 왕이 아니라 악인에 불과하므로 응징하여 내쫓고 새로운 왕조를 세워도 무방하다는 것이다. 이성계가 조선을 건국할 때 정도전은 맹자의 이 역성혁명론을 내세워 고려왕조를 무너뜨리고 조선왕조를 세우도록 했다.

맹자의 역성혁명론은 민본주의에 기초한 것이다. 백성이 세운 임금은 백성을 편안하고 행복하게 해줄 의무가 있다. 그러므로 백성을 괴롭히고 못살게 구는 임금은 이미 자격을 잃은 것이므로 쫓아내도 무방하다는 논리다.

이런 맹자의 주장을 당시 왕들이 좋아할 까닭이 없었다. 하지만 맹자는 이 과격한 논리를 왕들에게 서슴없이 말했다.

공자가 군주에 대해서는 직접적인 비판을 하지 않은 것에 비해 맹자는 직설적인 비판을 서슴지 않았다. 그 때문에 맹자는 어느 나라에 가도 그곳 군주들에게 크게 환영받지 못했다. 하지만 맹자의 논리에는 틀린 것이 없었기 때문에 어느 왕도 함부로 맹자를 무시할 수 없었다.

백성을 끌어들일 수 있는 다섯 가지 방책

전쟁이 끊이지 않던 전국시대, 국력을 신장하고 국위를 떨치는 방법 중 하나가 다른 나라 백성들을 자기 나라로 옮겨 오게 하는 것이었다. 그래서 나라마다 그 방책을 내놓느라 부심했는데, 맹자는 그에 대해 다섯 가지 방책을 제시했다.

맹자의 다섯 가지 방책을 옮기자면 이렇다.

"첫째, 어진 사람을 존경하고 유능한 선비를 부려 덕망 있는 사람들이 벼슬자리에 있으면 천하의 선비들이 모두 기뻐하여 그 나라에서 일하기를 원할 것이다. 둘째, 시장에서 점포세만 받고 물품세를 받지 않거나 한 걸음 더 나아가 상업 행위를 지도하고 단속만 하고 점포세를 전혀 받지 않는다면 천하의 장사꾼들이 다 기뻐하며 그 나라의 시장에 물건 두기를 원할 것이다. 셋째, 국경의 관문에서 첩자나 범법자를 색출하되 통행세를 받지 않는다면 천하의 여행하는 사람들이 다 기뻐하여 그 나라로 지나가려 할 것이다. 넷째, 농사를 짓는 자에게 정전법에 따른 공전의 수확만을 나라에 바치게 할 뿐, 사전에 대해서는 세금을 징수하지 않는다면 천하의 농민들이 다 기뻐하여 다투어 그 나라의 들에 와 농사짓기를 원할 것이다. 다섯째, 일반 주택에 대하여 부역 대신 바치는 부포(夫布)나 뽕나무를 심지 않는 벌로 바치는 이포(里布)를 없앤다면 천하의 백성들이 다 기뻐하여 그 나라의 백성이 되기를 원할 것이다. 진실로 이 다섯 가지 방법을 행할 수 있다면 이웃 나라 백성들이 그런 임금을 마치 부모와 같이 우러르고 존경하며 따를 것이다. 그렇게 된다면 천하에 대적할 자가 없을 것이다."

다섯 가지를 요약하면 왕은 어진 선비를 관리로 등용하고, 백성들에게는 최소한의 세금을 걷으라는 내용이다. 결국 인사정책과 세금정책이 관건이라는 말이다.

인간에게는 네 가지 선한 마음이 있다

맹자는 사람에게는 누구나 다 남의 불행과 고통을 참지 못하는 마음이 있다고 가르쳤다. 이는 곧 남에게 잔악하게 하지 못하는 네 가지 마음을 가리키는 것으로 맹자는 이렇게 설명한다.

"사람에게는 누구에게나 잔악하게 하지 못하는 마음이 있다. 예컨대, 한 아이가 실수하여 우물에 빠지려는 것을 보게 되면, 누구나 다 가슴이 덜컥 내려앉으며 놀라고 측은한 마음이 든다. 그래서 앞뒤 돌아볼 겨를이 없이 달려가 우물에 빠지려는 아이를 붙들어 올리게 된다. 이를 측은지심(惻隱之心)이라고 하니, 곧 그 근본은 인(仁)이다. 또 자기의 잘못을 부끄럽게 여기고 남의 옳지 않은 행동을 미워하는 마음이 있는데, 이를 수오지심(羞惡之心)이라 하니, 곧 그 근본은 의(義)다. 그리고 남에게 양보하는 마음이 없으면 사람이라 할 수 없는데, 이를 겸양지심(謙讓之心)이라 하니, 곧 그 근본은 예(禮)다. 마지막으로 옳고 그름을 가리는 마음은 누구에게나 있는데, 이를 시비지심(是非之心)이라 하니, 곧 그 근본은 지(智)다. 이 네 가지, 즉 인, 의, 예, 지는 인간의 네 가지 본성을 낳은 근본이므로 4단(四端)이라 한다. 이렇게 사람이면 누구나 다 자신을 착하고 올바른 인간이 될 수 있게 하는 인, 의, 예, 지 4단의 잠재력을 가지고 있는 것이다. 이 4단을 어떻게 확충시켜 나가느냐에 따라 올바른 사람도 될 수 있고, 어진 통치자도 될 수 있다."

이것이 곧 맹자가 주장하는 성선설의 요체다. 인간은 근본적으로 4단, 즉 네 가지 마음의 근본을 마음속에 품고 태어나기 때문에 그 본성이 선할 수밖에 없다는 것이다. 그래서 맹자는 다수인 백성의 마음은 궁극적으로 선할 수밖에 없고, 그런 민심은 곧 천심이며, 왕은 그 민심을 천심으로 받들고 정치를 하면 성군이 될 수 있다는 논리를 폈다.

맹자의 생애와 사상

맹자는 지금의 중국 산동성 남부에 있던 추(鄒)나라 태생이며, 성은 맹(孟)이고, 이름은 가(軻), 자는 자여(子輿)다. 맹자의 어린 시절 교육과 관련하여 맹모삼천지교(孟母三遷之敎)의 일화가 전한다. 맹자의 어머니가 맹자의 교육 환경을 조성하기 위해 세 번이나 이사를 다녔다는 내용이다. 또 맹자가 공부할 기간을 다 채우지 못하고 집으로 돌아오자, 자신이 짜던 베를 잘라버린 단기지훈(斷機之訓)의 고사도 유명하다.

그는 대략 전국시대가 한창이던 서기전 372년에서 289년 사이에 활동했으며, 평생 학술 강론을 하며 다녔다. 그는 제자들을 이끌고 각국을 두루 돌아다니며 자신의 주장을 펼쳤는데, 이때 그를 따르는 인파는 수백 명에 이르렀다.

맹자는 공자의 손자인 자사(子思)의 제자에게 수학함으로써 공자의 계보를 잇게 되었다. 그는 공자의 인(仁) 사상의 본질을 인간의 선한 본성과 연결시키려 했고, 그것은 곧 그의 유명한 학설인 성선설(性善說)을 낳게 된다.

그가 인간의 본성에는 선한 요소가 있을 수밖에 없고, 그 선함이 인, 의, 예, 지의 사단을 표출하는 기반이라고 주장한 것은 근본적으로 백성을 선한 존재로 보았기 때문이다. 그는 백성을 편안하게 하는 것이 정치의 근본이고, 백성을 편안하게 하기 위해서는 민심을 따라야 한다고 주장했다. 이렇게 그의 정치론은 철저하게 민심에 의존하고 있다. 때문에 그가 말하는 백성의 근본은 선하지 않으면 안 된다. 그렇지 않으면 그의 이론은 성립될 수가 없다. 따라서 그의 성선설은 민본정치를 주장하기 위한 철학적 배경으로 작용했다.

공자가 군주들에게 어진 정치를 주문하였다면, 맹자는 단순한 주문을 넘어서서 어진 정치를 행동으로 보일 것을 요구했다. 심지어 그는 역성혁명론까지 주장하며 백성을 편안하게 하지 못하는 왕조는 갈아치워도 된다는 과격한 주장도 서슴지 않았다. 또한 당시 군주들이 지속하고 있던 영토 확대를 위한 전쟁에도 반대했다. 그는 전쟁이 백성들을 굶주리게 하고 고향을 떠나게 만든다고 주장하면서 전쟁을 멈추고 백성의 안위에 국력을 쏟을 것을 역설했다. 이런 탓에 맹자의 이론은 다소 혁신적이고 과격한 느낌을 주었고, 그것은 곧 군주들이 그를 꺼리는 요소로 작용했다.

맹자가 등장하기 전에는 사실 유가들의 학문은 환영받지 못했다. 당시 세상에 유행하던 학문은 묵자의 박애주의적 겸애설과 도가 계열에서 나온 양자의 쾌락주의 같은 것이었다. 맹자는 이들 학문들을 비판하며 유가를 다시 일으켜 세웠다. 그러자니 혁신적이고 강경한 주장들이 많을 수밖에 없었을 것이다. 또한 공자가 인(仁)을 강조한 것에 비해 의(義)를 강조한 것도 이런 시대적 상황과 무관하지 않을 것이다.

맹자는 정치에 있어 왕도와 패도를 대비시켜 자신의 논리를 끌고 가곤 했다. 그가 꿈꾸는 이상적 국가는 왕도정치를 실현하는 군주의 통치를 받는 곳이었다. 그래서 그는 왕도정치를 이룰 수 있다면 혁명도 필요하다는 역성혁명론 같은 과격한 주장을 펼쳤던 것이다. 그는 이런 논리를 모두 공자의 가르침에서 찾아냈다. 그는 공자는 세상에 온 그 어떤 인물보다도 뛰어난 성인이라고 가르쳤고, 공자의 가르침을 재해석하여 세상을 혁신하려고 했다. 그러면서도 그는 개인적인 수행을 게을리하지 않았다. 그의 수행을 대표하는 말이 곧 호연지기(浩然之氣)다. 이 용어는 공자에게서는 찾아볼 수 없는 말이다. 호연지기란 말은 제자 공손추의 다음 물음에 대한 대답에서 비롯되었다.

"감히 여쭙겠는데, 선생님께서는 어떤 면을 잘 하신다고 생각하십니까?"

이에 대해 맹자는 이렇게 대답했다.

"나는 나의 호연의 기를 잘 기른다."

그리고 호연이 무엇이냐는 공손추의 질문을 받고 이렇게 설명한다.

"말로는 설명하기 어렵다. 그 기는 지극히 크고 강해서 올바르게 길러 해침이 없으면 하늘과 땅 사이에 충만하게 된다. 그 기는 정의와 부합되는 것인데, 이것이 없으면 기가 쇠해질 수밖에 없다. 이것은 마음속에서 의를 모아 생기는 것이지 의가 밖에서 들어와서 생기는 것은 아니다."

말하자면 호연지기란 마음의 화평에서 오는 것으로 인간 누구나가 다 가지고 있는 지극히 평화로우면서도 광명정대한 정기라고 할 수 있다. 이는 곧 맹자 자신의 심적 수양에 대한 이야기다. 말하자면 내면적인 기를 성숙시켜 의를 행하고, 그것으로써 세상의 정의를 실천한다는 논리다. 즉, 자신의 의로운 마음은 호연지기가 없으면 불가능하다는 설명이다. 이는 도가에서 말하는 물아일체론과 상통한다. 사람과 우주가 하나가 될 수 있으며, 그것은 자기 수양으로 가능하다는 것이다.

이러한 맹자의 가르침은 『맹자』라는 책으로 전해졌다. 하지만 유가에서 『맹자』가 사서의 하나가 되기까지는 오랜 세월이 필요했다. 『논어』는 한나라 시대의 유학의 정치적 근간이 된 책인데 비해 『맹자』는 그저 제자백가의 서적 중에 하나로 취급되다가 남송시대에 와서 주희에 의해 4서로 정착되었다. 그 과정에서 당나라 시절에는 한유, 유종원 등이 『맹자』의 뛰어난 면을 강조한 바 있고, 송나라 초기에는 손석이 『맹자음의』를 저술하여 『맹자』의 위대함을 소개했다. 이후 공자묘에 합사되면서 추앙받았고, 왕안석에 의해 『논어』와 함께 『맹자』가 과거 과목이 되었다. 그리고 남송 대에 이르러 주희에 의해 『논어』, 『맹자』, 『대학』, 『중용』을 4서라고 일컫게 되었다.

현실적 이상주의자

| | | | | | | | | | | | | | | | | | | | | | | | | | | | | | | | |

순자 _{荀子}

인간의 본성은 원래 악하다

순자가 이사와 한비를 가르칠 때 이렇게 말했다.

"인간의 본성은 원래 악하다. 그래서 훈련시키지 않으면 선하게 되지 않는다."

그 말을 듣고 이사가 물었다.

"인간의 본성이 본래 악하다면 인간이 어떻게 선한 생각을 할 수가 있습니까?"

그러자 순자가 대답했다.

"그것은 이 세상에서 살아남기 위해서다. 사람은 세상에서 혼자 살 수 없으며, 항상 여러 사람이 함께 뭉쳐서 살게 되어 있다. 그러자면 다른 사람의 요구 조건을 무시할 수 없으며, 그 요구 조건을 들어주지 않으면 자신의 배를 채울 수 없다. 그래서 다른 사람의 요구를 충족시켜 주려 하다 보니 선한 생각을 하게 된 것이다."

그러자 한비가 물었다. 한비는 말더듬이라 매우 느리게 말했다.

"그렇다면 혼자 사는 사람은 항상 악할 수밖에 없습니까?"

이에 순자가 대답했다.

"세상에 혼자 사는 사람은 없다. 부모가 없이 태어난 자식이 없고, 짝이 없이 가정을 이루는 사람이 없기 때문이다. 누구든 항상 다른 사람과 함께 살도록 되어 있다."

그 말에 한비가 또 물었다.

"그렇다면 세상에는 반드시 규율이 필요하겠군요?"

"그렇다. 인간은 본성이 악하고, 혼자 있으면 늘 자기만 생각하는 습관이 있기 때문에 반드시 규율이 있어야 한다. 그것도 엄격한 규율이 필요하다."

이렇게 순자는 맹자의 주장과 전혀 반대되는 성악설을 주장했다. 인간의 본성은 근본적으로 악하기 때문에 교육되고 훈련되어야만 선한 행동을 할 수 있다는 것이다. 또한 인간을 선한 행동으로 유도하기 위해서는 그들이 함부로 행동하지 못하도록 규제하는 강한 규칙이 필요하다고 주장했다.

이런 순자의 생각은 한비의 법가를 낳게 된다. 순자가 말하는 강한 규율은 곧 법을 의미하는 것으로, 국가를 다스리는 데 있어서 백성들을 규제할 수 있는 강력한 법은 필수적이라는 게 한비의 생각이었던 것이다.

누구나 다 성인이 될 수 있다.

어느 날 순자에게 한비가 물었다.

"인간의 본성이 원래 악하다면 어느 누구도 성인이 될 수 없는 것입니까?"

순자가 대답했다.

"그렇지 않다. 누구라도 법을 준수하고 예의를 지키면 성인이 될 수 있다."

한비가 다시 물었다.

"법을 준수하려는 의지는 선한 마음에서 비롯되는 게 아닙니까?"

"그렇지 않다. 인간의 본성은 원래 악하지만, 인간에게는 세상의 이치를 알 수 있는 능력이 있고, 자신에게 무엇이 이로운 것인지 판별할 능력이 있다. 또한 세상 사람들은 악한 자를 멀리 하려 한다. 이는 악한 자가 자기에게 손해를 끼치는 것을 알기 때문이다. 그래서 개인들은 세상 사람들에게 악하게 보이려고 하지 않는다. 그것이 바로 선행을 가능하게 하는 원천이다. 또한 그것이 더욱더 훈련되면 법과 예를 지키고, 더 나아가 인과 의를 실천하기에 이른다. 그러면 성인이 되는 것이다."

이런 순자의 주장은 맹자의 성선설과 그렇게 다르지 않다. 맹자는 인간의 본성 속에 인, 의, 예, 지의 4단이 있기 때문에 궁극적으로 선한 행동을 지향할 수밖에 없다고 생각했다. 그리고 그러한 4단을 발전시켜 몸에 완전히 익히면 성인이 된다고 했다. 이에 비해 순자는 비록 악한 본성을 가지고 태어났다고 하더라도 예와 법을 지켜 인의를 실천하고, 그것을 몸에 축적하여 승화시키면 성인이 될 수 있다는 것이다.

순자는 인간의 본성에 대해서는 맹자와 반대 입장을 취하고 있지만, 성인이 되는 방법론에 있어서는 같은 입장을 취하고 있다. 그런 의미에서 보자면 맹자와 순자의 주장은 그리 다르지 않다.

다만 맹자는 원래 인간이 선하기 때문에 성인이 될 수 있다고 한 반면에, 순자는 인간이 세상의 이치를 알 수 있는 능력이 있기 때문에 성인이 될 수 있다고 했다. 즉, 맹자는 인간의 선한 본성을 중시하고 순자는 인간의 지식과 판단력을 중시한 것이다. 이런 의미에서 보자면 맹자는 인간은 궁극적으로 선할 수밖에 없다는 이상주의적 생각을 하고 있었고, 순자는 비록 악한 본성을 가졌더라도 교화되고 훈련되기만 하면 선하게 될 수 있다는 현실주의적 생각을 갖고 있었다.

어떤 나라가 강한 나라인가?

이사가 순자에게 물었다.

"어떤 나라가 강한 나라입니까?"

순자가 대답했다.

"왕이 백성에게 이익을 주면서도 이익을 취하지 않고, 사랑하면서도 그들을 부리지 않으면 그 나라는 강한 나라다."

이사가 고개를 갸웃거리며 다시 물었다.

"그렇다면 백성들은 부유하고 나라는 가난하게 되어 나라가 위태롭게 되지 않겠습니까?"

"그렇지 않다. 백성이 부유하면 스스로 그 부유함을 지키기 위해 나라의 위태로움을 지켜보지 않을 것이고, 백성이 가난하면 그 가난 때문에 나라의 위태로움을 회피하려 할 것이다."

그러자 이번에는 한비가 물었다.

"어떤 나라가 약한 나라입니까?"

"논밭은 황폐하여 더러운데, 나라의 창고는 재물로 가득차고, 백성은 허기가 져서 궁핍한데, 임금은 배불리 먹는다면, 그 나라는 곧 망할 나라이니, 가장 약한 나라다."

순자의 이런 말들은 흡사 맹자의 말을 듣는 것 같다. 흔히 맹자와 순자가 전혀 다른 생각을 가진 유학자라고 생각하고 있으나, 이런 논리를 보자면 순자도 맹자처럼 이상주의자임을 알 수 있다.

순자의 삶과 사상

순자의 삶에 대한 기록은 많지 않다. 이는 그가 직접 정치 일선에 나서거나 왕들을 만나 자신의 사상을 설파하지 않았기 때문일 것이다. 다만 그와 그의 제자들이 남긴 『순자』라는 책을 통해 그의 사상을 살필 수 있을 뿐이다.

순자는 지금의 호북성과 산서성 남부에 있던 조나라에서 태어났으며, 이름은 황(況)이고 자는 경(卿)이다. 그래서 흔히 순경으로 불리었다. 그가 언제 태어났고 죽었는지는 정확하게 알 수 없지만, 서기전 290년에서 서기전 230년 사이에 살았던 것으로 짐작하고 있다.

그는 젊은 시절까지 조나라에서 지냈으며, 나이 50이 되어서야 제나라로 가서 당시 학문의 중심지였던 직하(稷下)에서 이름을 떨쳤다. 그리고 32편으로 된 저서 『순자』를 남겼다. 『순자』의 내용은 대부분 순자 스스로 쓴 것이며, 일부 내용은 제자들이 가필한 것으로 판단된다.

그의 주장 중에 가장 유명한 이론은 성악설이다. 이는 근본적으로 인간의 본성이 악하다는 이론인데, 맹자의 성선설과 대비되어 널리 알려졌다. 그 때문에 순자의 학문이 맹자의 학문과 반대되는 것으로 이해되는 경우가 많은데, 실상은 그렇지 않다.

근본적으로 순자와 맹자는 이상주의자였으며, 철저한 논리주의자였다. 하지만 이상을 추구하는 방법론에 있어 맹자는 다소 하늘을 숭상하는 종교적인 사고를 가졌다면 순자는 인간만이 인간의 행동으로 이상을 실현할 수 있다고 생각했던 것뿐이다.

순자는 근본적으로 인간 세상을 하늘이 지배한다고 생각하지 않았다. 그는 하늘은 그저 하늘일 뿐 인간의 일에 간섭할 수 없다고 판단했다. 그러므로 인간의 문제는 철저히 인간에 의해 해결될 수 있다고 믿었다. 순자가 맹자와 가장 다른 부분이었다.

그런 의미에서 보자면 순자는 실재론적 이상주의자였고, 맹자는 관념론적 이상주의자였다고 할 수 있다. 하지만 맹자의 학문이 주로 임금을 비판하고 백성의 편에 서 있었던 것에 비해, 순자의 학문은 임금을 옹호하고 백성을 지배의 대상으로 보는 경향이 있었다. 이런 까닭에 맹자를 좌파, 순자를 우파로 구분하기도 한다.

순자는 다른 철학을 비판함에 있어 대단히 논리적이었다.

우선 명가의 명제들을 비판하면서 그는 이렇게 말한다.

"백마(白馬)는 말(馬)이 아니라는 표현은 일반 명칭과 분류 명칭을 구분하지 못하는 생각이다. 원래 말은 일반 명칭이고, 백마, 흑마, 적토마 등은 분류 명칭이다. 분류 명칭은 항상 일반 명칭에 포함되는 것이므로 백마는 원래부터 말의 일부인 것이다."

이는 명가의 사상가인 공손룡의 '백마비마(白馬非馬)' 론을 간단명료하게 부정하고 비판한 것이다. 또 그는 이렇게 말한다.

"도둑을 죽이는 것은 사람을 죽이는 것이 아니라는 주장은 터무니없다. 왜냐하면 도둑은 분류 명칭이요, 사람은 일반 명칭이다. 따라서 도둑이라는 단어는 사람이라는 전제 아래에서만 성립될 수 있다."

이는 묵가의 사상을 공격하는 말이다. 묵가는 나라를 침략하는 무리는 도둑이나 강도이고, 그들을 죽이는 것은 사람을 죽이는 것이 아니기에 죄책감을 느낄 필요가 없다고 가르쳤다. 하지만 순자는 도둑도 사람이라고 가르친다. 따라서 근본적으로 사람을 죽이는 것에는 그에 걸맞은 명분이 필요한 것이지 도둑이라고 해서 무조건 다 죽여도 되는 건 아니라는 것이다.

순자는 사물의 이름에 대해 이렇게 말한다.

"이름, 즉 명칭이라는 것은 국가 전체가 모두 용인하고 받아들일 때 공식적인 단어가 되는 것이며, 궁극적으로 왕이 그 명칭을 인정할 때 비로소 공적인 이름이 될 수 있다. 따라서 누군가가 그 이름을 비틀고 마음대로 사용한다고 해서 그 의미가 바뀌는 것이 아니다."

말하자면 공손룡이나 묵자처럼 자신의 논리를 합리화시키기 위해 어떤 단어의 의미를 마음대로 해석하고 바꿔 사용해서는 안 된다고 주장한 것이다.

그의 사상을 담고 있는 『순자』는 현재 총 32편으로 되어 있는데, 이는 당나라의 양경이라는 인물이 개편한 것이다. 원래 『순자』는 12권 322편이던 것을 한나라의 유향이 중복된 부분을 정리하고 삭제하여 33편으로 편찬하였고, 다시 양경에 의해 개편된 것이다. 그 중에 「성악편」이 가장 유명하다.

그가 가르친 제자 중에는 법가의 학문을 집대성한 한비자와 진나라의 대륙 통일에 기여한 이사가 있다.

3장

묵가, 명가, 법가

묵자부터
한비자까지

■■ 백가쟁명의 또 하나의 축이 된 묵가, 법가, 명가

흔히 중국 사상의 양대 조류를 유가와 도가라고 하지만 춘추전국시대에는 묵가, 법가, 명가, 음양가의 명성도 이들에게 결코 뒤지지 않았다.

『사기』의 저자 사마천의 아버지 사마담은 백가쟁명의 시대를 풍미한 사상을 크게 여섯으로 대등하게 구분했는데, 나열하자면 도가, 유가, 묵가, 법가, 명가, 음양가 등이었다. 춘추시대 말기는 이미 언급한 도가와 유가의 시대였지만, 전국시대에 이르면 묵가가 유가와 도가의 명성을 누르며 세력을 떨쳤다.

묵가는 묵자의 지도 아래 형성된 학문 집단이다. 이들은 공자학파와는 전혀 다른 길을 모색했다. 공자학파가 군자로 대변되는 귀족집단을 위한 학문을 추구했다면, 묵가는 사회에서 소외받는 약자들을 위한 학문을 추구했다. 또한 이들은 전쟁을 없애자고 주장하며, 이를 실현하기 위해 숱한 방어책과 뛰어난 축성술을 고안하여 대단한 명성을 얻기도 했다.

묵가 이후 가장 크게 유행한 학문은 법가였다. 법가는 공손앙, 한비자 등이 창안한 것으로, 법을 통치의 기반으로 삼아야 한다는 법치주의를 추구했다. 때문에 이들에게 가장 중요한 것은 현실적으로 긴요한 법을 법전에 담아 공평하게 시행하는 일이었다. 따라서 관습법으로 내려오던 종래의 전통을 타파하고 신법을 주창하여 왕과 모든 백성들이 법을 지켜야 좋은 나라를 이룰 수 있다고 주장했다. 이런 사상은 진시황제에게 채택되어 빛을 보았지만, 분서갱유와 같은 극단적인 조치가 시행되는 바람에 진의 몰락과 함께 빛을 잃고 만다.

묵가와 법가가 당시 사람들의 삶에 끼친 영향에 비해, 명가는 다소 학문적인 단계에 머물렀다. 명가는 사물을 실(實)과 명(名)으로 구분하는 논리주의 학파라고 할 수 있는데, 서구의 파르메니데스나 제논과 같은 궤변론자들과 닮은 점이 많다. 명가는 등석, 혜시, 공손룡 세 사람으로 대표되는데, 이들은 철저한 논증을 통해 사물과 현상을 이해하고 논박하는 태도를 취한 것으로 유명했다. 하지만 일반인이 쉽게 납득할 수 없는 명제들을 제시하여 궤변론자들이라는 비판을 받기도 했다.

한편, 음양가는 춘추시대보다 훨씬 오래전에 형성되어 있던 학문이라 이미 사람들의 실생활에 깊숙이 퍼져 있었다. 음양가는 복희씨가 팔괘를 만들던 시절부터 이미 존재하던 사상이다. 이것은 후대로 이어져 『황제내경』 같은 의학서적의 핵심 내용이 될 정도로 중국인들의 사상에 근간이 되었다. 이 사상의 핵심은 우주의 모든 현상이 음과 양의 결합과 상호작용을 통해 이뤄진다는 것이다. 후에 음양설은 서기전 3세기 인물인 추연(鄒衍)에 의해 정리되었는데, 그가 남긴 글은 10만 어가 넘었다고 한다. 하지만 지금은 모두 망실되어 전하지 않는다.

추연은 천지개벽 이래 세상은 금, 목, 수, 화, 토라는 오덕의 순서에 따라 바뀌어 왔다고 생각했다. 그래서 이를 오행이라고 하고 만물의 다섯 가지 성질로 설정했다. 그래서 세계는 태극에서 음양이 나오고, 음양은 다시 오행의 성질을 통해 세상을 회전시킨다고 주장했다.

그는 또 중국은 세상의 아주 일부에 불과할 뿐이라고 주장하며, 중국의 9주는 소구주이고, 대구주의 하나에 불과하다고 생각했다. 또 대구주가 다시 아홉 개 있는데, 세상에는 중국이 가지고 있는 9주가 81개 있으며, 중국은 그 81개의 주 가운데 하나에 불과하다고 주장했다. 이러한 음양가의 사상은 도가와 유가에도 많은 영향을 끼쳤지만, 독자적인 세력을 떨치기에는 체계성이 부족했다.

*음양가에 대해서는 그 주장을 담은 책이 모두 망실되어 그 내용을 자세히 알 수 없으므로 별도로 언급하지 않고, 이렇게 총론을 통해 그 대략을 정리하는 것으로 대신한다.

범국가적 박애주의자

묵자 墨子

더불어 사랑하라

한 제자가 묵자에게 물었다.

"세상의 혼란은 어디에서 오는 것입니까?"

묵자가 대답했다.

"서로 사랑하지 않는 데서 오는 것이다."

"서로 사랑하기만 하면 혼란은 사라지는 것인가요?"

"그렇다. 자식이 자신만 사랑하고 아버지를 사랑하지 않고, 신하가 자신만 사랑하고 임금을 사랑하지 않고, 동생이 자기만 사랑하고 형을 사랑하지 않으면 혼란이 온다. 또한 자기 집안은 사랑하면서 남의 집안은 사랑하지 않고, 자기 나라는 사랑하면서 남의 나라를 사랑하지 않으면 남의 집안을 어지럽히고 남의 나라를 침략하는 것이다. 만약 천하로 하여금 모두 서로 사랑하게 한다면 나라와 나라는 서로 침략하지 않을 것이며, 집안과 집안은 서로 싸우지 않을 것이다. 또한 도둑과 강도도 없어질 것이다."

제자가 다시 물었다.

"그렇다면 어떻게 서로 사랑하게 할 수 있습니까?"

묵자가 대답했다.

"서로 사랑하는 것이 서로를 이롭게 하는 것이라는 사실을 알게 하면 된다."

"어떻게 그것을 알게 할 수 있습니까?"

"남의 나라 보기를 자기 나라 보듯 하고, 남의 집안 보기를 자기 집안 보듯 하고, 남의 몸 보기를 자기 몸 보듯이 하면 서로 사랑하는 것이 서로를 이롭게 하는 것이란 사실을 알게 된다."

이것이 묵자의 겸애설(兼愛說)이다. 겸애란 '더불어 사랑하라' 는 의미다. 이는 마치 예수가 '네 이웃을 네 몸같이 사랑하라' 고 한 말과 다르지 않다. 하지만 묵자의 사랑은 예수처럼 '원수를 사랑하라' 는 데까지는 미치지 못한다. 묵자는 상대가 이익을 목적으로 공격해 오든, 이유 없이 공격해 오든, 일단 공격해 오는 적에 대해서는 철저히 막을 것을 주장했다. 그래서 그는 이렇게 말한다.

"도둑을 죽이는 것은 사람을 죽이는 것이 아니다. 그러므로 집 안으로 침입한 도둑을 죽였을 경우에는 살인이 아니다."

이러한 그의 사고는 일종의 무장 평화론을 낳기에 이른다.

누가 재앙을 받을까요?

노나라 군주가 묵자에게 걱정스런 얼굴로 물었다.

"나는 제나라가 우리를 공격할까 두렵습니다. 제나라의 공격을 막을 방도가 없겠습니까?"

이에 묵자가 대답했다.

"군주께서는 위로는 하늘을 높이고 귀신을 섬기며, 아래로는 모든 백성을 사랑하고 이롭게 하시며, 속히 사방의 제후들에게 예를 갖추고, 대국인 제나라를 섬기십시오. 그러면 침략당하지 않을 것입니다."

그런데 그때 제나라에서 노나라를 공격하려 했다. 묵자는 곧 제나라로 달려가 그곳 왕을 만나 말했다.

"지금 여기에 칼이 있어 그것을 사람의 목에 시험해 보니 목이 잘 끊어졌습니다. 날카롭다고 할 수 있겠습니까?"

제왕이 대답했다.

"날카롭다."

묵자가 또 말했다.

"여러 사람의 목에 그 칼을 시험해 보니 역시 잘 끊어졌습니다. 날카롭다고 할 수 있겠습니까?"

"날카롭다 할 수 있다."

이에 묵자가 이렇게 말했다.

"칼은 날카로운 것이 사실이지만, 이를 시험하기 위해 사람을 죽인 일에 대한 재앙은 누가 받겠습니까?"

제왕이 대답했다.

"그것의 날카로움을 시험한 사람이 재앙을 받겠지."

그때를 놓치지 않고 묵자가 제왕에게 충고했다.

"남의 나라를 빼앗고, 군대를 전멸시키고, 백성들을 해치고, 죽게 한다면 누가 그로 인한 재앙을 받겠습니까?"

제왕이 고개를 끄덕이더니, 나지막한 음성으로 말했다.

"내가 그 재앙을 받을 것이다."

이렇게 묵자는 큰 나라가 작은 나라를 공격하려고 하면 언제든지 달려가 만류했다. 노나라의 양문군이 이웃의 작은 나라인 정나라를 공격하려고 할 때도 달려가 이렇게 말했다.

"정나라 사람들이 여러 대에 걸쳐 군주를 죽였으므로 이미 하늘이 벌을 내려 3년 동안 농사를 제대로 짓지 못하게 했습니다. 이것으로 하늘의 벌은 족한 것입니다. 그런데 지금 군주께서 군대를 동원하여 정나라를 공격하면서 하늘의 뜻에 따른 것이라고 말하는 것은 어불성설입니다. 비유컨대 노군의 행동은 마치 아비가 못된 아들을 매질하니, 그 이웃 아비가 와서 몽둥이를 들고 때리면서 자신이 그를 때리는 것은 그의 아비의 뜻에 따르는 것이라고 말하는 것과 같습니다. 이 어찌 어긋난 일이 아니겠습니까?"

이렇게 해서 묵자는 노나라 양문군이 정나라를 공격하는 것을 막았다.

그는 남의 나라를 공격하려는 왕이 있으면 언제든지 달려가 이렇게 말했다고 한다.

"이웃 나라를 공격하여 그 백성을 살상하고 재물을 빼앗고, 그것을 기록으로 남겨 나보다 많이 가지고 있는 사람은 없다고 후세에 전한다면 그것을 후손들이 옳게 여기겠습니까?"

이런 사람이 충성된 신하입니다

노나라 양문군이 묵자에게 이렇게 물었다.

"나에게 충성된 신하라고 말하는 사람이 있는데, 그로 하여금 몸을 굽히라고 하면 굽히고, 젖히라고 하면 젖히며, 가만히 두면 조용히 있고, 부르면 대답합니다. 이런 사람을 충성된 신하라고 할 수 있겠습니까?"

이에 묵자가 대답했다.

"몸을 굽히라 하면 굽히고, 젖히라 하면 젖힌다면 그것은 그림자와 같습니다. 가만히 두면 조용하고, 부르면 대답한다면 그것은 메아리와 같습니다. 주군께서는 그림자와 메아리에서 무엇을 얻겠습니까?"

이어서 묵자는 이렇게 말을 보탰다.

"충성된 신하라고 할 것 같으면, 주군에게 잘못이 있으면 틈을 보아 그것을 간언하고, 자기에게 선함이 있으면 그것으로 어떤 일을 모색하고, 밖으로는 사악한 것을 바로 잡으면서 선한 것은 안으로 들여옵니다. 그러면 아름다움과 선함은 주군에게 돌아가고, 원망과 원수는 신하가 책임지며, 편안하고 즐거운 것은 주군에게 돌리고 근심과 걱정거리는 신하가 책임지는 것입니다. 이것이 제가 말하는 충성된 신하입니다."

묵자는 의로운 신하가 곧 충성된 신하라고 말하고 있다. 옳고 그름이 무엇인지 구분하고 선과 악에 대한 분명한 기준을 가지고 있으며, 그것을 따져 행동으로 옮기되 그 책임과 질타는 자신이 지는 신하, 그래서 욕은 자신이 먹고 칭찬은 주군에게 돌아가게 하는 신하, 묵자는 그런 신하가 충성스런 신하라고 가르치고 있다.

아홉 번 공격을 모두 막아내고 송나라를 지키다

공수반이 초나라를 위하여 운제(雲梯, 구름사다리)를 만들었는데, 그것이 완성되자 송나라를 공격하려고 하였다.

묵자가 그 사실을 듣고 제나라에서 출발하여 열흘 밤낮을 걸어 초나라 도읍인 영에 이르러 공수반을 만났다.

묵자를 보고 공수반이 어리둥절한 표정으로 물었다.

"선생께서는 무슨 일로 오셨습니까?"

묵자가 대답했다.

"북쪽 나라에 나를 업신여기는 자가 있어 선생의 힘을 빌려 그를 죽이기를 원합니다."

이에 공수반이 싫은 내색을 하며 말이 없자, 묵자가 덧붙였다.

"10금을 드릴 테니 부탁을 들어주십시오."

그러자 공수반이 이렇게 말했다.

"나의 의로움은 본래 사람을 죽이지 않습니다."

그 말을 듣고 묵자는 두 번 절을 한 뒤 말했다.

"저는 북쪽에서 선생께서 운제를 만들어 그것으로 장차 송나라를 공격하려고 한다는 말을 들었습니다. 송나라가 무슨 죄가 있습니까? 초나라는 영토는 넓고 백성은 부족합니다. 그런데 부족한 백성을 죽여 가면서 남아도는 영토를 위해 싸운다는 것은 어리석은 일입니다. 선생은 의로움으로 적은 사람을 죽이지는 않는다고 하면서 많은 사람을 죽이는 것은 무슨 도리입니까?"

그 말을 듣고 공수반은 후회하는 얼굴로 말했다.

"선생의 말씀이 옳소이다. 하지만 나는 이미 초왕에게 송나라를 공격하겠다고 약속을 해버렸습니다."

"그렇다면 나를 왕에게 데려다 주시오. 내가 왕을 설득하겠소."

그리하여 묵자는 초왕을 만나 송나라를 공격하지 말 것을 설파했다. 하지만 초왕은 반드시 송나라를 공격하겠다며 묵자의 청을 거절했다.

그러자 초왕이 보는 앞에서 묵자는 공수반에게 이런 제의를 하였다.

"선생께서 성을 공격하고, 내가 막을 테니 한번 성을 뚫어 보시오."

그러면서 묵자는 허리띠를 풀어 성곽을 대신하고, 작은 나뭇조각으로 성을 공격하는 기계를 대신하여 가상의 전쟁놀이를 하자고 했다.

그래서 공수반은 아홉 번이나 공격을 시도했는데, 묵자는 아홉 번을 모두 막아냈다. 이렇듯 공수반이 공격하는 병법은 모두 사용했으나, 묵자는 여전히 수비할 방책이 남아 있다고 했다.

때문에 공수반은 묵자를 죽이는 것만이 송나라 공격을 성공적으로 이끌 수 있는 방책이라고 생각했고, 묵자는 그 사실을 잘 알고 있었다. 하지만 공수반은 그 방책을 입에 담지 못하였다. 이때 지켜보고 있던 초왕이 이렇게 물었다.

"이제 공 선생은 묵 선생을 이길 방도가 없는 것입니까?"

그 물음에 공수반이 이렇게 말했다.

"묵 선생을 이길 방도는 없으나 송나라와의 싸움에서 승리할 방도는 있습니다. 하지만 말할 수는 없습니다."

그 말을 듣고 묵자가 대신 말했다.

"공 선생의 뜻은 이제 저를 죽이려는 것입니다. 신을 죽이면 송나라는 수비할 능력이 없을 것이라고 생각하고 있는 것이지요. 하지만 지금 뛰어난 수비 능력을 가진 금활리를 비롯하여 저의 제자 300명이 이미 수비하는 기계를 설치하고 송나라 성에서 기다리고 있습니다. 그러니 비록 저를 죽인다고 하더라도 송나라 성을 차지할 수는 없을 것입니다."

이 말을 듣고서야 초나라 왕은 공격을 멈추겠다고 했다.

"좋습니다. 나는 송나라를 공격하지 않겠습니다."

묵자는 성을 지켜내는 방책에 대해서는 당대 최고의 권위자였다. 또한 금활리를 비롯한 300명의 제자는 수성전을 위한 기계 제작에 탁월한 능력을 가지고 있었다. 이 때문에 묵자가 앞장서면 비록 대국의 왕이라도 소국을 쉽게 넘보지 못했다.

묵자와 그의 제자들의 저서인 『묵자』에는 성을 수비하는 방법에 대해 매우 구체적으로 기술되어 있는데, 그 내용들은 주로 금활리와 묵자 사이의 문답 형식으로 기술되어 있다. 이 수비에 대한 방책은 모두 작은 나라가 큰 나라의 공격을 견디는 수성전에 관한 것이다. 이는 대국의 틈바구니에서 어떻게 하면 소국의 백성들이 평화롭게 살 수 있을까에 대한 묵자의 고민이 일궈낸 결정체라고 할 수 있다.

행위는 차림새에서 비롯되지 않는다

유가의 제자인 공맹자가 장보라는 관을 쓰고 홀을 띠에다 꽂고 유자(儒者)의 복장을 갖추고 나서 묵자를 보고 말했다.

"군자는 복장을 갖춘 뒤에 행동을 해야 합니까, 아니면 행동을 한 뒤에 복장을 갖춰야 합니까?"

묵자가 대답했다.

"행동은 복장에서 비롯되는 것이 아닙니다."

공맹자가 다시 물었다.

"무엇으로 그것을 증명할 수 있습니까?"

묵자가 패자들의 옛 이야기를 예로 들며 말했다.

"제나라의 환공은 높은 관을 쓰고, 넓은 띠를 두르고, 금으로 만든 칼을 차고, 나무로 만든 방패를 들고서 제나라를 다스렸는데, 나라가 잘 다스려졌습니다.

진(晉)나라의 문공은 거친 천으로 만든 옷과 암양의 갖옷을 입고, 가죽 끈으로 칼을 띠에 차고 진나라를 다스렸는데, 나라가 잘 다스려졌습니다.

초나라의 장왕은 화려한 관에다 색실로 짠 끈을 달고 붉은 웃옷에 용포를 입고 나라를 다스렸는데, 나라가 잘 다스려졌습니다.

월왕 구천은 머리를 깎고 몸에 문신을 새긴 채 나라를 다스렸는데, 나라가 잘 다스려졌습니다.

이 네 군주의 복장은 모두 다르지만 그들의 행위는 모두 같습니다. 때문에 행위는 차림새에서 비롯되는 것이 아닙니다."

이 말을 듣고 공맹자가 이렇게 말했다.

"좋습니다. 홀을 버리고 관을 바꿔 쓰고서 다시 선생님을 뵙고자 하는데, 괜찮겠습니까?"

묵자가 말했다.

"청컨대, 그냥 이대로 만납시다. 만약 홀을 버리고 관을 바꿔 쓰고 난 뒤에 서로 만난다면 그 행위가 복장에서 비롯되는 것이 되니까요."

이 일화는 유가들이 지나치게 복장을 중시하는 것에 대해 일침을 놓는 내용이다. 묵자는 복장이나 말투가 그 사람의 본질을 바꿀 수는 없다고 생각했다. 사람의 본성을 판단할 때는 복장이나 말투가 아니라 행동으로 판단해야 한다는 것이다.

묵자는 또 군자는 검소해야 한다는 소신이 있었다. 하지만 유가들이 사치를 부추긴다고 믿었다. 유가들은 제사를 중시하여 집안의 재물을 탕진하고, 3년 상처럼 비현실적인 상례 문화를 만들어 사람들이 생업에 종사하는 것을 방해한다고 주장했다. 그래서 묵가들은 장례는 간단하고 짧게 치르고, 의복은 검소하되 깨끗하고 편리하면 된다고 하였다.

묵자는 음악은 사치를 조장하고 향락을 위해 재물을 의미 없이 소비하는 일이라고 꾸짖었다. 말하자면 유가들이 말하는 음악이라는 것은 일부 귀족층의 향락과 사치의 문화일 뿐 백성들이 함께 즐기지 못하는 문화라고 비판하였다.

이렇게 묵자는 복장과 제사, 상례로 대표되는 유가의 예와 여가를 즐기는 수단으로 대표되는 악(樂)에 대해 맹렬한 비판을 쏟아 냈다. 그 때문에 전국시대의 유가와 묵가는 서로 으르렁거리며 대립할 수밖에 없었다.

묵자의 생애와 사상

묵가를 창시하고 이론을 구축한 사람은 묵자인데, 그의 이론은 철저하게 유가와 대립했으며, 전국시대 당시 그의 명성은 공자에 전혀 뒤지지 않았다.

묵자(墨子)는 노나라 사람이며, 성은 묵이고 이름은 적(翟)이다. 활동 연대는 서기전 476년에서 390년으로 알려져 있으나 정확하지 않다. 공자가 주왕조의 제도와 의식, 음악, 문학 등에 대해 매우 호의적이고 추종적인 자세를 보인 반면, 묵자는 주왕조의 제도와 관습을 혁신적으로 변화시키는 데 주력했다. 공자가 고대 문화의 합리화와 정당화를 꾀했던 인물이라면 묵자는 그러한 공자를 비판하는 입장에 섰던 것이다. 때문에 유가와 묵가는 서로 대립할 수밖에 없었다.

공자의 시선이 머문 곳은 왕과 신하로 대변되는 지배계층이었던 것에 비해 묵자는 평민과 노인, 여자, 아이 등 피지배층이었다. 그는 근본적으로 평등주의자였다. 그가 주장한 내용의 핵심은 겸애(兼愛), 즉 '더불어 차별 없는 사랑을 행하자'는 것이었다. 때문에 신분에 관계없이 모든 사람의 신체는 자신의 것과 동일하게 생각해야 하며, 다른 나라와 다른 부족, 다른 가족에 대해서도 자기를 사랑하듯 사랑하자고 역설했다.

사회 관습에 있어서도 유가는 성대하고 준엄한 예를 강조한 반면 묵자는 사치를 조장하는 예와 악을 철폐하고 철저하게 검소하고 절약하는 생활을 하자고 주장했다. 이는 곧 귀족 생활에 대한 부정이자, 유가에 대한 공격이었다.

정치론에 있어서도 묵자는 철저한 능력 위주의 인재 등용을 주장했다. 제후와 경, 대부들이 관직을 대물림함으로써 권력을 세습하고 부를 독식하고 있다고 비판하며 능력만이 관리를 선택하는 유일한 기준이 되어야 한다는 논리를 폈다.

그는 침략 전쟁에 대해서도 반대 입장을 분명히 했다. 그는 아예 전쟁 자체를 하지 말아야 한다고 주장했다. 이를 위해서는 공격 능력보다는 방어 능력을 향상시켜야 한다고 했는데, 이 때문에 묵가는 방어 무기를 직접 제작하고 실전에 나서기까지 했다. 이런 논리를 한마디로 요약하자면 '무장평화론' 이라 할 수 있다. 즉, 평화는 적을 막아낼 방어 능력이 충분히 갖춰져 있을 때 이룰 수 있다는 것이다.

묵자는 자신의 이런 이론을 실천하기 위해 다소 종교적인 색채를 띤 집단을 형성했다. 또 그 집단을 직접 이끌며 자신의 이론을 행동으로 옮기는 데 주력했다. 그의 실천적인 성향에 대해 맹자는 '머리 꼭대기부터 발꿈치까지 털이 다 닳아 없어지도록 움직였다' 고 평하고 있다.

그런 그의 사상은 예수의 사상이나 마르크스의 사상과도 맥이 닿아 있다. 중국의 양계초라는 사상가가 그를 가리켜 '작은 예수요, 큰 마르크스' 라고 한 것은 묵자의 사상을 단적으로 설명하는 말이라고 하겠다.

논리의 함정에 빠진

명가 名家

명가는 실물과 이름의 관계를 중시하는 학자 집단으로 대개 혜시와 공손룡으로 대표된다. 그들 두 사람 외에도 『장자』에는 항단(恒團)과 등석도 같은 류의 인물로 기록하고 있지만, 그들은 이름만 남아있을 뿐 구체적인 이론에 대한 언급은 남아 있지 않다.

궤변론자로 알려진 혜시와 공손룡

유가의 대표자 중 한 사람인 순자는 등석(鄧析)과 혜시(惠施)를 괴상한 이론을 다루기를 좋아하고 이상한 말로 장난하기 좋아하는 인물로 묘사하고 있다. 하지만 등석에 대해서는 뛰어난 법률가였다는 기록만 남아있을 뿐 그의 저술은 보존되어 있지 않고, 혜시에 대해서도 많은 기록이 남아 있지 않으며, 다만 『장자』에 그가 세운 열 가지 명제들이 전하고 있을 뿐이다.

전국시대 인물이며, 장자의 친구이기도 했던 혜시는 다음과 같은 10가지 명제를 남겼다.

1. 지극히 큰 것은 밖이 없는데, 이것을 대일(大一)이라고 하고, 지극히 작은 것은 안에 있는데, 이것을 소일(小一)이라고 한다.
2. 두께가 없는 것은 쌓을 수 없으나 그 크기는 천 리가 된다.
3. 하늘과 땅은 낮고, 산과 못은 평평하다.
4. 해는 하늘 한가운데 있는 그 순간이 곧 저무는 것이며, 사물은 막 태어나는 그 순간이 곧 죽어가는 것이다.
5. 큰 관점에서 보면 같은 것도 작은 관점에서 보면 다른데, 이를 소동이(小同異)라고 한다. 또 만물은 모두 같기도 하고 모두 다르기도 한데, 이를 대동이(大同異)라고 한다.
6. 남방은 끝이 없으면서도 끝이 있다.
7. 오늘 월나라에 가서 어제 왔다.
8. 둥글게 이어진 고리는 풀 수 있다.
9. 나는 천하의 중앙이 어딘지 안다. 연나라의 북쪽과 월나라의 남쪽이 그곳이다.
10. 만물을 두루 사랑하면 하늘과 땅도 하나이다.

하지만 위에 정리한 10개의 명제에 대한 논증 과정과 변론 상황이 남아 있지 않아 그것이 정확하게 어떤 의미인지는 해독하기 힘들다. 다만 1번의 소일(小一)과 대일(大一)은 소우주와 대우주의 개념으로 이해할 수 있고, 5번의 소동이와 대동이도 상대적 관점에서 이해할 수 있는 명제다. 또한 사물이 막 태어난 순간이 곧 죽어가는 것이라는 명제는 생성이 곧 소멸의 시작이라는 의미로 받아들여질 수 있을 것이다.

그러나 나머지 명제들은 그 의미가 아리송하여 그저 궤변이라는 평가를 받고 있을 뿐이다.

또 한 명의 명가를 대표하는 인물인 공손룡 역시 궤변을 늘어놓긴 매한가지였다.

공손룡이 남긴 가장 유명한 말은 '백마비마(白馬非馬)' 론이다. 즉, 흰 말은 말이 아니라는 논리인데, 쉽게 말해서 말이라는 단어에는 희다는 단어가 포함되어 있지 않으므로 흰 말은 말이 아니라는 논리다.

하지만 이에 대해 순자는 공손룡이 일반어와 분류어를 구분하지 못한 논리적 오류를 범했다고 지적했다. 즉, 사물을 지칭하는 단어에는 대표명사인 일반어와 그 일반어를 구분한 분류어가 있는데, 백마는 말(馬)이라는 일반어에 속하는 분류어의 하나일 뿐이라는 설명이다. 일반어인 말에는 흰 말, 검은 말, 누런 말 등등 다양한 색깔의 말이 있을 수 있고, 그 때문에 흰 말이든 검은 말이든 누런 말이든 결국 말의 종류 중 하나일 뿐이기에 흰 말이 말이 아니라는 것은 어불성설이라는 주장이다.

공손룡은 이런 어불성설에 해당하는 명제를 『장자』에 21개나 남기고 있다. 그것들을 나열하면 이렇다.

- 알 속에는 털이 있다.
- 닭은 다리가 셋이다.
- 초나라 서울 영 안에 천하가 있다.
- 개는 양이 될 수 있다.
- 두꺼비는 꼬리가 있다.
- 불은 뜨겁지 않다.
- 산에는 입이 있다.
- 수레바퀴는 땅에 닿지 않는다.
- 눈은 보지 못한다.
- 어떤 개념이 가리키는 것은 모든 것을 다 포괄할 수 없고, 사물 또한 성장을 그치지 않기 때문에 다함이란 없다.
- 거북이는 뱀보다 길다.
- 직각자는 네모나지 않고 컴퍼스는 원을 만들 수 없다.

- 구멍은 그곳에 끼우기 위해 깎은 자루를 에워싸지 못한다.
- 날아가는 새의 그림자는 움직인 적이 없다.
- 빠르게 날아가는 화살은 가지도 않고 멈추지도 않는 때가 있다.
- 구(狗)는 견(犬)이 아니다.
- 흰 개는 검다
- 어미를 잃은 망아지는 일찍 어미가 있었던 적이 없다.
- 한 자 길이의 채찍도 매일 반씩 잘라버린다면 영원히 없어지지 않는다.

이 21개의 명제는 큰 의미에서 보다 정확하게 그 뜻을 새기면 이런 결과를 얻을 수 있다는 의미로 만들어진 듯하다. 즉, 알 속에 이미 털이 있다는 것은 알 속에 있을 때부터 나중에 털을 만들 수 있는 인자가 들어있다는 것을 의미한다. 수레바퀴가 땅에 닿지 않는다는 것은, 수레바퀴가 머물러 있으면 바퀴가 아니라는 것을 강조한 말이다. 눈은 보지 못한다는 것은 눈이 오히려 본질을 보지 못하게 하는 역할을 한다는 의미다.

구(狗)는 견(犬)이 아니라는 것은, 모든 개가 똑같은 것이 아니며 엄밀한 의미에서 글자는 실체를 구분하여 만들어졌음을 가리킨다. 즉, 같은 개라고 불리는 것이라고 하더라도 狗와 犬은 처음부터 구분하여 만들어진 단어이기에 지시하는 대상이 다르다는 것이다. 이는 모두 새라고 불리지만 을(乙)과 조(鳥), 추(隹)는 그 지시하는 대상이 다른 것과 같다.

어미를 잃은 망아지는 일찍 어미가 있었던 적이 없다는 것은, 망아지의 기억 속에는 그 어미가 없다는 뜻이다.

한 자 길이의 채찍도 매일 반씩 잘라버린다면 영원히 없어지지 않는다는 것은, 아무리 짧게 잘라도 그 성질과 본질은 변하지 않는다는 것을 강조하기 위한 말이다.

개는 양이 될 수 있다는 것은, 모든 동물은 근본적으로 서로 동일성을 가지고 있다는 의미일 것이며, 불은 뜨겁지 않다는 것은 상대적인 의미를 강조한 말이다. 말하자면 사람에게는 불이 뜨겁지만 쇠에게는 불이 뜨겁게 느껴지지 않는다는 것이다.

이렇게 공손룡과 혜시가 남긴 명제들은 얼핏 보면 궤변 같지만 좀 더 넓게 생각하면 틀린 말은 아닌 것들이다.

법치로 강국을 꿈꾼

법가 法家

법가의 대표자는 한나라 공실의 후예였던 한비자였다. 그는 성은 한(韓), 이름은 비(非)이다. 그는 언제 태어났는지는 분명하지 않지만, 기록에 따르면 서기전 233년에 진시황의 명령에 의해 죽었다고 한다. 그는 어린 시절부터 말더듬이였기에 변론에는 능하지 않았다. 하지만 문장 서술은 매우 논리적이고 정연했던 것으로 알려져 있다.

비록 그가 법가의 사상을 종합하고 완성한 인물이기는 하지만, 법가 사상이 그에 의해 창안된 것은 아니다. 한비자 이전에도 유사한 사상들이 많았는데, 그러한 사상을 주도한 인물은 세 사람으로 요약될 수 있다.

첫 번째 인물은 맹자와 동시대 인물이었던 신도(愼到)였다. 신도는 세(勢)가 통치에 있어서 가장 중요한 요인이라고 주장했다. 세라는 것은 힘이나 권위를 의미한다.

두 번째 인물은 한나라의 재상이었던 신불해였다. 그는 정치에 있어서 술(術)이 가장 중요하다고 했다. 여기서 술이란 곧 '사태를 운영하고 사람을 다루는 방법 또는 기술'로서 치국책이라고 할 수 있다.

세 번째 인물은 진나라에서 변법 운동을 주창했던 공손앙이었다. 그는 법을 강조했는데, 공손앙에 따르면 법이란 곧 법전에 명문화된 약속이자 명령이라고 할 수 있다.

한비자는 이 세 가지 요소를 모두 결합해야만 정치와 통치가 제대로 이뤄질 수 있다고 보았다. 원래 중국인들은 복고적인 역사관을 가지고 있었는데, 공자나 노자, 묵자, 맹자 등도 여기서 예외가 아니었다. 공자는 문왕과 주공을 찬양하며 유학의 토대를 마련했고, 묵자는 치수사업으로 유명했던 우임금을 내세웠으며, 맹자는 요순을 본받을 것을 주장했고, 도가는 복희씨, 신농씨, 황제 등을 추종했다. 하지만 한비자는 시대의 변천과 백성들의 요구에 따라 적절하게 대처하는 것이 최선이라고 주장했다. 그에게는 절대적인 존재란 없었던 것이다. 그가 가장 중시한 것은 바로 시대적 요구였기 때문에, 그의 법은 늘 시대가 요구하는 대로 흘러 가야만 했다.

그렇다면 그가 말하는 법이란 무엇인가? 그는 법이란 모든 관청에 비치되어 있고, 백성들에게 널리 알려진 객관적이고 문자화된 성문법이어야 한다고 주장했다. 이 법을 공포하는 사람은 군주이며, 신분에 관계없이 누구나 공평하게 법을 따라야만 한다. 따라서 결과적으로 보면 한비자의 법은 군주의 가장 요긴한 통치 수단인 셈이다. 비록 그것이 표면적으로는 누구에게나 공평하게 적용되어야 한다는 취지를 담고 있지만, 실제로 적용될 때는 거의 약한 백성들에게만 강제되는 경향을 보일 수밖에 없었다. 때문에 법은 군주가 나라를 다스리는 수단에 불과했다. 시황이 한비자의 저술을 그토록 찬양했던 것도 알고 보면 이런 측면을 읽어냈기 때문이다.

한비자는 법을 제정하는 데 있어서 여섯 가지 원칙을 세웠다. 첫째는 이해득실을 고려하는 공리성(功利性)이 있어야 한다는 것이고, 둘째는 그 시대 중추세력의 요구에 부응해야 한다는 것이며, 셋째는 통일성이 있어야 하며, 넷째는 인간의 기본적인 본성과 감성에 들어맞아야 하며, 다섯 번째는 분명하고 명확해야 하며, 여섯 번째는 상은 두텁게 하고 벌은 엄중해야 한다는 것이었다.

그러나 법이란 통치자가 강력한 힘이 없을 때는 무용지물일 뿐이다. 그는 이런 생각을 다음과 같이 표현했다.

"호랑이가 개를 복종시킬 수 있는 까닭은 날카로운 이빨을 지녔기 때문이다."

말하자면 군주는 적어도 신하를 부릴 수 있는 힘을 갖춰야만 한다는 것이다. 만약 군주가 자신이 가져야 할 힘을 모두 신하에게 내준다면, 오히려 신하에게 복종하는 군주가 될 것이라고 그는 주장한다.

그는 또 군주에게 주변 사람을 지나치게 믿지 말라고 충고한다. 특히 가족은 늘 경계해야 할 대상이라는 충고도 잊지 않는다. 그래서 그는 가족의 위험을 경계하며 이렇게 말한다.

"군주가 자식을 태자로 삼으면, 그 태자의 어미는 군주가 빨리 죽기를 바란다."

너무나 비정하고 냉혹한 권력의 세계를 단적으로 보여 주는 말이다.

이렇게 한비자의 사상은 권력에 대한 냉철한 관찰에 기반하고 있다. 때문에 그는 인간관계를 통해 나라를 유지하는 것은 너무나 위험한 일이라고 말하면서 철저하게 성문화된 법에 의해 냉정하고 엄중하게 국가를 운영할 것을 권하고 있다. 이것이 곧 그가 말하는 법치다. 시황은 이런 그의 사상에 감탄하여 유학자를 산 채로 파묻고 유학 서적들을 불태우는 분서갱유(焚書坑儒)를 단행했던 것이다.

신법을 만들어 부국강병을 이룬 공손앙

진(秦)나라의 시황제는 중국 대륙을 통일하여 중국을 세계에서 가장 거대한 국가로 만든 인물이다. 하지만 원래 진나라는 춘추시대 목공 시절에 융족을 제압하고 서방의 패자로 불리었던 것을 제외하고는 한 번도 맹주의 자리에 올라보지 못했다. 진(晉) 문공 중이가 패자가 된 이래 중원의 공식적인 맹주는 항상 진(晉)나라였고, 또 초, 오, 월이 차례로 패권을 장악하는 바람에 진(秦)은 맹주로 군림할 기회를 얻지 못했던 것이다.

하지만 그 어느 나라도 진을 얕본 적은 없었다. 비록 맹주가 되지는 못했지만 진(秦)은 늘 맹주 자리를 위협하는 무서운 세력으로 인식되었다. 실제 진(晉) 문공 중이를 패자의 자리에 올려 놓은 것도 진(秦)나라였고, 오나라 부차가 초나라를 삼키려는 것을 막은 것도 그들이었다. 그럼에도 중원의 패권을 장악하지 못했던 것은 힘이 없어서도 아니었고, 경제력이 미약해서도 아니었다. 문제는 바로 인재의 부재였다.

그런데 희대의 책략가이자 사상가였던 공손앙(公孫鞅)이 위(魏)나라에서 진나라로 망명하면서 그들은 인재의 갈증에서 벗어나 오랫동안의 침묵을 깨고 마침내 용트림을 시작하기에 이른다.

진나라를 오랜 잠에서 깨운 공손앙은 중원의 약소국인 위(衛)나라 공실의 서자로 태어났다. 그는 젊은 시절에 형명학(刑名學)에 몰두하여 법치주의의 가치관을 형성하게 되었고, 이후 위(魏)나라로 들어가 재상 공숙좌를 섬기며 벼슬살이를 했다. 공숙좌는 공손앙의 탁월함을 알고 있었지만 오랫동안 무겁게 쓰지 않았다. 그러다가 자신이 병에 걸려 죽게 되자, 위나라 혜왕에게 그를 천거하였다. 하지만 혜왕은 공숙좌의 바람과는 달리 공손앙을 중용하지 않았고, 이 때문에 공손앙은 서쪽 진(秦)나라로 갔다.

당시 진의 군주는 효공(孝公)이었는데, 효공이 아끼는 신하 중에 경감(景監)이란 자가 있었다. 공손앙은 그에게 접근하여 효공을 만날 수 있었다. 공손앙은 효공을 만나자 나라를 다스리는 도리에 대해 설파했지만, 효공은 그의 말을 지겨워하며 제대로 듣지 않았다. 심지어 그가 말하는 도중에 졸기까지 했다. 그 뒤, 효공은 경감을 만나 이렇게 말했다.

"그대가 추천한 유세객은 허망한 사람이던데, 도대체 무엇이 쓸 만하다는 말인가?"

그 말에 경감이 화가 나서 공손앙을 꾸짖자, 그는 한 번만 더 효공을 만날 기회를 달라고 졸랐다. 그래서 다시 효공을 만나게 되었다. 이번에는 지난번보다는 효공의 태도가 나아졌지만 만족하지는 않았다. 효공은 그를 만난 뒤 경감을 불러 말했다.

"그대의 유세객은 좋은 사람이다. 더불어 이야기할 만은 하더구만."

그러자 공손앙은 또 한 번만 더 효공을 만날 수 있도록 주선해 달라고 경감에게 청했다. 세 번째 그를 만났을 때 효공은 그의 이야기에 쏙 빠져들었다. 심지어 자기도 모르게 계속 공손앙에게 다가앉을 정도였다.

공손앙이 효공을 처음 만났을 때 한 이야기는 제왕의 치도에 관한 내용이었다. 하지만 효공은 그의 말을 제대로 알아듣지 못했다. 두 번째 만났을 때 공손앙은 효공에게 패도(覇道)에 관한 내용을 설파했는데, 효공은 그것에는 제법 관심을 보였다. 그리고 세 번째 만났을 때는 나라를 부강하게 하는 방법에 대해 설파했는데, 효공은 그 말에 크게 관심을 드러내며 마침내 그를 인정하기에 이르렀던 것이다.

효공에게 등용된 공손앙은 법과 제도를 개혁하려 했다. 그러나 효공은 법을 고치게 되면 사람들이 자기를 비방할까봐 몹시 두려워했다. 공손앙은 그런 그에게 이렇게 말했다.

"의심하면서 시행하면 이름을 낼 수 없고, 의심하면서 일을 하면 공을 이룰 수 없습니다. 대체로 남보다 뛰어난 행동을 하는 사람은 본래 세상의 비난을 받게 마련이고, 혼자 아는 지혜를 지닌 사람은 반드시 백성들에게 경멸을 받게 마련입니다.

어리석은 자는 일의 성과에 대해 어둡지만 슬기로운 사람은 일이 시작되기도 전에 미리 압니다. 백성들과 함께 일의 시작을 계획할 수는 없지만, 일의 성과를 함께 즐길 수는 있습니다.

지극한 덕을 논하는 사람은 세속 사람들과 어울리지 않고, 큰 공을 이루는 사람은 많은 무리들과 함께 일을 꾀하지 않습니다. 그러므로 성인은 참으로 나라를 부강하게 만들 수 있는 일이라면 그 옛 법만 법으로 따르지 않고, 그 예전의 예에 얽매이지 않는 법입니다."

효공은 공손앙의 말을 옳게 여기고 수용하려 했지만, 조정의 반발이 만만치 않았다. 공손앙의 개혁 조치에 반론을 제기한 대표적인 인물은 감룡(甘龍)과 두지(杜摯)였다.

감룡이 말했다.

"성인은 백성들의 풍속을 바꾸지 않고도 교화시키며, 슬기로운 사람은 법을 바꾸지 않고도 백성들을 다스립니다. 백성들의 풍속에 따라 교화시키면 애쓰지 않고도 공을 이루며, 예전 법에 따라 다스리면 관리들도 익숙하고 백성들도 편안하게 됩니다."

감룡의 말에 공손앙이 반론을 폈다.

"감룡이 하는 말은 세속적인 말입니다. 하·은·주는 예가 서로 같지 않은데도 왕이 되었으며, 오패는 서로 법이 같지 않은데도 패자가 되었습니다. 슬기로운 사람은 법을 만들고 어리석은 사람은 법의 제재를 받으며, 현명한 사람은 예를 바꾸고 못난 사람은 예에 얽매이는 법입니다."

이에 두지가 감룡을 지원하며 공손앙을 공격했다.

"이로움이 100가지가 못 되면 법을 바꾸지 않고, 공이 10가지가 못 되면 그릇을 바꾸지 않는다고 했습니다. 옛법을 법으로 하면 허물이 없고, 예전의 예에 따르면 잘못이 없을 것입니다."

공손앙이 두지의 말에 반박했다.

"세상을 다스리는 데는 한 가지 방법만 있는 게 아닙니다. 나라가 편할 수 있다면 굳이 옛법만 고집할 필요가 없습니다. 은나라 탕왕과 주나라 무왕은 옛법에 따르지 않고 스스로 임금이 되었으며, 하나라 걸왕과 은나라 주왕은 예전의 예를 바꾸지 않았는데도 망했습니다. 옛법에 상반된다고 하여 비난할 것도 아니고, 예전의 예를 따른다고 해서 칭찬할 것도 못 됩니다."

논쟁을 지켜보던 효공은 결국 공손앙의 손을 들어줬다. 그리고 그를 좌서장(左庶長)으로 삼고 마침내 법을 바꾸라고 명령했다.

공손앙이 구상한 진나라의 새로운 법체계는 백성들을 철저히 규제하고 감시하는 전체주의적인 체제를 만드는 것이었는데, 그 구체적인 면면을 살펴보면 다음과 같다.

백성들을 열 집이나 다섯 집씩 묶어서 보(保), 연(連) 등의 주민 단위 체계를 구성하고 서로 죄를 적발하는 것은 물론이고 이웃의 죄에 대해서도 연대 책임을 지도록 했다. 한 마디로 말해서 연좌제와 불고지죄를 만들어낸 것이다. 그래서 죄 지은 자를 고발하지 않는 자는 허리를 베고, 고발한 자에게는 적의 머리를 베어온 것과 같은 상을 내리며, 숨기는 자에게는 적에게 항복한 자와 같은 벌을 주게 했다.

또 군대에서 공이 있는 자에게는 그 공의 정도에 따라 벼슬을 주고, 비록 종실 사람이라 하더라도 군대에서 공을 세우지 못하면 공족에서 삭제하도록 하는 등 군대의 위상을 크게 강화시켰다.

세금이나 부역에 대해서도 매우 철저한 법을 마련했는데, 이를테면 주민 가운데 두 아들을 두고도 분가하지 않는 경우에는 세금을 갑절로 매기고, 곡식과 베를 많이 바치는 자에게는 부역을 면제시켰다.

그 외에도 사사로운 생활도 철저하게 규제했다. 개인적으로 싸움을 벌인 자는 반드시 형벌을 받게 만들고, 게을러서 가난한 자는 모두 가려내어 종으로 삼았으며, 어른이나 아이나 할 것 없이 밭 갈고 베 짜는 일을 본업으로 할 것을 법에 규정했다. 그리고 상업에 종사하는 자는 모두 종으로 삼아 농업의 가치를 절대화했다. 또 논밭과 저택, 첩을 두는 일, 의복 등은 모두 신분에 따라 정하고, 그것을 어기면 가차 없이 형벌을 가하였다.

공손앙은 이런 법령을 마련한 뒤, 혹 백성들이 법령을 신뢰하지 않을 것을 염려하여 한 가지 계책을 썼다. 그는 세 길쯤 되는 나무를 도성 저자 남문에 세워놓고 이런 포고령을 내렸다.

'이 나무를 북문에 옮겨 놓는 사람에게 10금을 준다.'

하지만 백성들은 그 말을 의심하여 아무도 나무를 옮겨 놓지 않았다. 그러자 공손앙은 나무를 옮겨 놓는 자에 대한 포상금을 50금으로 올렸다. 그때 어떤 이가 밑져야 본전이라는 심정으로 나무를 옮겨 놓았는데, 공손앙은 그에게 정말 50금을 줬다. 그 모습을 보고 백성들은 나라에서 자기들을 속이지 않는다는 것을 믿게 되었다.

그때 공손앙은 마침내 새로운 법령을 공포했다. 그러나 백성들은 새로운 법령에 잘 적응하지 못했다. 법을 시행한 지 1년밖에 되지 않았는데, 새 법령이 불편하다고 하소연하는 사람이 부지기수였다. 그때 태자가 법을 범하는 사건이 발생했다.

공손앙은 당연히 태자를 법대로 처벌하려 했다. 그는 법이 제대로 시행되지 않는 것은 위에서부터 법을 지키지 않기 때문이라고 판단했던 것이다. 하지만 다른 사람도 아닌 태자였다. 그래서 그는 태자 대신 태자의 스승들인 태부와 태사에게 묵형(墨刑, 얼굴이나 몸에 죄명을 새기는 형벌)을 가했다. 그날부터 백성들이 두려움에 떨며 모두 법을 지켰다.

공손앙의 법이 시행된 지 10년이 지나자, 진나라 백성들은 길에 떨어진 물건을 주워가는 일도 없었고, 산에는 도둑이 없어졌으며, 집집마다 살림이 넉넉하게 되었다. 또한 백성들은 나라를 위해서라면 목숨을 아까워하지 않고 용감하게 싸웠다.

이렇게 되자, 처음에 불만을 가졌던 자들이 와서 새로운 법이 너무 좋다고 말했다. 공손앙은 그들에게 이렇게 말했다.

"이런 자들이 모두 법을 어지럽히는 자들이다."

공손앙은 그들을 모두 변방으로 내쫓았다. 그 뒤로 백성들은 법령에 대해 아무 뒷말도 하지 않게 되었다.

이렇게 새 법령이 잘 정착되자, 공손앙은 대량조(大良造)의 벼슬에 올랐다. 이때 그는 군대를 거느리고 위나라 수도 안읍(安邑)을 포위하여 항복을 받음으로써 진(秦)나라의 위상을 크게 격상시켰다. 또한 함양에서 새로운 도시를 건설하여 도읍을 옹에서 함양(咸陽)으로 옮겼다.

이후 그는 행정체계를 크게 개편하였다. 작은 고을과 시골 마을을 모아 현(縣)을 만들고, 현에는 현령, 현승 등의 관리를 파견했다. 이렇게 해서 생긴 현의 수가 총 31개였다. 진시황이 중국을 통일한 뒤에 마련한 군현제의 토대를 마련한 것이다. 이렇게 하여 진나라는 풍부한 재정과 강력한 군대를 기반으로 부국강병을 일궈냈다.

그 무렵, 제나라가 손빈의 계책에 힘입어 위나라 군대를 마릉에서 대파했다. 그러자 공손앙은 효공에게 위나라를 정벌할 것을 주청했다. 효공은 곧 그를 장군으로 삼아 위나라를 치게 하였다. 위나라에서는 공자 앙(仰)이 수장이 되어 대치했는데, 이때 공손앙이 그에게 편지를 보내 비열한 술수를 썼다.

"저는 예전에 공자와 서로 친하게 지냈습니다. 이제 두 사람이 양쪽 나라의 장군이 되었지만, 차마 서로 공격할 수는 없습니다. 공자와 함께 얼굴을 맞대고 맹약한 뒤에 술이나 즐기다가 전쟁을 끝내고 진나라와 위나라 모두를 편안하게 하는 것이 어떻겠습니까?"

공자 앙도 그의 제의에 동의했다. 그래서 서로 만나 맹약을 마치고 술을 마셨는데, 공손앙은 약조를 어기고 미리 숨겨둔 군사들을 풀어 공자 앙을 사로잡아 버렸다. 이어 공손앙은 공자 앙의 군대를 공격하여 모두 깨뜨리고 전쟁을 승리로 이끌었다.

그 뒤로 위나라 군대는 싸울 때마다 그에게 패배하였다. 당시 위나라는 제나라에게도 계속 패하고 있던 터라 위나라 혜왕은 결국 하서(河西) 지역을 진나라에 바치고 화해를 청했다. 또한 도읍을 진나라와 가까운 안읍에서 대량(大梁)으로 옮겨 갔다. 그런 까닭에 이때부터 위나라를 양(梁)나라라고 부르게 된것이다.

대량으로 간 뒤 위나라 혜왕은 공손앙을 도주하도록 내버려 둔 것을 한탄하며 말했다.

"과인이 일찍이 공숙좌의 말을 듣지 않은 것이 한스럽다."

한편, 공손앙이 하서 땅을 얻어 돌아오자, 효공은 그에게 상(商) 땅을 하사하고 상군(商君)이라 칭했다. 이 때문에 공손앙을 상앙이라고도 부르는 것이다. 또 그가 위(衛)나라 출신이므로 위앙이라고도 부른다.

공손앙의 비참한 말로

공손앙은 10년 동안 재상으로 있으면서 두 번에 걸쳐 대대적인 개혁을 실시했다. 첫 번째 개혁은 효공 3년인 서기전 359년에 있었고, 두 번째 개혁은 효공 12

년인 서기전 350년에 있었다. 이 두 번의 개혁은 크게 성공을 거뒀지만, 그를 원망하는 사람도 많았다. 그럼에도 그가 버틸 수 있었던 것은 효공의 절대적인 신임 덕분이었다. 그런데 효공이 쇠약해져 앓아 눕자, 그의 입지도 흔들리기 시작했다.

그 무렵, 조량(趙良)이라는 인물이 그를 찾아왔다. 조량은 공손앙의 신법을 좋아하지 않는 학자였다. 그래도 공손앙은 그와 사귀기를 원했다. 하지만 조량은 거절했다.

"저는 감히 상군과 사귀지 않으려 합니다. 공자의 말씀에 어진 이를 밀어 주인으로 받드는 자는 성공하고, 못난 이를 모아 왕노릇하는 자는 몰락한다고 했습니다. 저는 못난 사람이기 때문에 감히 사귀자는 명령을 받들 수가 없습니다. 제가 또 들으니 자기가 있을 만한 지위가 아닌데 그 자리에 있는 사람더러 '지위를 탐한다'고 한답니다. 또 자기가 누릴 명성이 아닌데도 그 명성을 누리는 사람더러 '명성을 탐한다'고 한다더군요. 제가 상군의 호의를 받아들이다가 지위를 탐내고 명성을 탐낸다는 소리를 들을까 봐 두렵군요. 그러기에 감히 명령을 따르지 못하겠습니다."

하지만 공손앙은 여전히 그를 스승으로 섬기려 한다며 자기 옆에 머물러 있어 줄 것을 간청했다. 하지만 조량은 거절하며 한마디 충고를 하였다.

"상군께서는 부귀를 탐하고 있으며 법을 변화시킨 것을 스스로 추켜세우고 있습니다. 그러나 백성들의 원망은 계속 쌓여 가고 있습니다. 만약 진나라 군주가 하루아침에 세상을 버리게 되면 아마 이 나라에서는 상군에게 죄를 뒤집어씌우려 하는 자가 많을 것입니다. 망하는 순간은 순식간에 닥칠 것이니 삼가 자신을 되돌아보기 바랍니다."

그러나 공손앙은 조량의 말을 무시하고 지금껏 해왔던 것처럼 강력한 법으로 지배를 강화하는 데만 몰두했다. 그런데 조량이 그런 말을 한 때로부터 불과 5개월 만에 효공이 죽었다. 공손앙의 뒤를 지켜 주던 든든한 배경이 사라진 셈이었다.

효공이 죽고 군주의 자리를 이은 사람은 과거 태자 시절에 법을 어겼다가 스승들을 잃은 혜왕이었다. 그는 그때 자기 스승들이 묵형을 당했던 일로 공손앙에게 원한을 품고 있었다. 또 묵형을 당했던 태부 공자 건(虔)과 태사 공손가(公孫賈)는 공손앙을 죽이기에 혈안이 되었다. 그들은 마침내 공손앙에게 역모죄를 씌우기에 이르렀고, 조정에서는 공손앙을 잡기 위해 군대를 파견했다.

공손앙은 잡히기 전에 달아났는데, 도중에 함곡관에 이르러 객사에 머물려고 했다. 그런데 객사 주인은 그가 공손앙인 줄 모르고 이렇게 말했다.

"상군의 법에 여행증이 없는 손님을 재우면 함께 처벌받는다고 했소."

그 말에 공손앙은 서글픈 음성으로 탄성을 쏟아냈다.

'아, 내가 만든 신법의 폐단이 내게까지 이르렀구나.'

공손앙은 위나라로 달아났다. 그러나 위나라에서는 그가 공자 앙에게 비열한 술수를 쓴 사실을 잊지 않고 있었다. 그 때문에 그의 망명을 받아들이지 않았다. 그래서 그가 다른 나라로 가려 하자, 위나라 사람들이 말했다.

"공손앙은 진나라의 역적이다. 진나라는 강국이니, 그 역적이 위나라에 들어온 이상 붙잡아 진나라로 돌려보내지 않으면 화가 미칠 것이다."

마침내 위나라 사람들은 그를 진나라로 쫓아보냈다. 공손앙은 진나라로 들어가 자신의 봉지인 상읍으로 들어갔다. 거기서 자기의 무리들과 함께 군사를 일으켜 북쪽의 정나라를 쳤다. 이에 진나라에서는 군대를 동원하여 공손앙의 군대를 공격하였고, 결국 공손앙은 정나라 민지에서 잡혀 죽었다. 진나라 혜왕은 그의 시체를 수레로 찢어 죽여 백성들에게 돌려 보이면서 말했다.

"그대들은 상앙처럼 배반자가 되지 말라."

그 뒤, 혜왕은 공손앙의 집안을 멸족시켰다.

공손앙은 진나라의 기반을 닦고 부국강병을 일궜지만, 지나치게 법에 치중한 나머지 인심을 잃어 생을 비참하게 마감했다.

『사기』의 저자 사마천은 공손앙에 대해 이런 악평을 남겼다.

"상군은 천성이 각박한 사람이다. 그가 효공에게 벼슬을 얻기 위해 설득한 제왕의 도리를 살펴보니, 마음에도 없는 공허한 말을 한 것이지 결코 본심에서 나온 말은 아니었다. 게다가 그가 의지한 사람은 효공의 총신이었으며, 등용된 뒤에는 공자 건에게 형벌을 주었고, 위나라 장군 앙을 속였다. 조량의 말을 받아들이지 않은 사실 또한 그가 각박한 사람이라는 것을 증명한다. 내가 일찍이 상군의 저서 『개색(開塞)』과 『경전(耕戰)』편을 읽은 적이 있는데, 그 내용이 그의 행위와 유사했다. 상군이 진나라에서 악명이 높았던 것도 까닭이 있었던 것이다."

사마천의 평가처럼 공손앙은 덕이 있는 인간은 아니었다. 그러나 당시 진나라의 문제점을 정확하게 꿰뚫어보고 새롭고 획기적인 발전 방향을 제시했던 것만은 분명하다. 비록 그는 사가에게 악평을 듣고 비참한 모습으로 생을 마감했지만, 그가 마련한 신법은 훗날 시황이 천하를 통일한 주춧돌로 작용했던 것이다.

법가의 학문을 집대성한

| | | | | | | | | | | | | | | | | | | | | | | | | | | | |

한비자 韓非子

법으로 가르침을 삼고 관리로 스승을 삼는다

한비자는 상앙의 법(法), 신불해의 술(術), 신도의 세(勢)를 자신의 학문에 흡수하여 법가 사상을 집대성하였다. 이런 소문을 듣고 유가의 선비 하나가 한비자를 찾아와 힐난했다.

"선생께서는 사람을 인의로 대할 생각은 하지 않고 왜 무조건 무서운 법으로 겁을 줘서 세상을 공포에 몰아넣어야 한다고 생각합니까?"

그러자 한비자가 웃으면서 이렇게 되물었다.

"어느 마을에 성격이 광포하여 나쁜 짓만 하고 다니는 청년이 있었습니다. 그 청년은 부모가 훈계를 하여도 듣지 않았다고 합니다. 그렇다면 이 청년을 제대로 살 수 있게 하는 방법이 무엇이라 생각하오?"

선비가 대답했다.

"그거야 당연히 마을에서 가장 명망 있는 인물이 청년을 불러다 인간의 도리를 가르치고 인간답게 살 것을 권고하면 되지 않겠습니까?"

하지만 한비자는 고개를 가로저었다.

"우리 주변에는 그렇게 해도 못된 짓을 멈추지 않는 자들이 많소이다. 심지어 자신을 가르치는 스승이 꾸지람을 해도 듣지 않는 자들도 많소. 어떻게 해야 그들의 행실을 고칠 수 있겠소?"

선비가 마땅한 대안을 찾지 못해 머뭇거리자, 한비자가 말을 이었다.

"부모와 마을의 어른, 그리고 스승조차도 그들의 행실을 고치지 못했지만, 관청에서 법률에 근거해 그 잘못에 따라 형벌을 가하자, 그런 사람들이 모두 겁을 먹고 행실을 고쳤다고 하더이다."

"그런 자들은 백성 중에 아주 일부에 지나지 않소이다. 그런 자들 때문에 모든 사람들을 공포에 몰아넣을 수는 없지 않습니까?"

"나라에서 도둑으로 살고 있는 자는 아주 일부에 불과하고, 강도로 살고 있는 자도 마찬가지입니다. 그렇지만 사람들은 그 일부에 지나지 않는 도둑과 강도 때문에 두려움에 떨며 잠을 설치기도 합니다. 그런데 나라에서 그 도둑과 강도를 그대로 내버려둔다면 백성들이 왕을 믿고 따르겠소이까?"

"그건 그렇지만……."

"법이란 그렇게 다수의 선한 백성을 위해서 소수의 악한 자들을 엄벌하는 것입니다. 또한 평소에 선한 사람도 상황에 따라 악하게 될 수 있는 소지가 있으니, 그런 소지를 방지하는 역할을 하는 것입니다. 그렇게 하면 백성들은 법을 가르침으로 삼고, 관리를 스승으로 삼아 나쁜 행실을 하지 않게 됩니다."

한비자는 근본적으로 백성이란 다스려야 할 대상으로 보았다. 그 때문에 그는 이런 말을 했다.

"백성이란 본래 아끼면 교만하게 굴고, 위엄으로 대하면 말을 듣는다."

결국, 백성은 인의로 대할 대상이 아니라 법으로 강력하게 통치해야 할 대상이라는 것이다. 때문에 법이 곧 모든 백성의 행동 지침이 되고, 가르침의 원천이 된다는 논리다. 그래서 백성들은 법을 통해 배우고, 법을 집행하는 관리를 스승처럼 떠받들어야 한다는 것이다.

상은 후하게 벌은 엄하게

선비가 다시 물었다.

"그렇다면 나라는 벌만 주고 상은 주지 않아야 하는 것입니까?"

한비자가 대답했다.

"그리 되면 사람들은 상 받을 일을 하지 않겠지요. 상은 후하게 주고, 또 벌은 엄하게 줘야 할 것입니다."

"왜 벌은 꼭 엄하게 내려야만 합니까? 그렇게 되면 관리나 임금을 무서워하기만 하지 않겠습니까?"

"법은 원래 백성들을 두렵게 만들어야 효과가 있습니다. 그리고 언제 어디서든 어떤 상황에서든 한결같고 단호해야 합니다. 그래야 백성들이 법을 제대로 알고 지킬 것입니다."

선비가 또 하나의 문제를 제기하였다.

"그러면 법을 다루는 관리가 법을 위반하면 어떻게 해야 합니까?"

사실, 유가의 예에 따르면 예는 평민에게는 적용하지 않고, 형법은 대부에게는 적용하지 않는다. 말하자면 대부는 예로 다스리고, 평민은 법으로 다스린다. 그런데 대부 이상의 벼슬을 가진 자가 법을 어겼을 때도 법으로 다스려야 하는 것이냐고 묻고 있다.

한비자가 당연하다는 듯이 이렇게 말했다.

"물론 관리도 법에 따라 엄하게 처벌해야 합니다. 관리뿐 아니라 왕자라고 하더라도 법에 따라 처벌해야 합니다."

"그렇게 되면 왕자와 대부와 사(士)와 평민이 법을 위반하면 똑같은 형벌을 받아야 한다는 말이오?"

"그렇습니다. 법 앞에서는 신분에 상관없이 만인이 평등하게 처벌되어야 합니다. 그렇게 해야 법이 엄중함을 알게 됩니다."

한비자의 이런 생각은 당시 대부분의 국가들에서는 받아들여질 수 없는 내용이었다. 엄연히 신분의 귀천이 있는데, 법에 따라 처벌이 똑같다는 것은 있을 수 없다는 게 당시 귀족들의 생각이었다.

선비가 또 물었다.

"선생의 말을 듣고 있으면, 가벼운 죄도 엄하게 처벌해야 한다는 것으로 들리는데, 어떻게 생각하시오?"

한비자가 대답했다.

"법이 제대로 그 엄중함을 유지하려면 가벼운 죄를 무겁게 처벌해야 합니다."

이런 논리는 공손앙의 주장에서 빌려온 것이다.

한비자가 말을 이었다.

"가벼운 죄를 무겁게 다루면 무거운 죄는 크게 줄어들 것입니다. 가벼운 죄를 무겁게 처벌하면 백성들은 두려워하여 함부로 죄를 짓지 못할 것이기 때문입니다."

한비자의 법은 근본적으로 두려움을 조성하여 백성들이 함부로 법을 어기지 못하게 하는 데 목적이 있었다. 한비자는 그렇게 엄한 법을 적용하면 백성들의 범죄가 크게 줄어들 것으로 믿었다.

하지만 한비자의 사상을 받아들인 진나라는 오히려 이 엄한 법 때문에 몰락하게 된다. 진나라가 전국을 통일한 이후 엄격하게 법을 적용한 결과 백성의 절반이 범법자가 되었고, 저자에는 매일 시체 더미가 쌓였다. 당시 진나라의 인구가 1,000만 정도였는데, 법을 어겨 형벌을 받은 자만 수백만이었으니, 진나라는 그야말로 범법자의 나라라고 해도 과언이 아니었다. 한비자의 사상은 법가가 아니라 벌가가 되어 버린 형국이었다.

결국, 잔혹한 법으로 인해 진나라가 망한 뒤에 한나라는 다시 유가의 사상을 통치의 근간으로 삼았다. 하지만 진나라의 법가적 전통은 어느 정도 살아남았다. 그래서 한나라 이후에도 관리들에 대해 엄격한 법 적용을 하여 나라의 기강을 바로 세우는 데 도움을 주었다.

한비자의 불행한 삶

진나라 왕 영정(嬴政, 진시황)이 즉위한 이래 진의 팽창 정책은 가속도를 더했고, 급기야 나머지 6국을 차례차례 무너뜨리며 서기전 221년에 마침내 천하는 하나로 통일된다. 6국 중 가장 먼저 망한 나라는 한(韓)나라였다.

한나라는 지리적으로 진나라와 가장 가까이 있었고, 삼진 중에 제일 약한 나라였다. 한나라는 진나라의 국력이 강화된 이래 지속적으로 시달리며 누차에 걸쳐 땅과 성을 빼앗겼고, 급기야 시황 재위 17년인 서기전 230년에는 완전히 몰락했다.

진나라가 한을 무너뜨리기 4년 전인 서기전 234년에 시황은 한비자(韓非子)의 『고분(孤憤)』과 『오두(五蠹)』를 읽고 그 글의 저자와 만나 교유할 수 있다면 죽어도 여한이 없다는 말까지 하며 찬사를 늘어놓았다. 시황은 처음에 그 글이 누구의 것인지 몰랐으나 휘하에 신하로 있던 이사(李斯)가 한비자의 글임을 일깨우자, 한비자를 꼭 만나고 싶다고 했다. 그래서 시황은 한나라를 공격했다. 이에 한나라는 시황을 달래기 위해 한비자를 진나라로 보냈다.

한비자는 한나라 공자였는데, 젊어서부터 형명법술(刑名法術)의 학문을 즐겼다. 이 학문의 바탕은 황제(黃帝)와 노자의 사상이었다. 그는 원래 말더듬이였기에 말재주는 없었지만 글재주는 뛰어났다. 그래서 여러 차례 한나라 왕에게 글을 올려 간언했다. 하지만 한왕은 그의 말을 받아들이지 않았다.

그는 낡은 관습과 쓸모없는 법을 철폐하고 현실에 맞는 새로운 법을 만들어야 한다고 주장했다. 또한 법이란 신분 고하에 관계없이 법에 맞게 집행될 때 의미가 있는 것이며, 법이 제대로 서기만 하면 나라의 기강이 잡혀 국가가 부강해질 수 있다고 주장했다. 그러나 당시 한왕은 한비자의 주장을 현실성이 없는 것으로 판단하고 수용하지 않았다.

그러다가 서기전 238년에 진나라가 이사의 건의를 받아들여 한나라를 공격하자, 그때서야 한왕은 한비자를 등용하고 진나라의 공격을 막아낼 방도를 연구했다.

한편, 진나라의 시황은 한비자의 사상에 매료되어 그를 얻기를 원했다. 한나라에서는 진시황이 한비자를 원하는 줄 알고 그를 진나라로 보냈더니, 시황이 무척 반기며 즐거워했다. 하지만 시황의 신하로 있던 이사는 한비자가 시황에게 접근하는 것을 두려워하여 한비자를 죽이려고 마음먹었다.

원래 한비자와 이사는 유가의 성악설로 유명한 순자 문하에서 함께 동문수학한 사이였다. 그런데 이사는 늘 한비자가 자기보다 뛰어나다고 생각하며 열등감에 시달렸다. 그래서 한비자가 시황의 신임을 얻게 되면 자신은 찬밥 신세가 될 것이라고 판단하고 같은 패거리인 요가(姚賈)와 함께 시황에게 이런 말로 한비자를 헐뜯었다.

"한비자는 한나라의 공자입니다. 지금 대왕께서 제후들의 땅을 병합하려고 하시지만 한비자는 끝까지 한나라를 위하려 할 뿐 결코 진나라를 위하지는 않을 것입니다. 그게 바로 인지상정입니다. 그렇다고 해서 이제 대왕께서 그를 쓰지도 않고 머물러 있도록만 하시다가 돌려보내면 그는 필시 뒷날에 근심거리가 될 것입니다. 그러니 가혹하더라도 죽이는 것이 나을 것입니다."

시황이 고민 끝에 그 말을 받아들여 한비자를 죽이라고 명령했다. 그러자 이사는 한비자에게 사람을 보내 독약을 주면서 자살하라고 강요했다. 한비자는 시황에게 직접 진언하기 위해 여러 가지 방도를 찾았지만 이사가 철저히 차단하는 바람에 뜻을 이루지 못했다.

얼마 뒤에 시황이 한비자를 죽이라고 한 명령을 후회하며 사람을 시켜 그를 놓아주라고 했지만, 이미 그때는 한비자가 죽은 뒤였다.

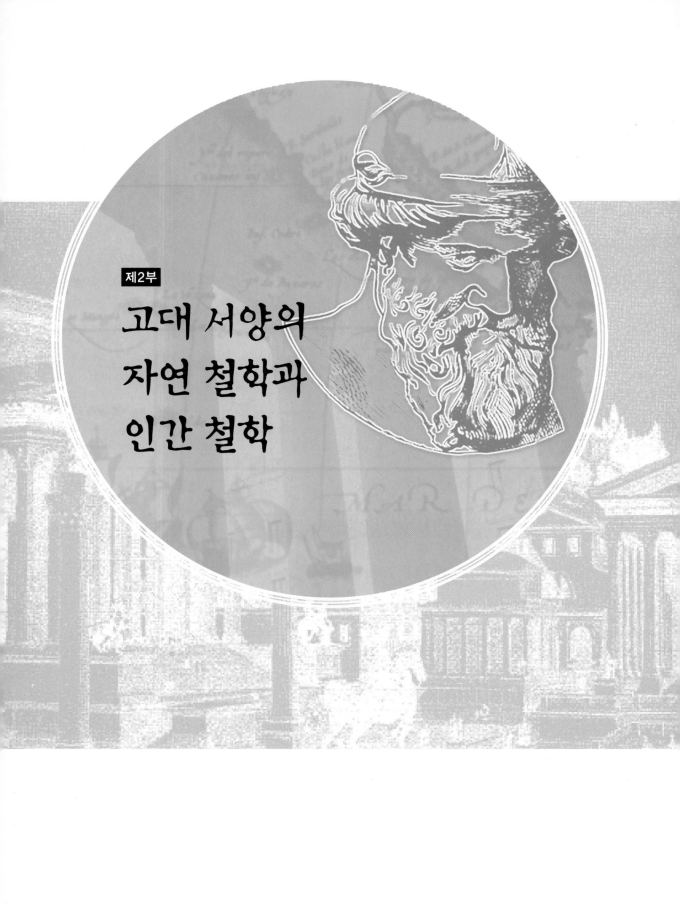

제2부

고대 서양의
자연 철학과
인간 철학

4장

이오니아의 자연 철학자들

탈레스에서
데모크리토스까지

■■ 만물의 근원과 존재의 본질을 추구한 서양 철학의 뿌리

그리스 철학의 발생지는 소아시아 연안에 위치한 이오니아 반도(지금의 터키)
였다. 이 반도에 속했던 도시는 밀레토스, 에페소스, 클라조메나이, 코로폰, 사
모스 등이었으며, 소크라테스 이전의 철학자들은 대부분 이곳에서 살았다. 그
때문에 우리는 소크라테스 이전의 철학을 이오니아 철학이라고 부르고 있다.

이오니아 철학자들은 거의 자연에 몰두해 있었다. 말하자면 우주의 생성 원리
와 움직임, 그리고 그것을 구성하고 있는 물질 등을 규명하는 데 열을 올렸던 것
이다. 이 때문에 이들은 흔히 자연 철학자들이라고 불린다.

하지만 이들은 단순히 자연에 있는 물질과 그 생성원리에만 몰두한 것은 아니
다. 오히려 이들은 자연을 구성하고 있는 원초적인 물질을 통하여 만물의 근원
과 존재의 본질에 대한 해명을 궁극적인 목표로 삼았다. 따라서 이들의 자연 탐
구는 형이상학으로 이해하는 것이 옳을 것이다.

이오니아 철학의 선두주자는 밀레토스의 탈레스였다. 그래서 아리스토텔레
스는 그를 철학의 아버지라고 부르기도 하였다. 그리고 피타고라스, 헤라클레이
토스, 파르메니데스, 엠페도클레스, 데모크리토스 등이 이오니아의 철학적 전통
을 이어 간다.

철학의 아버지가 된 밀레토스의 현인

탈레스 Thales

만물의 근원이 무엇이라고 생각하는가?

집안이 부유한 청년 하나가 탈레스를 찾아왔다. 그는 대화를 통해 상대방을 제압하는 것을 최고의 즐거움으로 생각하는 사람이었다. 그래서 이미 이오니아 반도의 많은 현자들을 찾아다니며 지식을 겨뤘고, 그때마다 현란한 언변으로 차례차례 그들을 무너뜨렸다. 그리고 마지막으로 이오니아 최고의 현자로 불리는 탈레스와 대좌한 것이다.

청년이 물었다.

"선생님은 이오니아에서 가장 현명한 분이라는 칭송이 자자하던데 정말이십니까?"

청년은 탈레스의 입에서 '그렇다'는 대답이 나오길 바랐다. 그리고 그 말이 떨어지기가 무섭게 '다음의 문제로 그것을 증명해 보십시오.'라고 할 작정이었다. 하지만 탈레스는 묻는 말에 대답하지 않고 이렇게 되물었다.

"젊은이, 만물의 근원이 무엇이라고 생각하는가?"

"예?"

청년은 당황했다. 그간 지식인들과 많은 대화를 나눴지만 단 한 번도 그런 질문을 받아본 적은 없었다.

청년은 고민스런 표정을 지으며 생각에 잠겼다.

"자네가 내 질문에 대답할 수 있으면 오늘부터 자네는 이오니아 최고의 현자가 될 수 있을 걸세."

탈레스는 입에 묘한 웃음을 물고 그렇게 덧붙였다.

'만물의 근원이 뭐냐고?'

청년은 계속해서 탈레스의 질문을 되새겨 보았지만 딱히 떠오르는 말이 없었다. 청년은 우두커니 앉아 있다가 결국 아무 대답도 하지 못했다.

한 달 뒤에 청년은 다시 탈레스를 찾아갔다. 그동안 여러 방향으로 많은 생각을 했지만 탈레스의 질문에 대한 답을 찾지 못했고, 그래서 이번에는 무릎을 꿇고 그에게 직접 답을 구할 생각이었다.

"선생님 지난번 질문에 대한 답을 얻지 못해 가르침을 구하려고 찾아왔습니다. 그러니 말씀해 주십시오. 선생님께서는 만물의 근원을 무엇이라고 생각하십니까?"

청년이 이렇게 묻자 탈레스는 짤막하고 분명하게 선언하듯이 대답했다.

"물!"

'만물의 근원은 물이다.'

우리는 탈레스를 거론할 때 곧잘 이 말을 떠올린다. 그러나 탈레스를 철학의 아버지라고 부르는 것은 이런 주관적인 단정 때문이 아니다.

'만물의 근원은 무엇인가?'

탈레스의 위대성은 오히려 이 물음에 있다.

왜냐하면 철학이란 바로 '근원에 대한 물음'으로부터 시작되기 때문이다. 아니 근원에 대한 물음, 그 자체가 바로 철학이기 때문이다.

탈레스가 왜 만물의 근원을 물이라고 생각했는지는 전해지지 않고 있다. 하지만 탈레스는 분명 자기의 주장에 대한 논리적 근거를 제시했을 것이다. 그렇다면 그 논리적 근거를 추적해 보자.

청년이 다시 물었다.

"왜 만물의 근원이 물이라고 생각하십니까?"

그러자 탈레스가 되물었다.

"자네는 무엇을 먹고 사는가?"

"동물과 식물을 먹고 삽니다."

"물이 없다면 동·식물이 살 수 있는가?"

"없습니다."

"왜 살 수 없는가?"

"땅이 마르고, 동물과 식물도 마르기 때문입니다."

"그렇다면 물이 없으면 땅과 땅에 있는 모든 것이 죽겠지?"

"예."

"모든 것이 다 죽으면 만물의 근원도 없어지지 않을까? 만물은 물이 있어야만 살 수 있네. 또 만물 속에도 물이 있지. 그 물이 없어지면 죽는 것일세. 물은 만물을 움직이는 원동력이라는 뜻이야. 하늘도 물에 둘러싸여 있고, 땅속도 물로 가득하지. 그래서 세상에 존재하는 모든 것은 바로 물속에서 나와 다시 물로 가는 것이라네. 그러니 만물의 근원이 물이 아니고 무엇이겠나."

당시 사람들은 보고 듣고 느끼는 것으로 만물을 평가했다. 그런 관점에 근거하여 당시 탈레스의 사고방식을 재현해 본 것이다. 물론 이것은 추론에 지나지 않겠지만 말이다.

하지만 이런 추론이 탈레스의 사고방식을 정확하게 끌어냈다고는 말할 수 없다. 그리고 이 추론은 단지 탈레스의 생각에 접근하기 위한 시도에 불과하다. 이미 언급한 바와 같이 중요한 것은 탈레스가 '만물의 근원은 물'이라고 한 단정적인 결론이 아니라, 그가 '만물의 근원은 무엇일까?'라는 질문을 던진 것이기 때문이다.

그렇다.

탈레스의 위대함은 바로 거기에 있다.

만물의 근원에까지 생각이 미쳤다는 그 사실 말이다.

그래도 별빛은 아름다웠네

탈레스는 비가 오지 않는 날이면 거의 하루도 빼놓지 않고 밤에 산책을 하곤 했다. 산책을 하는 동안 그는 줄곧 별을 관찰했는데, 그것은 별자리의 변동 상황을 알아내기 위함이었다.

탈레스에게 있어서 별은 여러 가지 의미가 있었다. 우선 별자리의 변화에 따라 계절의 변화를 알아낼 수 있고, 또 그런 변화는 앞날을 예측할 수 있는 유일한 징조이기도 했다. 그리고 별은 새까만 밤하늘에 보석처럼 박혀 있는 그 자체만으로도 그에게 흥분과 감동을 안겨다 주는 천연의 예술품이었다.

탈레스가 매일같이 그렇게 밤의 아름다움을 만끽하던 어느 날이었다. 그는 별의 아름다움에 취해 하늘만 쳐다보고 걷다가 그만 웅덩이에 빠지고 말았다.

"억!"

그의 짧막한 비명이 밤의 고요를 깨뜨렸다.

그리고 한동안 적막한 어둠이 계속되었다. 얼마나 시간이 지났을까? 그는 그런 생각을 하고 나서야 비로소 자신이 위에서 굴러 떨어져 기절했다는 사실을 깨달았다.

다행히 웅덩이에는 물이 거의 없었다. 만약 그곳에 물이 가득 차 있었다면 그는 영영 어둠 속에서 헤어 나오지 못했을 것이다.

정신이 들자 탈레스는 우선 그 뻘밭에서 빠져나와야겠다는 생각을 했다. 그래서 일어서려고 다리에 힘을 주었다. 그런데 어찌 된 일인지 다리를 전혀 움직일 수 없었다. 다리가 뻘에 너무 깊이 박혀 혼자서는 도저히 헤어 나올 수 없었던 것이다.

"사람 살려! 사람 살려!"

그는 살려달라고 외치기 시작했다. 하지만 외딴 곳이라 그런지 그의 목소리를 듣고 달려오는 사람은 아무도 없었다. 그리고 너무 오랫동안 고함을 지른 탓에 목이 잠겨 오기 시작했다.

별 수 없지. 아침이 오기를 기다리는 수밖에.

체념한 듯이 한숨을 쏟아내며 그는 그렇게 중얼거리고 있었다. 그러나 그 순간 그는 불현듯 자신의 몸이 아주 조금씩 뻘 속으로 빨려 들어가고 있다는 것을 깨달았다.

등줄기에 서늘한 냉기가 흘렀다. 어느새 옆구리까지 뻘이 차올랐다. 움직일수록 더 빠른 속도로 밑으로 빨려들어 갔다.

이거 꼼짝없이 죽겠구나.

그는 죽은 듯이 가만히 있는 것만이 유일한 살 길이라고 판단했다. 운이 좋으면 날이 밝을 때까지 목숨을 부지할 수 있을 것이고 그렇지 않으면 영락없이 제 삿날을 맞이할 것이다.

천하의 탈레스가 이렇게 허무하게 가다니!

그는 하늘을 올려다보았다. 자신은 비록 그렇게 옴짝달싹도 하지 못하고 죽음을 앞둔 처지가 되었지만 별들은 여느 때와 다름없이 여전히 아름다웠다.

그의 눈앞에는 한순간에 과거의 모든 일들이 스쳐 지나갔다. 그러자 가슴 한 모퉁이에서는 절망감이 조금씩 차올랐다. 그리고 그 절망은 점차 체념으로 바뀌었고, 다시 체념은 자연에 대한 감탄으로 바뀌었다.

'이렇게 한순간에 가는 인생인 것을, 그동안 무엇 때문에 그렇게 허세를 부리며 살았던가.'

그는 그렇게 별들을 우러러보며 허망한 마음을 유언처럼 내뱉고 있었다.

그때였다. 멀리서 불빛 하나가 다가오고 있었다. 처음에는 별빛을 착각한 것이 아닌가 하고 생각했지만 그것은 확실히 불빛이었다. 그리고 불빛이 조금씩 가까워지면서 사람 소리가 들리기 시작했다.

"선생님! 선생님!"

그를 찾는 집사의 목소리였다.

탈레스는 있는 힘을 다해 고함을 질렀다. 그리고 마침내 구조되었다.

다음날 아침에 그를 구해준 집사가 다가와 물었다.

"선생님, 도대체 거기까지 뭐 하러 가셨습니까?"

탈레스가 대답했다.

"별을 관측하던 중이었네."

그러자 하인이 비아냥거리듯이 말했다.

"천하에서 가장 현명하신 선생님께서 어떻게 머리 위의 하늘만 보시고 발 밑의 웅덩이는 보지 않았습니까? 그래, 웅덩이에 빠진 소감이 어떻습니까?"

집사의 그 말에 탈레스는 빙긋이 웃으면서 대답했다.

"그래도 별빛은 아름다웠다네. 내 평생 그렇게 아름다운 밤하늘은 처음 보았으니까 말이야."

탈레스가 별을 관측하는 데만 열중한 나머지 발밑을 보지 않아 웅덩이에 빠졌다는 이 일화는 흔히 현실은 보지 않고 이상만을 추구하다가 결국 넘어지고 만다는 뜻으로 해석되기도 한다.

하지만 현실에만 눈이 어두워 이상을 꿈꾸지 못한다면 그것 또한 넘어지기는 매한가지 아니겠는가?

'그래도 별빛은 아름다웠다!'

탈레스는 집사의 비아냥거림을 이렇게 받아쳤을 것이다. 어디서든 이상은 그대로 아름답게 빛나기 마련이라는 뜻이다. 비록 그곳이 수렁이라 할지라도 말이다.

이런 이야기가 있다.

도를 깨쳤다는 한 스님이 있었다. 어느 날 그에게 선비 하나가 찾아와 이렇게 물었다.

"스님, 도를 깨친 사람도 밥을 먹어야 삽니까?"

말인즉, 도를 깨쳤다면 만물의 이치를 알게 된 것인데 그까짓 목구멍도 하나 해결하지 못하냐는 비아냥거림이었다. 다시 말해 입 안에 들어갈 밥도 하나 해결하지 못하는 중놈인 주제에 도를 깨쳤다고 허풍 떨지 말라는 말이렷다?

스님이 되물었다.

"선비님은 도를 깨쳤습니까?"

"아니오. 저 같은 보잘것없는 인생이 어떻게 감히 도를 입에 담겠습니까?"

"그러면 선비님은 밥을 먹습니까?"

"예."

그러자 이번에는 스님이 빈정거리는 투로 말했다.

"도도 못 깨친 사람이 밥은 왜 먹누?"

"예?"

선비는 그만 말문이 막히고 말았다.

이 이야기에서 밥은 곧 현실이요, 도는 이상이다. 즉, 스님의 도는 탈레스의 별이요, 스님의 밥은 탈레스가 딛고 있는 땅인 것이다.

스님은 선비에게 밥의 현실을 들어 도의 이상을 비아냥거리지 말라고 경고하고 있다.

'도도 못 깨친 놈이 밥은 왜 먹누?'

다시 말해 이상도 없는 놈이 밥 먹고 살아서 무엇 하겠느냐는 뜻이다. 이 말을 탈레스는 이렇게 표현하고 있다.

'웅덩이에 빠져 있어도 별빛은 여전히 아름다웠다!'

즉, 집사에게 이렇게 묻고 있는 것이다.

너는 별빛의 아름다움을 알기나 하느냐?

탈레스의 생애

밀레토스의 현인이었던 탈레스는 서기전 624년경에 태어나 서기전 546년경에 죽은 것으로 전해지고 있으며, 그의 양친은 원래 페니키아 사람이었지만 난폭한 군주에 의해 추방당하여 밀레토스 땅으로 도망쳐 온 이주민인 것으로 기록되어 있다.

고대인들은 탈레스를 7인의 현인 중에 한 사람이라고 칭송하고 있다. 그만큼 그들은 그의 지혜와 사상을 높이 평가했다는 뜻일 것이다.

그는 한때 밀레토스의 정치에 간여하기도 했지만, 일생의 대부분을 자신의 지혜와 사상을 전파하기 위해 방랑생활을 했다.

방랑생활을 하던 중 그가 가장 먼저 찾아간 곳은 이집트였다. 이집트는 당시 가장 발달된 문명을 이루고 있었으므로, 그는 거기서 수학과 천문학을 비롯하여 화학, 약학, 의학 등에 대한 많은 지식들을 얻을 수 있었다.

이집트를 유랑한 후 다시 밀레토스로 돌아온 그는 조용히 은둔생활을 하면서 천체현상을 관찰하는 데 몰두하였다. 아리스토텔레스에 따르면 그는 별을 관찰하여 앞날을 예측하기도 했는데, 한 번은 올리브 풍년을 예측하고 시중에 있는 기름틀을 모두 세 낸 덕분에 막대한 돈을 벌어들여 부자가 되었다고 한다.

그는 지혜를 얻는 일에 열중한 나머지 평생을 거의 독신으로 살려고 결심했던 모양이다. 그래서 32세 때 그의 어머니 크레오보리나가 결혼을 강요하자 자신은 아내를 맞아들일 여유가 없다며 한마디로 거부했다. 하지만 만년에 이집트 출신의 여자와 결혼한 것으로 기록되어 있으며, 그의 아내는 책을 저술할 정도로 지적인 여성이었던 것으로 전해진다.

탈레스는 '만물의 근원은 물' 이라는 것과 '만물이 신들로 가득 차 있다.' 는 두 개의 유명한 명제를 남겼다. 이 두 명제는 그의 사상을 단적으로 보여 주는 것이긴 하지만 결코 범신론적 사고를 나타낸 것은 아닌 것으로 판단된다. 오히려 그는 이 명제를 통하여 자연과 물질을 움직이는 근원적 힘이 있다는 사실을 인간들에게 인식시키려는 데 역점을 두었던 것 같다.

이런 탈레스의 철학은 아낙시만드로스, 아낙시메네스, 크세노파네스 등에 의해 계승되고 발전되었다. 이들의 출생지가 모두 밀레토스라는 것에 착안하여 이들을 밀레토스학파라고 통칭하기도 한다.

이들 가운데 아낙시만드로스는 지구를 원통형으로 보았고, 달의 무게와 태양의 무게는 각각 지구의 18배, 27배라고 주장한 것으로 유명하다. 또한 그는 천체의, 해시계 등을 만든 것으로 전해지고 있으며, 진화론적 사고를 가졌던 것으로 기록되어 있다.

수(數)의 왕국을 건설한 이상주의자

피타고라스 Pythagoras

| 모든 수의 합은 원이다

피타고라스는 크로톤에 학교를 세우고 그곳에서 수백 명의 학생을 가르치고 있었다. 그는 엄격한 법도로 학생들에게 경건한 생활을 할 것을 강조하면서도 한편으로는 그들과의 끊임없는 자유토론을 통해 철학적 난제들을 풀어나갔다.

또다시 자유토론 시간이 왔다. 자유토론에는 5년 동안의 엄격한 기초 교육을 받은 학생들만 참여할 수 있었다.

토론은 주로 야외에서 이뤄졌다. 피타고라스는 자연에 관한 토론은 자연에서 이뤄져야 한다고 생각했고, 그 때문에 날씨가 허락하는 한 토론은 언제나 바깥에서 이뤄졌다.

학생들은 둥근 원을 그리고 앉아 있었고, 피타고라스 역시 그 원의 한 지점에 앉아 있었다.

학생 하나가 먼저 일어서서 문제를 제기했고, 나머지 사람들은 모두 일어선 학생을 향해 시선을 모았다.

"선생님의 가르침에 따르면 모든 물체의 근본은 수이며, 각 물체는 철저하게 자기만의 숫자를 가지고 있다고 합니다. 그렇다면 왜 모든 물체는 자기만의 숫자가 필요한 것일까요?"

학생들은 잠시 동안 침묵을 지키며 생각에 잠겼다. 그리고 이윽고 한 학생이 손을 들고 일어났다.

"나는 그것이 완전성을 유지하기 위한 자구책이라고 생각합니다. 다시 말해서 자기 숫자를 상실할 경우 제대로 살아갈 수 없다는 것이지요."

"좀 더 구체적으로 말해 주십시오."

"예를 들자면 이런 것입니다. 육지에 살고 있는 동물들의 다리는 모두 짝수입니다. 소, 호랑이, 여우, 늑대 등은 네 개이고, 또 사람도 엎드리면 똑같겠지요. 그리고 개미는 여섯 개, 거미 같은 것은 여덟 개입니다. 그 외에 다른 동물들의 다리도 모두 짝수입니다. 그렇다면 육지 동물들의 다리는 왜 모두 짝수일까요? 그것은 짝수의 다리로 서 있을 때 가장 온전한 자세로 서 있을 수 있기 때문이 아니겠습니까? 만약에 다리가 1, 3, 5, 7 등 홀수라면 제대로 달리거나 서 있을 수 있겠습니까? 그처럼 모든 물질은 자기만의 숫자를 유지하고 있을 때 가장 완전하게 존재할 수 있습니다. 즉, 그 완전성을 유지하기 위해 자기만의 숫자가 필요하다는 것이지요."

다른 학생이 나섰다.

"그러면 당신은 세상에 있는 모든 물질이 완전하다고 보십니까?"

"그렇지는 않습니다."

"그러면 각각의 물질이 가지고 있는 자기만의 숫자가 불완전하다는 말인가요?"

상대방은 대답을 하지 못했다. 그러자 질문을 했던 그 학생은 자신의 의견을 피력하기 시작했다.

"저는 모든 물체가 자기만의 고유한 숫자를 가지고 있는 것은 완전성을 유지하기 위해서가 아니라 완전한 것에 다가가려 하기 때문이라고 생각합니다. 즉 모든 물체는 아직까지 완전하지는 않다는 것이지요. 그 때문에 모든 물체는 언젠가는 썩거나 죽거나 소멸하는 것입니다. 만약 물체들이 완전하다면 왜 소멸하겠습니까?"

이에 다른 학생이 반격에 나섰다.

"저는 그렇게 생각하지 않습니다. 왜냐하면 물체들이 썩거나, 죽는 것은 소멸하는 것이 아니기 때문입니다. 생각해 보십시오. 사람이 죽어 썩으면 없어지나요? 아니지요. 없어지는 것이 아니라 흙이 되어 그대로 남아 있는 것이지요. 모든 물체도 마찬가지입니다. 그러니까 썩거나 죽는 것은 단지 모양만 변했을 뿐이지, 소멸한 게 아닙니다. 말하자면 이 세상에 있는 물체는 소멸되지 않는다는 것이지요. 그리고 소멸되지 않는다는 것은 완전하다는 의미입니다. 따라서 저는 모든 물체가 자기만의 고유한 숫자를 가지고 있는 이유는 완전성을 유지하기 위한 것이고, 또 그 완전성은 신으로부터 나왔다고 생각합니다."

어느덧 학생들은 신의 문제로 거슬러 올라갔다. 피타고라스는 신은 언제나 조화를 추구하고 있다고 가르쳤고, 그 조화를 위한 방법으로 각 물체에게 고유의 수를 주었다고 했다. 학생들은 신의 문제에 접근하자 그의 가르침을 떠올렸다.

"결론적으로 보면 각 물체들이 자기만의 고유한 숫자를 가진 것은 세계의 조화를 유지하기 위한 것이겠군요."

처음에 문제를 제기한 학생이 이렇게 말했다. 그리고 다시 문제를 제기했다.

"그렇다면 신에게는 자기만의 고유한 숫자가 없나요?"

학생 하나가 일어났다.

"물론 신에게도 고유한 숫자가 있다고 생각합니다. 그 숫자가 무엇인지는 모르겠지만."

다른 학생이 일어났다.

"자기만의 고유한 숫자를 가진 것은 조화를 이루기 위함이라고 하지 않았습니까? 그런데 만약 신에게도 숫자가 있다면 신도 그 조화를 이루는 일원이라는 뜻이 됩니다. 따라서 저는 신은 숫자를 가지지 않았다고 생각합니다."

"저는 그렇게 생각하지 않습니다. 왜냐하면 이 우주에 존재하는 모든 것에는 숫자가 있다고 했습니다. 그리고 신도 이 우주 어딘가에 존재하고 있습니다. 뒤집어 말하면 만약 신이 숫자를 가지고 있지 않다면 이 우주에 있지 않다는 뜻이

됩니다. 그래서 저는 신이 우주에 있는 이상 자기의 숫자를 가지고 있어야 된다고 생각합니다."

"그렇지 않습니다. 왜냐하면 신은 조화를 이루는 존재인데 만약 숫자를 가졌다면 다른 물체들과 마찬가지로 조화의 일부로 존재할 뿐, 조화를 만들어 낼 수는 없을 것이기 때문입니다. 따라서 저는 신은 우주의 다른 쪽에서 우주의 조화를 만들어 내고 있는 것이지, 결코 자기 숫자를 가지고 우주에 존재하는 것이 아니라고 봅니다."

학생들의 의견은 두 가지로 나뉘었다. 그리고 그 의견은 팽팽히 맞선 채 전혀 좁혀질 기미가 보이지 않았다. 그러자 그때까지 묵묵히 지켜보고만 있던 피타고라스가 나섰다.

"신은 고유의 숫자를 가진 것도 아니고 가지지 않은 것도 아니다. 왜냐하면 신은 모든 숫자의 합이기 때문이다.

내가 '만물은 수로 이뤄져 있다.' 고 한 것은 만물은 자기의 고유 영역이 있다는 뜻이다. 즉, 자기만의 성질을 가지고 있다는 말이다. 그리고 만물은 모두 자기 성질을 통하여 조화를 이루도록 되어 있다. 그것이 바로 신의 의지다.

따라서 우리는 만물의 존귀함을 알아야 한다. 만물이 제대로 조화를 이루지 못하면 파멸할 것이기 때문에 우리는 그 조화를 유지하기 위해 모든 노력을 아끼지 않아야 한다. 그러니 너희들은 단순히 '모든 물체의 근원은 수' 라는 내 말에 얽매이지 말아야 한다. 그것은 본질을 설명하기 위한 말일 뿐이니까."

피타고라스의 말이 끝나자 학생 하나가 손을 들었다.

"선생님께서는 방금 신은 모든 숫자의 합이라고 하셨는데, 그렇다면 모든 숫자의 합은 우리에게 어떻게 보여지는지 궁금합니다. 모든 숫자를 합하면 무엇이 됩니까?"

피타고라스가 대답했다.

"모든 숫자의 합은 원이다. 원이라 함은 아무것도 없는 것처럼 보이지만 모두를 포함하고 있다. 그래서 태양도 원의 모양을 하고 있고, 달도, 별도, 그리고 우리가 살고 있는 이 땅도 모두 원을 그리고 있다. 뿐만 아니라 우주도 원을 그리며 돌고 있다.

별과 달과 해, 그리고 이 땅이 모두 원을 그리며 돌고 있기 때문에 또 언젠가는 항상 제자리로 돌아오도록 되어 있다. 다른 물질도 마찬가지고 영혼도 예외가 될 수 없다. 모든 영혼은 반드시 원을 그리며 돌다가 다시 제자리로 돌아오기 마련이라는 뜻이다. 그래서 사람도 언젠가는 돌고 돌아서 다시 사람의 자리로 돌아오는 것이다. 그것이 신이 만든 조화의 법칙이다.

'모든 숫자의 합은 원'이라는 내 말뜻을 알겠느냐?"

이 이야기는 피타고라스의 사상을 대화체로 풀어 본 것이다. 그리고 '모든 숫자의 합은 원'이라는 말은 필자가 그의 신관과 우주관을 살펴보고 유추한 것이지 결코 피타고라스가 한 말은 아니다. 다만 그의 수 개념이 궁극적으로 원을 지향하고 있는 것만은 틀림없는 사실이다.

'위대하고 완숙하여 모든 작용을 지배하며, 하늘과 인간의 삶을 이끌어내는 원동력은 수의 힘이다.'

피타고라스는 이렇게 가르쳤다.

이 가르침은 우리가 알고 있는 것처럼 '모든 사물은 곧 수'라는 뜻이 아니다. 그것은 '모든 사물이 수의 영역 속에 있다.'는 뜻이다. 그리고 이 말은 지금도 무시할 수 없는 과학적 현실이다.

우리가 익히 배웠듯이 모든 사물은 분자로 이뤄져 있으며, 분자는 다시 원자로 쪼개지고, 원자는 전자와 양자, 그리고 중성자로 다시 나눠진다. 물론 거기서 더 나눠질 수도 있을 것이다.

어쨌든 모든 물질은 그것을 구성하고 있는 가장 작은 알갱이로 이뤄져 있다. 하지만 그 어떤 물질도 그 가장 작은 기본 알갱이만으로는 자기 성질을 발휘할 수 없다. 반드시 다른 알갱이와 합쳐야만 제 기능을 할 수 있는 것이다. 그리고 그것도 아주 조화롭게 합쳐졌을 때만 가능하다.

합쳐진다는 것은 곧 수를 만들어 내는 것을 의미한다. 다시 말해 성질을 가진 모든 것은 가장 작은 알갱이들로 합쳐져 있는 한 반드시 수의 영역에서 벗어날 수 없다는 뜻이다. 따라서 모든 물질은 수의 힘에서 벗어날 수 없다. 그것을 극단적으로 표현하면 '만물은 수의 힘에 의해 존재한다.'는 말이 된다. 바로 이것이 피타고라스의 일차적인 설정이었다.

다음 논리는 '수의 힘에 의해 존재하는 모든 것이 조화를 이룰 때 세상은 온전해 질 수 있다.'는 명제다. 그리고 그는 조화를 유지하고 있는 근본적인 실체를 신으로 보았다. 말하자면 그에게 있어서 신이란 '만물의 조화, 그 자체'였던 것이다.

그리고 그는 궁극적으로 '가장 완전한 조화의 형태는 원의 모양'이라고 생각했다. 그래서 '우주의 운동은 근본적으로 직선적인 것이 아니라 원(순환)운동'이라고 주장했다. 이런 근본 개념에 따라 '별들과 우주의 체계는 항상 순환하여 제자리로 되돌아온다.'고 보았으며 '만물의 가장 작은 알갱이와 영혼까지도 제자리로 되돌아온다.'고 보았다. 이 모든 조화가 이룩된 세계, 그것을 일러 피타고라스는 코스모스(조화가 이룩된 세계)라고 규정했다.

따라서 피타고라스에게 있어서 만물은 곧 자기 자신이다. 왜냐하면 어떤 물질이든 순환운동을 거쳐 다시 그 위치로 돌아오기 때문이다. 이런 사상은 결국 생명 존중 사상을 낳게 되고, 또 '우주가 곧 나'라는 물아일체 사상을 낳았다.

피타고라스의 '조화론'에 바탕을 둔 생명사상은 그의 문하생들에 의해 심리학, 윤리학, 법철학, 국가관 등에까지 확대되었고, 급기야 그의 학문은 종교적 형태로 발전하였다. 말하자면 '피타고라스교'가 탄생했던 것이다. 그 피타고라스교를 우리는 현재 단지 피타고라스학파로 부르고 있을 따름이다.

이런 까닭에 피타고라스는 우리에게 단지 '직각삼각형에서 빗변의 제곱은 나머지 두 개 변 각각의 제곱을 합한 것과 같다.'는 피타고라스정리를 최초로 증명한 수학자 정도로 알려져 있을 뿐이다.

하지만 피타고라스는 서기전 6세기부터 4세기에 걸쳐 약 200년 동안 '성자'로 불리며 신앙의 대상이 될 만큼 대단한 인물이었음을 우리는 간과하지 말아야 한다.

그리고 아직도 우리는 피타고라스가 말한 다음의 명제에서 벗어나지 못했다는 것도 알아야 할 것이다.

'모든 사물은 수의 힘으로 움직인다!'

피타고라스의 생애

이오니아에서 가장 박식한 사람으로 통했던 피타고라스는 서기전 580년경에 사모스에서 어느 조각가의 아들로 태어나, 그곳에서 교육을 받았다. 그리고 교사로 지내던 중 사모스의 난폭한 군주 폴리크라테스를 비판한 죄로 40세가 될 무렵에 남부 이탈리아의 크로톤으로 쫓겨났다.

하지만 그는 그곳에서 학문적 기반을 구축하는 데 성공하여 많은 문하생을 거느린 뛰어난 학자로 성장하였다. 그 결과 그의 사상과 학문은 그리스 식민 도시에 많은 영향을 끼쳤으며, 결국 종교집단 형태의 공동체가 형성되기에 이르렀다.

그는 자신을 따르는 300여 명의 학생들과 공동생활을 하였다. 이 공동체는 종교적 성향이 짙었지만 정치적 성향을 띠는 공화국이기도 했다. 재산을 공동으로 관리하고, 생산물에 대한 공평한 분배를 원칙으로 하는 일종의 공산사회였던 것이다.

피타고라스 교단에 입문한 학생들은 물품을 사적으로 소유할 수 없었으며, 입교한 후 5년 동안의 기초교육을 받는 동안은 엄격한 훈련을 거쳐야 했다. 그런 훈련을 마친 후에야 그들은 비로소 교장인 피타고라스와 면담할 수 있었다고 한다.

하지만 피타고라스가 조직한 공동체는 오래가지 못했다. 그들 공동체를 반체제 집단으로 규정한 크로톤시 당국은 군사를 동원하여 공동촌을 강제로 해체시켰으며, 피타고라스는 이때 학생들과 함께 메타폰지온으로 도망가다가 도상에서 잡혀 죽은 것으로 전해지고 있다. 이때가 서기전 500년경으로 그의 나이 여든 살 때였다.

그는 자신의 제자였던 데아오와 결혼해 아들을 한 명 두었는데, 그는 철학자 엠페도클레스에게 교육받았다고 전해지고 있다.

그의 죽음에 대해서는 이 외에도 여러 가지 설이 있다. 교단이 파멸한 뒤 메타폰지온으로 쫓겨나, 그곳에서 10여 년을 살다 죽었다는 말도 있고, 군사들에게 쫓겨 신전에 피했다가 거기서 굶어죽었다는 설도 있다. 그리고 또 다른 이야기는 도망치다가 콩밭이 앞에 가로놓이자, 콩을 신성시하던 그는 콩밭을 짓밟는 것보다 죽음을 택하는 것이 옳다고 생각하여 군사들에게 순순히 목숨을 내줬다는 내용으로 되어 있다. 하지만 피타고라스가 왜 그토록 콩을 신성시하면서 먹지 않았는지에 관한 기록은 남아 있지 않다.

어쨌든 그는 자신의 사상과 교단 때문에 크로톤시 당국으로부터 탄압을 받았고, 그로 인해 죽음에 이르게 된 것만은 분명한 것 같다.

그가 죽은 후 그를 추종하는 교단은 일시적으로 사라지긴 했지만 얼마 되지 않아 곧 재건되었다. 이때 재건된 교단을 대개 '신피타고라스학파'라고 하는데, 이들은 타렌트에 본거지를 두고 서기전 4세기 말까지 명맥을 이어갔다.

이들 중 일부는 철학과 학문을 존중하여 그것에 열정을 쏟았으나 대부분의 청종주의자들은 엄격한 금욕생활을 준수하여 고기, 생선, 술, 콩 등을 일체 먹지 않았으며, 목욕도 하지 않고, 문화와 학문을 즐기지도 않은 채 오로지 유랑생활만 하였다고 한다.

오늘날까지 전해지고 있는 피타고라스의 학문과 사상은 바로 이들이 남겨 놓은 것이다.

피타고라스주의자들은 대개 천문학과 수학에 밝았는데, 에크판토스와 폰티쿠스로 대표되는 이들 학자들은 그때 이미 지구가 자체의 축을 중심으로 돌고 있다는 것을 가르쳤을 뿐만 아니라 궤도를 따라 운행하고 있다는 사실도 가르쳤다. 그들은 이미 지동설에 익숙해져 있었던 것이다.

헤라클레이토스 Herakleitos

만물은 끊임없이 흐른다

헤라클레이토스가 제자들과 함께 숲을 거닐고 있었다. 헤라클레이토스는 뒷짐을 지고 천천히 걸었고, 그의 제자들은 말없이 그 뒤를 따르고 있었는데, 헤라클레이토스는 한순간 제자리에 우뚝 서더니 잠시 깊은 생각에 잠겼다가 오른쪽에 있던 제자에게 물었다.

"이보게, 자네는 이 숲을 거닐면서 무슨 생각을 하는가?"

오른쪽 제자가 대답했다.

"자연의 위대함에 감탄할 뿐입니다."

그러자 헤라클레이토스는 왼쪽에 있던 제자에게 같은 질문을 하였다.

"자네는 무슨 생각을 하는가?"

왼쪽 제자가 대답했다.

"자연은 신의 얼굴이라고 생각합니다."

신이 자연을 만들었으므로 그의 위대함을 찬양한다는 뜻이렷다?

두 사람의 대답을 듣고 헤라클레이토스는 그저 고개만 끄덕일 뿐 별다른 말이 없었다. 그래서 오른쪽 제자가 궁금증을 이기지 못해 그에게 물었다.

"선생님께서는 날마다 이 숲을 거닐면서 무슨 생각을 하십니까?"

헤라클레이토스가 말했다.

"나무 속에 사람이 있지."

헤라클레이토스의 말은 늘 이런 식이었다. 마치 신탁을 들려주는 것 같은 느낌이 들곤 했던 것이다. 그래서 사람들은 그를 일러 '수수께끼를 내는 사람' 이라고 부르기도 하였다.

"선생님, 무슨 뜻인지 알아들을 수가 없습니다."

제자들이 고개를 갸웃거리며 쉽게 말해 줄 것을 요구했다. 하지만 헤라클레이토스는 좀처럼 쉽게 설명하는 법이 없었다.

"세계는 영원히 살아있는 불이야. 그리고 그 불은 적당히 타다가 때가 되면 알아서 꺼지지."

더욱 모호한 말이었다. 그 때문에 제자들은 점점 더 혼란스러웠다.

"선생님, 저희는 도저히……."

제자들이 난감한 표정을 지으며 헤라클레이토스에게 가르침을 구하자 그는 제자들에게 이렇게 물었다.

"자네들은 어제 여기에 온 적이 있는가?"

제자들은 그 물음에 당연히 '예' 라고 대답했다. 그들은 바로 전날 같은 시간에 스승과 함께 그 숲을 거닐었고, 다른 날에도 이변이 없는 한 마찬가지였기 때문이다. 그러나 헤라클레이토스는 그들의 말에 긍정하지 않았다.

"자네들은 어제 여기에 온 적이 없어!"

"예?"

이 노인네가 벌써 노망이 들었나?

제자들은 그런 표정으로 서로의 얼굴을 쳐다보았다.

헤라클레이토스의 말이 계속되었다.

"왜냐하면 어제의 자네들은 오늘의 자네가 아니고, 또 어제의 숲은 오늘의 숲이 아니기 때문이다. 어제의 자네들은 단지 어제의 숲에 오긴 했으나 오늘의 숲에 온 적은 없어. 또 오늘의 숲에 어제의 자네들이 온 적도 없는 것이지. 자네들은 지금 이 순간, 바로 이 순간의 숲에 있을 뿐이다."

"그렇다면 스승님도 어제 여기에 온 적이 없는 것입니까?"

"그렇지. 어제의 내가 여기에 온 것은 틀림없으나 오늘의 내가 어제 여기에 온 적은 없어. 오늘의 나는 지금 이 찰나에 숲에 와 있는 것이지. 그러나 지금 이 순간에도 계속해서 나는 다른 숲을 밟고 있는 것이네. 물론 나도 계속해서 다른 상태로 변하면서 말이지. 그래서 나는 숲을 보면서 숲의 변화를 보는 동시에 나의 변화를 볼 수 있다네."

"아, 그러니까 모든 것은 순간순간 다른 상태로 변해간다는 말씀이군요."

"이제야 말귀를 알아듣는구나. 이 세상에 있는 모든 것은 항상 변하기 때문에 아무것도 같은 상태로 머물러 있는 것이 없다는 뜻이다.

생각해 봐라. 우리는 늘 이 숲을 거닐지만 숲은 끊임없이 변하지 않느냐. 봄이 되면 꽃이 피고, 여름이 되면 잎이 무성하게 돋고, 가을이 되면 낙엽이 지고, 겨울에는 앙상한 가지만 남지 않느냐.

그렇다면 어느 날 갑자기 꽃이 피고, 잎이 돋고, 낙엽이 지는 것이냐? 그렇지 않다. 숲은 항상 우리 눈에 보이지 않게 끊임없이 변화하고 있는 것이다. 다만 우리가 어느 순간에 가서야 겨우 그 사실을 알아낼 뿐이다."

제자들이 고개를 끄덕였다. 헤라클레이토스의 말은 계속됐다.

"사람도 마찬가지다. 우리도 계속해서 뭔가로 변해 가고 있는 것이다. 그리고 어느 날 죽음을 맞이해서 땅속에 묻히게 되고, 그리고 썩고, 또 다른 모습으로 변해 가는 것이다.

만물은 이처럼 끊임없이 흐르고 있는 것이다. 이것이 바로 세계의 본질이다. 이렇게 끊임없이 흐르는 것, 이것이 바로 영원히 살아있는 불이다. 그 불은 만물 속에서 타오르며 생명을 적당하게 태우다가 적절한 순간에 꺼지는 것이지. 이러한 끊임없는 생성, 이것이 바로 세계 자체이다. 즉, 세계는 신이 만든 것도 아니고, 인간이 만든 것도 아니고 오로지 끊임없이 흐르는 힘일 뿐이란 뜻이다.

예를 들어 보자. 우리가 지금 강에서 멱을 감고 있다고 치자. 그러면 우리는 매 순간 같은 강에서 멱을 감고 있는 것일까?

그렇지 않다. 강물은 계속해서 흐르고, 또 강물 속에 있는 우리도 계속해서 변화하기 때문에 강물도 우리도 계속해서 다른 상태로 만나게 되는 것이다. 따라서 우리는 단 한 번만 같은 물에 같은 상태로 있게 될 것이다. 말하자면 우리는 절대로 같은 강에 두 번 들어갈 수 없다는 것이지. 이것이 바로 흐름의 원리다. 그리고 세계 만물의 이치다."

헤라클레이토스는 그렇게 설명을 마쳤다. 하지만 제자들은 여전히 의문점에 사로잡혀 있었다.

"선생님, 그러면 그런 '영원한 흐름'을 만드는 힘은 무엇입니까?"

헤라클레이토스가 대답했다.

"이런 흐름의 원리는 단순히 홀로 생성하고 홀로 지나치는 것으로는 불가능하다. 이러한 흐름, 즉 변화는 두 물질 이상이 서로 부딪쳤을 때만이 일어날 수 있다. 구름이 몰려오지 않았는데 어떻게 비가 올 수 있겠느냐?

만물의 부딪침, 즉 대립이 바로 생성을 가능하게 하는 힘이라는 뜻이다. 마치 바람이 불어야 나무가 흔들리는 것처럼 사물은 서로 부딪치면서 동시에 조화를 이루는 것이다. 극단적으로 말하면 그 부딪침은 만물 대 만물의 전쟁이라고 할 수 있다. 그리고 이 전쟁이 만물을 생성시키는 힘이 된다. 따라서 전쟁은 만물의 아버지이자 만물의 왕인 것이다."

그때서야 제자들은 고개를 끄덕였다.

"만물은 끊임없이 흐른다."

"전쟁(대립)은 만물의 아버지다."

헤라클레이토스가 내세운 이 두 명제는 그의 사상을 잘 대변해 준다. 하지만 자칫 우리는 그의 생각들을 오해하기 쉽다. 그것은 이 두 명제가 과정을 완전히 생략한 결론적인 단언이기 때문이다.

'만물은 끊임없이 흐른다.'는 말은 만물이 끊임없이 다른 상태로 변화하고 있다는 뜻이다. 이는 곧 소멸과 생성을 동시에 말하는데, 즉 변화는 생성과 소멸을 반복하며 다른 상태로 나아가고 있다는 논리다.

그는 이 변화의 원동력을 '만물 대 만물의 대립'이라고 설명했다. 즉, 만물은 순간순간 끊임없이 서로 대립하지만, 그 대립을 통해서 하나의 다른 상태로 나아간다는 것이다.

그는 이런 원리를 설명하기 위해 활대와 활줄의 관계를 예로 들었다. 활대와 활줄은 서로 팽팽하게 대립해 있을 때 활로서의 역할을 할 수 있다. 하지만 이러한 대립은 우리에게 조화를 이룬 것으로 비쳐진다. 그처럼 만물은 서로가 자기의 힘을 양껏 발휘하여 서로 가장 치열하게 대립했을 때 조화를 이룰 수 있다. 그리고 새로운 단계로 발전하게 되는 것이다. 이 과정을 간단하게 줄이면 '만물은 매 순간 생성 - 대립 - 소멸 - 생성을 반복하고 있다.'는 말로 정리할 수 있다.

우리는 곧잘 태양과 지구의 관계를 설명할 때 '인력'이란 단어를 끄집어내곤 한다. 지구가 일정한 궤도를 유지하면서 태양의 주위를 돌고 있는 것은 서로 잡아당기는 힘이 균형을 이루고 있기 때문이라는 말을 하기 위함이다. 물론 지구와 태양의 관계뿐만 아니라 우주에 있는 모든 별들의 관계에서도 인력의 개념을 끌어낼 수 있을 것이다. 그리고 헤라클레이토스의 자연관에 이 인력 개념을 도입하면 우리는 그의 사상을 한결 쉽게 이해할 수 있을지 모른다.

지구와 태양은 서로 힘껏 끌어당기면서 철저하게 대립해 있다. 하지만 이러한 철저한 대립은 곧 태양과 지구의 조화로 이어진다. 그리고 태양과 지구는 이러한 조화 속에서 서서히 다른 단계로 변화하고 있다. 그 변화는 언젠가 지구를 금성과 같은 존재로 만들었다가 다시 수성과 같은 존재로 만든 후, 결국 태양에 부딪치게 할 것이다. 이후 지구는 산산이 부서져 가루가 될 것이고, 그 가루는 다시 모여 하나의 다른 형태의 별이 될 것이다.

이러한 지구의 운명에 대한 가정은 헤라클레이토스의 이론을 단적으로 설명하고 있다. 대립이 조화로 이어지고, 그러한 모순된 조화는 변화를 거듭해 결국 산산이 부서져 흩어지고, 또 그 부서진 것들이 다시 모인다는 것이다.

헤라클레이토스는 만물은 항상 서로 대립하고 있으며 그것을 통해 끊임없이 변화하고 있다고 확신했고, 그러한 확신을 관념에도 대입하였다.

그는 우리들이 가지고 있는 어떤 개념이나 학문적인 지식은 항구적인 것이 되지 못하고 항상 변할 수밖에 없다는 이론을 세웠다. 즉, 만물이 끝없이 변하기 때문에 만물에 대한 개념이나 지식 역시 변할 수밖에 없다는 생각을 바탕으로 그는 과학적 지식이 한시적 지식일 뿐이라고 야유했던 것이다. 하지만 그는 끊임없는 생성의 법칙만큼은 사라지지 않는다고 보았다. 그 끊임없는 생성의 힘, 그것이 그에게는 진리요, 로고스다.

한 후배가 나에게 이런 질문을 한 적이 있다.

'타임머신을 만들 수 있다고 생각하세요?'

나는 이 물음에 단호하게 '없다!' 고 말했다. 그리고 되물었다.

'시간이 무엇이라고 생각하니?'

후배는 머뭇거리며 대답하지 못했다. 그래서 나는 이렇게 말했다.

'시간이란 우리가 생각하듯이 숫자의 놀음이 아니다. 다시 말해서 시계가 시간을 표현하는 것이 아니라는 뜻이다. 시간은 바로 세계의 변화이기 때문이다. 세계의 변화라는 말은 곧 공간의 변화, 즉 만물의 변화를 의미한다.

타임머신이 가능하다고 믿는 사람들도 물론 이 사실을 간과하지 않을 것으로 믿는다. 그리고 그들은 공간의 변화보다 빠르게 움직이면 시간을 되돌려 놓을 수 있다고 생각하는 모양이다. 하지만 아무리 빠른 순간에 이뤄진 일이라도 공간의 변화를 막을 수는 없다. 그것은 곧 시간을 뛰어넘을 수 있는 방법은 없다는 뜻이다.'

나는 이런 논리로 타임머신 논리의 허구를 지적했다.

불현듯 이 이야기를 꺼낸 것은 헤라클레이토스의 "만물은 끊임없이 흐른다." 는 명제를 좀 더 구체화시키기 위해서이다.

"만물은 끊임없이 흐른다."

이 말은 만물의 끊임없는 변화를 말하는데, 다른 말로 '시간이 흐른다.' 는 말로 대체할 수 있다. 그리고 이 변화가 멈추지 않는 한 시간은 정지하지 않는다.

인간이 눈을 뜨고 있는 한 우주의 어떤 것도 변화를 멈출 수 없다. 그리고 인간이 완전히 사라진다 할지라도 우주의 변화는 지속된다. 이 말은 '시간이란 인간과 무관하게 지속적으로 흐르는 것'이란 뜻이다. 따라서 시간보다 빠르게 움직인다는 논리는 성립하지 않고 '타임머신'도 불가능하다.

만약 타임머신을 꿈꾸는 사람들이 헤라클레이토스의 말을 조금만 더 깊이 음미했다면, 공간의 변화보다 빨리 움직이면 시간을 초월하여 과거나 미래로 갈 수 있다는 허구적 발상을 하지는 않았을 것이다.

헤라클레이토스는 그들에게 지금 분명히 이렇게 말하고 있다.

"만물은 지금도 끊임없이 흐른다."

헤라클레이토스의 생애

헤라클레이토스는 에페소스 출신으로 서기전 544년경에 태어나 서기전 484년경에 죽은 것으로 기록되어 있으며, 피타고라스보다는 한 세대 뒤 인물이거나 동시대 인물일 것으로 추정된다.

고대인들은 그를 '어두운 사람' 또는 '수수께끼를 내는 사람', '모호한 사람' 등으로 불렀다. 그에게 이런 별명을 붙인 것은 그가 하는 모든 말들이 모호하고, 또 그가 다른 사람들과 잘 어울리지 않았기 때문일 것이다.

그는 귀족 출신으로 전해지고 있다. 그의 가문은 종교적인 행사를 주관하는 공직을 세습했던 모양이다. 그래서 그는 종교적으로 높은 직위를 상속받았지만, 그 지위를 동생에게 양보했다고 한다. 그가 공직에서 물러난 이유는 홀로 사색을 즐기려고 했기 때문이었다고 하는데, 그것이 사실인지는 분명하지 않다.

그는 사람들에 대해 매우 조소적인 태도를 보였다고 한다. 어떻게 보면 자만심에 가득 찬 사람처럼 보였을 것이다. 자신의 학문과 사상으로 무장되어 있었을 뿐만 아니라 스스로 숨겨진 자연의 법칙을 발견했다고 생각하고 있었기 때문일 것이다.

어쨌든 그는 사람들과 별로 친하지 않았다. 그래서 그를 추종하던 극소수의 인물들만 그에게 가르침을 받을 수 있었다. 그 때문에 오늘날 그에 대한 구체적인 기록은 거의 남아 있지 않다.

그에 대한 기록들은 대부분 아리스토텔레스의 '단편'에 의존하고 있다. 아리스토텔레스는 헤라클레이토스의 이론을 대부분 비판적으로 수용하고 있다. 그는 헤라클레이토스의 이론을 비판하면서, '만약에 모든 것들이 다 흐르고 있다면 학문도 진리도 있을 수 없다.'고 주장하기도 했다.

하지만 아리스토텔레스는 그를 잘못 이해하고 있다. 헤라클레이토스는 만물이 쉴 새 없이 흐르고 있지만 생성의 법칙에 따라 움직인다고 보았는데, 아리스토텔레스는 이를 간과한 듯하다.

진리는 만든다고 해서 생기는 것이 아니라 있는 그대로가 진리이다. 그러나 아리스토텔레스는 진리는 어떤 이유에서든 형상화되어 있어야 한다고 생각했다. 이것이 헤라클레이토스를 잘못 이해한 원인일 것이다.

헤라클레이토스는 자기가 발견한 자연의 법칙을 바탕으로 우주관을 펼치기도 했던 모양이다. 그는 이른바 '대 우주년'이라는 것을 설정하여 우주의 순환을 설명하였다.

그는 우주가 한 번 순환하는 대 우주년의 1년은 10,800태양년이라고 했다. 하지만 이 주장에 대한 구체적인 설명은 남아 있지 않다. 따라서 그가 대 우주년을 설정하고, 또 태양년이라는 말을 썼다는 것에서 우리는 그의 우주관을 유추할 수밖에 없다.

그가 대 우주년을 설정했다는 것은 그 역시 피타고라스처럼 우주의 회귀 본능을 믿었다는 추론이 가능하다. 그리고 이러한 회귀는 모든 사물에도 대입되었을 것이다. 또한 그가 태양년이라는 말을 사용한 것을 볼 때 구체적이지는 않지만 우주와 지구, 그리고 태양이 뭔가를 중심으로 돌고 있다고 생각했던 것 같다. 그러나 그것이 오늘날 우리가 알고 있는 지동설과 같은 이론이라고 단언할 수는 없다.

존재론을 정립시킨 변론의 천재

파르메니데스Parmenides

물은 흘러도 물이다

파르메니데스와 그의 제자 제논은 주로 서재에 앉아 토론을 하곤 했다. 그들은 자연에서 토론을 벌이면 자칫 사물의 움직임에 눈이 현혹될 수도 있고, 또 눈이 현혹될 경우 헤라클레이토스처럼 '만물은 흐른다.'는 결론에 도달할 수도 있었기 때문이다.

제논이 먼저 말을 꺼냈다.

"선생님, 에페소스의 수수께끼에 대해 어떻게 생각하십니까?"

에페소스의 수수께끼란 헤라클레이토스의 논리를 지칭하는 것이었다.

파르메니데스는 코웃음을 치며 말했다.

"그 늙은이는 장님이야. 방금 본 사람도 금세 다른 사람이라고 우기거든. 장님이 아니고서야 어떻게 눈앞에 있는 사람을 다른 사람이라고 우기겠나?"

파르메니데스는 헤라클레이토스의 이론에 대해 야유를 퍼붓고 있었다. 헤라클레이토스의 이론대로라면 만물은 시시각각 다른 상태로 변해 가기 때문에 같은 상태로 머물러 있는 경우가 없고, 따라서 같은 사람이라도 시시각각 다른 사람으로 변해 간다는 것이다. 파르메니데스가 그를 장님이라고 한 이유도 그 때문이었다.

제논이 다시 물었다.

"그러면 선생님은 만물이 전혀 흐르지 않는다고 보십니까?"

파르메니데스가 대답했다.

"물론이지. 만물은 움직이지도 않고, 변하지도 않으며, 생성하거나 소멸하지도 않지."

제논은 스승의 말을 이해할 수 없었다. 만물이 전혀 움직이지 않는다고 말하는 스승조차도 끊임없이 운동하고 있지 않는가?

"선생님, 그렇다면 지금 저와 선생님도 전혀 움직이지 않는 것입니까?"

"그렇다!"

"하지만 저는 선생님의 말씀에 동의할 수 없습니다. 왜냐하면 지금 이 순간에도 저와 선생님은 부지런히 입을 놀리며 대화하고 있기 때문입니다."

그 말에 파르메니데스는 깔깔거리며 웃었다. 제논은 스승이 웃는 모습을 멍하니 바라보며 고개를 갸웃거렸다.

"좋아, 그러면 예를 하나 들어보자구."

파르메니데스는 웃음을 멈추고 자신의 논리를 증명하기 시작했다.

"자, 여기 머리카락이 하나 있네."

파르메니데스는 자신의 머리카락을 하나 뽑아 그 양끝을 양손으로 잡았다. 그리고 제논에게 그것을 보여 주며 물었다.

"이것은 머리카락이네. 그렇다면 이것을 가위로 자르면 어떻게 되겠나? 머리카락 말고 다른 것이 되는가?"

"아닙니다. 그대로 머리카락입니다."

"그러면 아예 가루로 만들어 버리면 어떻게 되겠나?"

"그래도 머리카락입니다."

"그렇지! 바로 그거야. 머리카락은 아무리 잘라도 머리카락일 뿐이야. 그러니까 그 겉모양이 어떻게 변하더라도 머리카락은 단지 머리카락으로 있을 뿐이지."

제논은 고개를 끄덕였다. 하지만 어떤 확신을 얻은 표정은 아니었다. 그래서 파르메니데스는 제자의 이해를 돕기 위해 몇 가지 설명을 덧붙였다.

"그러면 이번에는 강물을 예로 들어보겠네. 헤라클레이토스 말대로 강물은 끝없이 흐르고 있네. 그래서 같은 장소에 매번 다른 물결이 지나가지. 하지만 그것이 흘러간다고 해서 물이 아닌 다른 것이 되는가?"

"아닙니다."

"그래, 바로 그거야. 물은 아무리 흘러도 물이야. 물은 어디에 있든지 여전히 물일 뿐이지. 자네는 물을 먹고 오줌을 눌 것이네. 그렇다면 자네가 먹은 물은 오줌 속에 있겠지. 그렇다고 해서 그 물을 물이 아니라고 할 수 있는가? 여전히 물이지?"

"예. 하지만 제가 먹은 물은 처음에는 입 안에 있다가 나중에는 뱃속을 지나 다시 땅에 떨어졌지 않습니까? 그러면 변한 게 아닙니까?"

"변했다고? 그러면 물이 다른 것으로 바뀌었단 말인가? 물이 이제 어디에도 없단 말인가?"

"아닙니다."

"그래, 물은 여전히 어딘가에 있잖아. 그렇게 있다는 사실만큼은 분명하잖아. 그런데 도대체 뭐가 어떻게 변했다는 말인가?"

있다?

어쨌든 그것은 어딘가에 있다.

그리고 없어지지 않는 한 그것은 변하거나 흐른 것이 아니다.

파르메니데스는 그 점을 강조하고 있었다.

"좋아. 그러면 헤라클레이토스의 말대로 만물이 끊임없이 생성하여 흐른다고 가정해 보세.

그는 말하길, 생성은 '만물 대 만물의 대립' 에 의해 계속된다고 했어. 그렇다면 아무것도 없는데도 생성이 가능한가? 아무것도 없는데 무엇이 서로 대립한다는 것인가? 분명히 어딘가에 무엇인가가 있으니 대립하는 게 아니겠나."

제논이 알아듣겠다는 표정으로 고개를 끄덕였다.

"그렇지? 그러니까 생성은 없는 거야. 단지 있는 것이 다른 모습으로 우리에게 비칠 뿐이야. 마찬가지로 소멸도 없는 거야. 모든 것이 소멸한다면 아무것도 있을 수 없을 테니까 말이야.

다시 말해서 근본적으로는 생성하는 것도 없고, 소멸하는 것도 없어. 단지 만물은 자기 본성대로 머물러 있을 뿐이야. 과거에 없던 것이 지금 있을 수 없고, 지금 없는 것이 미래에 생길 수도 없어. 모든 것은 과거에 있던 그대로 지금도 있고, 또 지금 있는 그대로 미래에도 있을 거야. 따라서 변하는 것은 아무것도 없어. 모든 것은 단지 있는 그대로 머물러 있을 뿐이야. 내 말이 무슨 뜻인지 알겠나?"

파르메니데스의 그런 설명에도 불구하고 제논은 그의 논리를 쉽게 받아들일 수 없었다. 그래서 물었다.

"선생님, 그러면 저도 그대로 머물러 있는 것입니까?"

"자네?"

"예."

파르메니데스가 제논에게 되물었다.

"자네는 지금 어디에 있는가?"

"여기 이렇게 앉아있지 않습니까?"

"다음에도 어딘가에 있겠구만."

"예. 하지만 죽고 난 뒤에는……."

"물론 죽은 뒤에도 어딘가에 있겠지. 안 그런가?"

"예. 어딘가에는 있겠죠."

"그러면 자네는 영원히 사라지지 않는 것이지?"

"그렇습니다."

"그래, 바로 그거야. 자네는 사라지지 않고 어딘가에 있게 될 거야. 하지만 자네는 결코 제논으로 머물러 있지는 않아.

모든 사물은 말이야 원래 가루야. 그것이 모였다 흩어졌다 할 뿐이지 생겼다 사라졌다 하는 것은 아니란 말이지. 즉, 선이 무수한 점들로 이뤄진 것과 같은 이치지. 우리는 선을 하나로 이어진 단순한 선이라고 생각하지만 사실은 선은 점일 뿐이야. 그리고 그 한 개의 점이 바로 그 선의 실체지. 자네도 마찬가지야. 자네의 실체는 자네를 이루고 있는 가루야. 그 가루는 물이 될 수도 있고, 흙이 될 수도 있고, 정신이 될 수도 있네. 그 가루를 나는 존재자라고 부르겠네. 그리고 그 존재자는 결코 사라지지도 움직이지도 않는 것이네. 항상 그대로 머물러 있는 것이지.

따라서 자네와 나, 그리고 개나 소, 나무들과 물 모두 존재자일 뿐 그 이상도 이하도 아니라네. 그 모든 물질들은 단지 영원히 변하지 않는 존재자로서 동일하게 머물러 있는 것이지."

파르메니데스가 내세운 이론의 발전 과정을 제자인 제논과 대화를 나누는 방식으로 엮어 보았다.

이 대화 과정에서도 나타나지만 파르메니데스의 이론은 처음부터 완전하게 정립되어 있던 것은 아니었다.

그의 이론을 면밀히 살펴보면 그가 헤라클레이토스의 이론을 비판하는 데 열중했음을 알 수 있다. 그리고 그러한 노력은 결국 헤라클레이토스의 이론을 전적으로 부인하는 입장으로 치닫게 됐을 것이다.

"물은 흘러도 여전히 물이다."

"머리카락은 아무리 잘라도 여전히 머리카락이다."

파르메니데스는 초기에는 이런 명제로 헤라클레이토스의 이론을 거부했을 것이다. 말하자면 어떤 물질이 어느 곳에 있더라도 그 본질은 변하지 않는다는 논리를 폈다는 뜻이다. 그리고 이러한 논리는 '만물은 흐른다.'는 헤라클레이토스의 주장을 비판하는 데 사용되었다.

하지만 이 논리는 점차 이렇게 심화된다.

"물이든 머리카락이든 또 어떤 사물이든 그것이 세계 어느 곳에 머물러 있다는 그 사실 만큼은 부정할 수 없다."

즉, 그는 사물의 본질이 변하지 않는다는 점에 중점을 두다가 사물이 어딘가에 존재하고 '있다'는 사실에 역점을 두게 되었다.

그는 존재하고 있는 것, 그것을 '존재자'라고 명명했다. 그리고 그 존재자는 본질적으로 하나라고 보았다. 또한 존재자는 영원히 움직이지도 않고, 변하지도 않고 항상 그대로 머물러 있다고 생각했다.

파르메니데스는 영원히 변하지 않는 상태로 머물러 있는 그 존재자를 진리라고 보았다.

파르메니데스의 이러한 이론은 결국 세계에 존재하고 있는 사물에 대한 무시로 이어진다. 자연을 부정했던 것이다. 그에게 중요한 것은 오직 변하지 않는 근원적인 본질뿐이었기 때문이다.

이런 비약적 견해는 그의 제자 제논에 이르러 더욱 묘한 양상을 띠게 된다. 제논은 일차적으로 모든 운동을 부정했다. 그는 순간순간 모든 것은 멈춰져 있지만, 그것이 연속되면 우리 눈에 단지 움직이는 것처럼 보이는 것뿐이라고 말했다.

운동을 부정한 그는 몇 가지 궤변을 늘어놓았다.

"아킬레스는 결코 거북이를 따라잡을 수 없다."

"날아가는 화살은 정지해 있는 것이다."

"모든 운동은 환각이다."

이것이 그가 내세운 대표적 명제들이다.

아킬레스는 그리스에서 가장 빠른 사람이다. 다시 말해 아킬레스는 가장 빠른 동물을 대표한다. 그리고 거북이는 가장 느린 동물을 대표한다. 그래서 제논의 첫 번째 명제를 다시 풀어 보면 다음과 같은 논리가 된다.

"아무리 빠른 동물도 앞서 있는 가장 느린 동물을 따라잡을 수는 없다."

그는 왜 이런 논리를 폈을까?

이유는 간단하다. 그는 '간다'는 사실만 인정할 뿐 '빠르다'와 '늦다'는 사실을 인정하지 않았기 때문이다. 그러니까 아킬레스가 가고 있을 때 거북이도 역시 가기 때문에 결코 따라잡을 수 없다는 논리를 세운 것이다.

그의 이런 논리는 두 번째 명제에서 더욱 명확해진다.

화살이 날아가고 있는 것을 그는 정지해 있다고 단언해 버린다. 이유는 날아가는 것을 부분적으로 잘라놓았을 경우 정지의 연속이라는 것이다. 따라서 정지의 연속은 결국 정지라는 논리다.

그리고 마지막 명제를 던진다.

정지의 연속을 정지라고 보지 않고 운동이라고 보는 것은 환각에 불과하다. 따라서 운동은 환각이다.

뭐 이런 이야기다.

제논의 이 논리를 좀 더 쉽게 이해하려면 영화를 생각하면 된다. 우리는 영화를 보면서 그 속에 등장하는 인물들이 움직인다고 생각하지만 사실 그 움직임은 눈속임이다. 제논의 말대로 환각인 것이다.

우리는 그 사실을 영화필름을 통해 쉽게 간파할 수 있다. 1초에 16장 이상의 필름이 움직일 때 인간의 눈은 속고 만다. 즉, 정지해 있는 여러 사진들을 움직이는 것으로 착각한다는 것이다.

제논은 모든 운동을 그렇게 보았다. 제논이 이처럼 운동을 부정한 것은 모든 존재가 근본적으론 멈춰 있다는 점을 알리기 위해서였다.

이러한 제논의 궤변을 부정하기 위해 어떤 이는 어린아이를 먼저 걷게 하고 그 뒤에 자신이 출발하여 따라잡는 장면을 연출하기도 했다고 한다.

그러나 제논은 이 장면을 목도하고도 결코 자신의 주장을 굽히지 않았다. 그는 눈 앞에서 벌어지는 현상보다는 그 현상 이면에 있는 존재의 개념에 매달려 있었기 때문이다.

파르메니데스의 생애

파르메니데스는 엘레아 출신으로 서기전 540년경에서 470년경 사이에 살았던 인물로 기록되어 있다.

그의 스승은 이오니아의 콜로폰 출신의 크세노파네스였다. 크세노파네스는 오랫동안 방랑생활을 하다가 엘레아에 정착하게 되었고, 파르메니데스에게 자신의 학문을 가르쳤다.

비록 크세노파네스의 가르침을 받기는 했지만 이른바 엘레아학파의 대표자는 파르메니데스였다. 파르메니데스에 이르러 비로소 독창적인 철학적 전통이 시작되었기 때문이다.

고대의 철학자들은 파르메니데스를 거론할 때 반드시 헤라클레이토스를 등장시킨다. 파르메니데스의 말들은 모두 헤라클레이토스의 논리를 반박하기 위한 것으로 사용되었기 때문이다.

하지만 이 두 철학자가 동시대 인물인지는 분명하지 않다. 또한 그들이 서로 만난 적이 있는지도 알 수 없다. 이에 대한 의견이 분분하지만, 분명한 것은 파르메니데스의 철학이 헤라클레이토스의 논리를 정면으로 반박하고 있다는 점이다.

파르메니데스는 자신의 저작인 『자연에 관하여』에 많은 글을 남겼다. 시 형식으로 된 이 글을 통해 그는 진리로 나아가는 길을 밝히고 있다.

그는 자신의 견해를 변호하기 위해 변증법(논쟁술)이란 논증방식을 채택했다. 변증법이란 어떤 주장에 대한 모순을 지적하고, 그 모순을 지적한 방법이 논리적으로 합당하다는 것을 제시함으로써 자신의 견해가 옳음을 증명하는 방식이다.

'존재하는 모든 것은 생성하고 소멸한다.'고 한다.

하지만 존재하는 모든 것은 단지 존재할 뿐 생성하거나 소멸하지 않는다.

예를 들어 존재하는 모든 것이 생성한다고 가정해 보자. 그러면 그것은 존재하는 것에 의해서 생성되거나, 아니면 존재하지 않는 것에 의해 생성되어야만 한다. 하지만 존재하지 않는 것은 아무것도 생성할 수가 없으며, 존재하는 것이 그 존재를 증명하는 방식은 생성이 아니라 단지 그대로 있는 것이기에, 존재하는 모든 것은 단지 그대로 머물러 있을 뿐 생성하지 않는다.

또 존재하는 모든 것은 소멸한다고 가정해 보자.

그러면 그것은 존재하는 것에 의해 소멸되거나, 존재하지 않는 것에 의해 소멸되어야만 한다. 하지만 존재하지 않는 것은 아무런 작용을 할 수 없으므로 소멸을 가져올 수 없고, 존재하는 것은 비록 작용을 한다고 할지라도 여전히 존재로 남지 않으면 안 되기 때문에 소멸하지 않는다. 따라서 존재하는 것은 단지 존재할 뿐이지 소멸하지는 않는다. 그러므로 존재하는 모든 것은 단지 존재할 뿐 생성하거나 소멸하지 않는다.

그는 이처럼 변증법을 통하여 '존재는 생성하거나 소멸하지 않고 그대로 머무르며, 움직이지 않는다.'는 명제를 세웠다. 이 명제는 '만물은 흐른다.'고 한 헤라클레이토스의 명제를 정면으로 반박한 것이다. 즉, '만물은 흐른다.'에 반대해서 '만물은 움직이지 않는다.'는 명제를 세운 것이다.

파르메니데스의 이런 학설은 그의 제자 제논에 의해 널리 유포되었다. 엘레아 출신인 제논은 서기전 460년을 전후해서 활동했으며 파르메니데스가 총애하던 인물이었는데, 그도 역시『자연에 관하여』라는 저작을 남겼다.

제논도 스승과 마찬가지로 변증법을 통하여 자신의 이론을 증명해 보였다. 이미 앞에서 예로 들었던 '아킬레스는 거북이를 따라잡을 수 없다.'는 논리나 '날아가는 화살은 멈춰 있는 것이다.'라는 논리 등에서 운동을 부정하는 방법에도 이런 변론법을 사용하였다.

또한 제논을 추종하는 엘레아학파의 인물들도 변증법으로 자신의 논리를 변호하곤 하였다. 그래서 아리스토텔레스는 제논을 변증법의 발명자라고 말하기도 했다.

하지만 엘레아학파의 논증은 한마디로 궤변이었다. 그들은 모든 것을 논리로 증명하려 했고, 논리로 증명되면 믿어버렸던 것이다. 그 논리가 현실과 동떨어져 있건 말건 그들에게는 문제가 되지 않았다.

그들은 운동의 다양성과 힘의 다양성도 인정하지 않았다. 그들에게는 '운동'이란 오직 일정한 형태를 주기적으로 반복하는 행위였을 뿐이고, 더 나아가서는 수많은 '정지'의 연속일 뿐이었다. 그들에게는 가속도도 없었고, 반작용도 없었다. 그들에게 중요한 것은 '운동'이라는 개념에 대한 생각이지 현재 '움직이고 있는 상황'에 대한 감각은 아니었던 것이다.

이러한 모순된 논리를 가지고 있었음에도 불구하고 그들의 주장은 플라톤에 의해 수용되었다. 플라톤은 이 세계를 변하지 않는 본성인 보편자와 무한히 변하는 사물인 개별자로 나눴는데, 파르메니데스의 '절대 변하지 않는 존재'를 보편자로 설정하고 헤라클레이토스의 '끊임없이 흐르는 만물'을 개별자로 설정했던 것이다.

에트나 화구에 몸을 던진 불의 아들

| | | | | | | | | | | | | | | | | | | | | | | | | | | | | | | |

엠페도클레스 Empedokles

만물의 뿌리는 물, 불, 공기, 흙이다

사나이 하나가 시장으로 들어오자 군중들은 흙먼지를 일으키며 그의 뒤를 따랐다. 그리고 사나이가 누구나 다 볼 수 있는 높은 곳에 걸터앉자 군중들도 그를 둘러싸고 앉았다.

"병든 사람들은 앞으로 나오라."

사나이가 입을 열었다. 그러자 여기저기서 병자들이 부축을 받아 앞으로 나왔다. 사나이는 그들 병자들을 차례로 진찰하며 처방을 내렸다. 사나이의 처방을 받은 사람들 중에 일부분은 그 자리에서 병이 나았고, 나머지 사람들은 사나이의 조언을 듣고 뒤로 물러나왔다. 그리고 어느덧 사나이 앞에 줄을 섰던 병자들은 다시 군중 속으로 사라지고 없었다. 여느 때와 다름없이 이제 그의 가르침이 시작될 순간이었다.

주기적으로 그렇게 시장을 찾아 주변 마을의 병자들을 치료하고, 알아듣기 힘든 말로 사람들을 가르치는 그 사나이의 이름은 엠페도클레스였다. 언제부턴가 그곳에 나타나 병자들을 치료하고, 설교를 하는 그를 두고 사람들은 '불의 아들' 이라고 불렀는데, 그것은 그가 스스로를 그렇게 칭한 데서 비롯된 별호였다.

"나는 오늘 너희들에게 이 세상의 질서에 대해서 말하고자 한다."

드디어 그의 설교가 시작되었다. 그의 설교가 시작되면 군중들은 감히 그곳을 벗어나지 못했다. 그의 우렁찬 목소리와 엄한 눈초리, 그리고 신통방통한 능력을 경외하고 있었기 때문이다.

"이 세상은 하나의 나무다. 이 나무의 뿌리는 물과 공기와 흙과 불로 이뤄져 있다. 이 네 가지의 뿌리는 합쳐지기도 하고 분리되기도 하는데, 만물이 모두 그 이치에서 벗어나지 못한다.

이 네 가지의 뿌리가 합쳐지거나 흩어짐으로써 만물이 소생한다. 만물은 때가 되면 죽지만 이 뿌리들은 절대 죽거나 없어지지 않는다.

여기에 있는 너희들과 또 나와 하늘의 별들과 땅의 모든 생물들이 바로 이 뿌리들의 결합에 의해 나타난 것이다. 때문에 하늘의 별이 흩어져 다시 모이면 땅의 생물이 되고, 땅의 생물들이 흩어져 모이면 너희와 내가 된다. 또 너희와 나는 물이나 불이나 혹은 흙이나 공기로 돌아갔다가 다시 모여 사람이 되거나 하늘의 별이 되거나 땅에 있는 뭇 생물들이 되는 것이다.

이 뿌리들이 이렇게 모였다 흩어졌다 하는 것이 만물의 소생과 소멸의 원리인 것이다. 그리고 이 뿌리들이 이런 작용을 할 수 있는 힘은 사랑과 미움으로부터 온다. 사랑이 뿌리들을 뭉치게 하는 힘이 있다면, 미움은 뭉쳐진 것들을 다시 분리시키는 힘이 있다.

그러니 사랑과 미움은 이 세상을 유지하는 힘이다. 사랑과 미움의 반복이 중단되지 않는 한 이 세상도 영원할 것이다.

그리고 너희들도 영원할 것이다. 세상의 모든 것은 태어나지도 죽지도 아니하며 다만 이곳에서 저곳으로, 또 저곳에서 이곳으로 옮겨 다니고 있을 뿐이다.

너희 중에는 별이 되는 자도 있겠고, 물이 되는 자도 있겠고, 구름이 되는 자도 있겠고, 또 소가 되는 자도 있겠고, 맹수가 되는 자도 있으리니 그 모든 것이 사랑과 미움의 힘에 의해 이뤄지는 것이다.

그리고 나는 이 다음에 불로 돌아가 다시 지팡이를 짚고 여기에 나타나 너희들과 함께 춤추며 노래하리라."

엠페도클레스의 설교는 항상 그쯤에서 끝을 맺었다. 그러면 군중 속에서 몇 사람이 일어나 그에게 질문을 한다.

"선생님, 선생님께서는 늘 불로 돌아간다고 하셨는데, 그것이 언제입니까?"

엠페도클레스가 대답했다.

"때가 오면 그렇게 할 것이다. 내가 어느 날 나타나지 않거든 불이 솟구치는 곳으로 오라. 그러면 알게 될 것이다."

그는 그렇게 대답하고 군중 속을 빠져나갔다.

다시 장날이 되었다. 병자들을 선두로 시장에 군중들이 모여들기 시작했다. 하지만 아무리 기다려도 엠페도클레스는 나타나지 않았다. 한참 동안 그를 기다리던 군중들이 웅성거리기 시작했다. 그리고 그 중에 청년 한 명이 일어서서 이렇게 소리쳤다.

"아무래도 선생님은 불로 돌아간 모양입니다. 우리 모두 불이 솟구치는 곳으로 가 봅시다!"

그 한마디에 군중들은 앞을 다투어 불이 솟구치는 곳으로 몰려갔다.

군중들이 몰려간 곳은 산 정상에 있는 에트나 화구였다. 그곳에는 여전히 연기가 솟아오르고 있었다.

"여기 선생님의 신발이 있다!"

누군가가 소리쳤다. 군중들은 우르르 그곳으로 몰려가고 있었다.

엠페도클레스는 그렇게 갔다. 평소의 신념처럼 스스로 불이 되어 떠났다. 사람들은 에트나 화구 근처에서 발견한 신발 한 짝을 보고 그것을 사실로 받아들였다.

군중들은 그의 신발을 보며 통곡했다. 그는 그들의 의사이자 선지자였고, 유일한 스승이자 구세주였기 때문이다.

그는 그들에게 이런 시를 들려주곤 하였다.

세상은 거대한 나무라네.

나무의 뿌리는 물과 불과 공기와 흙이라네.

나는 그 뿌리의 아들이기에

기필코 뿌리로 돌아가리.

불이 되어 뿌리가 되리.

그리하여 사랑의 힘으로 나무를 키우고

미움의 힘으로 새싹을 틔우리.

엠페도클레스는 이처럼 물, 불, 공기, 흙을 만물을 이루는 근본 질료라고 주장했다. 그는 이 네 가지의 물질을 '뿌리'라고 불렀으며, 이 뿌리들이 흩어지고 모이고 하면서 만물이 발생한다고 믿었다.

그리고 뿌리들이 그렇게 모이고 흩어지게 하는 힘을 사랑과 미움이라고 설정했다. 모이게 하는 힘은 사랑, 흩어지게 하는 힘은 미움이라는 것이다.

그가 이처럼 사랑과 미움을 근원적인 힘으로 본 데에는 다소 종교적인 이유가 있는 것 같다. 즉 인간들이 사랑으로 서로 화합하며 지낼 것을 권하면서, 혹 미움으로 분란이 발생하더라도 그것은 새로운 결합을 위한 좋은 징조라고 가르쳤던 것이다.

이런 그의 지론은 정치적 견해에도 그대로 적용된 듯하다. 그는 단순한 거리 설교자가 아니라 피타고라스가 자신의 아들을 맡겼을 정도로 많은 제자들을 거느리고 있었던 것으로 전해지고 있고, 꽤 존경받는 학자였다. 따라서 그의 정치적 견해는 시민들에게 많은 영향을 미칠 수 있었을 것이다. 그가 군중들을 정치적으로 교화시킬 때도 사랑과 미움의 힘을 역설했을 것으로 판단되기 때문이다.

엠페도클레스의 생애

엠페도클레스는 서기전 492년경에 아크라가스, 즉 오늘날의 시칠리아 섬의 아그리겐토에서 태어났다. 그는 생애의 대부분을 남이탈리아의 투리오에서 살았는데, 동시대인들에게는 매우 특이하고 신비로운 인물로 인식되었다.

전설에 의하면 그는 죽어가는 환자들을 살려내는 능력이 있었으며, 스스로가 신이라고 주장하기도 했다고 한다. 또한 시민들을 상대로 정치적 가르침을 주기도 했고, 자신의 종교적 신념을 바탕으로 순회설교를 하며 거리를 떠돌았다고도 한다.

그는 항상 시를 읊듯이 말했고, 세계의 이치를 한 눈에 꿰뚫은 듯한 예지를 보이며 군중들을 이끌고 다녔다.

이러한 특이한 삶 때문에 그는 군중들의 존경을 받기도 했고, 주변 학자들의 질시를 당하기도 했다. 그리고 18세기 독일의 대표적 시인 프리드리히 횔덜린(Johann Christian Friedrich Hölderlin, 1770~1843년)은 시를 통해 그를 열광적으로 찬양하였고 그에 관한 소설 『엠페도클레스』를 쓰다가 완성을 보지 못하고 미쳐 버리기도 했다.

엠페도클레스는 언젠가는 자신이 '뿌리'로 돌아갈 것이라고 예언처럼 부르짖고 다녔으며, 그 때문에 에트나 화구에 몸을 던졌다는 이야기가 전하고 있다. 사람들은 에트나 화구 근처에서 그의 한쪽 신발을 발견하고 그가 그곳에 몸을 던진 사실을 알게 됐다고 한다. 서기전 432년의 일이다.

이 이야기는 사실 여부를 떠나 엠페도클레스라는 인물의 성격을 단적으로 보여 주고 있다. 세계와 자신, 나와 타인, 그리고 세상에 존재하는 모든 것들이 하나임을 믿고, 그 열정의 힘으로 불 속으로 몸을 던져버렸던 것이다.

엠페도클레스에 대한 이야기는 이렇게 전설을 통해서만 단편적으로 전해지고 있지만, 그의 사상은 지금도 일부가 남아 있는 그의 저서 『정화』와 『자연에 관하여』에 비교적 잘 나타나고 있다.

저작에서 그는 존재의 뿌리를 물, 불, 공기, 흙으로 규정하고 이들이 사랑의 힘으로 합쳐지고, 미움의 힘으로 분리됨으로써 세계가 영원히 존속하게 된다는 이론을 세우고 있다.

그의 '뿌리' 라는 개념은 지금 '원소' 라는 개념으로 남아 있다. 밀레토스의 많은 철학자들이 세계를 이루는 근본을 원소 가운데 하나라고 보았지만 그는 여러 가지가 복합적으로 얽혀 세계를 이룬다고 보았던 것이다.

만물이 근원적 질료에 의해 이뤄져 있고, 그 질료의 합성으로 세계가 이뤄진다는 다원론적 세계관의 시초는 베일에 싸인 신비의 철학자 엠페도클레스에 의해서 이렇게 시작되었다. 그리고 아낙사고라스와 데모크리토스가 그의 뒤를 이었다.

그의 저작에는 다음과 같은 문장이 남아 있다.

'모든 죽어버리는 사물 중에서 태어나는 것은 하나도 없으며 저주받은 죽음으로 끝나버리는 것도 없으며, 오직 혼합과 이 혼합된 질료들이 뒤바뀌는 일만 있을 뿐이다.'

문득 에트나 화구에 초연히 서서 불을 바라보며 조용히 웃고 있는 엠페도클레스의 모습이 스쳐간다. 그의 이름을 조용히 불러 본다.

엠페도클레스여!

지금은 어느 하늘의 이름 없는 별로 박혀 우리를 바라보고 있을 불의 아들이여!

유물론을 개창한 웃는 철학자

데모크리토스 Demokritos

만물의 근원에는 원자가 있다

데모크리토스는 좀처럼 외부인을 만나지 않았다. 그는 항상 집 안에만 처박혀 있었다. 하루 종일 자그마한 정자에 앉아 자신의 연구에만 골몰했다. 아주 작은 것들을 관찰하고 그것에 관해 기록하는 것이 그의 일과였다. 그렇게 일에 열중하고 있을 때는 옆에 소가 지나가도 그는 알아차리지 못했다.

그렇지만 그에게도 가끔 사람들이 찾아왔다. 그들은 그에게 궁금한 것들을 묻기도 하고, 세상사를 전해 주기도 했다.

그러던 어느 날 그를 알던 사람들이 함께 몰려왔다. 그리고 그를 강제로 병원으로 데려갔다. 데모크리토스는 어떤 사람을 만나든지 계속해서 웃는 버릇이 있었는데, 사람들은 그의 이런 웃음이 정상이 아니라고 생각했던 것이다.

그는 병원으로 끌려가면서 계속해서 웃어댔다. 그리고 마침내 의사 앞에 앉았다. 그를 진찰한 의사는 아테네까지 명성을 날리고 있던 히포크라테스였다.

히포크라테스는 줄곧 웃고 앉아있는 데모크리토스에게 충격요법을 가하였다. 그것은 얼이 빠진 사람이나 기절한 동물에게 행하는 치료법이었는데, 데모크리토스는 충격요법을 당하자 킥킥대고 웃으면서 말했다.

"이보시오 의사 선생, 그렇게 원시적인 방법으로 어떻게 환자를 치료한단 말이오?"

이 말에 히포크라테스는 당황하는 기색을 감추지 못하고 물었다.

"저의 방법이 원시적이란 말입니까?"

"그렇소."

"그러면 선생님께서 의사라면 어떤 방법으로 얼이 빠진 사람을 치료하시겠습니까?"

"만물은 그것을 이루고 있는 근본 물질이 있기 마련이오. 나는 그것을 원자라고 합니다. 사람도 역시 원자로 이뤄져 있지요. 그리고 영혼도 마찬가지입니다. 얼이 빠진 것은 영혼의 원자에 문제가 발생한 것인데 그렇게 무지막지하게 충격을 주면 어떻게 합니까? 오히려 원자가 제 위치를 찾을 수 있도록 안정을 취해 주고, 그렇게 해서도 원상태로 돌아오지 않으면 근본적으로 어떤 문제가 발생했는지 연구해 보는 것이 우선적으로 취해야 할 태도가 아니겠소."

'맞아!'

히포크라테스는 그의 정연한 논리에 감탄하고 있었다.

"데모크리토스 선생님, 당신은 진정한 현자로군요!"

데모크리토스를 그곳에 데려온 사람들은 히포크라테스의 말을 듣고 어리둥절한 표정으로 웅성거리고 있었다. 그때 히포크라테스가 분명한 어조로 그들에게 소리쳤다.

"치료를 받아야 할 사람은 여기 계신 데모크리토스가 아니라 바로 웃음을 잃어버린 압데라의 시민들입니다. 따라서 약을 먹어야 할 사람은 이 선생님이 아니고 바로 여러분입니다."

히포크라테스는 그렇게 호통을 치며 그들을 병원에서 몰아냈다. 그리고 데모크리토스에게 융숭한 대접을 한 후 몇 가지 궁금한 점들을 물었다.

"선생님, 원자에 대해서 조금 더 상세하게 설명해 주십시오."

데모크리토스는 빙긋이 웃으면서 자상한 목소리로 설명하기 시작했다.

"모든 물질은 쪼개지기 마련입니다. 그리고 계속해서 쪼개지다 보면 더 이상 쪼갤 수 없는 단계에 도달하게 됩니다. 나는 이것에다 원자라고 이름 붙였습니다.

원자는 각기 자기의 모양이 있습니다. 어떤 것은 낫 모양을 하고 있고, 또 어떤 것은 구슬모양이나 갈고리 모양을 하고 있지요. 그리고 각 원자들은 그 크기도 다릅니다. 어떤 놈은 크고 어떤 놈은 작고 그런 것이지요. 그런 원자들이 우주에 가득 차 있는 것입니다.

이 원자들은 허공을 떠다니다가 자신과 모양이 맞는 것을 만나면 결합하는 버릇이 있지요. 자연에 있는 모든 생물과 물체들이 그렇게 해서 만들어진 것입니다."

"그러면 그 원자들은 모두 제각기 다른 성질을 가지고 있겠군요?"

"아닙니다. 원자는 종류에 상관없이 같은 성질을 가지고 있습니다."

"그런데 어떻게 사물은 다른 성질을 가지고 있을까요?"

"다른 성질을 가지고 있는 것이 아니라 우리가 다른 성질이라고 느끼는 것이지요. 원자들은 모양과 크기가 다르지만 서로 결합할 수도 있고, 움직일 수도 있습니다. 그래서 원자들이 아주 가까이 모여 있을 때는 딱딱하게 되고, 느슨하게 모여 있을 때는 물러지지요. 그리고 가까이 모여 있을 때는 무겁고, 느슨하게 모여 있을 때는 가볍습니다. 그러한 차이 때문에 우리들은 사물에게서 따뜻한 느낌을 받기도 하고, 차가운 느낌을 받기도 하고, 또 단맛도 느끼고 쓴맛도 경험하지요. 하지만 이런 다른 느낌은 사물에 의한 것이 아니라 우리 감각에 의한 것이지요."

데모크리토스가 웃음 때문에 히포크라테스에게 진찰을 받은 적이 있다는 기록을 바탕으로 짧은 이야기를 엮어 보았다. 실제로 히포크라테스는 그를 진찰한 후 '약을 먹어야 되는 사람은 데모크리토스가 아니라 압데라의 시민들이다.'라고 했다고 한다. 그리고 그는 가끔 데모크리토스를 방문해 여러 가지 질문들을 던진 것으로 전해지고 있다.

어쨌든 필자가 두 사람의 대화를 이끌어낸 것은 데모크리토스의 '원자론'에 좀 더 쉽게 접근하기 위함이다.

데모크리토스는 물질을 이루고 있는 가장 작은 입자를 원자(Atom, 더 이상 쪼갤 수 없는 것)라고 불렀다. 그는 원자에 대해서 정의하기를 '더 이상 쪼갤 수 없으며, 무게가 있고, 아무것도 그것을 꿰뚫고 지나갈 수 없는 것'이라고 했다. 또한 그는 '원자의 수는 무한하고, 허공을 가득 채우고 있으며, 결코 파괴될 수 없기에 영원하다.'고 했다. 이 원자의 모양과 크기는 각기 다르다. 그리고 원자들은 서로 배열되거나 합해질 수 있고, 서로 위치를 바꿀 수도 있다.

원자에 대한 그의 이런 견해는 20세기의 과학과 별 차이가 없다. 하지만 그는 원자들이 제각기 다른 성질을 가지고 있는 게 아니라, 모두 같은 성질을 가지고 있다고 보았다. 이에 대해 20세기의 과학은 다른 견해를 피력하고 있다. 이미 90종 이상의 원소를 발견하고, 그것들이 각기 다른 성질을 가지고 있다는 것을 알고 있기 때문이다.

그러나 엄밀히 따져 보면 데모크리토스의 원자와 20세기의 원자는 개념적으로 차이가 있다. 데모크리토스의 원자는 '더 이상 쪼개질 수도 없고, 어느 것도 그것을 관통할 수 없는 상태'였지만 20세기의 원자는 원자핵과 그 주위를 돌고 있는 전자로 나눠지기 때문이다. 따라서 데모크리토스의 원자는 20세기 과학에서는 원자핵으로 불러야 옳을 것이다. 그리고 원자핵은 전자의 수에 따라 다른 원자핵으로 바뀌는 이른 바 '원자핵 붕괴'가 일어날 수 있으므로 '모든 원자의 성질은 같다'는 그의 견해는 옳았던 것이다.

데모크리토스의 또 하나의 위대한 견해는 '원자가 운동을 하고 있다'는 주장이다. 그는 원자의 운동이 '압력과 충돌에 의해 자동으로 생기며, 그것은 영원하다.'고 말했다.

그는 이 원자의 운동을 영혼까지 확대하여, 영혼도 원자로 구성되어 있으며, 인간의 사고도 원자의 운동에 의해 일어난다고 하였다. 그리고 결론적으로 유물론의 입장을 분명하게 드러내며 이렇게 말한다.

'세계에는 물질적인 것 외에는 아무것도 없다. 영혼과 정신도 독자적인 어떤 것이 아니라 원자와 원자의 운동에 불과하다.'

데모크리토스의 생애

데모크리토스는 서기전 460년에 트라키아의 압데라에서 태어나 서기전 370년에 죽었다. 그는 항상 웃는 모습으로 사람들을 대했기 때문에 '웃는 철학자'라는 별명을 얻기도 했다.

그는 마치 속세를 떠난 승려처럼 집 안에 틀어박혀 학문 연구에만 몰두한 사람이다. 하루 온종일 정원에 있는 작은 정자에 앉아 뭔가를 보고, 그 결과를 기록하는 것이 일과였다.

그의 부친은 아들의 이런 학구적 열정을 존중했던 모양이다. 그래서 그가 연구에 몰두해 있으면 절대로 정자 곁을 지나가지 않았고, 소를 몰고 갈 때도 일체 방울소리를 내지 않았다고 한다.

데모크리토스는 이런 폐쇄적인 생활 때문에 그리스 전역에 명성을 떨치지는 못했다. 그와 동시대인인 소크라테스가 이미 명성을 떨치고 있을 때도 그는 전혀 관심을 보이지 않았다. 그는 오로지 자신의 연구에만 몰두했다. 그리고 연구 결과를 바탕으로 엄청난 분량의 책을 집필했다.

그는 세계질서, 자연, 유성, 인간, 정신, 감각적인 지각, 색채, 여러 가지 원자의 형태, 사고의 규칙, 원과 공의 접촉, 독립적인 직선과 원자, 수, 리듬과 조화, 시 쓰는 법, 의학적인 인식 방법, 농경방식, 그림, 전술, 현자의 마음가짐, 죽은 뒤의 생명 등의 제목으로 된 많은 저서들을 남겼다. 그는 자신이 생각할 수 있는 거의 모든 것에 대해 몰두하고 있었다. 하지만 이 저작들은 대부분 없어지고 단편들만 남아 있다.

그가 남긴 학문적 업적 중에 가장 주목할 만한 것은 역시 '원자론'이다. 아마 그도 이것에 가장 많은 시간을 투자했을 것이다.

데모크리토스에게 원자론을 가르친 사람은 레우키포스였다. 하지만 그에게 학문을 가르친 레우키포스는 데모크리토스가 유명해진 뒤에 이렇게 고백하고 있다.

'나는 당신의 스승이었지만, 지금 나는 당신의 제자입니다.'

스승이 제자를 자처할 정도로 데모크리토스는 탁월한 학문적 견해를 가지고 있었다.

데모크리토스는 이렇게 학문에 열중하며 평생 독신으로 지냈다. 하지만 그에게도 한때 사랑하던 여인이 있었는데, 그녀는 바로 스승 레우키포스의 딸 크세니아였다.

레우키포스는 그가 자신의 딸을 연모하고 있다는 사실을 알고 두 사람을 혼인시키려 하였다. 그때 데모크리토스는 서른 살의 청년이었고, 크세니아는 열여덟 살의 꽃다운 소녀였다. 하지만 이들의 혼사는 이뤄지지 못했다. 크세니아가 그만 열병으로 세상을 뜨고 말았기 때문이다. 이 일에 충격을 받은 데모크리토스는 평생 그녀를 연모하며 독신으로 살았다.

데모크리토스는 생애의 대부분을 압데라에 있는 자신의 집에서 보냈지만, 이집트와 아시아 지방을 여행하기도 하였다. 그리고 얼마 동안 아테네에 머무른 적도 있었다. 그가 아테네에 갔을 때 아테네는 이미 말기적 증세를 보이고 있었다. 도시는 스파르타와의 전쟁으로 심하게 피폐해져 있었고, 학자들은 새로운 시대가 와야 한다고 소리치고 있었다.

그는 그런 상황에도 아랑곳하지 않고 아크로폴리스를 돌아 흐르는 강변에 작은 거처를 마련했다. 그리고 자연현상에 몰입하고 있었다. 그는 속세가 어떻게 되든 별로 관심을 보이지 않았다. 그렇지만 그의 학문에 관심을 가진 사람들은 가끔 그를 방문하였다. 데라케네스, 푸오기아스 등의 친구들도 그런 방문자들 중에 섞여 있었다.

특히 푸오기아스는 그의 대표적인 저작 60여 권을 아테네 시민들에게 공개하며, 그의 위대한 자연관을 소개하기도 했다. 그리고 데모크리토스의 저작들은 아테네 도서관에 소장되었지만, 안타깝게도 그리스 내란 중에 어디론가 사라지고 말았다.

그러나 후대 사람들은 그가 남긴 책들의 단편들에서도 많은 것들을 얻어낼 수 있었다. 그리고 2,500년이 지난 지금까지도 그의 학설은 퇴색되지 않고 있다. 오히려 과학이 발달할수록 그의 원자론과 유물론적 관점은 더욱 빛을 발하고 있는 것이다.

불현듯 이런 말이 떠오른다.

'사고에 의한 추상은 언제나 과학보다 앞선다.'

5장

아테네의 인간주의 철학자들

프로타고라스에서 아리스토텔레스까지

■■ 합리주의 철학의 기틀을 완성한 아테네의 철학자들

서기전 5세기경부터 그리스 철학의 중심지는 이오니아반도에서 아테네로 이동한다. 아테네는 이 시기에 국력과 경제가 절정에 달해 있었는데, 그리스의 식민도시 출신의 철학자들이 그러한 혜택을 누리기 위해 아테네로 모여들면서 그리스 철학은 제2기를 맞이하게 되는 것이다.

페리클레스시대라고 일컬어지는 이 시기를 주도한 사람들은 지식을 매개로 돈을 벌던 소피스트들이었다. 이들 소피스트들은 문학, 예술, 수사학, 웅변 등에 능통했으며, 정치적인 활동에도 관심을 쏟았다.

소피스트의 선두주자는 압데라 출신의 프로타고라스였다. 그는 '인간은 만물의 척도' 라는 슬로건을 내걸고 철학의 대상을 자연에서 인간으로 바꿔 놓는다. 그리고 아테네 출신의 소크라테스가 나타나 소피스트들의 인간중심적인 사고에 기반해 철학을 한 차원 높은 곳으로 끌어올리면서 그리스 철학은 새로운 단계로 발전하게 된다.

소크라테스의 철학은 그의 제자 플라톤에 의해 정리된다. 플라톤은 최초의 대학 '아카데메이아' 를 세워 소크라테스와 자신의 학문을 사회화하는 작업에 박차를 가한다. 그리고 '아카데메이아' 출신의 아리스토텔레스에 의해 두 번째 대학인 '리케이온' 이 세워짐으로써 그리스 철학은 체계적으로 정리되어 세계 철학사의 거대한 산맥으로 남게 된다.

프로타고라스 Protagoras

모든 것의 잣대는 바로 자기 자신이다

다시 수업시간이 돌아왔다. 프로타고라스는 여느 때와 마찬가지로 학생들을 맞을 준비를 하고 있었다. 학생들은 그에게 비싼 수업료를 내고 있었기 때문에 그는 그들에게 절대로 소홀하다는 느낌을 줘서는 안 된다고 생각했다. 그래서 전날 작성한 강의노트를 다시 한 번 대충 훑어 보았다. 별다른 이상은 없는 것 같았다. 그는 강의노트를 챙겨들고 학생들이 모여 있는 거실로 갔다.

그에게 수업을 받는 학생은 열 명 가까이 됐다. 그들은 하나같이 아테네에서 내로라하는 귀족층의 자제였다. 프로타고라스는 그들이 내는 수업료로 호화 주택을 장만했고, 하인들도 거느리고 있었다. 말하자면 그들은 그의 밥줄인 셈이었다.

수업이 시작되었다.

"어제 말한 대로 오늘은 각자가 준비한 질문들을 풀어 보는 시간을 갖겠다. 누가 먼저 시작하겠나?"

프로타고라스가 이렇게 말하자 학생 하나가 일어섰다.

"선생님, 신은 정말 있습니까?"

프로타고라스가 되물었다.

"너는 신이 있다고 생각하느냐?"

학생이 대답했다.

"예. 하지만 확신은 없습니다."

프로타고라스가 말했다.

"네게 신이 있다는 확신이 있으면 신은 있다. 그리고 만약 네가 신이 없다고 믿는다면 신은 없다."

"그러면 신은 있기도 하고 없기도 한 것입니까?"

"아니다. 신은 항상 없고, 또 항상 있다. 신이 필요한 사람에게는 신이 항상 있고, 신이 필요 없는 사람에게는 신이 항상 없다. 너는 신이 필요한 사람이냐?"

"아닙니다. 저는 신이 필요하지 않습니다."

"그러면 너에게는 신은 없다. 중요한 것은 신이 아니라 바로 너 자신이기 때문이다. 신도 종교도 세상도 모두 사람을 위해 있는 것이다. 그리고 궁극적으로는 너 자신을 위해 있는 것이다. 따라서 네가 필요로 하지 않는 신이란 존재할 가치가 없다는 뜻이다."

다른 학생이 질문했다.

"선생님, 저희 부모님께서는 제게 술을 먹지 말라고 가르쳤는데 그것은 술이 몸에 해롭기 때문입니까?"

"술이 반드시 몸에 해로운 것은 아니다. 건강한 사람이 먹으면 오히려 건강에 도움이 될 수도 있다. 그러나 병약한 사람이 먹으면 술은 독이 된다. 때문에 술은 모든 사람에게 나쁘다고 할 수도 없고, 또 모든 사람에게 좋다고 할 수도 없다. 그 사람의 건강상태에 따라 다른 것이다. 다만 지나치게 술을 많이 먹으면 중독되어 건강을 해치게 되니 건강한 사람이라 할지라도 필요 이상으로 많이 먹어서는 안 된다.

술뿐만 아니라 물도 마찬가지다. 같은 물이라도 어떤 사람에게는 차갑게 느껴지고 어떤 사람에게는 적당하게 느껴지며, 또 어떤 사람에게는 뜨겁게 느껴지는 것이다.

기온도 마찬가지다. 어떤 사람은 여름을 좋아하고, 어떤 사람은 가을이나 봄을 좋아하며, 또 어떤 사람은 겨울을 좋아한다.

모든 것은 개인의 상황에 따라 다른 것이다. 모든 사람에게 똑같이 절대적으로 좋거나 나쁜 것은 없다."

또 다른 학생이 질문했다.

"선생님, 진리가 뭡니까?"

프로타고라스가 되물었다.

"너는 진리가 뭐라고 생각하느냐?"

"정의를 위한 길이라고 생각합니다."

"그렇다면 그것이 진리다. 진리는 항상 일정한 것이 아니다. 사람마다 다른 진리가 있는 것이다. 자신이 진리라고 믿는 그것이 바로 진리인 것이다. 하지만 자신이 진리라고 믿고 있는 것이 다른 사람에게도 똑같이 적용되는 것은 아니다. 자신이 비록 진리라고 믿고 있는 것일지라도 다른 사람 입장에서는 아무것도 아닐 수 있기 때문이다.

방금 너는 정의를 위한 길이 곧 진리라고 했는데, 정의란 무엇이냐?"

"법의 편에 서는 것입니다."

"만약 법이 너를 궁지로 몰아넣는다고 해도 너는 법의 편에 서 있겠느냐?"

"……."

"봐라. 당장 너조차도 네가 진리라고 생각하는 것으로 인해 피해를 볼 수 있지 않느냐. 진리는 바로 그런 것이다. 진리는 사람에 따라 다르기도 하지만 입장에 따라 달라질 수도 있다. 말하자면 영원히 변치 않는 진리는 없다는 뜻이다."

프로타고라스는 '모든 것을 결정하는 잣대는 바로 자기 자신'이라고 가르쳤다. 우리는 흔히 이러한 그의 사상을 '인간은 만물의 척도'라는 말로 배워 왔다.

하지만 프로타고라스는 철저한 상대주의적 입장에 서 있었다. 단순히 인간이 모든 것의 척도가 아니라 바로 자기 자신이 모든 것의 척도라고 가르쳤던 것이다.

그는 모든 사물은 자기 자신에게 나타나는 대로 판단해야 한다고 가르쳤다. 종교와 도덕, 신 등의 관념적인 것들에 있어서도 예외는 아니었다. 좀 더 정확히 말하면 그는 신이나 도덕성, 종교 등을 대수롭지 않은 것으로 취급했다.

'종교와 도덕도 인간을 위해 있는 것이다. 신도 예외가 될 수 없다.'

그는 선언적으로 이렇게 말하고 있다. 종교와 도덕이 자기 자신을 억압한다면, 그리고 신이란 존재가 자신을 억누르는 수단으로 이용된다면 전혀 필요없다는 말이다.

'사람들은 선악에 관해서도 각자의 느낌에 따라 느낄 뿐이다.'

그는 또 선과 악의 문제에 있어서도 보편적인 잣대는 없다고 주장했는데, 그에게 있어 오직 잣대는 각자의 느낌뿐이었다.

진리도 마찬가지다. 자기가 진리라고 생각하는 것이라도 다른 사람에게는 그렇지 않을 수 있다는 것이 프로타고라스의 진리관이다.

따라서 프로타고라스는 결론적으로 이렇게 단언한다.

'개인적인 경험을 넘어선 보편적이고 객관적인 진리는 없다. 때문에 개인의 경험을 넘어선 객관적인 세계를 상정한다는 것은 무의미한 짓이다.'

소피스트들의 생애

압데라 출신의 프로타고라스에 의해 주창된 이러한 상대주의적·경험주의적 학문은 고르기아스, 히피아스, 프로티코스, 이소크라테스 등에 의해 더욱더 활발히 전개된다. 고대인들은 이들을 한데 모아 '소피스트'라고 불렀다.

소피스트라는 말은 '현학적인 체하는 인간'이란 뜻으로 그들을 비난하는 용어로 사용되었다. 소피스트들에 대해 '좋지 않은 이론을 좋게 만들려고 하는 놈들'이라고 악평하는 사람도 있었고, 플라톤의 표현대로 '부유하고 뛰어난 젊은 사람들을 돈을 받고 낚는 사냥꾼'이라고 말하기도 했으며, 아리스토텔레스처럼

'피상적인 지혜를 이용하여 돈을 벌려고 하는 놈들' 로 인식하기도 했다.

하지만 소피스트들은 그렇게 천박하게 내몰릴 만한 사람들이 아니다. 어쩌면 소피스트를 그렇게 비난조로 몰아세웠던 플라톤과 아리스토텔레스의 생각이 더 문제였을지도 모른다.

소피스트들은 이미 설명했던 바와 같이 보편적인 진리를 인정하지 않았다. 또한 절대적인 도덕과 법, 그리고 신도 인정하지 않았다. 그들에게는 원자론도 물활론도 피타고라스적인 신비함도 무의미했다. 그들이 인정했던 것은 오직 인간의 지각뿐이었다. 그것도 개인의 감각을 가장 우선적으로 다뤘다.

또한 그들은 자신들의 뛰어난 재능을 팔았다. 그들은 대개 수사학이나 웅변, 문학 등에 능통했고, 그것을 매개로 돈을 벌었다. 말하자면 그들은 직업적인 학자들이었다.

절대적 신, 그리고 절대적 진리를 추구하면서 학문을 종교적 경지로 끌어올려야 한다고 생각했던 소크라테스에게는 그들의 직업성이 못마땅했을 것이다. 그의 후예들인 플라톤과 아리스토텔레스는 스승의 견해에 따라 그들을 더욱 악랄하게 비판한다.

하지만 소피스트들은 그들에게 욕을 들어야 할 이유가 없었다. 신을 부정하거나, 절대적 진리를 부정하거나, 인간의 감각을 존중한다는 이유로 소피스트들에게 비난을 쏟아 놓았던 비판자들의 인격에도 문제가 없지는 않았던 것이다.

소피스트들은 스스로를 학자라고 내세웠다. 그리고 그들은 진정 학자이기도 했다. 물론 종교적 신념을 가진 학자는 아니었다. 그러나 철저한 프로정신에 입각한 뛰어난 학자들이었다.

하지만 그들이 남긴 글들은 거의 남아 있지 않다. 우리는 기껏해야 마지막 소피스트인 이소크라테스의 단편적인 유작들과 그들에 대해 악랄한 비판을 가했던 플라톤과 아리스토텔레스의 기록들을 통해 철저하게 왜곡된 그들의 모습을 대하고 있을 뿐이다. 그러나 그들이 남긴 삶과 단편적인 기록들은 전해지고 있는 말들처럼 그렇게 천박하거나 가벼운 것들이 아니었다.

프로타고라스와 더불어 소피스트를 대표하는 또 한 사람인 고르기아스(서기전 480년경~375년경)는 다음과 같은 말을 남겼다.

'첫째, 아무것도 존재하지 않는다. 둘째, 어떤 것이 존재한다 할지라도 그것은 알 수 없다. 셋째, 어떤 것을 알 수 있다 하더라도 그 지식은 전달될 수 없다.'

이 말은 절대적이고 보편적인 존재는 없으며, 경험은 절대로 타인에게 전달될 수 없다는 뜻으로 해석될 수 있다. 이것은 다시 개인의 중요성을 강조한 말이기도 하다.

우리는 20세기에 들어와서 실존주의를 부르짖고, 또 한편에서는 유물론을 수용하면서 각 개인들의 삶을 가장 중요하게 생각하고 있지만, 여전히 소크라테스만이 위대하다고 부르짖는 모순을 범하고 있다.

소피스트들은 다양한 분야에서 눈부시게 활약했지만 소크라테스와 그의 후예들에게 가려지고 말았다. 그러나 20세기에 와서 소피스트의 위대성이 부각되었는데, 20세기는 바로 그들이 시도했고, 그들이 염원했던 시대이기 때문이다.

이제 질문의 순간이 온 듯하다.

철저한 직업의식을 바탕으로 전문적인 학자의 길을 걸었던 소피스트들이 옳은가? 아니면 경제력이 없는 남편을 비난하던 자신의 부인을 '지상에서 가장 악한 마누라'로 몰아세운 소크라테스가 옳은가?

맑은 눈으로 당신의 잣대를 보라!

소크라테스 Sokrates

너 자신을 알면 모든 것을 알 수 있다

아크로폴리스 광장 한쪽에 군중들이 모여 있었다. 그 군중 속으로 백발의 노인 하나가 비집고 들어갔다. 그는 땅딸한 체구에 울퉁불퉁하고 못생긴 얼굴을 하고 있었지만 눈빛만은 형형했다.

무리 중앙에는 사십대 중반쯤 된 사람 하나가 서 있었다. 그는 자신을 둘러싸고 있는 군중들을 향해 뭔가를 설파하고 있는 중이었다.

"모든 것은 바로 자신이 어떻게 느끼느냐에 따라 달라지는 것입니다. 자, 예를 들어봅시다. 여기에 큰 돌이 하나 있습니다. 이 돌을 보고 사람들은 어떤 생각을 할까요?

이 돌에 대한 사람들의 느낌은 모두 다를 것입니다. 어떤 사람은 이 돌을 보고 석상을 만들 생각을 할 것이고, 또 어떤 사람은 이 돌을 보고 집을 지을 때 주춧돌로 사용하면 좋겠다고 생각할 것입니다. 그리고 또 어떤 사람은 이 돌로 개울을 건너는 징검다리를 놓으면 될 것이라고 생각할 것이고, 또 어떤 사람은 이 돌을 마당 한가운데에 놓고 의자 대신 사용하면 좋을 것이라고 생각할 것입니다.

사람들은 이처럼 같은 사물일지라도 자신의 입장과 느낌에 따라 다르게 받아들입니다. 하지만 이런 다른 느낌이 바로 우리의 생각과 행동을 지배합니다. 따라서 각 개인의 느낌은 아주 소중하고 대단한 것입니다. 이러한 느낌은 진리에 대해서도 마찬가지입니다. 모든 사람은 저마다 진리에 대한 견해를 가지고 있고, 그 견해에 따라 행동 방향을 결정하게 됩니다. 말하자면 각 개인이 가지고 있는 진리에 대한 개념이 그 개인에게 있어서만큼은 절대적인 진리가 되는 셈이지요.

이 말은 곧 모두에게 하나같이 적용되는 절대적인 진리는 없다는 말입니다. 진리는 바로 각 개인의 잣대에 의해서 결정된다는 뜻이지요. 선과 악의 문제 역시 예외가 될 수 없으며 도덕과 종교도 마찬가지입니다."

그의 연설은 이제 절정으로 치닫고 있는 것 같았다. 그는 자신이 가르칠 학생들을 모집하고 있는 중이었고, 따라서 이제 자신에게 수업을 받고 싶은 학생들만 남아 있게 하고 나머지는 돌려보내야 할 순간이었다. 말하자면 그에게 가장 중요한 순간이 도래한 것이다.

그때였다. 군중 속으로 비집고 들어와 맨 앞쪽에 웅크리고 앉아 있던 그 노인네가 벌떡 일어서 앞으로 나왔다. 그러자 여기저기서 비명 같은 소리가 터져 나왔다.

소크라테스잖아!

많은 사람들이 그를 알아보았다. 그는 이미 군중이 모이는 곳이면 어김없이 찾아드는 약방의 감초로 통하고 있었다. 그리고 학생들을 모집하는 강사들에게는 천적으로 인식되고 있었다. 그 때문인지 무리 앞에서 자신의 주장을 열정적으로 펴고 있던 중년의 강사는 당황하는 표정을 감추지 못했다.

"존경하는 강사 선생, 이 무지한 늙은이가 하나만 물어봐도 되겠습니까?"

소크라테스는 얼굴에 묘한 웃음을 지으며 강사 앞으로 바짝 다가섰다.

"좋습니다."

강사는 마지못해 승낙했다.

소크라테스가 돌을 가리키며 물었다.

"선생, 저것이 무엇입니까?"

강사가 대답했다.

"돌입니다."

소크라테스는 군중들을 향해 말했다.

"여러분 중에 저것이 돌이 아니라고 생각하시는 분은 앞으로 나오십시오."

아무도 앞으로 나서지 않자 소크라테스는 다시 강사에게 물었다.

"선생, 저것으로 만약 제우스신상을 만들어 놓는다면 선생은 그것을 신이라고 말하겠습니까? 아니면 돌이라고 말하겠습니까?"

강사가 대답했다.

"돌이라고 생각하는 사람은 돌이라고 말할 것이고, 신이라고 생각하는 사람은 신이라고 대답하겠지요."

"그래요? 그러면 하나 더 물어봅시다. 저 돌로 만든 제우스신상을 신으로 생각하는 사람이 있다고 할 때 저 돌은 더 이상 돌이 아닙니까?"

강사의 얼굴이 붉게 달아오르고 있었다. 그가 머뭇거리는 사이에 소크라테스가 말을 계속 이었다.

"선생, 저것으로 무엇을 만들든지 저것은 언제까지나 돌입니다. 설사 여기에 모인 모든 사람이 저 돌을 신으로 생각한다고 해도 저 돌은 여전히 돌일 뿐입니다. 따라서 사람의 생각에 따라 사물이 달라진다고 말하는 것은 옳지 않습니다. 사물은 사람의 생각에 관계없이 사물 자체의 고유한 성질을 그대로 유지하고 있는 것입니다. 만약 저 돌이 사람의 생각에 따라 개도 되고, 말도 된다고 알고 있다면 그것은 선생이 저 돌의 성질에 대해 전혀 모르고 있기 때문입니다. 만약 저 돌이 사람의 느낌에 따라 변할 수 있는 것이라면 개나 소도 사람의 느낌에 따라 사람으로 변할 수 있지 않겠습니까?"

강사는 뒷걸음질을 치고 있었다. 그로서는 소크라테스의 논리를 당할 재간이 없었던 것이다.

소크라테스는 그 강사를 더 이상 몰아세울 생각은 없었다. 그래서 군중들을 향해 몸을 돌렸다. 그 사이 강사는 군중을 뚫고 황급히 도망가고 있었다.

이제 군중의 시선은 소크라테스에게로 모아졌다.

"돌로 무엇을 만들든지 여전히 그것이 돌이듯이 진리도 마찬가지입니다. 진리도 고유한 영역이 있는 것입니다. 인간의 느낌에 따라 변하는 것은 결코 진리가 아니라는 뜻입니다. 우리들의 느낌에 관계없이 진리는 영원히 변하지 않습니다. 이 변치 않는 진리에 따라 행동할 때 우리는 가치 있는 삶을 살 수 있습니다."

군중 속에 있던 한 사람이 앞으로 나섰다.

"선생님, 그러면 도대체 그 변치 않는 진리는 무엇입니까?"

그렇게 묻자 소크라테스가 그에게 되물었다.

"진리를 묻는 그대는 그대 자신에 대해서 무엇을 알고 있는가?"

"저 말입니까? 저는 귀족이고, 남자이며, 젊고, 영리합니다. 그리고 지금 선생님께 변치 않는 진리가 무엇이냐고 묻고 있습니다. 그리고 또……. 사실, 저는 지금 생각해 보니 제 자신에 대해서 아무것도 제대로 아는 것이 없는 것 같습니다."

군중들이 일제히 웃음을 터뜨렸다. 하지만 소크라테스는 웃는 군중들을 향해 호통을 쳤다.

"웃지 마십시오! 저 청년은 지금 아주 정확하게 대답했습니다. 나는 나 자신에 대해서 확실히 알고 있는 것이 있는데, 그것은 내가 아무것도 모르고 있다는 것을 알고 있다는 점입니다.

진리를 알기 위해서는 먼저 자신이 아무것도 모르고 있다는 것을 깨달아야 합니다. 바로 자기 자신을 아는 것이 진리에 도달할 수 있는 길이기 때문입니다.

만물은 진리를 향해 있습니다. 사람도 마찬가지입니다. 따라서 사람의 성품을 알아내는 것은 진리를 알아내는 것과 다르지 않습니다. 인간은 모든 동물들 중에서 유일하게 자기 속에 들어 있는 진리를 알아낼 수 있는 힘을 가졌습니다. 이것이 바로 사람이 가진 위대한 가치입니다.

하지만 우리는 이 위대한 가치를 알지 못하고 있습니다. 그 때문에 자기 자신에 대해서도 알지 못합니다. 우리가 이것을 알기 위해서는 기존에 가지고 있던 많은 생각들을 버려야 합니다. 그래서 혼란에서 벗어나 새로운 통찰력을 얻어야 합니다. 마치 어린아이를 낳듯 우리는 조심스럽게 조금씩 지식과 지혜에 다가가야 하는 것입니다.

그 일의 시작이 바로 자신이 아무것도 모른다는 것을 인정하는 마음을 가지는 일입니다. 그러고 나서 자기 자신에 대해서 알기 위해 노력해야 합니다. 그러면 자기 속에 영원히 변치 않는 진리가 있다는 것을 깨닫게 될 것입니다. 그리고 그 진리는 자기뿐만 아니라 모든 사람 속에 똑같이 들어 있다는 것을 알게 될 것입니다. 그 보편적인 진리에 따라 행동하면 여러분은 가치 있는 삶을 살게 될 것입니다."

너 자신을 알라!

소크라테스는 이렇게 외치고 다녔다.

그는 무리가 있는 곳이면 여지없이 나타났다. 그리고 소피스트들과 대결하였다. 소피스트와의 논리 싸움에서 이기면 다시 군중들에게 다음과 같이 물었다.

너희는 진리가 무엇인지 아느냐?

너희는 앎이 무엇인지 아느냐?

너희는 인간의 가치를 파악하고 있기나 하느냐?

그는 항상 같은 내용을 반복하며 자신의 주장을 펼쳤다. 그의 주장 속에는 언제나 '영원히 변치 않는 진리'가 등장했다. 그리고 그의 그런 진리관은 보편적인 진리는 없다고 외치던 소피스트들의 상대주의와 회의주의를 극복하는 원동력이 되었다.

그는 언제나 대화를 통해서 상대방을 설복시키는 방법을 사용하였다. 상대가 스스로의 논리에서 모순을 발견하고 머리를 숙일 때까지 소크라테스의 변론은 계속되었다.

그러나 소크라테스는 항상 자신에 관해서는 이렇게 말했다.

'나는 내가 아무것도 모른다는 사실을 알고 있다.'

이 역설적인 선언은 곧 각자가 자신의 마음을 부숴버리지 않으면 새로운 앎에 도달할 수 없다는 것을 강조하고 있다.

스스로가 아무것도 모르는 사람이라는 것을 앞세움으로써 상대방 역시 그것에 동의하게 하는 것, 이것이 소크라테스가 상대를 설복하는 첫 번째 논리였다.

그리고 상대가 그 점을 인정했을 때, 그는 비로소 이런 말을 쏟아 놓는다.

'너 자신을 알라!'

자기 자신을 알면 진리를 알 수 있다는 것이다. 진리는 만물에 공통적으로 내재되어 있으며, 사람은 그것을 알아낼 수 있는 힘이 있으므로 그 일을 시도하라는 명령을 던지는 것이다.

소크라테스는 스스로의 가치와 진리를 알고, 그것에 따라 행동하는 인간이기를 원했다. 그리고 모든 인간이 그렇게 될 때 올곧은 사회가 될 수 있다고 믿었다.

보편 타당한 진리!

이것을 위해 소크라테스는 목숨을 걸고 투쟁했다. 만나는 모든 사람과 논쟁을 벌여 그 사람들이 자기 말에서 스스로 모순을 발견하도록 만들었다. 그리고 그들이 모순을 발견하면 거침없이 '영원히 변치 않는 진리'가 있음을 설파했다.

그는 이 방법을 어머니에게서 배웠다고 말하곤 하였다. 자기의 말에 대한 모순을 발견하고, 그것을 반성하면서 혼란스러웠던 생각들을 분명하게 정리하여 새로운 통찰을 얻어내는 것을 그는 자궁에서 어린아이를 받아내는 것에 비유했다.

아이를 받아내듯이 조심스럽게, 새로운 생명을 맞이하듯이 경외하는 마음으로 조금씩 지혜에 접근하라고 강조하기 위해 그는 자신의 변론을 '산파술'이라고 했다.

소크라테스의 생애

소크라테스는 서기전 470년경에 아테네에서 태어나 서기전 399년에 죽은 것으로 전해지고 있다. 아버지 소프로니스쿠스는 석공이었으며, 어머니는 산파였다. 기록에는 그의 소년 시절에 대한 이야기는 거의 남아 있지 않으나 아버지로부터 석공 수업을 받았을 것으로 짐작된다.

어쨌든 소크라테스가 역사의 전면에 떠오른 것은 장년 이후였다. 그는 펠로폰네소스 전쟁이 일어났을 때 마흔의 나이에도 불구하고 중장비 보병으로 델리온 전투와 암피폴리스 전투에 참가하였다. 그리고 전쟁이 끝난 뒤에는 정계에 뛰어들었으며, 서기전 406년에는 의회 의장으로 봉직했다.

의회에서 물러난 소크라테스는 거리의 철학자로 나섰다. 그는 군중들이 있는 곳이면 여지없이 나타나 진리와 지식 그리고 신에 관한 토론을 벌였다. 하지만 당시의 아테네 권력층은 그의 그런 행위를 정치적 행위로 판단하고 있었다. 즉 군중을 선동하여 폭동을 도모하고 있다고 생각했던 것이다. 그래서 누차에 걸쳐 그에게 군중을 선동하는 행동을 멈추라고 경고하였다. 하지만 소크라테스는 결코 자신의 변론 행위를 멈추지 않았다.

그 결과 소크라테스를 경계하고 있던 30명의 참주들은 그를 고소하여 법정에 회부하였다. 죄목은 청년들을 선동하여 반란을 도모하고 새로운 신을 끌어들여 그리스의 신을 모독하고 있다는 것이었다.

재판 결과 소크라테스에게 사형이 언도되었다. 그러나 시민들의 반발을 우려한 참주들은 그에게 망명하면 살려주겠다고 회유했다. 소크라테스는 그들의 회유를 물리치고 '악법도 법이다' 라는 유명한 말을 남기고 죽음을 택함으로써 생을 마감하였다.

그는 대개 50세를 전후로 결혼했다고 알려져 있다. 그의 결혼 상대는 서른 살 정도나 연하였던 크산티페였다. 소크라테스가 성인으로 명성을 얻었다면 그녀는 악처로 명성을 얻었다. 의회에서 물러나 거리의 철학자로 변신한 무능력한 남편을 사람으로 취급하지 않았기 때문이다.

일설에는 크산티페가 소크라테스의 첫 번째 부인이 아니라는 이야기도 있다. 당시 풍습과 소크라테스의 사회적 지위를 고려할 때 이 이야기는 터무니없는 것은 아닌 것 같다.

사실 소크라테스 주변에는 몇 명의 여자가 있었다. 그의 첫 번째 처였을지도 모르는 뮤르토라는 여인도 있었고, 당시의 유명한 기생이었던 헤타이라와 테오도테라는 여인도 있었다. 말하자면 소크라테스는 대부분의 철학자들처럼 여자를 금기시하는 그런 인간은 아니었던 것이다.

하지만 소크라테스에게 자식을 안겨다 준 여자는 크산티페뿐이었다. 그는 그녀에게서 다섯 명의 자식을 얻었다. 그들 중 맏아들 란푸로크레스는 아버지와 마찬가지로 자신의 어머니를 악처라고 말했다.

다음은 크세노폰의 『소크라테스 사상의 출발』에 기록되어 있는 소크라테스와 맏아들 란푸로크레스의 대화이다.

> 아들 : 저렇게 거친 어머니의 성깔을 참아낼 만한 사람은 아마 없을 겁니다.
> 아버지 : 그래? 그렇다면 너는 야수와 네 어머니 가운데 어느 쪽이 더 잔혹하다고 생각하느냐?
> 아들 : 저는 어머니라고 생각합니다.

이 대화는 크산티페가 얼마나 소크라테스에게 몰인정하게 굴었던가를 알려 준다.

하지만 크산티페가 처음부터 그런 모습을 보였던 것은 아닐 것이다. 남편이 의회에서 물러나 살 길이 막막해지자 그녀는 생계를 책임져야 했고, 그 과정에서 더욱 표독스럽게 변해 갔던 것이다. 가난이 악처를 만들었다고 할 수 있다.

그런데 악처로 이름이 높았던 크산티페도 소크라테스의 죽음 앞에서는 눈물을 흘렸다. 그녀는 다섯 명의 아이들과 함께 감옥에 갇힌 소크라테스를 면회했고, 비통한 음성으로 이렇게 울부짖었다고 한다.

'이제 우리는 사이가 좋아졌는데, 최후의 순간이라니요!'

악처로 이름이 높았던 그녀도 비록 밥만 축내는 남편이었지만 없는 것보다는 낫다고 생각했던 것이다.

이런 소크라테스의 주변 이야기들은 그의 제자들과 플라톤의 기록에 의존하고 있다. 사실 소크라테스는 단 한 줄의 글도 남기지 않았다. 그의 사상과 삶은 단지 플라톤과 크세노폰의 저술, 아리스토파네스의 희곡 등에 의해 간접적으로 전해지고 있을 뿐이다.

소크라테스가 죽은 뒤에 제자들은 그의 사상을 널리 퍼뜨렸다. 소크라테스는 거리를 떠돌며 많은 제자들을 길렀고, 그들은 제각기 소크라테스의 사상을 수용하여 메가라 · 엘리스 · 에레트리스 · 키니코스 · 키레네 등의 학파를 형성하였다.

그러나 소크라테스에 관해 가장 많은 기록을 남긴 사람은 역시 플라톤이었다. 그는 자신의 대화편 가운데 후기에 쓴 몇 편을 제외한 대부분의 작품에 소크라테스를 등장시키고 있다. 그런데 그 속에 소크라테스의 말이라고 언급되어 있는 것들 가운데 상당수는 플라톤의 말일 가능성도 있다. 그만큼 그들 두 사람의 사상을 분리해 내는 일이 쉽지 않다는 것을 말해 준다.

이데아의 제국을 건설한 철학의 왕

| | | | | | | | | | | | | | | | | | | | | | | | | |

플라톤 Platon

| 완벽한 원은 칠판에 그려져 있는 원이 아니라 관념의 원이다

서기전 387년 플라톤은 그리스 최초의 대학인 아카데메이아를 세웠다. 그는 이곳에서 학생들을 가르치는 일이 스승인 소크라테스가 자신에게 남긴 유일한 과제라고 생각하고 있었다.

아카데메이아의 학생들은 철학, 수학, 천문학, 동물학, 식물학 등의 과목을 배웠다. 그리고 학교 정문에는 '기하학자가 아닌 자는 이곳에 들어오지 말라' 고 쓰여 있었다.

플라톤은 이런 아카데메이아에서 철학 강의를 맡고 있었다. 그의 수업 시간은 엄숙하고 진지했다. 하지만 학생들의 열기는 대단했다. 그들은 가차 없이 묻고, 또 가차 없이 비판했다.

수업이 계속되고 있었다.

학생 하나가 손을 들고 일어섰다.

"에페소스의 헤라클레이토스는 '만물은 흐른다' 고 했고, 엘레아의 파르메니데스는 '만물은 움직이지 않는다' 고 했는데, 선생님께서는 누구의 말이 옳다고 보십니까?"

플라톤이 대답했다.

"두 사람 모두 옳다."

학생이 이해할 수 없다는 표정으로 다시 물었다.

"어떻게 두 사람 모두 옳을 수 있습니까?"

"만물에는 항상 변하는 것과 절대로 변하지 않고 영원한 것이 공존하기 때문이다. 항상 변하는 것은 감각의 세계이고, 영원불변한 것은 진리의 세계이다. 나는 감각의 세계를 현상계라고 규정하고, 진리의 세계를 이데아계라고 규정하고자 한다."

또 다른 학생이 물었다.

"선생님, 그러면 이데아계는 어디에 있습니까?"

플라톤이 대답했다.

"이데아는 만물을 이루는 원리 속에 있고, 또 원리 그 자체이다. 그리고 이데아는 시간과 공간에 구애받지 않는다. 하지만 반대로 감각의 세계는 어떤가? 감각의 세계는 생성의 세계이며, 모든 것이 흐르고 있는 운동의 세계이기 때문에 항상 시간과 공간에 한정될 수밖에 없다.

따라서 감각의 세계에서는 이데아에 접근할 수 없다. 이 이데아에 접근할 수 있는 것은 우리의 생각뿐이다.

예를 들어보자. 여기 삼각형이 하나 있다. 우리의 지각은 아주 뛰어나다. 그래서 이것이 삼각형이라는 것을 단번에 안다. 그리고 우리는 삼각형의 내각의 합이 두 개의 직각을 합친 것과 같다는 사실도 밝혀냈다. 하지만 우리는 삼각형의 내각의 합과 두 개의 직각을 합친 것이 같다는 사실을 바꿀 수는 없다. 이 사실은 시간이 아무리 흘러도, 또 어떤 공간에서도 변하지 않는 자명한 진리이다. 또 2에서 2를 더하면 4가 된다는 것과 삼각형의 외각의 합이 네 개의 직각의 합과 같다는 사실도 마찬가지다.

이처럼 시간과 공간, 또 우리 지각의 변화에 전혀 영향을 받지 않고 영원히 변치 않는 진리, 그것이 바로 이데아이다. 그리고 이 이데아들의 집합이 곧 이데아계이다. 감각의 세계, 즉 우리 앞에 펼쳐져 있는 가시적 세계는 바로 이데아계의 닮은꼴일 뿐 이데아 자체는 아니다."

또 한 학생이 손을 들었다.

"가시적 세계가 이데아계의 닮은꼴이라는 것은 무슨 뜻입니까?"

"예를 들어보자. 우리가 지금 집을 하나 지으려고 한다고 가정해 보자. 집을 짓기 위해 가장 먼저 해야 할 일이 무엇인가? 그것은 바로 설계도를 작성하는 일이다. 그리고 우리는 이 설계도에 따라 집을 짓게 될 것이다. 이데아는 스스로 만들어져 있는 완벽한 설계도와 같다. 그리고 이 세계는 그 설계도에 따라 지어진 집이라고 보면 된다."

"그렇다면 가시적 세계는 완벽한 것입니까?"

"그렇지 않다. 우리가 비록 완벽한 설계도를 가졌다 하더라도 완벽한 집을 지을 수 없듯이, 이데아가 완벽하다고 해서 가시적 세계가 완벽하다고 볼 수는 없다. 이 감각의 세계는 오히려 불완전하고 허술하다.

왜냐하면 이데아의 세계는 완벽함을 그대로 유지하고 있지만, 감각의 세계는 항상 변하고 흐르기 때문에 그 완벽함을 똑같이 재현할 수 없기 때문이다."

플라톤은 그렇게 말하며 원을 하나 그렸다. 그리고 원을 가리키며 말했다.

"여러분은 이것이 무엇이라고 생각하는가?"

학생들이 이구동성으로 대답했다.

"원입니다."

"그렇다. 이것은 원이다. 그런데 나는 어떻게 이 원을 그릴 수 있었을까?"

학생들 중에 한 명이 대답했다.

"머릿속에서 원을 그려야겠다고 생각했기 때문입니다."

"그래? 그렇다면, 나는 어떻게 원을 그려야겠다고 생각할 수 있었을까?"

학생들이 잠잠해졌다. 플라톤이 말을 이었다.

"내가 원을 그릴 수 있는 것은, 내 머릿속에 원에 대한 원형이 들어 있기 때문이다. 나는 단지 그 원형을 흉내 냈을 뿐이다. 다시 말해서 나는 내 머릿속에 그려져 있는 원의 원형을 베꼈다는 것이다.

그렇다고 이 원이 완전한 원이라고 할 수 있는가? 여러분이 보시다시피 이 원은 완벽한 원이라고 할 수 없다. 또 내가 아무리 정밀하게 원을 그린다고 하더라도 완벽한 원을 만들 수는 없을 것이다. 왜냐하면 지금 이 순간에도 나의 감각은 끊임없이 흐르고 있기 때문이다. 따라서 가장 완벽한 원은 우리 머릿속에 그려져 있는 관념의 원뿐이다.

그렇다면 이 관념의 원은 어디서 온 것인가? 바로 이데아의 세계에서 온 것이다. 원뿐만 아니라 삼각형, 사각형, 육각형 등도 마찬가지이다. 그리고 이 세계에 있는 모든 물질들도 이 이데아의 세계를 구현하려 하고 있다. 하지만 감각의 세계는 항상 변화하기 때문에 이데아의 세계를 완벽하게 구현할 수는 없다. 따라서 원과 마찬가지로 모든 물질의 완벽한 원형은 이데아의 세계에만 존재한다."

플라톤은 이마에 흐르는 땀을 닦았다. 그리고 학생들을 한번 둘러본 뒤 강의를 계속 이어갔다.

플라톤은 헤라클레이토스의 '모든 것은 흐른다' 는 명제와 파르메니데스의 '모든 것은 움직이지 않는다' 는 명제를 하나로 묶었다. 즉 만물에는 '항상 흐르는 것' 과 '영원히 흐르지 않는 것' 이 있다고 보았던 것이다. 그는 전자를 감각의 세계이자 현상의 세계라고 규정하고, 후자를 진리의 세계이자 이데아의 세계라고 규정했다.

그의 이데아계는 보편자의 세계이다. 이것은 소크라테스가 주장하던 '보편적 진리' 를 말하는 것이다.

플라톤은 이데아계와 감각세계의 관계를 본질적인 것과 현상적인 것으로 설명했다. 말하자면 이데아계가 원본이라면 감각세계는 복사본인 셈이다. 또 이데아가 주어라면 감각세계는 술어인 셈이다. 따라서 플라톤에 있어서 감각적인 것은 이데아의 모사(模寫)에 지나지 않는다.

하지만 감각세계가 나타내는 복사본은 완벽할 수 없다. 감각세계는 끊임없이 변하고 있기 때문에 항상 변치 않고 그대로 있는 이데아의 세계를 똑같이 그려내는 것은 불가능하다. 이것은 마치 달리는 자동차에 앉아 사진을 찍는 것과 같다. 스스로의 움직임 때문에 고정되어 있는 어떤 것을 움직이는 어떤 것으로 나타내게' 된다는 뜻이다.

어떤 광경을 보고 우리가 '아름답다'고 말할 수 있는 것은 '아름다움에 대한 전형'이 있기 때문에 가능하다는 것이 플라톤의 주장이다. 그리고 우리는 선천적으로 그 전형을 알아내는 능력을 가지고 있다는 것이다.

이렇게 볼 때 우리는 플라톤의 이데아가 두 가지 형태를 취하고 있다는 것을 알게 된다. 첫 번째는 우리의 머릿속에 있는 개념적 이데아(관념 속에 있는 아름다움에 대한 개념), 즉 주관적 이데아이고, 두 번째는 우리들이 생각하는 대상의 이데아(대상들의 아름다움에 대한 전형), 즉 객관적 이데아이다.

플라톤에게 있어서 물질세계는 한낱 허상에 지나지 않는다. 그것은 순간순간 항상 변하기 때문에 아무런 의미가 없다. 하지만 관념의 세계, 즉 이데아의 세계는 물질의 세계와 무관하게 자기의 완전한 전형을 항상 그대로 유지하고 있기 때문에 관념의 세계만이 진정한 의미에서 '존재한다'고 말할 수 있다.

이런 플라톤의 생각은 감각의 세계에는 진리가 있을 수 없다는 명제를 이끌어 낸다. 감각의 세계는 항상 흐르기 때문에 불완전하고, 따라서 완전한 진리가 그 속에 자리할 수 없다. 이는 역으로 진리는 관념의 세계에만 존재한다는 명제를 이끌어낸다.

플라톤의 이데아 세계는 피라미드를 이루고 있다. 즉 잣나무, 감나무, 은행나무, 소나무 등은 나무라는 개념에서 하나가 되고, 또 풀과 나무는 식물이라는 개념에서 하나가 되고, 식물과 동물은 생물이라는 개념에서 하나가 되고, 생물과 무생물은 물질이라는 개념에서 하나가 된다. 이렇게 계속해서 개념들을 거슬러 올라가면 결국에는 하나만 남게 되는데 그것이 가장 위에 있는 이데아가 되는 것이다. 이러한 피라미드식 개념 설정은 모든 이데아에 해당된다. 그 피라미드의 맨 꼭대기에 있는 이데아를 플라톤은 보편적 이데아라고 명명했다.

플라톤은 이런 이데아의 개념을 학문과 윤리, 사회와 국가에도 대입하게 된다. 그리고 절대자, 즉 신을 규정하기에 이른다. 그는 이데아 피라미드의 맨 꼭대기에 있는 이데아를 이데아의 이데아로 규정하고, 그것이 곧 절대자라고 했다. 말하자면 논리로 신의 존재를 증명한 것이다.

따라서 이데아는 모든 것의 원인이자 궁극적인 목적이 된다. 그리고 이 궁극적인 목적, 즉 이데아에 당도하는 것이 그에게 있어서는 최고의 가치이자 선(善)이었다. 이를 통해 우리는 플라톤이 철저하게 관념에 의존한 합리주의자였음을 알 수 있다.

이러한 합리주의적 견해는 인간에게도 적용됐다. 그는 인간을 육체와 영혼으로 이뤄진 이원적인 존재로 보았다. 하지만 그는 육체란 영혼을 위한 일종의 수레이거나, 또는 영혼의 그림자에 지나지 않기 때문에 영혼만이 참된 인간이라고 주장했다.

그에게 있어서 육체는 감각적인 세계요, 영혼은 이데아의 세계였다. 따라서 진정한 인간은 영혼일 수밖에 없었다. 하지만 이 영혼은 항상 육체에 갇혀 있다. 말하자면 육체는 영혼의 감옥인 것이다. 그는 이런 상태를 인간의 불행으로 보았다.

이러한 불행은 인간을 진리에 완전히 도달할 수 없도록 한다. 육체가 영혼에 의한 진리의 구현을 방해하고 있기 때문이다. 피타고라스의 말처럼 그에게 있어서도 '육체는 영혼의 무덤'이었던 것이다. 때문에 그는 영혼이 육체에서 멀어질수록 좋다고 하면서 다음과 같이 외쳤다.

'신이 우리들을 완전히 육체에서 풀어줄 때까지 육체에서 멀어져 순수함을 지켜라!'

그는 영혼이 불멸한다고 믿었다. 세계의 영혼이든 인간의 영혼이든 이 점에 있어서는 동일하다고 생각했다. 이러한 영혼 불멸론은 인간이 생명을 다한 뒤에도 삶이 계속된다는 논리로 이어진다.

이러한 논리로 그는 신과 인간의 관계를 규정했다. 그에게 있어서 육체가 영혼의 그림자에 지나지 않듯이 인간은 신의 노예요, 소유물이요, 손 안에 있는 허수아비에 지나지 않게 된 것이다. 심지어 그는 인간은 신의 손에 의해서 교묘하게 만들어진 것에 지나지 않으며, 신의 장난감으로 만들어졌을지도 모른다고 말하기도 한다. 그리고 인간이 이러한 불행한 상태에서 벗어나는 방법을 다음과 같이 단언하고 있다.

'인간이 이 세상에서 도망칠 수 있는 방법은 신을 닮아가는 것뿐이다.'

이런 그의 인간관은 나중에 헤브라이즘(Hebraism)과 합쳐져 기독교의 인간관을 낳게 되고, 서구 관념론의 전형으로 남게 된다.

플라톤의 생애

플라톤은 서기전 427년에 태어났다. 그는 아테네에서 가장 오래된 귀족 가문 출신이었다. 때문에 그는 태어나면서부터 이미 문화생활과 정치생활의 한가운데 서 있어야 했다.

그러나 서기전 404년부터 시작된 30인의 참주에 의한 독재를 경험하면서 그는 정치를 멀리하고, 대신 소크라테스 문하에 들어가 철학에 몰두했다.

그는 철학이 진리로 나아가는 길이 되기를 원했다. 또한 개인적인 생활에 있어서는 그것이 쾌락이자 선(善)의 실현이 될 것으로 기대했다.

그의 철학적 삶은 직업적인 학자로 자리를 굳히고 있던 소피스트들과의 투쟁으로부터 시작됐다. 그는 순수한 지식을 가지고 있지 않은 사람은 참된 인간이 될 수 없다는 주장을 내세우며 소피스트들을 '장신구를 만드는 기능공'이라고 비난했다.

그러다가 서기전 399년 소크라테스가 부당한 죽음을 당하자 그는 고향을 떠나 메가라의 에우클라이데스로 갔다. 하지만 4년 만에 그는 다시 고향으로 돌아온다. 그리고 코린트전쟁에 참전했다가, 서기전 390년경에 약 2년 동안 이집트와 키레네 등을 여행하고, 타렌트로 가서 아르키타스와 친교를 맺는다.

아르키타스는 피타고라스주의자였다. 플라톤은 그에게서 피타고라스의 학문과 사상을 배울 기회를 얻었다. 그리고 피타고라스의 학습 방법과 교육 체계 등을 익혀, 후에 아카데메이아를 세울 수 있는 교육적 기반을 마련하게 된다.

한편 플라톤은 아르키타스를 통해 시라쿠스 궁전에서 디오니시오스 1세를 만나게 된다. 플라톤은 디오니시오스 1세에게 자신의 윤리적·정치적 이상을 가르친 다음 그것을 현실에 적용시키려는 노력을 아끼지 않았다. 하지만 디오니시오스 1세는 플라톤의 사상을 받아들이기는커녕, 오히려 음모를 꾸며 플라톤을 노예시장에 팔아버린다.

졸지에 노예가 되어 버린 플라톤은 운 좋게도 소크라테스주의자인 아니케리스에게 발견되어 노예 상태에서 풀려나게 된다. 아니케리스는 거액을 지불하고 플라톤을 석방시켰던 것이다. 그 뒤 플라톤은 다시 아테네로 돌아와 아니케리스에게 노예에서 풀어준 대가를 지불하려 하지만 그가 받으려 하지 않자, 그 돈으로 서기전 387년에 학원을 세운다. 이것이 유럽 최초의 대학인 아카데메이아이다.

플라톤은 아카데메이아에서 철학, 수학, 천문학, 동물학, 식물학 등 다양한 학문을 가르쳤다. 그는 단순히 지식만을 전달하는 것은 학문하는 태도가 아니라고 생각했다. 그래서 그는 항상 올바른 인간이 되어야 함을 강조하면서, 철학이 현실 생활에 어떻게 영향을 미칠 것인가 하는 문제에 몰두했다.

그리고 서기전 367년 그는 다시 한 번 자신의 철학을 현실 정치에서 시험하기 위해 디오니시오스 2세를 만나려고 시칠리아로 떠났다. 하지만 아무런 성과도 거두지 못하고 돌아왔다. 그럼에도 불구하고 그는 철학적 기반에 의한 이상적인 정치 실현에 대한 미련을 버리지 않았다. 그래서 서기전 361년 그는 노구를 이끌고 다시 시칠리아로 갔다. 이번에는 거기서 친구 디온을 돕는 것이 주된 목적이었지만 역시 아무런 성과도 거두지 못하고 돌아와야 했다.

아테네로 돌아온 이후부터 그는 집필과 강의에만 몰두했다. 그리고 서기전 347년 81세를 일기로 세상을 떠났다. 그가 죽자 아테네 사람들은 그를 신성한 사람으로 추앙했으며, '아폴로의 아들'이라고 부르게 되었다.

50년 동안 계속된 창작 활동과 기념비적 저작들

플라톤은 원래 시인이었다. 적어도 소크라테스를 만나기 전까지 그는 주로 문학에 매달려 있었다. 하지만 철학에 입문하고부터 그는 자신의 작품들을 모두 불살라 버렸다. 그러나 그의 철학서들은 여전히 문학적 형식을 띠고 있다. 그의 모든 저서들은 대화체를 이루고 있으며, 주인공을 등장시킨 소설들이다. 그가 철학적 주제들을 서술체가 아닌 대화체로 이끌어간 것에 대해 그는 이렇게 말하고 있다.

'철학은 다른 학문과 달리 논술될 수 있는 성질의 것이 아니라 오직 긴밀한 정신적 교감을 통해서만이 인간의 영혼 속에 불꽃처럼 점화될 수 있는 것이다.'

그는 이런 사상을 바탕으로 『소크라테스의 변명』과 『서간』을 제외한 모든 저작들을 대화체로 저술하였다. 그리고 그 대화의 주인공들은 플라톤 자신이 아니고, 소크라테스를 중심으로 한 철학적 인물들이다.

그는 이러한 저작활동을 50년 동안 지속한다. 오늘날 우리들은 그가 남긴 저작들을 모두 볼 수 있다. 그리고 각 저작들을 연대순으로 정리할 수도 있다. 그만큼 그의 저작들이 완벽하게 보관되어 왔다는 뜻이다. 이는 그의 저작들이 인류에게 얼마만큼 커다란 영향을 끼치고 있는지를 알게 해 준다.

그의 저작들을 청년기, 과도기, 원숙기, 노년기 등으로 구분하여 간단하게 정리해 보자.

청년기의 저작들은 첫 번째 시칠리아 여행 전의 것들로 용기를 다루고 있는 『라케스』, 사려(思慮)를 다루고 있는 『카르메니데스』, 신에 대한 경외를 다루고 있는 『에우티프론』, 정의를 다루고 있는 『트라시카코스』(이것은 현재 국가 제1권으로 읽혀지고 있다.), 덕의 본질을 다루고 있는 『프로타고라스』, 그리고 『이온』, 『힙피아스 1, 2권』, 『소크라테스의 변명』, 『크리톤』 등 10권이다. 이것들은 대부분 대화체로 되어 있으며, 가치와 앎에 대하여 소크라테스가 제기한 문제들을 소크라테스의 방법으로 다루고 있다.

과도기의 저작들은 대부분 '이데아론'을 주장하고 있는 것들인데, 우정을 주제로 하고 있는 『리시스』, 언어를 다루고 있는 『크라틸로스』, 소피스트들의 변론을 비웃고 있는 『에우티테모스』와 『메넥세노스』 그리고 『메논』과 『고르기아스』 등 6권이다.

원숙기의 저작들은 세계문학의 걸작으로 손꼽히는 것들로서, 죽음을 주제로 하고 있는 『파이돈』, 삶을 주제로 하고 있는 『심포지온』(잔치 또는 향연이라고도 한다.), 정의를 주제로 인식론·형이상학·윤리학·교육학·법철학·국가철학 등 철학 전반을 논하고 있는 『폴리테이아』(국가) 1권에서 10권까지, 이데아론의 본질을 파고든 『파르메니데스』, 헤라클레이토스, 프로타고라스, 안티스테네스, 아리스티포스 등과 대화로 대결하면서 인식론을 주로 다루고 있는 『테아이테토스』 등 14권이다. 이 책들은 주로 그가 두 번째 시칠리아 여행(서기전 367년)을 떠나기 전에 쓴 것이다.

마지막으로 노년기의 저작으로는 논리적·변증법적 문제를 주로 다루고 있는 『소피스테스』, 개념·내포·외연·분류 및 구분 등의 관점에서 정치가를 규정하고 있는 『폴리티코스』, 가치를 주제로 하고 있는 『필레보스』, 그의 우주론이 담겨 있는 『티마이오스』, 그리고 국가적 문제를 다룬 12권짜리 『법률』 등 16권이 있다. 그리고 플라톤 전집에는 이 46권의 개별적인 저작물 외에 서간문이 따로 분리되어 있고, 10여 권의 위서들이 있다.

삼단논법의 창시자

아리스토텔레스 Aristoteles

머릿속에 있는 집은 집이 아니다

아리스토텔레스가 15세가 된 알렉산더 왕자를 가르치고 있다.

이미 2년 동안 아리스토텔레스에게서 교육을 받아 온 알렉산더는 근래 들어 부쩍 질문이 많아졌다.

알렉산더가 사뭇 진지한 표정으로 물었다.

"사부, 사부는 이 세상에 있는 모든 것들이 어디서 왔다고 생각하십니까?"

아리스토텔레스가 대답했다.

"이 세상에 있는 것들이니 당연히 이 세상에서 왔겠지요."

이 말을 듣고 알렉산더가 말했다.

"그렇지만 이 세상에 있는 것들이 원래부터 이 세상에 머물러 있던 것들은 아니지 않습니까? 저기 앞에 있는 나무만 하더라도 원래부터 저곳에 있지는 않았을 것이고, 또 나와 사부 역시 원래부터 이곳에 지금과 같은 모습으로 앉아 있지는 않았습니다. 사부 말대로 세상에 있는 모든 것들이 이 세상에서 왔다면 저 나무와 우리도 오래전부터 이 세상 어딘가에 있었다는 말입니까?"

"물론 지금 이 순간 이 세상에 있는 모든 것들은 원래부터 이 세상에 머물러 있던 것은 아니지요. 하지만 이 세상에 있던 것으로부터 나온 것만은 분명합니다. 그러니까 모든 것에는 반드시 어머니가 있기 마련이라는 뜻이지요. 왕자님에게 어머니가 계시듯이 저에게도 어머니가 계시고, 나무들 역시 자기의 어미로부터 나온 것이지요. 그런 원리에 의해서 지금 이 세상에 있는 모든 것이 있는 것입니다."

알렉산더는 알아듣겠다는 표정으로 고개를 끄덕였다. 하지만 여전히 의문점이 많이 남아 있는 눈치였다.

그 표정을 보면서 아리스토텔레스는 설명을 계속 이었다.

"왕자님, 중요한 것은 무엇보다도 왕자님과 저, 그리고 저기 나무들과 모든 사물들이 이 땅 위에 있다는 것입니다. 즉, 왕자님은 왕자님으로, 아리스토텔레스는 아리스토텔레스로, 저 나무는 저 나무로 살아가고 있다는 것을 먼저 생각해야 한다는 것이지요."

"좀 더 구체적으로 설명해 보시오. 잘 이해가 되지 않습니다."

"그러니까 제가 아리스토텔레스 자체로 이 땅 위에 있듯이 왕자님도 왕자님 자체로 이 땅 위에 있고, 저 나무도 저 나무 자체로 이 땅 위에 있을 때 비로소 가치가 있다는 것입니다."

"그건 또 어째서 그렇습니까?"

"그것은 어떤 방법을 동원하여도 왕자님 속에 제가 들어가 있을 수 없고, 또 왕자님이 나무 속에 있을 수 없고, 나무가 왕자님 속에 있을 수 없기 때문이지요. 즉, 모든 사물은 자기 자신의 고유한 특성을 지니고 있다는 것이지요. 자기 자신만의 고유한 특성을 지니고 있는 그 자체, 그것이 바로 사물의 실체(實體)입니다."

"실체? 실체에 대해 좀 더 자세히 설명해 주시오."

"실체란 모든 사물 그 자체를 일컫는 것이지요. 예를 들면 왕자님은 알렉산더 왕자 그 자체가 실체이고, 저는 아리스토텔레스 그 자체가 실체이지요. 또 저기 있는 나무는 저 나무 그 자체가 실체라는 거지요."

"그러면 나무와 나는 같은 실체인가요?"

"아닙니다. 왕자님은 알렉산더 왕자님으로서의 실체가 있고, 저 나무는 저 나무로서의 실체가 있는 것이지요."

알렉산더는 고개를 갸웃거린다. 그리고 다시 묻는다.

"사부, 그러면 실체는 어떻게 이뤄지는 것입니까?"

"실체는 크게 질료(質料)와 형상(形相)으로 이뤄져 있습니다."

"질료와 형상? 질료는 무엇이고 형상은 무엇입니까?"

"질료는 물체를 이루고 있는 근본적인 재료이고 형상은 각 사물이 서로 구별되게 가지고 있는 모범적인 상(像, 꼴)이지요. 세상에 있는 모든 물체는 반드시 어떤 물질로 되어 있으며, 어떤 모양을 갖게 되어 있습니다. 저는 그 물질의 근본적인 재료가 되는 것에 질료라는 이름을 붙였고, 또 그 물질이 궁극적으로 형성하고자 하는 모양에 형상이라는 이름을 붙였습니다. 세상에 있는 모든 물체는 물질이 형상을 구현한 것이지요."

"그러면 물질은 어떤 과정을 거쳐 형상을 구현할 수 있습니까?"

"운동의 과정을 거칩니다. 말하자면 운동이라는 것은 물질, 즉 질료가 형상을 향해 가는 과정인 셈이지요. 이처럼 질료가 운동의 과정을 거쳐 형상을 구현하는 일은 목수가 나무로 집을 짓는 일에 비유할 수 있습니다. 즉, 목수가 나무로 집을 짓는다고 할때 집을 짓기 위한 재료인 나무는 질료에 해당하고, 목수의 망치질과 못질 그리고 톱질 등은 운동에 해당하며, 짓고자 하는 집의 모습은 형상에 해당하는 것입니다.

여기서 우리는 집의 원래 모습이 목수의 머릿속에 들어 있었다는 것을 알게 됩니다. 하지만 목수의 머릿속에 있는 집은 결코 집이 될 수 없습니다. 그것이 나무라는 질료를 통해 땅 위에 지어졌을 때 비로소 집이 될 수 있습니다. 이처럼 물체는 단지 형상만으로는 존재할 수가 없습니다. 형상과 질료가 시간과 공간 속에서 하나로 합쳐질 때 비로소 물체로 나타날 수 있다는 뜻입니다. 모든 생물은 이러한 질료와 운동 능력, 그리고 형상을 자기 속에 함께 간직하고 있는 셈이지요."

플라톤은 이 세계를 이데아의 세계와 감각의 세계로 나누었다. 그리고 감각의 세계는 이데아의 복사판에 불과하며 허상이라고 했다. 따라서 플라톤에게는 감각의 세계, 즉 우리 눈 앞에 펼쳐진 가시적 세계는 무의미한 것이었다. 하지만 아리스토텔레스는 플라톤의 생각에 찬성하지 않았다.

아리스토텔레스는 감각의 세계를 더 중시했다. 그는 감각의 세계 속에 있는 물체 그 자체를 만물의 실체라고 했다.

그는 개별적인 물체들이 보편적인 개념보다 앞선다고 생각했다. 그것은 곧 감각의 세계가 이데아의 세계에 대한 모사(模寫)에 불과하다는 플라톤의 생각을 정면으로 반박하는 일이기도 했다.

아리스토텔레스가 이처럼 플라톤의 이데아 세계를 비판한 것은 현실 세계에 펼쳐지고 있는 현상들을 플라톤의 이데아로는 설명할 수 없다고 판단했기 때문이다.

플라톤의 주장에 따르면 현실세계, 즉 감각세계는 무한히 변화하며 끊임없이 생성 소멸하는 데 반해 이데아의 세계는 완전한 상태로 항상 고정되어 있다고 했다. 그렇지만 현실세계는 끊임없이 이데아의 세계를 모사하고 있다는 것이다.

이러한 플라톤의 논리를 아리스토텔레스는 억측이라고 생각했다. 만약 이데아의 세계가 완전한 상태로 머물러 있다면 그것을 모사하고 있는 감각의 세계는 어떻게 끊임없이 움직이며 변화할 수 있는가? 아리스토텔레스는 이 물음을 통해 플라톤의 이데아관에 회의를 품기 시작했다. 그리고 마침내 아리스토텔레스는 플라톤의 이데아 이론을 '이데아는 단지 개념에 지나지 않는다.' 고 비판하면서 독자적인 세계관을 형성하기 시작했다.

아리스토텔레스가 중요하게 생각한 것은 감각세계에서 이뤄지고 있는 사물의 운동에 관한 것이었다. 운동이 어떻게 일어나는가? 그는 이 문제에 몰두하여 마침내 중요한 결론에 도달했다.

그는 이데아는 움직이지 못하고 고정되어 있는 것이므로 어떠한 운동도 만들어 내지 못한다고 주장한다. 그리고 그는 이데아의 이러한 한계를 극복하기 위해 이데아적 요소를 사물 속으로 끌어내린다. 그것을 위해서 그는 물체를 질료와 형상으로 나누었다. 질료란 물질을 구성하는 재료를 일컫는 것이고, 형상은 물질이 추구하는 고유한 상이다.

그는 '모든 질료는 운동을 통해서 형상에 이르는 것을 목적으로 하고 있다.'고 생각했다. 결과적으로 보자면 형상은 모든 운동, 즉 현상들의 지향점이자 근거인 셈이다.

이 형상은 플라톤의 이데아와 같다. 하지만 플라톤의 이데아가 물체 바깥에 있는 것과는 달리 아리스토텔레스의 형상은 물체에 내재해 있다. 이것이 그들의 차이였다.

따라서 플라톤의 이데아가 감각세계와 무관하게 존재하는 데 비해 아리스토 텔레스의 형상은 시간과 공간의 감각적인 세계에 뿌리를 내리게 된다. 그리고 감각의 세계 속에서 질료와 형상은 합쳐져서 물체라는 형태로 드러나게 된다. 이들은 절대 분리된 상태로 존재할 수 없는 것이다.

질료와 형상의 관계를 놓고 아리스토텔레스는 석공이 조각을 하는 것을 예로 들었다. 즉, 석공이 돌로 아폴로 상을 만든다고 했을 때 조각의 재료가 되는 돌은 질료, 아폴로 상은 형상, 그리고 석공의 손놀림은 운동에 해당한다는 것이다.

이 예에서 만약 돌이라는 재료가 없다면 어떻게 석공의 머릿속에 들어 있는 아폴로 상을 땅 위에 만들어 놓을 수 있겠는가? 또한 석공의 머릿속에 아폴로에 대한 형상이 없다면 어떻게 아폴로 상을 만들 수 있겠는가?

그는 이러한 질문을 던지면서 질료는 언제든지 형상화될 수 있는 가능성을 지니고 있다는 의미에서 그것을 가능태(可能態)라 칭하고, 현실적으로 모든 물체는 형상의 모습으로 나타나게 마련이라는 주장을 바탕으로 형상을 현실태(現實態)라고 칭했다. 그리고 질료와 형상은 항상 유기적으로 결합된 상태로 나타나게 되는데 그것이 곧 물체이다. 하지만 그의 이런 논리는 어느 순간 자가당착에 빠지고 말았다.

물체 속에 있는 형상은 어디에서 비롯되는가?

바로 이 물음 때문이었다. 그는 이것에 대한 해답을 얻기 위해 새로운 고민을 시작했다. 모든 개체에 자기만의 독특한 형상이 있다고 주장하며 일사천리로 자기 이론을 전개해 나가다가 이제 다시 플라톤의 이론을 수용할 수밖에 없는 처지가 되고 만 것이다.

그는 별 수 없이 실체론을 수정했다. 그는 실체를 제1실체와 제2실체로 나누었다. 그리고 각각의 물체 속에 있는 실체를 제1실체라고 하고, 제1실체를 항상 제1실체의 상태로 유지시켜 주는 보편적인 실체를 설정하여 그것을 제2실체라고 했다.

예를 들어 말은 항상 말을 낳고, 사람은 항상 사람을 낳게 되는 근본적인 이유는 제2실체, 즉 보편적인 원리에 따른 결과라는 것이었다. 이는 곧 플라톤의 이데아관과 다를 바가 없었다.

아리스토텔레스는 이렇게 해서 다시 플라톤의 이데아론으로 돌아오고 말았다. 물론 그 자신이 원한 일은 아니었다. 다만 그는 스스로의 모순에 빠져들었을 뿐이다. 그리고 그 모순을 해결하기 위해 별 수 없이 플라톤의 이데아 개념을 슬쩍 자기 이론 속으로 끌어들였던 것이다. 이것이 아리스토텔레스의 한계였다.

하지만 그렇다고 해서 아리스토텔레스의 논리와 플라톤의 주장을 같은 것으로 치부하는 것은 위험한 발상이다. 왜냐하면 그들은 근본적으로 사물을 바라보는 시각이 달랐기 때문이다.

플라톤은 보편자적 관점을 가지고 본질과 원리, 개념 등으로 이뤄진 이데아를 중심으로 세계를 이해한 반면 아리스토텔레스는 각각의 개체와 그것의 성질, 운동 등의 감각적인 현상을 통해서 세계를 이해하고 있다. 따라서 플라톤에게는 사물의 개념과 그것에 대한 인간의 관념이 중요한 것이었지만, 아리스토텔레스에게는 물질과 그것의 운동이 중요한 것이었다.

이들의 이런 세계관에 대한 차이는 아리스토텔레스의 다음과 같은 말에서 단적으로 드러나고 있다.

'이 땅 위에 집이라는 이데아에 의해서 생겨난 집은 아직 단 한 채도 없다.'

아리스토텔레스는 이처럼 단지 개념으로만 머물러 있는 이데아를 결코 용납하지 않았다.

아리스토텔레스의 생애

아리스토텔레스는 서기전 384년 트라키아의 스타기라에서 태어났다. 그의 아버지는 마케도니아 아민타왕의 주치의였기 때문에 그는 어릴 때부터 실용적이고 현실적인 학문을 생활 속에서 접할 수 있었다.

그러나 18세 때 아테네로 건너와 플라톤의 아카데메이아에 입학함으로써 아리스토텔레스의 인생은 달라진다. 말하자면 철저한 현실주의적 바탕 위에 이상주의가 접목되었던 것이다. 그 뒤 그의 플라톤주의에 대한 학습은 20년 동안 계속된다.

그는 20년 동안 플라톤의 수제자로 성장했지만, 서기전 347년 플라톤이 죽자 플라톤의 조카 스페우시포스에 의해 아카데메이아에서 밀려나 소아시아 서해안의 아소스로 건너간다. 당시 아탈네우스와 아소스지방을 지배하고 있던 헬미아스의 정치 상담역으로 초청을 받았던 것이다.

아소스에서 아리스토텔레스는 헬미아스의 누이동생에게 반해 결혼을 하게 되고 그녀와의 사이에 딸도 하나 두게 된다. 상황이 이렇게 되자 그는 아소스에 정착하기로 마음 먹고 아카데메이아 동급생들과 함께 아카데메이아 분교를 개설하기도 한다. 하지만 장밋빛 미래가 펼쳐질 것 같았던 그의 아소스 생활은 오래 가지 못한다.

그의 아소스 생활이 3년째 접어들던 해에 헬미아스가 페르시아인들에게 끌려가 살해되었기 때문이다. 그리고 그 역시 쫓기는 신세가 되고 만다. 그는 이곳저곳을 전전하다 레스보스 섬으로 갔다.

레스보스 섬에서 몇 년 동안 생활하던 중 아리스토텔레스는 뜻밖의 기회를 얻게 된다. 마케도니아 왕 필리포스 2세(Philippos II, 서기전 382~336년)로부터 왕자 알렉산더의 교육을 맡아 달라는 권유를 받았던 것이다.

권유를 받은 아리스토텔레스는 즉시 마케도니아로 갔다. 이때가 서기전 342년이었다. 그리고 그는 서기전 334년까지 8년 동안 그곳에 머무르며 미완의 대기였던 왕자 알렉산더를 지도한다.

아리스토텔레스가 알렉산더를 처음 만났을 때 알렉산더의 나이는 13세였다. 이 어린 왕자는 아리스토텔레스를 무척 존경하고 따랐다. 그리고 21세의 청년으로 성장하여 왕으로 등극할 때까지 그는 아리스토텔레스의 지도를 받았다.

서기전 334년 알렉산더가 왕위에 오르자 아리스토텔레스는 아테네로 돌아갔다. 그리고 아폴론 리케이오스의 성역에다 그 이름을 따서 리케이온이라는 학원을 세웠다.

그는 리케이온에서 12년 동안 철학, 자연과학, 의학, 역사학 등을 가르쳤다. 그리고 서기전 323년 알렉산더가 죽자, 아테네에는 반마케도니아 당파가 대두하였고, 그는 그 때문에 별 수 없이 도망쳐야 했다.

도망치면서 그는 자신의 도피를 합리화시키기 위해 소크라테스의 죽음을 빗대며 이렇게 말했다고 한다.

'아테네시민들로 하여금 두 번이나 철학에 대해 죄를 짓지 않게 하기 위해서 나는 지금 떠난다.'

그는 그 뒤 1년 동안 도망자 생활을 하였다. 그리고 서기전 322년 에우베아의 칼키스에서 62세를 일기로 생을 마쳤다.

아카데메이아의 천재로 통했던 아리스토텔레스는 소크라테스, 플라톤과 함께 고대 그리스 철학의 3대 학자로 불린다. 더구나 근대 학문에 가장 많은 영향을 끼쳤다는 점에서 그는 다른 두 학자보다도 더 뛰어나다는 평가를 받곤 한다. 하지만 그의 삶은 그다지 순탄하지 못했던 것 같다. 수많은 저작과 업적을 쌓았음에도 불구하고 그의 삶이 역경의 연속일 수밖에 없었던 것은 무척이나 오만한 성격 때문이었다.

아리스토텔레스는 한마디로 천재였다. 아카데메이아에서 그는 그렇게 통했다. 그는 스승이었던 플라톤의 가르침을 가장 빨리 이해했던 탁월한 학생이었고, 정치학·철학·자연과학·의학·윤리학·수학 등 모든 학문을 두루 섭렵한 대단한 학자였다. 그 때문에 아카데메이아의 모든 일은 아리스토텔레스의 손을 거쳐야만 결정되었다. 하지만 그는 오만하고 고집이 셌고, 그 때문에 자주 플라톤과 부딪쳤다.

플라톤에게는 아리스토텔레스 외에 또 한 명의 수제자가 있었다. 그의 이름은 크세노크라테스였다. 크세노크라테스는 아리스토텔레스와 달리 조심성이 많고 고지식한 인물이었다. 그래서 플라톤은 이 두 사람의 특징을 이렇게 말하고 있다.

'아리스토텔레스에게는 고삐가 필요하고, 크세노크라테스에게는 박차가 필요하다.'

플라톤은 아리스토텔레스의 천재성은 인정하고 있었지만 그의 오만함을 염려했다. 그 때문에 아카데메이아의 살림을 고지식하고 조심성이 많은 크세노크라테스에게 맡겼다.

또한 플라톤은 죽으면서 아카데메이아를 이끌 후임자로 자신의 조카 스페우시포를 지목했다. 플라톤은 수제자로 이끌어 주었는데도 자신과 다른 이론을 펼치며 스승을 공격해 대는 아리스토텔레스를 이미 '배은망덕한 놈'으로 취급하고 있었다.

이런 배경 때문에 그는 결국 아카데메이아를 떠나야만 했다. 하지만 그는 항상 아카데메이아의 원장을 꿈꾸던 사람이었다. 그 때문에 언젠가는 꼭 다시 아테네로 돌아가야 한다고 생각하고 있었다.

그리고 마침내 그는 아테네를 떠난 지 13년만인 서기전 334년에 아테네로 돌아간다. 그때 아카데메이아의 원장은 크세노크라테스가 맡고 있었다. 아리스토텔레스는 원래부터 크세노크라테스를 '멍청한 인간'이라고 경멸하곤 했다. 그런데 자신이 경멸하던 크세노크라테스가 아카데메이아의 원장이 되었다는 소리를 듣자 즉시 아테네로 돌아가 리케이온을 세웠다. 아리스토텔레스는 적어도 크세노크라테스가 이끄는 아카데메이아보다는 나은 학원을 세울 수 있다고 생각했던 것이다.

리케이온을 세운 아리스토텔레스는 자신의 학원이 스승인 플라톤의 학원과는 질적으로 완전히 다른 곳이라고 주장했다. 플라톤이 살아있을 때부터 그는 플라톤의 합리주의를 비판해 왔기 때문에 당연한 귀결이었는지도 모른다. 하지만 플라톤과의 결별 선언이나 다름없는 이런 행동은 그의 성격을 짐작할 수 있게 해

준다.

아리스토텔레스는 스승뿐만 아니라 자신의 제자인 알렉산더 대왕과도 사이가 좋지 않았다. 그가 알렉산더와 사이가 좋지 않았던 직접적인 원인은 카리스테네스라는 인물 때문이었다.

아리스토텔레스는 알렉산더 곁을 떠날 때 자신의 제자이자 친척인 카리스테네스라는 인물을 마케도니아에 남겨 놓았다. 카리스테네스는 일종의 정치 고문역을 맡고 있었는데, 오만하기로 이름이 높았다. 그는 알렉산더를 격하시키는 말을 서슴없이 했고, 그 때문에 알렉산더는 늘 그를 증오했다. 그리고 마침내 알렉산더는 그를 역적으로 몰아 교수형에 처하고 그의 시체를 사자밥으로 던져 주었다고 한다.

이 소식을 들은 아리스토텔레스는 알렉산더에 대해서 격심한 적의를 품게 되었고, 알렉산더 역시 아리스토텔레스를 등지고 아카데메이아의 크세노크라테스를 스승으로 대접했다. 알렉산더는 심지어 아카데메이아의 재정을 지원하기도 했다. 하지만 크세노크라테스는 알렉산더가 낸 기부금 중에 아주 일부만 수용하고 나머지는 돌려보냈다고 한다.

크세노크라테스는 알렉산더에게 기부금을 돌려주면서 이렇게 말했다.

'저는 몇 명 되지 않는 제자를 키워내기만 하면 되지만 대왕은 수많은 신하를 키워내야 하기 때문에 많은 돈이 필요할 것입니다.'

이 말을 들은 알렉산더는 그 후로 크세노크라테스를 더욱 극진히 대접했다고 한다.

이렇게 하여 아리스토텔레스는 스승과 제자에게 모두 버림을 받은 꼴이 되었다. 뿐만 아니라 나중에는 아테네 시민들로부터도 버림을 받았다. 강대국 마케도니아의 위협으로부터 벗어날 수 있게 해 준다 하여 아리스토텔레스의 아테네 입성을 그토록 환영했던 아테네 시민들이 결국 다시 그를 쫓아냈던 것이다. 많은 사람들은 이런 결과가 모두 아리스토텔레스의 부덕한 성격 때문이라고 지적하고 있다.

그의 오만한 성격은 학문에서도 드러난다. 그가 남긴 학문적 업적 중 역사에 영원히 기억될 만한 일은 삼단논법의 창시일 것이다.

삼단논법은 현재 모든 학문의 기초가 되었는데, 그가 내세운 삼단논법의 대표적인 명제는 다음과 같다.

"모든 인간은 죽는다."
"소크라테스는 인간이다."
"따라서 소크라테스는 죽는다."

그는 이 명확한 논리를 통해 많은 것들을 설명하고 규정지었다. 그 결과 그것은 학문의 기초가 되는 논리로 자리를 굳히게 되었다. 그리고 그는 모든 학문에 이 논법을 적용했다.

하지만 자신만만했던 그의 논리는 한편으로는 수많은 오류를 양산했다. 예를 들면 '여자의 이 수는 남자의 이 수보다 많다.' 거나, '까마귀, 참새, 그리고 제비는 추위가 심해지면 하얗게 변한다.' 는 등의 터무니없는 학설을 주장하기도 했던 것이다.

이런 오류는 지나치게 자신의 논리와 생각을 맹신한 데서 온 결과였다. 그래서 사람들은 그의 삼단논법을 통해 그를 이렇게 비판하고 있다.

"오류는 인간이 범하는 것이다."
"아리스토텔레스는 인간이다."
"따라서 아리스토텔레스도 오류를 범한다."

위대한 저작들과 형이상학의 탄생

아리스토텔레스의 인간성과는 관계없이, 우리는 그가 남긴 위대한 저작들과 학문적 업적들을 높이 평가하지 않으면 안 될 것이다. 적어도 서구의 학문 발달에 있어 아리스토텔레스의 영향 아래 놓이지 않은 것은 거의 한 분야도 없을 것이기 때문이다.

앞에서 언급한 것처럼 그는 실로 다방면에 있어 천재적인 능력을 발휘하였다. 철학을 정점으로 한 그의 학문은 시학에서 자연과학에 이르기까지 방대하게 펼쳐졌다.

그의 저작들은 대개 논리학·형이상학·자연과학·윤리 및 정치학·언어학적인 것들로 나눠진다.

첫째, 논리학적인 범주에 들어가는 저작으로는 『범주론』, 『명제론』, 『분석론』(1, 2권), 『토픽』, 『궤변론』 등이며, 후에 이 저작들은 『오르가논』이라는 제목 아래 하나로 묶여졌다. 여기에 '도구'라는 뜻의 '오르가논(Organon)'이라는 제목을 붙인 것은 논리학이 학문을 올바로 다루기 위한 도구라고 생각됐기 때문이라고 한다.

둘째, 형이상학적인 것으로는 8권으로 된 『자연학(Physica)』, 존재에 대해 다룬 14권으로 된 『형이상학』 등이다. 이 '형이상학(Metaphysica)'이라는 제목은 중세 철학자 안드로니코스가 아리스토텔레스의 저작을 간행할 때 이 14권을 8권으로 된 자연학 뒤에 뒀기 때문에 붙여진 이름이다.(Meta는~ '뒤에', 또는~ '다음'에라는 뜻이다.)

셋째, 자연과학적인 것으로는 『천계론』, 『발생·소멸론』, 『기상론』, 총 10권으로 된 『동물지』, 『동물부분론』, 『동물이 걸어다니는 것에 관하여』, 『동물의 운동에 관하여』, 『영혼에 관하여』(전3권), 『감각과 감각의 대상』, 『기억과 회상』, 『잠과 깨어남』, 『꿈』, 『잠잘 때의 예지』, 『장수하는 것과 단명하는 것』, 『삶과 죽음』, 『호흡』 등이 있다.

넷째, 윤리 및 정치학적인 저술로는 아리스토텔레스의 아들 니코마코스에 의해 발행된 『니코마코스 윤리학』(전10권), 인간은 사회적 동물이며 정치적 동물이라는 말을 남기고 있는 『정치학』(전8권), 158개국의 국법을 모은 『아테네의 국가제도』, 『아우데모스 윤리학』, 『대 윤리학』 등이 있다.

다섯째, 언어학적인 것들로는 『수사학』과 『시학』이 있다.

　이 외에 그의 이름으로 된 많은 위서들이 전하고 있는데 대부분 그의 제자들이 지은 것으로 알려져 있다.

6장

헬레니즘시대의 철학자들

디오게네스에서
플로티노스까지

펠로폰네소스전쟁(서기전 431~404년) 이후 아테네와 그리스 도시국가들은 급격히 몰락하고, 발칸반도의 주도권은 마케도니아가 쥐게 된다.

마케도니아가 발칸반도를 장악함으로써 그리스는 국가적으로는 쇠망하지만 그들의 발달된 문화는 알렉산더의 원정을 통해 지중해 연안의 모든 국가와 오리엔트 지역에 전해지게 된다.

이렇게 전해진 그리스문화는 오리엔트문화와 융합되어 새로운 형태의 문화를 낳게 되는데, 이것을 헬레니즘문화라고 한다. 또한 알렉산더대왕 이후부터 마케도니아가 세 왕조로 분리되어 로마에 병합되기까지의 약 300년간을 헬레니즘시대라고 한다.

헬레니즘문화는 말 그대로 '그리스적인 것'을 추구하는 문화 형태를 말하는 것인데, 철학에 있어서도 이러한 경향이 예외 없이 나타났다.

헬레니즘시대의 철학은 크게 다섯 학파로 나눠질 수 있는데, 디오게네스로 대표되는 퀴닉학파, 제논으로 대표되는 스토아학파, 에피쿠로스로 대표되는 에피쿠로스학파, 피론으로 대표되는 회의주의학파, 플로티노스로 대표되는 신플라톤학파 등이 그것이다.

이들은 지중해 연안의 여러 마케도니아 식민국들과 로마제국에서 다시금 그리스철학을 꽃피우게 되고, 철학이 기독교에 예속되기까지 그리스적 전통과 학맥을 이어 가게 된다.

'개 같은 인생'을 추구하던 누더기 철학자

디오게네스 _{Diogenes}

나는 개(犬)로소이다

　알렉산더가 어떤 거지를 방문했다. 그 거지는 나무로 만든 둥근 술통 속에서 개처럼 웅크리며 살고 있는 디오게네스라는 사람이었다. 하지만 사람들은 그를 단순한 거지로 취급하지 않았다. 사람들은 그에게 먹을 것을 주는 대신 삶에 보탬이 되는 교훈을 얻곤 했기 때문이다. 알렉산더가 그를 찾은 것도 그에게서 교훈이 될 만한 말을 듣기 위해서였다.

　알렉산더가 디오게네스를 방문했을 때 디오게네스는 자신의 이동식 주택인 술통을 수리하고 있었다. 알렉산더는 한동안 그 광경을 물끄러미 쳐다보고 있다가 이윽고 다가가서 말을 걸었다.

　"이보게 지금 무엇을 하고 있는가?"

　알렉산더가 이렇게 물었지만 디오게네스는 쳐다보지도 않고 퉁명스럽게 대답했다.

　"보시다시피 이렇게 집을 수리하고 있지 않소이까?"

　그 말에 알렉산더를 호위하던 무장이 큰소리로 호통을 치며 디오게네스의 멱살을 잡아챘다.

"이놈! 감히 누구 앞이라고 그따위 말을 지껄이는 게냐?"

그러자 알렉산더는 자신의 호위무장을 나무라며 디오게네스의 멱살을 놓아주라고 했다.

"이거 미처 내가 소개를 하지 않아 불미스런 일이 일어났나 보구만. 나는 마케도니아의 왕일세."

알렉산더라는 이름을 듣고서도 디오게네스는 여전히 그를 쳐다보지도 않고 대꾸했다.

"저는 코린트의 개로소이다. 이름은 디오게네스라고 합지요."

디오게네스의 태연자약한 모습에 알렉산더는 그저 껄껄거리며 웃을 뿐이었다. 그리고 이렇게 물었다.

"자네는 내가 두려운가?"

디오게네스가 되물었다.

"대왕은 악한 사람입니까, 아니면 선한 사람입니까?"

알렉산더가 대답했다.

"물론 나는 선한 사람일세."

"누가 선한 사람을 두려워하겠습니까?"

디오게네스의 이 말에 알렉산더는 감탄하고 말았다. 그는 누더기를 걸친 거지의 몰골 이면에 버티고 있는 철학자 디오게네스의 진면목을 느꼈던 것이다.

"디오게네스, 그대는 듣던 대로 참으로 현명한 사람이구만. 보아하니 많은 것들이 부족할 것 같은데 내가 도와줄 일이 없겠는가? 그대가 원하는 것이면 무엇이든 주겠네."

디오게네스가 말했다.

"원하는 것이 한 가지 있습니다."

알렉산더가 물었다.

"그래 그것이 무엇인가?"

디오게네스가 대답했다.

"당신이 서 있는 곳에서 조금만 오른쪽으로 비켜 주십시오. 그러면 제가 햇볕을 쬐는 데 어려움이 없겠습니다."

디오게네스를 만난 후 알렉산더는 자신의 참모에게 이렇게 말했다고 한다.

'가능하다면, 나는 알렉산더의 옷을 벗어던지고 디오게네스의 옷을 입고 싶다네.'

알렉산더는 권력과 명예 같은 인간적인 욕망에서 완전히 벗어난 디오게네스의 초연한 삶이 부러웠던 모양이다.

디오게네스는 스스로 개처럼 살기를 원했다고 한다. 그는 항상 맨발로 다녔고, 눈 위를 걸을 때는 헝겊으로 발을 감싸는 정도로 만족했다. 그리고 아무 데서나 자고, 또 사람들이 주는 것이면 아무것이나 먹었다.

그가 가지고 있던 물건은 고작 뜨거운 차를 끓여먹을 수 있는 그릇과 지팡이, 그리고 바랑 하나가 전부였다. 거기다 하나를 더 보탠다면 팔에 걸고 다니거나 굴리고 다니던 둥근 술통 정도였다. 이 술통은 그의 유일한 안식처였다. 말하자면 굴러다니는 집이었던 셈이다. 그는 그 속에서 개처럼 사는 것이 유일한 소원이었다.

디오게네스의 생애

디오게네스는 서기전 412년에서 태어나 서기전 325년에 죽었다. 그의 고향은 그리스의 시노페였다. 그의 아버지는 할아버지와 함께 사기를 친 후 금을 가지고 달아나다 붙잡혀 감옥에서 죽은 것으로 기록되어 있다.

아버지가 사기죄로 잡혀가는 것을 본 디오게네스는 아테네로 달아났고, 그곳에서 소크라테스의 제자 안티스테네스를 만났다.

소크라테스에게는 여러 부류의 철학자들이 있었는데, 플라톤이 학문적이고 사회적인 소크라테스를 이어받았다면 안티스테네스는 반학문적이고 반사회적인 거리의 삶을 살던 소크라테스를 이어받았다고 할 수 있다.

소크라테스의 거리의 삶과 초연한 생활태도를 이어받은 안티스테네스는 이른바 견유학파(犬儒學派 또는 퀴닉학파)를 개창했다. 견유학파는 말 그대로 세속적인 탐욕을 버리고 개처럼 떠돌며 무욕한 생활을 이상으로 하는 철학적 무리였다.

그들은 '무욕(無慾)이 곧 덕(德)'이라고 주장했고, 인간의 욕심을 생명 유지에 필요한 정도의 물질만 소유하는 것으로 제한하면서 문화생활을 향유하는 것을 금기로 삼았다. 안티스테네스는 이러한 주장을 바탕으로 원형경기장 안에 자신의 학교를 건립한 사람이다.

디오게네스는 아테네에 도착하자 곧 안티스테네스의 제자가 되기로 마음먹고 원형경기장에 있는 그의 학교로 찾아갔다. 하지만 안티스테네스는 쉽사리 그를 제자로 받아들이려 하지 않았다.

안티스테네스는 제자로 받아주기를 간청하는 디오게네스를 지팡이로 내리치며 원형경기장 밖으로 내쫓으려 하였다. 하지만 디오게네스는 물러서지 않았다. 그는 안티스테네스가 지팡이를 들면 오히려 머리를 갖다 대며 내리치라고 고함을 질러댔다. 그리고 며칠 동안 계속된 싸움 끝에 마침내 디오게네스는 안티스테네스의 제자로 받아들여졌다.

그 후 디오게네스는 오랫동안 안티스테네스 곁에 머물러 있었다. 그리고 어느 날 마침내 누더기 하나만 달랑 걸친 채 스승 곁을 떠났다. 그가 왜 스승에게서 떠났는지는 확실히 알 수 없다. 하지만 그가 어떤 깨달음을 간직한 채 스승의 곁을 떠난 것만은 분명하다.

안티스테네스에게 작별을 고한 디오게네스는 지중해 연안국들을 떠돌아다니기 시작했다.

그는 생명을 유지하는 데 꼭 필요한 몇 가지 물건 외에는 지니고 있지 않았다. 그는 누더기 같은 두툼한 외투 하나로 옷과 이불을 대신했고, 나무로 만든 둥근 술통 하나로 집을 대신했다.

그의 집은 겨울에는 햇볕이 잘 드는 양지바른 곳에 뒹굴고 있었고, 여름에는 그늘진 숲을 굴러다녔다.

철저한 거지가 되는 것이 그의 목표였다. 버려진 개처럼 자유롭게 돌아다니며 먹을 수 있는 것이면 무엇이든 주워먹거나 얻어먹으며 생명을 지켜나가는 것이 그의 유일한 일과였다.

그리고 그는 가끔 이렇게 말했다.

'나는 개처럼 살고 싶다. 왜냐하면 개야말로 아무런 부족함도 느끼지 않고, 어떤 위선도 행하지 않기 때문이다.'

그의 그런 지론을 존중한 후세 사람들은 그의 동상 위에 개의 모형을 그려 놓았다고 한다.

그러나 그는 사실 어떤 철학적 가르침도 행하지 않았다. 그는 단지 그렇게 살았을 뿐이다. 그리고 그는 퀴닉학파의 철학적 전통을 세우는 데 어떠한 공헌도 하지 않았다. 어쩌면 그를 철학자로 보는 것 자체가 무리인지도 모른다. 하지만 디오게네스처럼 철저하게 퀴닉학파의 행동강령대로 살았던 사람도 없었다. 그 때문에 그는 아무런 철학적 가르침을 행하지 않았는데도 퀴닉철학의 상징으로 남게 되었다.

이런 퀴닉학파의 철학적 전통은 후에 종교적 경향을 띤 스토아철학으로 발전하면서 체계화되고 보편화되어 민중 속으로 보다 깊숙이 파고들게 된다.

스토아 철학의 시조

제논 Zenon

인간은 우주가 만든 연극에 등장하는 배우와 같다

마케도니아의 국왕인 안티고누스 고나타스가 아테네를 방문하는 길에 제논을 찾아왔다. 그는 평소부터 제논을 존경해 왔기 때문에 아테네에 가는 일이 있으면 어김없이 제논의 스토아학원을 방문하곤 했다.

젊은 왕 안티고누스는 지식욕이 강한 사람이었다. 그가 제논을 방문한 것도 어떻게 해서든 새로운 지식을 얻어 보겠다는 생각 때문이었다. 또한 그는 가능하다면 제논을 왕궁으로 데려가 자신의 왕사로 삼고자 했다. 하지만 제논은 그런 제의가 있을 때마다 건강이 좋지 않다는 이유를 대며 번번이 사양했다. 그리고 왕의 청을 존중하는 의미에서 자신의 제자 중에 뛰어난 몇 사람을 자기 대신 왕궁으로 보내기도 하였다.

하지만 안티고누스는 제논의 그런 처사를 기분 나빠 하지 않았다. 오히려 세상의 명리에 전혀 관심을 두지 않는 그의 학자적 면모에 매료되었다. 그래서 그는 더 이상 제논을 왕궁으로 데려가려는 시도를 하지 않았다. 다만 아테네에 오면 그에게 몇 가지 궁금한 점들을 묻는 것을 자신의 학문적 즐거움으로 생각했다.

안티고누스가 그토록 제논의 학문을 높이 평가하게 된 것은 아마 두 사람의 첫 만남을 잊지 못하기 때문일 것이다.

아테네에 제논이라는 뛰어난 학자가 있다는 소문을 들은 왕은 어느 날 단지 몇 명의 수하만 데리고 스토아학원을 방문했다. 왕은 수하들에게 자신이 그곳에 방문한다는 사실을 일체 비밀로 하라고 지시한 뒤 평민복으로 갈아입었다. 그리고 제논의 강의시간에 뒷자리에 앉아 강의를 들었다.

강의는 진지하게 진행됐지만 결코 지겹지 않았다. 제논은 말을 꺼낼 때마다 그 특유의 표정으로 학생들의 웃음을 자아내기도 했고, 또 엄격하고 절도 있는 음성으로 학생들의 내면을 사로잡고 있었다.

안티고누스는 학생들과 함께 웃기도 하고, 또 여느 학생들처럼 제논의 엄격한 말투와 절도 있는 행동을 우러러 보기도 했다. 그리고 속으로 자신이 그때서야 학자다운 학자를 만났다고 생각하게 되었다.

강의가 끝나자 안티고누스는 제논의 연구실을 찾았다. 그는 일체 자신의 신분을 숨기고, 단지 배움을 갈구하는 일개 청년의 신분으로 제논을 대면했다.

생각했던 것과는 달리 제논은 다정다감하고 겸손했다.

"먼 곳에서 이 미천한 늙은이를 찾아 주시니 참으로 고맙습니다."

왕이 자신을 마케도니아에서 온 학생이라고 소개하자 제논은 그렇게 말했다.

제논의 말이 이어졌다.

"그렇지만 젊은이, 나는 젊은이가 소문으로 듣던 그 제논처럼 그렇게 대단한 늙은이는 못 됩니다. 그저 하는 일 없이 밥을 축내는 것이 죄스러워 학생들을 몇 명 가르치고 있을 뿐이지요. 그래, 무슨 일로 그 먼 곳에서 이 늙은이를 찾아왔습니까?"

제논은 안면 근육을 실룩이며 왕을 쳐다보았다. 그가 안면근육을 그렇게 실룩이는 것은 말을 할 때마다 나타나는 습관이었다. 그는 때로는 입을 삐죽거리며 우스갯소리를 한다는 소문도 있었다.

왕이 대답했다.

"다름이 아니고 어떻게 하면 선(善)하게 살 수 있는지 알고 싶어서 왔습니다.

느닷없이 찾아와서 이런 요구를 하는 것이 실례인 줄은 알고 있지만, 그래도 먼 곳에서 이곳까지 찾아온 성의를 생각해서 가르침을 주시면 고맙겠습니다."

안티고누스가 그렇게 말하자 제논은 한동안 아무 말도 하지 않고 물끄러미 안티고누스의 얼굴을 쳐다보기만 하였다. 그리고 한참 만에 입을 열었다.

"내가 보기에 젊은이는 예사 사람은 아닌 듯싶습니다. 하지만 신분이라는 것은 근본적으로 차별이 없는 것이니 스스로 맡은 역할에 충실하면 되겠지요."

제논은 그렇게 말한 뒤 안면근육을 한 번 실룩이며 조심스럽게 말을 이어갔다.

"선하게 살 수 있는 방법이야 많겠지요. 그리고 대부분의 사람들은 그것을 잘 알고 있습니다. 하지만 쉽게 그것을 인정하려 들지 않습니다.

이 늙은이는 나름대로 이렇게 생각하고 있습니다.

인간은 우주가 만든 연극에 등장하는 배우와 같습니다. 그래서 그들은 각자가 연출해야 할 배역을 가지고 있으며, 따라서 자기 마음대로 대사를 꾸며낸다든지 또는 자기가 하고 싶은 대로 행동할 권리가 없습니다. 무슨 말인고 하니 인간은 그들의 신분이나 처지가 천하건 귀하건 간에 그들은 어떤 부끄러움도 자만도 가질 필요 없이 우주가 안겨다 준 자신의 배역에 충실하면 된다는 뜻입니다. 그들 개개인의 배역은 희극적일 수도 있고 비극적일 수도 있겠지만, 각자가 맡은 바 배역을 잘 연출하고 또 그 배역에 성실하기만 하면 되는 것이지요. 자신의 배역을 완벽하게 연출하고 소화해 낸다면 선한 삶을 살 수도 있지 않겠습니까? 우주의 목적에 맞는 것은 나의 목적에도 맞는 일이니까요."

안티고누스는 제논의 그 가르침을 듣고 돌아갔다. 그리고 다음에는 왕의 옷을 입고 그를 찾았다. 하지만 제논의 태도는 그 전과 별반 차이가 없었다. 왕의 옷을 입고 온 안티고누스를 보고 제논은 다만 이렇게 말할 뿐이었다.

"배역에 맞는 옷을 고르기가 쉽지 않았던 모양이지요?"

이 말에 안티고누스는 멋쩍은 듯이 그저 웃고만 있었다. 그리고 그 후부터 지방나들이를 하는 일이 있으면 어김없이 아테네를 거쳐 갔고, 또 어김없이 제논의 스토아학원을 방문했다.

제논이 죽은 뒤에 마케도니아의 국왕 안티고누스는 이렇게 절규했다고 한다.

'신이여 나는 지금 도대체 무엇을 잃은 것입니까!'

그리고 그의 신하가 '폐하께서는 왜 그토록 제논을 존경했습니까?' 하고 묻자 왕은 다음과 같이 대답했다고 한다.

'왜냐하면 내가 그에게 많은 선물을 주었는데도 그는 내게 단 한 번도 아첨한 일이 없기 때문이다.'

이 말은 제논의 생활태도를 단적으로 보여 주는 것이다. 그는 순수하고 청렴했다. 그리고 엄격하고 분명했으며, 우주의 질서에 순응하는 태도를 보였다. 그리고 그런 태도는 아테네 주변의 모든 왕들의 존경을 받는 열쇠였다.

제논을 좋아했던 왕 중에는 이집트의 프톨레마이오스도 있었다. 그는 제논에게 대사를 보내어 학문적 업적을 찬양하기도 했고, 대사로 하여금 제논의 청을 받아오라고 하기도 했다.

스토아학원을 찾은 프톨레마이오스의 대사는 제논에게 "폐하께 따로 전할 말씀은 없습니까?" 하고 말했다. 청이 있거든 말해보라는 뜻이었다. 그러자 제논은 이렇게 대답했다고 한다.

"침묵할 수 있는 인간이 있다는 것을 폐하께 전해 주십시오."

그가 말을 아끼는 인물이라는 것을 보여 주는 대목이다. 또한 그는 학식을 드러내는 것을 좋아하지 않았던 모양이다.

제자 한 명이 어느 날 자신의 깨친 바를 동창들에게 설파하며 스스로의 뛰어남을 자랑하는 것을 보고 제논은 제자의 뺨을 후려갈기며 말했다.

"네가 설령 다른 사람 위에 선다 하여도 그것으로 스스로를 뛰어난 인간이라고 생각하지 마라. 진정으로 뛰어난 사람은 자신의 뛰어남을 드러내지 않는 사람이다."

제논의 엄격함과 겸손함을 함께 볼 수 있는 일화이다.

제논의 생애

제논은 서기전 340년에 태어나 서기전 265년에 죽었다. 그는 페니키아 지방의 셈족 혈통을 이은 사람이었다. 하지만 그의 부모와 어린 시절에 대한 이야기는 거의 전하지 않는다. 다만 그가 키프러스 섬의 키티움에서 태어났다는 것과 그곳에서 자랐다는 사실만 전하고 있을 뿐이다.

하지만 그의 청년시절 이후의 삶에 대해서는 비교적 상세하게 기록되어 있다. 그는 어느 날 나름대로 커다란 포부를 안고 그리스 행 배를 탔다. 그러나 항해 도중에 폭풍을 만나 짐을 모두 잃고 빈털털이 신세로 그리스에 도착해야만 했다.

그리스에 도착한 그는 아테네에 거처를 정했다. 그는 거기서 소크라테스의 이론을 정리한 크세노폰의 저작들을 읽으면서 많은 지식을 얻었다. 그리고 자신이 출입하던 서점 주인에게 크세노폰과 같은 뛰어난 인물이 있으면 소개해 달라고 부탁하였다.

그의 부탁을 받은 서점 주인은 퀴닉학파(견유학파)의 크라테스를 소개해 주었다. 그는 서점주인의 권고에 따라 크라테스를 찾아가 제자가 되었던 것이다.

크라테스는 대개의 견유학파 인물들이 그렇듯이 사회에 대하여 전투적인 자세를 보이는 인물이었다. 크라테스는 견유학파의 주장대로 개처럼 자유롭게 떠돌며 살고 있었다. 그는 진정으로 선한 사람은 모든 도덕적인 관념에서 벗어나 자유롭게 살아야 한다고 믿고 있었으며, 생활 속에서 실지로 그 믿음을 실천하고 있었다. 따라서 그는 다른 사람의 눈은 전혀 의식하지 않았다. 누더기를 걸치고 다니는 것도 그렇고, 아무 데서나 술을 먹고 잠을 청하거나 웃통을 벗고 술통을 메고 다니는 것도 마찬가지였다.

하지만 제논은 달랐다. 제논은 조심성이 많고, 도덕성이 강하며, 항상 단정한 옷차림을 하고 있었다. 또한 술통을 등에 짊어지고 다니는 일도 없었고, 아무 데서나 구걸을 하거나 자는 일도 없었다.

스승 크라테스는 제논의 이런 점을 탐탁지 않게 생각했다. 제자의 그런 행동은 마음이 약한 탓이라고 여겼기 때문이다. 그래서 제자의 그런 약한 마음을 강하게 해 주기 위해 어느 날 엉뚱한 일을 시켰다.

크라테스는 제자에게 아테네의 케라믹스 광장을 포도주가 가득한 병을 짊어지고 걸으라고 명령했던 것이다. 제논은 스승의 이 명령에 당혹스러움을 감추지 못했지만 감히 거부하지는 못했다.

마지 못해 포도주병을 짊어지고 가던 제논은 줄곧 자신의 얼굴을 병으로 가리고서 광장을 걸어갔다. 그러자 그의 뒤를 따라가던 크라테스는 지팡이로 술병을 쳐서 산산조각을 내버렸다.

병이 깨지자 일시에 포도주가 쏟아졌다. 그 바람에 제논이 당황하여 어쩔 줄 몰라 하자 크라테스는 호통을 치며 이렇게 말했다.

"너는 어째서 나쁜 짓을 하지도 않았는데 그토록 부끄러워하느냐!"

제논은 그런 스승 밑에서 10년간을 배웠다. 그리고 어느 날 크라테스의 곁을 떠났다. 그는 근본적으로 견유학파와는 다른 성향을 가진 인물이었다. 즉, 견유학파의 초월적 자세는 받아들였지만 도덕성을 무시하는 경향은 받아들일 수 없었던 것이다.

크라테스와 결별한 제논은 메가라학파의 스티리폰의 제자가 되었다. 그리고 메가라학파 밑에서 다시 10년간 수학한 뒤 새로운 학파를 만들었다. 그것이 바로 '스토아학파' 이다.

스토아는 제논이 세운 학원의 이름이었다. 스토아(Stoa)라는 말은 원래 화랑이란 뜻인데, 제논이 세운 학원에 걸려 있던 폴리그노트가 그린 그림 때문에 이런 이름이 붙은 것이다. 하지만 이 이름을 보다 직설적으로 풀이하면 '얼룩덜룩한 강단' 이라고 할 수 있다. 따라서 스토아 철학은 다른 말로 강단 철학이라고 할 수 있다. 어쨌든 스토아는 아카데메이아를 비롯한 아테네에 세워진 네 학원 중 하나였으니 말이다.

이 스토아학파와 더불어 비로소 로마에 철학이 정착하게 된다. 제논의 대를 이은 크리시프를 비롯해 중기 스토아학파에 해당하는 파나이티오스와 포세이도니아오스, 그리고 키케로, 폼페이우스, 마르쿠스 아우렐리우스 등이 그 맥을 이어 가게 되는 것이다.

스토아학파를 창시한 제논의 죽음은 참으로 희극적이다. 그는 어느 날 학원에서 걸어 나오다가 무엇엔가 걸려 손가락에 골절상을 입게 되는데, 이것이 자신의 죽음을 예고하는 것이라고 생각하고 스스로 목을 매어 자살을 한다. 그는 자살을 하기 전에 대지를 손으로 톡톡 두드리며 "대지여! 그대는 나를 원하는가? 나는 이미 준비가 되어 있네." 하고 말했다고 한다.

스토아학파의 시조 제논 말고도 "아킬레스는 거북이를 따라잡을 수 없다."는 명제로 잘 알려져 있는 엘레아학파의 제논이 있다. 엘레아학파의 제논은 변론의 천재 파르메니데스의 제자로 흔히 궤변론자의 대표자로 기억되고 있다. 이름이 같은 이유로 엘레아학파의 제논과 스토아학파의 제논을 혼돈하기 십상인데, 그들의 철학과 삶은 판이하게 달랐다는 것을 알아야 할 것이다.

포도주를 마시며 숨을 거둔 정원철학자

| | | | | | | | | | | | | | | | | | | | | | | | | | | |

에피쿠로스 Epikouros

정치를 지배하는 것은 칼이다

에피쿠로스는 오늘도 여전히 평소와 다름없이 정원을 거닐고 있다. 그가 정원을 거닐 때면 어김없이 그의 제자들이 뒤를 따랐다. 그리고 에피쿠로스와 제자들의 수업이 시작된다.

그들의 수업은 거의 대부분 정원에서 산책하는 도중에 이뤄졌다. 그들에게는 별도의 강당이 필요하지 않았다. 그들의 발이 닿는 곳은 모두 그들의 강당이었기 때문이다. 그래서 사람들은 그들을 '정원(garden)의 무리들'이라고 불렀다.

"선생님은 이 자연에 대해서 어떻게 생각하십니까?"

에피쿠로스를 따르던 제자 중에 하나가 물었다.

"자연?"

에피쿠로스는 그것이 마치 아주 생소한 단어라는 듯이 되물었다.

제자는 "예, 자연에 관해서 말해주십시오." 하고 말했다.

에피쿠로스는 제자의 그런 요청에 한참 동안 우뚝 서서 하늘을 우러러보고 있었다. 그리고 나서 한순간 돌발적으로 소리쳤다.

"담을 높이 쌓아야 해!"

그 소리에 제자들은 의아한 표정으로 스승을 쳐다보았다.

"선생님, 무슨 담을 높이 쌓아야 한다는 말입니까?"

제자 하나가 이렇게 묻자 에피쿠로스는 비장한 표정으로 그를 쳐다보며 말했다.

"자네는 이 자연이 사납다고 생각지 않나?"

에피쿠로스는 독백을 하듯 그렇게 묻고는 자신의 말을 계속 이었다.

"자연은 항상 적의에 가득 차 있다. 그래서 자연은 언제나 서로 죽고 죽이는 전쟁터일 뿐이다.

양은 풀을 뜯고, 맹수는 풀을 뜯는 양을 잡아먹는다. 그리고 독수리는 맹수가 잡아 놓은 양을 훔치기 위해 호시탐탐 기회를 엿보고 있다. 또한 사람은 그들 맹수를 잡아 배를 불리기를 원한다.

살아있는 모든 것들이 살아남기 위해 남을 죽인다. 죽이지 않고는 살아남을 수 없는 것이 자연의 속성인 것이다. 따라서 우리는 이 자연의 속성으로부터 도망치지 않으면 안 된다. 그리고 자연은 우리가 아무리 빨리 달아나더라도 금방 쫓아오고 말 것이다. 그 때문에 우리는 언제나 자연의 위협에 시달리게 된다. 그러한 위협으로부터 우리를 보호하기 위해 우리는 담을 쌓아야 하는 것이다. 그것도 가급적이면 높게 쌓아야 할 것이다."

에피쿠로스는 상기된 음성으로 소리치고 있었다. 숙연한 자세로 그의 말을 듣고 있던 제자 하나가 다시 물었다.

"선생님, 그러면 그 담은 무엇을 위한 것이며, 또 어떻게 쌓아야 하는 것입니까?"

에피쿠로스가 대답했다.

"우리가 쌓아야 할 담은 우리 개개인의 평정(平靜)을 보호하기 위한 담이다. 평정은 자연의 어떤 존재 속에도 존재하지 않고 오직 자기 자신 속에서만 찾을 수 있는 것이기 때문이다. 그리고 그 평정을 발전시키고 심화시킬 수 있는 것도 오직 자기 자신뿐이다.

자기의 평정을 지키기 위한 가장 적절한 방법은 자연에서 멀어지는 것뿐이다. 그리고 평정을 유지하고 있을 때 우리는 비로소 삶의 즐거움을 알게 된다. 우리 삶의 목적은 이 즐거움을 유지시키는 일이다."

제자가 다시 물었다.

"자연에서 멀어지려면 인간의 사회 속에 더욱 깊숙이 파고들어야 하지 않겠습니까?"

에피쿠로스가 대답했다.

"그렇지 않다. 인간의 사회는 자연의 속성을 극대화시켜 놓은 곳이기 때문이다. 따라서 사회 속에 깊숙이 파고드는 것은 자연의 사나운 속성에 더욱 익숙해지는 일일 뿐이다.

사자가 사자의 무리 속에서 더욱 사나워지듯이 인간은 인간의 사회 속에서 더욱 사나워질 수밖에 없기 때문이다. 그 사나운 곳에서 어떻게 마음의 평정을 얻을 수 있겠는가? 그곳에서 어떻게 평정을 통한 즐거움을 얻겠는가?"

다시 다른 제자가 나섰다.

"선생님, 그런 사나움을 통제하기 위해 정치가 있지 않습니까? 저는 사회를 동물의 세계처럼 죽고 죽이는 전쟁터가 되지 않도록 하기 위해서도 우리가 정치에 적극 가담해야 한다고 생각합니다."

제자의 그 말에 에피쿠로스는 고개를 가로저었다. 그리고 꾸짖듯이 제자에게 말했다.

"자네는 아직도 정치의 속성을 모르겠는가? 정치에 뛰어든 자들이 추구하는 것이 무엇인가? 그것은 바로 권력이다. 즉, 힘이다. 힘은 어디에서 나오는가? 힘은 칼에서 나온다. 따라서 정치를 지배하는 것은 칼이다. 칼에는 반드시 피가 묻기 마련이다. 피 묻은 칼을 들고 어떻게 마음의 평정을 찾을 수 있겠는가?"

흔히 우리는 에피쿠로스를 쾌락주의자로 알고 있다. 그리고 쾌락주의자라고 하면 먹고 마시기를 좋아하는 퇴폐적인 인간으로 생각하기 십상이다. 하지만 에피쿠로스는 그런 쾌락과는 담을 쌓은 인물이었다.

한때 사람들은 에피쿠로스주의자들이 '그대는 내일이면 죽을 것이다. 그러니 먹고 마시고 즐기라!'는 구호를 부르짖는 무리라고 비방한 적도 있다. 하지만 이것은 그들과 적대관계에 있던 스토아학파 사람들이 에피쿠로스주의자들을 모함하기 위해 지어낸 말임을 알아야 한다.

에피쿠로스는 오히려 염세주의자에 가까웠다. 그는 인생의 후반기를 줄곧 한적한 시골에 처박혀 있었다. 그리고 그곳의 정원에서 제자들과 담소하며 조용히 자신의 내면을 즐기는 것을 삶의 유일한 즐거움으로 생각하던 인물이었다.

에피쿠로스는 육체적 욕망을 철저하게 차단하며 살았다. 그는 진정한 즐거움이란 숱한 욕망에서 벗어나 자신의 정신을 평화로운 상태로 유지하는 일이라고 보았다. 스토아학파처럼 욕구를 억지로 절제하고 규칙과 제도로 행동반경을 한정짓는 그런 금욕주의적인 평화가 아니라 자신의 내면에서 우러나는 잔잔한 감동을 그대로 즐기며 평화를 만끽하는 것을 최고의 즐거움으로 보았던 것이다. 그리고 그 즐거움을 최고의 윤리적 가치라고 가르쳤다.

그런 그에게 자연은 사나운 전쟁터와 같았다. 서로 죽고 죽이지 않으면 살아남을 수 없는 곳이 바로 그에게 비친 자연이었기 때문이다. 또한 그는 인간 사회란 자연의 연장일 뿐 그 이상도 이하도 아니라고 보았다. 그리고 인간은 맹수까지도 지배할 정도의 강한 힘을 가진 동물로서 먹이사슬의 가장 위에 있는 존재이기 때문에, 인간 사회는 가장 사나운 전쟁터일 수밖에 없다고 결론지었다.

그의 이런 관점은 그를 점점 전원생활로 이끌었다. 사회에서 동떨어져 있는 것만이 자기 자신을 유지하는 유일한 방법이라고 판단했던 모양이다. 이 때문인지 그는 정치를 단호하게 거부했다. 정치는 항상 칼의 지배를 받기 마련이라고 생각했다. 그리고 칼이 있는 곳에는 언제나 피비린내가 따라다니기 마련이었다. 그는 피 묻은 칼로는 절대 마음의 평정을 찾을 수 없다고 단언했던 것이다.

에피쿠로스의 생애

에피쿠로스는 서기전 341년 1월에 이오니아의 사모스 섬에서 태어나 서기전 270년 71세를 일기로 세상을 떴다.

그는 아버지 네오클레스와 어머니 카이로스토라테 사이에서 이오니아의 사모스 섬에서 태어났다. 그의 부친은 원래 그리스 본토에 살았으나 그곳 경제 상황이 악화되자 사모스 섬으로 이주하였으며, 농업에 종사하고 있었다.

하지만 그의 부친은 단순한 농부가 아니었다. 그는 대대로 학자적 가풍을 이어온 집안 출신이었고, 그래서 사모스 섬에 도착하여 스스로 학교를 열어 자식들을 가르쳤다.

그 덕택에 에피쿠로스는 어린 시절 내내 전원생활을 만끽하며 학업에 열중할 수 있었다. 그의 학우들은 주변 농촌의 아이들과 자신의 동생들이었다. 그에게는 세 명의 형제가 있었는데, 형제들은 나중에 모두 에피쿠로스의 제자가 되었다.

에피쿠로스는 형제들 중에서 단연 돋보였다. 아버지는 그런 그의 탁월한 면모를 높이 평가하여 그를 이오니아(지금의 터키)로 유학을 보냈다.

이오니아의 타오스로 유학한 에피쿠로스는 데모크리토스학파에 속하는 나우시파네스라는 철학자에게서 학문을 배웠다. 그리고 거기서 데모크리토스의 유물론에 감명을 받았는데, 특히 원자론과 데모크리토스의 쾌락주의는 그의 철학 전반에 막대한 영향을 끼치게 된다.

데모크리토스는 대부분의 육체적 쾌락을 배격한 인물이다. 그는 인간이 감각적인 즐거움이나 욕망에 이끌리지 않고 조용히 자연의 전체적인 진행과 조화를 이루면서 사는 것을 쾌락으로 보았다.

에피쿠로스는 데모크리토스의 이런 관점을 받아들인다. 하지만 그는 자연 자체를 결코 평화로운 곳으로 보지 않았다. 그는 자연의 본성은 사나운 것이라고 했고, 따라서 인간은 그 자연의 본성으로부터 멀어져 자기 내면에 있는 평화를 유지하며 사는 것이 최고의 쾌락이라고 주장했다.

그는 이런 신념을 가지고 윤리학과 논리학, 자연학을 기술했다. 하지만 그의 길은 평탄하지 못했다. 그는 지나치게 병약한 몸이었기 때문에 항상 병에 시달려야 했고, 거기다가 사모스 섬으로 돌아온 이후에는 불온한 사상을 가졌다 하여 추방당해 망명생활을 해야 했다.

하지만 그의 제자들은 결코 그를 배반하지 않았다. 20대 청년 시절부터 꾸준히 제자들을 길러낸 덕분에 그는 30대 초반에 학원을 하나 열 수 있게 되었다. 그의 제자들이 그에게 아테네 교외에다 집과 정원을 마련해 주었는데, 그는 이 집에 '정원(Garden)'이라는 이름을 내걸고 학원을 열었던 것이다. 이 학원은 말 그대로 정원이었다. 에피쿠로스는 그곳에서 제자들과 함께 채소를 키우며 농사를 짓기도 했고, 또 정원을 거닐며 자신의 사상을 설파하기도 했다.

또한 그는 아주 검소하게 살았다. 그는 항상 채식을 했으며, 그것도 자기가 손수 기른 채소와 과일, 콩 등에다 빵과 물을 곁들인 것이 식탁에 올라오는 음식의 전부였다.

그는 이런 생활을 36년 동안 지속하였다. 그는 그곳에서 300여 권에 달하는 책을 집필했으며, 많은 제자를 길러냈다. 하지만 애석하게도 그가 남긴 책들은 거의 남아 있지 않다. 따라서 우리는 그가 남긴 글들 중 단편적인 것들만 겨우 찾아볼 수 있을 뿐이다.

그의 강의는 비단 제자들만 듣는 것이 아니었다. 제자들의 처와 주변 동네의 농부와 그들의 부인들, 그리고 노예들까지 모두 그의 수업을 들었다.

그의 강의는 아무 데서나 이뤄졌다. 그는 밭에서 일을 하다가 시간이 나면 그 자리에서 즉석강의를 하기도 했고, 산책 중일 때나 정원에 앉아 화단을 가꿀 때도 강의를 하곤 했다. 이 때문에 사람들은 그를 '정원 철학자'라고 불렀다.

그가 가르친 주요 내용은 즐거움에 관한 것이었다. 어떻게 하면 진정한 즐거움을 느끼며 살아갈 수 있는가 하는 것이 그의 주제였다.

윤리학, 정치학, 자연학, 논리학 등 모든 분야에서 그는 '삶의 즐거움'을 역설했다. 그것을 얻는 것이 모든 인간의 공통된 목표이자 윤리학의 목적이라고 가르쳤다.

후세 사람들은 이 때문에 그를 쾌락주의자라고 명명했다. 데모크리토스에서 시작된 이런 쾌락주의는 키레네학파의 아리스티포스를 거쳐 에피쿠로스에 이르러 집대성되고 로마 출신의 루크레티우스에 의해 대중화됐던 것이다.

그의 쾌락주의는 욕망을 철저하게 줄여 나가는 것을 목적 달성을 위한 수단으로 가르쳤다. 행복은 욕망을 줄여 갈 때 성취감이 높아지면서 찾아온다는 것이 그의 지론이었던 것이다.

하지만 이런 그의 사상은 후에 그를 시기하던 사람들에 의해 와전되고 만다. 그들을 질시하던 스토아학파 사람들은 에피쿠로스주의자를 퇴폐주의자로 몰아갔기 때문이다.

그러나 당시 아테네 사람들은 아무도 에피쿠로스를 퇴폐주의자로 생각하지 않았다. 그들은 오히려 에피쿠로스를 단정하고 예의바른 조용한 정원의 철학자라고 불렀다. 이 때문에 그가 죽었을 때 아테네시민들이 아주 슬퍼했다고 한다.

에피쿠로스는 71세를 일기로 세상을 떠났다. 그는 원래 병약한 상태였고, 만년에는 많은 병을 복합적으로 앓고 있었지만, 스스로의 끈질긴 노력과 검소한 생활 덕분에 그나마 장수할 수 있었다.

그는 죽기 전에 몇몇 지인들과 제자들에게 똑같은 내용의 편지를 보냈다고 한다. 그 편지에서 그는 자신이 오줌을 누지 못하는 고통에 시달리고 있으며, 항상 설사를 해대는 통에 어려움을 겪고 있다고 썼다. 그리고 편지의 말미에 '부디 나의 가르침을 계승해 달라'고 호소했다.

이런 내용의 편지를 친분이 있던 사람들에게 모두 보낸 후, 그는 죽음의 때가 임박했음을 알고 마지막으로 목욕을 한다. 깨끗한 몸으로 세상을 하직하겠다는 뜻이었을 것이다.

따뜻한 물에 앉아 목욕을 하면서 그는 손수 기른 포도로 빚은 포도주를 마신 후 기분 좋게 세상을 떠났다. 인생의 마지막 즐거움을 만끽하면서 그는 평소의 지론처럼 '아주 평온하고 조용히' 세상을 떠났던 것이다.

회의론을 주창한

| | | | | | | | | | | | | | | | | | | | | | | | | | | | | | | | |

피론 Pyrrhon

침묵은 최고의 덕(德)이다

티몬이라는 제자가 피론에게 따지듯이 말했다.

"선생님 오늘로 제가 선생님 곁에 온 지 10년이 되었습니다. 그런데 그동안 선생님은 제게 아무런 가르침도 주지 않았습니다. 도대체 언제까지 제게 아무것도 가르쳐 주지 않으실 작정이십니까?"

피론이 껄껄 웃으면서 대꾸했다.

"이놈아, 그동안 그렇게 반복해서 계속 가르쳤는데 또 무엇을 가르쳐 달라는 것이냐?"

이 말에 티몬은 펄쩍 뛰며 대들었다.

"예? 저를 계속 가르쳐 오셨다고요?"

티몬의 얼굴이 벌겋게 달아올랐다. 원래부터 성미가 급하고 따지기를 좋아하는 그였기에 무리도 아니었다.

"아니, 도대체 저한테 뭘 가르쳐 줬다고 그러십니까? 그동안 선생님은 제가 뭘 묻기만 하면 그저 웃기만 하시고 아무 말씀도 해 주시지 않았습니다."

그러자 피론은 여전히 웃음 띤 얼굴로 조용히 말했다.

"그 외에 또 무슨 가르침이 필요하더냐?"

피론은 침묵을 지킬 줄 아는 것만큼 값진 것은 없다고 가르치던 중이었다. 하지만 티몬은 그 말을 잘 알아듣지 못했다. 그래서 어리벙벙한 얼굴로 그저 스승을 멍하니 쳐다보고 있을 뿐이었다.

잠시 동안 그렇게 침묵이 흘렀다. 그리고 피론이 다시 말을 꺼냈다.

"좋다. 도대체 뭐가 알고 싶은지 한번 말해 보기나 해라."

피론이 달래듯이 그렇게 말하자 티몬은 상기된 얼굴로 질문을 던졌다.

"선생님께서는 신(神)이 있다고 생각하십니까?"

"신?"

"예. 우주를 지배하는 절대자 말입니다."

피론은 그 말을 듣고 잠시 생각에 잠겼다가 되물었다.

"만일 신이 있다면 형체가 있거나 없겠지?"

"예. 유형적이거나 또는 무형적이거나 둘 중에 하나겠지요."

"만일 신이 형체가 있다면, 그것은 다른 물체들과 마찬가지로 변하거나 사멸하겠지?"

"그렇겠지요."

"변하거나 사멸한다면 그것을 절대자라고 말할 수 있겠는가?"

"없습니다."

"그렇다면 신은 형체가 없는 것이란 이야긴데, 만약 신이 형체가 없다면 인간은 신을 찾아낼 수 있을까? 인간은 감각을 통해서 무엇이든 찾아내곤 하는데, 형체가 없는 것을 감각으로 찾아낼 수 있겠느냐는 말이다."

티몬은 이 물음에 한참 동안 고개를 갸웃거리다가 대답했다.

"찾아낼 수 없을 것 같습니다."

"찾아낼 수 없는 신을 섬길 수 있겠느냐?"

"없습니다."

"그러면 또 하나 더 물어보자. 신은 전지전능하거나 또는 능력에 한계가 있거나 둘 중에 하나겠지?"

"그렇겠지요."

"그러면 신이 전지전능하다고 먼저 가정해 보자. 신이 전지전능한데도 이 세상에는 여전히 악과 무지와 폭력이 그대로 난무하고 있으니, 비록 전지전능한 신이 존재한다고 해도 그것은 결코 완전히 선한 존재라고 할 수는 없겠지?"

"예."

"선하지 못한 존재를 신이라고 할 수 있을까?"

"없습니다."

"또 신의 능력이 한계가 있다고 가정해 보자. 만약 그것이 능력에 한계가 있는 존재라면 반드시 보다 월등한 힘을 가진 어떤 존재에 의해서 지배를 받겠지?"

"예."

"따라서 능력에 한계가 있는 존재를 신, 즉 절대자라고 할 수 있을까?"

"없습니다."

티몬은 고분고분 피론이 묻는 말에 대답을 하고 있긴 했지만 어딘가 속고 있는 듯한 기분이 들었다. 그래서 다시 물었다.

"그러면 선생님께서는 신이 없다고 생각하시는 겁니까?"

그 말에 피론은 빙긋이 웃으며 고개를 가로저었다.

"아니지. 신은 존재할 수도 있겠지. 하지만 나는 그것을 알아낼 수는 없어. 그러니 뭐라고 단정을 내릴 수는 없는 일이야. 그래서 침묵하려는 것이지. 모든 일에 자기의 자의적인 판단을 중지하고 침묵을 지킬 줄 아는 것이 현명한 사람의 도리 아니겠느냐. 침묵이 최선책이라는 뜻이야."

에피쿠로스와 제논이 서로의 견해 차이로 팽팽하게 대립하고 있을 때 피론은 전혀 다른 관점에서 그들 둘과 다른 가치관으로 제자들을 모으고 있었다. 에피쿠로스와 제논이 서로 다른 입장을 견지하고 있었지만, 그들이 공히 절대적인 존재를 인정한 것에 반하여 피론은 그들의 독단론과 대치되는 회의론을 펼쳤던 것이다.

'회의(懷疑)'라는 말의 철학적 의미는 인간의 인식을 통한 확신을 부인함과 동시에 절대적인 진리가 존재할 수 있다는 것을 의심한다는 뜻이다. 사람들은 이런 시각을 회의주의 또는 피론주의(Pyrrhoniasm)라고 불렀다. 그리고 그런 시각을 바탕으로 자신의 학문적 지론을 펼치는 사람들을 회의주의자 또는 피론주의자라고 말했다.

　피론주의자들도 근본적으로는 소크라테스의 사고에 근거하고 있다.

　'나는 아무것도 모른다. 그러나 나는 내가 아무것도 모른다는 그 사실만큼은 분명히 알고 있다.'

　소크라테스는 이런 말로 곧잘 자신의 논리를 펼쳐 나가곤 하였다. 즉, 확실하게 단정할 수 있는 그 무엇과, 절대적인 어떤 것에 대해 확언할 수 있는 근거는 전혀 없다는 것이다.

　이런 회의주의적 관점은 반드시 상대주의를 견지하기 마련이다. 소피스트들이 그랬던 것처럼 회의주의자들, 즉 피론주의자들은 하나같이 절대적인 진리와 절대적인 신과 절대적인 이데아 세계를 거부하고 상황과 개체에 따라 모든 것이 달라질 수 있다는 상대주의적 견해를 피력하였다. 따라서 피론주의자들에게 있어서 신은 단지 관념에 지나지 않았고, 플라톤의 이데아 역시 터무니없는 추론에 불과했다.

　피론주의자들은 감각적인 인간이 완전한 인식과 완전한 판단을 할 수 있다는 것을 부정하였기 때문에, 객관적 진리의 세계는 존재할 수 없다고 생각했다. 그들은 객관적 진리의 세계는 단지 추론의 세계일 뿐이며, 추론이라는 것은 사실 각자가 선호하는 바를 객관적인 것처럼 표현한 것일 뿐이라고 주장했다.

　때문에 그들에게 있어서는 관습이나 신념, 이데올로기, 신앙, 법률 같은 것들이 절대적인 의미를 갖지 못했다. 그들은 집단을 형성하고 있는 사람들이 공통적으로 품고 있는 신념도 아무 근거 없는 독단일 수 있다고 말했다. 또한 법률이나 관습 역시 실천적인 목적을 달성하기 위한 좋은 길잡이가 될지는 모르지만 결코 합리적으로 이뤄진 것은 아니라고 생각했다.

　피론주의자들의 이런 관점은 '판단을 중지하는 것이 가장 현명한 선택'이라는 사고를 낳는다. 또한 이런 사고는 '침묵만이 현명한 사람이 간직해야 할 최고의 덕' 이라는 명제로 이어진다.

피론은 이러한 사상의 창시자답게 결코 어떠한 저술도 남기지 않았다. 침묵이 회의론자의 진정한 태도라고 생각했던 것이다. 그 때문에 피론주의라는 말은 '극단적 회의주의' 를 지칭하는 말이 되고 말았다.

이 극단적 회의주의자 피론은 엘리스 출신이다. 하지만 그가 침묵을 강조한 덕분인지 그에 대한 기록들은 거의 전무하다. 그나마 그의 사상이 전해지고 있는 것도 그의 제자 티몬의 노력에 의한 것이다.

하지만 피론의 회의주의는 현실을 정확하게 꿰뚫어볼 수 있는 논리라는 측면에서 많은 추종자를 낳았다. 그들 가운데 대표적인 사람으로는 아테네 출신의 티몬(서기전 320~230년)을 필두로, 피타네 출신의 아르케실라오스(서기전 315~241년), 키레네 출신의 카르네아데스(서기전 213~129년), 크노수스 출신의 아이네시데모스(서기 100년경), 알렉산드리아 출신의 세크스투스 엠피리쿠스(서기 250년경) 등이다. 이들 가운데 티몬과 카르네아데스는 많은 저서를 통하여 피론주의를 더욱 심화시켰다.

신플라톤주의를 이끌어낸

플로티노스 Plotinos

플라톤은 그리스의 모세다

    헬레니즘 철학은 로마로 파고들면서 점차 기독교적 경향을 띠게 된다. 말하자면 그리스 철학과 헤브라이즘이 결합해 새로운 기독교 사상을 낳게 된다.

    철학의 이런 경향은 그리스 철학이 기독교로 유입되는 과정을 잘 설명하고 있는데, 특히 신플라톤주의로 분류되는 필론주의와 플로티노스주의는 그 대표적인 사례가 될 수 있다.

    로마 제정기에 이르러 기독교가 유입되면서부터 대부분의 그리스 철학파들이 소멸되고 있었던 것과는 반대로 신플라톤주의가 발전을 거듭할 수 있었던 것은 바로 이런 기독교적 경향 때문이었다.

    대개의 철학자들은 신플라톤주의의 창시자를 플로티노스라고 단정하고 있다. 하지만 신플라톤주의는 단순히 플로티노스가 독창적으로 개창한 것은 아니었다.

    플라톤의 사상을 면밀히 분석해 보면 피타고라스 사상과 소크라테스 사상이

유기적으로 잘 융합되어 있음을 발견할 수 있다. 신비주의적인 경향이 절제되어 있긴 하지만 종교적이고 공동체적인 형태는 피타고라스에게서 왔고, 합리적이고 인본적인 경향은 소크라테스에게서 온 것이기 때문이다.

플라톤이 모든 활동에 있어 피타고라스적인 것들을 먼저 발전시켜 나간 것과 마찬가지로 신플라톤주의자들 역시 먼저 신피타고라스주의를 내세웠다. 신피타고라스주의가 어디에서 어떻게 발생했는지는 분명치 않다. 그러나 대개의 학자들은 그것이 이탈리아에 남아 있던 피타고라스학파의 비밀결사에 의해서 이뤄졌을 것이라고 말하고 있다.

이들 비밀결사의 생활태도에는 금욕, 세상으로부터의 도피, 내세에 대한 희망, 점술, 주술 등이 기묘하게 얽혀 있다.

이러한 신비적 경향을 가진 비밀결사의 사상을 기독교와 연결한 사람은 알렉산드리아 출신의 필론(Philon, 서기전 25년~서기 40년)이다.

필론은 그리스 문화를 접하자 곧 스스로가 속해 있던 유태(또는 히브리)인의 사상과 그리스 사상의 융합을 시도한다. 필론의 기본적인 사상은 구약성서에 근거한 것이었고, 그의 학문은 그리스 철학을 향해 있었다. 필론은 그리스 철학을 연구하는 과정에서 아주 중대한 착오를 범하게 되는데, 그것은 그리스 철학자들이 이미 구약성서를 알고 있다고 자의적으로 판단한 것이다.

필론은 그런 착오를 바탕으로 플라톤의 책들을 읽었고, 그리고 결론적으로 이렇게 말한다.

"플라톤은 그리스의 모세다."

필론의 이런 단정은 후대 중세 기독교의 교부들이 '플라톤은 그리스어로 말하는 모세 같은 사람이며, 실제로 역사적인 모세의 사상에 따라 자신의 사상을 세웠다.'는 견해를 가지는 데 결정적인 단서를 제공하게 된다.

필론은 철학의 영역에 '창조'라는 개념을 끌어온다. 물론 이런 창조 개념은 유태교에서 온 것이다. 또한 그는 피타고라스의 '육체는 영혼의 무덤이다.'라는 사상도 함께 끌어들인다. 그리고 이 두 가지 사상을 교묘하게 하나로 엮는 데 성공한다.

그는 창조의 개념을 통하여 우주가 신에 의해 창조되었고, 인간 역시 신에 의해 창조되었다고 주장한다. 하지만 신에 의해 창조된 인간은 불완전하고 악에서 헤어날 수 없는 육체와 신적인 영역에 속해 있는 영혼으로 양분되어 있다. 따라서 인간은 이분화되어 이해될 수밖에 없고, 또 결코 인간은 완전히 신적인 영역으로 들어갈 수 없는 것처럼 보인다. 하지만 필론은 로고스라는 개념을 끌어들여 이런 한계를 극복한다.

로고스란 필론에게 있어서 신의 사도, 즉 천사나 정령으로 불리는 것으로 인간과 신을 이어주는 교량인 셈이다. 따라서 신은 로고스를 통해 인간에게 접근하고, 인간 역시 로고스를 통해 신에게 접근할 수 있게 됐다. 즉, 육체 속에 갇혀 있는 신의 영역인 영혼이 로고스를 통해 신과 서로 교감할 수 있게 됨으로서 인간도 신의 세계에 들어갈 수 있게 된 것이다.

그는 로고스를 인격적인 것도 아니고, 또 완전히 비인격적인 것도 아닌 중간자적인 것으로 규정한다. 그것은 때로는 인격적이고 때로는 신적이라는 것이다. 그리고 상황에 따라 신적인 역할을 하기도 하고 인간적인 역할을 하기도 한다. 말하자면 그것은 중개자다.

그러한 중개자적인 성향을 띤 로고스는 인간이 쓰는 말(언어)과 같은 것이다. 인간이 쓰는 말은, 소리라고 이해했을 때는 감각적인 것이고 이념으로 이해했을 때는 정신적인 것이다. 따라서 말은 순수하게 감각적인 것만도 아니고 순수하게 정신적인 것만도 아니다. 그것은 두 가지의 서로 다른 영역이 결합된 채로 나타나는 것이다. 이것이 언어와 로고스의 동질성이다.(신약성서 요한복음 1장 1절의 "태초에 로고스가 있었다."라는 대목의 "로고스"를 "말"이라고 번역한 이유도 여기에 있다.)

필론의 이런 견해는 이집트의 뤼코폴리스 출신의 철학자 플로티노스에게 수용되면서 더욱 신비적이고 종교적인 형태로 발전하게 된다.

플로티노스는 암모니오스 삭카스(242년에 죽었다는 기록만 있음)라는 플라톤주의자에게서 교육받았다. 그 후 플로티노스는 페르시아와 인도의 진리를 배우기 위해 고르디아누스 황제의 페르시아 원정에 따라가기도 했다.

페르시아 원정에서 돌아온 그는 244년에 로마에 가서 철학 학교를 열었다. 그는 엄격하고 금욕적이며 고고한 인품을 가진 사람이었다. 또한 그는 채식주의자였고, 혼인을 하지 않았으며, 많은 고아들을 양육하고 교육시켰다. 로마 사람들은 그런 그의 인품을 대단히 높게 평가했다.

플로티노스의 사상적 모체는 역시 플라톤이었다. 그의 플라톤주의는 철저했고, 다분히 종교적 경향을 띠었다. 플로티노스는 단순히 플라톤의 철학을 강의하는 데 그치지 않고, 그것을 생활 규범으로 삼아 살아갔던 것이다.

그의 생활 태도에 영향을 받은 로마의 갈리에누스 황제는 플라톤의 폴리테이아(국가)를 모범으로 삼은 새로운 도시를 건설하려는 계획을 짜기도 했다. 이것은 플로티노스에 대한 로마의 신임이 얼마나 두터웠는지를 증명하는 단적인 사례라 할 수 있다.

그는 50세가 넘은 다음에 비로소 저술을 하기 시작했는데, 그의 저서들은 제자인 포르피리오스에 의해 각각 9편의 논문이 실린 6권의 책으로 출간되었다.

출간된 책의 표지에는 '엔네아테스'라는 제목이 붙었는데, 이는 9라는 뜻의 '엔네아'에서 온 단어였다.

이 책에는 그의 사상이 온전히 담겨 있다. 비록 모순되는 부분이 없진 않지만 그는 플라톤 사상에 '유일한 존재' 즉 기독교적인 신을 도입하여 이른바 플로티노스주의를 탄생시켰다.

플로티노스주의는 페니키아 출신의 포르피리오스(233~305년)에 의해 보다 체계적으로 정리되어, 시리아 칼키스 출신의 얌블리코스(330년 사망), 비잔티움 출신의 프로클로스(412~485년)에게로 이어져 결국 중세 철학의 거두 아우구스티누스에게 전수되면서 기독교에 완전히 흡수되기에 이른다.

근대에 와서 학자들은 필론주의자들과 플로티노스주의자들을 한데 묶어 '신플라톤주의자'로 분류하였으며, 플라톤의 사상을 중세에도 그대로 살아남게 한 주인공이 바로 이들 신플라톤주의자라고 설명하고 있다.

'플라톤은 그리스의 모세다.'

이 한마디에 그들의 사상이 집약되어 있다.

제3부

동양의
불교 철학과
서양의
기독교 철학

7장

중국의 선(禪) 철학

달마에서 임제까지

■■ 깨달음의 철학으로 중국을 깨운 선불교

　불교는 인도에서 종교로 일어나 중국에 이르러 철학과 결합했다. 중국인들은 불교를 처음 대했을 때, 서방으로 떠난 노자가 불교를 창시한 뒤에 제자를 길러 중국으로 보냈다고 믿었다. 이 때문에 중국인들은 처음부터 불교를 배척하지 않았는데, 이는 불교와 노자의 사상이 그만큼 유사하다는 뜻이다. 특히 중국인들은 불교가 추구하는 깨달음을 노자가 설파했던 도(道)와 같은 것이라고 여겼다. 덕분에 불교는 저항을 받지 않고 중국 땅에 건너올 수 있었다. 하지만 중국 불교에는 고타마 싯다르타가 창시한 인도 불교와는 다소 다른 면이 있다. 그것은 마치 종교적인 히브리인들의 신앙이 학구적인 그리스인들의 철학을 만나 기독교로 재탄생한 것과 흡사하다.

　인도인이 종교적인 사람들이라면 중국인들은 학구적인 사람들이다. 때문에 고타마 싯다르타의 종교적 방황과 깨달음은 중국에 이르러 학문적 탐구와 철학적 지혜로 둔갑했다. 이렇게 볼 때 중국인들과 그리스인들은 닮은 점이 많다. 하지만 히브리인들과 인도인들은 극과 극이다. 히브리인들이 다른 어떤 신도 인정하지 않는 유일신을 창조해낸 전투적인 경향을 보였다면, 인도인들은 세상의 모든 신들을 포용하는 화합적인 자세를 취했다. 이는 근본적으로 척박한 땅을 개척하고 남의 영토를 침범해야만 했던 히브리인들과, 풍요로운 땅에서 그 풍요로움을 얻은 것에 대해 감사하던 인도인들의 환경적 차이에서 비롯되었을 것이다. 하지만 독단적인 히브리 신앙이 그리스 철학을 만나 합리성을 획득해 대중화된 것처럼, 포용력이 지나쳐 느슨하기까지 했던 인도 불교는 중국 철학을 만나 합리성을 획득해 대중화되었다.

　인도 카필라 왕국의 태자 출신인 고타마 싯다르타가 깨달음을 얻은 것은 서기전 531년이었다. 그는 네란자나 강변 우루베라 촌의 보리수 아래에서 깨달음을 얻고 두 명의 상인에게 처음으로 설법하여 그들을 감화시켰다. 그 뒤 싯다르타는 숱한 사람을 교화시켰고, 그것은 급기야 중국에 전래되기에 이르렀다.

　불교가 중국에 언제 전해졌는지는 분명하지 않지만, 불교가 중국인들에게 확산되기 시작한 것은 한나라 명제 때였다. 당시 불교는 노자 신앙이나 불로장생술의 하나로 간주됨으로서, 이른바 '도교적 불교'의 모습을 보였다. 하지만 위진남북조시대를 거치면서 더욱 정교하게 다듬어진 중국 불교는 점차 '철학적 불교'로 개화되었다. 그 뒤 구마라습과 같은 인도 승려들이 중국으로 찾아와 석가모니의 가르침을 한자로 번역하면서 불경은 점차 대중화되었고, 이는 다시 중국의 승려들이 법을 구하기 위해 인도로 찾아가는 현상을 낳았다.

　이후 중국 불교는 교종과 선종으로 양분되었다. 교종은 석가모니와 그 제자들의 가르침을 적은 경전을 중시하여 유식불교와 같은 학문적인 불교로 나아갔고, 선종은 말 그대로 깨달음을 중시하는 선(禪)불교가 되었다. 불교의 근원적 철학은 깨달음이기 때문에, 고타마 싯다르타가 진정으로 전하고자 했던 불교의 기반은 깨달음을 중시하는 선종이라 할 수 있다.

　중국 선종은 싯다르타로부터 28대 제자인 보리 달마가 중국으로 건너오면서 시작되었다. 그 뒤 중국의 선불교는 혜가, 승찬, 도신, 홍인을 거쳐 육조대사 혜능에 이르러 넓어지고 깊어졌다. 그리고 혜능 이후 중국 불교는 중흥기를 맞이했고, 혜충, 마조, 희천, 천연, 조주, 임제와 같은 걸출한 승려들이 나타나 중국을 불교의 중심지로 성장시켰다.

먼저 네 마음을 부숴라

달마 達磨

먼저 네 마음을 부숴라

　석가의 법을 이은 인도 승려 한 사람이 중국에 왔다는 소리를 듣고 위나라 황제가 그를 초청했다. 황제는 석가의 직계 제자를 직접 대면할 수 있다는 기대감에 부풀어 손수 나루터까지 가서 그를 마중했는데, 막상 그를 대면하자 실망이 앞섰다.

　황제는 석가의 직계 제자라는 그 인도 승려가 인물이 출중하고 덕이 충만한 인물일 것이라고 상상하고 있었지만, 막상 자신 앞에 나타난 그의 몰골은 완전히 딴판이었던 것이다.

　그는 칠 척 장신인 데다 체구가 집채 만했으며, 얼굴은 온통 수염으로 뒤덮여 간신히 눈만 드러내 놓고 있었다. 게다가 그의 몸에는 금방이라도 바람에 날려 갈 듯한 남루한 누더기가 걸쳐져 있었으며, 괴이하게도 그는 한쪽 신을 벗어 머리 위에 올려 놓고 주먹 만한 커다란 눈으로 자신을 내려다보았다.

　황제가 그를 보며 실망의 눈빛을 감추지 못하고 있을 때 그가 대뜸 이렇게 말했다.

"눈치를 살피지 마십시오. 묻고 싶은 것이 있거든 거리낌 없이 물어 보십시오. 나는 이미 당신의 머릿속에 있습니다."

이 말에 황제는 순간적으로 위압감을 느꼈다. 마치 금방이라도 그가 자신의 머리통을 후려칠 것만 같은 두려움이 솟구쳤다.

"당신은 왜 발에 신고 다녀야 할 신발을 머리에 이고 다닙니까?"

황제는 속에 일고 있던 의문을 기계적으로 뱉어냈다.

"사물을 제대로 파악하라는 뜻입니다."

"사물을 제대로 파악하라고 신발을 머리 위에 올려 놓는다?"

황제는 스스로 그렇게 되물었지만 그의 기이한 행동을 이해할 수 없었다. 그리고 그가 자신을 농락하고 있는 것 같아 은근히 부아가 치밀었다. 그렇지만 자신의 그런 내면을 애써 감추며 말을 가다듬었다.

"사물을 제대로 파악하려면 당신처럼 그렇게 신발을 머리에 이고 다녀야 한다는 말입니까?"

황제가 이렇게 묻자 그 인도 승려는 커다란 눈을 껌벅이며 빙긋이 웃었다. 그리고 아주 부드러운 음성으로 속삭이듯이 설파하기 시작했다.

"나는 불합리한 사람입니다. 그리고 내가 이처럼 머리에 신발을 이고 있는 것은 내가 비논리적인 인간임을 황제께 가르쳐 주기 위함이었습니다. 이는 곧 황제의 경직된 마음을 깨뜨리기 위한 것이지요. 자신의 마음을 깨뜨리지 않고는 아무도 자신이 누구인지 알 수 없기 때문입니다. 당신은 나를 보자마자 그것을 깨달아야 했습니다. 그런 다음에 비로소 나를 받아들일 것인지, 아니면 내쫓을 것인지를 결정해야 하는 것입니다."

그 인도 승려는 그렇게 잘라 말하고는 돌아서 가버렸다. 그는 상대방에게 전혀 여유를 주지 않았다. 그 때문에 황제는 당황하여 멍하니 그의 뒷모습을 바라보고 있다가 그가 시야에서 완전히 사라졌을 때에야 비로소 퍼뜩 정신을 차렸다. 그리고 큰 소리로 그를 향해 외쳤다.

"당신은 어디로 가는 겁니까!"

그러나 아무 대답도 들려 오지 않았다. 다만 무심한 메아리만 계속해서 자신을 향해 질문을 반복하고 있었다.

"당신은 어디로 가는 겁니까?"

황제를 말 한마디로 눌러 놓고 초연히 광야로 사라진 그 사람이 바로 석가의 법맥을 이은 28대 존자 보리 달마이다.

그는 황제를 만나는 순간 이미 행동으로 할 말을 다했지만, 황제는 그의 화두를 알아듣지 못했다. 발에 신고 다니는 신발을 머리에 이고 있는 달마의 모습을 보고 황제는 곧장 그 의미를 알아차렸어야 했다. 달마는 바로 그런 제자를 찾고 있었던 것이다.

"마음을 부숴버리지 않으면 자신을 보지 못한다."

달마의 첫 번째 가르침이었다. 그 가르침을 위해 보인 엉뚱한 행동, 그것은 곧 달마의 그물이다. 그 그물에는 아무 고기나 잡히는 것이 아니다. 그물의 뜻을 알고 스스로 찾아든 고기. 이것이 달마가 잡을 고기의 이름이다.

이 고기를 잡기 위해 달마는 숭산의 토굴 속에 자신을 앉혀 놓고 다시 그물을 치고 있었다. 무려 9년 동안이나 말이다.

그 마음을 가져와 봐라

달마는 위나라 황제를 만난 후 제자를 찾아다니는 것을 포기하고 숭산으로 들어가 버렸다. 그리고 그곳에서 벽을 쳐다보며 수행을 하고 있었다.

그의 면벽수행이 거듭될수록 이 사실은 중국 전역에 알려졌고, 많은 수행자들이 그를 찾아 가르침을 얻고자 했다. 하지만 달마는 어느 누구의 물음에도 고개조차 돌리지 않았다.

그러던 어느 날이었다. 숭산에는 폭설이 쏟아졌고, 달마의 토굴에도 눈보라가 몰아치고 있었다. 하지만 그는 개의치 않았다. 그에게 있어서 추위는 단지 더위를 예고하는 자연의 징후에 불과했고, 바람은 고요의 또 다른 모습일 뿐 그 이상의 의미는 없었기 때문이다.

하지만 달마는 한순간 묘한 긴장감에 사로잡혀야 했다. 9년 동안의 면벽 기간 동안 단 한 번도 그런 느낌을 가진 적은 없었다. 누군가가 토굴 속으로 들어와 있는 것만은 분명한데, 등 뒤에서는 아무 소리도 들리지 않았기 때문이다. 그리고 토굴 속에는 한동안 무거운 침묵만 계속되었다. 그 혹한의 눈보라를 무릅쓰고 산중으로 찾아들었다는 것은 죽음을 각오하고 자신을 찾아왔다는 의미였다. 하지만 그는 아무 말도 하지 않고 그저 자신의 등 뒤에 서 있기만 하였다.

달마는 시간이 지날수록 서서히 흥분되고 있었다. 그리고 지금까지 자신을 흥분시켰던 사람이 아무도 없었다는 것을 깨닫는 순간 입을 열었다.

"그대는 등 뒤에 서서 무엇을 구하고 있는가?"

마침내 침묵은 깨졌다. 달마는 자신이 먼저 침묵의 끈을 잘랐다는 사실에 스스로 놀라고 있었다. 그의 마음이 상대의 침묵으로 인해 움직인 것이다. 참으로 얼마 만에 내뱉은 말인지 그 자신도 헤아리지 못했다.

"정법을 가르쳐 주십시오."

상대의 음성은 애절했다. 마치 배고픈 거지가 밥을 구하고 있는 듯한 느낌이었다. 그 때문에 달마는 약간 실망스러웠다. 그리고 순간적으로 침묵을 깬 것을 후회했다. 하지만 이미 엎질러진 물이었다.

"그따위 나약한 정신으로 어떻게 정법을 얻겠다는 것인가?"

달마는 냉담했다.

그 말이 채 끝나기도 전에 등 뒤에서 짤막하면서도 절제된 신음소리가 들렸다. 그리고 동시에 토굴 속은 온통 피비린내에 휩싸였다. 달마는 반사적으로 고개를 돌렸다. 꼭 9년 만에 처음으로 뒤를 돌아보았던 것이다.

한 사나이가 달마의 시야에 들어왔다. 그의 팔에서는 선혈이 뚝뚝 떨어지고 있었다. 그리고 핏덩어리가 된 그의 팔 한쪽이 눈밭에 나뒹굴고 있었다.

"제 마음이 불안으로 가득 차 있습니다. 스님, 이 불안을 어떻게 하면 좋겠습니까?"

사나이는 고통을 참아내며 가까스로 말을 이었다. 그리고 애원하는 눈초리로 달마를 쳐다보고 있었다.

"이놈 봐라."

달마는 자신이 면벽수행을 중단한 것도 잊고 그의 물음에 응수했다.

"그래? 그렇다면 어디 그 마음을 가져와 봐라. 내가 편하게 해 주마."

달마는 여전히 냉정한 태도로 말했다. 이 말에 사나이는 당황한 기색을 감추지 못하고 더듬거리며 대답했다.

"마음을 찾을 수가 있어야지요."

"그러면 됐다. 이제 마음이 편안하냐?"

달마가 빙그레 웃었다. 그때서야 사나이는 달마의 가르침을 알아듣고 넙죽 절을 하였다.

달마는 그를 제자로 받아들이고 혜가(慧可), 즉 지혜의 교감이 가능하다는 뜻의 이름을 지어 주었다.

자신의 팔 한쪽을 잘라내고 달마의 가르침을 얻은 사람, 그리고 팔을 잘라낸 그의 행동을 기꺼워하며 제자로 받아들인 달마. 이들의 행동에서 깨달음이 얼마나 냉혹한 고통과 인내를 요구하는지를 알 수 있다. 그러나 깨달음은 단지 고통과 인내만으로는 얻을 수 없는 것이다. 그것보다 더 중요한 것은 깨달음을 수용할 수 있는 지혜다. 달마는 바로 그에게 이 지혜를 시험하고 있었던 것이다.

팔 한쪽을 내놓고 달마의 제자가 된 그는 신광이라는 학승이었다. 그는 온갖 분야의 서적을 두루 섭렵했으나 도저히 머리가 맑아지는 것을 체험하지 못했고, 그래서 마지막으로 달마를 찾아온 터였다. 그리고 만약 달마에게서조차 마음의 평정을 얻지 못한다면 그는 필시 목숨을 끊었을 것이다.

달마는 바로 목숨과 깨달음을 맞바꿀 수 있는 정신력을 가진 사람을 찾고 있었다. 그리고 그 사람을 찾았을 때 달마는 비로소 면벽수행을 끝내고 웃을 수 있었다.

그러면 도대체 신광은 달마의 말에서 무엇을 깨달았을까?

"불안한 마음을 내게 가져와 봐라."

달마의 이 말이 신광이 잘라낸 한쪽 팔에 대한 유일한 보상이었다.

"마음을 가져오라."

하지만 신광의 말대로 마음은 찾을 수 없는 것이 아닌가. 그렇다면 마음을 찾을 수 없는데 어떻게 불안하다는 것을 알 수 있겠는가?

그렇다. 마음이 불안하다는 것은 단지 마음이 불안하다고 생각하고 있는 것일 뿐이다. 원래의 마음은 그저 아무것도 없이 비어 있으나 우리의 생각이 불안을 만들어 그 속을 불안으로 가득 메우는 것이다.

"이제 마음이 편안하냐?"

달마가 고기를 잡았으니.

얻은 것들을 내놔라

죽음이 임박했음을 깨달은 달마가 제자들을 모두 불러 놓고 마지막 가르침을 주었다.

"너희와 인연을 맺은 지도 제법 됐으니 이제 새로운 인연을 따라 떠나야 할 때가 된 것 같구나. 그러니 너희는 내게 와서 그동안 얻은 것들을 한번 내놔 봐라."

달마의 얼굴은 평소와 다름없이 무덤덤했다. 제자들은 그런 스승을 대할 때마다 항상 거대한 산과 마주앉은 듯한 느낌에 사로잡히곤 하였다.

그런데 갑자기 스승이 자신들의 곁을 떠나겠다며 그간 배운 것들을 풀어내보라고 요구하고 있다. 제자들은 이것이 마지막 시험임을 간파하고 있었다. 그리고 이 마지막 시험을 통해 그의 후계자가 결정되리라는 것도 알고 있었다.

"문자에 집착하지 않아야 합니다."

먼저 도부라는 제자가 대답했다.

그러자 달마는 고개를 가볍게 끄덕이며 "껍데기는 되겠구먼." 이라고 하면서 다른 제자들을 둘러보았다.

"아촉불(동방에 있는 부처)을 한 번만 보고 다시는 보지 않아야 됩니다."

이번에는 총지라는 여제자가 나섰다.

달마는 그 대답에도 고개를 끄덕이며 "그래, 살갗은 건드린 셈이야." 하고 말했다.

"몸을 이루는 4대 요소(흔히 물, 불, 흙, 바람을 일컫는다.)는 본래 텅 비어 있는 것이므로 감각기관도 의식도 아무것도 아닙니다. 그래서 제가 알았다는 것조차 아무것도 아닌 것입니다."

세 번째는 도육이라는 제자였다.

도육의 말을 듣고 달마는 "뼈대만 있고 살이 없어."라고 하면서 혜가를 처다보았다.

이미 대답한 세 제자는 혜가의 대답을 가슴 조이며 기다렸다. 어떤 대답이 나오는가에 따라 수제자가 결정된다고 생각했기 때문이다. 하지만 혜가는 아무런 대답도 하지 않고 묵묵히 일어나더니 조심스럽게 달마 앞으로 다가가 절을 하였다. 그리고 제자리에 잠자코 서 있었다.

그때서야 달마는 큰 소리로 웃었다. 그리고 자신의 골수를 얻을 자격이 있다고 말하면서 혜가에게 자기가 걸쳤던 옷을 벗어주었다. 정법을 맡긴다는 징표였다.

"내게서 얻은 것들을 내놔 봐라."

지금 당신의 스승이 당신에게 이렇게 요구한다면 당신은 어떤 행동을 취할 것인가? 달마가 혜가에게 정법을 맡긴 이유를 생각하기 전에 우리는 먼저 자신에게 이 물음을 던져 보아야 할 것이다.

깨달음은 말이 아니며, 다른 이의 깨달음을 말로 반복하는 것 역시 깨달음이 아니다. 진정한 깨달음은 자기 속에 내재되어 있어야 한다. 그것은 또한 자신만의 표현과 행동으로 승화될 때 자기 것이 되는 것이다. 자신으로 육화된 깨달음, 그것만이 진정한 깨달음이다.

달마는 그 경지를 요구하고 있었다.

"얻은 것을 이제 다시 내놔 봐라."

보리 달마(菩提達磨)에 관한 이야기는 도선(道宣, 596~667년)의 『속고승전(續高僧傳)』16권 습선편(習禪編)의 「보리달마전」에 전해지고 있다. 도선은 이 책을 편찬할 때 양현지(楊衒之)의 『낙양가람기(洛陽伽藍記)』(547년)와 달마의 설법집인 『이입사행론(二入四行論)』에 대한 달마의 제자 담림(曇琳)의 서문을 참조했다고 밝혔다.

이 책에 따르면 달마는 남인도 바라문 가문의 왕자로 태어나 반야다라로부터 석가의 법맥을 이었으며, 중국 남북조시대에 해외 포교를 위해 남중국에 도착하여 숭산 소림사에서 9년간 면벽한 후 제자 혜가에게 법을 전수한 것으로 되어 있다. 그가 남중국에 도착한 시기에 대해서는 몇 가지 설이 제시되고 있는데 대체로 520년설이 유력한 것으로 알려져 있으며, 그 외에도 486년설, 526년설, 527년설 등이 있다.

달마는 진리를 자각하는 실천법으로 벽관(壁觀, 벽을 향해 좌선하는 것)이라는 독자적 방법을 택했다. 하지만 이 실천법은 달마가 제자를 받아들이기 위한 방편이었을 뿐 궁극적인 가르침은 아니었던 것으로 파악된다. 달마는 여러 명의 제자를 두었는데, 이들에게 강론을 통해 "선"을 가르친 흔적이 남아 있기 때문이다.

달마의 제자들에 관한 기록 중에 『역대법보기(歷代法寶記)』(774년)에 따르면 혜가(慧可), 도육(道育), 비구니 총지(尼總持)가 각각 달마의 법을 이었다고 전하고 있으며, 『보림전(寶林傳)』(801년)에는 도부[道副, 편두부(偏頭副)로 기록되기도 했다.]까지 네 명으로 기록되어 있다. 하지만 담림의 『이입사행론』에서는 혜가와 도육 두 사람의 이름만 전하고 있는 것으로 봐서 이들 두 사람이 가장 확실한 득법자임을 알 수 있다.

하지만 달마의 구체적인 삶에 대한 기록은 거의 전무하다. 또한 그의 최후에 대해서도 정확한 기록이 없다. 다만 도선이 『속고승전』의 「혜가전」에서 달마가 낙빈(洛濱)에서 입적하였고, 혜가가 그 유해를 강변에 묻었다는 기록을 남기고 있을 뿐이다. 따라서 달마에 관한 기록들을 종합해 보건대 그는 낙양의 영녕사(榮寧寺)가 완성된 516년부터 혜가가 업도(業道)로 향한 534년 이전에 입적한 것으로 볼 수 있다.

그런데 『보림전』의 『전법보기(傳法寶紀)』에서는 송운(宋雲)이 파미르 고원에서 서천(西天)으로 돌아가는 달마와 마주쳤다는 이야기도 전하고 있고, 다른 기록에서는 그의 죽음을 후위(後魏)의 대화 19년(536년) 12월 8일로 정하고 소명(昭明)태자가 제문을 짓고 양무제(梁武帝)가 비문을 지었다는 이야기도 있다. 하지만 이 기록은 9세기 초 선종 계통의 불교인들이 꾸민 흔적이 많아 역사적인 사실로 인정하기는 힘들다.

홍인 弘忍

네 성이 뭐꼬

도신이 길을 가다가 큰 나무 그늘 아래에서 땀을 식히고 있었다. 그곳에는 이미 근동의 아이들이 왁자지껄 떠들며 놀고 있었는데, 도신은 그다지 눈 둘 곳도 없고 해서 무심코 아이들이 노는 모습에 한눈을 팔고 있었다. 그런데 아이들 무리 속에 유독 그의 시선을 잡아채는 얼굴이 있었다.

일곱 살 남짓 되어 보이는 한 아이의 천진난만한 얼굴에 언뜻언뜻 스쳐가는 묘한 기풍이 도신의 호기심을 자극하고 있었던 것이다.

"거참 요상타. 어떻게 어린아이의 얼굴에서 다 늙은 노인이 느껴지는지 모르겠군."

도신은 그런 말들을 혼자 중얼거리다가 자신도 모르게 슬그머니 그 아이 곁으로 다가갔다.

"애야, 네 성이 무엇이냐?"

도신이 아이 앞에 쪼그리고 앉아 그렇게 묻자 아이는 커다란 눈을 깜박이며 대답했다.

"성이 있긴 한데 함부로 입에 올릴 수 없는 귀한 성입니다."

아이의 얼굴에 웃음이 흘렀다. 그 웃음은 마치 도신의 속을 훤히 들여다보고 있는 것 같았다. 그 순간 도신은 섬뜩한 느낌이 들었다.

"이놈이 나와 말장난을 하자는데?"

도신은 아이에게 좀 더 바싹 다가앉으며 다시 물었다.

"그래, 그 귀한 성이 무엇이냐?"

"불성입니다."

아이는 얼굴에 웃음을 가득 물고 서슴없이 대답했다.

도신은 자신의 귀를 의심했다. 불성(佛性)이라? 어디서 그런 소리를 주워들었을꼬. 설마 그 뜻을 알고 하는 말은 아니겠지.

"성이 없다는 말이냐?"

도신이 확인하는 투로 또 물었다. 그런데 아이는 전혀 뜻밖의 대답을 하였다.

"성이란 원래 공(空)한 것이죠."

아뿔싸! 도신은 머리를 한 대 얻어맞은 것 같았다. 자신은 성(姓)씨를 물었는데 아이는 사물의 본성을 말하고 있었던 것이다.

이 아이가 정녕 부처의 종자란 말인가?

"너는 그런 말을 누구에게서 들었느냐?"

도신은 믿을 수 없다는 생각으로 다시 한 번 확인을 하였다. 혹 어른들이 하는 소리를 앵무새처럼 내뱉은 것인지도 모르기 때문이다.

"저절로 아는 것이 불성이죠."

기가 막혔다.

도신은 아이의 손목을 붙잡았다. 그리고 다시 한 번 아이의 얼굴을 자세히 뜯어보았다. 과연 재목이 될 상이었다.

도신은 그 길로 아이의 집으로 내달았다. 출가 이후 그의 마음을 이렇게 흥분시킨 일은 없었던 것이다.

"이 아이를 내게 맡겨 보지 않겠습니까?"

도신은 아이의 부모를 보자마자 대뜸 이렇게 말했다.

그들의 얼굴이 붉게 달아올랐다. 얼굴도 모르는 늙은 중이 난데없이 들이닥쳐 귀한 아들을 달라고 했으니 당연한 일이었다.

"이런 미친놈의 중이 남의 집안을 망하게 하려고 작정을 했나!"

아이의 아버지는 붉게 상기된 얼굴로 고함을 지르며 도신을 밖으로 내몰았다.

쫓겨난 도신은 터벅터벅 다시 길을 갔다.

"인연이 있으면 찾아오겠지."

도신은 한숨을 길게 토해내며 자신을 위로하고 있었다. 그런데 그가 막 그 마을을 벗어나 산길로 접어드는 순간 한 아이가 느닷없이 그의 길을 가로막았다.

"너, 너로구나."

도신의 얼굴에 웃음꽃이 활짝 피었다.

"여기 숨어서 한참 동안 스님을 기다렸어요."

도신은 아이의 손목을 덥석 잡았다. 그리고 도망치듯이 걸음을 재촉하기 시작했다.

일곱 살에 늙은 도신을 따라 출가한 아이는 홍인이었다. 도대체 그 어린 가슴속에 무엇이 들어 있었기에 출가를 결심했을까? 그리고 도신은 그 어린아이의 얼굴에서 무엇을 보았을까?

인간이든 사물이든 본성은 모두 동일하다. 아이는 이 진리를 깨닫고 있었다. 도대체 무엇이 일곱 살 먹은 아이로 하여금 그 이치를 깨닫게 했을까?

하긴 자연의 본성은 어린아이와 같다고 했다. 그러나 어린아이는 스스로 자연과 너무 닮은 탓으로 그 이치를 알지 못하는 것이 아니겠는가.

"모든 것은 공(空)하다."

일곱 살짜리의 깨달음이다. 경이로운 일이다. 하지만 깨달음에 나이가 있을 수는 없다.

도신은 아이의 행동에서 그런 깨달음을 얻었을 것이다. 노승과 어린아이, 전혀 통할 것 같지 않으면서 일치되는 부분이 있다. 그렇다. 도신은 아이에게서 자신의 얼굴을 발견했던 것이다.

"모든 것은 공하다."

하지만 우리에게는 이 말이 너무 어려울지 모른다. 왜냐하면 우리는 모두 구체적이고 논리적인 설명에만 익숙해져 있기 때문이다.

당신은 공이 무엇이라고 생각하는가? 그리고 또 공과 무(無)의 차이는 무엇이라고 보는가?

언젠가 내게 이런 질문을 한 사람이 있었다. 그때 나는 이렇게 대답해 주었다.

"공은 경험된 무다."

하지만 이 말 역시 너무 어렵다고 했다. 그래서 다른 비유를 덧붙였다.

당신에게 지금 바람 빠진 축구공이 하나 있다고 치자. 그리고 당신은 그 공으로 축구를 하려고 한다. 과연 가능한 일인가? 물론 가능하지 않은 일이다. 그렇다면 그 공으로 축구를 하려면 어떻게 해야 할까? 당연히 공에 바람을 넣으면 된다.

무와 공은 바로 바람 빠진 축구공과 바람이 가득한 축구공의 관계와 같다고 할 수 있다. 즉, 바람이 빠진 공은 그 속이 비어 있지 않아 제 구실을 못하지만 바람이 가득한 공은 그 속이 크게 비어 있음으로 오히려 제 구실을 할 수 있기 때문이다.

물론 이 관계는 물리학적인 설명이 아니라는 전제 하에서만 가능하다. 말하자면 축구공과 바람의 관계를 관념적으로 이해해야 한다는 뜻이다.

"공은 자연에 의해 경험된 무다?"

어떤 일에든 섣부른 단정을 내리는 것은 위험하다. 따라서 이와 같은 허술한 단정 역시 위험한 일이 아닐 수 없다. 제발 잊어주기 바라노니.

"네 성이 뭐꼬?"

도신(道信)은 당나라 때의 승려로 580년에 태어나서 651년에 죽은 것으로 기록되어 있다. 그는 달마, 혜가, 승찬에 이어 중국 선종의 제4대 조사로 당태종이 그의 명성을 듣고 누차 만나기를 청하였으나 끝내 거절한 인물이기도 하다.

열네 살에 일개 사미승으로서 승찬을 만나 깨달음을 얻고, 중국 선종의 4대 조사가 된 도신, 그 역시 달마와 마찬가지로 황제와 천민을 같은 위치에 놓았던 인간 평등주의자였다. 만물의 근본이 동일하므로 인간에게 차별이 있을 수 없고, 또한 깨달음에 귀천이 있을 수 없기 때문이다.

일곱 살 먹은 어린 홍인을 보고 한눈에 재목감임을 알아본 그의 통찰력은 바로 이런 깨달음에서 비롯된 것이다. 아이든 어른이든 진리 앞에서는 하나이며, 높고 낮음이 없다는 뜻이다.

노승과 나무꾼

도신이 죽은 다음 홍인이 황매산 동쪽 쌍봉에 동산사를 짓고 그곳에 머물게 되자, 그의 가르침을 받기 위해 많은 승려들이 모여들어 참선 수행에 열을 올렸다. 달마로부터 혜가를 거쳐 승찬에 이르기까지 수행하는 방법은 기껏해야 혼자서 참선을 하거나 법복 한 벌 걸치고 발우를 목줄 삼아 인연을 따라 떠도는 것이 전부였지만 도신과 홍인 대에 이르면서 무리를 지어 집단적으로 참선 수행을 하는 기풍이 정착되고 있었다.

그렇게 20년이 흘러갔다. 그리고 홍인의 가르침을 구하고자 하는 사람들의 수도 날로 불어 700명을 웃돌게 되었다.

그러던 어느 날 홍인이 머물던 조사당 앞에서 웬 땔나무꾼 하나가 소란을 피우고 있었다.

"밖이 왜 이렇게 소란스러우냐?"

홍인이 시중을 들고 있던 제자에게 물었다.

"웬 땔나무꾼이 찾아와 스님 뵙기를 청하고 있습니다."

"그래? 그러면 가서 데려오너라."

홍인은 필시 곡절이 있을 것이라 생각하고 그 땔나무꾼을 데려오라고 하였다. 사실 700명이 넘는 문하생들이 버티고 있는데 외부인이 홍인을 개인적으로 만난다는 것은 쉽지 않은 일이었다. 더군다나 일개 나무꾼이 대조사를 알현하겠다고 생떼를 쓰니 제자들이 저지하는 것도 무리는 아니었다. 하지만 홍인은 격식보다도 만남이 중요하다고 생각하고 있었기에 그를 데려오라고 한 것이다.

제자가 땔나무꾼을 데려오자 홍인이 대뜸 물었다.

"어디 사는 누군고?"

"영남에서 온 땔나무꾼이온데, 노가라고 합니다."

"무엇 때문에 나를 보자고 했는고?"

"부처가 되는 법을 알고 싶어서 찾아왔습니다."

이 말에 홍인이 큰 소리로 웃으며 말했다.

"미친놈, 너 같은 남쪽 오랑캐 녀석이 어떻게 부처가 될 수 있겠느냐?"

홍인은 그의 반응을 살폈다. 하지만 땔나무꾼은 기가 죽지 않았다. 오히려 자신을 가르치는 말투로 되받았다.

"사람이야 남북이 있겠지만 불성에 어찌 남북이 있겠습니까?"

"호, 이놈 봐라."

오랜만에 재목감이 하나 굴러들어온 것이다. 그렇지만 속단하긴 일렀다.

"이놈아, 누가 너한테 말장난을 하라고 했더냐? 시건방 떨지 말고 가서 나무나 베어라."

괜히 호기를 부리고 있는지도 모른다는 생각에 홍인은 다시 한 번 그를 시험하고 있었다. 하지만 그는 물러서지 않았다.

"지금 나무를 베고 있는데 또 무슨 나무를 베라고 하십니까?"

"옳거니. 제대로 찾아들었구나."

홍인은 기뻤다. 하지만 내색하지는 않았다. 제자들의 눈이 너무 많아 시기심을 유발할 위험도 있었고, 아직 제대로 닦지도 못한 보물이 섣불리 빛을 발할까 염려되기도 했기 때문이다.

"이놈을 후원 방앗간에 데려가 죽도록 방아나 찧게 해라!"

홍인은 화난 듯이 소리를 버럭 질렀다. 하지만 땔나무꾼은 절을 넙죽하고 순순히 방앗간으로 향해 갔다. 성큼성큼 방앗간으로 걸어가는 그를 보면서 홍인은 고개를 끄덕이고 있었다.

그 땔나무꾼은 글자도 모르는 무지렁이였다. 하지만 깨침에 무슨 문자가 필요한가? 지식도 자연의 이치에 비하면 백사장의 모래 한 알에 불과한 것. 불립문자(不立文字)라 하지 않았던가.

사람이야 높고 낮음이 있겠지만 어찌 불성에 존귀가 있겠는가? 무지렁이 나무꾼의 이 칼날 같은 꾸짖음에 홍인은 반해 버렸다. 감히 700여 명의 제자를 거느리며 당대 제일의 선사로 추앙받고 있던 자신에게 서슴없이 그런 말을 할 수 있는 기백에 노승은 감탄하고 있었던 것이다.

보물은 아끼라고 하였다. 보물을 지나치게 자랑하면 반드시 도둑을 맞는 것이 인간사의 이치 아니겠는가. 그래서 홍인은 그 나무꾼을 후원의 방앗간에 숨겨 놓기로 했다. 그리고 그를 지켜보는 눈들이 완전히 사라졌을 때 재빠르게 그곳으로 달려가 보물을 닦을 작정이었다.

"가서 방아나 찧으라고?"

벼는 익었느냐

어느 날 홍인이 제자들을 모두 불러 놓고 말했다.

"자신의 깨친 바를 시로 지어 내게 보여라. 너희가 낸 시를 보고 후계를 결정하겠다."

하지만 홍인이 이 말을 하고 난 뒤에 아무도 시를 제출하지 않았다. 제자들 사이에서는 수제자인 신수가 홍인을 이어 6대 조사가 되어야 한다는 견해가 지배적이었기 때문이다.

드디어 신수가 시를 지었다. 그는 자신의 시를 직접 홍인에게 보이지 못하고 밤에 몰래 조사당 담벼락에 써 놓았다.

몸은 보리수요 마음은 거울이니
부지런히 갈고 닦아 먼지 끼지 않게 하라.

홍인은 이 시를 쳐다보고 고개를 가로저었다. 그리고 신수를 불렀다.

"뼈대는 있으나 살이 없다."

홍인은 이렇게 잘라 말하면서도 신수를 다독거렸다. 그리고 그에게 다시 시를 제출할 것을 당부했다.

그 일이 있은 지 며칠 후 벽에 다시 시 한 수가 나붙었다. 신수의 시를 읽고 그것을 비판한 것이었다.

보리는 나무가 아니요 거울 또한 틀이 없노니
항상 깨끗하기만 한 불성에 어떻게 먼지가 끼랴.

홍인이 이 시를 읽고 제자에게 물었다.

"이 시는 누구의 것이냐?"

"방앗간 노가가 지은 것입니다."

"그래? 그 아이는 글을 모르지 않느냐?"

"누군가 대필을 해 주었다 합니다."

홍인은 이 시를 대하는 순간 그 나무꾼이 깨쳤음을 알았다. 하지만 제자들이 그를 질시할까 봐 이렇게 말했다.

"이것도 아직 멀었어."

그리고 며칠 후 홍인은 아무도 몰래 방앗간에 들렀다.

"벼는 잘 익었느냐?"

홍인을 대한 나무꾼은 그가 오기를 기다리고 있었다는 듯이 전혀 놀라는 기색이 없었다. 그리고 반듯하게 인사를 올리며 물음에 답했다.

"벼는 익었습니다만 아직 타작을 못했습니다."

"깨치긴 했으나 아직 인정을 받지 못했다는 뜻이렷다?"

홍인은 웃음 띤 얼굴로 그를 쳐다보며 말했다.

"타작마당에 가지도 않고 어떻게 타작을 하겠는고."

홍인은 그렇게 말하면서 지팡이로 방아를 세 번 쳤다. 그리고 돌아서면서 혼 잣말로 중얼거렸다.

"타작에는 밤낮이 없는 법이지."

홍인의 마지막 시험이었다. 그 말을 알아듣지 못하면 아직 때가 되지 않았다 는 뜻이기도 했다.

홍인은 그날 밤 늦게까지 잠을 청하지 않았다. 이윽고 삼경을 알리는 종소리 가 들렸다. 그와 동시에 밖에서 인기척이 들렸다. 홍인의 얼굴에 잔잔한 웃음이 감돌았다.

"들어오너라."

그가 조사당 안으로 들어왔다. 홍인은 이미 그를 맞을 준비를 하고 있었다.

"글을 모른다니 말로 하마."

홍인은 금강경을 펼쳐 그 핵심 내용들을 설파하기 시작했다. 그리고 이따금씩 그에게 뜻을 묻기도 했다. 나무꾼은 그의 물음이 있으면 주저 없이 소견을 말했 다. 그때마다 홍인은 고개를 끄덕이며 얼굴에 흡족한 웃음을 지었다.

홍인의 강론이 끝났을 때는 어느덧 새벽이었다.

"네가 지혜에 능하니 지금부터 이름을 혜능이라 하여라."

홍인은 그에게 법명을 내렸다. 그리고 법과 옷을 전하면서 한시라도 빨리 그 곳을 떠나라고 하였다. 홍인은 그 땔나무꾼을 6대 조사로 삼은 것이다. 하지만 이 사실을 제자들이 알면 그를 그냥 내버려두지 않을 것은 불을 보듯 뻔한 일이 었다. 그래서 그로 하여금 야반도주를 명해야 했다.

나무꾼은 강남으로 떠나겠다고 했다. 홍인은 절 입구까지 그를 배웅했다. 그 는 땅에 엎드려 스승에게 큰절을 올리고 걸음을 재촉했다.

"가급적이면 멀리 가야 할 텐데."

홍인은 제자의 생명을 염려하고 있었다. 하지만 그것은 그가 스스로 해결해야 할 일이었다.

홍인은 그날 이후 조사당에서 꼼짝도 하지 않았다. 그렇게 며칠이 흐르자 제자들은 스승의 행동이 이상하다는 것을 깨닫고 그에게 몰려왔다.

"스님, 왜 법당에 오르지 않으시는지요? 혹 의발을……."

그들은 이미 홍인이 남쪽에서 온 나무꾼에게 의발을 전수한 것으로 판단하고 있었다.

"그렇다. 의발은 이미 남쪽으로 갔다."

홍인의 이 말이 떨어지기가 무섭게 제자들은 일제히 절 밖으로 몰려 나갔다. 그가 혜능에게 물려준 의발을 뺏기 위해 혈안이 되어 있었던 것이다.

"어리석은 놈들, 그까짓 의발이 무슨 대수라고, 쯧쯧."

홍인은 제자들의 행동에 혀를 차면서도 한편으로는 혜능을 걱정하고 있었다.

"그놈은 지혜로우니 살아남을 게야."

홍인은 나직이 한숨을 쏟아내며 물끄러미 하늘을 올려다보았다. 금방이라도 소나기를 퍼부을 것 같은 시커먼 구름떼가 남쪽으로 몰려가고 있었다.

"폭우 속에서도 타작을 할 수 있어야 진짜 농사꾼이지."

홍인은 혼잣말로 그렇게 중얼거리고 있었다.

이렇게 해서 육조 혜능이 탄생했다. 달마와 비견해 조금도 손색이 없는 육조는 바로 홍인의 혜안이 일궈낸 쾌거였던 것이다.

글도 모르는 혜능에게 조사 자리를 선뜻 내어준다는 것이 어디 쉬운 일인가? 사람들은 이것이 과거사이기에 그저 당연한 일로 생각하지만 결코 일어날 수 없는 일이 일어난 것이다. 깨달은 자만이 깨달은 자를 알아본다. 우리는 지금 이 말을 머리에 떠올리고 있다. 하지만 깨달음이 그저 얻어지는 것이 아니라는 것도 알게 된다.

홍인은 누차 혜능을 시험하였다. 그리고 만약 그 시험을 이겨내지 못했다면 혜능은 홍인의 가르침을 받지 못했을 것이다. 홍인의 시험은 항상 짧고 명확했다. 하지만 그것은 철저하게 상징과 암시로만 이루어졌다. 이것을 알아들어야만 가르침을 얻을 수 있는 기회를 갖게 되는 것이다. 언뜻 보면 홍인이 쉽게 혜능을 후계자로 택했다고 여기기 십상이다. 하지만 그 과정을 자세히 뜯어 보라. 과연 그것이 쉽게 이루어진 일이었는지.

우리는 홍인의 후계 선택 과정을 보면서 그의 치밀함과 조심스러움에 감탄하게 된다. 끝없는 시험을 통한 결정, 그리고 제자에 대한 배려. 여기에 홍인의 인간적 위대함이 있는 것이다. 그리고 그는 지금 우리에게 다가와 귀엣말로 묻고 있다.

"벼는 익었느냐?"

당신은 이 물음에 언제라도 답할 수 있어야 한다. 그럴 준비는 되어 있는가? 그리고 이 물음이 던져지면 당신은 즉시 도망갈 준비를 해야 할 것이다. 만약 당신이 혜능과 똑같은 대답을 한다면 홍인은 코웃음을 치며 그대에게서 등을 돌릴 것이다. 그러니 혜능이 남쪽으로 도망쳤듯이 당신도 혜능에게서 달아나야 한다.

깨달음, 그것은 얽매이지 않는 것이다. 깨달은 자, 그는 영원한 자유인이다. 그러므로 당신은 끝없이 자신의 깨달음에서 도망칠 줄 알아야 할 것이다. 흐르지 않는 물은 썩은 물이요, 도망치지 않는 깨달음 역시 썩은 깨달음이기 때문이다. 하지만 물이 흐르듯 자연스럽게 도망쳐라. 아무도 당신의 도주를 눈치 채지 못하도록.

당신에게 다시 한 번 묻는다.

"벼는 익었느냐?"

홍인(弘忍)은 호북(湖北) 황매현(黃梅縣) 사람으로 속성은 주(周)씨다. 601년에 태어나 일곱 살 때 도신을 따라 출가했으며, 674년에 74세로 세상을 떴다.

그는 도신이 죽은 뒤에 황매산 쌍봉 동쪽에 동산사(東山寺)를 짓고 제자를 가르쳤는데, 이 때문에 그를 일컬어 "동산법문(東山法門)"이라고도 한다.

그의 법문이 뛰어나다는 소리를 듣고 많은 사람들이 동산사로 몰려들어 제자가 700명을 넘었다고 한다. 당나라 고종이 이 같은 홍인의 명성을 듣고 누차 그를 장안으로 초청했지만 그는 결코 동산사를 떠나지 않았다고 한다.

홍인의 제자들 중 이름이 전하는 사람은 25명이다. 『능가사자기(楞伽師資記)』와 『역대법보기(歷代法寶記)』에 11명이 거명되어 있고, 『경덕전등록(景德傳燈

錄)』에 13명, 『원각경대소초(圓覺經大疏抄)』와 『선문사자승습도(禪門師資承襲圖)』에 16명의 이름이 실려 있다. 그러나 이들 중 중복된 이름을 빼고 나면 총 25명이 된다.

이 제자들은 모두 각 지역으로 흩어져 포교활동을 하였는데, 신수는 장안과 낙양 그리고 형주에서, 혜능과 인종(印宗)은 광동지방에서, 현의(玄義)·현약(玄約)·도준(道俊) 등은 호북, 지선(智詵)은 강절, 의방(義方)과 승달(僧達)은 절강, 법조(法照)는 안휘, 혜명(慧明)은 강서지방에서 활동하였다.

제자들의 이러한 포교활동은 달마로부터 비롯된 중국 선종이 홍인에 의해 중국 전역에 퍼졌음을 말해 주고 있다. 그만큼 중국 선종의 발전에 홍인의 역할이 지대했다는 뜻이다.

홍인의 제자들을 대표하는 사람은 신수(神秀)와 혜능(慧能)이다. 신수는 달마와 혜가에 의해 형성된 『능가경(楞伽經)』으로 북방에 선법을 퍼뜨렸고, 혜능은 『반야경(般若經)』으로 남방에 선법을 전했다. 신수의 북종선과 혜능의 남종선이 형성된 것이다.

힘으로 깨달음을 얻겠느냐

| | | | | | | | | | | | | | | | | | | | | | | | | | | | | | |

혜능 慧能

힘으로 깨달음을 얻겠느냐

혜능에게 달마의 의발이 전수된 것을 안 동산사의 승려들은 앞을 다투어 혜능을 찾아 나섰다. 그들은 혜능이 가져간 의발만 차지하면 홍인을 이어 6대 조사가 될 수 있다고 믿었다.

혜능을 찾아 나선 무리 중에 가장 발 빠르게 움직인 사람은 무장 출신의 혜명이라는 승려였다. 그는 내심 혜능 같은 무식쟁이보다는 자기가 법을 잇는 것이 훨씬 낫다고 생각하고 혜능을 추격하여 의발을 빼앗기로 마음먹었다.

혜명은 몸만 빠른 것이 아니라 주변 지리에도 밝았기에 혜능의 행로를 정확하게 읽으며 뒤를 쫓았다. 그리고 마침내 혜능을 막다른 곳으로 몰아넣었다. 그는 혜능이 주변 지리에 어두워 틀림없이 험한 산을 택해 몸을 숨길 것이라고 판단했고, 결국 대유령 중턱에서 혜능을 찾아낼 수 있었다.

혜명은 마치 덫을 쳐 놓고 짐승을 모는 사냥꾼처럼 능란하게 혜능을 궁지로 몰아넣었다.

"이놈아, 의발을 내놓아라. 그러면 목숨만은 살려주겠다!"

혜능을 궁지로 몰아넣은 혜명은 호기 서린 음성으로 소리쳤다. 혜능은 더 이상 도망칠 수 없다는 것을 알았다. 위쪽으로는 깎아지른 절벽이 버티고 있었고, 바로 옆에는 천길 낭떠러지였으며 아래쪽에서는 혜명이 올라오고 있었다.

"흐흐, 이놈! 글도 모르는 상놈 주제에 감히 조사 자리를 넘봐?"

혜명이 도끼눈을 번뜩이며 서서히 거리를 좁혀 오고 있었다. 혜능은 더 이상 버텨 봐야 승산이 없다고 판단하고 숲에서 몸을 드러냈다. 어차피 이렇게 된 것, 정면승부만이 살 길이라고 생각했다.

혜능은 바위 위에 의발을 얹어 놓았다. 그리고 그 뒤쪽에 가부좌를 틀고 앉아 그를 쳐다보고 있었다. 혜명은 숨을 훅훅 몰아쉬면서도 만면에 웃음을 가득 물고 있었다. 패기만만한 그의 얼굴에서는 어느새 승자의 아량마저 감돌고 있었다.

"약속대로 목숨은 살려주지. 내가 자네 같은 보잘것없는 나무꾼을 죽여 무엇 하겠나."

혜명이 의발을 집어 들며 다시 말을 덧붙였다.

"노가야, 생각을 해 봐라. 아무리 인물이 없다손 치더라도 어떻게 자네 같은 무지렁이가 사람들을 선도할 수 있겠나. 이 의발은 내가 가져가니 너무 억울해하지 말게나. 자네야 나무하는 것이 유일한 재주인데, 이까짓 쓸모없는 의발로 무엇을 하겠나."

혜명은 의발을 가슴에 감싸 안고 혜능을 조롱하고 있었다. 하지만 혜능은 전혀 당황하는 기색을 보이지 않았다. 되레 웃음 띤 얼굴로 그를 쳐다보며 말했다.

"이보시오 사형, 그럼 내가 한 마디 물어봅시다. 사형은 도대체 그 의발로 무엇을 하려는 겁니까?"

"법을 얻어야지."

혜명이 대수롭지 않게 대답했다.

"법을 힘으로 얻겠다는 것인가?"

혜능의 음성에 갑자기 힘이 들어갔다. 그리고 이 물음은 기고만장해 있던 혜명을 혼란에 빠뜨렸다. 아무리 무장 출신이라 해도 깨달음을 얻기 위해 머리를 깎은 그였다. 그래서 적어도 법이 힘으로 얻을 수 없는 것이라는 것 정도는 인식하고 있었다.

"그러면 자네는 무엇으로 법을 얻을 수 있다고 생각하나?"

혜명의 음성이 조금씩 떨리고 있었다.

"법을 얻으려고 하지도 말고, 악을 생각하지도 마시게. 법을 얻고자 하는 욕심이 곧 법을 멀리하는 일이 아니겠는가?"

"이럴 수가!"

혜명은 그때서야 홍인이 그에게 의발을 전수한 까닭을 알 수 있었다.

"지금 그 의발을 빼앗아 가면 혹 6대 조사가 될 수 있을지는 모르나 결코 깨달음을 얻지는 못할 걸세. 그 의발은 단지 스승님이 내게 법을 전수했다는 상징은 될 수 있으나 그것이 법 자체는 아니기 때문이지."

혜명의 얼굴에 짙은 그림자가 드리워지기 시작했다.

"자네는 글도 모르면서 어떻게 그런 것들을 깨달을 수 있었는가?"

"깨달음은 마음으로 얻는 것이지 문자로 얻는 것이 아니라네."

혜능의 이 말에 혜명은 고개를 푹 숙였다. 그리고 품에 안았던 의발을 다소곳이 바위 위에 내려놓았다.

"제가 껍데기만 보고 알맹이는 보지 못했습니다. 저에게 가르침을 주셨으니 오늘부터 대사를 스승으로 섬기겠습니다."

혜명은 혜능에게 큰절을 올리고 산을 내려갔다. 그리고 자신의 법명을 혜능과 같은 항렬을 피하기 위해 도명으로 고쳤으며, 뒤쫓아온 무리에게 그곳에서 혜능을 발견하지 못했다고 거짓말을 했다. 혜능은 이런 혜명(도명)의 도움으로 대유령을 무사히 빠져나갈 수 있었다.

이것이 혜능이 행한 최초의 설법이었다. 따라서 혜명은 혜능의 첫 번째 제자가 된 셈이다. 자신의 목숨을 노리며 쫓던 자를 제자로 만들어버리는 이 놀라운 지혜, 이것이 바로 혜능의 매력이다.

"자네는 법을 힘으로 얻으려 하는 것인가?"

혜능의 첫 번째 가르침이다. 무엇으로 깨달음에 이를 수 있는가? 구도자들의 근원적인 물음에 대한 되물음이 아니겠는가.

힘이란 부와 권력, 명예와 지식 등 인간이 취할 수 있는 모든 도구와 수단을 포괄하는 말이다. 그리고 혜능은 단적으로 설파하고 있다. 인간적인 힘으로는 결코 깨달음을 얻을 수 없다고.

그러면 무엇으로 깨달음에 이를 수 있는가? 이 물음에 대해서도 혜능의 대답은 명쾌하다. 깨달음을 얻고자 하는 욕심부터 없애라. 단지 마음을 원래의 그 상태로 돌려놓기만 하라. 원래의 마음상태, 그것이 곧 깨달음의 경지다.

일자무식의 나무꾼이 먹물들을 강하게 꾸짖고 있다. 안다는 것, 그리고 어떤 것에 대해 지식을 가졌다는 것, 그것이 곧 벽이 되어 참마음을 보지 못하게 한다는 가르침이다. 요즘 세상은 아는 것이 너무 많아 진짜 아는 것이 하나도 없는 시대이다. 그리고 그런 시대는 아는 것이 너무 많은 인간들이 만들었다. 인간의 과대한 자만심과 과학적 지식에 대한 맹신, 그것이 곧 사람들의 눈을 가리고 있는 것이다.

생각해 보라, 코페르니쿠스가 지동설을 주장했을 때를. 그를 아는 모든 사람은 그를 미친 사람으로 여기지 않았던가. 그리고 지동설이 증명된 지금, 모두 그를 위대한 사람으로 떠받들고 있지 않는가. 이것이 바로 과학적 지식의 한계이다. 이 한계 때문에 인간은 끊임없이 자기 도그마에 빠지게 될 것이다.

혜능의 꾸짖음은 이것을 경계하라는 뜻이다.

경계하라. 아는 것이 늘어날수록 자신의 지식을 경계하라. 경계하지 않으면 그 지식으로 인해 스스로 몰락의 길을 걷게 된다.

바람이냐 깃발이냐

혜능은 홍인의 법을 받고 15년 동안 저잣거리를 떠돌며 몸을 숨겼다. 그리고 홍인이 세상을 뜨자 다시 모습을 드러내고 자신이 머물 곳을 찾아 나섰다.

혜능이 광주 법성사 옆을 지나는데 한 무리의 승려들이 입씨름을 하고 있었다.

"저건 깃발이 펄럭이는 것일세."

"아닐세. 저건 바람이 깃발을 움직이는 것이니 바람이 펄럭이는 것일세."

무리는 둘로 나뉘었다. 그리고 그들의 논쟁은 시간이 흐를수록 더욱 치열해져 마침내 언쟁으로 발전하고 있었다.

혜능은 그들의 언쟁을 한참 동안 지켜보았다. 그러나 그들은 도저히 타협점을 찾지 못하는 듯했다. 그래서 혜능이 나섰다.

"그건 깃발이 펄럭이는 것도 아니고 바람이 펄럭이는 것도 아닙니다."

한참 동안 언쟁을 벌이고 있던 무리들은 혜능의 이 말에 일제히 말을 멈췄다. 그리고 혜능을 향해 시선을 돌렸다.

"그러면 당신은 무엇이 펄럭인다고 생각하십니까? 깃발도 바람도 아니면 도대체 무엇이냔 말이오?"

건장한 사내 하나가 앞으로 나서며 혜능에게 다그쳤다. 그는 아주 흥분된 상태였다. 여차하면 혜능에게 그 분풀이를 해댈 것 같은 기세였다. 하지만 혜능은 전혀 기가 꺾이지 않았다.

"펄럭이는 것은 바로 당신들의 마음이지요."

무리들의 입에서 탄성이 흘러나왔다.

"당신은 도대체 어디서 온 사람이오?"

그들 중 하나가 물었다.

"그냥 지금 여기에 있는 사람입니다."

이 말에 무리들이 그를 법성사로 데리고 갔다. 그리고 그의 머리를 깎아 주고 스승으로 삼았다.

혜능은 비로소 머리를 깎았다. 출가한 지 17년 만에 이루어진 일이었다. 그것도 제자들에 의해서 말이다. 석가 이후 출가하면서 곧바로 스승이 된 이는 혜능이 처음이자 마지막이었다. 그 짧고 명쾌한 설법으로.

바람이냐 깃발이냐.

아니다, 그것은 마음이다.

이 얼마나 시적인 표현인가. 그리고 얼마나 본질적인 대답인가. 펄럭이는 깃발을 보고 그것이 곧 마음의 펄럭임이라고 단정할 수 있는 이 기발함. 이것이 바로 홍인이 읽어낸 혜능의 지혜였다.

모든 문제는 마음에서 일어나 마음에서 해결된다. 이것이 혜능의 원초적인 깨달음이었다.

하지만 우리는 섣불리 혜능의 이런 지혜를 흉내 내서는 안 된다. 언젠가 누군가에게 이 이야기를 들려주면서 "바람이 움직인 것인가 아니면 깃발이 움직인 것인가?" 하고 물었더니 이 이야기를 알고 있던 그는 "마음이 움직인 것"이라고 대답했다.

그러나 이 대답은 위험하다. 혜능이 무슨 말을 했느냐고 물은 것이 아니라 그가 어떻게 생각하고 있느냐고 물은 것이기 때문이다.

지식이란 이처럼 위험하다. 알고 있다는 것은 곧 거대한 벽을 하나 만드는 것과 동일하다. 따라서 지식은 얻는 즉시 버려야 한다. 그리고 얻는 것과 동시에 도망쳐야 한다. 그래야만 자기 것을 얻을 수 있다.

육화된 깨달음, 경험된 무, 다시 말해서 공.

지식은 이것을 막는 가장 첫 번째 벽이다. 그 벽을 깨뜨리지 않으면 깨침은 없다. 왜냐하면 깨치는 것은 깨지는 것으로부터 시작하기 때문이다.

이제 다시 묻는다.

"바람이냐 깃발이냐?"

자 여기 극락이 있다

위사군이라는 사람이 찾아와 대중이 지켜보는 가운데 혜능에게 물었다.

"세상 사람들이나 스님들은 항상 아미타불을 찾으며 서방 극락을 염원하고 있는데, 대사 생각에는 그들이 정말 극락에 갈 수 있다고 보십니까?"

혜능이 위사군을 쳐다보더니 딱 잘라 말했다.

"아니, 못 가."

이 말에 대중들이 웅성거렸다. 위사군이 다시 물었다.

"대사께서는 왜 그들이 극락에 가지 못한다고 잘라 말하십니까?"

"극락에 가려고 하면 극락은 더 멀어지는 법이거든."

"그러면 어떤 사람이 극락에 갈 수 있습니까?"

"깨친 사람."

"깨친 사람은 어떻게 극락에 간다는 말입니까?"

"손바닥 뒤집듯이 간단하지. 지금 당장이라도 극락을 보여 주랴?"

위사군의 눈이 휘둥그레졌다.

'당장 극락을 보여 주겠다고? 이 노인네가 노망이 들었나. 그래 어디 한번 보자.'

위사군의 얼굴에 조소가 서렸다.

"여기서 볼 수만 있다면 더 바랄 것이 있겠습니까."

그 순간 혜능은 손바닥을 쫙 펴며 말했다.

"자, 봐라. 여기 극락세계가 보이느냐? 어때, 틀림없지?"

위사군은 할 말을 잃고 멍한 얼굴로 혜능의 손바닥과 얼굴을 번갈아가며 쳐다보고 있었다.

누구든 위사군처럼 이해할 수 없다는 표정이 될 수 있다. 하지만 하나만 더 생각해 보라. 극락이 무엇인가? 우선 이 질문부터 해 보자. 어떻게 대답하겠는가? 고통과 어둠이 없는 곳? 항상 밝음과 환희만 있는 곳? 아니면 빈부와 계급이 없는 곳?

혜능의 이 가르침에서 우리는 불교의 본질을 끄집어낼 수 있어야 한다. 불교란 무엇인가? 붓다란 무엇인가?

모든 길은 깨달음으로 통한다. 깨달음 이상의 것도 이하의 것도 아니다. 그렇다면 그 깨달음은 무엇으로 가능한가?

혜능은 마음이라 했다. 마음을 원상태로 돌려놓는 것. 그것이 곧 깨달음이라 했다. 아미타와 미륵과 석가가 모두 그 속에 있다 했다. 서방정토 역시 예외는 아니라고 했다.

극락은 가고자 하면 갈 수 없고 얻고자 하면 얻을 수 없는 것이다. 극락에 가고자 하는 그 욕심을 없애는 것이 바로 극락에 이르는 방법이다.

혜능은 이렇게 가르치고 있다.

당신은 혜능의 이 가르침에 대해 어떻게 생각하는가?

모든 것이 마음에 달렸다고? 그렇지만 그 마음을 어떻게 다스려? 이런 말을 뇌까리고 있을지도 모른다. 당연하다. 하지만 깨달음을 통해 무엇인가를 획득할 수 있다는 생각을 한번 버려 보라. 그러면 달라질 것이다.

모두 깨달음을 통해 뭔가 얻을 수 있다고 생각하고 있다. 하지만 단언컨데 깨달음은 뭔가를 얻을 수 있는 도구가 아니다. 그것을 도구로 생각하면 절대로 혜능의 말을 이해할 수 없다.

"자, 여기 극락이 있지? 어때? 틀림없지?"

혜능(慧能)은 당나라 때의 선사로 638년에 신주(新州, 지금의 광동성 신흥현)에서 태어났으며 속성은 노(盧)씨다. 세 살 때 아버지를 여의었고, 가계가 어려워 어려서부터 땔나무를 팔아 홀어머니를 공양했다. 그 후 24세에 나무를 팔러 시장에 나갔다가 어느 나그네가 금강경을 읽는 소리를 듣고 감응하여 출가하기로 결심하고 황매산으로 홍인을 찾아갔다. 그리고 입산 8개월 만에 홍인에게서 깨달음을 얻고 법을 전수받았으나, 다른 승려들의 질시를 피해 다시 남쪽으로 내려가 15년 동안 은거생활을 하였다. 그러나 홍인이 죽자 은거생활을 청산하고 광주의 법성사(法性寺)로 찾아들어 가르침을 펼쳤으며, 713년 76세를 일기로 세상을 떠났다.

육조 혜능은 남종선(南宗禪)의 창시자로서 중국 선종의 역사에서 달마와 함께 가장 중요시되는 인물이다. 중국의 선은 달마로부터 시작되었지만 혜능의 출현이 없었다면 본격적으로 발전할 수 없었을 것이기 때문이다.

오늘날 혜능과 관련된 자료는 다양하고 많지만 그 자료들을 면밀히 검토해 보면 한결같이 후대 사람들의 시대적 요청으로 만들어진 것이 대부분이기 때문에 역사적 사실로 받아들일 만한 자료는 거의 전무하다.

혜능에 대한 종합적인 전기인 『조계대사전(曹溪大師傳)』이나 『육조단경(六祖壇經)』 같은 것들도 사실은 후대의 필요성에 의해 만들어진 것이므로 혜능을 역사적 인물로서 사실적으로 기록한 자료라고 보기는 힘들다. 그리고 혜능 전의 자료로 가장 오래된 것으로 밝혀진 왕유의 『육조능선사비명(六祖能禪師碑銘)』, 『전당문(全唐文)』, 『신회어록(神會語錄)』의 「혜능전」 등도 그의 제자 신회의 육조 현창 운동의 일환으로 만들어진 것이다.

그러나 그의 동문인 현색(玄色)이 지은 『능가불인법지(楞伽佛人法志)』에 그가 홍인의 10대 제자 중 한 사람으로 기록되어 있고, 돈황본 사본에도 그의 이름이 거론되고 있는 점으로 미루어 그가 실제 인물이었던 것만은 분명하다.

따라서 혜능에 대한 신회의 기록은 대부분 사실로 인정해도 무방할 것 같다. 다만 다소 신비적인 내용들은, 포교에 이용하기 위해 후대에 꾸며진 듯하다.

흔히 그를 조계대사라고 부르기도 하는데, 이는 그가 법성사에 있다가 1년 뒤에 조계의 보림사로 옮겨 그곳에서 법을 전한 데서 비롯된 별호이다. 이후 조계의 보림사는 남종선의 본산이 되었으며, 후대에 그의 종지를 따르는 종단인 조계종의 종명도 여기서 연원한다. 또한 남종의 선사들을 기록한 책을 『보림전(寶林傳)』이라고 한 것도 바로 이 보림사에서 따온 것이다. 보림사는 현재 남화사(南華寺)로 개칭하였으며, 이곳에는 혜능의 미라가 보존되어 있다고 한다.

혜능의 대표적인 제자로는 신회, 회양, 행사, 혜충 등이 있으며, 그 외에 이른바 10대 제자로 불리는 제자군이 있다. 이 10대 제자는 돈황본 『육조단경』에서 언급하고 있는데, 법해(法海), 지성(志誠), 법달(法達), 지상(智常), 지통(志通), 지철(志徹), 지도(志道), 법진(法珍), 법여(法如), 신회(神會) 등이다. 하지만 이들 중 신회를 제외한 나머지는 거의 기록이 남아 있지 않은 인물들로서 『단경』을 만드는 과정에서 가공된 인물들일 가능성이 높다.

허공이 아는 눈짓이라도 하더이까

| | | | | | | | | | | | | | | | | | | | | | | | | | | | | | |

혜충 慧忠

허공이 아는 눈짓이라도 하더이까

혜능의 제자 혜충이 당 황제의 초청을 받아 장안에 왔다. 혜충을 초청한 황제는 그를 대하자마자 질문 공세를 펼칠 기세였다. 황제는 이미 오래전부터 혜충의 지혜를 시험해 보기 위해 안달하고 있던 터였다. 하지만 혜충은 황제를 발견하고도 거들떠보지도 않았다. 이에 화가 난 황제가 혜충에게 신경질적으로 소리쳤다.

"짐은 대당의 황제요!"

그러자 혜충은 눈을 껌벅이며 대수롭지 않은 듯 대꾸했다.

"압니다."

'안다고! 알고도 나를 모른 척하다니, 이런 괘씸한 놈이 있나.'

황제는 붉게 상기된 얼굴로 따져 물었다.

"그런데 대사는 나를 알고도 모른 척했단 말이오?"

황제의 분개에 아랑곳하지 않고 혜충은 손가락으로 하늘을 가리키며 되물었다.

"황제께서는 저 허공이 보이십니까?"

이 무슨 동문서답?

"그렇소."

황제가 무뚝뚝하게 대답하자 혜충이 다시 물었다.

"허공이 단 한 번이라도 황제께 아는 척한 적이 있습니까?"

"……."

황제는 더 이상 화를 내지 않았다. 그 후로 오히려 혜충에게 융숭한 대접을 하고 국사로 예우하였다.

무엇이 황제의 마음을 사로잡았을까?

"허공이 눈짓이라도 하더이까?"

혜충의 가르침이다. 이 한마디에 황제는 말문이 막히고 말았다. 뿐만 아니라 그를 시험하려 한 것을 후회하고 스승으로 섬겼다.

속세를 떠난 자에게 황제가 다 무슨 의미가 있느냐는 것. 구도자에게 황제가 따로 있고 천민이 따로 있겠느냐는 것. 당 황제는 그의 자유로움에 기가 눌렸던 것이다. 아무것도 거리낌이 없는 행동, 곧 철저한 무애정신. 황제는 그것을 본 것이다.

허공!

어떤 것에도 얽매이지 않는 자유.

그 앞에서 황제는 한껏 초라해지고 있었다.

옛 부처는 갔다

한 스님이 혜충의 명성을 듣고 찾아왔다. 그는 다른 스님을 만날 때마다 이렇게 물었다.

"비로자나불의 본체가 뭡니까?"

혜충에게도 이 같은 질문을 하자 혜충이 말했다.

"거기 물병이나 좀 갖다 주게나."

그가 무심코 물병을 건네주자 혜충이 다시 말했다.

"도로 갖다 놓게나."

그러자 그는 혜충이 자신의 질문을 듣지 못했다고 생각하고 다시 물었다.

"비로자나불의 본체가 무엇입니까?"

혜충이 다시 물병을 갖다 놓으라고 말하면서 혼잣말로 중얼거렸다.

"옛 부처는 뭐 하러 찾누."

옛 부처는 지나갔다는 말이다. 그런데 왜 찾느냐? 네 앞에 당장 닥친 일이나 해결해라. 닥친 일은 바로 자기 자신을 찾는 일이다. 그게 부처의 본체를 아는 것이다. 혜충은 이렇게 말하고 있다.

"비로자나불의 본체가 무엇입니까?"

이 물음에 혜충은 한마디로 "그게 뭐 중요하냐?"고 반문한다. 그것보다는 당장 너 자신이나 찾으라는 뜻으로 바로 옆에 있는 "물병이나 좀 갖다 주게나."라고 했다.

하지만 그는 알아듣지 못했다. 그러자 다시 한 번 "(물병을) 도로 갖다 놓게나."라고 했다. 그래도 그는 알아듣지 못했다. 그래서 답답한 나머지 마침내 직설적으로 "옛 부처는 뭐 하러 찾누."라고 훈계한다.

그렇다. 부처는 따로 있는 것이 아니다. 자기 이외의 모든 부처는 허상이기 때문이다. 그리고 자기만이 스스로를 깨달음의 경지로 이끌 수 있기 때문이다. 따라서 무엇보다도 먼저 자기 자신을 찾아 나서야 한다. 그것이 바로 구도행의 첫 번째 작업이자 궁극적인 목적이다.

명심하라. 옛 부처는 갔다.

물병이나 갖다 주십시오

황제가 혜충에게 물었다.

"부처의 열 가지 몸이란 게 무엇입니까?"

혜충이 벌떡 일어나며 말했다.

"아시겠습니까?"

"모르겠소."

혜충이 다시 말했다.

"물병이나 갖다 주시겠습니까?"

무슨 뜻인가? 황제는 알 수 없었다. 모르겠는가? 혜충이 벌떡 일어나면서 알겠느냐고 한 것을?

앞의 이야기와 연관지어 보면 그다지 어렵지 않게 풀어낼 수 있으리라. 하지만 조심할 것이 있다. 단지 풀어내는 데 그치지 말라는 것이다. 단지 혜충의 말을 해석하는 데만 머무른다면 그것은 읽지 않은 것만도 못할 것이다.

"물병이나 갖다 주시겠습니까?"

혜충(慧忠)은 육조 혜능의 제자로 서기 700년을 전후하여 태어났으며, 당나라 현종, 숙종, 대종에게 융숭한 대우를 받으며 국사로 지내다가 775년에 죽었다.

그와 관련된 이야기는 이 외에도 몇 가지가 더 전하고 있는데, 독심술에 능한 삼장(三藏)이라는 승려와 대면하여 무심의 경지로 그를 가르친 일화도 있고, 또 당의 대종에게 지어달라고 했던 무봉탑(無縫塔) 이야기도 있다. 이 설화들의 골자도 역시 위의 이야기와 마찬가지로 관념이나 지식에 몰두하지 말고 스스로를 찾는 일에 전념하라는 것이다. 이는 곧 스스로가 부처이며, 깨달음 역시 자기 속에 있다는 것을 강조한 것으로 혜능의 가르침에서 크게 벗어나지 않는다.

그는 특히 "물병이나 갖다 달라."는 화두로 유명하다. 이는 곧 관념이나 지식에 얽매이지 말고 자기 자신의 본질을 보라는 뜻으로 해석되곤 한다.

좌선만 한다고 부처가 되냐

| | | | | | | | | | | | | | | | | | | | | | | | | | | | | |

마조馬祖

좌선만 한다고 부처가 되냐

어린 제자 하나가 좌선에 열중하고 있는 것을 보고 회양이 다가가서 넌지시 물었다. 회양은 혜능의 제자 중 하나였다.

"왜 매일같이 좌선을 하느냐?"

제자가 주저 없이 대답했다.

"부처가 되려고 그럽니다."

"허, 그놈 부처 좋아하네."

회양이 갑자기 벽돌을 하나 들고 와서 제자 옆에 앉아 돌에다 갈기 시작했다. 벽돌 가는 소리를 듣고 제자가 궁금한 듯이 물었다.

"지금 뭘 하십니까?"

회양은 고개도 돌리지 않고 능청스럽게 대답했다.

"거울을 만드는 중이야."

노인네가 벌써 노망이 들었나?

제자가 피식 웃으며 핀잔을 주었다.

"벽돌을 간다고 거울이 됩니까?"

그때를 놓칠세라 회양이 일격을 가했다.

"좌선만 한다고 부처가 되느냐?"

이 말에 제자는 깨우쳤다.

그 어린 제자는 마조였다. 중국 선종의 중흥조라고 할 수 있는 인물이다. 회양은 그를 무척 아꼈다. 그의 총명함과 기개를 높이 샀던 것이다. 그래서 직접 찾아가서 한 수 가르쳤다.

"좌선만 한다고 부처가 되느냐?"

이 말 한마디에 제자는 정신이 번쩍 들었다. 그리고 곧 머리가 환하게 밝아지는 것 같았다.

흔히 수행하는 방법으로 좌선을 택한다. 그것이 마치 수행의 왕도라도 되는 것처럼 떠벌리는 사람도 많다. 그러나 좌선은 형식일 뿐이다. 그리고 형식은 껍데기에 지나지 않는다. 수행의 방법이 어떻든 그것은 전혀 중요하지 않다. 중요한 것은 수행을 하는 이유다. 행위에 집착하는 사람은 모방 이외에 아무것도 하지 못한다. 깨달음의 길에서는 더욱 그렇다.

머리를 깎아야 구도자가 되는 것이고, 좌선을 해야 깨달음을 얻는다는 생각을 버려야 하는 것이다. 깨달음은 어떤 상태에서든, 어떤 모습으로든, 어디에서든 얻을 수 있다.

회양은 마조에게 그렇게 가르치고 있다.

여기 수레를 끌고 가는 소가 있다고 치자. 그런데 수레가 움직이지 않으면 소에게 채찍질을 해야 하는가? 아니면 수레에 채찍질을 해야 하는가?

회양은 다시 이렇게 묻고 있다.

대답해 보라. 자신에게. 그리고 스스로에게 다시 물어 보라.

"좌선만 한다고 부처가 되냐?"

모양이나 틀에 집착하지 말라는 뜻이다. 관습이나 지식에도 집착하지 말라는 것이다. 그것은 자신을 죽이는 것이므로 곧 부처를 죽이는 것이다.

회양(懷讓) 역시 육조 혜능의 제자로 700년을 전후해서 태어났다. 그는 옥천사(玉泉寺)에서 구족계를 받았고 가르침을 얻기 위해 숭산의 혜안(慧案)을 찾아가 수업을 받았으나 깨치지 못했다. 그래서 마지막으로 혜능을 찾아갔다.

혜능은 그를 보자 이렇게 물었다.

"어디서 왔느냐?"

회양이 대답했다.

"숭산 혜안에게서 왔습니다."

그러자 혜능이 다시 물었다.

"어떤 물건을 얼마나 가져왔느냐?"

회양은 이 물음에 즉시 대답하지 못했다. 그리고 8년이 지난 뒤 다시 혜능을 찾아가 이렇게 대답했다.

"물건 하나를 가져왔습니다."

혜능이 또 물었다.

"닦을 수 있는 물건이냐?"

"닦을 수도 있지만 더러워져 있지는 않습니다."

이 대답을 듣고 혜능은 그를 받아들였다.

그는 혜능 곁에서 7년간 머물다가 남악(南嶽)의 반야사로 들어갔다. 그곳에서 제자들을 길러냈기 때문에 그를 남악이라고 부르기도 하였다. 마조와 나눈 대화는 바로 이 반야사에서 이루어진 것이다.

자신을 잡는 화살

마조가 자신이 머물던 암자 근처에서 산책을 하고 있다가 사슴 한 마리가 숨 가쁘게 달아나는 것을 보았다. 달아나는 모양새로 보아 맹수나 사냥꾼에게 쫓기고 있는 것 같았다. 아니나 다를까 잠시 후 사냥꾼 하나가 헐레벌떡 뛰어와 마조에게 물었다.

"스님, 혹시 사슴 한 마리 못 봤습니까?"

대답 대신 마조가 되물었다.

"자네 뭐 하는 사람인가?"

'보면 몰라? 사냥꾼이잖아. 그런데 초면에 왜 반말이야. 기분 나쁘게시리.' 벌레 씹은 얼굴을 하며 그가 퉁명스럽게 대답했다.

"사냥꾼이외다."

그러자 마조가 다시 물었다.

"자네 활 잘 쏘는가?"

'하, 그 중놈 묻는 말에 대답이나 할 것이지 왜 쓸데없는 질문만 계속하고 있어!'

사냥꾼의 얼굴이 붉게 달아올랐다. 하지만 상대가 명색이 출가한 스님인지라 내심 인내력을 발휘하고 있는 듯했다.

"물론이오."

사냥꾼이 마조의 얼굴을 흘겨보며 대답했다.

"화살 하나로 몇 마리나 잡을 수 있는가?"

마조가 또 물었다.

'야, 이 중놈이 진짜 바쁜 사람 데리고 장난을 치자는 거야 뭐야!'

사냥꾼이 눈을 치켜뜨고 마조를 쏘아보았다.

"화살 하나로 한 마리 잡지, 몇 마리 잡겠소?"

사냥꾼이 속이 뒤틀리는지 이젠 대거리를 할 기세다. 그래도 마조는 아랑곳하지 않고 얼굴에 웃음까지 흘리면서 비아냥거렸다.

"별로 못 쏘는구면."

'뭐? 별로 못 쏴? 하, 이거 오늘 땡중 하나 때문에 기분 완전히 잡쳤네. 중놈이고 뭐고 이걸 콱 한 주먹에!'

사냥꾼은 차오르는 분노를 애써 억누르며 쏘아붙이듯이 물었다.

"그러는 스님은 활을 얼마나 잘 쏘슈?"

"나야 아주 잘 쏘지."

마조가 능청스럽게 말했다.

사냥꾼이 가소롭다는 듯이 피식 웃었다.

"그래, 스님은 화살 하나로 몇 마리나 잡소?"

"나야 화살 하나로 한 무리를 잡지."

'사기치고 있네. 화살 하나로 어떻게 한 무리를 잡냐? 네가 무슨 신통력이라도 있냐? 필시 나하고 말장난을 하자는 것이렷다?'

기왕에 사슴은 놓친 것이고, 내친 김에 사냥꾼은 중놈의 코를 납작하게 해 줘야겠다고 생각했다.

"살생을 금한다는 스님이 활은 왜 쏘며, 또 산짐승들을 떼거리로 잡아 뭐 하려고 그러슈?"

사냥꾼이 그렇게 나오자 마조는 기다리고 있었다는 듯이 대뜸 이렇게 물었다.

"자네는 짐승은 그렇게 잘 잡으면서 왜 자신은 못 잡나?"

이 말에 사냥꾼의 얼굴이 묘하게 일그러졌다.

'어, 이 중놈 예사중은 아닌가 보네.'

사냥꾼이 짐짓 진지한 얼굴로 되물었다.

"나를 어떻게 잡을 수 있겠습니까?"

마조가 빙그레 웃었다.

"지금 잡았잖나?"

"예?"

사냥꾼은 한동안 멍한 얼굴로 마조를 쳐다보다가 손에 든 화살을 꺾어버렸다. 그리고 활과 활통을 버리고 마조를 따라나섰다.

활을 버리고 자기를 잡으러 떠난 이 사람, 그는 마조에게서 혜장(慧藏)이라는 이름을 얻었다. 짐승을 죽이던 화살을 버리고 생명을 일깨우는 새로운 화살을 얻었던 것이다.

"짐승은 잘 잡으면서 왜 너는 못 잡느냐?"

마조가 혜장에게 던진 물음이다. 그리고 이 물음이 사냥꾼으로 살던 촌부를 새사람으로 만들어버렸다.

혜장은 마조의 이 물음 앞에 갑자기 얼어붙었다. 어떻게 대답해야 할지 도저히 알 수가 없었던 것이다. 말하자면 사냥꾼은 마조가 쏜 화살에 맞은 셈이다.

화살!

마조는 혜장을 향해 깨달음의 시위를 당겼다. 그리고 명중했다. 사냥꾼은 자신이 누군가의 화살에 맞을 줄은 상상도 하지 못하다가 허를 찔린 것이다.

"어떻게 하면 나를 잡을 수 있습니까?"

사냥꾼이 살려달라고 애원하는 소리다. 꼼짝없이 포로가 된 마당에 엎드리지 않고 살아날 재주가 있겠는가?

"지금 잡았잖아."

마조의 대답이다. 이 대답에 사냥꾼은 맥이 탁 풀렸다. 그리고 새로운 세상을 보았다. 새로운 활을 얻은 것이다. 그래서 새로운 사냥을 떠났다.

나를 잡을 수 있는 사람은 나 외에는 아무도 없다. 그리고 자기 스스로를 잡겠다고 마음먹었으면, 그 마음먹은 것 자체가 바로 자신을 잡은 것이다.

자신을 향해 쏜 화살!

그 화살은 자기만이 쏠 수 있다.

넌 뭐냐

마조가 제자와 함께 갈대숲을 가로지르고 있었다. 그들의 발소리에 놀란 한떼의 새가 푸드득 날아올랐다. 그때 마조가 제자에게 불현듯 물었다.

"뭐지?"

제자가 대답했다.

"물오리입니다."

마조가 다시 물었다.

"어디로 갔지?"

제자가 손가락으로 새들이 날아간 방향을 가리키며 말했다.

"저쪽으로 날아갔습니다."

그러자 마조는 곧 제자의 코를 비틀었다.

"아이쿠!"

제자가 코를 쥐고 비명을 질렀다.

"날아갔다더니 여기 있지 않냐?"

그 순간 제자는 깨달았다.

뭐냐?

너는 뭐냐?

마조는 이렇게 물었지만 그의 제자 백장은 날아간 새의 종류가 무엇인지 묻는 것으로 알았다. 그 제자뿐만 아니라 그 상황에서는 누구라도 그렇게 알아들었을 것이다. 하지만 마조는 그 상황을 통해 제자에게 가르침을 주려 했다.

뭐지?

물오리입니다.

네가?

아니오. 날아간 새가요.

누가 날아간 새를 물었냐? 너 말이다, 너. 넌 뭐냐고?

중요한 것은 주변을 둘러싸고 있는 가시적인 물상들이 아니라 바로 나 자신이라는 것을 가르치고 있다. 그래서 쓸데없이 주위 환경에 매달리지 말라는 것이다. 주체는 바로 "나"라는 뜻이다. 한눈팔지 말라는 의미다.

"넌 뭐냐?"

마조가 지금 당신에게 묻고 있다.

네놈이 보물창고 아니냐

대주라는 승려가 마조를 찾아왔다.

"어디서 왔는고?"

마조가 그를 보더니 다짜고짜 캐물었다.

"월주에서 왔습니다."

그가 공손하게 대답했다.

"뭐 하러 왔누?"

"법을 얻고자 왔습니다."

"미친놈아!"

느닷없이 마조가 고함을 꽥 지르며 손으로 그의 이마빡을 휘갈겼다. 그렇지만 대주는 별로 당황하지 않았다. 이미 마조의 성질이 괴팍하다는 소문을 듣고 왔기 때문이다.

"보물창고를 감춰두고 그것도 모라자서 남의 보물을 뺏으려는 거냐? 욕심 많은 놈 같으니라구."

대주는 황당했다. 보물이라니? 가진 것이라곤 장삼 한 벌과 발우 하나뿐인데.

"스님, 제게 무슨 보물창고가 있다고 그러십니까?"

"그러면 네놈이 보물창고가 아니란 말이냐?"

그때 대주는 불현듯 깨쳤다.

뭘 밖에서 구하느뇨?

법은 네 안에 있다.

마조가 대주에게 내린 가르침이다.

자기의 가치를 모르는 사람은 남의 가치도 모른다. 자기의 위대함을 모르는 사람은 남의 위대함도 모른다. 자기 속에 법이 있는 줄을 모르는 사람은 타인 속에 법이 있는 줄도 모른다.

사람들은 남에게 얻기를 좋아한다. 쉽게 말하면 공짜 근성이 있다는 것이다.

거지 근성이 있다는 것이다. 그러나 남에게 얻기 전에 먼저 자기에게 얻어야 한다. 자기 자신만큼 많은 것을 가진 사람은 없다. 그런데도 사람들은 항상 남에게 더 많은 것이 있다고 생각한다.

깨달음도 마찬가지다.

누가 자신을 구하겠는가? 바로 자기 자신뿐이다.

깨달음은 호흡과 같은 것이다. 당신을 대신해서 누가 호흡을 해줄 수 있다고 생각하는가? 깨달음은 연애와 같은 것이다. 당신을 대신해서 누가 당신의 애인을 사랑해 줄 수 있다고 생각하는가?

그러면 당신 속에 있는 그 법을, 그 보물을 어떻게 끄집어낼 것인가? 구슬이서 말이라도 꿰어야 보배라고 하지 않았는가. 어떻게 꿸 것인가?

당신에게 호리병이 하나 있다고 치자. 그런데 어느 날 그 호리병 속에 새가 한 마리 있다는 것을 알았다고 치자. 그러면 어떻게 해야 그 새를 끄집어내어 창공에 날릴 수 있겠는가?

손을 호리병 속에 집어넣어서?

아니면 집게로 새를 끄집어내어서?

불가불가.

방법은 간단하다. 새가 그 호리병 속에서 자라도록 가만히 내버려두면 된다. 새는 날 수 있게 되면 스스로 그 호리병 속에서 빠져나오게 될 것이니까. 다시 말해 그것은 새의 문제이지 당신의 문제가 아니라는 뜻이다.

당신 속에 법이 있다는 것을 알았으면, 그 법이 자라도록 내버려두라. 그래서 언젠가 날개가 생기면 그 법이 당신을 빠져나와 창공을 나는 것을 보게 되리라.

성급하게 자기의 배를 칼로 가르면 그 속에 있는 법도 죽고 자신도 죽는다. 더군다나 남의 배를 칼로 갈라서야 되겠는가?

자기야말로 자신의 주인
어찌 주인이 따로 있으랴
자기를 잘 다루면

얻기 힘든 주인을 얻으리.

『법구경』에 있는 말이다. 호리병 속의 새를 생각하며 새겨 보길.

마조(馬祖)의 법명은 도일(道一)이다. 마조라는 별호는 그의 속성 "마" 자에 후대 사람들이 업적을 기리는 뜻에서 조사 칭호를 붙인 것이다.

그는 당나라 때인 709년에 태어났으며, 어린 나이에 출가하였다. 이후 남악의 회양 문하에서 깨달음을 얻었으며, 2,000명에 달하는 많은 제자를 길러낸 후 788년에 세상을 떠났다.

마조에 대한 이야기는 권덕여(權德輿)가 지은 『도일선사탑명(道一禪師塔銘)』을 비롯하여 『조당집(祖堂集)』, 『송(宋)고승전』 10권의 「마조전」 등에 전해지고 있다.

마조의 비문에 따르면 그는 혀가 넓고 길어 코를 덮을 정도로 기이한 모습이었다고 한다. 또한 『송(宋)고승전』에는 그가 "호랑이처럼 보고 소처럼 걸었다."고 기록되어 있다. 그리고 「마조전」에서는 그의 성품에 대해 자비심이 많고 용모가 뛰어난 위인의 상호를 갖춘 인격자라고 언급하고 있다. 이러한 기록들은 그가 결코 범상한 인물이 아니었음을 입증한다.

그의 비범함은 제자를 많이 두었다는 점에서도 두드러진다. 그의 문하에는 뛰어난 선승들이 많았는데, 『전등록(傳燈錄)』에는 그의 입실 제자가 139명, 현도가 1,000여 명이었다는 기록이 있다. 그의 대표적인 제자로는 대주, 백장, 지장, 대매, 유관(惟寬), 혜장, 남전 등을 들 수 있는데 이 중 백장의 문하에서 황벽과 위산 등이 나왔으며, 이들의 제자에 의해 임제종, 위앙종 등이 탄생한다.

마조의 주된 활동 무대는 홍주(洪州)의 개원사(開元寺)였다. 따라서 그의 문하생들에 의해 구성된 종단을 일러 흔히 홍주종이라고 했다. 이 홍주종은 중국 선종이 조사선(祖師禪)의 불교로 성장하는 기반이 되었다.

자네를 버리게나

희천(석두) 希遷(石頭)

자네를 버리게나

희천에게 한 과객이 찾아들었다. 보아하니 절집 식객 노릇을 하며 글줄깨나 읽은 것 같았다.

"스님, 도대체 해탈이 무엇입니까?"

돌아앉아 있는 희천에게 과객이 넌지시 물었다. 하지만 희천은 그를 돌아보지도 않고 지나가는 말로 대꾸했다.

"누가 그대를 속박하던가요?"

승찬선사가 남긴 말이렷다? 과객이 빙그레 웃었다. 자신도 그 정도 대답은 할 수 있다는 의미였다.

"저 같은 속인이 속박을 당하는 건 당연한 이치 아니겠습니까?"

과객의 음성에 자신감이 넘쳐흘렀다. 그러나 희천은 여전히 돌아앉은 채로 응수했다.

"이치를 다 아는 사람이 어찌 해탈은 모르시나."

과객은 아차 싶었다. 그렇다고 여기서 물러설 수는 없는 노릇이었다. 상대는 이미 명성이 자자한 선사였고 그는 그저 보잘것없는 백면서생에 불과했다. 그러니 밑져야 본전 아니겠는가.

"그러면 정토는 무엇입니까?"

과객은 내친 김에 뿌리를 뽑겠다는 심사로 또 물었다.

"누가 그대를 더럽히던가요?"

자신이 깨끗하면 어딘들 정토가 아니겠느냐는 말이었다. 희천의 음성은 고요하면서도 힘이 있었다. 그에 비해 과객의 음성은 다소 누그러졌다. 자신감을 잃고 있다는 뜻이었다.

"스님, 그러면 열반은 무엇입니까?"

과객의 음성에 오기가 서렸다.

'허허, 요놈 끈기 하나는 가상하구만. 그래 어디까지 가나 한번 보자.'

"이놈! 누가 널 죽이려고 하더냐?"

희천이 갑자기 돌아앉으며 고함을 꽥 질렀다. 생사를 초월한 경지를 운운하는 것은 곧 죽음에 대한 두려움 때문이라는 가르침이었다. 과객은 용케 그 말뜻을 알아차렸다.

과객이 어느새 무릎을 꿇고 머리를 조아리고 있었다.

"더 할 말이 남았는고?"

희천이 그에게 조용히 다가가 속삭였다. 과객은 주눅이 들었는지 말은 못하고 고개만 가로저었다.

그에게 희천이 타이르듯이 말했다.

"여보게, 다음부터는 나에게 묻지 말고 자네에게 묻게나. 그렇게 해서도 모르겠거든 자네를 버리게나."

과객은 이 말에 불현듯 깨우쳤다. 그리고 벌떡 일어나 희천에게 절을 했다.

모든 것은 마음에서 비롯된다고 했다. 의심이든 의혹이든, 악이든 선이든 모두 그 마음이 원천이라고 했다. 따라서 마음이 깨끗하면 해탈이니 정토니 열반이니 하는 문구에 매달리지 않게 될 것이다.

과객도 이 정도는 알고 있었지만 정작 믿지는 않았다. 머리로만 그렇게 생각하고 있었을 뿐 마음속에는 다른 생각들이 가득했다. 그것이 문제였다.

이럴 때 해결책은 무엇인가? 바로 그 생각들로 가득한 마음을 버려야 할 것이다. 즉, 스스로 무엇을 얻으려 하지 말라는 뜻이다. 진리는 있는 그대로가 실체이다. 거기에는 더 이상의 형용사는 필요 없다. 있는 그대로 인정하는 것이 곧 마음을 버리는 것이다.

희천이 과객에게 말했다. 깨달음을 타인에게 의존하지 말고 자신에게 의존하라고. 남을 시험하듯이 묻지 말고 스스로 자기 속에서 찾아보라고. 그리고 그렇게 해서도 찾지 못하면 찾으려는 그 마음을 버리라고.

"해탈이 무엇이냐?", "정토가 무엇이냐?", "열반이 무엇이냐?"

이렇게 자꾸 묻지 말라는 뜻이다. 그 모든 것은 단지 껍데기만 다를 뿐 본체는 동일하기 때문이다. 따라서 그 껍데기에 집착하지 말고 자기 내면을 보라. 그러면 모든 물음에 대한 답이 그곳에 있을 것이다.

그래도 사람들은 여전히 물을 것이다.

"그래도 해탈이 뭡니까?"

그러면 희천은 이렇게 물을 것이다.

"당신 마음에 무엇이 들어 있습니까?"

석두(石頭)라고도 불리는 희천(希遷)은 당나라 때의 선사로, 700년에 태어났으며 790년에 세상을 떠났다. 혜능의 제자인 행사의 수제자이기도 한 그는 약산, 천연, 도오 등을 길러내 마조와 더불어 중국 선종의 기반을 닦은 인물이다.

희천은 마음이 곧 부처라고 가르쳤고, 모든 것의 본체는 하나라고 하면서 마음이든, 부처든, 보리든, 열반이든 이름만 다를 뿐 본질은 같다고 했다. 이는 만물을 원상태로 돌려놓을 때 비로소 깨끗해져 막힘이 없게 된다는 말이다.

"생사는 물에 비친 달이나 그림자 같은 것인데 어찌 생기고 사라짐이 있으랴?"

희천이 한 말이다.

부처를 뽑는 과거

| | | | | | | | | | | | | | | | | | | | | | | | | | | | | | | | | |

천연(단하) 天然(丹霞)

부처를 뽑는 과거

선비 하나가 길을 가고 있는데 웬 스님이 함께 가길 청했다.

"어딜 가시는 길입니까?"

스님이 물었다.

"과거장에 가는 길이지요."

선비가 대답했다. 그리고 이번에는 그가 스님에게 물었다.

"스님은 어디로 가십니까?"

"저도 과거장에 가는 길입니다."

"스님도 과거를 보십니까?"

"선비께서는 관리를 뽑는 과거를 보겠지만 저는 부처를 뽑는 과거를 보러 갑니다."

이 말에 선비가 혹한 표정으로 스님에게 바싹 다가서며 물었다.

"도대체 어디서 부처를 뽑는답니까?"

그러자 스님이 선비의 귀에 대고 나지막하게 속삭였다.

"강서에 있는 마조대사를 찾아가 보시지요."

그 길로 선비는 과거를 포기하고 강서로 달려갔다. 그리고 마조를 대하자 대뜸 이렇게 말했다.

"여기서 부처를 뽑습니까?"

이 물음에 마조가 껄껄 웃으며 대답했다.

"남악의 희천대사를 찾아가 보시게나."

불교에 대해서는 전혀 모르는 그였지만 강서의 마조와 호남의 희천에 대한 소문은 익히 듣고 있었다.

선비는 다시 호남으로 달려갔다. 그리고 희천을 만나자 그는 마조에게 했던 것과 똑같은 질문을 하였다.

"여기서 부처를 뽑습니까?"

이 말에 희천이 웃으면서 기꺼이 그를 제자로 받아들였다.

그리고 어느덧 3년이 흘렀다. 선비는 그동안 행자 노릇을 하며 절 생활에 익숙해져 있었다. 그러던 어느 날 희천이 대중을 모두 모아놓고 이렇게 말했다.

"내일은 불전 앞에 마구 자라난 잡초를 베자."

이튿날 대중은 모두 낫과 호미를 들고 나왔다. 하지만 행자 한 사람만이 유독 대야에 물을 담아가지고 희천 앞에 꿇어앉았다. 그 선비였다.

희천이 그를 보더니 기분 좋게 웃으면서 그의 머리를 깎아 주었다. 그리고 곧이어 계법사가 나왔다. 하지만 선비는 계법사가 계율을 읊으려 하자 벌떡 일어나 두 손으로 귀를 틀어막고 절 밖으로 뛰쳐나갔다.

그 행동을 보고 모두 의아한 표정을 짓고 있었지만 희천은 웃으면서 고개를 끄덕이며 혼잣말로 "그놈 결국 과거에 합격했구먼." 하고 중얼거렸다.

남악을 떠난 그 선비는 곧장 강서로 달려갔다. 그리고 마조가 머무르고 있던 절에 들어가 다짜고짜 법당에 놓여 있는 보살상의 목에 걸터앉았다. 이 때문에 온 절이 발칵 뒤집혔다.

경내가 소란스러워지자 마조가 옆에 있던 제자에게 물었다.

"무슨 일이냐?"

제자가 대답했다.

"웬 미친놈이 지금 법당에 들어와 보살상 위에 올라가 내려오지 않고 있습니다."

그 말에 마조가 직접 법당으로 달려가 보니 정말 까까머리 중놈 하나가 보살상의 모가지에 올라타고 기분 좋게 소리를 꽥꽥 지르고 있었다. 자세히 보니 3년 전에 자신을 찾아왔다가 남악의 회천에게 갔던 선비였다.

"허허, 그놈 천연덕스럽구만."

마조가 이렇게 웃으면서 말하자 그는 곧 내려와서 꾸뻑 절을 하였다.

"스님께서 법명을 주시니 기꺼이 받겠습니다."

그래서 그가 얻은 법명이 천연이었다. 아무 거리낌 없이 하늘의 이치대로 산다는 의미였다.

그가 절을 하고 일어서자 마조가 덧붙였다.

"회천의 길이 미끄러워 너를 미끄러뜨렸구나."

그러자 천연이 빙그레 웃으며 고개를 가로저었다.

"미끄러졌으면 예까지 못 왔지요."

"여기서 부처를 뽑습니까?"

누군가가 당신에게 이렇게 물었다. 당신은 어떻게 하겠는가?

선비는 분명히 절을 찾아간 것이 아니라 사람을 찾아갔다. 그리고 당신 역시 사람이다. 따라서 부처를 뽑을 자격은 당신에게도 있다. 왜냐하면 부처는 결국 당신이 뽑는 것이 아니라 단지 스스로 만들어지기 때문이다.

부처를 뽑는 곳을 찾아 나선 선비는 이미 부처였다. 이제 누군가가 그를 부처라고 인정해 주기만 하면 된다. 그것을 위해 선비는 3년 동안 행자생활을 하며 기다렸다.

"내일은 불전 앞에 마구 자라난 잡초를 베자."

회천의 이 말! 참으로 시적이다. 그는 이미 천연이 깨달았음을 알고 이제 형식적인 삭발식만 하면 된다고 말했던 것이다.

언제나 그랬듯이 선사의 말귀를 알아듣는 자만이 인정을 받게 된다. 그리고 다시는 같은 말을 반복하지 않는다. 기회는 단 한 번뿐인 것이다.

천연이 그 속뜻을 알아차리고 삭발을 준비했다. 그리고 삭발이 끝난 후 계법사가 계율을 읊으려 하자 귀를 막고 도망쳤다. 들으면 그것에 얽매일 수 있다. 가장 좋은 방법은 아무것도 모르는 상태로 비워 두는 것이다.

아는 것이 곧 벽이 된다. 진리로 가는 길에 가장 큰 걸림돌은 바로 자신을 옭아매는 지식이다. 가장 자연스러운 것, 천연스러운 것, 완전한 자유, 그것이 곧 부처이다.

천연의 깨달음이다.

사리를 찾는 중이오

천연이 길을 가고 있었다. 겨울이었다. 바람이 예사롭지 않았다. 게다가 폭설마저 쏟아지고 있었다. 그리고 이윽고 날이 저물었다. 천연은 몸을 기댈 곳을 찾다가 마침내 절을 발견하고 그곳으로 향했다.

절 입구에는 "혜림사"라는 현판이 붙어 있었다. 절 안은 조용했다. 추운 데다 눈보라마저 휘몰아치자 모두 승방 안으로 들어가고 없는 듯하였다.

천연은 땔감을 찾았다. 어쨌든 불을 피워 몸을 녹일 심사였다. 하지만 좀처럼 땔감이 될 만한 것을 찾을 수가 없었다. 그러자 그는 법당으로 성큼성큼 걸어 들어갔다. 그 같은 추위에 법당을 지키고 있을 사람은 없었다. 텅 빈 법당에 들어선 천연은 법당 한가운데에 모셔 놓은 목불을 안고 나와 도끼로 탁탁 쪼개 군불을 지피기 시작했다.

어느새 불길이 활활 솟아올랐다. 그 광경을 보고 승려 몇 명이 모닥불 주위로 몰려들었다. 그들도 몸을 녹일 곳을 찾던 중이었다. 그러다가 그 중 한 명이 질겁하며 소리쳤다.

"아니, 이 미친놈이 부처님을 쪼개서 불을 피워!"

갑자기 절간이 소란스러워졌다. 모닥불 주위로 사람들이 몰려오기 시작했다.

"야, 이놈아 이게 무슨 짓이냐?"

법당에 있어야 할 목불이 없어진 것을 알고 쫓아온 노승 하나가 소리쳤다.

그러자 천연은 태연하게 재를 뒤적거리며 말했다.

"보면 모르겠소? 지금 사리를 찾는 중이오."

뭐? 노승의 얼굴에 핏기가 번져갔다.

"야, 이 미친놈아, 나무토막에서 무슨 사리가 나온단 말이더냐?"

천연이 빙그레 웃으며 대답했다.

"그러면 됐잖습니까?"

어허!

노승은 말문이 탁 막혔다. 그 옆에서 천연은 여전히 천연덕스런 얼굴로 불을 지피고 있었다. 그리고 몰려온 대중 역시 모닥불 주위에 둘러서서 시시닥거리며 군불에 몸을 녹였다. 오랜만에 조용한 절간에 웃음꽃이 피고 있었다.

껍데기에 현혹되지 말라. 껍데기는 모두 자기 우상이다. 깨달음은 언제나 본질을 바로 보는 데 있다. 천연은 그렇게 항변하고 있었다. 하지만 우리는 껍데기에 절하기를 좋아한다. 상징은 단지 상징으로 머물 때 그 가치를 인정받는 것인데, 상징을 전부로 생각하고 그것을 맹신하고 있다는 것이다. 천연은 철저하게 그것을 경계하라고 당부하고 있다.

천연(天然)은 희천의 제자로 선승들 중에서도 아주 기이한 인물로 알려져 있다. 당나라 때인 739년에 태어나 104세를 향수하다가 842년에 죽었는데, 뚜렷하게 제자를 길러내지는 않았다.

그는 희천에게서 3년 동안 행자생활을 한 후 마조에게 가서 천연이라는 이름을 얻은 후에 주로 단하산(丹霞山)에 머물러 있었기 때문에 단하라고도 불렸다.

혜능의 제자 혜충국사는 그를 두고 최고의 승려라고 칭찬을 아끼지 않았다고 하는데, 그만큼 천연의 깨달음이 깊었던 까닭일 것이다.

스승을 구하러 온 사미승

| | | | | | | | | | | | | | | | | | | | | | | | | | | | |

조주 _{趙州}

스승을 구하러 온 사미승

남전이 낮잠을 자다 깨어나 보니 옆에 어린 사미승 하나가 앉아 있었다. 그가 깨어나자 어린 사미승은 고개를 숙여 넙죽 인사를 하였다. 골격이 뛰어나고 영민해 보이는 아이였다. 남전이 팔베개를 하고 누운 채로 사미승에게 물었다.

"몇 살이냐?"

"열네 살입니다."

"어디서 왔느냐?"

"서상원에서 왔습니다."

서상원이면 서상에 있는 절 이름이렷다. 그래 어디 밥값이나 하는지 보자.

"그래 거기서 부처님 꼬리라도 보았느냐?"

남전의 얼굴에 특유의 장난기 어린 웃음이 감돌았다.

"부처님 꼬리는 못 보고 누워 있는 부처는 보았습니다."

이 소리에 남전이 팔베개를 거두고 벌떡 일어나 앉았다. 누워 있는 부처란 곧 남전 자신을 가리키는 말이었기 때문이다.

오호, 그놈 잘하면 물건이 되겠는데.

"너는 스승이 있느냐?"

남전은 원래 제자 욕심이 많은 인물이었다. 그런데 낮잠을 자고 있는데 재목이 제 발로 걸어들어 왔으니 탐을 내는 것은 당연한 노릇이었다.

"예, 스승이 있습니다."

남전의 얼굴에 안타까움이 스민다.

"그래, 네 스승이 누구냐?"

누군지 몰라도 제자복이 있는 사람이구만.

남전은 속으로 그렇게 뇌까리며 사미승의 대답을 기다렸다. 그런데 사미승은 대답은 하지 않고 일어나 넙죽 절을 하는 것이 아닌가.

"날씨가 쌀쌀한데 불편한 점은 없으신지요?"

어, 이놈 봐라! 어른 놀리네!

남전의 얼굴에 웃음꽃이 활짝 핀다. 쓸 만한 놈 하나 건졌다는 뜻이다.

이 어린 사미승이 바로 조주다. 그는 아주 어린 나이에 출가했지만 자신을 거두어 줄 만한 스승을 찾지 못했다. 그래서 직접 스승을 찾아나서게 되었고, 그래서 얻은 스승이 남전이었다.

열네 살의 어린아이가 괴팍하고 장난기 많은 남전을 놀라게 했다. 그리고 남전은 그의 역량을 한눈에 알아보고 40년을 데리고 있으면서 가르침을 주었다.

빈손으로 왔다가 빈 마음으로 간 사나이

스님 하나가 조주를 찾아와 절을 하며 말했다.

"빈손으로 왔습니다."

그러자 조주는 엉뚱하게도 이렇게 말했다.

"그럼 내려놓게나."

내려놓긴 뭘 내려놓으라는 겐가. 이 조주라는 스님이 소문하곤 달리 꽤 물질을 밝히시는구만.

그가 붉게 달아오른 얼굴로 말했다.

"빈손으로 왔는뎁쇼."

조주가 다시 말했다.

"그럼 계속 들고 있게나."

"……."

"빈손으로 왔습니다."

조주를 찾아온 객승의 말이다. 뒤집어서 말하면 뭔가 가져와야 되는데 사정이 허락되지 않아 그냥 왔다는 뜻이다.

"그럼 내려놓게나."

뭘?

그 무거운 마음을.

형식과 절차에 사로잡힌 그대 마음을.

조주는 그에게 그런 부담스런 마음을 없애버리라고 했지만 그는 알아듣지 못했다. 그리고 재차 자기가 빈손으로 왔음을 강조했다.

"그럼 계속 들고 있게나."

무슨 말인지도 알아듣지 못하는 상대에게 군이 상세한 설명을 해 주지 않는 것이 공안이다. 하지만 기회를 한 번 더 준다. 그럼에도 불구하고 여전히 객승은 조주의 말을 알아듣지 못했다.

객승은 이제 내쫓기는 일만 남았다.

밥은 먹었느냐

선방에 들어온 지 얼마 되지 않은 제자 하나가 조주에게 간청했다.

"스님, 저는 아직 도가 무엇인지 잘 모릅니다. 그러니 한마디만 일러주십시오."

조주가 이 말을 듣고 대뜸 물었다.

"아침은 먹었느냐?"

뜻밖의 질문을 받은 그는 뚱한 얼굴로 대답했다.

"그렇습니다만……."

조주가 다시 말했다.

"가서 네 밥그릇이나 씻어라."

"……."

도는 먼 곳에 있는 것이 아니다. 삶 자체가 참선인 것이다. 조주는 이렇게 가르쳤다. 도란 곧 생활이다. 따라서 자기 생활도 제대로 챙기지 못하면서 참선 운운하는 것은 어리석은 짓이다.

조주는 또 이런 점을 그에게 일러주고 있다.

밥은 먹었느냐?

밥 먹는 것은 가장 기본적인 일상사이다. 도 역시 이것과 다르지 않다.

밥 먹었으면 가서 네 밥그릇이나 닦아라.

쓸데없는 말에 집착하지 말고 네 앞에 벌어진 현실이나 추스리라는 뜻이다. 곧 일상생활 속의 일상적인 마음, 곧 "평상심이 도"라고 말하고 있다.

그 제자가 알아듣든 말든 조주는 자기 방식으로 그렇게 가르치고 있다.

문득 홍인이 혜능을 가르치던 생각이 스쳐간다.

벼는 익었느냐?

벼는 익었습니다만 아직 타작을 못했습니다.

조주도 똑같이 물었다.

밥은 먹었느냐?

차나 마시게

한 스님이 조주를 찾아왔다.

조주는 그에게 차를 한 잔 대접하면서 물었다.

"전에 여기 온 적이 있는가?"

그가 대답했다.

"처음입니다."

조주가 말했다.

"그래? 차나 마시게."

그리고 또 다른 스님이 찾아오자 그는 역시 차를 대접하며 똑같은 질문을 던졌다.

"전에 여기 온 적이 있는가?"

그가 대답했다.

"예, 온 적이 있습니다."

조주가 말했다.

"그래? 차나 마시게."

그 스님이 돌아가자 시자가 궁금한 듯이 조주에게 물었다.

"스님, 왜 두 사람에게 모두 "차나 마시라"고 했습니까?"

조주가 시자를 힐끗 쳐다보더니 말했다.

"자네도 차나 마시게."

조주의 이런 행동이 아주 낯설게 느껴질지도 모른다. 그러나 조금만 그 마음 속으로 접근해 보면 그다지 낯설 것도 없다는 것을 알게 될 것이다.

여기 온 적이 있나?

조주의 물음이다. 그러자 찾아온 사람들은 단순히 조주의 방에 와본 적이 있는지를 묻는 것으로 알고 한 사람은 아니라고 답하고 한 사람은 예라고 답했다.

그러나 조주는 단순히 그들이 자기 방에 와본 적이 있는지를 묻고 있는 것이 아니다. 조주를 찾아왔다면 뭔가 가르침을 받기 위해 온 것이고, 그래서 조주는 상대를 대하자마자 곧 화두를 던졌던 것이다.

여기 온 적이 있는가?

이를 다른 말로 표현하면 이런 것이다.

깨달음에 이른 적이 있는가?

깨친 적이 있는가?

깨쳤는가?

조주가 이렇게 물었지만 그들은 알아듣지 못했다.

차나 마시게.

시험이 끝났으니 더 이상 할 말이 없는 것이다. 그래서 잔소리 말고 차나 마시고 가라는 것이다. 너는 아직도 멀었으니 도니 참선이니 하는 말들은 아예 꺼내지도 말라는 뜻이다.

조주의 시자 역시 알아듣지 못하기는 마찬가지였다. 그래서 그에게도 역시,

"자네도 차나 마시게."

오줌 좀 누고 오겠네

제자 하나가 조주에게 물었다.

"스님, 가장 다급한 일이 무엇입니까?"

그러자 조주가 황급히 일어나 밖으로 나가며 말했다.

"오줌 좀 누고 오겠네."

개한테 물어봐

제자 하나가 심각한 얼굴로 조주에게 물었다.

"스님, 개한테도 깨달음이 있습니까?"

조주가 주저 없이 대답했다.

"없어."

다음날 또 다른 제자가 와서 똑같이 물었다.

"개도 사람처럼 깨닫습니까?"

조주가 주저하지 않고 대답했다.

"있지."

제자가 의아한 듯이 다시 물었다.

"그럼 개는 왜 사람이 되지 못했습니까?"

조주가 말했다.

"그건 개한테 물어봐."

개에게 불성이 있느냐? 아니면 없느냐?

다른 말로 하면 천사에게 날개가 있느냐 없느냐, 또는 천사가 바늘 위에 설 수 있느냐 없느냐, 하는 것이렷다?

쓸데없는 관념에 매달려 있다. 그 쓸데없는 짓에 같이 부화뇌동할 필요가 있겠는가?

개가 불성이 있으면 어떻고, 또 없으면 어떻다는 것인가?

그것이 자네의 깨달음하고 무슨 관계가 있어!

조주는 그렇게 말하고 있다.

"견공에게 물어봐!"

달마가 서쪽에서 온 까닭은

제자 하나가 조주에게 물었다.

"스님, 달마조사께서 서쪽에서 온 까닭이 무엇입니까?"

조주가 대답했다.

"앞뜰에는 잣나무가 있지."

제자가 황당한 얼굴로 다시 물었다.

"무슨 뜻입니까?"

그러나 조주는 여전히 똑같은 말만 되풀이했다.

"앞뜰에는 잣나무가 있지."

제자는 얼굴을 붉히고 멍하니 앉아 있다가 고개를 갸웃거리며 나갔다.

달마가 어느 쪽에서 왔든 그게 무슨 상관이냐? 그건 달마에게 물어봐!

조주는 제자의 물음에 그렇게 답했다.

제자의 물음은 사실 단순히 달마가 왜 서쪽에서 왔느냐는 물음은 아니었다. 그것은 한 발 더 들어가 보면 달마가 왜 불법을 일으켰느냐? 또 부처는 왜 이 세상에 왔느냐? 결국 그래서 도란 무엇인가? 뭐 그런 것이다.

그래도 조주는 여전히 이렇게 말하고 있다.

그딴 것이 뭐 중요하냐? 쓸데없는 데 신경 쓰지 말고 너 자신이나 걱정해라.

앞뜰에 잣나무가 있는 것은 분명하지만 그것이 왜 거기에 있는지는 중요하지 않다. 잣나무가 앞뜰에 있으면 어떻고 뒤뜰에 있으면 어떠랴? 앞뜰에 있으나 뒤뜰에 있으나 그것이 잣나무인 것만은 분명하지 않으냐. 그리고 설사 앞뜰에 잣나무가 없다고 한들 그것이 또한 무슨 문제가 있는가?

달마가 서쪽에서 온 의미도 그와 같은 이치라는 것이다. 왜? 중요한 것은 달마가 아니라 바로 자기 자신이기 때문이다.

한마디로 쓸데없는 것에 신경 쓰지 말고 수행에나 충실하라는 것이다.

조주(趙州)는 장사와 더불어 남전의 수제자다. 그의 속성은 학(郝)씨이고, 당나라 때인 778년에 조주의 학향(郝鄕)에서 태어났으며, 아주 어린 나이로 입산하여 열네 살 때 남전을 만났다. 이후 40년 동안 남전을 수발하다가 그가 죽은 뒤부터 본격적으로 가르침을 시작했다. 그리고 897년 120세를 일기로 세상을 떠났으니 선승들 중에서 가장 오래 산 셈이다.

그는 검소한 생활로 자기를 다스렸으며, 절개가 꿋꿋하여 왕이 찾아와도 자리에서 일어나지 않았다고 한다. 또한 그의 가르침은 짧고 순간적이어서 웬만한 사람은 그에게 가르침을 받을 엄두도 내지 못했다고 한다.

그에 관한 이야기는 『송고승전』 11권, 『조당집(祖堂集)』 18권과 그의 어록에 전하고 있다.

조주의 스승 남전(南泉)은 당나라 때의 선승으로 속성은 왕(王)씨다. 그의 법명은 보원(普願)이었으나 후에 주로 남천에 머물고 있었으므로 남전이란 이름으로 추앙받았다. 그는 748년에 태어났으며 출가하여 마조의 제자가 되었고, 장사, 조주 등 뛰어난 제자들을 배출하고, 834년에 87세를 일기로 세상을 떠났다.

스승의 뺨을 때린 제자

| | | | | | | | | | | | | | | | | | | | | | | | | | |

임제(의현) 臨濟(義玄)

스승의 뺨을 때린 제자

목주(睦州)라는 스님이 임제에게 말했다.

"자네 이곳에 온 지 얼마나 됐나?"

"3년이 되었습니다."

"그렇다면 황벽스님에게 도를 물은 적이 있는가?"

"없습니다."

"그렇다면 지금 황벽스님에게 가서 진정한 도가 무엇인지 물어보게나."

목주의 말에 따라 임제는 황벽의 방을 찾아가 목주가 시키는 대로 말했다.

"스님, 진정한 도가 무엇입니까?"

그러자 갑자기 황벽이 임제의 뺨을 철썩 때렸다. 그 큰 손바닥에 맞고 나자 임제는 정신이 아득해지는 것 같았다. 그리고 도망치듯 황벽의 방을 물러나왔다.

황벽의 방에서 나온 임제에게 목주가 물었다.

"그래, 스님이 뭐라고 하던가?"

"아무 말도 않고 그냥 힘껏 제 뺨을 때렸습니다."

임제는 아직까지 화끈화끈 달아오르는 뺨을 어루만지며 울먹였다.

"그렇다면 다시 한 번 찾아가 똑같은 질문을 해 보게."

목주가 이렇게 말하자 임제는 손사래를 치며 안 하겠다고 했다. 하지만 목주는 물러서지 않았다.

"혜가선사는 팔 한쪽을 내주고 깨달음을 얻었거늘, 자네는 겨우 뺨 한 대 맞고 물러서는가?"

목주의 말에 힘을 얻어 임제는 다시 황벽의 방을 찾았다. 그리고 똑같은 질문을 하였다. 이번에도 황벽의 대답은 똑같았다. 철썩! 하는 소리가 나더니 눈앞에 번갯불이 번쩍 하였다.

임제가 볼을 싸안고 자기 처소로 돌아가는데 다시 목주가 다가와 말했다.

"이번에도 자네의 뺨을 치시던가?"

"예."

"그러면 한 번만 더 해 보게나. 삼세 번이라고 하지 않았는가."

이 말에 임제는 다시 황벽을 찾아갔다. 그러나 이번에도 역시 뺨만 한 대 얻어맞았을 뿐 황벽은 한 마디도 하지 않았다.

세 번이나 같은 질문을 했는데도 계속해서 뺨만 얻어맞은 임제는 황벽이 자신을 내치는 것으로 생각하고 짐을 꾸렸다. 이 사실을 안 목주는 황벽을 찾아갔다.

"오늘 스님께서 세 번이나 뺨을 치신 그 젊은이는 큰그릇입니다. 하지만 그 사람은 지금 짐을 꾸리고 있습니다. 하직인사를 하러 오거든 이번에는 뺨을 치지 마시고 한마디 일러주십시오. 어린애는 젖으로 키워야 하지 않겠습니까? 너무 빨리 보리밥을 먹이면 탈이 날까 염려스럽습니다."

목주의 부탁을 받고 황벽은 웃으면서 고개를 끄덕였다.

목주가 나가고 잠시 후에 임제가 다시 황벽을 찾아왔다. 목주의 말대로 하직인사를 하러 온 것이다.

"스님 하직인사를 드리려고 왔습니다."

"그래? 어디로 갈 건가?"

"아직 정하지 않았습니다. 우선 이 절을 빠져나가서 생각할까 합니다."

이놈 뺨 세 대에 완전히 기가 죽었구만.

황벽이 임제의 얼굴을 쳐다보며 넌지시 웃었다.

"아직 갈 곳을 정하지 않았다니 하는 말이네만, 다른 데로 가지 말고 고안탄으로 가게. 그곳에 가면 자네의 문제를 풀 수 있을 걸세."

고안탄이라면 대우(大愚)가 머물고 있는 곳이었다. 대우는 백장의 사제인 귀종(歸宗)의 제자였으므로 황벽과는 세속 촌수로 따지면 사촌뻘이 되는 셈이었다.

임제는 그 길로 곧장 고안탄으로 달려갔다.

대우가 자신을 찾아온 임제에게 물었다.

"어디서 왔누?"

"황벽산에서 왔습니다."

"황벽이라? 그래, 왜 널 여기로 보내더냐?"

그러자 임제가 자초지종을 이야기했다. 그리고 이렇게 물었다.

"스님, 도대체 제가 무슨 잘못을 했기에 황벽스님께서 저를 사정없이 쫓아냈는지요?"

이 말에 대우가 호통을 쳤다.

"이런 머저리 같은 놈! 황벽의 가르침을 그만큼 많이 받고도 내게 와서 그런 질문을 하느냐?"

어, 이게 무슨 소리야?

임제는 느닷없는 대우의 호통에 멍해지고 말았다.

"황벽이 너를 때린 것이 정녕 내쫓기 위함이라고 생각하느냐?"

대우의 그 말에 임제는 머릿속이 환해지는 느낌이었다. 그리고 왜 황벽이 자기를 대우에게 보냈는지 알 것 같았다.

임제는 갑자기 이렇게 중얼거렸다.

"황벽의 깨달음도 별것 아니구만."

이 소리에 대우는 벌떡 일어서며 임제의 멱살을 잡았다.

"이놈! 뭘 봤느냐? 말해라, 말해!"

대우는 고함을 꽥꽥 질렀지만 임제는 그에게 멱살을 붙잡힌 채 히죽거리고 웃기만 하였다. 그리고 어느 순간 대우의 옆구리를 세 번 꾹꾹 찔렀다. 그때서야 대우는 임제가 깨달았음을 알고 멱살을 풀어 주었다. 그리고 그에게 말했다.

"너는 황벽의 새끼니 황벽에게 돌아가라."

임제는 대우에게 하직인사를 하고 다시 황벽산으로 돌아갔다.

황벽을 만난 임제가 절을 꾸뻑 하자 그가 호통을 쳤다.

"떠난 지 며칠이나 됐다고 벌써 왔느냐? 그렇게 왔다갔다해서야 언제 깨달음에 이르겠느냐?"

"이렇게 돌아오는 것이 스님의 뜻 아닙니까?"

임제는 그렇게 되물으며 능청스럽게 황벽 면전에 앉았다.

뭔가 낌새를 느낀 황벽이 다시 물었다.

"그래 대우가 뭐라고 하더냐?"

황벽이 그렇게 묻자 임제는 그 말을 기다렸다는 듯이 벌떡 일어나더니 느닷없이 황벽의 뺨을 후려쳤다.

"이 미친놈이 겁도 없이 호랑이를 물어?"

황벽이 그렇게 소리치자 임제는 태연하게 대꾸했다.

"대우스님이 일러준 가르침입니다."

임제의 그 같은 태도에 황벽은 화난 음성으로 대우를 욕하기 시작했다.

"대우 이놈, 내 제자를 가르치라고 했더니 버릇을 더럽게 들여놨구나. 어디 두고봐라. 내 앞에 나타나기만 하면 매운 맛을 보여 주겠다."

그 말이 채 끝나기도 전에 임제는 다시 황벽의 뺨을 철썩 치면서 "매운 맛은 지금 보시지요!" 하고 소리쳤다. 그리고 연달아 황벽의 뺨을 한 번 더 쳤다. 세 대 맞았으니 맞은 만큼 돌려준 것이다.

"이놈을 선방으로 끌고 가라!"

황벽은 비명을 지르면서 시자들에게 명령했다. 그리고 그가 시자들에 의해 선방으로 끌려가고 나자 뺨을 어루만지면서 혼잣말로 중얼거렸다.

"제자 두 놈만 가르쳤다간 맞아 죽겠구만."

무엇이 진정한 도냐?

임제가 황벽에게 물은 말이다.

황벽은 이 물음에는 대답하지도 않고 그의 뺨을 후려쳤다. 참으로 성질 고약한 스승이다. 하지만 황벽이 아무나 때리는 것은 아니다. 필시 뭔가 가르침이 있다. 말보다도 더 분명하고 확실한 그 무엇.

그것을 임제는 대우를 만나고서야 비로소 깨달았다.

뭘? 도대체 뭘 깨달았을까? 뭘 깨달았기에 황벽의 깨달음도 별것이 아니라고 단정할 수 있었을까?

임제는 분명 자신의 물음과 황벽의 행동을 되새겼을 것이다.

진정한 도가 뭐냐?

얼마나 어리석은 질문인가.

깨달음에 진정한 것이 있고, 그렇지 않은 것이 있었던가?

맞으면 아픈 것이 당연한 이치다. 도도 마찬가지다. 그 당연성을 넘어서는 것이 아니다. 도는 누구에게 뺨을 맞고 아픔을 느끼는 이치와 다를 바가 없다. 특별한 것이 아니다. 일상사가 모두 깨달음이다. 그 속에 도가 있다.

세 번을 맞고, 세 번 모두 아픔을 느꼈다. 그 아픔은 처음의 아픔과 별다른 것이 없다. 깨달음도 그렇다. 처음의 깨침이 나중의 깨침보다 더 감동적인 것은 아니다.

임제는 한참 만에 이것을 깨쳤다. 또한 스승에게 맞았다는 사실에 집착한 자신의 어리석음을 발견했다.

깨닫고 나니 아무것도 아니더라.

임제의 말이다.

그렇다. 진리는 사실 아무것도 아니다. 그다지 특별할 것도 대단할 것도 없는 것이다. 그것을 어떤 특별한 범주 속에 가둬 두면 절대로 진리에 접근할 수 없다.

물론 이것을 발견하기까지는 시간이 필요하다. 하지만 단순히 시간만으로는 해결할 수 없다. 지혜가 필요한 것이다. 그리고 지혜의 가장 큰 요체는 역시 사물을 있는 그대로 보는 데 있다.

진리에는 계급이 없다. 따라서 진리를 여러 가지로 분리해서 생각하는 것부터가 잘못됐다. 진리에는 깊고 낮음이 없다. 자기의 내면적 깊이에 따라 깊고 낮음이 결정되는 것뿐이다. 하지만 진리 자체는 그대로 있다. 그것을 있는 그대로 보아야 할 것이다.

뺨 한 대의 법문

임제가 어느덧 황벽의 대를 이어 제자를 기르고 있었다.

한 스님이 그에게 물었다.

"스님, 진정한 불법이 뭡니까?"

그러자 임제는 느닷없이 그의 뺨을 갈긴 후 밀쳐버렸다.

그가 얼빠진 얼굴로 임제를 쳐다보고 있자 옆에 있던 다른 스님 하나가 그에게 넌지시 일러주었다.

"법문이 끝났는데 왜 절을 하지 않나?"

깨침은 깨지는 것이다. 깨침은 또한 밖에 있는 것이 아니라 안에 있는 것이다. 따라서 남에게서 불법을 얻으려 하는 것만큼 어리석은 행동은 없다.

임제는 그에게 그 점을 가르치고 있다.

뺨 한 대로.

딱!

두 제자가 임제에게 가르침을 얻고자 왔다.

임제는 그들을 보자 곧 옆에 있는 빗자루를 세워 보였다. 그러자 그 중에 한 제자가 일어나 절을 했다.

딱!

빗자루 몽둥이가 제자의 머리를 때렸다.

그 광경을 지켜보던 나머지 한 제자는 절을 하지 않았다.

딱!

이번에도 역시 빗자루 몽둥이가 다른 제자의 머리를 때렸다.

두 제자가 영문을 모르고 멍하니 앉아 있자 임제는 다시 그들을 빗자루 몽둥이로 내리쳤다. 그리고 그들을 방에서 내쫓아버렸다.

깨달음은 본질을 아는 것이다. 따라서 허상에 매달려 있으면 결코 깨달음에 이를 수 없다.

임제의 빗자루는 단지 허상에 지나지 않는다. 그것을 향해 절을 한 것은 곧 그 허상에 사로잡혀 정작 보아야 할 본질을 보지 못했다는 의미다.

그래서 딱!

그리고 앞사람이 절을 해서 맞는 것을 보고 절을 하지 않은 것 역시 앞사람처럼 절을 한 것과 다를 바가 없다.

그래서 딱!

그럼에도 불구하고 그들은 자신이 왜 맞았는지조차 모른다.

그래서 딱! 딱!

임제(臨濟)는 황벽의 제자로 본래 법명은 의현(義玄)이다. 그의 속성은 형(邢) 씨이고 산동성 조주의 남화(南華)에서 태어났다. 출생 연대는 정확히 알 수 없지만 805년을 전후해서 태어났을 것으로 추측된다.

그에 관한 이야기는 『조당집』 19권, 『송고승전』 12권 등에 수록되어 있으며, 그의 설법집인 『임제록』은 "어록의 왕"이라고 불릴 정도로 불가에서 많이 애독되었다.

임제는 임제종의 창시자이기도 하다. "임제"라는 종명은 그가 강서에서 스승 황벽의 불법을 이어받은 후 하북성 진주(鎭州)의 호타하 강변에서 임제원을 짓고 학인들을 지도한 데서 비롯됐다.

임제의 특징은 일체의 전통과 권위를 인정하지 않고 현실생활에 입각하여 스스로가 주체가 되어 진리에 도달해야 한다는 입장을 고수하고 있다는 점이다. 이 같은 임제의 관점이 확대되어 임제종의 종지가 되었고, 이후 강인하고 주체적인 임제종의 선사상은 하북인들의 무인 기질과 어우러져 중국 선종을 이끌어가는 중추적인 역할을 하게 된다.

임제의 스승 황벽(黃檗)은 위산과 더불어 마조의 법을 이은 백장의 가장 뛰어난 제자로, 법명은 희운(希運)이다. 그의 생몰연대는 확실하게 밝혀지지 않았으나 대략 770년을 전후해서 복주(福州) 민현(閩縣)에서 태어났을 것으로 추정되며, 847년에서 860년 사이에 죽었다고 전해진다.

그에 관한 이야기는 『송고승전』 20권과 『조당집』 16권, 『전등록』 9권 등에 전하고 있으며, 『전심법요(傳心法要)』, 『완능록』 등과 같은 책이 그의 저서로 알려져 있다.

그가 거주했다는 홍주의 황벽산이 어디였는지는 분명치 않으며, 배휴(裴休)와 처음 만난 곳이 홍주의 개원사였는지도 정확하게 알 수는 없다.

『조당집』에 실려 있는 황벽의 설법은 매우 날카롭고 비판적이다. 그는 진정한 선이 무엇인가에 골몰했으며, 제자들에게도 선의 참의미에 대해 역설했다. 그 결과 임제라는 걸출한 제자를 배출할 수 있었다.

8장

한국의 선(禪) 철학

혜공에서 경허까지

우리나라에 불교가 들어온 것은 삼국시대였으며, 삼국 가운데 불교가 가장 발전한 나라는 신라였다. 신라 불교는 흔히 호국 불교라 불리며 화랑도와 결합하여 국가를 발전시키는 원동력이 되었다. 하지만 호국 불교는 불교의 본질에서 벗어나 왕실과 귀족들의 계급을 유지하는 기반으로 전락했다.

이런 상황에서 과감하게 불교의 근본으로 돌아가자고 외친 인물이 혜공이다. 혜공은 학문적으로 명망을 얻고 있던 원효를 깨달음과 자유의 세계로 이끌어냈다. 그 뒤 한국 불교에도 깨달음의 바람이 불었다.

신라의 승려 범일은 그 깨달음의 길을 따라 중국으로 건너가 선불교를 몸에 익혀 돌아왔다. 하지만 우리 불교는 그때마다 교종으로 흘렀다. 더구나 신라의 맥을 이은 고려는 불교를 국교화하였다. 때문에 고려에서 불교는 왕가의 통치수단이자 귀족들의 은신처로 전락하였다. 이런 가운데 지눌과 나옹이 나와 선 철학의 끈을 이어 놓았다. 하지만 신유학의 나라를 자처하던 조선의 건국으로 불교는 짓밟히고 사찰은 뜯겨 나갔다. 그나마 조선 초에는 무학이 바람막이 역할을 했지만, 세월이 흐를수록 승려들의 삶은 더욱 처참해졌다. 그러면서 조선의 불교는 민중과 동화되었다. 노비와 같은 취급을 받으면서 불교는 오히려 원래의 모습으로 돌아갔다. 그리고 사그라지고 있던 조선의 선불교는 경허에 의해 되살아났다. 그 뒤 조선 땅에는 다시 깨달음의 철학이 거세게 일어났다.

원효의 똥은 내 고기다

혜공(대안) 惠空(大安)

원효의 똥은 내 고기다

혜공과 원효가 운수행각을 하던 어느 날이었다.

걸식을 하며 떠돌던 그들이 미처 아침도 해결하지 못했는데, 해는 이미 중천을 지나 서쪽으로 기울기 시작했다. 아침부터 허기에 시달리고 있었던 그들은 뱃속에 점이라도 찍어야겠다는 생각에 주위를 두리번거리다가 냇가에서 노니는 고기를 발견하자 누가 먼저랄 것도 없이 물로 뛰어들었다.

고기를 잡을 만한 마땅한 도구가 없었기에 두 사람은 가장 원시적인 방법을 택할 수밖에 없었다. 돌을 들고 물가에 굳은 듯이 서 있다가 고기떼를 발견하면 가차 없이 돌을 던져대는 것이었다.

"고기들이여, 이 불쌍한 거지들을 위해 육신 공양 좀 하소서!"

혜공은 이렇게 외쳐대며 돌을 던지고 있었다. 그 기원 덕분인지는 알 수 없었지만 혜공이 돌을 던지면 영락없이 몇 마리 고기가 죽은 채로 떠올랐다. 하지만 원효는 단 한 마리도 잡지 못했다. 그런 방법으로 끼니를 해결하기는 처음이었으니 당연한 일인지도 몰랐다.

어느새 냇가에 혜공이 잡은 고기가 제법 수북이 쌓였다. 그러자 혜공은 돌 던지기를 멈추고 잡은 고기를 나무 꼬챙이에 끼워 불에 구웠다. 두 사람은 정신없이 구운 고기를 먹었다. 어지간히 배들이 고팠던 모양이다. 내장이고 지느러미고 뼈고 할 것 없이 마구 집어삼키더니, 순식간에 고기를 다 먹어치웠다.

허기가 해결되자 그들은 너럭바위에 누워 잠을 자기 시작했다. 그리고 약속이나 한 듯이 두 사람 모두 일어나 숲속에 나란히 앉았다. 너무 허겁지겁 먹어댄 탓에 위장이 미처 포만감에 젖어볼 틈도 주지 않고 뒷일을 재촉하고 있었던 것이다.

원효가 볼일을 마치고 일어나자 혜공이 어느새 그 옆으로 다가와 비아냥거리듯이 말했다.

"많이 처먹어대더니 똥만 엄청나게 싸놨구나, 이놈."

이 말에 원효가 화를 버럭 내며 달려들었다.

"이놈아, 너는 똥 안 눴냐?"

혜공이 장난기 섞인 웃음을 띠며 대꾸했다.

"나는 똥 안 눴어."

화가 난 원효가 혜공을 밀치고 그가 뒷일을 본 곳으로 달려갔다. 그런데 정말 아무리 찾아보아도 그의 배설물이 보이지 않았다. 다만 그 자리에는 피라미 한 마리가 팔딱거리며 뛰고 있는 것이 아닌가. 원효가 눈이 휘둥그레져서 피라미를 쳐다보고 있는데 혜공이 다시 옆으로 다가왔다.

"물고기 잡아먹고 똥만 잔뜩 싼 놈아!"

혜공은 조롱하는 얼굴로 그렇게 말하면서 피라미를 손바닥에 올려놓았다. 그리고 물가로 가더니 그것을 놓아주었다.

"고기보살님, 다음에 또 육신 공양 부탁하나이다!"

혜공은 고기를 놓아주면서 염불하듯이 말했다. 그리고 멍하니 그 광경을 지켜보던 원효를 다시 놀리기 시작했다.

"에이 더러운 놈, 물고기 잡아먹고 똥만 싸는 놈아!"

이 말에 원효가 혜공의 멱살을 잡아채 그를 바위 위에 내동댕이쳤다. 하지만 혜공은 깔깔거리면서 계속해서 똑같은 말을 반복했다. 화가 난 원효가 다시 그의 멱살을 잡으려 하자 그는 재빨리 일어나 달아났다. 그리고 큰 소리로 외쳐댔다.

원효의 똥은 내 고기다!

원효의 똥은 내 고기다!

이 외침에 원효는 퍼뜩 깨쳤다.

원효의 똥은 내 고기다.

혜공의 외침이자 가르침이다.

오랫동안 귀족불교에 빠져 있던 원효를 이 한 마디로 후려치는 혜공의 날카로운 지적이 참으로 신선하다.

너희들이 그토록 천시하고 하잘것없이 여기는 똥 같은 인생들이 바로 내 허기를 채워주는 부처이자 인도자다.

혜공은 이렇게 말했던 것이다.

그리고 원효에게 그는 또 이렇게 질타했다.

살아 있는 고기를 먹고 똥만 싸는 놈아!

즉, 껍데기만 보고 구원해야 할 민중을 천대하는 어리석은 놈이란 뜻이다.

사실 당시까지만 해도 원효는 여전히 교학불교, 즉 경전 해석에만 매달려 있었다. 그리고 그것을 통해 귀족들에게 인정받고 자신의 입지를 세우는 데 여념이 없었다. 왜냐하면 당시 신라 사회에서는 선종은 단지 무속신앙이나 궤변 정도로로밖에 여기지 않았기 때문이다.

하지만 원효는 경전 해석에 치중하면 할수록 자신이 점차 깨달음의 본질에서 멀어져 가는 것을 느껴야만 했다. 그 때문에 거지들과 어울리며 자유로운 생활을 하고 있던 혜공에게서 새로운 선적 경지를 배우려는 노력을 하고 있었다. 하지만 그것은 단순한 기행에 불과했다. 본질적으로는 여전히 경전에서 얻어낸 지식에 얽매여 있었던 것이다.

혜공은 그런 원효에게 행동이 모든 것을 바꿔놓을 수 없다는 것을 가르치고 있다. 더 중요한 것은 내면의 변화이고, 그것이 시각의 변화로 드러나 자연스럽게 몸에 익숙해져야 한다는 것이다.

다행스럽게도 원효는 혜공의 가르침을 알아들었다. 그리고 깨달았다. 그동안 자신이 똥을 살아 있는 고기로 알고 살아왔다는 것을. 살아 있는 고기를 먹고 쓰잘데없는 배설물만 쏟아냈다는 것을.

혜공(惠空)은 신라 진평왕 대에서 선덕여왕 대에 활동한 선승으로 "대안 대안!" 하고 소리를 지르고 다녔다 해서 대안(大安)이라 불리기도 했고, 삼태기를 항상 메고 다닌다고 해서 부개화상(부개란 경상도 방언으로 짚으로 짠 삼태기를 말한다.), 즉 "삼태기 스님"이라고 불리기도 했다.

신라 10대 성인의 한 사람인 그는 천진공이라는 귀족의 집에 예속된 여종의 아들로 태어났으며, 아명은 우적이었다. 이 같은 출신 때문인지 그의 이름은 『삼국유사』에 전설처럼 남아 있을 뿐 자세한 행적은 기록되어 있지 않다.

하지만 민담으로 전해져 오는 설화에 따르면 그는 민중과 함께 먹고 자면서 평생 그들의 친근한 벗으로 남아 있었다고 한다. 그리고 앞서 소개한 원효(元曉)와의 유명한 이야기를 남겼다.

고기 때문에 원효와 싸웠다는 그곳은 포항의 동남쪽 기슭이다. 그곳에는 지금 오어사라는 절이 있다. 오어사(吾魚寺)란 말 그대로 "내 고기 절"이란 뜻이다. 이 오어사는 원래 항사사(恒沙寺)였다가 혜공과 원효의 이 사건 이후로 현재와 같이 개칭되었다고 한다.

사실 오어사에 얽힌 전설은 앞에 소개한 내용과 다소 다르다. 고기를 잡아먹은 원효와 혜공이 동시에 고기를 한 마리씩 눴다고 한다. 그래서 그 두 마리 고기 중 한 마리는 아래로 내려가고, 또 한 마리는 물살을 타고 위로 거슬러 올라갔는데, 혜공과 원효는 둘 다 위로 올라간 고기가 자기 것이라고 하면서 싸웠다는 것이다.

어쨌든 지금 오어사 앞쪽에는 여전히 개천이 하나 흐르고 있다. 그리고 그곳에서 두 스님이 고기를 잡아 구워먹었을 것이다. 살아 있는 고기를 눴다는 전설이 사실인지 아닌지는 알 수 없지만.

|||||||||||||||||||||||||||||

범일(품일) 梵日(品日)

해와 달에게 무슨 길이 필요한가

제안이라는 스님에게 한 스님이 찾아왔다. 그는 동방의 신라에서 온 승려로 선사들을 두루 예방하고 있는 중이라 하였다.

제안이 그에게 물었다.

"그대는 어디서 왔소?"

"동방에서 왔습니다."

"걸어서 왔습니까, 배를 타고 왔습니까?"

"둘 다 아니오."

제안이 의아한 표정으로 물었다.

"그럼 날아서 왔단 말이오?"

신라의 스님이 웃음 띤 얼굴로 되물었다.

"해와 달에게 어떤 길이 필요하다고 생각하십니까?"

그때서야 제안은 그를 알아보고 찬탄하며 말했다.

"실로 동방의 보살이로다!"

그 동방의 보살, 그가 바로 범일이다.

도를 깨치는 데는 왕도가 정해져 있는 것이 아니다.

어떻게 왔느냐고 묻는 제안의 물음에 대한 범일의 대답이다.

해와 달에게 어떤 길이 필요하다고 생각하는가?

다시 말해 해와 달이 뜨고 지는 데 무슨 특별한 길이 필요한가 하는 물음이다. 마찬가지로 깨달음을 얻는 것에도 특별한 길이 정해져 있는 것이 아니다.

사실 제안은 범일에게 단순히 어떤 경로로 중국까지 올 수 있었냐고 물었다. 하지만 범일은 그의 물음에 대한 대답으로 본질적인 물음을 던졌다.

깨달음을 얻기 위해서는 어떤 길에도, 또 어떤 관습에도 얽매이지 않고 해와 달이 움직이듯 자연스럽게 움직이면 된다는 것이다.

이런 깨달음과 관련하여 범일이 당신에게 문제를 던지고 있다. 일군의 무리가 산을 오르고 있었다. 그들은 하나같이 정상에 오르는 것이 목적이었다. 뿐만 아니라 모두 함께 정상에 올라야만 했다. 그런데 그들은 올라가다가 중간에서 뿔뿔이 흩어지고 말았다. 모두 혼자가 된 것이다. 산에서 헤어진 이 사람들이 다시 만날 수 있는 방법은 무엇이겠는가?

그리고 범일은 이렇게 말한다.

깨침의 방법은 다양하다. 하지만 그 길의 끝은 한 곳을 향해 있다.

다시 묻는다.

산에서 헤어진 사람들이 다시 만날 수 있는 방법은?

범일(梵日)은 신라 말기의 선승으로 신라 구산선문(九山禪門) 중 사굴산파(闍堀山派)를 개창했으며, 품일(品日)이라고도 불렸다.

그는 810년 명주 도독을 지낸 김술원의 아들로 태어나 15세에 출가하였고, 22세에 왕자 김의종과 함께 당나라에 유학하였다.

당에 들어간 범일은 마조 계통의 제안(齊安)을 만나 그에게서 "평상의 마음이 곧 도"라는 가르침을 받고 깨쳤으며, 6년간 그의 문하에 머물다가 다시 약산(藥山)에게로 가서 그의 인정을 받고 38세에 귀국하였다.

귀국 후 그는 백달산에 머물다가 명주 도독의 청으로 사굴산 굴산사(堀山寺)로 옮겨 40여 년 동안 제자들을 양성하였다. 당시 경문왕, 헌강왕, 정강왕 등이 차례로 그를 국사로 받들려고 하였으나 그는 결코 굴산사를 떠나지 않았다고 한다.

그는 수행의 본분을 이렇게 말하고 있다.

"부처의 뒤도 따르지 말고, 다른 사람의 깨달음도 따르지 말라. 앞뒤 사람을 돌아볼 것도 없이 오직 자기에 대한 자각을 수행의 본분으로 삼아야 할 것이다."

주인은 어디 있느냐

지눌(보조) 知訥(普照)

주인은 어디 있느냐

지눌이 제자와 함께 길을 가고 있었다.

길바닥에 짚신이 한 짝 떨어져 있는 것을 보고 지눌이 제자에게 물었다.

"주인은 어디 있지?"

제자가 대답했다.

"그때 만났지 않았습니까."

지눌이 끄덕이며 웃었다. 그리고 그에게 법을 전했다.

주인은 어디 있느냐?

지눌이 짚신을 가리키며 제자에게 던진 질문이다. 지눌은 길바닥에 떨어져 있는 짚신을 이용해 제자의 성장을 시험하고 있었다. 용케도 제자는 지눌의 시험을 통과했다.

주인!

지눌은 주인이 누구냐고 묻고 있다.

그것은 단순히 짚신의 주인이 누구냐고 묻고 있는 것이 아니다. 짚신으로 제자에게 한눈을 팔게 한 다음 자기 자신의 진정한 주인이 누구냐고 묻고 있는 것이다.

이처럼 지눌이 짚신으로 눈을 돌리게 한 뒤에 질문을 던진 것은 바로 수행자는 언제나 본질을 꿰뚫고 있으라는 가르침이기도 하다. 그리고 제자 역시 그런 가르침에 익숙해져 있었다. 그래서 지눌의 낚싯밥을 물지 않았던 것이다.

주인은 어디 있느냐?

자기의 주인은 어디 있느냐?

곧, 너는 어디 있느냐?

자기의 주인은 바로 자기 자신이다. 그리고 그 주인은 제자를 지칭하는 말이었다.

이에 제자는 이렇게 대답했다.

"그때 만나지 않았습니까."

그때란 지눌과 제자가 만났던 그때이다. 제자는 그 점을 간과하지 않았다.

그 제자는 혜심이었다. 그는 후에 지눌에 이어 수선사(지금의 송광사)의 2대 조사가 되었다.

지눌(知訥)은 고려 중기의 선승이자 선종의 중흥조로 흔히 보조(普照)국사라고 불린다. 그는 1158년 황해도 서흥에서 국학의 학정을 지낸 정광우와 개흥 출신의 어머니 조씨 사이에서 출생했으며, 속성은 정씨이고 자호는 목우자(牧牛子)이다.

그는 8세 때 구산선문 중 사굴산파에 속하였던 종휘에 의해 출가하였으며, 25세 때인 1182년 승과에 급제하였다. 그리고 보제사의 담선법회에 참석하였고, 그곳에 모인 승려들과 함께 정혜결사(定慧結社)를 맺음으로써 본격적인 활동에 들어갔다.

그는 수행을 위해 나주의 청량사에 들어가게 되었는데, 그곳에서 혜능의 『육조단경』을 접하고 비로소 깨침을 얻었다. 그로 하여금 깨침을 준 『육조단경』의 구절은 "진리는 자기의 본성과 같으며, 그것은 항상 자유롭다."는 부분이었다.

깨침을 얻은 지눌은 육조 혜능을 존경하여 스승으로 섬겼고, 심지어는 송광산의 길상사(吉祥寺)를 중창할 때 산 이름을 육조가 머물던 "조계"를 따서 조계산이라고 바꾸기까지 하였다.

지눌이 깨침을 얻은 그때, 고려 불교는 선종 및 교종이라는 양종으로 분리되어 끝없는 싸움이 지속되고 있었는데, 그는 이른바 "정혜쌍수결사문(定慧雙修結社文)"을 통해 본격적으로 선·교 양종 통합운동을 전개하였다. 그리고 마침내 "선종과 교종이 원래는 하나"라는 사상을 통해 독창적인 동방불교의 기틀을 마련하는 데 성공했다. 그리고 만년에는 수선사(송광사)에 머물면서 10년 동안 선풍을 드날리며 제자들을 양성하다가 1210년 53세를 일기로 세상을 떠났다.

선종과 교종을 일치시키려는 그의 사상의 핵심은 한마디로 "선과 교를 따로 나누어 보지 말라."는 것이었다.

한 선비의 출가

나옹 (혜근) 懶翁(惠勤)

한 선비의 출가

친한 벗을 잃은 선비 하나가 출가를 결심하고 묘적암을 찾았다. 그를 보자 묘적암에 머물고 있던 요연이 물었다.

"내 앞에 있는 이 물건이 무엇인고?"

너는 무엇이냐고 묻는 질문이었다. 이에 선비가 대답했다.

"말하고 듣고 걸을 수 있는 물건입니다. 그러나 보지 못하는 것을 보길 원하고 찾지 못하는 것을 찾고 싶습니다. 어떻게 하면 좋겠습니까?"

이 말에 요연이 고개를 끄덕이며 그를 받아들였다.

이 선비가 바로 나옹이다.

그는 친한 벗의 죽음을 경험하면서 인생의 무상함을 경험했다. 그리고 또 인간의 미래에 대한 의문을 품게 되었다. 그래서 묘적암을 찾았다.

그의 첫 스승인 요연은 그를 보더니 대뜸 "이 물건이 무엇이냐?" 하고 물었다.

나옹이 대답한다.

"보지 못하는 것을 보길 원하고, 찾지 못하는 것을 찾고 싶습니다."

즉, 깨침을 얻고 싶다는 뜻이다.

요연은 그의 열정과 명석함을 높이 평가하고 받아들였다.

이것이 나옹의 출가기이다.

칼 한 자루

나옹이 중국으로 유학을 떠났다. 그는 한동안 인도 승려 지공에게서 수업을 받다가 다시 길을 떠났다. 그리고 평산을 만났다.

평산이 그를 보자 대뜸 물었다.

"어디서 오십니까?"

"지공에게서 옵니다."

"지공은 매일 뭘 합니까?"

"그는 날마다 1,000개의 칼을 갈고 있습니다."

1,000명의 제자를 가르치고 있다는 뜻이렷다?

순간 평산의 눈에서 광채가 흘렀다. 그물을 던질 때가 된 것이다.

"지공은 천 개의 칼을 갈고 있는데 당신은 내게 보여 줄 한 개의 칼이라도 있소이까? 있으면 보여 주시오."

평산의 말이 채 끝나기도 전에 나옹이 방석으로 평산을 내리쳤다.

아악!

평산이 비명을 지르며 소리쳤다.

"이 동쪽 오랑캐 놈이 사람 죽인다!"

그러자 나옹이 껄껄 웃으면서 물었다.

"칼맛이 어떻습니까?"

평산이 겁에 질린 표정을 지으며 말을 못하자 나옹이 한마디 덧붙였다.

"제 칼에 맞으면 죽기도 하고, 살기도 한답니다."

깨달음의 칼!

그것은 때로는 사람을 죽이기도 하고 살리기도 한다.

그것은 자기를 죽이고 또 하나의 자기를 얻게도 한다.

그렇다. 깨달음은 칼날이다.

스스로를 끊임없이 위협하는 날 선 칼날이다.

비록 그 칼의 주인은 자신이지만 주인조차도 가차 없이 죽여 버리는 무서운 칼날이다.

지금 그 칼날이 당신의 목을 노리고 있다.

어떻게 할 것인가?

기꺼이 목을 내줘야 당신이 살 수 있다는 것을 아는가?

그 칼은 지금 당신 안에 있다.

나옹(懶翁)은 고려 말의 선사로 원래의 법명은 혜근(惠勤)이며, 공민왕의 왕사 이자 무학의 스승이었다.

그는 1321년에 태어났으며, 속성은 아(牙)씨이고 속명은 원혜(元惠)이다. 21세 때 절친한 친구의 죽음을 보고 인생의 무상함을 느껴 공덕산 묘적암의 요연(了然)에 의해 출가하였다. 그 후 1347년 원나라로 건너가 연경 법원사에 머물렀으며, 그곳에서 인도 출신 승려 지공의 지도를 받으며 4년을 보냈다. 이때 고려에서 온 무학을 만나 사제 관계를 맺었다.

그리고 휴휴암, 자선사 등에서 정진하다가 한동안 원나라에서 금란가사를 하사받는 등 선풍을 드날렸으며 원 순제의 만류를 무릅쓰고 1358년에 귀국하였다.

귀국한 뒤 나옹은 국사가 되어 기울어가는 고려 불교를 다시 일으켜 세우기 위해 숱한 노력을 하였지만 그 뜻을 이루지 못하고 1376년 신륵사에서 57세를 일기로 세상을 떠났다.

너 죽었느냐

무학 無學

너 죽었느냐

나옹과 무학이 원나라의 한 절에서 참선 정진을 하고 있던 어느 날이었다. 무학이 참선에 너무 열중한 나머지 끼니를 거르자 나옹이 무학에게 물었다.

"너 죽었니?"

무학이 빙그레 웃으며 대답했다.

"예. 그리고 살았어요."

그러자 나옹이 껄껄 웃으며 어깨를 두드려 주었다.

깨침은 깨지는 것이다.

그것은 하나의 자기를 죽이고 또 하나의 자기를 얻는 것이다. 삶의 가장 기본이 되는 것은 먹는 일이다. 그런데 무학은 먹는 일조차 잊고 참선에 열중했다. 나옹은 그 점을 은근히 꼬집으며 물었던 것이다.

너 죽은 놈이냐?

즉, 깨달음이 굶는다고 얻어지느냐?

참선만 한다고 부처가 되느냐?

이런 말이다.

회양이 마조에게 했던 말과 비슷하다.

"앉아만 있다고 깨달음을 얻느냐?"

그런 꾸지람에도 아랑곳하지 않고 무학은 이렇게 대답한다.

예, 죽었습니다. 그리고 지금 살았습니다.

즉, 밖에서 도를 구하던 자기를 죽이고 안에서 도를 찾는 자기를 얻었다는 뜻이다. 깨달음은 결코 밖에 있는 것이 아니므로.

가장 먼저 놓은 돌은?

나옹이 무학과 함께 계단에 앉아 있다가 느닷없이 조주스님 이야기를 하였다.

"조주스님이 제자와 함께 돌다리를 바라보다가 '이 다리는 누가 만들었지?' 하고 묻자 제자는 이응이라는 사람이 만들었다고 했지. 그때 조주스님이 다시 '어디서부터 손을 댔겠느냐?' 하고 제자에게 물었지. 그러자 제자는 아무 대답도 하지 못했다네."

나옹은 그렇게 말하고 무학을 슬쩍 쳐다보았다. 그리고 이렇게 물었다.

"자네는 그 물음에 어떻게 대답하겠나?"

나옹의 물음에 무학은 아무 말도 하지 않고 두 손으로 계단을 쌓은 돌을 잡았다.

이에 나옹이 빙긋이 웃었다.

그렇다.

깨달음은 붙잡은 거기가 처음이다.

조주가 깨달음의 세계를 다리에 비유했지만 그 제자는 알아듣지 못했다. 그래서 그 다리를 "어디서부터 처음 손을 댔겠느냐?"는 질문에 대답할 수 없었다. 그러나 600년 뒤에 동방의 젊은 승려인 무학이 그 해답을 내놓았다.

깨달음에는 과거도 미래도 현재도 없다. 그것은 시간에 예속되지 않는다. 깨달음의 세계에서는 언제나 깨달은 그 순간이 처음인 것이다. 깨닫는 순간이 곧 태초인 것이다.

왜냐하면 깨달음은 곧 새 하늘이고 새 땅이기 때문이다. 새 하늘과 새 땅을 주기 때문이다. 같은 하늘과 같은 땅이 같은 하늘과 같은 땅으로 보이지 않기 때문이다.

왕을 돼지로 만들다

조선 태조 이성계는 일찍이 무학을 자신의 스승으로 모셨다. 그래서 개국을 하자 곧 그를 국사로 앉혔다.

그러던 어느 날이었다. 평소부터 무학과 담소하기를 좋아하던 이성계가 그를 보자마자 대뜸 이렇게 말했다.

"나는 평소에도 국사를 돼지 같다고 생각했는데, 오늘 보니 영락없이 돼지 같구려."

이성계 얼굴에 장난기가 흘렀다. 이에 질세라, 무학이 맞받아쳤다.

"저는 항상 전하를 부처님처럼 생겼다고 생각하고 있습니다."

그러자 이성계가 반색을 하며 물었다.

"그거 기분 나쁜 소리는 아니군요. 그런데 왜 그런 생각을 하게 됐습니까?"

"부처 눈에는 모든 것이 부처로 보이니까요."

아뿔싸!

이성계가 무릎을 쳤다. 또 제 무덤을 판 꼴이 된 것이다.

무학(無學)은 스님으로서는 유일하게 조선 건국에 참여하여 조선의 도성을 한양으로 옮기는 데 결정적인 역할을 했던 인물이다. 또한 뛰어난 예지로 이성계를 지도한 덕분에 개국 후 왕사가 되기도 했다. 이 때문에 그를 도참사상에 빠져 고작 풍수나 봐 주는 얼치기 승려로 생각할 수도 있지만, 그의 삶에 대해 조금만 관심을 기울여 보면 그가 철저한 선승이었음을 알 수 있다.

그는 고려 말인 1327년에 하층민 집안에서 태어났으며, 속성은 박씨다. 18세에 수선사(송광사)로 출가하여 혜감국사의 수제자인 소지 문하에 있었으며, 청년시절 원나라에 유학하여 인도 출신 승려 지공에게서 깨달음을 얻었다. 그리고 그 뒤에 자신의 스승이 된 나옹을 만났다.

고려로 귀국한 뒤 그는 나옹의 전법제자가 되었지만, 보수적인 나옹 문하생들의 배척을 받아 나옹 곁을 떠나 안변의 토굴에서 생활하였다.

그러던 중 자신을 찾아온 이성계와 함께 조선 건국을 도모했으며, 이 일이 성사되자 조선의 국사가 되었다. 이후 조선의 도성 건립에도 참여했으나, 정도전 등의 성리학자들에 의해 권력이 장악됐음을 인식하고 왕사직에서 물러나 수행에만 몰두하다가 1405년 79세를 일기로 세상을 떠났다.

콧구멍 없는 소

경허鏡虛

콧구멍 없는 소

아홉 살의 어린 나이로 절에 맡겨진 아이가 있었다. 아이는 절에 산다는 이유로 자연스럽게 머리를 깎았고, 또 장삼을 걸치고 있어야 했다.

세월이 흘렀다. 그 아이는 어느덧 스물셋의 청년으로 성장했고, 명석한 머리 덕분에 동학사 강원에서 강사를 하고 있었다. 하지만 그의 머리를 깎아주고 그에게 승복을 입혀 주었던 스승은 오히려 절을 박차고 나가 속가에서 살림을 차렸다.

그 후 7년이 지난 어느 날, 서른을 넘긴 그 승려는 문득 환속한 스승이 보고 싶어 길을 떠났다. 그리고 도상에서 폭우를 만나 어느 집 처마 밑에서 비를 피하고 있었다.

그는 몸을 떨며 처마 밑에 서 있다가 불현듯 두려움에 몸을 떨기 시작했다. 알고 보니 그가 찾아든 마을에는 전염병이 돌고 있었고, 동네 사람들 태반이 송장이 되어 비를 맞으며 실려 나가고 있었던 것이다.

그 때문에 그는 밤새도록 전염병의 공포에 시달리다 아침을 맞이했다. 참으로 기나긴 밤이었다. 그 긴 시간 동안 그는 줄곧 삶과 죽음에 대해서만 생각했다. 그리고 수백 번도 넘게 같은 질문을 반복했다.

"인간은 어디서 와서 어디로 가는가?"

이 같은 의문을 풀기 위해 그는 속가로 떠난 스승을 찾아보리라는 계획을 취소하고 다시 절간으로 돌아왔다. 절간에 돌아오자마자 그는 그동안 자기에게 불경 수업을 받던 학생들을 모두 내보냈다. 남을 가르칠 처지가 아니라고 생각했던 것이다.

그는 오랜 묵언수행에 들어갔다. 의문에 대한 명확한 답을 얻기 전에는 절대 음식을 입에 대지 않겠다는 결심을 하고 문을 걸어 잠궜다.

시간이 흘러갔다. 며칠이나 지났는지 알 수 없었다. 그러다가 한순간 그는 누군가가 밖에서 떠드는 소리를 들었다.

"이보게, 게으른 사람은 죽어서 소가 된다지?"

"이 사람아, 걱정 말게. 나는 소가 되더라도 콧구멍 없는 소가 될 걸세."

콧구멍 없는 소!

그는 갑자기 벌떡 일어섰다. 그리고 큰 소리로 외쳐대기 시작했다.

"그래, 그거야. 하늘이 열렸어! 하늘이 열렸다구!"

그는 그렇게 소리치며 밖으로 뛰쳐나와 미친 듯이 춤을 추며 끝없이 외쳤다.

나는 콧구멍 없는 소다!

경허가 깨달음을 얻는 장면이다.

콧구멍 없는 소!

이 한 마디에 경허는 새 하늘과 새 땅을 열었다. 도대체 이 말이 무슨 뜻이기에?

콧구멍 없는 소.

그것은 다른 말로 "고삐에 얽매이지 않는 소"다.

즉, 아무것에도 얽매이지 않는 자유인이다.

그렇다. 그것은 바로 영원한 자유인을 의미한다.

깨달은 자, 그는 아무것에도 얽매이지 않는 영원한 자유인인 것이다.

경전으로 도배를 하다

겨울이었다. 북풍이 몰아치기 시작했다. 산중에 초가를 짓고 그곳에서 겨울을 지내고 있던 경허는 추위에 오들오들 떨고 있다가 불현듯 옆에 있는 경전을 찢기 시작했다. 그리고 그것으로 구멍 난 문도 바르고 벽에 도배도 하였다.

그 광경을 지켜보던 제자들이 황당한 얼굴로 물었다.

"스님, 어떻게 경전을 찢어 도배를 하십니까?"

경허가 태연한 얼굴로 대답했다.

"부처가 얼어 죽으면 경전이 무슨 소용인감?"

"……."

경허의 눈에는 경전이 단순히 종이에 붓글씨를 써 놓은 일반적인 책들과 다를 바가 없었다. 그 자신이 이미 경전이었기 때문이다.

깨달은 자, 그가 곧 부처이자 경전이 아니던가.

옛 부처들이 써 놓은 경전은 참고는 될지언정 자기 깨달음은 아니다. 따라서 그것을 모방해서도 안 되고, 그것을 추종해서도 안 된다. 더군다나 그것을 신앙해서는 더욱 안 된다. 그것은 곧 자기를 죽이는 행위이기 때문이다.

모든 것으로부터의 자유.

그것이 바로 깨침이다.

"부처가 얼어 죽으면 경전이 무슨 소용인가?"

경허의 직설적인 가르침이다.

경전보다 부처가 먼저라는 것이다. 모든 대중의 마음이 곧 부처이니 대중이 먼저라는 것이다. 그 대중 속에 깨달음이 있다는 뜻이다.

단청불사

경허와 그의 제자 만공이 길을 가고 있었다.

그들은 이미 빈털터리였다. 몇 푼 준비했던 노잣돈은 벌써 술값으로 탕진하고 없었다. 하지만 경허는 주막을 그냥 지나치지 않았다. 주막이 보이자 갑자기 목이 컬컬해 오고 허기도 더 거세게 밀려오는 듯했기 때문이다.

경허는 주막에 들어서자 방 하나를 차지하고 기세 좋게 술을 시켰다. 그리고 만공에게 말했다.

"종이와 붓을 꺼내라."

만공은 스승이 시키는 대로 종이와 붓을 꺼내고 먹을 갈았다. 그러자 경허는 종이 위에 이렇게 썼다.

"단청불사 권선문(丹靑佛事勸善文)"

그리고 그 밑에다가 몇 자 적었다. 절에 단청을 해야 하는데 적선을 좀 해 달라는 그럴싸한 내용이었다.

"만공아, 가서 동네 한 바퀴 돌고 오너라."

스승이 이렇게 말하자 만공이 그 글귀를 앞세우고 시주를 받기 위해 주막을 빠져나갔다. 그리고 한 시간쯤 후에 돌아왔다. 만공이 돌아왔을 때 경허는 혼자서 술을 마시고 있었다. 원래부터 술을 좋아하던 경허였기에 놀랄 일도 아니었다.

"추운데 고생했구나. 어서 와서 한잔 하거라."

경허는 만공에게 술을 따라 주었다.

그들은 그렇게 주거니 받거니 하면서 주전자 몇 개를 비웠다. 그리고 술이 이마빡까지 달아오르자 두 사람은 일어났다. 주막을 빠져나와 동구밖에 이르렀을 때 만공이 따지는 투로 말했다.

"스님, 단청불사에 쓸 돈을 그렇게 주막에서 다 날리면 어떻게 합니까?"

그 말에 경허는 키득거리며 되물었다.

"지금 내 얼굴이 어떤가?"

만공이 대답했다.

"불그락푸르락합니다."

경허가 다시 말했다.

"이보다 잘된 단청이 또 어디에 있단 말인고?"

경허의 말에 만공이 맞장구를 쳤다.

"예. 단청불사 치고는 최고 걸작입니다."

두 사람은 어깨동무를 하고 다시 길을 가기 시작했다.

경허(鏡虛)는 조선 말기 사람으로 조선 500년 동안 잠자던 한국 불교를 다시 일으킨 근세 최고의 선승이었다.

그는 1849년 전주에서 아버지 송두식과 어머니 박씨 사이에서 태어났으며, 속명은 동욱(東旭)이다. 아홉 살 때 아버지가 죽자 절에 맡겨져 출가했으며, 원래 법명은 성우(惺牛)이고, 법호가 경허이다.

절에 맡겨진 그는 청계사에서 계허스님의 지도를 받았으며, 14세 때 동학사로 거처를 옮겼다. 그리고 23세의 젊은 나이로 동학사 강사가 되었다가 7년 뒤에 어느 마을에서 전염병으로 죽어가는 사람들을 보고 비로소 삶과 죽음을 화두로 정진하다가 한 나그네의 "콧구멍 없는 소"라는 소리에 깨쳤다.

그 후 산 속에 초가를 짓고 잠시 그곳에서 제자들과 함께 생활했으며, 나중에는 전국을 누비며 떠돌아다녔다. 그가 가는 곳에는 항상 선도량이 세워졌으며, 기행과 관련된 많은 일화들이 생겨났다. 그리고 제자가 양성됐다. 그렇게 해서 자라난 제자들 가운데 특히 만공(滿空), 혜월(慧月), 수월(水月) 등은 그의 선풍을 잇는 대표적인 인물들이다.

그는 이처럼 뛰어난 제자들을 남기고 1912년 홀연히 세상을 떠났다. 이때 그의 나이 64세였다.

9장

중세의 기독교 철학

아우구스티누스에서
오컴까지

서양사에 있어 중세라 함은 시간적으로는 서로마 제국의 멸망(476년)으로부터 종교개혁(1517년)에 이르는 약 1,000년 동안을 말하며, 사회적으로는 기독교가 학문과 문화를 지배하던 시기를 일컫는다.

이 시기에는 철학이 기독교에 예속되어 신학의 학문적·논리적 수단으로 사용되었는데, 이러한 철학을 우리는 대개 중세 철학이라고 부르고 있다.

중세 철학은 교부들의 철학과 스콜라(학자) 철학이라는 두 가지 형태로 나누어진다. 교부들의 철학이 중세를 준비하는 철학이라면 스콜라 철학은 중세를 지배하는 철학이라고 볼 수 있을 것이다.

교부 철학은 플라톤 철학과 헤브라이즘이 융합된 신플라톤주의에 뿌리를 두고 있는 것으로 아우구스티누스에 의해 본격화되고 절정에 이른다.

하지만 교부들은 카롤루스[Carolus Magnus, 프랑스어로는 샤를마뉴(Charlemagne)] 대제의 문화운동으로 많은 학교들이 세워지면서 학자들에게 학문적 권위를 내어주게 된다.

스콜라 철학의 선두주자는 안셀무스였다. 그는 "신앙은 지성을 요구한다."는 아우구스티누스의 말을 표어로 내걸고 신앙에 학문적 근거를 제공하는 작업에 박차를 가한다. 그것에 힘입어 스콜라 철학은 '스콜라 학파의 왕자'라 불리는 토마스 아퀴나스에 이르러 완성을 보게 된다.

그러나 스콜라 철학은 오컴 등의 후기 학자들에 의해 개별주의적 신학이 싹트면서 서서히 몰락의 길을 걷게 된다. 개별주의적 신학은 곧 교황의 절대적 권위에 도전하는 일이었고, 이 때문에 개별주의적 신학을 옹호하던 군주들과 교황 간에 싸움이 벌어지면서 중세는 나락으로 치닫게 된다.

철학으로 신(神)을 구축한 서양의 스승

아우구스티누스 Augustinus

진리는 신에게서 단 한 걸음도 떨어져서 존재할 수 없다

아우구스티누스가 힙포에서 주교직을 수행하고 있던 어느 날, 고향에서 친구가 찾아왔다. 친구의 이름은 타이루스였다.

타이루스가 아우구스티누스를 보더니 먼저 말했다.

"전에 만났을 때는 마니교의 옷을 입고 있더니, 오늘은 그리스도교의 옷을 입고 있구만. 도대체 어느 것이 자네의 진짜 옷인가?"

타이루스는 신을 믿지 않았다. 그는 신을 믿을 바에야 차라리 돌을 섬기는 것이 낫다고 말하는 사람이었다. 그 때문인지 아우구스티누스의 사제복이 눈에 거슬리는 모양이었다.

하지만 아우구스티누스는 대수롭지 않게 받아넘겼다.

"자네 보기에는 내가 입고 있는 옷이 가짜처럼 보이는가?"

아우구스티누스는 그렇게 말하며 환하게 웃었다. 타이루스 역시 심술을 부릴 생각으로 찾아온 것은 아닌 터라 더 이상 아우구스티누스를 몰아세우지 않았다.

"자네가 사제가 되었다는 소식을 들었을 때 나는 얼마 못 가서 자네가 사제복을 벗어던질 것이라고 생각했지. 하지만 막상 오늘 이렇게 자네를 만나고 나니 결국 사제로 늙어죽을 것 같다는 생각이 드는구만."

아우구스티누스가 차를 끓여오자 타이루스는 진지한 표정으로 말했다. 그 말에 아우구스티누스는 얼굴에 잔잔한 미소만 지을 뿐 아무 말도 하지 않았다.

타이루스의 말이 이어졌다.

"그리스도교에서는 신이 이 세계를 창조했다고 말한다지?"

아우구스티누스는 고개를 끄덕였다.

타이루스가 다시 물었다.

"그렇다면 그리스도교의 신은 형체가 있는 신인가? 아니면 형체가 없는 신인가?"

이 물음에 아우구스티누스는 간단명료하게 대답했다.

"무형의 신일세."

타이루스 역시 그런 대답이 나올 줄 미리 알고 있었다는 표정이었다. 그리고 또 물었다.

"그러면 그 신은 전지전능한 신인가? 아니면 능력에 한계가 있는 신인가?"

아우구스티누스는 이번에도 간단하게 대답했다.

"전지전능한 신일세."

그러자 타이루스는 그 대답을 기다렸다는 듯이 다음 질문으로 넘어갔다.

"신이 그토록 전지전능하다면 이 세상은 왜 이렇게 악과 불안으로 가득 차 있으며, 또 신은 형체가 없다는데 자네는 도대체 어떻게 그 신을 찾아낼 수 있는가?"

아우구스티누스가 빙그레 웃는다. 그 웃음 속에는 타이루스의 마음을 꿰뚫고 있다는 여유가 엿보이고 있었다.

"그러면 내가 하나 물어보세. 인간은 유한한 존재인가?"

"물론이지."

"그러면 자네는 내가 믿는 신이 무한한 신이라고 들었는가?"

"그렇게 들었네."

"인간이 유한하다는 것은 인간이 불완전하고 항상 변하며, 언젠가는 소멸한다는 뜻이겠지?"

"그렇다고 할 수 있지."

"또 신이 무한하다고 하는 것은 완전하고 불변하며 영원하다는 뜻이 되겠지?"

"그것도 그렇다고 할 수 있겠지."

"그렇다면 유한한 인간이 무한한 신을 밝혀낼 수 있다고 생각하는가?"

타이루스는 그 물음에 선뜻 대답하지 못했다. 그러자 아우구스티누스의 물음이 계속 이어졌다.

"다시 말해서 유한한 존재에 의해서 밝혀질 수 있는 존재를 무한한 존재라고 말할 수 있는가?"

타이루스는 여전히 아무 대답도 하지 못했다.

그쯤 되자 아우구스티누스는 선언하듯이 분명한 어조로 말했다.

"유한한 인간에 의해서 밝혀질 수 있는 신이 있다면 그것은 결코 신이 아니야. 유한한 존재가 찾아낼 수 있는 존재는 유한한 존재뿐이기 때문이지."

그때서야 타이루스는 다소 저자세가 되어 자신의 의문을 털어놓았다.

"자네 말대로 신이 전지전능하고 무한한 존재라면 이 세상은 어떻게 유한한 존재들로 가득하며, 또 이 세상에는 왜 악이 존재하는가?"

아우구스티누스가 대답했다.

"물론 보이는 것들은 모두 유한하네. 그것은 비록 전지전능하고 무한한 신이라 할지라도 유형의 존재를 만들기 위해서 유한한 물질을 사용할 수밖에 없기 때문이지. 하지만 우리에게 보이는 것이 전부는 아닐세. 진리는 오히려 보이지 않는 곳에 있는 것일세. 만약 진리가 확연하게 잡을 수 있는 것이라면 그것은 언젠가 반드시 변할 것이기 때문에 결코 진리라고 할 수 없지. 영원히 변하지 않는 것, 그것을 우리는 진리라고 말하지 않는가? 그렇다면 영원히 변하지 않는 것은 유한한 세계에 있겠나 아니면 무한한 세계에 있겠나?"

타이루스는 몹시 혼란스런 표정을 짓고 있을 뿐 아무 말도 하지 못했다. 아우구스티누스는 그 순간을 놓치지 않았다.

"진리는 영원히 진리로 남아야 하기에 유한한 세계에는 존재할 수 없지. 그리고 유한한 세계에 존재하지 않는 무한한 존재 그것은 오직 신뿐이야. 따라서 신이 곧 진리다. 진리는 신에게서 단 한 걸음도 벗어나서 존재할 수 없다는 뜻이지."

아우구스티누스는 인간이 유한하기에 신은 당연히 무한한 존재여야 한다고 주장했다. 만약 신이 유한하다면 그것은 영원불변하지 않을 것이며, 따라서 신이 될 수 없다고 보았던 것이다.

이런 사고는 한 걸음 더 나아가 만약 인간이 밝혀낼 수 있는 신이 있다면 그것은 결코 신이라고 할 수 없다는 지론으로 이어진다.

그는 이런 지론을 삼단논법을 통해 논리적으로 증명해 보인다.

- 인간은 유한하다. 하지만 신은 무한하다.
- 유한한 것은 결코 무한한 것을 밝혀낼 수 없다.
- 따라서 유한한 인간은 결코 무한한 신을 밝혀낼 수 없다.

이런 결론을 뒤집어서 생각해 보면 유한한 인간에 의해서 밝혀지거나 이해될 수 있는 신은 결코 신이 아니라는 논리가 성립된다.

이로써 아우구스티누스는 회의론자들의 주장을 극복해 낸다. 그리고 이런 결론을 바탕으로 그는 유물론자들의 '영원한 질료'를 다음과 같은 삼단논법을 통해 부정한다.

- 질료는 근본적으로 유한한 물체이다.
- 유한한 것은 영원할 수 없다.
- 따라서 '영원한 질료'는 존재할 수 없다.

이렇게 회의주의와 유물론을 극복한 그는 자신의 논리와 그리스도교를 하나로 엮는 작업을 한다. 그리고 그 작업의 결과 기독교의 근본 교리가 되는 중세 철학이 탄생하게 된다.

그의 철학세계는 곧 신앙의 세계이다. 그의 세계에서는 인간은 영혼과 육체로 이뤄져 있고, 궁극적으로 영혼만이 영원히 살아남을 수 있기 때문에 진정한 의미의 인간은 영혼이라고 규정된다. 이런 그의 인간관은 인간의 육체를 언젠가는 썩어 없어질 '영혼의 감옥'으로 단정하기에 이른다.

아우구스티누스의 이러한 사상에 따라 중세와 오늘날의 기독교인들은 자신이 죽으면 영혼과 육체로 나뉘어져, 육체는 썩어 없어지고 영혼은 극락이나 지옥으로 간다고 믿게 되었다.

하지만 이런 영혼관은 헤브라이즘과는 전혀 무관하다. 히브리인들은 오히려 영혼과 육체가 분리되지 않는다고 믿었다. 그래서 그들은 구약성서에 에녹이나 엘리야 같은 인물이 산 채로 하늘로 올라갔다고 기록하고 있다.

영혼과 육체가 분리된다고 믿었던 사람들은 오히려 그리스인들이었다. 피타고라스와 플라톤의 사상 속에서도 마찬가지였다. 이렇게 볼 때 오늘날의 기독교는 그리스 사상과 헤브라이즘이 낳은 혼혈아임을 우리는 발견할 수 있다.

그러나 아우구스티누스가 플라톤을 비롯한 그리스 철학자들의 영혼관을 그대로 수용한 것만은 아니었다. 플라톤은 피타고라스의 영향을 받아 영혼은 불멸하며 윤회한다고 믿고 있었지만 아우구스티누스는 영혼이 멸하지 않는 것은 분명하지만 결코 윤회하지는 않는다고 주장했다. 영혼이 스스로 윤회한다면 결코 성부와 성자와 성령이 필요 없을 것이기 때문이다.

아우구스티누스의 생애

아우구스티누스는 354년 북아프리카의 타가스테에서 태어나 430년 힙포에서 76세를 일기로 세상을 떠났다.

그의 아버지는 일생 동안 로마의 관원 생활을 하던 무신론자였으며, 그의 어머니는 독실한 기독교인이었다.

어린 시절부터 어머니의 영향으로 그리스도교에 익숙한 그였지만 그는 쉽게 어머니의 신앙을 수용하지는 않았다. 그는 맹목적이기보다는 논리적인 인간이었고, 신앙적이기보다는 과학적인 인간이었기 때문이다.

그는 어린 시절을 카르타고에서 보냈으며, 그곳에서 교육을 받았다. 그리고 청년기로 접어들면서 새로운 지식을 접하기 위해 로마로 떠났다.

그는 로마에 가서 수사학을 배우기도 했고, 키케로의 『호르텐시우스』에 감명받아 철학에 몰두하기도 한다. 그리고 마니교에 이끌리어 마니교도가 되기도 한다.

하지만 결코 어떤 것도 그를 한 곳에 잡아 두지는 못했다. 그는 한때 온갖 열정을 다 쏟으며 파고들었던 마니교에 회의를 품고, 급기야 로마를 등지고 고향 타가스테로 돌아간다.

이후 그는 타가스테와 카르타고에서 웅변교사 생활을 하며 키케로와 신아카데메이아학파들의 회의론에 다시 몰두했지만, 이번에도 실망감은 여전했다.

실망감에 사로잡힌 그는 다시 새로운 도약을 위해 밀라노를 찾았고, 거기서 플라톤학도들의 저서들을 접하게 되면서 물질의 세계 이외에 관념의 세계가 있다는 것을 발견하게 된다.

그가 접한 플라톤 관련 책자들은 신플라톤주의자들이 써놓은 것들이었다. 그는 그 저서들 속에서 플라톤사상과 유대교가 교묘하게 결합하여, 유일하며 절대적인 신을 가졌을 뿐만 아니라 탁월한 논리적 근거를 획득한 새로운 종교를 발견하게 된다. 그 종교는 바로 자신의 어머니가 믿고 있던 그리스도교였다.

그리스도교에 새롭게 눈뜬 그는 다시 한 번 종교에 열정을 쏟게 된다. 밀라노 근교에 농장을 마련하고 그곳에서 친구들과 함께 그리스도교에 대한 학습을 했고, 마침내 영세를 받기에 이른다. 이때가 387년으로 그의 나이 33세 때의 일이다.

영세를 받은 그는 이듬해에 타가스테로 돌아가 그곳에 일종의 수도원을 창설

한다. 그리고 저작활동을 본격화하면서 자신이 한때 몸담았던 마니교와 이론적인 대결을 벌여 나간다.

그 결과 그는 391년에 사제에 서품되고, 395년에는 힙포의 주교가 되었다. 그는 그때부터 430년에 죽을 때까지 35년 동안 수많은 저서를 내놓았고, 그 저서들을 통해 명실공히 '서양의 스승'이 되었다. 말하자면 그는 철학이라는 반석 위에 그리스도교를 올려놓음으로써 서양에 새로운 정신적 지주를 마련해 주었다.

그가 쓴 책들 중에 대표적인 것들을 열거해 보면, 우선 주교가 되기 이전의 초기 저작으로는 『아카데메이아학파 반박』, 『복된 삶』, 『질서론』, 『독백론』, 『교사론』 등이 있고, 주교가 된 이후의 후기 저작으로는 『고백록』, 『삼위일체론』, 『신국론』 등이 있다.

이 저서들을 통해 그는 유대교의 유일신과 그리스의 사상을 조화시켜 중세 기독교를 떠받치는 신학적 이론들을 확립해 놓았다. 이렇게 그가 구축한 기독교적 철학관은 보에티우스, 에리우게나 등의 교부들에게로 이어지면서 스콜라(학교) 시대를 여는 사상적 모체로 자리하게 된다.

사고와 존재는 일치한다고 본

안셀무스 Anselm von Canterbury

| 우리의 머릿속에 신이 있다면 현실 속에도 신은 있다

캔터베리의 대주교 안셀무스에게 가우닐로라는 수도사가 찾아왔다.

"대주교님, 연락도 없이 이렇게 무작정 찾아온 저를 용서하십시오. 찾아뵌 것은 다름이 아니오라 일전에 대주교님께서 발표하신 글에 대해 드릴 말씀이 있어서 입니다."

비록 불청객이긴 했지만 안셀무스는 가우닐로의 돌발적인 방문을 기분 나빠하지 않았다.

"형제의 이름은 익히 들어서 알고 있습니다. 학식이 높고 신앙이 깊다는 말을 듣고 저도 언젠가 한번 만나봤으면 하고 있었습니다. 그런데 이렇게 찾아주셨으니 참으로 기쁩니다."

안셀무스가 환한 웃음을 지으며 환대하자 가우닐로가 먼저 서두를 꺼냈다.

"대주교님께서는 머릿속에 그려질 수 있는 것은 무엇이든 현실 속에도 나타날 수 있다고 하셨더군요."

안셀무스는 그저 고개만 끄덕일 뿐 별다른 대답을 하지 않았다. 가우닐로의 말이 계속되었다.

"단도직입적으로 묻겠습니다. 지금 제 머릿속에 섬이 하나 있는데, 그 섬을 어디 가면 찾을 수 있겠습니까?"

참으로 당돌한 질문이었다. 가우닐로의 말을 뒤집어 보면 머릿속에 그려진 섬은 단지 머릿속에 있는 망상일 뿐 결코 현실 속에 존재할 수는 없다는 뜻이었다. 그것은 "관념 속에 있는 모든 것은 현실에도 존재할 수 있다."는 안셀무스의 말을 정면으로 반박하는 것이었다.

안셀무스가 되물었다.

"형제의 머릿속에 있는 섬은 어디서 온 섬입니까?"

말인즉 머릿속에서 섬을 그려낼 수 있는 것은 섬을 이미 알고 있기 때문이라는 뜻이었다.

가우닐로가 대답했다.

"그것은 어디서 온 것이 아니라 단지 머릿속에 있는 망상일 뿐입니다."

안셀무스가 다시 물었다.

"그렇다면 형제는 보지도 듣지도 못한 것도 머릿속에 그려낼 수 있겠군요?"

가우닐로가 대답했다.

"물론입니다. 제 머릿속에 그려지는 망상의 대부분은 제가 보지도 듣지도 못한 것들입니다. 그리고 제 머릿속에 그려놓은 섬도 이 세상 어디에도 없는 섬입니다. 만약 제 머릿속에 그려놓은 섬이 현실에도 그대로 존재하고 있다는 것을 증명하신다면 저는 대주교님의 주장을 받아들이겠습니다."

가우닐로는 얼굴에 잔잔한 미소를 띠며 자신만만한 눈빛으로 안셀무스를 바라보았다. 하지만 안셀무스는 전혀 위축되지 않았다.

"물론 형제의 머릿속에 그려진 섬과 똑같은 섬은 이 세상에 존재할 수 없습니다. 왜냐하면 형제의 사고는 비록 완전한 정신에서 나오지만 불완전한 육체를 거쳐야 하기 때문이지요. 불완전한 것이 어떻게 완전한 것을 담아낼 수 있겠습니까."

가우닐로의 얼굴이 굳어졌다. 안셀무스는 그 순간을 놓치지 않았다.

"그러나 완전한 것은 항상 불완전한 것을 담아낼 수 있습니다. 마치 신이 우리 인간의 생각을 모두 파악할 수 있듯이 말입니다. 그리고 우리가 불완전한 어떤 것을 생각할 수 있는 것은 완전한 어떤 것이 있기 때문에 가능한 것입니다. 신은 완전하지만 불완전한 물질을 통해서 인간을 만들었기 때문에 인간이 불완전한 존재일 수밖에 없듯이 말입니다.

형제의 머릿속에 있는 섬도 마찬가지입니다. 형제의 머릿속에 있는 섬은 불완전한 것이기에 현실 속에 존재할 수는 없겠지만, 형제의 머릿속에 불완전한 섬이 그려질 수 있다는 것은 반대로 완전한 섬이 있기 때문에 가능한 것이지요.

우리가 살고 있는 이 세상도 마찬가지입니다. 이 세상에 존재하는 모든 것은 항상 변하고, 늙고, 죽습니다. 다시 말해 불완전한 존재로 가득 차 있기 때문에 불완전한 세계라는 것이지요. 하지만 이 불완전한 세계가 있다는 것은 완전한 세계가 있기에 가능한 것입니다. 이 세계 이면에 완전한 세계가 있지 않다면 어떻게 불완전한 현실세계가 존재하겠습니까? 또 이 불완전한 세계가 전부라면 어떻게 완전한 신이 존재할 수 있겠습니까? 우리가 살고 있는 이 불완전한 세계는 단지 완전한 세계에 대한 모방품에 지나지 않는 것이지요."

안셀무스는 거기서 잠시 말을 끊고 숨을 가다듬었다. 그때 가우닐로가 말을 가로챘다.

"완전한 신이 있기 때문에 불완전한 인간과 사물이 존재한다는 말은 이해하겠습니다. 그리고 신은 완전한데도 불구하고 이 세상이 불완전한 것은 이 세상에 존재하는 모든 것이 불완전한 물질로 되어 있고, 따라서 신적인 완전성이 불완전한 물질에 갇혀 있기 때문이라는 것도 이해하겠습니다. 그렇다고 해서 우리의 머릿속에 있는 생각이 꼭 현실과 일치할 수만은 없지 않습니까?"

안셀무스가 대답했다.

"나는 생각과 현실이 일치한다고 말하지 않았습니다. 생각의 대상과 현실이 일치한다는 것이지요. 그러면 하나 물어봅시다. 형제는 이 세상에 존재하지 않는 것을 머릿속에 그려냅니까?"

"그렇지는 않습니다. 하지만 머릿속에 그려내는 것과 현실이 일치하지는 않습니다."

"그거야 당연하지요. 그렇지만 머릿속에 그려내는 것은 반드시 현실 속에 존재하는 어떤 것을 모방한다는 것입니다. 그러니까 우리가 뭔가를 생각할 때는 반드시 그것의 구체적인 원형이 있기 마련이라는 뜻입니다.

그리고 우리가 머릿속에서 신을 생각할 수 있다는 것도 현실 세계 속에 신의 원형이 있기 때문에 가능한 것입니다. 따라서 우리의 머릿속에 있는 것은 현실 속에도 있을 수밖에 없습니다."

안셀무스는 사고와 존재는 일치한다고 생각하고 있었다. 그것을 다른 말로 바꾸면 '모든 이성적인 것은 현실적인 것'이라는 뜻이 될 수 있다.

말하자면 그는 이성으로 신을 증명하려 했던 것이다. 그러기 위해서 그는 플라톤의 이데아 개념을 끌어들였다. 즉, 이데아를 기독교의 신으로 대체시킨 것이다.

이러한 논리를 성립시키려면 아우구스티누스의 '영혼만이 진정한 인간'이라는 명제를 끌어들이지 않으면 안 된다.

인간의 영혼은 완전하지만 영혼이 갇혀 있는 육체는 완전하지 못하다. 따라서 인간은 죽을 때까지 결코 육체라는 감옥에서 벗어날 수 없다. 그리고 육체라는 감옥에서 벌어날 수 없는 한 인간은 항상 불완전한 존재로 살 수밖에 없다.

이런 인간관은 인간의 사고능력으로 확대된다. 그는 사고라는 것은 현실 속에 있는 어떤 대상에 대한 것일 수밖에 없다는 전제를 먼저 세운다. 그리고 그것은 육체에 의해서 이뤄지는 것이 아니라 정신에 의해 이뤄지는 것이므로 본질적으로는 완전한 것이라고 주장한다. 하지만 그 완전한 사고, 즉 이성은 불완전한 육체를 거치면서 불완전한 형태로 나타날 수밖에 없다.

그러나 비록 불완전한 형태로 드러나지만 원초적으로 인간의 이성은 완전한 것이었기에 완전한 것을 추구하고 있다. 따라서 인간의 사고는 현실 속에 완전하게 존재하는 어떤 것에 대해서만 가능하다는 결론에 도달할 수 있었다.

안셀무스는 이런 결론을 바탕으로 신의 존재를 증명하려 한다. 즉 비록 완벽한 것은 아니지만 우리가 신에 대해서 생각할 수 있다는 것은 완전한 신이 현실 속에 존재할 때 가능하다는 것이다.

안셀무스의 이와 같은 주장에 대해 후대의 칸트는 '내가 100마르크의 돈을 생각하고 있다고 해서 100마르크를 가진 것은 아니다.' 라는 말로 비판한다. 칸트는 안셀무스가 관념과 현실을 일치시키려는 어리석음을 범하고 있다고 지적한 것이다.

하지만 안셀무스 역시 이런 비판을 예상했던 모양이다. 그래서 그는 '화가의 머릿속에 있는 그림은 아직 실재하는 그림은 아니다. 그러나 그것은 언제든지 실제의 그림이 될 수 있다.' 는 말을 남겼다. 그는 관념의 완전성을 피력하며, 그 완전한 관념은 반드시 현실 속에도 실재한다는 주장을 펼친 것이다.

안셀무스는 1033년에 아오스타에서 태어나 노르망디의 베크수도원에서 수업하고, 그곳에서 원장을 지낸 뒤, 캔터베리의 대주교로 있다가 1109년 76세를 일기로 세상을 떠났다.

아우구스티누스 이후 중세 철학은 기독교 교부들에 의해 명맥을 이어가고 있었는데, 8세기에 카롤루스 대제의 문예부흥운동으로 수도원에 많은 학교들이 만들어지면서 스콜라 출신의 성직자들이 학문적 권위를 넘겨받게 된다. 이때부터 이른바 스콜라 철학의 시대가 열리게 되는데 안셀무스가 바로 그 선구자였다.

스콜라 철학자들의 슬로건은 "신앙은 지성을 요구한다." 는 것이었다. 이런 주장은 곧 학문을 통해서 신의 존재를 증명할 수 있다는 뜻으로 간주되었고, 안셀무스가 그 첫발을 내디딘 셈이었다. 그래서 사람들은 그를 '스콜라 철학의 아버지' 라 부르기를 주저하지 않았다.

그가 남긴 두 권의 유명한 저서가 있는데, 신의 지혜를 다루고 있는 『모놀로기움』과 신의 존재를 다루고 있는 『프로슬로기온』이 그것이다.

| | | | | | | | | | | | | | | | | | | | | | | | | | | | | |

토마스 아퀴나스 Thomas Aquinas

신 외에 그 어떤 것도 스스로 움직일 수 없다

아퀴나스가 파리에서 교편을 잡고 있을 때의 일이다. 하루는 신부 출신의 교수들이 무더기로 몰려와 아퀴나스와 대좌하였다. 그들은 원래부터 수도원 출신의 학자들은 좋아하지 않았기 때문에 이미 오래전부터 아퀴나스를 벼르고 있던 터였다. 그런데 마침 좋은 구실이 생겨 그렇게 몰려온 것이다.

"아퀴나스 수사, 도대체 이게 무슨 말이오?"

신부들 중 한 명이 책 한 권을 펼쳐 보이며 따지듯이 물었다. 그가 펼쳐 보인 책은 며칠 전에 아퀴나스가 출간한 『신학대전』이었다.

아퀴나스는 그가 가리키는 곳을 쳐다보았다. 밑줄이 쳐진 몇몇 문장들이 눈에 들어왔다. 아퀴나스는 그 부분들을 재빨리 훑어 내리더니 대수롭지 않은 표정으로 되물었다.

"이 책에 무슨 문제라도 있습니까?"

그러자 다른 신부 하나가 툭 튀어나오며 신경질적으로 말했다.

"이보시오, 아퀴나스 수사, 책에 이런 내용을 써 놓고도 무사할 줄 알았습니까?"

그는 흥분된 어조로 아퀴나스를 윽박질렀다. 하지만 아퀴나스는 여전히 무덤덤한 표정으로 빙긋이 웃었다. 그 때문에 상대는 더욱 화가 솟구치는 모양이었다.

"이건 아리스토텔레스의 이론 아닙니까? 아퀴나스 수사는 아리스토텔레스가 이단자라는 것을 모르시오?"

그쯤 되자 아퀴나스도 더 이상 듣고만 있을 수는 없었다.

"도대체 무엇이 문제입니까?"

아퀴나스는 결코 냉정을 잃지 않았다.

"이 책에서 아퀴나스 수사는 감각이 모든 것을 결정하는 기준이라고 했는데 이건 명백히 이단적인 시각이오. 무슨 이따위 책을……."

상대는 금방이라도 책을 집어던질 듯한 자세였다. 그러나 그럴수록 아퀴나스는 더욱 냉정해졌다.

"신부님, 책을 제대로 읽어보시지 않으셨나 보군요. 책은 모름지기 일부분만 읽어서는 안 되는 법이지요. 신부님들께서 오해를 하고 계신 듯하여 보충 설명을 좀 하겠습니다."

아퀴나스는 그렇게 서두를 시작한 뒤 자신의 이론을 차근차근 풀어 나갔다.

"신부님들께서 지적하신 대로 저는 이 책에 아리스토텔레스의 이론들을 많이 인용했습니다. 그것은 아우구스티누스께서 플라톤을 인용한 것과 큰 차이가 없습니다. 왜냐하면 근본적으로 아리스토텔레스도 플라톤에서 나왔으니까요.

플라톤과 아리스토텔레스는 관점이 달랐을 뿐이지 궁극적으로는 별로 차이가 없습니다. 말하자면 플라톤이 위에서부터 아래로 내려오면서 세계를 이해했다면 아리스토텔레스는 아래에서부터 위로 올라가면서 세계를 이해한 것뿐이었습니다. 신부님들께서 제 글에서 문제 삼고 있는 문장들도 마찬가지입니다."

"그러면 이 문장을 한번 설명해 보시오!"

성질 급한 신부 하나가 아퀴나스의 말을 끊으며 밑줄 친 문장 하나를 짚었다.

'일정한 감각기관이 결여되면, 그 방면의 인식도 결여된다.'

아퀴나스는 상대가 짚은 문장을 눈으로 읽으며 반문했다.

"신부님께서는 장님에게 개가 어떻게 생겼는지 물어보신 적이 있습니까?"

신부가 대답했다.

"없소. 모를 게 뻔한데 왜 묻겠소."

아퀴나스가 말을 받았다.

"그렇습니다. 눈이 먼 장님은 앞을 보지 못하기 때문에 사물이 어떻게 생겼는 지 알 수 없습니다. 때문에 사물에 대한 인식에도 한계가 있지요. 그리고 벙어리에게 새소리를 설명하라고 한다면 그것 역시 한계가 있겠지요. 따라서 사람은 감각기관이 완전해야 인식도 완전에 가까울 수 있습니다."

성질 급한 신부는 할 말을 찾지 못하고 당황하고 있었다. 아퀴나스는 그 순간을 놓치지 않았다.

"우리가 인식에 이르는 데는 세 가지 단계가 있습니다. 첫 번째는 우리의 감각에 의한 것이고, 두 번째는 감각에 의해 얻은 것을 수학적으로 정리하고, 마지막으로는 관념을 통해서 형이상학적인 인식을 전개하는 것입니다."

아퀴나스의 말을 조용히 듣고 있던 다른 신부 하나가 가세했다.

"그러면 신도 그런 식으로 인식된다는 말이오?"

상대의 의구심은 바로 거기에 있는 듯했다. 신까지도 감각에 의해서 인식된다고 말한다면 그것은 명백히 이단적인 생각이었기 때문이다.

아퀴나스가 대답했다.

"신은 우리에 의해서 인식되는 존재가 아닙니다. 왜냐하면 신은 우리의 인식 위에 있기 때문입니다. 그러나 우리가 감각을 가지고 계속해서 운동을 지속하고 있는 존재라는 사실만으로도 신의 존재는 증명될 수 있습니다."

아퀴나스는 그렇게 말하고 신부들을 둘러보았다. 그들은 아무리 사소한 말실수라도 용서하지 않겠다는 표정으로 그를 노려보고 있었다. 아퀴나스는 헛기침을 한번 하고는 그들 중 한 명에게 질문을 던졌다.

"신부님께서는 자신이 스스로 움직이고 있다고 생각하십니까?"

"아니오. 나는 신에 의해서 움직이고 있습니다."

"그렇습니다. 우리는 어느 누구도 스스로 움직이고 있지는 않습니다. 세상에 있는 그 어느 것도 결코 스스로의 힘으로 움직일 수는 없습니다. 그러나 그럼에도 불구하고 모든 것은 움직이고 있습니다. 그리고 그 움직임을 계속 추적해 보면 결국 우리는 우리를 움직이게 하는 존재, 즉 스스로 움직이는 존재에 이르게 될 것입니다.

스스로 움직이는 존재, 그것은 신입니다. 따라서 우리가 움직이고 있다는 것, 즉 우리가 운동하고 있다는 것은 결국 스스로 움직이는 존재가 있기 때문에 가능하다는 결론에 도달할 수 있습니다. 다시 말해서 우리가 감각을 가지고 운동하고 있다는 것은, 또 우리가 감각의 움직임을 통해서 인식에 도달할 수 있는 것은 스스로 움직이는 존재인 신을 인정하지 않고는 불가능하다는 뜻입니다. 왜냐하면 제가 이미 증명했듯이 신 외에 그 어떤 것도 스스로 움직일 수 없기 때문입니다."

아우구스티누스가 플라톤의 이론을 통해서 신을 증명했다면, 토마스 아퀴나스는 아리스토텔레스의 이론을 이용하여 신을 증명했다.

아퀴나스는 아리스토텔레스의 논리학과 감각세계를 통하여 신학을 새로운 경지로 이끌었던 것이다.

그는 신을 태양에 비유하면서 이렇게 말한다.

'우리가 태양만 바라보고 사물들 자체는 보지 못한다면 결코 세계를 알지 못할 것이다. 마찬가지로 우리가 플라톤학도들처럼 영원한 이데아의 세계만 인정한다면 결코 지식에 이를 수 없을 것이다. 따라서 참된 앎에 도달하기 위해서는 감각적인 인식이 필수적이다.'

플라톤의 이데아는 기독교인들에게는 곧 신이다. 따라서 아퀴나스의 이런 말은 곧 신을 알기 위해서는 앎이 필요하고, 앎을 위해서는 감각에 의한 인식이 필요하다는 뜻이다.

감각기관을 가진 모든 것은 반드시 운동을 통해 지각에 이른다. 아퀴나스는 아리스토텔레스와 마찬가지로 신을 파악하는 일차적인 근거로 운동을 제시하고 있다.

삼단논법으로 아퀴나스의 논리를 정리해 보면 다음과 같다.

- 아무것도 스스로 움직일 수 없다.
- 그러나 모든 것은 움직이고 있다.
- 따라서 모든 것을 움직이게 하는 존재가 있음을 알 수 있다.

그는 모든 것을 움직이게 하는 존재, 그것은 곧 스스로 움직이는 존재라고 규정하고, 또 스스로 움직이는 존재는 신밖에 없다고 주장한다.

그는 운동론 외에 원인론, 존재론 등에서도 같은 관점으로 신을 증명하고 있다. 원인론을 삼단논법으로 정리해 보면 다음과 같다.

- 아무것도 스스로의 움직임에 대한 원인이 될 수 없다.
- 그러나 모든 것의 움직임에는 반드시 원인이 있다.
- 따라서 모든 것의 원인이 되는 원인이 있다.

아퀴나스는 이 맨 마지막 원인을 신이라고 규정했다. 그리고 존재론에서도 같은 방법을 택한다. 스스로에 의해 존재하는 것은 없다. 그러나 우리는 존재한다. 따라서 모든 존재를 가능하게 하는 근본적인 존재가 있다. 그것은 바로 신이다.

그의 이런 논리는 완전히 아리스토텔레스적이다. 그리고 그는 아리스토텔레스의 '질료는 가능태요 형상은 현 실태' 라는 입장도 그대로 수용한다. 그러나 그와 아리스토텔레스가 완전히 일치하는 것은 아니다. 아리스토텔레스는 이데아를 논리적으로 규정하고 또 신이 논리적으로 규정될 수 있다고 보았지만, 아퀴나스는 아우구스티누스의 '규정될 수 있는 신은 신이 아니다.' 라는 관점을 고수하고 있기 때문이다. 이는 신을 절대적인 존재이고, 인간의 논리 위에 있는 존재로 남겨 두었다는 것을 의미하며, 아퀴나스 스스로가 기독교적 입장을 결코 떠나려 하지 않았다는 것을 증명한다.

스콜라 철학이 기독교의 학문적 토대이듯이 스콜라 철학의 왕자인 아퀴나스는 결코 기독교적 울타리를 넘어서지 않았던 것이다. 그것은 아퀴나스의 삶 전체가 기독교를 향한 끊임없는 순례였기 때문일 것이다.

토마스 아퀴나스의 생애

토마스 아퀴나스는 1224년 나폴리왕국의 록카세카에서 귀족의 아들로 태어나 1274년 수도원에서 49세를 일기로 세상을 떠났다.

그는 다섯 살 때 몬테 카시노의 수도원에 들어갔으며, 14세에 수도원을 졸업하고 나폴리에 있는 대학에 진학하였다. 대학에서 그는 히베르니아의 페트루스를 만나 그에게서 그리스 철학을 배웠다.

1244년, 20세가 될 무렵에 그는 대학을 졸업하고 다시 도미니꼬 수도원에 입회했으며, 이듬해에 파리로 갔다. 파리에서 그는 4년 동안 알베르투스(Albertus Magnus, 1206~1280년)에게 수업을 받았다. 만물박사로 통하던 알베르투스는 모르는 것이 없을 정도로 다방면에 뛰어났으며, 후세 사람들은 그를 모델로 파우스트 박사의 전설을 만들어 냈다.

만물박사 알베르투스의 가르침으로 다방면의 지식을 획득한 아퀴나스는 1256년 파리 대학의 교수가 되었다. 그곳에서 3년 동안 교수생활을 하던 그는 교황 우르바누스 4세의 부름을 받고 이탈리아로 돌아와 교황청에서 강사생활을 했고, 성 사비나 수도원을 거쳐 다시 교황 클레멘스 4세 때에는 비테르보에서 강사로 재직했다.

교황청에 머물 때 그는 뫼르베케 출신의 수사 빌헬름으로부터 아리스토텔레스의 저작물에 대한 번역서와 주해서를 얻게 된다. 이를 계기로 그는 아리스토텔레스 연구에 박차를 가하게 됐고, 그러던 중에 다시 파리 대학 교수로 초빙되었다.

다시 파리 대학에 머물던 아퀴나스는 그곳에서 1269년부터 1272년까지 3년을 보냈다. 이 기간 동안 그는 학문의 정점에 이르게 되지만 한편으로는 많은 도전을 받게 된다. 아리스토텔레스주의를 이단시하던 당시의 풍토 때문에 그를 이단으로 몰아세우는 사람도 많았고, 또 세속에서 신부 생활을 하던 교수들의 배척으로 많은 곤란을 당하기도 하였다. 그들은 수도원 출신의 회원들이 교수가 되는 것을 아주 못마땅하게 여기고 있었던 것이다.

그러나 아퀴나스는 그들과의 논쟁을 피하지 않았다. 그리고 논쟁이 가열되면 될수록 아퀴나스의 입지는 더욱 견고해졌다. 아퀴나스의 논리는 정확하고 과감했으며, 결코 기독교적 범주를 넘어서지 않았기 때문이다.

이런 과정을 통하여 중세 철학의 최고봉에 오른 아퀴나스에 대한 교황청의 신뢰도 대단했다. 그러나 아퀴나스의 삶은 오래 지속되지 못했다. 1272년부터 다시 이탈리아로 돌아와 나폴리 대학에서 교편을 잡은 그는, 1274년 그레고리우스 10세의 초청을 받아 리옹으로 가던 도상에서 병을 얻고 말았다. 그리고 1274년 3월 7일 풋사누오바의 시또회 수도원에서 생을 마감했다.

아퀴나스의 대표적인 저작으로는 『신학대전』, 『진리론』, 『철학대전』, 『영혼에 관하여』, 『악에 관하여』 등이 있으며, 주해서로는 아리스토텔레스의 『형이상학』, 『니코마코스 윤리학』, 『정치학』, 『영혼에 관하여』, 『명제론』 등이 있다.

신의 의지는 인간의 이성에 매달려 있지 않다고 본

| | | | | | | | | | | | | | | | | | | | | | | | | | | | | | | |

오컴 William Ockham

신은 신앙의 대상이지 결코 이성(理性)의 대상이 아니다

옥스퍼드 대학의 교수로 있던 오컴이 아비뇽의 교황청으로 소환되었다. 죄목은 이단적인 이론으로 사람들의 영혼을 더럽혔다는 내용이었다.

대주교 출신의 감찰사제 한 명이 오컴을 신문하고 있었다.

"윌리엄 오컴, 그대는 이단적인 내용을 학생들에게 가르쳤다는데 그것이 사실인가?"

오컴이 대답했다.

"나는 단 한 번도 이단적인 내용을 학생들에게 가르친 적이 없습니다. 그리고 나는 단 한 번도 주님을 거역한 적이 없습니다."

감찰사제가 물었다.

"그렇다면 신이 이성을 지배한다면 신도 속박될 수밖에 없다고 말한 적은 있는가?"

오컴이 대답했다.

"예, 있습니다."

감찰사제는 이제 다그친다.

"그것이 이단이 아니고 무엇이란 말인가? 이단이 아니라는 증명을 해 보게."

오컴이 설명한다.

"그러면 제가 주교님께 묻겠습니다. 신은 모든 것을 초월하는 존재라고 생각하십니까?"

"물론이지."

"그러면 우리 이성으로 신을 파악할 수 있습니까?"

"불가능하지."

"그렇습니다. 신은 우리 이성으로 파악할 수 없는 존재입니다. 다시 말해서 이성으로는 도저히 신의 의도를 알 수 없다는 뜻입니다. 따라서 인간의 이성은 절대로 신의 의지를 알아낼 수 없습니다. 그것은 곧 인간의 이성과 신의 의지는 별개라는 뜻이기도 합니다. 그런데 어떻게 인간의 이성이 신의 의지에 따라 움직인다는 것입니까? 인간의 이성이 신의 의지에 따라 움직이려면 인간이 이성으로 신을 파악할 수 있어야 하지 않겠습니까?"

감찰사제는 생각에 잠긴 듯 대답을 하지 않았고 오컴의 말이 계속 이어졌다.

"만약에 신이 인간의 이성을 지배하고, 또 인간이 그 이성에 따라 행동한다면 결과적으로 신이 인간의 이성에 한정되는 꼴이 되고 마는 것 아니겠습니까? 그래서 저는 신의 의지는 자유롭고, 그 때문에 이 세계를 움직이는 원리는 달라질 수 있다는 말을 하기 위해 신의 의지와 인간의 이성은 별개의 관계라고 말했던 것입니다."

오컴이 그런 논리를 폈지만 감찰사제는 수용하려 들지 않았다.

"자네는 그런 생각으로 신을 거부하고, 인간적인 것만을 강조하지 않았던가? 그것이 이단이 아니고 무엇이란 말인가?"

"제가 신을 거부했다니요. 그것은 가당치 않습니다. 저는 오히려 인간의 이성을 절대화하여 인간적인 판단을 신의 의지라고 말하는 자들을 경계하려 했습니다. 신의 자유로운 의지를 하나로 고정시켜 개인의 생각을 신의 의지라고 말하는 자들이 오히려 신을 거부하는 자들이 아니겠습니까?"

감찰사제는 고개를 가로저었다.

"자네는 결코 자네의 잘못된 생각을 고치려 하지 않는구먼. 회개할 기회를 주는데도 이렇게 고집을 부리면 결과야 뻔하지 않겠는가. 우리는 이미 자네가 모세의 십계명조차도 거부했다는 말을 한 것도 알고 있네."

"그것은 신의 의지가 자유롭다는 것을 강조하기 위한 말이었습니다. 즉, 신은 자유 의지를 소유하고 있기 때문에 언제든지 우리의 행동 규칙을 바꿀 수도 있다는 뜻으로 말한 것입니다. 만약 모세의 십계명이 신이 내린 명령의 전부라면 신은 결국 모세의 십계명에 속박당할 수밖에 없다는 뜻이었습니다."

감찰사제는 여전히 고개를 가로젓는다. 말이 안 통한다는 뜻이었다.

"그러면 마지막으로 한 가지만 더 물어보세. 만약 우리의 이성이 신의 지배를 받지 않는다면 우리는 어떻게 신의 의지를 알아낼 수 있겠는가?"

오컴이 대답했다.

"그것은 신앙으로 알아낼 수 있습니다. 우리는 모두 영혼을 통해 자신에게 전해지는 신의 의지를 알 수 있는데, 이것은 신앙을 통해서만 가능합니다.

또한 개개인에게 닥치는 일이 모두 다르듯이 개개인에게 전해지는 신의 의지도 모두 다르기 마련입니다. 따라서 우리는 항상 모든 일을 할 때마다 그때그때 자기의 영혼을 통해 신과 대화해서 어떤 행동을 해야 할지 결정해야 합니다.

이처럼 신은 영혼을 매개체로 하는 신앙의 대상이지 결코 이성의 대상이 아닙니다. 이성의 대상은 신이 아니라 바로 우리 앞에 펼쳐진 자연과 물질들뿐이기 때문입니다."

감찰사제는 화난 얼굴로 돌아갔다. 더 이상 타협점이 없다고 생각한 것이다. 하긴 오컴의 생각대로라면 교황도 사제도 필요가 없었다. 오직 모든 개인은 자신의 영혼을 통해서 신과 대화하는 것으로 신앙의 행위는 끝난다. 그리고 그런 신앙관을 인정하는 것은 곧 교황청의 몰락을 의미하는 것이었다.

오컴의 선택은 이제 없었다. 그는 이제 교황청의 처분에 따라 화형당하는 일만 남았다. 하지만 오컴은 그렇게 죽을 수는 없다고 생각했다.

며칠 뒤 오컴은 교황청 감옥을 탈출하고 말았다.

오컴은 신의 의지는 결코 인간의 이성에 매달려 있는 것이 아니라고 보았다. 그가 볼 때 신이 인간의 이성을 지배한다는 논리는, 인간의 이성이 신의 의지를 마음대로 조작할 수 있다는 뜻으로 보였다. 그리고 실제로 교황청은 자신들의 신학적 견해와 개인적 감정을 신의 의지라고 말하기도 했다. 그렇게 되면 결국 교황청이 신의 의지가 되고, 신의 의지는 교황청의 의지에 한정될 수밖에 없었다.

오컴은 그런 잘못된 관계에서 벗어나야 한다고 생각했다. 그는 이를 위해 "신의 의지는 자유로운 것이고, 그것은 결코 인간의 이성으로 파악할 수 없다."고 주장하기에 이르렀다. 그리고 이런 주장을 뒷받침하기 위해 그는 모든 인식을 개별화시키고, 또 보편적인 이데아들을 배척하였다.

신의 의지가 자유로운 것처럼 개개인의 의지도 자유롭다. 개개인은 다만 영혼을 통해 신의 의지를 묻고, 그 답을 얻으면 영혼의 의지에 따라 행동하면 된다. 그것이 오컴이 주장하는 신앙이었다.

오컴의 말 중에 "소크라테스는 소크라테스다."라는 말이 있다. 이 말은 소크라테스는 단지 소크라테스로만 설명될 수 있을 뿐이지 소크라테스를 보편적인 인간으로 확대시켜서는 안 된다는 뜻이다. 즉, 절대적인 보편타당한 진리관, 보편타당한 규칙, 보편타당한 관념은 존재하지 않는다는 것이다. 신의 의지는 자유롭고, 따라서 항상 변할 수 있는 것이기에 규칙과 관념, 그리고 진리관도 신의 의지가 변할 때마다 변할 수 있다는 것이다.

오컴의 이런 생각은 교황청에게는 위험천만한 요소였다. 교황청의 권위를 하루아침에 무너뜨리고 모든 개인이 신과 소통하려는 변혁의 시도였기 때문이다.

그래서 교황청은 오컴을 감옥에 가뒀다. 하지만 오컴은 탈출하여 교황청과 대립하고 있던 바이에른의 루드비히 왕에게 달려갔다. 그리고 결과적으로 그의 사상은 루터에게로 전해져 교황청을 몰락시키게 된다.

그 때문인지 사람들은 오컴을 '거룩한 창시자'라고 불렀다. 거룩한 창시자 오컴은 1285년경 런던에서 태어나 장성한 뒤에 프란시스코회 수사가 되었다. 그 뒤 옥스퍼드 대학에서 공부하여, 거기서 제자들을 가르치다가 교황청에 반대되는 학설을 폈다는 이유로 고소당하여 아비뇽으로 소환되었다. 하지만 그는 교황청에서 탈출하여 바이에른의 루드비히 왕과 결탁하고 교황청에 대항했다.

그는 루드비히 왕을 찾아가 이렇게 말했다고 한다.

"황제시여, 칼로 나를 지켜 주소서! 그러면 저는 펜으로 황제를 지켜 드리겠나이다."

그러나 그는 루드비히 왕이 죽은 뒤에는 교황청과 화해하기를 원했고, 자신의 주장도 철회했다. 그리고 1349년 뮌헨에서 페스트에 걸려 죽었다.

제4부

이성에 눈뜬
동서양 철학

10장

과학시대의 철학자들

베이컨에서
흄까지

■■ 과학에 눈 뜬 서양 철학의 양대 산맥

　서양은 15세기로 접어들면서 본격화된 르네상스(문예부흥운동)와 종교개혁(1517년)으로 중세를 몰락시키고 근세(Neuzeit, 독일어로 '새로운 시대'라는 뜻)를 태동시킨다. 학문에 대한 인식의 변화로 과학이 발달하고 개인은 종교의 자유를 얻게 되었으며 시민계급이 성장하여 황제와 교황의 절대적 권위가 무너졌다. 이로 인해 서양은 1,000년의 기나긴 잠에서 깨어나 새 시대를 열었다.

　근세의 가장 두드러진 특징은 과학의 발전이다. 특히 코페르니쿠스의 지동설을 담고 있는 『천체의 회전운동에 관해서』(1543년)가 간행되면서 서양의 우주관에 획기적인 변화가 일어났으며, 여기에 케플러, 갈릴레이, 뉴턴 등의 과학적 성과가 보태지면서 서양은 이른바 '과학시대'를 맞이한다.

　과학시대를 이끈 철학적 경향은 합리주의와 경험주의로 대표될 수 있다. 영국을 중심으로 형성된 경험주의 철학은 베이컨을 선두로 홉스, 로크, 버클리, 흄 등에 의해 계승·발전되고, 대륙의 여러 국가에서 각광받은 합리주의 철학은 프랑스의 데카르트에게서 시작되어 네덜란드의 스피노자와 독일의 라이프니츠로 이어진다.

　이 두 철학적 흐름은 영국과 프랑스 그리고 독일의 계몽주의 형성에 막대한 영향을 미치고, 독일의 칸트에 의해 종합적으로 정리되면서 서구철학을 지탱하는 양대 기둥으로 남게 된다.

죽을 때까지 실험에 몰두했던 경험주의의 선구자

베이컨 Francis Bacon

> 철학 속에는 자연과 인간뿐이며 신은 철학 바깥에 살고 있다

베이컨이 뇌물죄로 감옥에 갇히게 되었을 때 같은 감방에 있던 젊은 죄수 하나가 다가왔다. 그는 자신은 옥스퍼드 대학 출신이며, 얼마 전까지 관직에 있다가 뇌물죄로 그곳에 왔다고 말했다.

"자넨 나하고 같은 부류구만."

베이컨은 멋쩍은 표정으로 웃으면서 말했다. 그러자 젊은 죄수는 대뜸 심각한 얼굴로 이렇게 말했다.

"저는 한때 선생님의 열렬한 추종자였습니다. 선생님의 책 『학문의 진보』를 읽은 다음부터였지요. 그래서 언젠가 기회가 닿는다면 선생님을 꼭 한번 만나 뵈어야겠다고 생각했었지요. 하지만 이런 자리에서 이런 모습으로 만나리라곤 상상도 못했습니다."

젊은 죄수의 심각한 얼굴을 쳐다보며 베이컨은 쓴웃음을 지은 채 아무 말도 하지 못했다.

젊은 죄수가 계속 말을 이었다.

"그래서 저는 어제부터 줄곧 선생님에 대해서 생각하고 있었습니다. 그리고 저는 이건 뭔가 잘못된 일이라고 결론지었습니다. 선생님께서는 분명히 누군가의 모함으로 곤경에 처해 있는 것이겠지요?"

그 물음에 베이컨은 고개를 가로저었다.

"나는 최근 50년 동안 영국에서 가장 공정한 재판관이었다고 자부하네. 하지만 나에 대한 영국국회의 재판도 최근 200년 동안 가장 공정한 결정이었다고 생각하네. 자네가 그랬듯이 나도 한 순간의 욕심을 이기지 못해 이곳에 머물고 있는 것이지."

베이컨은 솔직했다. 그리고 진정으로 자신의 행동을 후회하고 있었다. 그 모습을 보고 젊은 죄수는 감격한 목소리로 말했다.

"선생님을 시험한 저를 용서해 주십시오. 저는 진정으로 선생님을 존경하게 되었습니다. 그리고 이곳에서나마 이렇게 선생님을 뵐 수 있다는 사실만으로도 너무나 영광스럽습니다."

젊은 죄수는 눈물까지 글썽이며 감격을 감추지 못했다. 그리고 그는 그 뒤부터 틈만 나면 베이컨에게 다가와 말을 걸었고, 베이컨 역시 무료함을 달래기 위해 그를 반겼다.

젊은 죄수가 물었다.

"선생님, 어떻게 하는 것이 철학자의 올바른 자세입니까?"

베이컨이 대답했다.

"꿀벌처럼 살면 되네. 꿀벌들은 꽃으로부터 재료를 모아 자기네의 힘으로 꿀로 변화시키고, 또 이것을 미래를 위해 저장해 놓는다네. 이처럼 철학자도 자연에서 많은 경험을 쌓고, 또 재료를 수집하여 그것을 참된 지식으로 변화시켜 저축해 놓아야 하는 것이지."

젊은 죄수가 다시 물었다.

"그렇지만 사람이 자연에 있는 모든 것을 경험할 수는 없지 않습니까?"

"물론 모든 것을 경험하고, 또 모든 것에 대한 재료를 모으기는 힘든 일이지. 하지만 비록 그것이 힘든 일이라 할지라도 우리는 끊임없이 탐구하고, 재료를 축적해야 하네. 그리고 만약 그러한 작업을 죽을 때까지 다 이루지 못하면 그 과제를 다음 세대로 넘겨주어야 하네. 그래야만 우리는 보다 정확한 지식을 얻을 수 있을 것이네."

베이컨은 그에게 자연을 접하는 과정에서 목록을 작성해야 한다고 말하면서, 목록 작성 요령과 또 목록에 기록해야 할 사항들의 세부 항목들을 자세히 설명했다.

베이컨의 그런 설명을 들은 젊은 죄수는 고개를 끄덕이며 자기 자리로 돌아갔다. 그리고 다음날 또 슬그머니 다가오더니 대뜸 이렇게 물었다.

"선생님, 그러면 도대체 신에 관한 것은 어떻게 수집할 수 있습니까?"

베이컨은 밑도 끝도 없는 그런 질문에 잠시 어리둥절한 표정을 짓더니, 씨익 웃으면서 말했다.

"자네는 참 돌발적인 청년이로구만. 어쨌든 물었으니 내 의견을 말하겠네. 단적으로 말해서 신은 철학의 문제가 아닐세. 신은 철학 바깥에 있는 존재이기 때문이지. 철학의 대상은 인간과 우리 눈에 보이는 자연에 한정되어야 한다는 뜻이야. 알지도 못하고, 보이지도 않는 것에 대해 논한다는 것은 가지지도 않은 돈으로 집을 사겠다는 생각과 다를 바가 없지."

그 말에 젊은 죄수는 고개를 갸웃거리며 다시 물었다.

"그러면 선생님은 신이 없다고 생각하십니까?"

베이컨이 고개를 가로저으며 대답했다.

"아니야. 나는 신을 믿네. 그러나 신을 숭배하지만 지식으로 신을 규명할 수 있다고는 생각하지 않네. 우리는 사실 신에 대한 지식이 전무한 상태 아닌가. 그런 상황에서 신을 지식으로 규정한다는 것은 위험천만한 일이 아니겠나. 그렇기 때문에 나는 다만 신을 숭배하고 찬미할 뿐 결코 신을 철학의 연구 대상으로 삼지는 않는다네. 알 수 없는 것에 대해 이론을 전개하겠다는 것은 허공에 떠서 잠을 자겠다는 것과 다를 바가 없는 것이야. 알아듣겠나?"

베이컨은 '아는 것이 힘'이라는 기치를 내걸고 철학의 범주를 인간과 자연에 한정해야 한다고 주장했다. 그가 철학의 범주를 인간과 자연에 한정해야 한다고 한 것은 철저한 연구와 경험을 바탕으로 지식을 전개해야 한다는 뜻이었다.

그는 이렇게 소리쳤다.

'학자들이여 이제 비좁은 연구실을 박차고 나가 대자연으로 돌아오라!'

관념적인 선입관을 버리고 직접 자연에서 실험과 관찰로 사실을 확인하라는 요구다.

베이컨의 이런 외침에 근거해 사람들은 그를 '르네상스의 아들'이라고 말했다. 과학적 사고와 인간주의적 가치관으로 중세를 무너뜨린 르네상스가 낳은 과학적인 지식인이라는 찬사를 보냈던 것이다.

베이컨은 철저하게 귀납적 방법, 즉 많은 자료를 검증한 이후에 그 자료를 바탕으로 하나의 결론을 도출하는 방법을 사용하였다. 그는 이런 입장을 견지하면서 합리주의자들을 다음과 같이 비판하고 있다.

'인간은 자연의 하인이요 해석자에 불과하므로 관찰을 통하지 않고는 자연의 움직임에 대하여 아무것도 이해할 수 없다. 만약 관찰하지 않고 자연을 이해하려 하는 자가 있다면 그는 아무것도 발견하지 못할 것이며, 또 아무 일도 할 수 없을 것이다.'

지식에 대한 이런 견해는 그를 경험주의 철학의 선구자로 불리게 한다.

자연을 단순히 이데아의 그림자로 보는 사람에 대해 베이컨은 단호하게 대처한다. 그는 그런 합리주의자들이 자연을 알기도 전에 자연에 대해 잘못된 생각을 가지고 있다고 지적하면서, 그들에게는 네 가지의 '정신의 우상'이 있다고 말한다.

첫 번째는 '종족의 우상'으로 인간이 자신의 입장에서 모든 것을 마음대로 해석한다는 지적이고, 두 번째는 '동굴의 우상'으로 개인들은 자신의 특수한 입장에 따라 자연을 이해함으로써 항상 오류에 직면한다는 지적이고, 세 번째는 '시장의 우상'으로 자신들이 쓰는 말을 현실로 착각하는 잘못에 대한 지적이며, 마지막 네 번째는 '극장의 우상'으로 인간은 자신의 이익에 따라 당파를 조성하고 그 당파를 위한 행동이 옳은 행동인 것으로 착각하고 있다는 지적이다.

이처럼 베이컨은 인간들의 선입견을 경계하면서, 철학자라면 과학적 방법, 즉 자연에 대해 관찰한 사실을 정리함으로써 진리를 명백하게 드러내야 한다고 주장했다.

그러나 이런 실험주의적 정신을 가진 그 역시 한계는 있었다. 그는 코페르니쿠스를 경멸했으며, 케플러를 알지 못했고, 길버트를 무시했다. 그가 인정했던 과학자는 망원경을 완성한 갈릴레이 정도였다.

철저한 경험정신을 부르짖으면서도 이렇게 과학에 대해 무지했던 것은, 그가 과학적 사유에 있어 수학의 중요성을 깨닫지 못했기 때문이다. 또 사물을 이해할 때 지나치게 질적 문제에만 치중한 나머지 양적 측정을 도외시한 것도 그의 한계로 지적할 수 있다.

뿐만 아니라 그는 사물을 관찰하는 것만으로 그것에 대한 지식을 얻을 수 있다는 아주 유치한 생각을 하고 있었다. 단편적인 사실들을 모아 그것을 일람표로 정리해 두기만 하면 거기서 저절로 자연의 법칙이 도출될 것으로 기대했으니 참으로 안타까운 일이 아닐 수 없다.

하지만 그의 자연에 대한 태도와 관찰정신은, 아직 중세적 사고방식에서 완전히 벗어나지 못했던 당시의 철학적 현실에 대단한 충격을 안겨다 주었던 것만은 분명하다.

베이컨의 생애

영국 경험주의 철학의 선구자 베이컨은 1561년 1월 22일 런던의 요크하우스에서 태어났다.

그의 아버지 니콜라스 베이컨은 엘리자베스 왕조에서 20년간 궁내대신으로 봉직했다. 그리고 어머니 안네 쿠크는 에드워드 6세의 왕사를 지낸 쿠크 경의 딸인 동시에 엘리자베스 왕조 대장대신이자 영국의 권력자였던 버얼리 경 윌리엄

세실의 처제였다.

이처럼 유력한 귀족 집안에서 태어난 베이컨은 13세에 케임브리지 대학에 입학했으며, 16세에 프랑스 주재 영국대사가 되었다. 그러나 18세에 갑작스럽게 아버지가 사망하여 그는 경제적 어려움에 직면하게 된다. 갑작스럽게 죽은 탓으로 아버지는 아들에게 아무런 재산도 상속하지 못했고, 이 때문에 그는 졸지에 한 푼의 재산도 없는 빈털털이 신세가 되었던 것이다.

경제적 어려움에 직면하자 그는 변호사 면허를 얻어 세실가문의 도움으로 겨우 법관의 자리에 오른다. 법관이 된 그는 엘리자베스 왕조에서 어렵사리 진급을 하다가 제임스 1세가 들어서자 신임을 얻어 급속하게 승진한다. 그리고 1613년에 법무대신이 되었고 1618년에는 대법관에 올랐다.

하지만 1621년에 그는 뇌물을 받은 혐의로 재판을 받았고, 실형이 선고되어 대법관에서 쫓겨나 감옥살이를 하였다. 다행히 감옥살이는 단 며칠로 끝나고 벌금형도 면죄되었지만 그는 이 일로 영원히 관직에서 물러나야 했다.

관직에서 물러난 그는 1626년에 사망할 때까지 부단히 철학에 몰두했다. 그결과 많은 저작들을 남기게 되었는데, 대표적인 것으로 『학문의 진보』, 『새로운 기관』, 『대혁명』 등이 있다.

그는 죽기 직전에 고기를 눈으로 덮어 두면 얼마 동안 썩지 않을까 하는 의문에 사로잡혔다고 한다. 이런 의문을 품은 것은 런던에서 하이트케트로 가던 도상에서였는데, 그는 이 문제를 풀기 위해 도중에 말에서 내려 어느 농가에서 닭한 마리를 사서 죽인 다음 뱃속에 눈을 채웠다. 배에 눈을 가득 채운 닭고기가 얼마 만에 썩는지를 실험하기 위해서였다. 하지만 그는 이때 병을 얻어 그만 드러눕게 되었고, 결국 일어나지 못했다.

그는 죽는 순간 이런 말을 남겼다고 한다.

"실험은 매우 성공적이었어."

합리주의 철학을 이끌어 낸 근세 철학의 아버지

| | | | | | | | | | | | | | | | | | | | | | | | | | | | |

데카르트 René Descartes

내가 존재하면, 신도 반드시 존재한다

새벽 5시가 채 되지 않은 시각, 데카르트는 강의실로 향했다. 밖은 1월의 냉기에 의해 완전히 얼어 있었다. 말로만 듣던 북방의 겨울이었다. 만약 가르쳐야 하는 학생이 스웨덴 여왕이 아니었다면 데카르트는 병색이 완연한 몸을 이끌고 혹한의 북방을 찾지는 않았을 것이다.

강의실에 도착하니 이미 크리스티나 여왕이 먼저 와 있었다. 일주일에 두 번씩 이루어지는 새벽 강의, 그것도 여왕만을 대상으로 한 데카르트의 일대일 강의였다.

데카르트가 환하게 웃으며 머리 숙여 인사하자, 크리스티나 여왕은 가볍게 목례를 하였다. 그녀는 항상 격무에 시달리고 있었지만 열정적인 여자였다. 거기다 이제 24세밖에 되지 않은 혈기 왕성한 때였다. 그녀는 데카르트의 명성을 듣고 여러 번에 걸쳐 그를 스웨덴으로 초청했고, 데카르트는 그녀의 열정을 받아들이지 않을 수 없었다. 하지만 데카르트는 이미 쉰을 넘긴 병약한 몸이었기 때문에 여왕의 그런 학구열이 부담스럽기만 했다.

"오늘은 그간 강의해 주신 내용에 대해서 질문하는 시간을 가졌으면 해요."

여왕이 노트를 뒤적이며 말했다.

"그렇게 하시지요."

데카르트는 고개를 살짝 숙이며 여왕의 요구를 들어주었다.

여왕의 질문이 시작됐다.

"지난번에 '나'의 존재에 대해 논리적으로 증명하셨는데, 한 번만 더 해주셨으면 해요."

데카르트의 설명이 시작됐다.

"우선 우리 주위에 있는 모든 것들이 실제로 존재하는 것들인지 의심해 보십시오. 가령 돌, 나무, 새, 하늘, 땅, 바다 등이 실제로 있는 것이 아니라 단지 우리 눈의 착각에 의해서 그렇게 보여지는 것이라고 생각하자는 것입니다. 그리고 지금 이곳에 앉아 있는 나 자신도 없다고 생각해 보십시오. 그럼에도 불구하고 지금 내가 사물들과 나의 존재를 의심하고 있다는 사실만큼은 부정할 수 없게 됩니다. 다시 말해서 내가 지금 나에 대해서 의심하고 있다는 그 사실만큼은 확실하다는 것입니다. 이 말은 곧 내가 생각한다는 것과 또 내가 존재하고 있다는 사실을 확인시켜 줍니다. 즉, 나는 지금 생각하고 있고, 또 존재하고 있는 것입니다."

여왕이 알아듣겠다는 듯이 고개를 끄덕이며 말했다.

"그러니까 모든 것을 다 의심한다고 해도 내가 이 자리에서 의심하고 있다는 사실과 또 내가 존재하고 있다는 사실은 절대로 의심할 수 없다는 말이지요?"

"그렇습니다. 그리고 내가 생각하고, 또 존재하는 것이 확실하다면 궁극적으로 신은 반드시 존재할 수밖에 없습니다."

"그건 왜 그렇습니까?"

"그것은 나의 생각이 결코 나로부터 비롯될 수 없기 때문입니다. 생각해 보십시오. 내가 지금 생각하고 있다는 것이 확실하다면 그 생각은 반드시 내 속에 있는 다른 생각으로부터 비롯되었겠지요?"

"그렇지요. 모든 일에는 원인이 있기 마련이니까요."

"그러면 그 다른 생각은 내 안에 있는 또 다른 생각에서 비롯된 것입니다. 그리고 그 생각의 원인을 계속 쫓아 올라가면 결코 원인이 없는 생각에 맞닿을 수 있을 것입니다. 말하자면 가장 첫 번째 관념에 도달하게 되는 것이지요. 이 말은 내 안에 태어나면서부터 얻은 관념이 있다는 뜻이 될 것입니다. 그런데 이 태어나면서부터 얻은 관념은 도대체 어디서 온 것일까요?"

"첫 번째 관념은 신으로부터 왔다는 말을 하고 싶은 것이죠?"

"그렇습니다."

"하지만 그것을 그냥 신으로 규정할 수는 없을 것 같은데요. 만약 그 첫 번째 관념이 신에게서 왔다면 우리 안에 신이 있다는 뜻인가요?"

"그 점을 이해하려면 실체에 대한 이해가 먼저 있어야겠지요."

"실체라니요?"

"실체란 본질적으로 다른 어떤 것에 의해 한정되지 않는 것을 말합니다. 저는 그 실체를 유한한 실체와 무한한 실체로 나눴습니다. 유한한 실체는 형체를 가진 한정된 실체를 말하고 무한한 실체는 말 그대로 한계가 없는 근원적인 실체를 말합니다.

즉, 유한실체는 인간이고, 무한실체는 신이 되겠지요. 왜냐하면 유한한 존재 중에 인간만이 유일하게 영원히 사라지지 않는 정신을 가진 존재이고, 무한한 실체는 그 성질 자체가 신일 수밖에 없기 때문이지요."

"그러면 유한실체인 인간의 육체는 어떻게 되는 것입니까?"

"유한실체는 곧 인간으로서 육체와 정신으로 나눠질 수 있습니다. 그리고 육체는 그 자체가 물질이므로 항상 움직이며 변화하는 속성을 가졌고, 정신은 생각하는 속성을 가졌습니다. 그런데 물질은 언젠가는 사라질 것이기 때문에 정신만이 실체라고 할 수 있지요. 다만 실체인 정신이 물질인 육체에 갇혀 있기 때문에 인간을 유한실체라고 규정한 것입니다."

"그러면 유한실체인 인간은 어디서 왔나요?"

"예, 제가 지금 설명하고자 하는 부분이 그것입니다. 이 세계는 유한한 것과 무한한 것으로 이뤄져 있습니다. 그리고 이 둘 중에 하나는 모체이고 하나는 모체에 의해 만들어진 것일 수밖에 없습니다. 그런데 유한한 것은 결코 무한한 것을 포용할 수 없기 때문에 결과적으로 유한한 것은 무한한 것으로부터 올 수밖에 없습니다. 따라서 무한한 것은 유한한 것의 모체가 되는 셈이지요.

인간의 정신도 마찬가지입니다. 유한한 것이 무한한 것에서 올 수밖에 없듯이 유한실체인 정신도 무한실체인 신에게서 올 수밖에 없는 것이지요. 그 관계를 다르게 표현하면 '내가 생각하므로 신도 생각한다는 사실을 알 수 있고, 내가 존재함으로 신도 존재한다는 것을 알 수 있다.' 고 말할 수 있습니다. 즉, 나의 존재가 신의 존재를 증명하는 것이지요. 불완전한 내가 존재한다는 것은 반드시 완전한 신이 존재한다는 것을 전제할 때 가능하다는 뜻이지요."

우리는 데카르트의 철학을 논할 때 무엇보다도 먼저 "나는 생각한다, 고로 존재한다.(Cogito ergo sum)"라는 명제를 앞세운다. 그리고 이러한 명제를 이끌어내는 과정에서 회의(의심)에 대한 이야기를 빠뜨리지 않는다.

그가 도입한 회의는 삼단논법에 의해 다음과 같은 방법으로 진행된다.

- 나는 나의 존재와 내 앞에 있는 모든 존재가 실재하고 있다는 사실을 의심한다.
- 하지만 나는 내가 지금 그러한 것들을 의심하고 있다는 사실만큼은 의심할 수 없다.
- 따라서 내가 모든 것을 의심한다고 할지라도, 모든 것을 의심하고 있는 내가 존재하고 있다는 것만은 거부할 수 없는 명백한 사실이다.

그는 이렇게 해서 '나는 생각한다. 고로 존재한다.' 는 결론을 도출하는 데 성공했다. 하지만 우리는 그가 왜 자신 앞에 펼쳐진 모든 것을 의심하기 시작했는지 알아야 한다. 그는 사실 자신 앞에 펼쳐진 모든 것을 의심하고자 했던 것이 아니라, 자기가 가지고 있는 확신을 증명하기 위하여 의심이라는 방법을 수단으로 사용했을 뿐이다.

따라서 데카르트의 의심은 의심을 극복하기 위한 고의적인 의심이었다는 말이다. 그는 의심 이전에 이미 절대적인 진리를 상정하고 있었고, 다만 의심을 통하여 그것을 증명하려 했던 것이다. 이것을 우리는 데카르트의 '방법적 회의' 또는 '목적을 위한 수단적인 회의'라고 부르고 있다.

그러면 데카르트가 상정한 절대적 진리는 무엇인가? 그것은 바로 신이다. 그는 사실 처음부터 신의 존재를 증명하기 위한 방법을 모색하고 있었고, 결국 의심을 통해 의심을 극복하는 방법으로 논리적 성공을 거두었다.

말하자면 데카르트의 "나는 생각한다, 고로 존재한다."는 명제는 궁극적으로 신의 존재를 증명하기 위한 하나의 전제에 불과했다는 것이다.

우리가 흔히 알고 있는 "나는 생각한다, 고로 존재한다."라는 명제 중에 '고로(ergo)'라는 단어는 사실 데카르트가 사용한 것이 아니다. 이 접속사는 데카르트의 말을 라틴어로 번역하는 과정에서 삽입된 말이다. 따라서 데카르트가 '생각한다'로 자신이 '존재한다'는 사실을 입증하고 있다고 판단하는 것은 잘못이다.

데카르트에게 중요한 것은 '생각하는 존재로서 내가 있다.'는 사실이다. 그는 이 사실을 통하여 신을 증명하는 것이 목적이었다.

그렇다면 그는 어떻게 신의 존재를 증명하고 있는가?

그는 신의 존재를 증명하기 위해 "유한한 존재는 반드시 무한한 존재에 의해서만 존재할 수 있다."는 명제를 먼저 세운다. 이 명제를 세우기 위한 그의 논리를 삼단논법으로 살펴보면 다음과 같다.

- 이 세계는 유한한 존재와 무한한 존재로 이뤄져 있다.
- 어떤 존재든지 반드시 다른 존재에 의해 존재할 수밖에 없다.
- 따라서 유한자에서 무한자가 나올 수 없으므로 무한자에서 유한자가 나와야 한다.

이런 논리로 자신의 명제를 증명한 다음 그는 다음 단계로 돌입한다. 즉, 인간은 유한자이므로 반드시 무한자로부터 유래하지 않으면 안 된다는 명제를 세우게 되는 것이다.

그는 이 무한자를 모든 존재를 존재하게 하는 실체라고 생각했다.(우리는 이미 아리스토텔레스에서 실체에 대한 개념을 접한 바 있다.) 그리고 실체를 두 가지로 분리했다. 영원히 존재하지만 인간 속에 한정되어 있는 실체와 무한한 실체가 그것이다. 인간 속에 한정된 실체는 정신이고, 무한한 실체는 신이다. 그리고 정신은 결국 무한실체인 신으로부터 온다.

이로써 그는 인간이 신에 의해 창조되었다는 것을 논리적으로 증명한 셈이다. 이런 그의 증명방식은 플라톤의 이데아론과 다르지 않으며, 근본적으론 신플라톤주의자들의 생각과 일치하고 있다. 플로티노스, 아우구스티누스, 안셀무스 등의 관점을 계승하고 있다는 뜻이다.

따라서 모든 보편론자들이 그랬듯이 그의 방법론은 연역적일 수밖에 없다. 즉, 하나의 일반적인 원리를 증명한 뒤 전체 개별자들에게 그 원리를 일정하게 적용시켰다는 것이다. 또한 그의 관념이 신에 근거를 두고 있는 한, 그의 관념은 인간이 태어날 때부터 가지고 있는 관념일 수밖에 없다. 우리는 이러한 관념을 '생득관념'이라 부르고 있다.

이런 생득관념에 대한 절대적 믿음은 곧 사물에 대한 인식을 절대화하는 경향으로 흐르고, 철학에 있어 인식론의 영역이 더욱 확대되는 결과를 낳는다.

데카르트의 인식론 확대는 자칫 존재에 대한 주관적 독단을 일삼을 수 있다는 한계성에 부딪히게 될 것이다. 또한 철학을 신의 존재를 증명하기 위한 수단으로 전락시키거나, 인간의 이성을 신앙의 형태로만 몰아갈 위험도 내포하고 있다. 이런 편협성으로 인해 그의 철학 세계에서는 인간을 제외한 모든 동물들은 단순한 기계적인 사물로 폐기처분될 위험에 놓였던 것이다.

이런 한계에도 불구하고 데카르트를 근세 철학의 아버지라고 부르는 것은 신을 증명함에 있어 인간을 먼저 내세우고, 세계의 존재를 증명함에 있어 인간의 내면세계를 먼저 내세움으로써 결과적으로 현대의 철학적 인간학을 가능하게 했기 때문이다.

데카르트의 생애

데카르트는 1596년에 태어나 1650년에 죽었다. 그는 프랑스 귀족 출신으로 투렌에서 태어나 그곳에서 자랐으며, 9세부터 17세까지 라 플레슈의 예수회학교에서 8년간 교육받았다.

그는 1613년 파리로 유학하였으며, 그곳에서 법학사 학위를 받았다. 하지만 그는 법학 공부를 포기했다. 법학보다는 철학이 자기가 평생 매달릴 수 있는 유일한 학문이라고 생각했기 때문이다.

1617년 그는 당시 프랑스 상류층의 자제들과 마찬가지로 군대에 입대하여 4년 뒤인 1621년에 제대하였다. 군복무를 마친 그는 유럽을 여행하기 시작했다. 정착할 곳을 찾아나선 셈이었는데, 그의 여행은 5년여 동안 계속되었다. 여행 도중 정열을 쏟고 있던 어느 귀부인과의 교제를 위해 연적들과 결투를 벌였던 적도 있었다. 그리고 결투에서 승리한 그는 기필코 그 귀부인과의 교제를 허락받았다고 한다.

그리고 1628년, 그는 비로소 여행을 끝마쳤는데, 당시 그가 머문 곳은 네덜란드였다. 그는 네덜란드의 한 마을에 숙소를 정하고 그곳에서 은둔하며 무려 30년을 보냈다.

그는 프랑스의 파리를 좋아하지 않았다. 시끄럽고, 사교적이고, 잡음이 심한 그곳은 결코 학문을 하는 사람이 머물 곳이 아니라고 단정했던 것이다.

그가 교제하고 있던 유일한 파리 사람은 메르센느 신부뿐이었다. 그는 그를 통해 파리의 소식을 접했고, 또 자신의 소식을 파리에 알렸다. 뿐만 아니라 메르센느는 많은 학문적 소식들을 데카르트에게 알려 주었고, 또 새로운 학문을 접하면 책을 보내 주기도 했다.

데카르트는 이 은둔 기간 중에도 몇 명의 여자들과 교제했다. 그가 교제한 사람 중에 헬레나 얀스는 각별한 의미를 지닌다. 그녀는 단지 하녀에 불과했지만 그의 아이를 낳은 유일한 여자였기 때문이다.

1637년부터 1640년까지 3년 동안 그는 헬레나 얀스와 그녀가 낳은 자신의 딸과 함께 생활했다. 딸의 이름은 프란시느였다.

그는 프란시느를 매우 총애했다고 한다. 하지만 프란시느는 1640년 홍역으로 목숨을 잃었고, 그 때문에 헬레나 얀스와의 동거도 끝이 나고 말았다.

한동안 그는 딸의 죽음으로 괴로워했으나 1642년부터 시작된 프리드리히 왕의 딸 엘리자베스 공주와의 교제로 다시 활기를 되찾는다. 이때 데카르트의 나이는 이미 49세였고, 엘리자베스는 26세였다.

엘리자베스는 인물이 출중할 뿐만 아니라, 6개 국어를 마음대로 구사했으며, 수학과 자연과학에도 조예가 깊었기에 데카르트의 좋은 편지 친구가 될 수 있었다. 데카르트는 그녀의 지성에 감탄하여 자신의 저서를 완전히 이해한 사람은 엘리자베스 공주 한 사람뿐이었다고 고백했다.

데카르트와 교제하던 또 한 사람의 여자는 스웨덴 여왕 크리스티나였다. 그들의 교제는 스웨덴 주재 프랑스대사로 있던 그의 친구 사뉴의 소개로 1645년부터 시작되었는데, 이것이 인연이 되어 데카르트는 1649년 스웨덴으로 초청받아 여왕의 스승이 된다.

당시 크리스티나 여왕은 24세였다. 그녀는 젊었고 학구적 열정이 대단했기에, 매주 두 번씩, 그것도 새벽 5시에 데카르트의 강의를 들었다. 하지만 이런 그녀의 열정은 병약해진 데카르트에게는 부담스런 것이었다. 그는 이미 53세였고, 건강도 좋지 않았기 때문이다.

결국 데카르트의 스웨덴 행은 죽음을 재촉하는 결과를 낳고 말았다. 그는 스웨덴에 도착한 지 4개월만인 1650년 2월 11일 폐렴에 걸려 생을 마감하고 말았다.

프랑스 사람들은 그를 일러 '프랑스가 낳은 최초의 철학자이자 마지막 위대한 철학자'라고 말하고 있다. 프랑스인들의 이런 찬사는 아마 그가 남긴 저작들에서 비롯된 것일 게다.

유럽 합리론의 선구자이며 '근세 철학의 아버지'로 불리는 그가 남긴 저작으로는 대표작 『방법서설』을 비롯하여, 『철학의 원리』, 『정념론』, 『성찰』, 『정신지도의 규칙』 등이 있다.

경험 철학의 체계를 완결한 철저한 유물론자

| | | | | | | | | | | | | | | | | | | | | | | |

홉스 Thomas Hobbes

물체가 없는 곳에는 철학도 없다

홉스가 프랑스 파리에 머물고 있던 메르센느 신부를 찾아왔다. 그는 메르센느 신부를 통하여 그동안 데카르트의 철학을 접하고 있었다.

홉스는 데카르트의 학설들에 대해 찬성하지 않았으며, 몇 번에 걸쳐 데카르트의 주장에 대한 반론을 편지에 적어 메르센느 신부에게 전했다. 이번에도 그는 데카르트에게 보내는 편지를 들고 메르센느 신부를 찾아온 것이다.

자신을 찾아온 홉스에게 메르센느 신부가 물었다.

"홉스 선생님, 이번 편지에는 데카르트에 대한 어떤 비판이 들어 있습니까?"

홉스가 대답했다.

"데카르트가 스스로 모순을 범하고 있다는 지적을 했습니다."

"모순이라니요?"

"데카르트는 '생각하는 내가 존재한다.'는 사실을 근거로 정신과 영혼, 그리고 궁극적으로 신의 존재를 증명하고자 하는데, 이는 근본적으로 '생각한다'는 것에 대한 잘못된 이해에서 출발하고 있습니다."

"어째서 그렇습니까?"

"'생각'은 하나의 작용에 불과할 뿐 결코 개념은 아니기 때문입니다. 생각은 뇌의 운동에 따른 하나의 결과물일 뿐 결코 영혼, 이성, 오성, 신 등과 같은 관념적인 개념이 아니라는 말입니다.

따라서 '생각한다'는 것은 물질, 다시 말해서 뇌를 전제로 했을 때만 일어날 수 있는 운동의 결과입니다. 그런데 데카르트는 마치 '생각'이라는 것이 동떨어져 있는 어떤 존재인 것처럼 설명하고 있습니다. 이것은 근본적으로 논리적 모순을 범하고 있는 것이지요."

"듣고 보니 일리가 있습니다. 그러니까 데카르트의 '생각'은 물질로 된 존재를 전제했을 때 비로소 나타날 수 있다는 뜻이지요?"

"그렇습니다. 그러나 데카르트의 견해대로 생각이 철학의 근본 원리인 것만은 분명합니다. 생각(사고)할 수 없다면 결코 논리나 학문은 생겨날 수 없을 것이니까요. 그리고 생각이 물질, 즉 뇌의 산물이라는 점에서 모든 관념과 관념에 의한 개념들도 모두 물질의 소산인 셈이지요."

"그러면 도대체 철학이란 무엇입니까?"

"철학이란 이미 알려져 있는 원인이나 또는 어떤 것을 만들어 내는 근거에 기초해서 물질의 작용이나 현상을 합리적으로 인식하는 것이지요. 또한 뒤집어 말하면 이미 알려져 있는 작용을 바탕으로 무엇인가를 만들어 낼 수 있는 근거를 합리적으로 인식하는 일이기도 합니다. 그런데 근본적으로 작용과 현상은 물체에서 비롯되는 것이기 때문에 철학은 오직 물체적인 것이 주어져 있는 곳에서만 가능합니다. 따라서 신학, 즉 신이나 영원한 존재, 다른 것으로부터 창조되지 않은 것, 파악할 수 없는 의지 등에 관한 가르침과 철학은 별개의 것입니다."

"그러니까 홉스 선생님은 베이컨처럼 철학의 영역 속에 신이 없다고 생각하고 계시는군요."

"그렇습니다. 신은 결코 철학 속에서 찾아낼 수 없는 것입니다."

홉스는 종교를 거부하고 있었다. 그에게 있어서 신이란 종교를 유지하기 위한 하나의 관념에 불과했기 때문이다.

그런 홉스의 생각을 간파한 메르센느 신부는 일단 신에 관한 문제는 접어두고 다른 관념적인 문제들을 질문해 보기로 했다.

"홉스 선생님, 신에 관한 것은 그렇다 치고 우리 사회를 유지하고 있는 도덕적 가치관은 어디에서 발생한 것입니까?"

메르센느는 도덕이야말로 관념세계의 극치가 아니냐고 묻고 있었다. 왜냐하면 사람들은 도덕을 통해서는 어떠한 기계적인 작용이나 결과도 얻지 못하기 때문이었다.

그러나 홉스는 이에 대해서도 분명한 자기 견해를 가지고 있었다.

"도덕은 우리의 감각적인 느낌을 유쾌하게 하기 위한 하나의 약속일 뿐입니다. 우리는 감각적인 느낌에서 불쾌감을 느끼기도 하고 또 유쾌함을 느끼기도 하는데, 유쾌한 느낌에 대해서는 긍정적이고 불쾌감에 대해서는 부정적일 수밖에 없죠. 그래서 사람들은 되도록이면 유쾌함을 느끼기 위해 도덕적 테두리를 설정하게 된 것입니다. 말하자면 도덕이란 인간의 행위 중에 불쾌감을 없애기 위한 사회적인 장치로서, 궁극적으로는 개개인의 이익에 바탕을 두고 공공의 이익을 향해 있는 것이지요. 따라서 도덕적 가치관 역시 근본적으로는 인간의 감각에 의존하고 있으므로 물질적인 것의 소산이라고 할 수 있지요."

"그렇다면 학문도 마찬가지겠군요?"

"그렇습니다. 학문의 최고 가치는 어떤 것에 대한 결과를 미리 내다보고 그 결과가 우리의 삶을 유익하게 하도록 하는 것입니다. 그리고 삶을 유익하게 한다는 것은 근본적으로 우리의 감각을 유쾌하게 하여 행복을 느끼게 하고, 또 그것이 공익을 추구하게 되는 것이므로 학문 역시 물체의 운동에 의한 것이라 할 수 있지요. 철학이 그렇듯이 모든 학문은 인간에게서 나오는 것이고, 또 인간이 물체이므로 물체가 없는 곳에는 철학도 학문도 있을 수 없다는 뜻입니다."

홉스는 근본적으로 생각(사고작용)이 물질, 즉 뇌의 운동에 의한 것이라고 정리하고 있었다. 따라서 데카르트가 '생각하고 있다'는 사실을 논리적으로 증명함으로써 신의 존재를 증명하려 한 것을 모순이라고 지적한다.

사고작용이 뇌 운동의 결과라면 사고 이전에 뇌라는 물질이 먼저 있어야 한다는 뜻이다. 그것은 곧 '물질이 사고작용에 앞선다' 는 명제를 이끌어내게 된다. 따라서 데카르트의 사고작용은 그 어떤 새로운 것도 아니며, 또 그 어떤 새로운 사실도 밝혀낼 수 없게 된다.

홉스의 이런 지적은 옳다. 데카르트가 뇌의 작용에 의한 사고작용을 통해 자신의 존재와 또 궁극적으로 신의 존재를 증명하려 한 것은 다소 비약적인 논리이기 때문이다. 또한 홉스의 지적은 합리주의자들의 연역적 논리를 날카롭게 꿰뚫어본 것이기도 했다. 보편적인 하나의 명제를 세워 그것을 모든 것에 적용하는 연역법의 위험성을 경고하고 있는 것이다.

홉스는 이렇게 데카르트의 '방법론적 회의' 의 모순을 지적한 다음 철저한 유물론적 논리를 전개한다.

이미 언급한 바와 같이 홉스는 데카르트가 제기한 사고능력을 정신의 속성으로 이해하지 않고, 단순히 물질의 속성, 즉 데카르트가 말한 연장(Extend)의 일환으로 이해했다. 따라서 홉스에게 독자적인 실체로서의 정신이란 존재하지 않는다. 그에게 있어서 정신이란 단지 물체의 운동 결과일 뿐이다.

홉스의 비판적 지적에 대해 데카르트는 '논리는 무엇이냐? 또 논리는 어디서 왔느냐?' 고 반문한다.

이 물음에 홉스는 논리학은 우리가 종래에 생각했던 것처럼 어떤 고정된 법칙에서 비롯된 것이 아니라고 말한다. 그는 오히려 논리를 인간들이 생활을 보다 편리하게 하기 위해 만든 하나의 약속에 지나지 않는다고 단정한다. 말하자면 근본적으로 영원히 지속되고 진리일 수밖에 없는 논리는 없다는 것이다.

홉스의 입장에서는 이렇게 이해할 수밖에 없을 것이다. 왜냐하면 그는 유물론이 인간학을 지배한다고 믿고 있었기 때문이다. 그래서 그는 인간이란 하나의 물체이며, 오성과 이성은 그 물체의 감각적인 소산이라고 생각했다. 말하자면 인간의 행위는 감각의 자극과 반작용의 힘에 의한 작용의 결과라고 믿었던 것이다.

따라서 인간이란 한정된 존재다. 물체를 넘어선 초월적인 어떤 부분을 전혀 가지지 못한 부자유한 존재다. 그것은 곧 인간은 동물과 다를 바 없으나 단지 뇌가 좀 더 발달한 존재일 뿐이라는 뜻이 된다. 결론적으로 인간은 동물들과 마찬가지로 감각의 기계적인 장치에 사로잡혀 있는 것이다.

이러한 관점은 그의 국가주권론의 근거가 된다.

그는 자연 상태의 인간 사회를 '만인 대 만인의 전쟁터'라고 규정한다. 그리고 이러한 자연 상태의 전쟁에서 발생하는 개인적 손해를 해결하기 위해 국가가 필요하다고 말한다. 말하자면 국가는 개인의 이익을 보호하기 위한 최선의 선택인 셈이다.

그의 국가론에서는 이익과 힘이 사회를 형성하는 유일한 동기이다. 왜냐하면 국민들은 단지 자신의 이익과 명예를 위해서만 한 덩어리가 될 수 있기 때문이다. 국가의 목적은 이러한 사회를 유지하는 일이다. 때문에 국가의 힘에 도전하는 어떠한 힘도 존재해서는 안 된다.

홉스의 국가론에서는 개인은 모래알이고, 국가는 그 모래알들을 하나로 뭉쳐 놓은 상태다. 또 그러한 상태를 유지하는 것이 정부의 의무다.

모래알이 하나로 뭉칠 수 있는 유일한 방법은 모래알들을 적당한 양의 물기에 항상 젖어 있게 하는 것뿐이다. 홉스는 그 적당한 양의 물기를 이익과 명예라고 단정하고 있다. 그리고 국가를 대표하는 정부는 이 물기를 유지하는 것이 목적이다. 따라서 국가는 강력한 힘을 필요로 한다. 즉, 개인의 이익과 명예를 보장하기 위해서는 국가가 강력한 힘을 가져야 한다는 역설적 논리를 폈던 것이다. 이것이 그의 절대적인 국가주권론이다.

절대적인 주권을 가진 국가에서는 종교도 국가의 일부에 지나지 않는다. 이것은 그가 종교를 사회적 소산물로 인식하고 있다는 뜻이기도 하다.

그는 "종교는 철학이 아닌 국법이다."라고 말하고 있다. 이 말은 종교도 국가와 마찬가지로 사회적 필요성에 의해 유지된다는 의미이며, 급기야 종교도 국가를 유지하기 위한 하나의 제도적 장치에 불과하다는 결론으로 치닫는다.

국가의 제도적 장치는 국가를 위해서만 이용되어야 한다. 다시 말해 종교는 국가에 힘을 행사하거나 국가적인 문제에 간섭해서는 안 된다는 것이다.

홉스의 절대 국가에서는 이렇게 개인과 사회단체가 국가의 목적에 부합하는 행동만을 해야 한다. 그것이 지켜지지 않을 때는 국가가 개인과 단체를 응징할 수 있는 것이다.

홉스의 이러한 논리에 대해 학자들은 국가가 개인의 권리를 유린할 명분이 될 수 있다고 지적하며, 국가에 권력이 집중되는 것은 바람직하지 않다고 비판한다.

홉스의 생애

홉스는 1588년 영국 윌트셔의 맘즈베리에서 목사의 아들로 태어났다. 그의 어머니는 스페인의 무적함대가 쳐들어온다는 소식에 놀라 달이 차지 않은 상태에서 그와 그의 쌍둥이 형제를 낳았다고 한다.

그는 유년기를 거기서 보낸 후 옥스퍼드 대학에 진학했고, 경제적 어려움 때문에 캐번디시 가의 가정교사로 지내야 했다.

그는 캐번디시 가의 도움으로 몇 번에 걸쳐 프랑스를 방문해 많은 새로운 문물들을 접할 수 있었다. 그리고 1640년에는 정치적인 문제로 프랑스로 망명하였다. 망명생활을 하면서 그는 메르센느 신부를 사귀게 되었고, 그의 주선으로 데카르트와 편지 교제도 하였다.

데카르트는 홉스보다 열두 살이나 아래였지만, 학문에 있어서는 홉스의 선배였다. 데카르트는 당시 유럽에서 새로운 학문을 연 철학자로 높이 평가받고 있었고, 홉스는 아직 알려지지 않은 학자였다. 그 때문에 그는 데카르트의 저서를 탐독하였다. 하지만 홉스는 결코 데카르트를 추종하지는 않았다. 오히려 그는 데카르트를 비판하면서 성장했다고 할 수 있다.

사실 홉스는 데카르트를 만나기 이전에 벌써 베이컨의 영향력 아래 있었다. 그는 베이컨이 죽기 전에 5년 동안 그와 함께 있었다. 그는 베이컨이 부르는 것을 받아쓰기도 하고, 베이컨의 저서들을 라틴어로 번역하기도 했다. 그러면서 그는 베이컨의 경험주의 철학에 매료되었던 것이다.

따라서 그의 철학적 토대는 베이컨이었다. 다만 데카르트는 그에게 참고인이었을 뿐이다. 그는 데카르트의 합리론을 일부 인정하면서 경험 철학의 체계를 더욱 견고하게 다졌다. 그 결과 그는 경험 철학의 체계를 완결한 첫 번째 사람이 되었다.

1651년 홉스는 프랑스 생활을 청산하고 11년 만에 영국으로 돌아갔다. 그를 돌봐 주던 귀족가문이 크롬웰과 화해했기 때문이다. 그는 귀국 이후 한동안 궁정과는 거리를 두고 지냈다. 그러다가 1660년 자신의 제자 찰스 2세가 국왕이 되자 그는 다시 궁정과 관계를 맺었다. 이후 홉스는 데카르트가 죽은 지 29년이나 지난 1679년, 91세를 일기로 죽을 때까지 별다른 정치적 탄압을 받지 않고 자신의 학문적 영역을 넓혀 나간다.

그의 대표적인 저서는 『철학원론』이다. 이 책은 제1부 물체론, 제2부 인간론, 제3부 국가론 등으로 구성되어 있는데, 제3부인 국가론이 먼저 간행되고, 다음으로 물체론과 인간론이 간행되었다. 이 외에 『리바이어던』, 『시민론』, 『자유와 자연에 관하여』 등이 있다.

| | | | | | | | | | | | | | | | | | | | | | | | | | | | | | |

스피노자 Baruch de Spinoza

모든 물질 속에 신이 깃들어 있다

1656년 7월, 24세의 청년 스피노자는 유태교 장로들에게 소환되었다. 누군가가 그를 이단자라고 고발했기 때문이다.

"바뤼흐 스피노자, 너는 얼마 전에 친구들에게 물질 속에 신이 있으며, 천사는 환상에 불과하고, 또 영혼은 단지 사고의 일부에 지나지 않는다고 했다는데, 그것이 사실이냐?"

친구들에게 한 말이 이렇게 빨리 장로들의 귀에 들어간 것에 대해 스피노자는 놀라고 있었다. 하지만 당황하지는 않았다. 언젠가 한 번쯤은 겪어야 할 일이 닥친 것뿐이었기 때문이다.

"네, 사실입니다."

스피노자는 담담하게 대답했다. 그의 담담한 표정 때문인지 장로들의 얼굴이 심하게 일그러졌다. 하지만 그들은 다그치지는 않았다.

"네가 많은 책을 읽었으며, 뛰어난 머리를 가졌다는 것을 우리는 안다. 그리고 누구든지 한때 사악한 마음을 품을 수 있다는 것도 이해할 수 있다. 특히 너처럼 뛰어난 청년에게 있어서는 더욱 그렇다. 그래서 우리는 네가 지금이라도 마음을 고쳐먹고 신과 교회에 충성을 맹세한다면 벌을 내리는 것을 중단하고 오히려 연금을 지불할 생각도 있다. 그러니 충성을 맹세한다는 서약을 할 수 있겠느냐?"

스피노자는 대답 대신 장로들을 올려다보며 조용히 말했다.

"그러면 저도 하나 물어보겠습니다. 장로님들께서는 신에게 인격이 있다고 생각하십니까?"

장로 중에 하나가 대답했다.

"물론이다. 그분은 우리처럼 생각하고, 우리처럼 사랑하신다."

스피노자가 다시 물었다.

"신이 인격이 있다면 남성적인 것입니까, 아니면 여성적인 것입니까?"

장로 중에 하나가 대답했다.

"여성은 단지 창조되었을 뿐이다. 그러니 신은 당연히 남성적인 인격을 지녔다."

그 말을 듣고 스피노자가 말했다.

"신이 남성적인 존재라면 신은 여성처럼 생산을 하지도 못할 것이고, 또 신이 인격을 가졌다면 신도 보고, 듣고, 관찰하고, 의욕을 가진다는 뜻입니다. 그러나 신이 그런 존재라는 것은 신이 인간적인 것에 한정되어 있다는 말과 같은데, 한정된 존재를 어떻게 신이라고 할 수 있습니까? 오히려 신은 동물과 식물을 가리지 않고 어디에나 있고, 어떤 것이든 움직일 수 있으며, 어떤 형태로든 우리 앞에 나타날 수 있어야 하지 않겠습니까?

따라서 저는 신이 인간처럼 생각하고, 보고, 듣고, 말할 수 있다는 것을 인정할 수 없습니다. 신은 인간뿐만 아니라 동물과 식물, 그리고 땅 위에 있는 모든 물질 속에 거하고 있어야 합니다. 그래야만 완벽한 존재가 될 수 있기 때문입니다."

스피노자의 이런 반론에 장로들은 붉게 상기된 얼굴로 소리쳤다.

"너 같은 이단자를 우리는 더 이상 곁에 둘 수 없다! 이 순간부터 우리 앞에 나타나지 마라!"

1656년 7월 27일, 스피노자는 사악한 사상을 품었다는 이유로 유태교에서 추방당했다. 교회에서의 추방은 곧 가문에서의 추방을 의미했기에 그는 집에서도 쫓겨나야 했다. 그럼에도 불구하고 그는 결코 자신의 생각을 굽히지 않았다. 그에게는 그 어떤 것보다도 사상의 자유가 가장 중요했기 때문이다.

스피노자는 신이 인간처럼 독립된 존재라고 생각하지 않았다. 그는 인간이 신을 인간의 형상으로 이해한다면 동물도 각기 신을 자기의 형상으로 그려 놓을 것이라고 했다. 그리고 덧붙여 말하길 삼각형은 신을 삼각형으로 이해할 것이고, 원은 원으로 이해할 것이라고 하면서 신과 인간이 같은 모습을 하고 있다고 주장하는 사람들을 비웃고 있다.

그는 유태인들이 신을 남성으로 이해하는 것에도 반대했다. 사람들이 신을 남성으로 이해하는 것은 지상에서 여성이 남성에게 종속되어 있는 상태를 반영할 뿐이라면서 이런 남성 우월적 사고를 배척하였다.

그는 신은 어떤 특별한 형태로 규정되어서는 안 된다고 보았다. 그에게 있어서 신은 완전한 존재이며, 모든 것을 생산할 수 있는 존재이다. 따라서 어떤 특별한 형태에 묶일 경우 그것은 결코 신의 역할을 할 수 없다고 보았다.

그에게는 자연이 곧 신이며 모든 것의 실체이다. 하지만 그의 자연은 일반적으로 이해되는 자연과 다소 차이가 있다. 그는 자연을 우리가 감각으로 대하는 자연, 즉 만들어진 자연(소산적 자연)과, 감각 이면에 있는 모든 정신을 합한 자연, 즉 만드는 자연(능산적 자연)으로 나누고 있다.

스피노자의 이런 사상은 근본적으로 '모든 것은 하나에서 왔으며, 그 하나는 신이다.' 라는 유태교 이념에서 출발하고 있다. 하지만 그는 유태교와 같은 입장을 취하지 않는다. 유태교에서는 신을 하나의 독립된 존재로 보는 데 반해, 그는 신에 의해 만들어진 물질 속에 신이 깃들어 있다고 생각했다.

이런 사상을 우리는 범신론이라고 부르고 있다. 그러나 그의 범신론은 일반적인 범신론과는 다소 차이가 있다. 일반적인 범신론에서는 단지 자연 자체를 신이라고 설정하지만 그의 범신론에서는 자연은 신의 드러난 형태(양상)일 뿐이고, 그 이면에 자연을 만든 근원적 존재가 있다는 것이다. 따라서 그에게 신은 그 근원적 존재와 자연 두 가지 모두이다.

그는 이런 신관을 바탕으로 인간관을 형성한다. 모든 곳에 신이 깃들어 있다면 모든 것은 평등하다. 인간도 역시 마찬가지다. 따라서 모든 인간은 평등해야 한다.

이런 그의 인간관은 국가관으로 확대된다. 그는 국가의 목적은 인간을 자유롭게 하는 데 있다고 전제하고, 국가가 인간을 지배하거나 공포로 몰아넣어 속박해서는 안 된다고 주장한다.

하지만 현실적인 국가는 일부의 인간이 대다수의 인간을 압박하는 형태로 드러난다. 그는 이런 국가를 통렬하게 비판하며 "소수의 권력자들은 전쟁 시에는 적에 대해 계략을 쓰고 평화 시에는 시민에 대해 음모를 꾀한다."고 쓰고 있다.

신관에서 개인으로, 다시 국가로 확대되는 이런 논리는 데카르트의 연역적 논리에서 기인한다. 그러나 그는 데카르트의 이분법적 사고에 찬성하지 않았다. 데카르트는 정신과 육체를 분리하여 정신만이 진정한 실체라고 했지만, 스피노자는 정신과 육체가 동등한 실체라고 주장했다.

또한 데카르트는 영혼만을 신적인 것이라고 생각했지만, 스피노자는 영혼이 사고와 분리된 상태에서 존재할 수 없으므로 영혼은 사고의 속성이 변화된 형태일 뿐이라고 말했다. 말하자면 영혼은 사고의 일부에 불과한 것이다. 그것은 곧 스피노자가 독립적인 형태의 영혼을 인정하지 않았다는 뜻이기도 하다.

그럼에도 불구하고 그는 인간이 영원히 멸하지 않는다고 주장한다. 즉, 인간은 죽어서도 자연의 일부로 남는다는 뜻이다. 기독교도들처럼 영혼만 살아남는다는 주장은 결코 아니다. 그에게 있어서는 인간도 자연의 일부에 불과했기 때문이다. 그리고 자연에 있는 모든 것에 신이 깃들어 있듯이 인간에게도 신이 깃들어 있다고 믿었던 것이다.

스피노자의 생애

스피노자는 1632년 네덜란드에서 태어나 1677년 45세를 일기로 세상을 떠났다. 그의 아버지는 포르투갈에서 종교의 자유를 찾아 이민해 온 유태인 상인이었다.

당시 네덜란드는 비교적 종교의 자유를 보장하고 있었으므로 유태인들은 1598년 네덜란드 암스테르담에 최초로 유태교 교회당을 세울 수 있었고, 대부분의 유태인들은 그곳에 예속되어 있었다. 스피노자 일가도 예외는 아니었다.

그는 유태인들 속에서 유태교 방식으로 교육을 받았다. 그래서 유태인의 관습에 따라 반드시 한 가지 기술을 익혀야 했고, 그 덕분에 렌즈 가는 기술을 익혀 생계의 수단으로 삼게 된다.

또한 그는 여러 가지 언어를 배울 수 있었다. 다른 유태인 아이들과 마찬가지로 히브리어를 배웠으며, 네덜란드어는 물론이고 스페인어, 포르투갈어, 라틴어 등에 능통하였다.

이런 언어능력을 바탕으로 그는 여러 나라의 책들을 접할 수 있었다. 고대의 그리스 철학에서부터 데카르트, 홉스 등에 이르기까지의 철학과 문학, 르네상스의 사상과 과학 등에 심취하였다.

그는 이런 독서를 바탕으로 스스로 독창적인 생각을 하기에 이른다. 그리고 그 생각은 유태교 교리와 배치되었기 때문에 그는 1656년 유태교 사회에서 파문된다.

유태교 사회에서의 파문은 곧 가정에서도 쫓겨나는 것을 의미했으므로 그는 아버지의 유산에 대한 상속권마저 상실한다. 그는 몇 번에 걸친 재판을 통해 유산의 일부를 되찾지만, 그의 이복동생은 그에게 단 한 푼의 돈도 지불하지 않았다.

그는 그야말로 빈털터리로 아버지의 집에서 나왔다. 유태교 사회에서 파문된 그는 어느 날 광신적인 유태인의 칼에 찔리기까지 한다. 하지만 다행히 목에 경상을 입고 도망쳐 목숨을 건질 수 있었다.

그 뒤 그는 암스테르담 교외의 조용한 시골에 있는 다락방으로 거처를 옮겼다. 그때부터 그는 바뤼흐라는 이름을 사용하지 않고 베네딕투스라는 가명을 사용한다.

농가의 다락방에 살면서 그는 렌즈를 갈았다. 그의 유일한 생계수단은 그 일뿐이었다. 손재주에 뛰어난 그는 렌즈 가는 기술이 남달라 그것만으로도 그런대로 생활을 유지할 수 있었다.

그곳에서 5년이 흐른 뒤에 그는 집주인 부부와 함께 린스부르크로 이사했다.(린스부르크에는 현재 '스피노자의 거리'가 있다.) 그리고 또다시 5년이 흘렀다. 그 기간 동안 그는 『지성개선론』과 『기하학적으로 논증된 윤리학』을 썼다. 하지만 이 책들은 그가 죽을 때까지 출판되지 않았다. 당시 그와 비슷한 견해를 발표했던 아드리안 쾨르바하가 18개월 징역을 살다가 죽었기 때문이다.

하지만 1665년 헤이그 부근의 부르부르크로 이사한 뒤, 1670년 그는 『신학정치론』이라는 책을 저자 이름 없이 출판한다. 이 책은 출판되자마자 금서목록에 올라 판매금지를 당했다. 그러나 사람들은 꾸준히 이 책을 찾았다. 때로는 표지가 의학책이나 역사책으로 둔갑하기는 했지만 이 책에 대한 반향은 엄청났다. 그리고 결국은 이 책이 스피노자의 작품이라는 사실도 밝혀졌다.

많은 비판과 찬사가 한꺼번에 쏟아졌다. 비판자들 가운데 많은 사람들이 스피노자에게 마음을 바꾸라는 편지를 썼다. 그 비판자들 중에는 라이프니츠도 끼어 있었다.

또한 스피노자를 죽이려는 무리들도 나타났다. 어느새 그에게는 새 시대를 여는 지성인이라는 명칭과 사악한 말로 민중을 병들게 하는 엉터리 지식인이라는 상반된 말들이 따라다녔다. 그렇지만 그는 어느 말에도 흔들리지 않았다.

그는 1670년 헤이그로 거처를 옮겼다. 1673년 그는 하이델베르크 철학교수로 초청받았지만 거절했다. 어떤 환경에도 구속받고 싶지 않았기 때문이었다.

그러나 애석하게도 그는 1677년 불과 45세의 나이로 세상을 떠나야 했다. 폐병이었다. 그것은 어쩌면 아버지의 유산인지도 몰랐다. 거기에 날마다 칙칙한 방에서 렌즈 가는 일을 한 것도 생명을 단축시킨 원인이었을 것이다.

그는 죽기 전에 집 주인에게 자신의 책상 열쇠를 맡겼다. 그 책상 속에는 그가 그동안 써 놓았던 많은 원고들이 고스란히 들어 있었다.

1677년 2월 22일, 그가 죽자 그때서야 사람들은 그의 가치를 알게 되었다. 민중을 위해 살고, 건강 유지에 꼭 필요한 쾌락만 즐기고, 생명과 건강에 필요한 돈만 가진다는 세 가지 생활법칙을 지키며 은둔생활을 고집했던 철학자는 어디로 보나 민중의 스승이었던 것이다.

그가 죽은 후 암스테르담의 출판업자 얀 류우웨르츠는 그의 유작들을 출간하기 시작했다. 그의 주저인 『에티카(윤리학)』를 비롯하여, 『국가론』, 『지성개선론』 등이 그해에 출간된 책들이다. 그리고 1852년에 반 블로텐에 의해 『신과 인간에 대한 소론』이라는 책이 발견되어 출간되었다.

괴테는 그의 『에티카』를 한 번 읽고 개종했다고 말했을 만큼 스피노자의 저작들이 유럽에 끼친 영향은 대단했다. 하지만 기독교 학자들을 중심으로 한 반스피노자주의자들은 레싱(Gotthold Ephraim Lessing, 1729~1781년)의 말처럼 '스피노자를 죽은 개 취급' 했다.

모든 것을 개인의 감각과 경험의 문제라고 본

| | | | | | | | | | | | | | | | | | | | | | | | | | | |

로크 John Locke

경험은 관념의 뿌리다

뉴턴이 로크를 찾아왔다. 그는 풀리지 않는 문제가 있으면 곧잘 그렇게 로크를 찾아가곤 하였다. 그들은 비록 열한 살이나 차이가 났지만 그런대로 좋은 친구 사이였다.

뉴턴이 먼저 말했다.

"형님, 데카르트의 '타고난 관념'에 대해서 어떻게 생각하십니까? 그것이 가능하다고 보십니까?"

로크가 되물었다.

"자네, 장님이 보라색을 설명할 수 있다고 생각하나?"

뉴턴이 대답했다.

"장님이 색깔을 구별할 리 있겠습니까?"

로크가 맞장구를 쳤다.

"그렇지. 장님은 색깔을 경험할 수 없기 때문에 색깔에 대한 인식이 있을 수 없어. 그런데 만약 데카르트의 말대로 인간에게 타고난 관념이 있다면 장님도 색깔에 대한 인식을 갖고 있어야 정상이 아니겠나. 하지만 장님은 죽었다 깨어나도 색깔을 알 수는 없어.

즉, 경험하지 못한 것에 대한 관념은 있을 수 없다는 뜻이야. 비록 경험하지 못한 어떤 것에 대한 관념이 있다손 치더라도 그것은 경험을 바탕으로 생긴 관념의 변형이거나 복합일 뿐이지. 그것은 마치 식물이 자라나는 것과 같네. 식물의 뿌리가 양분을 빨아들여 줄기를 키워내듯 경험도 관념이라는 줄기를 키워내는 뿌리인 셈이지."

로크는 '관념은 경험의 소산'이라고 믿었다. 그는 이 믿음을 증명하기 위해 이렇게 묻는다.

갓 태어난 아이에게 관념이 있는가?

그는 갓 태어난 아이의 의식은 백지상태와 같다고 믿었다. 그리고 갓 태어난 아이에게 만약 관념이 있다면 어린아이와 어른의 관념은 같은 수준이어야 한다고 주장한다. 그러나 현실적으로 어린아이의 관념은 어른의 관념보다 훨씬 저차원적인 것이므로 결코 관념은 선천적인 것이 아니라는 결론에 도달한다.

그는 다시 이렇게 묻는다.

그렇다면 아무런 관념도 없는 백지상태의 갓난아이는 어떤 방법으로 관념을 가지게 되는가?

그는 이 물음에 대해 선언적으로 대답한다.

경험 이외에 그 어떤 것도 관념을 가져다 줄 수 없다.

이것은 로크의 전제다. 그는 이 전제에 대해 필요 이상의 증명은 하지 않는다. 이 전제를 진리로 신봉하게 된 것이다.

그리고 그는 관념을 설명하기 이전에 경험에 대해 설명한다. 경험은 우리가 익히 알고 있듯이 감각기관을 통해서만 가능하다. 따라서 장님이 색깔의 세계를 알 수 없고, 귀머거리가 소리의 세계를 알 수 없는 것은 당연하다. 이 말은 곧 감각기관이 상실되면 관념도 상실된다는 것을 의미한다.

로크는 경험을 두 가지로 구분한다. 하나는 외적인 경험으로 감각기관에 의한 것이며, 다음으로는 내적인 경험으로 감각기관을 통해 얻은 경험의 반영(reflection)과 복합에 의한 경험이다.

이러한 경험은 곧 관념을 낳는다. 그에 의하면 관념도 단순관념과 복합관념으로 구분된다. 단순관념은 감각기관에 의해 얻어지는 일차적 관념이며, 복합관념은 단순관념의 복합에 의해 얻어지는 이차적 관념을 일컫는다.

이렇게 해서 관념을 설명한 그는 보편개념을 얻는 과정을 설명한다. 그에 의하면 보편개념은 경험의 반복으로 얻어진다. 그는 관념에서 개념으로 변화하는 과정에 추상작용이 있다고 설명하는데, 추상작용에 의해 얻어진 개념은 누차에 걸쳐 반복됨으로써 보편개념으로 남게 된다는 것이다.

그는 오로지 기계적인 방법에만 의존하고 있다. 이것은 자연 철학자들에게서 볼 수 있는 사고이다. 사실 그는 관념에 접근하기 위해 철저하게 자연 철학적 입장을 고수하고 있었다. 때문에 그에게 있어서는 정신이란 것도 연상심리학자들의 견해와 같이 '뇌 안에 흩어져 있는 단순관념들' 일 뿐이다.

인간의 관념은 기본적으로 감각기관에 의존하고 있으며, 감각기관에 의해 생겨난 단순관념들이 합쳐져서 복합적인 관념들이 생겨난다는 것이 로크의 결론이다.

로크의 관념들은 서로서로 관계를 짓기도 한다. 그 관계들은 마치 정자와 난자가 만나 하나의 핵을 이루고 다시 그 핵이 태아로 자라나는 것과 흡사하다. 따라서 그에게 있어서 관념의 실체라는 것은 있을 수도 없다. 그는 관념의 실체에 대해 조소 섞인 말로 이렇게 항변한다.

'인도사람에게 물어보면 지구를 떠받치고 있는 것이 코끼리라고 한다. 그리고 그 코끼리를 떠받치고 있는 것은 거대한 자라라고 한다. 그런데 자라를 떠받치고 있는 것이 무엇이냐고 물으면 알지 못하는 어떤 것이라고 대답한다. 여기서 인도사람이 얘기한 알지 못하는 어떤 것을 실체라는 말로 바꾸어도 논리적으로 전혀 문제가 되지 않는다.'

실체란 밝혀낼 수 없는 어떤 것에 대해 이름만 갖다붙인 유명무실한 허상에 불과하며, 논리에만 매달리다 별 수 없이 드러낸 한계성일 뿐이라고 로크는 지적하고 있는 것이다.

실체를 거부하는 것은 선천적인 인식력에 대한 거부이다. 인식은 관념의 소산이므로 경험이 없는 인식은 있을 수 없다는 뜻이다. 그에게 있어서 인식이란 관념들에 대한 일치와 불일치, 또는 모순 등을 지각하는 것 이상도 이하도 아닌 것이다.

이로써 로크는 철저한 경험론을 구축했다. 하지만 사람들은 그에게 신의 문제를 거론했다. 그러면 도대체 신은 무엇이냐?

이에 대해 로크는 고대 자연 철학자들의 논리로 설명한다. 신은 경험을 가능케 하는 물질, 즉 이 우주를 만든 존재일 뿐 관념의 세계와는 무관하다는 것이다. 로크는 이 이상의 설명은 회피한다. 그는 지식과 신을 연관시키려고 하지 않기 때문이다.

로크는 모든 것이 개인의 감각과 경험의 문제라고 결론지었다. 이러한 관점에 기초하여 인간의 행위와 국가에 대한 개념을 설정한다.

로크는 사회와 국가가 해야 할 일은 개인의 행복을 최대한으로 지켜 주는 것이라고 주장한다. 이런 이유에서 가부장적 사회와 절대적인 국가도 거부한다.

그에게 있어서 자연상태의 인간은 개인의 의지에만 지배받는다. 하지만 개인 의지의 충돌은 자칫 '만인 대 만인의 전쟁'을 불러올 위험이 있다. 국가는 단지 이러한 위험을 방지하기 위한 목적으로 성립된다. 그러므로 국가는 단지 개인의 권리를 지켜 줄 의무만 있을 뿐 개인의 권리를 침해할 권리는 없다.

이것이 로크와 홉스의 차이다. 개인의 이익을 보장하는 것이 국가의 목적이라는 같은 견해에서 출발했지만, 홉스는 그것을 위해 무소불위의 힘을 가지는 절대국가를 설정한 반면 로크는 개인의 권리와 인격을 보장하려면 국가가 최소한의 권력만을 유지해야 한다고 주장한 것이다.

교육문제에 있어서도 로크는 개인의 이익을 우선으로 내세운다. 그래서 그는 공립학교보다는 개인교육이 낫다고 생각한다. 개인교육이 공립학교보다 자유롭고 개인의 권리와 인격을 보장해 줄 가능성이 높다는 이유에서다.

로크를 자유민주주의의 고전적 대표자라고 부르는 이유가 여기에 있다. 그는 개인 인격의 자유가 모든 것에 우선해야 한다는 신념으로 그것을 위해 투쟁했다. 그가 가부장제에 대한 반론을 쓰고, 개인의 자유가 최대한 보장되는 국가 개념이 중심이 된 국가계약설을 발표했던 것도 바로 이러한 취지에서 이뤄진 일이었다.

로크는 1632년에 태어나 1704년에 죽었다. 그의 출생지는 보리스톨 근방 링턴이며, 그는 웨스트민스터 대학과 옥스퍼드 대학을 다녔다. 여기서 그는 홉스처럼 스콜라 철학을 접했고, 귀족 가정에서 가정교사 노릇을 하였다.

그리고 홉스처럼 그도 1671년 프랑스로 망명했으며, 그곳에서 데카르트의 철학을 접했다. 그는 데카르트의 명석함과 과학적 논리에 심취했으나 '타고난 관념'과 물체관은 부인했다.

1679년까지 프랑스에 머물던 그는 다시 네덜란드로 망명하여 그곳에서 1689년까지 지냈다. 그리고 오란지의 윌리엄공이 왕이 되자 영국으로 돌아와 『인간오성론』을 비롯해 『관용에 관한 편지』, 『통치술에 관한 두 가지 논문』, 『교육에 관한 생각』 등의 책을 집필하고, 1704년 72세를 일기로 세상을 떠났다.

그의 철학은 로버트 보일(1627~1691년), 아이작 뉴턴(1643~1727년) 등의 과학자들에게 영향을 끼쳤으며, 그 스스로도 자신의 철학에 고무되어 만년에 의학을 전공하여 의학박사 학위를 따기도 했다. 그는 그야말로 영국 경험 철학의 교과서였던 것이다.

신을 전제로 예정조화론을 주장한

라이프니츠 Gottfried Wilhelm von Leibniz

자연의 실체는 단자이다

나의 사랑하는 벗 레몽에게

이렇게 또다시 자네에게 나의 이야기를 할 수 있게 해 준 신께 감사하는 것으로 안부인사를 대신하겠네.

나는 지금 무척 흥분되어 있다네. 드디어 하늘의 문을 열었기 때문일세. 그동안 자네와 내가 끊임없이 파고들던 많은 문제들의 실마리를 풀었다는 말일세.

나의 문제들은 단자(單子, 그리스어로 Monade이며 '단일성'을 의미한다.)의 발견 없이는 해결의 실마리를 찾지 못했을 것이네.

자연 속에 존재하는 모든 것은 항상 쪼개질 수 있지만, 궁극적으로는 결코 더 이상 쪼개질 수 없는 단계에 이르고 말 것이네. 나는 더 이상 나눠질 수 없는 가장 기본적인 자연의 참된 원자를 '단자'라고 이름 붙였네. 말하자면 단자는 만물의 '근원적인 힘'이자 근원적인 요소라고 할 수 있네.

하지만 단자는 결코 물질은 아닐세. 우리가 데카르트에게서 배웠듯이 영원한 질료란 존재할 수 없기 때문이지. 즉, 물질은 만물의 실체가 될 수 없는 까닭일세. 따라서 단자는 영혼적인 요소일 수밖에 없네.

영혼이 없어지지 않듯이 단자는 결코 소멸하거나 변하지 않는다네. 왜냐하면 단자는 가장 단순한 것이기에 더 이상 나눠질 수 없기 때문이지. 마찬가지로 단자는 다른 것들의 합성에 의해 이뤄질 수도 없다네. 단자는 외부로부터는 어떤 영향도 받지 않는 단일한 것이란 뜻일세.

단자에는 그 무엇이 들어가거나 나올 수 있는 창문이 없다네. 단자의 모든 활동은 자발적으로 이뤄진다네. 이것은 단자가 바로 자연의 실체라는 것을 증명하고 있지.

이러한 단자에는 세 단계가 있네. 첫 번째 단계는 무의식에 해당하는 단자들로서 돌이나 흙, 돌, 물 등 무생물에 있는 것이고, 두 번째 단계는 감각과 기억이 있는 좁은 뜻의 영혼에 해당하는 단자들로서 식물과 동물에게 있는 것이고, 세 번째 단계는 정신에 해당하는 단자로서 인간들만이 가지고 있는 것이네.

단자의 이런 구분으로 나는 데카르트가 설명하지 못했던 것들을 해결할 수 있었네. 즉, 데카르트는 동물에게 정신이 없기 때문에 동물과 무생물을 같은 것으로 취급했는데, 이렇게 되면 동물이 자기 방어를 위해 싸우고, 또 인간을 해칠 수 있는 능력이 있다는 사실에 대해서는 설명할 수 없다네. 하지만 나의 단자들은 동물이 어떻게 움직일 수 있고, 인간에게 저항할 수 있는가를 설명하고 있다네. 말하자면 동물은 인간보다는 낮은 단계이긴 하지만 무생물보다는 높은 단계의 단자로 이뤄져 있기 때문에 그런 행동이 가능하다는 것이지.

자네는 지금 나의 단자에 대한 이야기를 들으면서 한 가지 궁금한 점이 생겼을 것이네. 그것은 '도대체 단자는 어디서 왔는가?' 하는 물음일 거야.

단자는 하나님이 직접 창조했고, 하나님만이 그것을 없앨 수 있네. 그리고 자연은 단자의 힘에 의해 움직이지. 따라서 자연은 결국 하나님의 섭리에 의해 움직인다고 봐야 하네.

그리고 단자가 하나님의 섭리에 의해 움직이기 때문에 그 움직임은 조화로울 수밖에 없네. 즉, 하나하나의 단자는 태초부터 하나님에 의해 조화롭게 통일되도록 설계되어 있었던 것이지. 때문에 단자는 각기 독립체임에도 불구하고 궁극적으로 전체가 하나라고 할 수 있네. 그것은 마치 자네와 내가 다른 시계를 가지고 있지만 똑같은 시간 개념을 가진 것과 같다고 할 수 있네. 자연은 이처럼 하나님의 설계에 따라 단자의 힘에 의해 움직이는 것이라네.

(중략)

그럼 또 소식 전하겠네. 잘 있게.

라이프니츠의 철학은 한마디로 '단자 철학'이라고 할 수 있다. 단자론을 중심으로 펼쳐진 그의 철학은 1714년 레몽에게 보낸 편지에 비교적 간단하게 요약되어 있다.

이 편지에 나타나듯이 그는 기본적으로 하나님을 전제로 하고 있다. 그가 하나님을 자연의 근거로 내세우는 것은 그만큼 그가 열렬한 기독교인이었다는 것을 대변하고 있다.

그는 사실 기독교의 통합을 위해 부단히 노력한 인물이었다. 루터파와 개혁파 사이의 분열을 없애 일단 개신교의 통합을 이룬 다음, 다시 개신교와 가톨릭의 통합을, 그리고 마지막으로 서유럽 교회와 그리스 정교의 통합을 시도했던 것이다.

물론 라이프니츠의 이런 노력은 전혀 호응을 얻지 못했다. 그럼에도 불구하고 그는 자신의 철학 체계 속에서 다시 한 번 기독교적 논리로 세계를 설명하려는 노력에 박차를 가했다.

라이프니츠의 단자론은 어떻게 보면 아주 간단하고 단순한 논리다. 하나님이 자연을 유지시키는 근원적인 힘을 창조하고, 그 힘은 단자라는 형태로 존재하면서 자연을 하나님이 태초에 창조했던 목적에 맞게 유지해 나간다는 내용이다.

이른바 '예정조화론'으로 대표되는 이런 논리는 성경의 논리와 별반 차이가 없다. '태초에 하나님이 천지를 창조하셨다.(창세기 1장 1절)'를 기반으로 하고 있다는 뜻이다.

물론 그는 이런 기반에 보다 논리적인 영역을 확보하기 위해 플라톤과 플로티노스를 끌어들였다. 그렇게 해서 얻어낸 것이 단자론이다.

단자론은 흡사 데모크리토스의 원자론을 변형한 것 같다. 말하자면 데모크리토스의 물질적인 원자를 정신적인 원자로 바꿔 놓았을 가능성이 있다는 뜻이다. 또한 스피노자의 견해와도 상당 부분 일치한다. '모든 것은 궁극적으로 하나' 라는 그의 논리는 스피노자의 주장과 다르지 않기 때문이다. 그는 다만 스피노자의 능산적 자연을 단자로 표현했을 뿐이다.

그러나 그가 데모크리토스나 스피노자와 다른 것은 기독교적 신이 모든 것의 실체라고 주장한 것이다. 그는 단자가 자연의 실체라고 주장하고 있지만, 사실 단자를 창조한 것이 기독교의 신이기 때문에 근본적인 실체는 자연히 '하나님' 일 수밖에 없다.

또한 그의 단자론은 필론의 로고스 이론과도 흡사하다. 필론의 로고스가 하나님을 대신해서 자연을 지배하듯이 라이프니츠의 단자도 마찬가지이기 때문이다. 따라서 라이프니츠의 주장과 상관없이 단자론에 있어서도 실체는 신이지 결코 단자 자체는 아니다.

단자는 정말 그의 말대로 '근원적인 힘' 인가?

하지만 라이프니츠 자신이 이를 부정하고 있다. 단자 역시 신의 창조물이라고 스스로 말하고 있기 때문이다. 단자론의 이런 모순을 지적하며 헤겔은 '단자론은 형이상학적인 소설' 이라고 일축해 버린다.

1646년 라이프치히에서 태어난 라이프니츠는, 여덟 살 때 스스로 라틴어 철자를 깨우쳤으며, 15세에는 대학에서 형이상학을 섭렵했고 17세에는 『개별자의 원리에 대하여』를 썼다. 또한 20세에 뉘른베르크 근처에 있는 알트도르프에서 법학박사 학위를 받고 교수자격을 획득했다.

하지만 그는 교수로 남아 있지 않았다. 그는 다분히 정치적인 인간이었다. 신교도임에도 불구하고 잠시나마 마인츠 영주와 대주교의 정치 고문 생활을 하였고, 그 뒤에는 줄곧 하노버궁에서 왕당원의 자문관으로 머물렀다.

왕당원 자문관 시절 그는 프랑스의 루이 14세에게 이집트 원정을 설득하는 진정서를 작성하기도 했는데, 이는 프랑스의 눈을 독일에서 다른 곳으로 돌리기 위한 정치적 술수였다. 하지만 루이 14세는 그의 진정서에 전혀 관심을 보이지 않았다. 다만 이 글은 후에 나폴레옹의 이집트 원정에 참고가 되기는 했다.

라이프니츠는 이처럼 정치적인 활동에 분주했지만 학문에 대한 연구를 등한시하지는 않았다. 그는 철학, 수학, 물리학, 역학, 지질학, 법학, 광물학, 경제학, 언어학, 역사학, 신학 등 다양한 분야에 골몰하였다. 이러한 학문에 대한 열정으로 보일과 아이작 뉴턴(Sir Isaac Newton)의 학문을 접하게 되었고, 1676년에는 네덜란드의 스피노자를 방문했다. 또 수학 분야에서는 미분법을 발견하기도 했다.

미분법은 라이프니츠가 1684년에 발표했고, 뉴턴이 1687년에 발표했다. 하지만 뉴턴은 이미 오래전에 미분법을 발견하여 단지 발표를 늦춘 것뿐이기 때문에 누가 먼저 미분법을 발견했느냐에 대해서 논쟁이 일기도 했다.

라이프니츠는 학문과 관련해서 많은 사람들과 편지를 교환했다. 특히 그의 편지 상대는 여자가 많았다. 그는 평생 결혼하지 않았기 때문에 귀부인이나 공주들이 그에게 호감을 보였던 모양이다. 하지만 편지 내용은 모두 학문적인 것들뿐이었다. 그만큼 그는 사무적이고 냉소적이었다.

그의 편지는 1만 5,000통이나 되는데, 그 속에 담긴 것은 그의 대표적인 논문인 『변신론』, 『인간 오성에 관한 새로운 글』, 『형이상학 서설』 등에 기록된 내용들이 대부분이었다.

많은 사람들과 교제하고, 많은 편지를 남겼지만 정작 그의 생활은 외로웠다. 그리고 정치가들에게도 별로 좋은 인상을 주지 못했다. 그 때문인지 그가 1716년 70세를 일기로 죽었을 때 독일 왕실은 아는 척도 하지 않았다. 그의 장례식은 단지 몇몇 지인들만 참석한 가운데 아주 조촐하게 거행되었다.

결과는 개연적으로 발생한다고 본

||||||||||||||||||||||||||||||||

흄 David Hume

형이상학은 학문이 아니다

파리의 어느 연회장에서 흄과 퐁파두르 부인이 대화를 나누고 있다. 퐁파두르 부인은, 뚱뚱하고 못생기고 고집스럽지만 학식이 풍부한 이 스코틀랜드인의 후원자였다.

"흄 선생님, 지난번에 제게 주신 책은 잘 읽었습니다. 하지만 제 머리로는 이해할 수 없는 말들이 너무 많아 이렇게 몇 가지 적어 왔습니다. 시간이 허락된다면 저의 궁금증을 좀 풀어 주실 수 있겠습니까?"

퐁파두르 부인이 종이쪽지를 펴며 그렇게 말하자 흄은 고개를 살짝 숙이며 미소를 띠었다.

"물론입니다. 제 책에 대해 궁금한 점이 있으면 주저하지 마시고 질문해 주십시오. 성심성의껏 대답해 드리겠습니다."

흄은 최대한 친절한 말투로 퐁파두르 부인에게 대답했다. 그녀의 후원이 없었다면 아마 흄은 파리의 귀족 사회에서 최고의 대접을 받지 못했을 것이다. 파리의 귀족 사회에서 그녀의 영향력은 가히 절대적이었기 때문이다.

퐁파두르 부인이 물었다.

"흄 선생님, 제가 책을 읽다 보니 선생님께서는 형이상학을 학문이 아니라고 생각하고 계시던데, 제가 옳게 본 것인가요?"

"예, 옳게 보셨습니다."

"그러면 왜 선생님께서는 형이상학은 학문이 아니라고 생각하시는 거지요?"

"형이상학이라 함은 물질세계와 다른 관념의 세계를 다루고 있는 것인데, 사실 물질세계가 없는 관념의 세계는 있을 수 없기 때문입니다."

"어째서 그렇습니까?"

"관념은 본래 감각에서 오기 때문이지요. 만약 우리의 몸이 없다면 우리는 어디서 관념을 얻을 수 있겠습니까? 우리의 몸이 없이는 관념이 결코 있을 수 없듯이 물질세계가 없는 관념이란 생길 수 없는 것이지요."

"그러면 관념은 어떤 과정을 통해서 생겨나는 것입니까?"

"경험의 과정에서 감각기관에 하나의 인상이 찍혀지면, 그것이 감각기관에 의해 다시 재생되는데 그 재생된 내용을 관념이라고 합니다. 이러한 관념은 서로 연관을 맺으면서 연합하고, 그러한 연합이 우리에게는 복잡한 관념으로 나타나게 되는 것이지요."

퐁파두르 부인이 고개를 끄덕이며 다시 물었다.

"그러면 관념이 연합하는 데에는 어떤 법칙이 있습니까?"

흄이 대답했다.

"관념의 연합에는 세 가지 법칙이 있는데 그 첫째는 비슷함의 법칙으로 어떤 비슷한 것을 봄으로써 이뤄지는 것을 말하고, 둘째는 접촉의 법칙으로 어떤 하나의 사물을 접함으로써 주위에 있는 다른 것들에게로 관념이 옮겨 가는 것을 말하며, 셋째는 인과의 법칙으로 어떤 반복되는 경험을 통하여 그 결과를 예측하는 것을 말합니다."

"그러니까 그런 세 가지 법칙을 통해 우리의 관념이 여러 가지 형태로 드러난다는 뜻이지요?"

"예, 맞습니다."

"관념이 그렇게 경험을 통해서만 생긴다면 진리는 없겠네요? 우리는 지금까지 관념이 진리에서 얻어지는 것이라고 알고 있는데 말이에요."

"그렇다고 진리가 없지는 않습니다. 다만 이전과는 달리 진리를 형이상학이나 신의 세계에서 찾지 않을 뿐이지요. 오히려 모든 것을 감각에 의존할 때 학문과 진리는 훨씬 분명해집니다.

진리에는 이성의 진리와 사실의 진리가 있습니다. 이성의 진리는 생각을 통해 얻어내는데, 관념의 관계라고 할 수 있지요. 이를테면 기하학, 대수학, 산술학 등의 수학적인 진리가 이에 속합니다. 이런 진리는 그야말로 사고작용이 없다면 얻어낼 수 없는 것들입니다. 그러나 사실의 진리는 다릅니다. 사실의 진리는 인간의 생각과는 관계없이 그저 우리 자신에 의해 경험되는 것들이지요. 우리가 땅에 대해서 생각하지 않는다고 땅이 없어지지 않고, 또 우리가 태양에 대해서 생각하지 않는다고 해서 태양이 없어지는 것은 아니지요. 이처럼 사실의 진리는 우리 앞에 있는 사실 그대로를 말하는 것입니다."

이 대화에서 보듯이 흄은 학문을 철저하게 경험적인 세계에 묶어 두고 있다. 그리고 그는 형이상학을 미신의 일종이라고 말하면서 형이상학에 관한 내용을 기록하고 있는 모든 책들을 불태워야 한다고 주장했다.

그는 형이상학이 오히려 학문을 혼란스럽게 한다고 말한다. 인간의 오성, 즉 감각이 다가갈 수 없는 세계를 학문으로 끌어들이는 것은 인간의 허영심에 지나지 않는다는 것이다. 그 때문에 그는 철학에서 형이상학을 완전히 제거해 버렸다.

철학함의 기본이 되는 관념은 그에게 있어서 경험의 소산일 뿐이다. 그에게 있어서 데카르트의 '타고난 관념'이란 그야말로 허상에 지나지 않는다.

흄은 관념의 복잡성을 설명하기 위해 '관념의 연합'이라는 표현을 쓰고 있다. 관념의 연합이란 말 그대로 관념의 덩어리를 말한다. 이러한 덩어리를 형성하는 과정에서 비슷함의 법칙, 접촉의 법칙, 인과의 법칙 등이 발견된다.

관념이 감각의 소산이기에 관념의 실체는 관념의 연합, 즉 심리학적인 소산이다. 다시 말해 실체라는 것은 단지 심리학적인 개념일 뿐이지 실재하는 것은 아니라는 설명이다.

　이러한 논리를 세우는 과정에서 그는 종래의 인과론을 뒤집는다. 헤라클레이토스에서 라이프니츠에 이르기까지의 인과론은 '원인 속에는 반드시 결과가 포함되어 있다.'는 명제가 절대적이었다. 그러나 흄은 이러한 명제를 거부한다.

　그는 결과가 원인으로부터 오지 않는다고 주장한다. 다시 말해 특정한 결과는 특정한 원인으로부터 비롯되지 않고, 또 특정한 원인은 반드시 특정한 결과만을 낳지 않는다는 뜻이다. 예를 들어 '불을 피우면 빵을 구울 수 있지만' 집을 태울 수도 있다. 또 불을 피워서 자신의 옷을 태우거나, 또 불을 피웠지만 빵을 굽지 못할 수도 있다. 즉 어떤 하나의 원인이 어떤 결과를 낳을지는 아무도 모른다는 뜻이다.

　흄은 이처럼 결과는 개연적으로 발생한다고 생각하고 있다. 결과를 개연성으로 몰고 가는 것은 곧 원인이 결과를 낳는 것이 아니라 존재가 결과를 낳고, 경험을 통해서만 그 결과를 알 수 있다는 논리를 전개하기 위함이다.

　이처럼 인과론에 의존하고 있는 과학에 대하여 흄은 회의적이다. 물론 모든 경험의 획일성에 대해서도, 모든 물리적인 법칙에 대해서도 그는 회의적이다. 그는 오직 현상들만 인정한다. 결과적으로 벌어져서 경험된 현상 외에 아무것도 그를 설득하지 못하는 것이다.

　그는 이런 식으로 도덕과 윤리, 종교 등에 대해 설명한다. 그에게 있어서 도덕은 경험 없이는 성립될 수 없다. 숱한 경험의 반복을 통해서 어떤 행동이 개인에게 이익이 되는가 하는 것에 대해 심리적인 판단이 서면 도덕은 자연스럽게 형성된다. 왜냐하면 도덕은 개인에게 유리하게 작용되는 행동들의 집합이기 때문이다.

　윤리 역시 이러한 이익을 좇아가는 경향이 있다. 이익이란 좋게 느껴지는 것을 말하는데, 윤리는 바로 이것을 좇는 것일 뿐이다. 따라서 그의 윤리관에 있어서 중요한 것은 느낌, 즉 감성이다.

　종교와 관련해서는 학문이 종교를 위한 논리가 되어서는 안 된다고 주장한다. 또한 종래의 형이상학이 종교의 시녀 노릇을 해 온 것에 대해 그는 무섭게 비판한다. 그는 종교와 학문은 무관하다고 보았기 때문이다. 종교는 불확실한 미래에 대한 불안으로 인해 생긴 신앙의 소산이며, 따라서 학문은 그런 불안을 숭배해서는 안 된다는 것이 그의 논리다.

하지만 그는 종교를 완전히 부정하지는 않는다. 왜냐하면 그는 인간이 불완전한 존재라는 것을 인정하기 때문이다. 그래서 그는 이렇게 말한다.

'철학자 흄은 무신론자다. 하지만 영국인으로서 흄은 종교와 신앙을 인정하는 선량한 시민이다.'

1711년 스코틀랜드에서 태어난 흄은, 1776년에 사망할 때까지 홉스나 로크처럼 평생 상류 귀족 사회에서 생활하며, 그들에게 인정받기를 원했다.

그는 원래 법학을 전공했으나 스스로 법학도를 포기하고 철학도가 되었다. 철학적 열병에 걸린 그는 4년 동안 심한 우울증에 빠져 있기도 했으나 철학에 대한 지속적인 탐구로 28세에 『인간 본성에 대한 논고』를 집필한다. 하지만 아무도 그를 알아주지 않았다. 사람들은 그를 무신론자이며 회의론자라고 손가락질했던 것이다. 철저한 경험주의에 기반을 둔 그를 기독교에 충실한 사람들이 그렇게 비판했던 것은 무리가 아니었다.

그 후 흄은 한동안 다시 우울증에 빠졌지만 그것을 극복하고 처녀작을 『인간 지성에 대한 논고』와 『도덕 원리에 대한 논고』로 분리하여 발표하게 되는데, 이번에는 세인들의 주목을 받는다.

그러나 그는 파리 주재 공사관의 서기관으로 프랑스에서 생활하면서부터 비로소 인정을 받게 된다. 이미 볼테르와 루소 등의 계몽주의에 고무되어 있던 파리의 귀족들, 특히 귀족 부인들이 그의 학문에 매료되었던 것이다.

그를 파리 귀족 사회에 소개한 사람은 당시 상류 사회에서 대단한 영향력을 행사하고 있던 퐁파두르 부인이었다. 그녀가 후원자가 되면서부터 뚱뚱하고, 못생기고, 무표정한 흄은 파리 귀족 사회의 귀부인들 사이에서 대단한 인기를 누리게 되었다.

그는 평생 결혼하지 않고 그렇게 귀부인들 속에 묻혀 살았다. 그리고 만년에는 귀족 사회에서 한 발 물러나 자신이 썼던 논문들을 종합하여 『인간오성론』과 『도덕원리론』을 집필하고 1776년에 세상을 떠났다. 유고로는 『자연종교에 관한 대화』가 있다.

11장

간트와 독일의 관념 철학자들
간트에서 헤겔까지

17세기가 데카르트와 로크의 시대였다면 18세기는 단연 칸트의 시대였다.

칸트는 선험적인 철학을 주창하여 합리론과 경험론의 한계를 극복하고 철학의 혁신을 감행한다. 『순수이성비판』, 『실천이성비판』, 『판단력비판』 등의 세 비판서로 대표되는 그의 사상은 형이상학과 유물론을 '코페르니쿠스적 전환'을 통해 새로운 경지로 끌어올리는 데 성공했다.

칸트의 '코페르니쿠스적 전환'은 새로운 개념의 관념 철학을 이끌어냈고, 그것은 다시 피히테의 주관적 관념론과 셸링의 객관적 관념론을 거쳐 헤겔의 절대 관념에 도달함으로써 독일 관념론의 체계가 완성된다.

서양 철학사에서 독일 관념론의 완성은 플로티노스 이후 지속적으로 시도되던 헬레니즘과 헤브라이즘의 철학적 결합을 위한 노력의 종결을 의미하는 것이었다. 따라서 칸트에서 시작되어 헤겔에서 완성을 본 독일 관념론은 서양 철학의 종착역이었던 셈이다.

예민하고 빈틈없는 걸어다니는 시계

칸트 Immanuel Kant

코페르니쿠스적 전환을 시도하라!

수업이 시작되었다. 교수는 수업을 알리는 종이 울리자마자 교실 안으로 들어섰다. 강단에 선 교수는 학생들을 한 번 둘러보았다. 혹 빠진 자리가 없는지 점검하고 있는 것이다. 교수는 만족한 듯한 표정을 지으며 고개를 끄덕였다. 결석생도 지각생도 없다는 뜻이었다.

5척을 간신히 넘긴 작은 키에 깡마른 체구, 역삼각형의 하얀 얼굴, 날카롭게 번뜩이는 눈빛, 그렇지만 신중하고 여유만만하며 위압적인 품위를 유지하고 있는 그를 일러 사람들은 "걸어다니는 시계"라고 했다.

칸트 교수, 그는 정확성의 천재였다. 꼼꼼하고 예리하며, 논리에 어긋남이 없는 그야말로 학자의 전형이라고 할 수 있었다.

'코페르니쿠스적 전환'

칸트는 아무 말도 하지 않고 칠판에 그렇게 썼다. 그리고 돌아서서 학생들에게 묘한 웃음을 흘렸다.

"오늘은 참으로 뜻 깊은 수업이 될 것이다."

칸트는 고개를 왼쪽으로 약간 기울이며 학생들의 반응을 살폈다. 학생들을 바라보는 그의 얼굴에는 아직 채 가시지 않은 흥분이 감돌았다.

"코페르니쿠스적 전환!"

칸트는 시를 읊듯 감동 섞인 음성으로 소리쳤다. 그리고 그 글귀 밑에 백묵으로 두꺼운 줄을 그었다.

"내가 오늘 여러분에게 할 강의의 주제는 바로 이것이다. 코페르니쿠스의 천체 운동에 대한 연구 과정을 모범으로 삼아 지금부터 우리는 형이상학에 대한 획기적인 전환을 시도하게 될 것이다.

코페르니쿠스도 처음에는 별이 지구를 중심으로 돈다고 생각했다. 즉, 별들이 별을 바라보고 있는 우리들을 중심으로 돈다고 생각했다는 뜻이다. 그런데 그는 그런 논리로는 도저히 천체의 운동을 설명할 수 없다는 결론에 이르러 새로운 시도를 해 보았다. 그것은 바로 기존의 생각을 뒤집어 보는 일이었다. 즉, 별이 지구를 중심으로 도는 것이 아니라 지구가 고정되어 있는 별 주위를 돈다는 가정을 세웠던 것이다. 그리고 그는 이 가정을 바탕으로 몇 가지 실험을 거친 끝에 천체 운동의 원리를 파악하는 데 성공했다. 또한 나 역시 코페르니쿠스의 방법을 이용하여 형이상학의 원리를 파악하는 데 성공했다."

칸트는 거기서 말을 끊고 헛기침을 하고는 학생들을 다시 한 번 둘러보았다. 마치 중대한 결단이라도 선언할 사람처럼 그는 신중한 표정을 지으며 혀로 마른 입술을 훔치고 있었다. 심상치 않은 그의 얼굴을 보면서 학생들도 침을 꿀꺽 삼켰다.

"우리는 지금까지 관념이라는 것이 어떻게 생겨나는지에 관해 많은 논쟁을 해 왔다. 그 과정에서 혹자는 관념이 경험에 의해서 이뤄진다는 결론을 내리기도 했고, 또 다른 사람은 관념은 선천적으로 주어진 것이라고 주장했다. 하지만 나는 이 자리에서 분명히 밝히지만 관념은 선천적인 것만도 아니고, 경험만으로 얻어지는 것도 아니다.

우리 모두가 동의하는 바와 같이 관념은 분명히 경험에 의해서 얻어진다. 하지만 경험만으로는 결코 관념을 얻을 수가 없다.

예를 들어 땅바닥 위에 쇳가루가 가득 흩어져 있다고 치자. 그리고 우리는 이 쇳가루를 하나로 뭉치고자 한다. 그렇다면 우리에게 필요한 것이 무엇이겠는가? 바로 자석이다. 자석만 있으면 우리는 그 쇳가루를 쉽게 채취할 수 있을 것이다. 이때 쇳가루는 각기 분리된 조각임에도 불구하고 자력에 의해 하나로 합쳐질 수 있다.

경험에 의해 얻어지는 관념도 마찬가지다. 경험이란 각기 분리되어 있는 쇳가루와 같은 것이다. 그리고 쇳가루가 모여 있다고 해서 하나가 될 수 없는 것처럼 경험도 단지 모여 있다고 해서 관념을 만들어 낼 수는 없다. 경험을 관념으로 전환하려면 쇳가루를 하나로 뭉치게 하는 자력 같은 구실을 할 힘이 필요하다.

따라서 관념은 단순히 경험의 집합이 아니다. 관념은 경험 외에도 경험을 질서 있게 정리하는 힘을 필요로 한다. 다시 말해서 경험의 주체가 되는 감각체계에 경험을 받아들이고, 질서 지우는 힘이 없이는 관념을 얻을 수 없다는 말이다.

이는 곧 관념이 경험에 의해서 생겨나지만 경험 이전에 감각기관이 경험을 받아들이고 정리하여 관념으로 전환시키는 체계를 갖추지 못한다면, 경험은 결코 관념으로 전환될 수 없다는 뜻이다. 그러므로 관념은 경험과 감각기관의 선천적인 정리체계의 합이라고 할 수 있다.

관념이 생기는 과정에서 이처럼 경험 외에도 선천적인 요소의 작용이 필요하다는 것은 자연과 인간의 감각세계가 단순히 물질들의 합성 상태가 아니라 어떤 원리와 양식의 지배를 받는 것을 의미한다. 이러한 원리와 양식은 우리의 경험과는 무관한 것이다. 그것은 오히려 경험 이전에 감각세계에 주어진 것이다. 그래서 나는 이것을 '선험적인(경험에 앞서는) 체계'라고 이름 붙였다.

선험적인 체계는 모든 감각기관에 주어져 있는 것이므로 인간과 자연에 공존하고 있다. 또한 이 체계는 인간의 경험과 상관없이 인간과 자연의 교감을 가능하게 한다. 왜냐하면 그것은 물질체계 전체를 지배하는 공존의 체계이고, 따라서 물질로 이뤄진 인간의 감각기관과 자연의 감각체계를 하나로 묶을 수 있는 힘이기 때문이다.

인간과 자연이 선험적인 체계를 통하여 교감할 수 있다고 하는 것은 아주 중요한 의미가 있다. 즉, 이러한 교감은 이른바 '코페르니쿠스적 전환'을 설정하는 열쇠가 될 수 있다는 뜻이다.

우리는 지금까지 항상 인간이 주체가 되어서 자연이라는 대상을 경험한다고 생각해 왔다. 하지만 자연이 선험적인 체계를 통하여 인간과의 교감을 이룰 수 있다면 꼭 인간이 주체가 되고 자연은 대상이 되어야 할 필연성은 없다. 오히려 자연이 주체가 되어 인간을 경험할 수도 있는 것이다. 즉, 자연이 인간의 감각체계의 원리를 파악하고 그것에 따라 움직일 수도 있다는 뜻이다. 말하자면 경험의 주체가 인간에서 자연으로 바뀔 수 있다는 것이다. 이는 마치 별들이 코페르니쿠스를 중심으로 도는 것이 아니라 코페르니쿠스가 별들의 주위를 돌게 됨으로써 천체의 원리가 파악된 경우와 동일하다.

나는 이것을 '코페르니쿠스적 전환'이라고 부르고자 한다. 지금부터 여러분의 과제는 바로 나와 함께 코페르니쿠스적인 전환을 시도하는 일이다."

서구인들에게 가장 이해하기 어려운 책이 무엇이냐고 물으면 그들은 칸트의 『순수이성비판』이라고 대답한다고 한다.

그들 서구인들이 서구인들 중에 한 사람인 칸트의 책을 어렵다고 대답한다는 것은, 칸트가 자신의 논리를 쉽게 설명해내지 못했다는 뜻이기도 하다. 즉, 서구인들이 『순수이성비판』을 어렵다고 생각하는 것은 그 책의 내용 자체가 어렵다는 것이 아니라 내용이 이해하기 어렵게 서술되었다는 의미이다. 따라서 칸트의 책을 쉽게 이해하기 위해서는 쉬운 설명이 필요하다는 결론이 도출된다.

칸트의 선험 철학을 쉽게 이해하기 위해서는 우선 그가 어떤 점에 착안하여 선험철학의 논리를 시작하고 있는지를 파악해야 할 것이다.

'선험'이란 말은 Transzendental이라는 독일어를 번역한 것으로 '경험에 앞선'이라는 뜻이다. 말하자면 그는 경험 이전에 선천적으로 주어진 어떤 것에 의존하는 철학을 주창하고자 했던 것이다.

칸트가 선험 철학을 생각하기 전까지 서구 철학은 경험론과 합리론이 팽팽하게 대결하고 있었다. 그들이 대결하고 있던 요체는 관념의 발생 문제였다.

관념은 어디서 생겨나는가?

이 물음에 대해 합리론자들은 데카르트의 주장을 빌어 '생득적인 관념'을 주장했고, 경험론자들은 '관념은 경험의 소산일 뿐이다'라고 주장했다. 이렇게 해서 라이프니츠는 신의 예정조화론으로 합리론의 극단으로 치달았고, 흄은 형이상학을 학문에서 제외시켜야 한다는 주장을 펴며 이에 응수했다. 그들 두 학파는 도저히 타협할 수 없는 지경에 이르고 만 것이다.

칸트는 이들의 극단적인 대립 속에서 처음에는 합리론의 대열에 섰다. 그러다가 흄의 이론을 접하면서 다시 경험론으로 기울어 형이상학의 무용성을 생각하기도 했다. 그러나 그는 극단을 향해가기보다는 타협을 택했다. 경험론과 합리론의 조화로운 만남을 시도했던 것이다.

칸트는 생각했다.

'관념(인식)이 감각기관의 경험에서 비롯되는 것만은 분명하다. 하지만 경험을 다시 관념으로 전환시키는 것은 무엇일까?'

칸트는 이 의문을 풀기 위해 한동안 고심했다. 그리고 수학적인 논리를 대입해 그 의문을 풀어 나가기 시작했다.

관념 = 경험 + 감각기관의 내부 능력

이런 관계를 설정한 다음 칸트는 다시 감각기관의 내부 능력에 대해서 생각했다. 그리고 그 내부 능력이 경험과는 무관하다는 결론에 도달했다.

내부 능력이 경험과 무관하다는 것은 감각기관 내에 선천적인 능력이 있다는 것을 의미한다. 그래서 그는 이 선천적인 능력을 '감각기관의 선험적인 양식'이라고 명명했다. 즉 감각기관에는 이미 경험 이전에 선천적으로 경험을 수용하여 체계화할 수 있는 양식이 있을 수밖에 없다는 뜻이었다. 그렇지 않다면 경험은 결코 관념으로 전환될 수 없을 것이기 때문이었다.

따라서 이제 다음과 같은 공식이 성립한다.

관념 = 경험 + 감각기관의 선험적 양식

이러한 공식에 따라 이제 칸트는 관념의 본질이 경험에 있지 않고 감각기관의 선험적 양식에 있다는 것을 파악해 낸다. 경험은 단순히 관념의 질료일 뿐 본질은 아니라는 것이다. 따라서 순수한 관념은 경험에서 오는 것이 아니라 선험적 양식에서 오는 것이라는 결론에 도달한다. 그러면서 그는 감각기관의 선험적 양식에 대한 연구를 지속한다.

'선험적 양식은 감각기관 내에 있으므로 곧 자연의 감각기관 내에도 있다고 보아야 한다.'

우선 칸트는 전제를 이렇게 설정했다. 감각기관이란 곧 물질세계에서 온 것이므로 물질세계, 즉 자연 속에서 선험적 양식이 존재한다는 결론을 내렸던 것이다. 그런 다음 선험적 양식이 경험과 무관하므로 인간과도 무관하다는 생각에 이르렀고, 다시 자연과 인간이 선험적 양식 속에서 교감할 수 있다는 명제를 얻게 된다.

여기서 그는 코페르니쿠스적 전환을 꾀한다. 즉, 인간이 물질세계를 대상으로 쫓아다니며 경험을 축적한다는 그때까지의 생각을 버리고 오히려 대상이던 물질세계가 인간의 선험적 양식을 파악하고 그 원리를 따르고 있다는 생각으로 치달았던 것이다. 말하자면 별들이 코페르니쿠스(지구) 주위를 돈다는 생각에서 코페르니쿠스가 별들 주위를 돈다는 생각으로 바뀌었던 것이다.

이렇게 되자 선험적인 세계 속에서 자연은 관념과 다를 바가 없게 된다. 말하자면 자연과 관념이 본질적으로는 같은 세계에 있게 된 것이다. 그것은 곧 모든 존재의 근거가 되는 공간과 시간 역시 선험적인 세계 속에서는 관념적인 것이 된다는 의미다.

그렇다면 관념의 본질이자 물질세계의 질서를 이룩하는 힘인 선험적 체계는 어디서 왔으며 무엇인가? 이제 칸트의 생각은 선험적 양식의 실체로 옮겨 간다.

선험적 양식을 만들고 자연과 인간이 서로 선험적으로 교감할 수 있게 한 실체가 있다면 그것은 당연히 신이다. 또는 선험적 체계 자체가 신일 수도 있다.

그런 실체를 신이라고 말하지 않는다면 신이라고 일컬어질 수 있는 것은 없을 것이다.

칸트는 이렇게 해서 다시 합리론으로 돌아왔다. 그의 선험 철학은 비록 경험론을 받아들이고 있기는 하지만 결과적으로 경험론은 합리론의 정당성을 보다 철저하게 규명하기 위한 수단으로 사용되고 있다. 또한 선험 철학은 경험주의에서 거부됐던 신과 형이상학을 다시 철학으로 끌어들일 수 있는 학문적 토대를 구축한 셈이다. 따라서 칸트의 선험 철학은 서구 철학의 오랜 숙제들을 한꺼번에 해결한 셈이다.

하지만 칸트의 선험 철학 역시 자체적인 모순을 안고 있다고 봐야 한다. 비록 칸트가 공간과 시간(변화)을 선험적인 것으로 규정하고, 그것이 관념적인 것이라고 생각했다 하더라도, 칸트는 여전히 관념적이지 않은 실재적인 공간 위에 서서 변화해 가고 있는 하나의 물체이기 때문이다.

칸트의 생애

칸트는 1724년에 태어나 1804년에 죽었다. 그는 쾨니히스베르크에서 한 마구상의 아들로 태어났다. 그리고 1740년 쾨니히스베르크 대학에 입학하여 1755년에 박사학위와 교수자격증을 획득하였다.

교수가 되고 나서도 가정교사를 하지 않으면 생계를 이어나갈 수 없을 만큼 그의 벌이는 시원찮았다. 이런 생활은 1770년 정교수가 될 때까지 15년 동안 지속되었다.

정교수가 된 뒤 예나 대학과 에어랑겐 대학에서 그를 초빙했지만 그는 결코 쾨니히스베르크를 떠나지 않았다. 그리고 이후에도 그는 평생 단 한 번도 그곳을 떠난 적이 없었다.

1781년 『순수이성비판』이 출간되자 그는 하루아침에 유명인사가 되었다.

1790년에는 귀부인들의 안방에까지 그의 책이 진열되었고, 1793년에는 그의 철학에 대한 문헌이 200편을 넘어섰다. 하지만 프리드리히 빌헬름 2세는 칸트를 스피노자를 계승한 무신론자라고 비난하면서 1794년에 내각명령으로 헤센 주에서 칸트 철학에 대한 강의를 금지시켰다.

그럼에도 불구하고 대다수의 유럽 대학에서는 칸트를 열광적으로 지지했다. 비록 방해꾼들이 있기는 했지만 칸트 철학의 입지는 점점 강화되고 있었다. 그리고 1804년 칸트가 80세를 일기로 죽었을 때 독일 국민들은 최고의 사상가를 잃었다고 비통해 했다.

칸트는 결혼하지 않고 평생 독신으로 살았다. 그도 많은 선배 철학자들처럼 독신으로 사는 것이 철학자의 올바른 태도라고 생각했던 모양이다.

그는 또한 '걸어다니는 시계'라는 별명을 얻을 정도로 시간 개념이 정확한 사람이었다. 새벽 5시에 일어나 밤 10시에 자는 것을 철칙으로 알았고, 식사는 하루에 한 번만 했다. 성격은 꼼꼼하고 정확했으며, 예리하고 날카로웠다.

그가 가장 싫어하는 일은 자신의 일과를 누군가로부터 방해받는 일이었다. 그는 주변을 항상 깨끗하게 정리했으며, 혹 정리정돈이 되어 있지 않을 때는 신경질적인 반응을 보였다. 잠을 잘 때는 이불을 둘둘 말아서 누에처럼 잤다. 책을 보거나 학문에 몰두할 때는 신경을 날카롭게 곤두세웠다고 하는데, 옆집 수탉이 낮에 가끔 우는 바람에 그것을 견디지 못해 다른 곳으로 집을 옮겼을 정도였다.

그가 이사한 새 집은 감옥 옆이었다. 하지만 그곳에서도 그는 죄수들이 의무적으로 부르는 찬송가 소리에 시달린 나머지 시장을 찾아가 죄수들이 노래를 부르지 못하도록 해달라며 신경질을 내기도 했다고 한다.

하지만 그는 이렇게 예민하고 신경질적임에도 불구하고 여든 살까지 장수하였다. 그리고 인간의 정신적인 측면을 다룬 『순수이성비판』과 인간의 행위와 욕망을 다룬 『실천이성비판』 그리고 윤리적인 문제를 다룬 『판단력비판』 등의 주저와 수많은 논문들로 서양 현대 철학의 밑거름을 닦았다.

거위지기에서 대학총장이 된 독선적인 지식인

피히테 Johann Gottlieb Fichte

인간이 세계에 예속된 것이 아니라 세계가 인간에게 예속되어 있다

강의실은 북적댔다. 학생들은 『모든 계시에 대한 비판의 시도』의 저자인 피히테의 첫 강의를 듣기 위해 몰려들고 있었다. 그들은 칸트보다 칸트를 더 정확하게 꿰뚫고 있는 고집스럽고 정열적인 이 젊은 교수의 입에서 터져 나올 첫 강의의 주제를 놓고 서로 내기를 하기까지 했다. 어떤 학생은 '인간은 모든 것이다.'라는 말을 할 것이라고 했고, 또 어떤 학생은 '젊은이여 행동하라!'에 돈을 걸기도 했다. 그리고 한쪽에서는 '인류의 역사는 정신의 역사다.'를 지지하는가 하면, 또 한쪽에서는 '내가 곧 세계이다.'에 의견을 모았다.

마침내 피히테가 강단에 올랐다. 높은 코에 굳게 다문 입술, 부리부리한 눈과 짙은 눈썹, 큰 귀 뒤로 드리워진 머리카락…….

베스트셀러 저자를 직접 대하는 학생들은 그의 겉모습을 면밀히 살폈다. 듣던 대로 고집스럽고 열정적인 얼굴이었다. 그리고 그 열정 뒤에는 모든 것을 자기 방식으로 바꿔 놓겠다는 독단과 아집이 도사리고 있었다.

학생들은 그의 첫 마디를 숨죽이며 기다렸다. 내기를 건 학생들은 서로를 쳐다보며 웃음을 흘리기도 하였다. 이윽고 피히테가 입을 열었다.

"예나의 청년 지식인 여러분, 나를 행동하는 지성으로 인정해 주고 이렇게 강단에 서게 해 준 여러분의 열정에 힘입어 나의 정신이 허락하는 한 최선을 다해 강의하겠다."

피히테가 인사를 하자 학생들이 열화와 같은 박수로 답했다. 그리고 학생 중에 한 명이 일어나서 질문을 던졌다.

"저는 선생님의 책을 밤을 새워 읽었습니다. 그럼에도 불구하고 저는 아직까지 철학의 근원과 개념조차도 파악하지 못했습니다. 철학을 하기 위해 우리는 도대체 어디부터 손을 대야 하겠습니까?"

피히테는 고개를 끄덕이며 학생들을 바라보았다. 그리고 학생의 질문에 대답하기 시작했다.

"철학의 근원에 대해 이해하려면 먼저 철학의 개념부터 알아야 할 것이다. 철학(Philosophy)이란 말 그대로 지혜를 사랑하는 일이다. 그리고 지혜를 사랑하는 일은 지상의 수많은 동물 중에 인간만이 하는 행동이다. 따라서 철학이란 '인간의 지혜 얻기' 또는 '인간의 세계 이해'라고 결론지을 수 있을 것이다.

말하자면 철학은 인간이 인간임을 확인할 수 있는 유일한 학문인 셈이다. 때문에 철학은 먼저 인간, 즉 인간의 의식을 아는 일로부터 시작되어야 한다. '나' 또는 '자아'로 대표되는 인간의 의식을 파악하기 위해서는 무엇보다도 먼저 '나'에 대한 정립이 선행되어야 할 것이다. 나는 지금부터 그것을 변증법적 방법을 통해 정립, 반정립, 종합의 세 단계로 설명해 보고자 한다."

피히테는 그렇게 말하고 백묵을 집어 들었다. 그리고 칠판에다 다음과 같이 썼다.

" '나'는 '나'다."

피히테는 자신이 쓴 문구 양쪽에 따옴표를 치며 말했다.

"우리는 '나'에 대한 정립을 위해 가장 먼저 '나는 나다.'라는 것을 알아야 한다. 즉 우리들은 언제나 우리들 자신, 즉 '나로서의 나'를 체험한다는 점을 알아야 한다는 뜻이다. 이것을 나는 동일률이라고 말한다.

이렇게 동일률에 의해 '나는 나다.' 그리고 '나일 수밖에 없다.'는 점을 파악한 다음 우리는 다음 단계로 나아가야 한다."

피히테는 다시 칠판에 또 하나의 문장을 썼다.

" '나' 속에는 '나 아닌 것' 이 함께 있다.'

다시 그의 설명이 이어졌다.

" '나' 가 있다는 것은 반드시 '나 아닌 것' 이 있다는 전제 하에 가능하다. 다시 말해서 '나' 는 '나 아닌 것' 과 구별될 때 '나' 로 인정될 수 있다는 것이다. 우리의 의식 속에도 이런 공존은 있다. 이것은 마치 오른쪽이 있으면 반드시 왼쪽이 있는 것과 같은 이치이다. 나는 이것을 모순율이라고 말한다.

그러면 '나' 속에 '나 아닌 것' 들이 가득하다는 뜻인데, 이건 도대체 어떻게 된 일일까? 그렇다면 '나' 속에 있는 '나 아닌 것' 들은 '나' 가 아니면 도대체 무엇이란 말인가?

우리는 당연히 이런 의문에 사로잡히게 될 것이다. 그 때문에 우리는 다시 다음 단계로 나아가지 않으면 안 된다."

" '나' 와 '나 아닌 것' 으로 이뤄진 나는 '전체적인 나' 이다."

피히테는 마지막 문장을 쓰고 돌아섰다.

"진정한 '나' 는 바로 '전체적인 나' 이다. 이것은 '나' 의 원초적인 의식과 타자, 즉 자연과 다른 사람의 의식까지도 포함하고 있다. 그리고 우리는 항상 이 '전체적인 나' 로 존재한다. 따라서 '나' 는 자연과 타인을 포함하고 있는 것이다. 이 말은 곧 나의 의식(정신) 속에 세계가 있다는 뜻이며, 또한 인간이 세계에 예속되어 있는 것이 아니라 세계가 인간에게 예속되어 있다는 말이다."

피히테의 철학을 대개 주관적 관념론이라고 부른다. 그것은 그의 철학 속에서는 질료와 사물들까지도 주관에 의해서 정립되고 있기 때문이다. 말하자면 우리는 그의 철학에서 단호하고 절대적인 정신 철학을 대하게 된다는 것이다.

그의 철학적 기초는 칸트에서 비롯되었다. 또한 그는 칸트의 관념을 더욱 심화시키고, 칸트가 감히 시도하지 못했던 주관적 관념의 절대화를 시도했다. 칸트에게 있어서는 사물 자체가 독립적인 존재적 의미가 있었지만, 피히테에게 있어서는 사물 자체도 인간의 주관적 관념에 의해서만 정립될 수 있었다.

이런 주관적 관념론은 '나' 또는 '자아'로부터 모든 학문이 시작된다는 자신의 이론에 기반을 두고 있다.

칸트의 선험 철학에 따르면 모든 실재적인 것은 관념적이다. 그리고 관념의 근거는 인간의 의식, 곧 자아이다. 따라서 피히테가 모든 실재적인 것들의 근거를 '나' 또는 '자아'에 두는 것은 관념론자의 당연한 귀결일지도 모른다.

그는 이 이론을 순수한 '나'와 '나 아닌 것'이 '전체적인 나' 속에서 하나로 종합되는 과정에서 설명하고 있다.

우리가 살아있는 한 거부할 수 없는 하나의 명제는 '나는 나다.'라는 점이다. 그리고 또 하나의 거부할 수 없는 명제는 '나는 나 아닌 것들과 함께 있다.'는 사실이다. 피히테는 모순적인 이 두 가지 사실에서 위의 설명에서처럼 '전체적인 나'를 이끌어내는 데 성공한다.

변증법적 단계를 거쳐 '전체적인 나'를 이끌어냈다는 것은 나와 타자, 그리고 질료들 사이에 서로 통할 수 있는 순수한 의지작용의 규범이 있다는 것을 의미한다. 그렇지 않다면 나와 타자, 그리고 질료는 하나의 '전체적인 나'로 종합될 수 없을 것이기 때문이다.

피히테는 이 논리를 바탕으로 자신의 도덕학을 주창한다. 즉, 모든 자아는 선천적으로 순수한 의지에 동화되고자 하는 본능을 지니고 있으므로 우리는 행위를 통해서 순수의지를 알 수 있다는 것이다.

순수의지를 아는 일, 그것은 곧 자기 자신을 실현하는 일이다. 왜냐하면 순수한 의지만이 순수한 '나'이기 때문이다. 그리고 자기 자신을 실현할 수 있는 유일한 존재는 바로 자신뿐이다. 따라서 인간은 자기 스스로의 행동을 통하여 순수의지를 발견하게 됨으로써 순수한 '나'에 더욱 접근할 수 있다는 결론에 이른다.

피히테는 이런 논리를 바탕으로 이렇게 외치고 있다.

'태초에 행위가 있었느니라. 행위하라, 행위하라, 우리는 행위를 하기 위해 존재하고 있느니라.'

피히테의 논리에서 '나'의 주관은 신의 모습과 형상에 따라 형성된다. 그리고 '나'의 주관은 순수의지를 통해서만 확인될 수 있고, 순수의지는 행동을 통해서만 실현될 수 있다. 그러므로 피히테의 윤리학에서는 행동을 통해서만 신의 모습과 형상을 대할 수 있게 된다.

'살아 움직이는 도덕질서가 신 자체다. 우리는 다른 신을 필요로 하지 않으며, 다른 어떤 신도 파악할 수 없다.'

그는 결론적으로 이렇게 단언했고, 그 때문에 무신론자라는 비판을 받아야 했다. 하지만 그는 결코 뒤로 물러서지 않았다. 그는 단 한 번도 자신의 주장을 굽힌 적이 없었다. 그는 옹고집쟁이였고, 전투적인 인간이었다. 자신을 비판하는 자에게는 거침없이 선전포고를 하였고, 기어코 박살을 내야만 속이 풀리는 그런 성격이었다. 한마디로 철저하게 오만과 독선에 빠진 지식인이었다.

피히테의 생애

그의 주관주의 철학과 독선은 어쩌면 그의 삶에서 비롯됐는지도 모르겠다. 그는 1762년 독일의 오버라우시츠에서 가난한 농군의 아들로 태어났다. 아버지는 가난했으므로 사실 그는 학문과는 거리가 멀 뻔했다. 하지만 운명은 그를 학자의 길로 인도했다.

그는 거위지기였다. 어느 농가에서 가축을 돌봐주는 일을 하면서 입에 풀칠을 하고 있었던 것이다. 하지만 어느 일요일의 우연한 사건이 그의 인생을 바꿔놓았다.

일요일 정오, 그 지방 영주가 마을에 오게 되었다. 영주는 늦게 도착한 탓으로 일요일 예배를 놓쳤고, 목사의 설교를 듣지 못한 것을 너무나 안타까워하고 있었다. 이때 마을 사람들은 이렇게 말했다.

'나리, 그런 문제라면 걱정하지 마십시오. 거위지기 요한이 설교 내용을 한 자

도 빠트리지 않고 전해 줄 것입니다.'

이 말을 듣고 영주는 요한이라는 거위지기를 불러오라고 했다. 거위지기 아이는 정말 목사의 설교를 단 한 단어도 빠트리지 않았으며, 말과 억양과 제스처까지 완벽하게 소화해 냈다.

영주는 감탄하였다. 이 천재 소년이 겨우 거위지기나 하고 있다니! 영주는 이 가난한 거위지기 아이를 교육시키기로 마음먹었다.

피히테는 그렇게 교육의 기회를 얻었다. 그리고 고등학교를 무사히 마치고, 예나 대학에 진학하였다. 그때쯤 그의 후견인은 저세상으로 갔다. 그 때문에 피히테는 다시 가난해졌고, 가정교사 생활로 생계를 이어 나가야 했다.

하지만 가정교사 생활은 순탄치 못했다. 그의 괴팍하고 독선적인 성격 때문에 어느 집에서도 그를 오래 두지 않았다. 그는 아이들의 교육은 일차적으로 부모 책임이라고 생각하고 『유별난 교육적 과오에 대한 기록』이라는 책을 지어 아이들의 부모에게 읽기를 강요했다. 그러나 부모들은 그의 그런 교육방식을 용납하지 않았다. 그 바람에 그는 늘 학생 부모들과 전투적인 자세로 지내다가 몇 달 못 버티고 다른 가정교사 자리를 찾아다녀야 했다.

대학을 마친 후에도 그는 가정교사를 하며 이곳저곳을 전전했다. 때로는 수학을 가르치고, 때로는 철학 독선생이 되기도 했다. 그러던 중에 칸트 철학을 가르쳐달라는 학생을 만났고, 그때부터 그는 칸트철학에 눈을 뜨게 되었다.

그는 칸트를 찾아갔다. 그리고 칸트 곁에 머물면서 4주 동안 『모든 계시에 대한 비판적 시도』라는 글을 썼다. 칸트는 그 글을 보고 극찬을 아끼지 않으며 출판사를 소개했다.

하지만 출판사는 이 무명의 젊은 학자의 이름을 책에서 빼버렸다. 책은 익명으로 출판되었던 것이다. 그런데 익명으로 출판된 덕분에 이 책은 오히려 베스트셀러가 되었다.

사람들은 피히테의 글을 칸트의 노작이라고 생각했다. 독자들은 열광적이었다. 그리고 그 열광이 절정에 달했을 때 피히테는 자신이 그 책의 저자임을 밝혔다.

이렇게 해서 피히테는 책 한 권으로 일약 유명인사가 되었다. 뿐만 아니라 학생들의 열렬한 지지 속에 예나 대학의 교수로 초빙되었다. 그때 예나 대학에는 괴테와 쉴러가 강단에 서 있었다. 그는 단지 책 한 권으로 모든 영광을 한꺼번에 얻었던 것이다.

하지만 1799년 그는 예나 대학에서 쫓겨나고 말았다. 사람들은 그를 무신론자라고 비난하였고, 학생들도 그의 독선과 오만에 거부반응을 보였다. 심지어 학생 단체들이 무더기로 몰려가 그의 연구실 창문을 향해 돌을 던지기도 했고, 그의 아내를 길에서 모욕하기도 했다. 피히테는 그때마다 자신을 비판하는 사람들과 전쟁을 벌였고, 또 제자들과도 전투를 감행했다. 하지만 그는 결국 무신론자로 낙인 찍혀 쫓겨나게 되었는데, 그때 아무도 그의 편에 서 있지 않았다.

예나 대학을 떠난 그는 잠시 동안 에어랑겐과 쾨니히스베르크 대학에 근무한 뒤, 1809년 프리드리히 대왕의 후원으로 베를린 대학 교수가 되면서 초대 총장으로 취임했다.

이때 독일은 나폴레옹에게 짓밟히고 있었고, 그는 국민적인 저항운동을 하기 위해 "독일 국민에게 고함"이라는 연설을 했다. 그리고 1814년 아내의 열병을 치료하다가 전염되어 생을 마감하였다. 그가 죽은 뒤에 미처 완성을 보지 못한 『지식학』 초고가 발견되었다.

낭만주의의 불수레를 몰고 온 정열의 철학자

셸링 Friedrich Wilhelm Joseph Schelling

세계가 없으면 신도 없다

1840년 여름, 바아더(Franz von Baader, 1765~1840년)는 갑자기 친구가 보고 싶어 집을 나섰다. 그는 이미 75세의 노구였고, 머지않아 자기에게도 죽음이 닥쳐오리라는 사실을 잘 알고 있었다. 그래서 그는 죽기 전에 친구이자 사상적인 스승인 셸링을 한번 만나보고 싶었던 것이다.

셸링은 벌써 10년째 시골집에 칩거하며 은둔생활을 하고 있었다. 그는 아내와 사별한 이후 줄곧 우울증에 시달렸고, 시간이 흐르면서 우울증의 골은 한층 깊어 가고 있었다. 그러나 바아더의 방문으로 셸링의 우울증은 잠시나마 사라졌다.

"바아더 형님, 그렇지 않아도 뵙고 싶었습니다. 확실히 우리는 통하는 구석이 있긴 있나 봅니다."

학문적으로는 셸링이 바아더의 선생이었지만 나이로 보면 바아더가 열 살이나 많았다. 그래서 셸링은 언제나 그를 형님이라고 불렀다.

기분 좋게 웃는 셸링의 얼굴을 쳐다보면서 바아더는 그를 찾아오길 잘했다고 생각했다.

"셸링 선생, 참으로 오랜만에 자네의 웃는 모습을 보니, 이렇게 무턱대고 찾아오길 잘했다 싶네. 하긴, 자넨 참 웃기도 잘했고, 울기도 잘했지. 그러다가 어떤 때는 목숨을 내놓고 싸우기도 하고, 열정적인 연설을 늘어놓기도 했어. 자넨 참으로 열정적인 청년이었지.

처음 자네를 만났을 때가 아마 서른 살 무렵이었을 거네. 그때 자네는 스무 살하고 2개월이 지났다고 했었지. 하지만 그때 이미 모든 부분에서 나를 압도하고 있었지."

바아더는 감회 어린 눈으로 옛일들을 되짚어내고 있었다. 그러자 셸링도 조용히 미소지으며 젊은 시절의 기억을 더듬었다.

"그때는 피히테 선생님을 존경했었어요. 그래서 피히테 추종자란 소리도 듣곤 했었지요."

셸링은 그렇게 말하면서 머쓱한 얼굴로 입맛을 쩍 다셨다.

"하지만 어느 날부턴가 피히테 선생님의 가르침에 회의를 품기 시작했지요. 그의 주장대로라면 모든 것이 인간의 자아에 의해 결정되어야만 하는데, 사실 이 세상에는 인간의 자아로는 해결할 수 없는 일들이 많이 버티고 있었죠. 내가 아무리 자연을 내 정신의 소산물이라고 주장해도, 자연은 엄연히 독립적인 공간을 가지고 있더란 말입니다. 그 점을 깨닫는 순간부터 나는 자연에 몰두하기 시작했습니다. 즉, 자연과 인간, 그리고 신의 연관성에 대해 추적하기 시작한 거죠.

그리고 나는 아주 획기적인 결론에 도달할 수 있었습니다. 말하자면 자연은 자연 나름의 독자적인 정신을 가지고 있다는 생각을 하게 되었죠. 나는 그 논리를 세워 나가면서 큰 깨달음을 얻었습니다.

무엇보다도 분명한 것은 자연이 살아있다는 것이었죠. 그것은 곧 자연 속에 생명체의 현상들이 가득하다는 뜻이며, 생명은 반드시 영혼과 함께 한다는 것이죠. 따라서 자연은 무한한 생명과 영혼으로 이뤄져 있음을 깨닫게 되었어요.

생명과 영혼 뒤에는 바로 정신이 있는데, 이 자연의 정신이 있기 때문에 인간의 정신이 있을 수 있습니다. 다시 말해 인간의 정신 역시 자연 정신의 일부라는 뜻이죠.

　그런데 자연의 정신은 신으로부터 왔습니다. 말하자면 자연의 정신은 곧 신의 정신입니다. 따라서 인간과 신은 자연 속에서 하나이며, 그 하나됨이 곧 신이지요.”

　셸링은 오랜만에 젊은 시절의 열정에 사로잡히고 있었다. 바아더는 젊은 시절에 그랬던 것처럼 셸링의 열정에 찬사를 아끼지 않았다.

　“자네는 그때나 지금이나 여전히 열정적이구먼. 그때 자네는 자연 속에 위대한 정신이 깃들어 있는 것을 보았다면서 친구들에게 열변을 토해 놓은 다음, 곧잘 이렇게 소리치곤 했지.

　‘우리 앞에 펼쳐진 이 세계가 사라진다면 신도 사라지고 인간도 사라질 것이다. 오, 자연 속에 깃든 영원한 정신이여! 내 몸 속에 꿈틀대는 영원한 신이여!’ ”

　바아더가 양손을 하늘로 뻗으며 걸걸한 목소리로 그렇게 소리치자, 셸링도 응수했다.

　“또 이렇게도 말했죠. ‘자연이 없는 곳에는 신도 나도 없다! 그러나 자연이 내 앞에 주어지면 나는 신과 하나가 될 수 있으리!’ ”

　외롭고 쓸쓸하기만 했던 셸링의 집에 오랜만에 웃음이 찾아들고 있었다.

　셸링의 철학은 자연에도 정신이 있다는 전제 하에서 성립된다. 그리고 이러한 단정은 자연의 일부인 인간의 정신이 자연 정신의 일부라는 말로 이어진다. 이렇게 되면 그에게 있어서 자연은 자연 정신의 표출에 불과하다. 정신이 물질의 근원에 있다면 자연의 물질세계는 당연히 자연 정신의 산물이라는 뜻이다.

　자연이 자연 정신의 산물이라는 결론은 곧 자연 정신의 합, 즉 하나로 통일된 자연 정신이 곧 신이라는 공식으로 이어지게 된다. 그래서 셸링에게 있어서 자연세계는 이제 ‘신이 밖으로 드러난 것’ 이상도 이하도 아니다. 이러한 사상은 스피노자나 브루노에게서 볼 수 있었던 범신론과 맥을 같이한다.

　‘자연 정신의 통일이 곧 신’ 이라는 생각을 바탕으로 그는 다시 인간이 자연 속에서 직접 신의 정신을 체험하고 있다는 주장을 이끌어내게 된다. 말하자면 인간과 자연, 그리고 신이 정신적인 일치를 이룰 수 있는 논리적 근거를 마련한 셈이었다. 그리고 이는 곧 낭만주의자들의 구호가 되기도 했다.

그가 낭만주의와 결합할 수 있었던 것은 예술만이 이론과 실천의 종합적 단계라는 견해 때문이었다. 즉, 예술과 예술적인 창조 안에서 자연과 정신, 의식과 무의식, 법칙과 자유, 신체와 영혼, 개별성과 보편성, 감성과 관념, 유한과 무한 등의 양극적인 대립이 하나로 합치될 수 있다는 것이다.

이렇게 해서 시인과 그 예술작품, 윤리와 관습, 법률과 국가의 형성은 그 개별적인 독자성과 초시간적인 가치 내에서 함께 이해되고 해석될 수 있게 되었다. 이로써 독일 관념론은 계몽주의의 도식적인 사고에서 완전히 벗어나 창조적 정신을 고양하는 사상적 토대로 자리하게 된다.

셸링의 생애

셸링은 1775년 뷔르템베르크에서 목사의 아들로 태어났다. 어릴 때부터 영특했던 그는 자기보다 다섯 살 위인 헤겔이나 휠덜린 등과 함께 튀빙겐 신학교에서 동문수학하였다.

학교를 졸업한 후 그는 튀빙겐 대학에서 강의를 맡았으나 기독교를 비판하는 바람에 밀려나고 말았다. 하지만 1798년 23세의 젊은 나이로 괴테의 추천에 힘입어 예나 대학의 정교수로 초빙되는 영광을 얻는다.

예나 대학에는 당시 괴테를 비롯하여 바아더, 슐라이어마허, 슐레겔 등의 낭만파 대가들이 모여 있었는데, 셸링도 그들과 어울리며 낭만파의 일원이 된다. 그리고 낭만파 무리 속에서 카로리이네 슐레겔을 만나 1803년에 결혼하였다.

카로리이네와 결혼한 그는 그해에 뷔르츠부르크 대학으로 자리를 옮겼고, 다시 1806년에는 뮌헨으로 갔다. 뮌헨에서는 바이에른 학술원 회원이 되면서 미술대학의 사무총장으로 재임했고, 그로부터 약 20년간 그는 최고의 전성기를 누렸으며, 1827년에는 뮌헨 대학 미술대 학장이 된다.

전성기 시절의 셸링은 철저한 낭만주의자였다. 열정과 충동을 앞세운 낭만주의 사상의 철학적 근거를 마련한 장본인도 바로 그였다. 이 때문에 그에게는 찬사와 비판이 동시에 쏟아졌다.

바이에른의 막시밀리안 왕은 그를 독일 최고의 사상가라고 추켜세웠고, 괴테도 그를 존경할 만한 재능을 가진 사람이라고 했다. 또 훔볼트는 그를 두고 독일에서 가장 재능이 뛰어난 사람이라고 했고, 프로이센의 프리드리히 왕은 그를 신에게 선택받은 시대의 스승이라고 했다. 하지만 쇼펜하우어는 그를 두고 입에서 나오는 대로 지껄이는 경박한 인간이라고 욕했고, 포이에르바하 역시 양심이라고는 찾아볼 수 없는 철학자라고 공격했다.

이러한 엇갈린 평가를 받으며 그는 1841년에 프리드리히 빌헬름 4세의 초빙을 받아 베를린 대학으로 가게 되는데, 이때부터 그는 역사의 뒤안길로 밀려나게 된다. 베를린 대학에 도착한 그는 이미 죽고 없던 친구 헤겔이 쌓아 놓은 학문적 업적을 비판하는 데 몰두했고, 사람들은 셸링의 그런 행동을 수긍하지 않았다.

이 무렵, 유럽에서는 이미 낭만주의 열풍이 식어 가고 있었다. 사람들은 낭만주의적 열정과 충동보다는 과학적 사고와 자연과학에 대한 매력에 이끌렸다. 때문에 셸링의 열정적인 낭만주의적 경향은 외면당할 수밖에 없었다.

그는 이런 현실을 비통해 하다가 마침내 모든 공직을 버리고 자기 집에서 은거하기 시작했다. 그리고 1854년에 죽을 때까지 그의 고독하고 우울한 은거생활은 계속되었다.

비록 이처럼 쓸쓸하게 인생을 마감했지만 한때 그는 독일의 모든 청년들을 사로잡는 수많은 글들을 쏟아내며 폭발적인 인기를 누린 사람이었다.

그의 저작활동은 17세에 발표한 학위논문을 시작으로 계속되었다. 그리고 1797년에 『자연 철학의 이념』을 발표하고, 이듬해에는 『세계의 영혼에 관하여』를 발표한다. 또 1799년에는 『자연 철학 체계의 첫 번째 계획』이 이어진다.

초기의 이 저작들은 대부분 그의 자연 철학의 특징들을 보여 준다. 즉, 자연을 생성되고 있는 전체라고 규정하여 인간정신이 자연정신의 일부임을 논리적으로 밝혀내고 있었던 것이다.

이런 사상적 바탕 위에서 1800년에는 『선험적인 관념론의 체계』를 발표하여 피히테를 완전히 벗어나게 된다. 말하자면 주관에서 객관으로 나아가는 철학에 반대하고 객관을 주관에 앞세우게 되는 것이다.

하지만 셸링은 단순히 자연 철학에 머물러 있지 않았다. 『브루노』, 『대학에 있어서의 연구방법에 대한 강의』 등의 논문을 통하여 자연과 정신을 절대자 안에서 하나로 통일시키는 작업을 하게 된다. 이것이 이른바 동일 철학이다. 즉, 인간정신과 자연정신이 신의 정신 속에서 하나라는 사상을 정립하고 낭만주의의 기반이 되는 '신과 인간의 직접적인 정신적 교감'을 선도하게 되는 것이다.

그리고 그는 외팅거, 바아더 등 낭만주의자들의 영향을 받으면서 1809년에 『인간의 자유에 관한 철학적인 연구』를 발표한다. 이 논문에서 그는 인간의 자유를 적극적으로 옹호하면서 신화, 계시, 종교 등의 세계로 접근하게 된다. 말하자면 그는 낭만주의의 사상적 기초를 완성했던 것이다.

하지만 1820년부터 그는 자신의 강의에 회의를 품기 시작했고, 글도 별로 쓰지 않았다. 사회적인 분위기가 바뀐 탓도 있겠지만 무엇보다도 아내의 죽음이 그의 열정을 완전히 앗아가 버렸다. 열정이 없는 낭만주의가 있을 수 없듯이 열정이 식은 셸링을 좋아할 사람도 없었던 모양이다. 그때부터 셸링은 점점 초라하고 보잘것없는 학자로 밀려나기 시작했고, 사람들의 관심도 그에게서 멀어져 갔다.

서양 철학의 완성자

| | | | | | | | | | | | | | | | | | | | | | | | | | | |

헤겔 Georg Wilhelm Friedrich Hegel

우주는 곧 절대 정신이요 신이다

친애하는 벗, 프리드리히 횔덜린에게

성경을 보다가 참으로 대단한 발견을 하고 나서, 그 기쁨을 혼자 누리기가 너무 벅차 이렇게 느닷없이 펜을 들었네.

며칠 전, 나는 성경을 뒤적거리다가 요한복음 1장 1절에서 눈을 멈췄어. "태초에 로고스가 있었다."는 구절이 나를 완전히 사로잡았기 때문이지.

왜 진작 그것을 깨닫지 못했을까? 자네와 함께 신학교를 다니면서 그렇게 자주 보고 외웠던 이 구절에 대해 그동안 단 한 번도 심각하게 생각해 본 일이 없었다는 사실에 새삼 부끄러움을 느껴야 했네.

"태초에 로고스가 있었다."

요한복음의 이 구절은 태초에 로고스만이 존재했다는 것을 알려 주고 있네. 태초에 홀로 존재했던 로고스, 그것은 곧 정신이며 신이네. 그렇다면 태초의 로고스는 어디로 갔는가? 이 물음에 대한 해답을 우리는 창세기에서 찾을 수 있네.

창세기에 의하면 로고스(신)는 빛을 만들고, 별과 땅을 만들고, 모든 생물과 인간을 만들었다고 했네. 로고스는 빛과 우주 그리고 모든 생물과 인간의 모습으로 발전했던 것이네.

로고스가 이처럼 우주의 모습으로 전개된 과정은 마치 씨앗이 나무로 성장하여 다시 씨앗을 배출하는 것과 다르지 않네.

씨앗은 단 하나의 몸체 속에 모든 생명을 담고 있다가 스스로 움직여 줄기와 잎이 되고, 다시 꽃과 열매로 발전함으로써 씨앗으로 되돌아가네. 이 씨앗은 다시 땅에 떨어져 똑같은 순환을 시작한다네.

로고스 역시 씨앗과 같은 방식으로 순환을 한다네. 로고스는 만물의 씨앗인데, 이 씨앗이 빛과 별과 땅, 그리고 모든 만물과 인간으로 발전했네. 그리고 이 모든 것은 다시 로고스를 향해 가네. 따라서 만물은 로고스의 발전 과정이며, 로고스 자체라네.

즉, 자연 속에 있는 씨앗이 스스로를 다른 것으로 만든 후 결국 씨앗으로 돌아오듯이 로고스도 같은 과정을 밟는 것이지. 또한 우주에 있는 모든 것은 로고스이므로 이런 로고스의 순환 과정을 밟지 않을 수 없네. (이것은 이미 우리가 피히테에게 배웠듯이 정립과 반정립, 그리고 종합으로 나아가는 변증법적인 과정일세.)

나는 이렇게 해서 로고스가 곧 세계 전체이며, 세계 전체가 곧 로고스라는 것을 알아냈네. 그리고 로고스는 변증법적인 과정을 통하여 끝없이 발전하고 순환한다네.

그렇다면 로고스는 무엇인가?

무엇보다도 분명한 것은 로고스는 영원하다는 것이네. 이 말은 곧 로고스가 결코 물질이 아니라는 것을 뜻한다네. 로고스는 물질이 아니면서 살아 움직이는 것, 바로 정신이라는 말이지.

그래서 나는 요한복음의 로고스를 절대 정신이라고 번역했네. 이 절대 정신은 모든 생명의 합이라고 할 수 있어. 왜냐하면 존재하는 모든 것은 로고스의 변화된 모습일 뿐이기 때문이지.

결론적으로 나는 세계를 하나로 묶을 수 있는 절대 정신이 있다는 사실을 자네에게 알려주고 싶다네. 그리고 이 절대 정신은 모든 생명 자체로 우리 앞에 살아 있다네.

절대 정신의 생각을 나는 절대 이성이라고 이름 붙였네. 이성은 사고에 의해 생겨나는 것이므로 절대 이성은 인간에 의해서만 확인될 수 있다네. 인간만이 유일하게 생각하는 존재이기 때문이지.

식물에 있어서 씨앗만이 오직 순수한 생명이듯이 이 세계에서 순수한 로고스는 오직 절대 이성뿐이야. 그것은 곧 씨앗이 모든 생명을 집약하고 있듯이 절대 이성이 만물을 집약하고 있다는 뜻이지. 따라서 절대 이성은 모든 현실을 품고 있는 씨앗이야.

내가 이렇게 말하면 사람들은 이렇게 반박하겠지.

'그렇다면 모든 개별적인 생명들은 절대 정신에 의해 수동적으로 움직이는 것인가?'

'인간은 절대 정신이 만든 기계에 지나지 않는가?'

'개인과 개별적인 생물체들의 독립적인 가치는 어디서 찾아야 하는가?'

나는 이런 물음에 대해 다시 씨앗의 논리로 이야기하겠네. 씨앗이 줄기가 되고, 잎이 되고, 꽃이 되고, 열매가 되기 때문에 이 모든 것은 분명 하나라고 할 수 있지. 그러나 그것들이 비록 하나라고 해도 줄기와 잎과 꽃과 열매는 엄연히 각자만의 독특한 작용과 영역이 있네. 또 잎들 속에서도 각 잎들은 엄연히 각자의 독립된 공간을 확보하고 있네. 그것은 물론 꽃과 열매, 줄기에도 마찬가지야. 그럼에도 불구하고 이들이 다른 개체와 무관하게 독립적으로 존재했을 때는 결코 생명을 유지할 수 없다는 점에 유의한다면 우리는 이 모든 것들이 하나의 유기체라는 것을 부정할 수 없네.

이런 논리는 우주에도 적용될 수 있지. 절대 정신이 우주로 발전했고, 우주에 있는 모든 것들 속에 절대 정신이 깃들어 있지만, 각 개체는 그 나름대로 독립된 영역과 가치를 가진다네. 그렇다고 해서 각 개체가 절대 정신을 벗어나서 존재할 수 있다는 것은 아니야. 이것은 마치 줄기와 꽃과 열매가 각각 다른 것과 무관하게 존재할 수 없는 것과 동일하지.

따라서 우주는 하나의 유기체이며, 절대 정신 자체이고, 신이네. 또한 인간의 이성은 절대 이성의 지배를 받으므로 현실에서 구현되고, 또 현실은 절대 정신의 드러난 현상에 불과하기 때문에 이성과 일치된다네. 말하자면 현실적인 것은 이성적인 것이고, 이성적인 것은 현실적일 수밖에 없다는 뜻이지.

(중략)

그럼, 건강하게나. 또 편지하겠네.

1795년 X월 X일 게오르크 씀.

　　헤겔의 사상을 이해하려면 성경 논리를 염두에 두지 않으면 안 된다. 헤겔은 성경의 하나님과 자신의 절대 정신을 동격으로 보고 있기 때문이다. 또한 그의 사상적 정립이 시작되는 곳도 바로 성경이라는 것도 이 말을 뒷받침하고 있다.

　　많은 학자들이 헤겔을 범신론자라고 말하고 있다. 그것은 그가 신적인 의미로 설명한 절대 정신(또는 세계 정신)은 곧 우주이기 때문이다. 피타고라스를 비롯한 우주론자들과 마찬가지로, 그는 일차적으로 우주를 살아있는 하나의 생명체로 파악했다.

　　이런 의미에서 보자면 헤겔은 분명히 범신론자이다. 하지만 한편으로 보면 그는 철저한 기독교도이다. 그는 단지 기독교적 하나님, 즉 전지전능하고 모든 것을 창조한 실체인 성경 속의 신을 단지 절대 정신이라는 이름으로 대체했을 뿐이다. 이는 그가 자연 자체가 하나님이라는 주장을 하고 있다고 해도 다를 바가 없다. 왜냐하면 그는 이미 우주의 본질을 물질이 아닌 정신으로 파악하고 있기 때문이다.

　　그는 오히려 살아있는 하나님을 증명하고자 했다. 그는 유기체로서 세계 전체가 살아있다는 사실 자체가 곧 하나님이 존재한다는 것을 증명하고 있다고 주장한 것이다.

　　하지만 그를 공격하는 사람들의 말처럼 그의 이론은 분명히 범신론적인 성향을 띠고 있다. 그러나 그의 논리는 복잡한 것 같지만 사실은 아주 간단하고 명료하다. 따라서 그의 한계도 분명하게 드러난다.

그는 일차적으로 절대자를 요한복음 속의 로고스, 즉 스스로 활동하는 절대 정신이라고 파악하고 있다. 이 절대 정신은 창세기에서 말하고 있는 바와 같이 우주의 모습으로 발전했다. 마치 씨앗이 거대한 나무로 발전하듯 절대 정신은 스스로 우주로 발전했던 것이다. 그리고 씨앗이 나무로 발전하여 다시 씨앗으로 돌아오듯이, 절대 정신 역시 항상 절대 정신으로 돌아간다. 그것은 곧 우주의 만물이 절대 정신이 다시 절대 정신으로 돌아가는 과정에 나타나는 절대 정신의 다른 모습이라는 뜻이기도 하다. 따라서 우주는 절대 정신이다. 그리고 스스로 생성하고 만물을 창조하는 신이다.

씨앗이 씨앗으로 돌아가는 과정을 살펴보면 씨앗은 다른 형태를 거쳐 다시 씨앗으로 돌아간다. 이것을 헤겔은 변증법적 과정을 통해 다시 원형으로 돌아간다고 설명한다.

이러한 변증법적 원리는 절대 정신의 원리이기 때문에 우주 만물은 이 원리에서 벗어날 수 없다. 그래서 우주에 있는 모든 것은 항상 변증법적으로 움직여야 한다.

정신도 변증법적 원리를 벗어날 수 없다. 그리고 정신의 생각에서 비롯되는 이성 역시 마찬가지다. 또한 이성에서 비롯되는 학문도 예외가 될 수 없다. 따라서 학문의 기본이 되는 논리에서 변증법은 필수적으로 등장한다. 정명제를 세우면 그것은 다시 반명제를 거쳐, 종합적인 정명제를 끌어낸다는 변증법적 논리는 항상 끝없이 반복된다는 것이다.

그는 이런 변증법적 논리를 역사에도 대입한다. 역사 역시 이성이 끌어낸 인간의 현상이고, 크게는 절대 정신이 다시 절대 정신으로 돌아가는 과정이기 때문이다. 말하자면 헤겔에게 변증법은 우주의 발전에서 바뀔 수 없는 영원한 원리인 셈이다.

그의 이런 사상에서는 대립도 발전을 위해 존재한다. 대립은 항상 종합을 위한 전제에 불과하기 때문이다. 따라서 그가 보기에는 잘못된 것이란 없다. 즉, 그에게 있어 '악'은 없는 것이다.

그러나 현실 속에는 많은 악과 고통이 있다. 이런 악에 대해서는 어떻게 설명할 것인가? 하지만 헤겔은 이 질문에도 물러서지 않는다. 그는 이런 악한 것들, 이를테면 전쟁·폭행·살인 등은 절대 정신이 스스로를 발전시키는 과정에 불과하다고 설명한다.

헤겔은 절대 정신으로 모순과 불협화음까지도 모두 해결해 버린 것이다. 하지만 후대의 학자들은 그의 사상이 아무것도 아니라고, 아무 말도 하지 않은 것과 같다고 비판한다. 모든 것을 포용하는 것은 아무것도 없는 것과 다르지 않기 때문이다.

그러나 헤겔이 이렇게 모든 것을 포용해 버리는 철학을 주창함으로써, 후대의 철학자들은 그때까지의 철학을 모두 깨뜨려서 철학을 다시 시작해야 하는 과제를 받게 되었다.

헤겔의 생애

헤겔은 1770년 슈투트가르트에서 태어났으며, 다섯 살 아래의 철학자 셸링과 『휘페리온』의 작가 횔덜린과 함께 튀빙겐 신학교를 다녔다.

신학교를 졸업한 헤겔은 학업을 계속하기 위해 1793년부터 바아젤, 프랑크푸르트 등에서 가정교사 생활을 하였으며, 이 7년 동안 횔덜린과 함께 신비주의적인 범신론에 몰두하였다.

그리고 1801년, 그는 예나 대학의 강사가 된다. 이때 예나 대학에는 신학교 동기생인 셸링이 이미 정교수로 재직하고 있었다. 그래서 셸링과 함께 『철학비판지』를 간행하기도 했지만, 나폴레옹 정복전쟁으로 강사직을 그만두고 밤베르크로 갔다.

밤베르크로 이사한 헤겔은 신문편집에 종사하다가 1808년 뉘른베르크 김나지움(고등학교)의 교장이 되었다. 그리고 1816년 하이델베르크 대학의 교수직을 얻었고, 1818년에는 베를린으로 옮겨 갔다.

1818년에 시작된 베를린 대학의 교수생활은 1831년 그가 콜레라로 죽을 때까지 계속된다. 그는 이 기간 동안 『법철학 강요 또는 자연법 및 국가학 강요』를 발표하여 명성을 얻었고, 엄청난 영향력을 행사했다. 그의 강의실은 언제나 학생들로 가득 찼고, 많은 청년 학자들이 그의 학문을 연구하기 위해 시간을 투자했다.

이 책 외에도 그의 저작들 중에서 손꼽을 만한 것은 『정신현상학』, 『논리학』, 『철학백과사전』 등과 1907년 헤르만 노을에 의해 출판된 『청년기의 신학논문집』 등이 있다.

그가 죽은 후에 후대의 학자들은 이런 저서들을 바탕으로 그에 대한 연구에 노력을 아끼지 않았다. 수천 편에 달하는 그에 관한 논문은 칸트에 대한 관심을 능가하고 있음을 보여 준다. 전세계에 '헤겔학회'가 생기지 않은 곳이 거의 없을 만큼 그에게 경도된 후학들이 많았던 것이다. 또한 비록 그를 비판하는 사람들이라고 할지라도 그를 거치지 않은 철학자는 없었다. 이것은 곧 그의 철학이 서구 철학의 절정이라는 사실을 대변하고 있다.

12장

동양 철학을 집대성한
신유학시대의 철학자들

주돈이에서
왕수인까지

남북조시대 이후 중국 땅을 휩쓴 불교는 당(唐) 대에 와서 더욱 깊고 세밀해졌다. 이러한 불교의 발전은 유학도들에게도 강한 충격을 주었고, 불교의 심층적이고 우주적인 철학을 경험한 유학도들은 유학의 변모를 시도한다. 이러한 시도는 당 대를 지나 송(宋) 대에 이르러 비로소 신유학이라는 이름으로 나타났다.

신유학은 불교 사상의 근본을 이루는 불성(佛性), 즉 깨달음의 본성에 관한 이론에 매혹되었다. 그것에 따르면 우주의 본질은 불성이며, 그 불성은 삼라만상의 질서를 부여하는 우주 운행의 실체였다. 이러한 불교의 우주적 사고를 공자의 사상에 대입하려는 움직임이 곧 신유학이었다.

근본적으로 우주론이 없었던 유학은, 인간의 행동규범과 정치사상에 한정될 뿐 종교적 영향력을 행사할 수 없었다. 유학이 종교적으로 영향력을 주었던 유일한 것은 죽은 자에 대한 제사의식 정도였는데, 그것은 효(孝)라는 것으로 인식될 뿐이었다. 송나라의 주돈이는 이러한 유학에 불교의 우주론을 접목시켰는데, 불교의 용어를 빌려오지 않고 철저하게 중국적인 것으로 유학의 변화를 꾀하였다.

그가 주목한 것은 노장 사상에서 논하던 도(道)와 음양가들의 태극론이었다. 그는 우주의 실체를 태극이라 하고, 거기에 음양설을 보탠 뒤에, 다시 오행의 원리를 대입하였다. 이렇게 해서 수백 년간 불교에게 자극받은 유학은 태극도설이라는 새로운 학설을 통하여 신유학으로 탄생할 기반을 마련했다.

주돈이 외에 소옹이나 장재 같은 인물도 유학의 진화를 꾀하였는데, 특히 소옹은『주역』과 음양이론을 유학과 결합하려고 시도했다. 그 또한 유학에 우주론이 없음을 안타까워했다. 장재 역시『주역』에서 우주론을 이끌어냈는데, 그는 기(氣)의 개념을 도입하여 우주의 근원으로 삼고자 했다.

주돈이와 소옹, 장재 등의 시도는 한나라 때 유학을 부활시킨 동중서를 본받은 측면도 없지 않다. 하지만 이들이 이런 시도를 하게 된 직접적인 원인은 역시 불교의 영향과 그에 대한 반발에 따른 것이다.

이렇게 세 사람이 신유학의 기틀을 마련하자, 정호와 정이 형제는 리(理)의 개념을 고안해 신유학의 체계를 잡았다. 이들 형제의 신유학도 불교의 불성을 대체할 근거를 『주역』에서 찾으려 했고, 그렇게 해서 얻어낸 것이 곧 '천리(天理)'라는 개념이었다. 이것은 곧 도가와 유가, 불가가 추구하던 도(道)와 상통하는 개념으로, 신유학의 요체가 되었다. 그 뒤 천리는 '리(理)'로 압축되었고, 그것은 곧 이학(理學)이라는 학문으로 발달했다.

이학을 완성한 사람은 정호, 정이 형제의 사상을 이은 주희였다. 그 뒤 리(理)는 곧 만물의 본성으로 간주되었고, 이를 바탕으로 하는 주희의 사상은 성리학이라는 이름으로 불리게 되었다.

하지만 신유학의 발전 과정에서 또 하나의 무리가 나타났다. 그것은 인간의 마음이 곧 만물의 법칙인 리(理)라고 주장하는 학파였다. 이러한 주장은 주희와 동시대 인물인 육구연으로부터 시작되었으며, 그들을 일러 심학파라고 하였다.

이렇게 하여 신유학은 이학과 심학으로 양분되었고, 그들 사이에는 치열한 논쟁이 이어졌다. 이학에서는 만물의 원리를 알려면 끝없이 학문을 탐구하고 수행해야 한다고 했고, 심학에서는 단 한 순간이라도 마음에서 깨달음을 얻는다면 만물의 원리를 바로 깨칠 수 있다고 했다. 이는 불교에서 '수행이 먼저냐 깨달음이 먼저냐' 하는 논쟁을 통해 그 깊이와 한계를 보여준 바 있는 것이었다.

이학과 심학의 논쟁은 명나라의 왕수인이 육구연의 심학을 양명학으로 발전시킴으로써 한층 가속화되었으며, 그 뒤 신유학은 성리학과 양명학이라는 양대 산맥의 틀 속에 놓이게 되었다.

유학을 우주적 철학으로 확대시킨

주돈이 周敦頤

물질은 어떻게 만들어졌는가?

염계(주돈이) 선생은 친구의 두 아들을 가르치고 있었다. 어릴 때부터 봐 왔던 그들 형제였지만, 이제 둘 다 청년이 다 된 얼굴이었다. 형과 아우는 연년생이었지만, 동생이 조숙한 탓인지 얼핏 보면 쌍둥이라 할 정도로 얼굴도 닮고 체구도 비슷했다.

그들 형제는 요즘 들어 자주 이런 질문들을 해 왔다.

"선생님, 만물은 어떤 과정을 거쳐 생기는 걸까요?"

형인 정호였다. 사실, 염계도 그 문제를 해결하기 위해 골몰하고 있던 중이었다. 염계가 되물었다.

"너는 만물이 어떻게 만들어진다고 생각하느냐?"

그러자 정호는 기다렸다는 듯 이런 논리를 펼쳤다.

"천지는 우리 인간으로서는 헤아릴 수 없이 거대한 그 무엇입니다. 그 무엇을 기(氣)라고 이름 붙인다면, 물질은 그 기의 작용에 의해 생겨나는 것이 아닐까요?"

염계는 그 말을 듣고 빙그레 웃고는 동생에게도 같은 질문을 하였다.

"이야, 너는 어떻게 생각하느냐?"

정이도 역시 기다렸다는 듯 거침없이 대답했다.

"모든 물질의 움직임에는 규칙적인 법칙이 있습니다. 그 법칙을 도(道)라고 한다면, 물질은 도에 의해 만들어질 수밖에 없습니다."

"왜 도에 의해 만들어질 수밖에 없는 것이냐?"

"물질은 법칙이 없이는 어떤 변화도 하지 못합니다. 예컨대 동물이 새끼를 낳는 일만 보더라도 암놈과 수놈이 서로 결합해야만 가능하고, 나무는 암술과 수술이 만나 꽃을 피운 뒤에야 과일을 맺을 수 있으며, 사람도 남자와 여자가 만나 결합해야만 자손을 이을 수 있습니다. 이렇게 하나의 생명이 다른 생명을 낳는 과정에서는 반드시 암수가 만나 결합해야만 하는 법칙이 있습니다. 이 법칙을 도라고 한다면 도가 없이는 어떤 물질도 새롭게 태어날 수 없고, 새롭게 태어나지 못한다는 것은 변화할 수 없다는 뜻이 됩니다. 변화할 수 없는 물질은 어떤 기능도 할 수 없으므로 쓸모없는 것이 되고 말 것이기에 물질은 도가 없이는 아무것도 될 수 없습니다. 그러니 물질은 근본적으로 도에 의해 만들어지고, 도에 의해 변화하고, 도에 의해 사라질 수 있는 것입니다."

염계는 형제의 대답이 만족스러운 듯 흐뭇한 웃음을 지으며, 고개를 끄덕였다.

"너희 형제의 말은 매우 재미있는 설정이다. 하지만 체계적이지는 않구나. 그래서 나는 너희들의 이야기를 좀 더 체계적으로 꾸며 보고자 한다."

그러면서 염계는 서재에서 그림 하나를 들고 나왔다. 그리고 그 그림을 펼치며 말했다.

"이것이 근래에 내가 완성한 태극도(太極圖)라는 것이다."

염계의 태극도는 생각보다 간단했다.

"맨 위에 속이 빈 동그라미 하나가 있지? 이것이 곧 무극(無極)의 상태다."

"무극의 상태는 어떤 상태를 가리킵니까?"

"끝이 없는 상태이지. 이 무극의 상태는 어느 순간, 스스로 태극의 상태가 되지."

"태극이라면, 하늘과 땅이 나눠지기 이전의 상태를 뜻합니까?"

"그렇지. 그리고 태극이 움직이기 시작하면 그 움직임(動)이 양(陽)을 낳는다. 또 그 움직임이 극에 달하여 전혀 움직이지 않는 정(靜)의 상태가 되면 음(陰)을 낳는다. 이렇게 해서 태극은 양과 음을 생산한다. 이후, 양이 변화하고 음이 그 양과 합쳐지면서 水, 火, 木, 金, 土라는 다섯 가지 물질의 성질이 만들어진다. 이것을 오행(五行)이라고 한다. 이 오행이 음양의 기와 감응하여서 만물이 생겨나는 것이다."

염계는 다시 태극도를 가리키며 이렇게 덧붙였다.

"이 그림은 그런 오묘하고 복잡한 과정을 간단하게 그려 놓은 것이다. 그리고 인간은 음양과 오행의 감응을 통해 나타난 가장 뛰어난 존재다."

염계 주돈이에게 이런 설명을 듣고 있는 두 형제는 훗날 성리학과 양명학의 원조로 성장하는 정호와 정이 형제다. 이들 형제를 함께 일컬을 때는 흔히 이정(二程)이라고 부른다. 염계는 이 형제의 아버지와 친구였다. 덕분에 이정은 주돈이를 스승으로 모실 수 있었다.

염계 주돈이의 태극도는 그가 처음 만든 것은 아니다. 이미 주역 계사전에는 태극이 음양을 낳고 음양이 사상(四象)을 낳는다는 말이 있었다. 이에 염계는 사상을 오행으로 변모시켜 자신의 독창적 학설을 만들고자 한 것뿐이다. 또한 음양오행설은 이미 춘추시대 이전부터 전해 내려오던 음양가의 사상이다. 말하자면 염계는 주역과 음양가의 사상을 결합하여 자신의 우주론을 정립하려 했던 것이다.

그의 태극설에 따르면 처음에는 무극의 세상, 즉 처음과 끝도 없고, 어떠한 경계도 없는 상태였다. 그러다 무극이 스스로 태극을 만들어내는데, 태극은 어떤 경계는 있되, 처음과 끝이 나눠지지 않고, 하늘과 땅이 나눠지지 않은 상태를 일컫는다. 이 태극은 스스로 움직여 양(陽)을 만들어내고, 양은 극한에 이르러 움직임을 멈추고 정(靜)의 상태가 되면서 음(陰)을 낳는다. 또한 양이 변하고 음이 합쳐져서 오행을 낳으니, 이것이 곧 사물의 근본이자 성질이 된다. 이 수, 화, 목,

금, 토라는 다섯 가지 성질인 오행이 음양과 감응하여 만물이 만들어진다는 것이다.

이렇게 만들어진 만물 중에 인간이 가장 뛰어난 존재이니, 인간이 만물 중에서 가장 지혜로운 존재로 설정된다. 말하자면 인간 중심의 우주론을 만들어낸 것이다.

주돈이는 이렇게 물질의 탄생과 인간을 연결시킨 뒤에 생각을 윤리학의 문제로 확대시킨다.

성인은 무욕의 경지에 이른 사람이다

정호가 스승에게 물었다.

"음양과 오행에 의해 만들어진 존재 중에 인간이 가장 뛰어난 이유는 무엇입니까?"

그 말에 염계는 정호에게 되물었다.

"너는 인간보다 뛰어난 존재가 있다고 생각하느냐?"

정호가 대답했다.

"물속에서는 물고기가 인간보다 뛰어나고, 나무에서는 원숭이가 인간보다 뛰어나며, 하늘에서는 독수리가 인간보다 뛰어나지 않습니까?"

염계는 고개를 끄덕이며 정이에게도 물었다.

"너는 호의 말에 대해 어떻게 생각하느냐?"

정이가 대답했다.

"비록 물고기가 물속에서는 인간보다 생존에 유리하나 물고기 또한 뭍으로 나오면 살 수 없는 처지가 되고, 원숭이가 나무를 잘 탄다고 하나 그 재주로는 인간과 견줄 바가 못되며, 독수리가 하늘을 날아다니지만 땅과 하늘의 이치를 알지는 못합니다. 그러나 사람이 위대한 것은 만물의 원리를 이해하고, 스스로 인격을 닦으며, 선과 악을 구분할 능력이 있다는 것입니다. 그 어느 동물이나 식물이 선악을 알며, 충과 효를 알며, 인과 의를 알겠습니까? 오직 인간만이 그러한 힘이 있으니, 인간이 만물 중에 가장 뛰어나다고 할 수 있을 것입니다."

염계가 호탕하게 웃으면서 말했다.

"하하하, 네가 제법이구나. 그렇다. 사람의 위대함은 동물과 식물들이 갖추지 못한 정신세계가 있다는 것이다. 또한 스스로 절제할 줄 알고, 스스로 사욕을 버릴 줄 알며, 스스로 선과 악을 구분하여 행할 줄 안다는 것이다. 이는 인간이 만물 중에서 가장 지혜로운 존재임을 증명하는 것이다."

정호가 다시 물었다.

"그렇다면 인간의 정신은 어디서 비롯되는 것입니까?"

"그것은 태극으로부터 비롯된다. 태극의 이치가 음양과 오행 속에 깃들어 있다가 인간의 정신을 형성하고, 그 정신은 지혜를 만들어내며, 지혜는 선악을 구별하여 인, 의, 예, 지, 신을 추구하도록 한다."

이에 정이가 물었다.

"그렇다면 모든 사람의 바탕은 선한 것입니까?"

염계가 대답했다.

"그렇다. 사람의 본바탕은 선한 것이다. 그 선한 본성을 찾아 아무런 티끌도 만들지 않은 상태가 되면 우리 정신은 고요해진다. 그 고요함은 어떤 사욕도 허락하지 않으며, 그래서 무욕의 경지에 이르게 만든다."

"무욕의 경지에 이르면 성인이 되는 것입니까?"

"그렇다. 무욕의 경지에 이른 사람을 성인(聖人)이라고도 하고 지인(至人)이라고도 한다."

"그러면 사람이 추구해야 할 가장 마지막 단계의 경지는 곧 무욕의 경지입니까?"

"그렇다. 무욕의 경지, 즉 고요한 상태가 되는 것이 사람이 가야 할 길이다."

무욕의 경지! 그것은 흡사 불교의 깨달음의 경지를 지칭하는 듯하다. 하지만 불교는 세속을 떠나서 그 경지를 이루고자 하고, 주돈이는 세속에서 그 경지를 얻고자 한다. 이런 의미에서 보자면 주돈이의 무욕의 경지는 노장 철학에서 추구하는 도의 경지에 더 가깝다.

인간에게 정신세계가 있기 때문에 그 어떤 사물보다도 가치 있다고 하는 말은 흡사 데카르트의 관념철학을 대하는 듯하다. 데카르트에게 있어서 세계는 물질세계와 정신세계로 양분된다. 그리고 물질세계는 그저 그 성질에 따라 연장만 지속하는데 비해 정신세계는 우주의 원리를 추구하는 생각의 힘을 가지고 있다. 그것은 관념을 생산하고, 그 관념은 우주의 질서와 신의 영역에 연결되어 있다. 그렇기 때문에 데카르트에게 있어서 육체는 한낱 물체에 지나지 않고, 정신만이 유일한 인간의 고유성으로 여겨진다. 주돈이가 말하는 정신세계는 바로 데카르트의 관념세계이며, 주돈이의 무욕의 경지는 데카르트의 생득관념, 즉 태어날 때 신으로부터 부여받은 관념의 원천과 비슷한 개념으로 보인다. 하지만 논리적인 입장에서 바라보면 아직 주돈이의 철학은 데카르트만큼 합리성에 도달하지 못한 상태다. 그 합리성은 훗날 정호와 정이 형제에 의해 기초가 마련되고, 주희에 의해 정립된다.

어쨌든 주돈이는 태극에서 음양오행을 거쳐 물질의 탄생을 논리화한 뒤에 인간을 그 물질의 최고 가치로 놓고, 다시 인간과 윤리학을 연결시키는 시도를 하고 있다. 이런 주돈이의 시도는 이정 형제에 의해 더욱 합리화되어 유학과 굳건히 결합되고, 다시 주희에 의해 한층 심화되어 수백 년간 중국 사상계를 지배하는 성리학으로 발전하게 된다.

이런 의미에서 보자면 주돈이의 철학은 신유학의 초석이 되는 셈이다. 이미 한나라의 동중서에 의해 유학은 음양오행설을 바탕으로 우주론적 토대를 갖게 되었고, 주돈이에 이르러서는 불교와 노장사상, 명가의 학문이 더해져 성리학의 시초가 마련된 것이다. 즉, 공자의 유학은 그저 인간의 행실과 도의 관계를 다루는 학문이었다면 주돈이는 이러한 공자의 윤리학을 만물의 본성과 우주의 근본에 연결하여 우주적 토대를 가진 윤리학으로 전환하고자 했던 것이다. 하지만 그것은 자칫 학문을 넘어 종교의 경지를 넘보는 위험한 시도이기도 했다. 학문적 경지는 합리성에 토대를 두고 비판을 수용하지만 종교적 경지는 신념에 토대를 두는 까닭에 비판을 용납하지 않는 독단적인 면을 가지기 때문이다.

주돈이의 생애

우주론적 유학을 시도한 주돈이(周敦頤)는 1017년에 북송의 도주 영도(지금의 호남성 도현)에서 태어났다. 젊은 시절에 출사하여 대리시승, 광동전운판관 등을 지냈으며, 만년에는 지남강군으로 있으면서 여산 연화봉 아래의 염계(濂溪)에서 거처하였다. 그래서 호를 염계라 하고, 일반적으로 주렴계라고 불리었다.

그는 유가, 도가, 불교, 명가 등의 학문에 심취했으며, 유학을 학문의 중심에 두고 주역의 내용과 도교의 태극도를 혼합하여 『태극도설』을 지었다.

그는 만물의 근본인 무극에서 태극이 되고, 태극에서 음양과 오행이 나와 물질을 이루고, 물질이 음양오행의 원리에 따라 형상을 이루며, 그 만물의 형상 중에 인간이 가장 지혜로운 존재라고 역설했다. 또한 그 인간은 태극으로부터 얻은 지혜를 바탕으로 정신세계를 형성했으며, 그 정신세계는 태극에 비추어 스스로 선악을 알고, 행실을 가다듬어 인, 의, 예, 지, 신의 윤리적 이상을 추구하는 존재가 된다고 설파했다.

그는 친구의 두 아들인 정호와 정이를 가르쳤고, 이정 형제가 그의 사상을 통해 성리학의 토대를 구축한 덕분에 그를 송대 이학(理學)의 비조로 부르게 된 것이다. 저서에 『염계집』 6권이 있고, 『주자전서』 22권에 그의 저작들이 포함되어 있다.

그는 염계에서 학문 연구에 주력하다 1073년에 57세를 일기로 생을 마감했다.

기(氣) 철학을 탄생시킨

장재 張載

우주 만물은 하나의 동일한 기(氣)로 이루어져 있다

정호와 정이 형제를 가르친 또 다른 스승이 있었으니, 횡거 장재다. 흔히 횡거 선생으로 불리던 그는 이정 형제의 당숙이다. 장재와 이정 형제의 아버지가 사촌지간이었으니, 장재는 그들 형제의 오촌 아저씨였던 것이다.

이정 형제가 주돈이를 스승으로 삼아 공부했지만, 그들에 대한 횡거의 영향력도 주돈이에 못지않았다. 주돈이는 주로 이정 형제를 가르쳤지만, 횡거는 그들 형제와 토론하기를 즐겼다.

횡거가 두 형제를 앞에 놓고 물었다.

"너희들은 죽음이 무엇이라고 생각하느냐?"

정호가 먼저 대답했다.

"생명이 소멸되는 것입니다."

횡거가 빙그레 웃으며 중얼거렸다.

"생명의 소멸이라……."

그리고 동생 정이에게 물었다.

"너는 죽음이 무엇이라고 생각하느냐?"

정이가 대답했다.

"몸에서 기가 빠져나가는 것입니다."

이번에도 횡거는 빙그레 웃으며 혼자 중얼거렸다.

"기가 빠져나간다……."

그 말에 정호가 횡거에게 물었다.

"스승님은 죽음이 무엇이라 생각하십니까?"

횡거가 대답했다.

"죽음은 기가 흩어져 있음을 지칭하는 것이고, 살아있음은 기가 뭉쳐져 있음을 지칭하는 것이다. 따라서 죽음은 소멸이 아니며, 탄생도 생성이 아니다. 죽음은 그저 기가 흩어진 상태이고, 탄생은 기가 농축된 상태일 뿐이다. 따라서 우주에는 생성도 소멸도 없다."

정호가 다시 물었다.

"스승님께서 말씀하시는 기는 무엇입니까?"

"기(氣)란 물질의 뿌리이며, 물질이 가장 작은 알갱이 상태로 있는 것을 의미한다. 그래서 기가 뭉치면 물질이 생성되는 것으로 보이고, 기가 흩어지면 물질이 소멸하는 것으로 보인다. 하지만 근본적으로 생성되거나 소멸되는 것은 없다. 그저 기가 뭉쳤다가 흩어졌다가 할 뿐이다."

이에 정이가 물었다.

"기가 뭉쳐져 있는 것을 물질이라고 한다면, 기가 흩어져 있는 것은 무엇이라고 합니까?"

"기가 흩어져 있는 상태는 태허라고 한다. 이 태허의 상태에서는 기가 너무 작은 알갱이로 분해되기 때문에 아무것도 없는 것처럼 보인다. 그래서 그것을 무(無)라고 부르는 사람들도 있었다. 하지만 알갱이가 너무 작아서 보이지 않을 뿐이지, 허공은 항상 기로 가득 차 있다. 이런 상태를 태허라고 하는 것이다. 때문에 우주의 허공과 만물이 모두 동일한 기로 이루어져 있는 것이다."

이에 정호가 물었다.

"그렇다면 스승님, 기를 뭉치게도 하고 흩어지게도 하는 것은 무엇입니까?"

정호의 질문은 날카로웠다. 정호는 속으로 기는 하나의 물질일 뿐 스스로 어떤 특정한 형태를 이룰 힘이 없다고 보았다.

그 말에 정이도 한마디 보탰다.

"저도 그 점이 궁금합니다. 기가 뭉쳐질 때 어떻게 사람과 개, 나무와 돌을 다른 모습과 성질을 가지도록 할 수 있습니까? 제 생각에는 기를 움직이는 그 무엇이 있을 것만 같습니다. 저는 그것이 도가 아닌가 생각합니다."

이정 형제의 질문 속에는 횡거가 미처 생각하지 못한 원리가 들어 있었다. 즉, 기가 뭉치고 흩어지는 것은 분명하나 거기에는 일정한 법칙이 있다는 것이다. 훗날 이정 형제는 이 법칙의 세계를 '리(理)'라고 규정한다. 하지만 이때까지만 해도 그들은 이것을 흔히 말하는 도(道)라는 말로 이해하고 있었다.

하지만 횡거는 이들의 생각을 받아들이지 않았다.

"기는 이미 모든 성질과 모양을 다 갖추고 있기 때문에 굳이 다른 원리의 지배를 받지 않아도 스스로 모양과 성질을 만들어낼 힘이 있다. 하지만 기는 그것을 서로의 조화를 통해 만들어내기 때문에 그 조화를 나는 태화(太和)라고 규정하고자 한다. 기가 태화를 이룰 수 있는 것은 음과 양이 있기 때문이다. 양은 위로 올라가는 기운이고, 음은 아래로 가라앉는 기운이다. 또 양은 움직이는 기운이고 음은 고요한 기운이다. 그 음양의 기운을 이용하여 기는 스스로 태화를 이루는 것이다. 그 태화의 경지를 흔히 도 또는 태극이라고 말하는 것이다."

횡거는 이렇게 우주 전체를 기라고 생각했다. 그 기가 흩어진 상태는 태허(太虛)이며, 그 기가 뭉쳐진 상태에서는 사물이 모양을 갖게 된다고 했다. 또 기는 음의 성질과 양의 성질이 있는데, 뜨고 오르고 움직이는 성질은 양의 성질이고, 가라앉고 내려가고 고요한 성질은 음의 성질이라고 했다. 그 음과 양의 성질이 작용하여 기를 농축시키거나 흩어지게 한다는 것이다.

이렇게 볼 때, 횡거는 근본적으로 유물론자다. 그는 도가들의 '유는 무로부터 왔다'는 말을 믿지 않는다. 그는 무의 세계는 없으며, 이 세계는 오직 유의 세계,

즉 기의 세계만 존재한다고 믿었다. 그는 이 기의 세계가 음양의 성질에 의해 조화되는 것을 도(道)라고 생각했다. 그 도의 경지가 곧 태극인데, 이 태극은 음양의 조화에 의해 이뤄지므로 태화(太和)라고 불렀다.

횡거의 이런 기 일원론은 흡사 아리스토텔레스의 질료론과 닮았다. 물질의 가장 작은 알갱이를 질료라고 칭한다면 크게 다를 것도 없는 논리이기 때문이다. 질료가 흩어지면 태허의 상태가 되고 모이면 모습을 이루게 된다는 것인데, 그렇다면 질료에게 모습을 주는 실체, 즉 형상이 필요할 것이다. 횡거는 아리스토텔레스의 형상에 해당하는 개념으로 태화를 설정했던 것이다. 말하자면 횡거의 기는 아리스토텔레스의 질료에 해당하고, 횡거의 태화는 아리스토텔레스의 형상에 해당한다는 것이다. 그렇다면 아리스토텔레스의 두 가지 실체인 형상과 질료는 횡거에게 있어서는 기와 태화로 대체될 수 있을 것이다. 하지만 횡거는 태화라는 것이 단지 기의 움직임의 하나일 뿐이라고 생각했다. 이는 질료 속에 이미 형상이 있고, 형상은 질료가 드러내는 모습일 뿐이라는 뜻이다. 이런 의미에서 보자면 횡거는 형상을 실체로 인정하지 않은 것이다. 횡거는 오직 기, 즉 질료만을 유일한 만물의 실체로 보았던 것이다. 이를 성리학적 견지에서 해석하자면 우주의 본체는 기이고 리(理)는 단지 기 속에 들어있을 뿐이라는 주장이다. 즉, 그는 기 일원론자라고 할 수 있다.

장재의 생애

장재(張載)는 북송시대인 1020년에 지금의 협서성에서 태어났으며, 흔히 횡거(橫渠)선생으로 불리었다.

젊은 시절 그는 진사 시험에 합격하여 운암령 벼슬을 받았다. 또 1069년에는 신종 황제의 부름을 받아 숭문원 교서에 오르기도 했다. 하지만 1070년에 병을 얻어 벼슬을 내놓고 종남산에서 학문과 독서에 몰두했다.

그는 주역에서 우주론을 뽑아내 유학과 노장 사상을 조화시켜 자기만의 기철학 사상 체계를 형성했다. 이것이 이정 형제에게 영향을 주어 성리학과 양명학의 탄생에 기여했다.

남긴 저서로는 『정몽(正蒙)』, 『횡거역설(橫渠易說)』, 『장자어록』 등이 있다.

신유학을 태동시킨

정호와 정이 형제 程顥 · 程頤

우주 만물의 근원은 리(理)다

주돈이와 장재로부터 학문을 배운 이정 형제는 청년기 이후로 스스로 새로운 학문적 세계를 만들어 가고 있었다. 이 과정에서 그들 형제는 자주 자유롭게 토론했다.

형인 정호가 동생 정이에게 물었다.

"자네는 횡거 선생님이 말씀하신 기에 대해 어떻게 생각하는가?"

정이가 대답했다.

"횡거 선생님의 기는 인형극에 나오는 인형에 지나지 않는다고 생각합니다. 인형극을 보면 인형이 살아 움직이는 것 같지만, 실제로는 인형을 조종하는 사람의 손이 없이는 인형은 전혀 움직일 수 없지 않습니까?"

정호가 웃으면서 맞장구를 쳤다.

"너도 나하고 똑같은 생각을 했구나. 나도 횡거 선생님의 논리에는 중요한 것이 빠져 있다고 생각했거든. 선생님 말씀대로 기가 농축되었다가 흩어졌다가 하는 것은 사실이겠지만, 그것이 농축될 때 개가 될 것인지 소가 될 것인지, 사람이 될 것인지는 무엇이 결정하느냐 하는 것이 의문이었어."

"맞아요. 저도 형님과 똑같은 생각을 했어요. 그래서 기라는 것은 단지 어떤 원리나 힘에 의해 움직일 수밖에 없다고 봤어요. 그리고 기를 움직이는 그 원리나 힘이 곧 도가 아닐까 하는 생각을 한 것이지요."

형인 정호는 동생을 대견한 듯이 바라보며, 고개를 끄덕였다. 그리고 이렇게 덧붙였다.

"그렇다면 기라는 것은 도가 만들어낸 것에 불과하다는 생각도 했겠구나."

"맞아요. 기라는 것은 어차피 물질이고, 그 물질은 그저 꼭두각시에 지나지 않으니 결국 꼭두각시를 움직이는 사람과 같은 본질이 필요하지 않겠어요? 그것이 곧 도라는 것이지요."

"말하자면 기는 그저 도에 의해 움직이는 꼭두각시에 불과하다는 것이지?"

"그렇지요."

이정 형제는 그렇게 서로 말을 주고받으며 의견을 일치시키고 있었다. 그들의 의견을 종합해 보면 『도덕경』에서 말하듯이 '도가 스스로 만물을 낳았다'는 논리에서 벗어나지 못했다. 또한 기라는 것도 그 만물을 지칭하는 것이니, 결국 도가 기를 낳았다는 의미였다. 이는 근본적으로 노장사상의 범주에서 벗어나지 못하는 생각이었다. 또 수당시대부터 유행했던 불교에서도 비슷한 논리가 있었다. 불교에서는 불성(佛性), 곧 깨달음의 본성이 모든 것을 낳았다고 주장했는데, 이와 비슷한 논리였다. 하지만 이정 형제는 노장사상이나 불교보다는 유학에 경도되어 있었다. 그런 까닭에 그들은 뭔가 노장사상이나 불교와 다른 용어를 만들어 유학과 연결시키고자 했다.

형인 정호가 먼저 그 착상을 하였다.

"하지만 아우야, 도라는 말은 이미 오래전부터 알려진 말이고, 그래서 너무 많은 곳에 인용된 용어잖아. 그래서 말인데, 도라는 용어 대신에 천리(天理)라는 용어를 사용하면 어떨까?"

그 말을 듣고 정이가 호응했다.

"저도 그 때문에 고민이었는데, 괜찮은 생각입니다. 그런데 천리라는 말도 이미 너무 많이 쓴 것 같은데, 차라리 '리(理)'라고 칭하는 것이 어떻겠습니까? 리(理)라고 하면 천리는 물론이고, 모든 만물의 이치를 다 담을 수 있는 용어 아니겠습니까?"

"그래 그것이 좋겠구나. 그렇다면 리(理)에서 기(氣)가 나오고, 기가 만물이 되었다고 설정하면 되겠구나."

"그러면 리(理)가 기의 근원이고, 기가 만물의 근원이 되니, 만물의 근원은 곧 리(理)가 되는 셈이지요. 사람은 물론이고, 짐승이나 식물이나 흙이나 바람의 본체도 리(理)가 되는 것이고, 그 리(理)에 의해 기는 그저 조각처럼 다듬어지는 것이지요."

이정의 이런 말들은 이미 서양 철학에서는 익숙한 내용들이다. 서양에서는 이미 오래전에 플라톤에 의해 이데아론으로 정리된 것들이니 말이다. 어쨌든 이정 형제의 철학은 이런 식으로 탄생했다. 플라톤이 세상의 근원을 모두 이데아로 설명했듯이 이정 형제는 리(理) 일원론으로 모든 것을 설명했다.

이정 형제는 우주의 근원에는 어떠한 상황에서도 변하지 않는 원리가 있다고 생각했고, 그것은 만사만물에 보편적으로 존재한다고 생각했다. 그리고 그것을 일러 '리(理)'라고 규정했다.

그리고 이들은 곧 주돈이처럼 리(理)와 인간의 윤리를 접목하여 사회의 행동 규범과 질서를 만들어 내고자 했다. 이것이 곧 리(理)와 유학의 결합에 의해 탄생한 성리학이다.

인성도 리(理)와 기(氣)로부터 결정된다

정호가 정이에게 물었다.

"자네는 리(理)와 기(氣)가 사람에게는 어떤 형태로 나타날 수 있다고 생각하는가?"

정이는 눈을 반짝이며 이렇게 말했다.

"저도 요즘 그 일에 몰두하고 있습니다. 그래서 내린 결론인데, 인간에게는 영원히 변치 말아야 할 인성이 있고, 때에 따라 변하는 감정이 있습니다. 영원히 변치 않는 인성은 인, 의, 예, 지, 신과 같은 덕목이고, 때에 따라 변하는 것은 기쁨, 분노, 슬픔, 즐거움, 사랑, 미움, 욕심과 같은 감정들일 것입니다. 그래서 저는 영원히 변치 않는 인성을 리(理)에서 연유한 본성이라고 생각하고 '성(性)'이라고 규정하고, 때때로 변하는 것은 기(氣)에서 연유한 감정이라고 생각하여 '정(情)'이라고 규정했습니다. 이렇게 보면 성(性)은 인의예지신 다섯 덕목이 되고, 정(情)은 희노애락애오욕(喜怒哀樂愛惡慾) 등의 일곱 가지 감정이 될 것입니다."

그 말에 정호는 감탄스런 얼굴로 정이에게 말했다.

"아우야, 자네는 참으로 대단하네. 어찌 내가 미처 정리하지 못한 내용을 그토록 빨리 정리해 둘 수 있단 말인가! 자네 말대로 하자면 인간의 성질은 리(理)와 기(氣)로부터 성(性)과 정(情)을 부여받았는데, 성(性)은 인의예지신과 같은 영원히 변치 않는 인성을 형성하고 정(情)은 희로애락애오욕(喜怒哀樂愛惡慾)과 같은 칠정을 형성한다고 정리하면 되겠구나."

"그리고 인간의 본성에 해당하는 인의예지신은 선하기만 하고, 희로애락애오욕과 같은 칠정은 선과 악을 모두 부여받은 것이지요. 즉 기를 부여받았을 때 너무 치우치거나 넘치거나 모자라면 악이 되는 것이고, 중용을 이뤄 바르게 되면 선이 되는 것이지요."

"그렇지, 그렇지. 거기다 칠정을 다스리지 못하고 욕망이 넘치면 천리를 잃고 본성을 잃게 되는 것이고, 칠정을 제대로 다스려 중용을 이루면 본성과 천리를 되찾는 것이지. 그렇다면 우리의 마음이 곧 인간의 본성이고, 그 마음을 어지럽히는 것이 곧 칠정이 되겠구나."

하지만 정이는 정호의 그 말에는 선뜻 동의하지 못했다.

"마음이란 기(氣), 즉 칠정의 작용에 의해 생겨나는 것 아닙니까?"

그러자 정호가 손사래를 쳤다.

"그렇지는 않지. 마음은 원래 티끌 하나 없이 깨끗한 것인데, 거기에 칠정에 의해 욕심이 보태져서 마음의 혼란이 일어나는 것이지. 그러니까 마음을 항상 깨끗한 상태로 유지하기만 하면 인간은 인의예지신의 본성을 유지할 수 있는 것이지."

그러자 정이는 고개를 갸웃거렸다.

"그러면 마음이 곧 인간의 본성이고, 그것이 곧 인간 속에 찾아든 리(理)라는 뜻입니까?"

정호가 호탕하게 웃으며 대답했다.

"그렇지. 바로 그거야. 그러니까 우리는 마음을 맑은 상태로 유지하면 곧 천리에 도달하여 만사와 만물을 선하게 만들어 갈 수 있는 것이지. 또 마음은 리(理)로부터 온 인간의 본성이므로 마음만 깨끗하게 유지하면 모든 지식과 지혜에 다가갈 수 있다고 생각해."

정호의 말은 흡사 불교 선종의 '일체유심조', 즉 모든 것은 마음에 달렸으니, 마음에서 깨달음을 얻으면 모든 번뇌가 해결된다는 논리 같다. 또 혜능의 말처럼 마음에는 원래 티끌이 없으니, 원래의 마음만 유지하면 깨달음이 저절로 이뤄진다는 논리와 연결된다.

하지만 정이는 여전히 형의 논리를 받아들이지 못했다.

"그러면 왜 마음이 아프기도 하고, 고통스럽기도 한 거죠? 마음이 리(理)로부터 온 본성이라면 늘 맑고 깨끗하고 온화해야 하는 것 아닌가요?"

"그거야 깨끗한 마음을 칠정이 혼란스럽게 하기 때문이지."

그 말에 정이는 더 이상 말을 하지 않았다. 정이는 정호의 말을 받아들이지 않았지만, 더 이상 물음이 계속되면 논쟁으로 이어질까 두려웠다. 그것은 흡사 형과 자신이 싸우는 것으로 비쳐져 우애에 금이 갈까 염려되었던 것이다.

하지만 형제의 이런 견해 차이는 훗날 성리학과 양명학이라는 다른 시각의 학문을 탄생시키는 원인이 되었다. 물론 당시까지만 해도 이정 형제는 그런 어마어마한 사건이 일어날 줄 몰랐다. 그러한 사건은 훗날 주희와 육구연의 논쟁에서 본격적으로 드러나게 된다.

정호 · 정이 형제의 생애

이정은 곧 정호(程顥)와 정이(程頤) 형제를 지칭한다. 정호는 1302년생이고, 동생 정이는 1303년생이며, 북송 낙양 출신이다.

두 사람은 주돈이와 장재, 소옹 등의 영향을 받아 학문을 하였으며, 우주론과 유학을 결합하여 성리학과 양명학을 태동시켰다. 아우인 정이는 이학(理學)을 일으켜 주희에 이르러 성리학으로 발전하였으며, 형인 정호는 심학(心學)을 일으켜 육구연을 거쳐 왕수인에 이르러 양명학으로 발전하였다. 이렇게 형제가 신유학의 양대 산맥이라고 할 수 있는 이학과 심학을 일으켰으니, 역사에 보기 드문 일이라 하겠다. (정호가 심학을 태동시켰다는 주장에 대해서는 이견도 많다. 많은 학자들은 정호도 정이와 함께 이학의 주창자라고 생각하고 있다. 하지만 중국 철학을 대표하는 풍우란[馮友蘭] 등은 정호가 심학을 태동시켰다고 주장한다. 여기서는 풍우란을 지지하여 정호를 심학을 태동시킨 인물로 설정했다.)

정호의 자는 백순(伯淳)이고 호는 명도(明道)로 흔히 명도선생으로 불리었다. 송나라 인종 연간에 진사가 되었고, 신종 희녕 초에 태자중윤, 감찰어사리행에 이르렀다. 관직 초기에는 변법을 주장하였으나, 나중에는 왕안석의 신법에 반대하여 사마광, 문언박 등과 함께 신법 반대 운동을 하였다. 그 후 1085년에 종정승에 임명되었으나, 부임 중에 사망하였다.

정이의 자는 정이(正伊)이고 호는 이천(伊川)이며, 흔히 이천선생으로 불리었다. 사마광 등의 천거에 의해 비서성교서랑을 시작으로 벼슬살이를 했으며, 소식과 등을 져 여러 차례 관직을 그만둬야 했다. 그래서 징계를 받거나 복권되는 것을 반복하다가 야인 생활을 하며 학문에 몰두했다. 덕분에 형 정호에 비해 학문적 업적이 깊고 이학에 몰두하여 이학의 창시자로 불리게 되었다.

정이는 형 정호에 비해 오래 살았고, 75세가 되던 1107년에 생을 마쳤다.

이들 두 형제가 함께 이학을 창시했다고 여겨지는 이유는 공저한 『정씨유서』에 이름을 밝히지 않고 성만 밝혀져 있기 때문에 누가 한 말인지 분명치 않은 까닭이다. 하지만 후대의 학자들이 그들의 말을 구분하여 서로 같은 면과 다른 면

이 있다고 지적하였다. 이것을 근거로 정이는 성리학을, 정호는 양명학을 태동하였다고 하는 것이다.

성리학은 리(理)를 근원으로 삼는 학문이라 하여 이학이라고 하는데, 리(理)가 곧 도(道)이므로 도학이라고도 한다. 그리고 양명학은 심(心) 속에 우주 삼라만상의 리(理)가 있어 심(心)이 곧 모든 본질로 통하는 요체라고 하여 심학이라고 한다.

성리학을 집대성한

｜｜｜｜｜｜｜｜｜｜｜｜｜｜｜｜｜｜｜｜｜｜｜｜｜｜｜｜｜

주희 朱熹

리(理)는 보이지 않는 만물의 설계도다

정이가 죽은 지 22년 후에 복건성에서 한 아이가 태어났다. 이 아이가 태어날 당시 송나라는 엄청난 시련을 겪고 있었다. 서북쪽에서 밀려온 금나라에게 나라의 수도를 빼앗기고 남쪽으로 달아나 다시 나라를 일궈야만 했다. 역사적으로 북송시대가 종결되고 남송시대가 시작된 것이다. 1127년에 일어난 이 대단한 사건으로부터 3년이 지난 때에 태어난 이 아이, 그가 바로 성리학을 집대성한 주희였다.

주희는 남송시대 이후 가장 뛰어난 지식인이자 후대에 학문적으로 가장 큰 영향력을 행사한 인물이다. 정교한 논증과 명석한 사유, 그리고 해박한 지식과 140권에 이르는 저술, 그것에 기반하여 일군 성리학적 철학 체계는 중국은 물론이고 조선을 비롯한 주변국을 800여 년 동안 정신적으로 지배했다.

그런 그가 살아있을 때 가장 몰두한 일은 리(理)가 곧 도(道)이며 곧 만물의 근원이자 실체라는 것을 논증하는 일이었다.

그의 제자가 주희에게 물었다.

"이 세상에 전혀 집이 없을 때도 집의 리(理)가 있었을까요?"

주희가 단호하게 말했다.

"물론이다. 세상에 집이 하나도 없었을 때도 집의 리(理)는 있었다."

"그렇다면 굴에서 사는 사람들은 왜 굴에서 사는 것일까요? 그들에게 집의 리(理)가 있다면 당연히 그들도 굴을 버리고 집을 짓고 살아야 하지 않겠습니까?"

"그것은 집의 리(理)가 없어서가 아니라 그들이 집의 리(理)를 아직 깨우치지 못했을 뿐이다."

그러면서 주희는 벽돌을 가리키며 말했다.

"여기 벽돌이 있고, 이 벽돌 속에는 벽돌의 리(理)가 들어 있다. 또한 이 벽돌이 있기 전부터 벽돌의 리(理)는 있었다. 만약 벽돌의 리(理)가 없었다면 사람들이 어떻게 벽돌을 만들 생각을 할 수 있겠느냐? 집도 마찬가지다. 집의 리(理)가 없다면 사람들은 집을 지을 생각을 할 수 없다. 사람이 어떤 것을 고안한다는 것은 그 어떤 것의 리(理)를 깨닫거나 발견했다는 의미다. 그러므로 집이 있기 전부터 집의 리(理)는 있었고, 벽돌이 있기 전부터 벽돌의 리(理)는 있었다."

그러자 옆에 있던 다른 제자가 이렇게 물었다.

"모든 사물에 모두 리(理)가 들어 있다면 리(理)는 어느 순간에 사물 속으로 들어가는 것입니까?"

그 말에 주희가 크게 웃었다.

"하하하, 그런 것이 아니야. 리(理)는 사물이 생기기 전부터 존재하지만 어떤 새로운 사물이 생기면 동시에 리(理)가 거기에 있을 수밖에 없다. 왜냐하면 리(理)가 먼저 있어야만 사물이 생길 수 있기 때문이다. 책상이 만들어지려면 이미 책상의 리(理)가 있어야 할 것이고, 의자가 만들어지려면 이미 의자의 리(理)가 있어야만 하지 않겠느냐? 또 네가 사람인 것이 분명하고 네가 여기에 있으려면 먼저 사람의 리(理)가 있어야 하지 않겠느냐?"

하지만 제자는 쉽게 납득하지 못했다.

"그래도 책상이 만들어지기 전에는 책상 속에 책상의 리(理)가 있을 수는 없지 않습니까?"

"물론이다. 책상이 없는데 어찌 책상 속에 무엇이 있을 수 있겠느냐? 하지만 책상이 없어도 책상의 리(理)는 이미 있어야만 한다. 다만 우리 눈에 그 책상의 모습이 보이지 않았을 뿐이지."

그래도 역시 제자는 고개를 갸웃거렸다.

"그렇다면 만약 세상에 있는 모든 책상을 다 없애버린다면 책상의 리(理)도 없어지는 것 아닙니까?"

"책상이 없어진다고 해서 책상의 리(理)가 없어지는 것은 아니지. 그렇다면 여기 이 하나의 책상을 없애버리면 이 책상의 리(理)도 없어지는 것일까? 그렇지 않지. 이 책상 하나를 없애면 이와 같은 책상 하나를 더 만들면 되지. 왜냐하면 우리 머릿속에는 이미 책상의 리(理)가 있었으니까."

"아하, 그러면 리(理)라는 것은 일종의 설계도와 같은 것이군요."

"비유하자면 그렇게도 말할 수 있겠지. 하지만 설계도도 리(理)가 먼저 있지 않고는 그려지지 않을 테니, 굳이 표현하자면 리(理)는 처음부터 존재하는 보이지 않는 설계도라고 하는 것이 더 맞지 않을까?"

주희는 돌 조각 하나에도 리(理)가 머물지 않는 곳은 없다고 하였다. 이는 저 그리스의 플라톤의 이데아와 다르지 않다. 플라톤의 이데아가 그렇듯 주희의 리(理)도 항상 완전무결하며 선한 존재다. 그것은 근본적으로는 하나이나, 모든 물질 속에 거할 수 있으며, 서로 연결되어 있다. 그것은 하나이면서 모두이고, 물질 밖에도 물질 속에도 물질이 없는 곳에도 이미 존재하는 그런 존재다. 그래서 모든 만물의 맨 꼭대기에 있다는 의미에서 태극이며, 모든 존재의 처음이라는 의미에서 태초이며, 모든 존재의 지향점이라는 의미에서 도(道)이다.

그것은 만물의 운행 원리이며, 우주의 법칙이며, 처음이자 마지막이고, 하나이자 모두인 셈이다.

이 우주에 인간이 있기 전에 인간의 리(理)가 있었고, 바위가 있기 전에 바위의 리(理)가 있었으며, 인간의 본성이 형성되기 전에 그것은 이미 본성이었다. 그래서 인간의 본성을 이성(理性)이라고 부른다.

리(理)와 기(氣)의 관계는 마부와 말의 관계와 같다

제자가 주희에게 물었다.

"리(理)는 완전무결한 존재입니까?"

"그렇다."

"그렇다면 왜 리(理)로 만들어진 집이나 리(理)를 가진 사람이나 모두 완전하지 않은 것입니까?"

"그것은 집이 리(理)만으로 만들어지지 않았기 때문이다. 세상에 보이는 모든 것은 기(氣)로 만들어진 것인데, 기는 물질이므로 근본적으로 불완전한 것이다. 따라서 집이란 불완전한 기에 의해 리가 둘러싸여 있는 형태이기 때문에 불완전할 수밖에 없다. 말하자면 설계도는 완벽한데, 그 설계도를 재현할 재료는 불완전하다는 것이지. 때문에 세상에 있는 모든 물체는 불완전할 수밖에 없다."

하지만 제자의 질문은 거기서 그치지 않았다.

"리(理)가 기(氣)를 있게 한 근원이라면 리(理)는 왜 기(氣)를 완전하게 존재할 수 있도록 하지 않은 것입니까? 그것은 혹 리(理)가 완전한 기(氣)를 만들어낼 능력이 없다는 증거 아닐까요?"

주희는 고개를 가로저었다.

"리(理)가 기를 불완전한 존재로 있도록 한 것도 하나의 리(理)다. 그것이 리(理)가 우주 만물을 존재하게 하는 방식이지."

"그렇다면 모든 물질을 완벽한 리(理)와 불완전한 기(氣)의 결합으로 이뤄지도록 한 것도 리(理)에 의해 생겨난 또 하나의 리(理)라는 뜻인가요?"

"그렇지. 바로 그거야."

"그렇다면 리(理)와 기(氣)의 관계는 어떻게 되는 것인가요? 리(理)는 주인이고 기(氣)는 노예인가요?"

"비유하자면 기는 말이고 리(理)는 말을 탄 사람이라고 할 수 있겠지. 말은 사람이 달리라고 하면 달리고, 서라고 하면 서잖아. 하지만 말이 항상 사람의 마음과 똑같을 수는 없잖아. 왜냐하면 아무리 길이 잘 든 말이라고 해도 사람의 생각을 정확하게 알 수는 없으니까 말이야. 이처럼 리(理)가 아무리 완벽한 표준을 제시한다고 해도 기는 그와 비슷하게는 될 수는 있어도 똑같게 되지는 못하는 것이지."

주희는 물질과 리(理)의 관계를 리(理)가 물질, 즉 기(氣)를 타고 다니는 형국이라고 설명한다. 마치 말과 마부처럼. 그리고 마부의 지시에 따라 말이 움직이듯 리(理)에 의해 기(氣)가 움직인다고 설명한다. 하지만 리(理)는 움직이지 않고 명령하고, 기는 처음부터 그 명령을 알고 있다고 한다. 말하자면 기는 리의 명령대로 움직일 준비를 하고 태어난다는 것이다. 하지만 말이 항상 마부의 생각대로 움직여 주지 않는 것처럼 기도 항상 리(理)의 명령대로 움직이지는 못한다. 그것은 말이 사람의 생각에 미치지 못하듯 기(氣)가 리(理)의 설계를 완벽하게 받아들일 만큼 완전하지 못하기 때문이다.

누구나 성인이 될 수 있다

제자가 물었다.

"선생님, 사람 속에도 리(理)가 있다면 사람 중에 왜 선한 사람과 악한 사람이 있습니까?"

주희가 대답했다.

"사람 속에 선한 본성이 있고, 그 본성은 인, 의, 예, 지라는 것으로 드러난다. 하지만 이것은 마치 물속에 있는 진주와 같다. 진주가 맑은 물속에 있으면 영롱한 빛을 드러내지만, 진흙탕 속에 있으면 그 빛을 드러낼 수 없지 않겠느냐? 즉, 인간의 본성은 원래 선하지만 그 본성을 둘러싸고 있는 감정이 진흙탕과 같다면 악하게 보일 수밖에 없다는 뜻이다."

"그러니까, 인간은 원래 본성이 선한데, 악한 감정에 둘러싸여 그 선한 면모를 드러내지 못해서 악하게 보인다는 것입니까?"

"그렇지. 바로 그거야."

제자가 또 물었다.

"인, 의, 예, 지를 맑게 드러내는 사람을 성인이라고 하는 것입니까?"

"그렇다. 그런 사람이 성인이다. 요와 순, 그리고 공자께서는 바로 그런 성인 이셨다. 이분들은 인의예지 즉, 4단을 드러내고, 희로애락애오욕, 즉 칠정을 잘 다스려 성인에 이른 것이다."

"그러면 저도 성인이 될 수 있습니까?"

"그렇다. 너뿐만 아니라 누구든 칠정을 잘 다스려 4단을 제대로 드러내서 선한 사람이 된다면 이미 성인인 것이다."

맹자는 누구나 요순이 될 수 있다고 가르쳤다. 인간의 본성은 선하기 때문에 그 본성만 회복하면 누구나 요순과 같은 성인이 될 수 있다는 것이다. 주희도 맹자의 그 주장이 옳다고 보았다. 아니, 그는 철저하게 맹자의 주장을 추종했다.

그렇다면 인간의 본성을 회복하는 방법은 무엇인가? 그것은 곧 공자가 인간에게 가장 중요한 덕목이라고 가르쳤던 인의예지, 즉 4단을 드러내고 삶에서 행동으로 옮기는 것이다.

하지만 인간은 감정의 동물이기에 칠정이 항상 4단을 가리고 드러내지 못하도록 한다. 이 칠정의 유혹을 이기고 4단을 되찾으면 누구라도 성인이 될 수 있다는 논리다.

마음은 리와 기의 결합체일 뿐, 인간의 본성은 아니다

제자가 또 물었다.

"리(理)가 우리 사람 속에 있다면 그것은 마음속에 머무는 것입니까?"

제자의 이 질문은 매우 민감한 사안이었다. 이것은 훗날 성리학과 양명학을 갈라놓는 요체가 되는 질문이었다.

주희가 잠시 생각에 잠기더니, 이윽고 말을 꺼냈다.

"아니다."

"그러면 리(理)가 곧 사람의 뿌리이고, 본성을 이룬다면 그 본성과 마음은 무관한 것입니까?"

"아니다. 그렇다고 무관하다고 말할 수는 없다."

"그러면 왜 사람들은 마음이 착한 사람을 선인이라고 하고 마음이 악한 사람을 악인이라고 하는 것입니까?"

그러자 주희가 이렇게 되물었다.

"자, 여기 책상이 있다. 그런데 이 책상의 리(理)는 책상의 한쪽 구석만 차지하고 있을까, 아니면 책상 전체에 다 퍼져 있을까?"

그 물음에 제자가 머뭇거리고 선뜻 대답을 하지 못하자, 주희가 다시 이렇게 물었다.

"만약 이 책상의 리(理)가 이 모서리 부분에만 있다고 치자. 그러면 이 모서리 부분만 잘라내면 이것은 더 이상 책상이 아닐까?"

그 물음에는 제자가 확실하게 대답했다.

"아닙니다. 비록 손상을 입기는 했으나 그 기능을 하고 있는 한 여전히 책상입니다."

그 말에 주희가 이렇게 물었다.

"만약 내가 손가락을 하나 잘라낸다면 내 마음의 크기는 줄어든 것일까?"

"아닙니다."

"그럼 내가 다리를 하나 잘라낸다면 내 다리 하나만큼 마음이 줄어든 것일까?"

"아닙니다."

"그렇다면 내 다리나 손가락에는 사람의 리(理)가 없는 것일까?"

"다리가 하나 없거나 손가락이 하나 없다면 사람으로서의 기능을 제대로 할 수 없기 때문에 다리나 손가락에도 사람의 리(理)가 있다고 봅니다."

"자, 그러면 손가락이나 다리에 사람의 리(理)가 있는 것은 분명하지만, 그곳에 마음이 자리하고 있는 것은 아니지?"

"그렇습니다."

"그러니까, 마음이란 사람의 일부이지 전부는 아닌 셈이지?"

그때서야 무릎을 치며 제자가 고개를 끄덕였다.

"아, 그렇겠군요."

"내가 무엇을 설명하려 하는지 네가 한번 말해보겠느냐?"

"마음이란 사람의 일부에 지나지 않지만 리(理)는 사람의 신체에 머물지 않는 곳이 없으니, 마음속에 사람의 리(理)가 들어갈 수는 없다는 뜻 아닙니까? 왜냐하면 리(理)가 마음보다 훨씬 크기 때문에 오히려 마음이 리(理)의 일부가 될 수는 있어도 리(理)가 마음의 일부가 될 수는 없다는 것이지요."

"옳지, 잘 이해했구나. 그러면 마음이 사람의 본성과 동일한 것은 아니라는 사실도 알겠구나."

"예, 선생님."

"마음은 사람이 갖는 의식의 하나일 뿐이며, 그 의식이라는 것은 리와 기의 결합에 의해 만들어진 것이다. 따라서 마음 또한 리와 기의 결합에 의해 만들어질 수밖에 없다. 그런 까닭에 마음은 악할 수도 있고, 선할 수도 있다. 하지만 마음이 악해졌다고 해서 그 사람이 근본적으로 악한 것은 아니다. 마음속에 있는 악한 기를 걷어내면 선해질 수도 있기 때문이지. 또한 마음이 선하다고 해서 항상 선한 것도 아니다. 마음은 리와 기가 결합한 것인데, 그 기가 항상 선할 수는 없기 때문이지."

성리학에서는 리(理)란 인간의 본성인데, 인간 속에서 '성(性)'을 형성한다고 표현한다. 또 기(氣)는 인간의 감정이라고 하고, 그것은 인간 속에서 '정(情)'을 형성한다고 표현한다. 말하자면 성과 정은 서로 대비되는 개념이다.

인간의 본성, 즉 성(性)은 리(理)에서 나온 것이므로 완전하고 선한 것이며, 이것이 행동으로 드러날 때는 인의예지, 즉 4단이 된다. 그리고 정(情)은 기(氣)에서 나온 것이므로 불완전하고 악한 것이며, 이것이 행동으로 드러날 때는 희로애락애오욕, 즉 칠정이 된다.

주희는 성인이 되려면 이 칠정을 다스리고 4단으로 온전히 드러내면 된다고 가르쳤다.

그리고 어떤 이는 이 4단이 인간 속에서 머물 수 있는 곳은 마음, 즉 심(心)뿐이라고 주장한다. 그래서 심(心)은 원래 아주 맑고 깨끗한 것으로서 인간의 본성, 즉 성(性)과 동일한 것이라고 결론지었다.

이런 주장은 주로 불교에서 마음의 깨달음을 가장 중시하는 선종에서 나온 것이다. 말하자면 모든 것은 마음에서 비롯되며 마음에 달렸다는 논리다.

이러한 논리와 유학의 결합을 시도한 인물은 육구연이었다. 그리고 그것이 왕수인에게 이어져 양명학이 만들어졌다.

하지만 주희는 이 논리를 거부한다. 주희는 마음, 즉 심(心)이란 그저 의식의 하나일 뿐이며, 그 의식은 리(理)가 기와 결합하여 이뤄진 산물일 뿐 인간의 본성은 아니라고 주장한다.

이것은 훗날 육구연과 주희의 논쟁을 낳고, 다시 이정의 학문이 양명학과 성리학으로 나눠지는 요체가 된다.

주희의 생애

주희는 남송의 대표적인 학자로서 1130년에 지금의 복건성 남평시 우계현에서 태어났으며, 자는 원회(元晦), 호는 회암(悔庵)으로 60세를 넘긴 뒤로는 회옹(悔翁)이라고 일컬어졌다.

그는 남송 고종 소흥 8년(1148년)에 19세의 나이로 진사시에 합격하여 동안현 주부에 임명됨으로써 벼슬살이를 시작하였다. 그는 주로 외직에서 벼슬살이를 하였고, 내직에 머문 것은 40일이 고작이었다. 그는 당시 북방의 강국으로 부상한 금나라와의 화평을 반대하였고, 이것이 원인이 되어 조정에서 배척받은 후, 여러 차례 직언을 하다가 권신들의 미움을 받아 외직을 전전했던 것이다. 그러다가 결국 관직에서 쫓겨나 학문에 몰두하였으며, 건양의 고정을 중심으로 제자를 길러 고정학파를 형성했다.

그의 학문의 요체는 정이가 기반을 닦은 이학(理學)이었다. 그는 우주 만물을 관통하는 고정 불변의 진리 체계가 있다고 설정하고, 그것이 곧 리(理)라고 확신했다. 또한 리(理)와 공자의 사상을 결합하여 인의예지 4단의 체계를 확립하고, 이학의 세계를 윤리학으로 발전시켜 정치와 문화 전반에 영향을 끼쳤다.

그는 1200년에 71세를 일기로 죽었는데, 그가 죽은 후 반세기가 지난 뒤에 그의 위패를 공자묘에 모셔 제사지내게 되었다. 이로부터 그를 공자와 맹자와 함께 주자라고 존칭하게 되었다.

송나라 말기 이후 그의 학문은 주자학이라고 불리게 되었고, 원, 명, 청 및 조선에서 그의 학문은 정통 유학으로 인정받아 수백 년간 큰 영향을 미쳤다.

그의 저서는 190여 권에 달하며, 『사서장구집주』, 『시집전』, 『주역본의』, 『초사집주』, 『자치통감강목』, 『주자어류』 등으로 대표된다.

선(禪)과 유학을 결합한

육구연 陸九淵

마음과 이치는 하나다

남송 순희 2년(1175년)에 여조겸이라는 인물이 주변 학자들을 초청하였는데, 초청 명단에는 주희와 육구연이 포함되어 있었다. 육구연은 이미 주희와 친분이 있었고, 초청 명단에 주희가 들어있다는 소식을 듣고 다섯째 형인 육구령과 함께 초대에 응했다. 요즘으로 말하자면 여조겸이 일종의 세미나를 주선한 셈인데, 장소는 연산에 있는 아호사라는 절이었다.

주희를 보자, 육구연이 먼저 말을 걸었다.

"원회께서는 많은 제자를 기르고 계신데, 사람을 어떻게 가르치는 것이 좋은지 한 수 알려 주시지요."

주희는 육구연보다 나이가 아홉 살 위였다. 흔히 두 사람이 친구였다고 알려져 있지만, 당시 아홉 살이면 적지 않은 나이 차이였기에 친구라기보다는 선후배 관계였을 것이다.

주희가 대답했다.

"그거야 상산이 나보다 잘 알고 있을 것 같은데……. 먼저 한 수 알려 주시게나."

당시 사람들은 육구연을 상산선생이라 불렀다. 육구연이 강서성 귀계의 상산(象山)에서 제자들을 가르치고 있었던 까닭이다.

육구연이 기다렸다는 듯 자신감에 차서 말을 받았다.

"뭐 특별할 것이 있겠습니까? 사람을 가르치는 일에서 가장 중요한 것은 배울 자가 어떤 마음을 가졌는가 하는 것이겠지요. 그러니 마음이 깨달음을 얻으면 모든 것은 저절로 되는 것 아니겠습니까?"

그러자 주희가 고개를 갸웃거리며 말했다.

"사람이란 한 번 깨달았다고 해서 모든 것을 아는 것은 아니지 않겠는가? 나는 우선 부지런히 여러 책을 널리 보고 지식을 충분히 쌓은 뒤에야 비로소 핵심을 알게 하는 방법을 쓰고 있네."

육구연이 소리를 내어 웃으며 농담을 던졌다.

"그렇게 책에 파묻혀 살다가 아무것도 모르고 죽은 사람은 없습니까?"

주희 역시 농담으로 받아 넘겼다.

"책에 파묻혀 살다 죽는 것이 책을 보지도 못하고 죽는 것보다야 낫지 않겠는가?"

물론 그들의 농담에는 뼈가 있었다. 육구연은 주희의 방식이 자칫 아는 것은 많은데, 진리는 모르는 바보를 만드는 일이라고 비꼬았고, 주희는 육구연의 방식은 지식조차도 얻지 못하고 그저 깨달음을 얻겠다고 시간만 허비하는 일일 수도 있다고 반격한 것이다.

육구연이 다시 말을 이었다.

"원회의 제자들은 지겨움을 이기는 비법을 익혀야만 할 것 같습니다. 그렇게 책만 파다가 지겨우면 무슨 일을 할지 자못 걱정이 됩니다, 그려."

주희 역시 지지 않았다.

"책을 읽는 일을 지겹다고 생각하면 학문을 하지 말아야지. 제대로 글줄도 읽지 못하는 자들이 마치 세상 만물의 이치를 다 익힌듯이 구는 것이야 말로 꼴불견이 아니겠나."

이렇게 육구연과 주희의 논쟁은 접점을 찾지 못했다. 육구연은 단 한순간에 깨달음이 마음에 찾아들면 세상 만물의 이치를 한꺼번에 알게 된다고 생각했고, 주희는 지식을 축적하면서 부지런히 공부를 하여 학문이 무르익으면 이치를 깨닫게 된다고 생각했다.

그러고 보니, 이들의 논쟁은 마치 불교의 돈오와 점수의 논쟁과 흡사하다. 돈오(頓悟)란 한순간의 깨달음이면 진리에 도달할 수 있다는 수행법이고, 점수(漸修)란 점진적으로 수행을 지속하면 어느 순간에 깨달음이 와서 진리에 이를 수 있다는 수행법이다. 이는 신유학이 수당시대 이후 중국을 사상적으로 지배했던 불교의 영향과 무관하지 않다는 것을 알게 해 준다.

그쯤에서 주희가 육구연에게 물었다.

"그렇다면 상산은 사람의 도리를 다하기 위해 필요한 것이 무엇이라 생각하는가?"

육구연이 대답했다.

"인간에게 있어서 마음, 즉 심(心)이 곧 도리의 근본이니, 마음만 잘 유지하면 사람의 도리를 다하는 것은 어렵지 않겠지요."

이에 주희가 또 물었다.

"마음이란 때로는 선하고, 때로는 악한데, 무엇으로 도리를 깨친단 말인가? 어떤 도리가 옳고 어떤 도리가 그른지 알아야 도리를 지킬 수 있을 것 아니겠는가?"

주희의 이 말에는 마음이란 그저 리와 기의 결합 과정에서 나타나는 하나의 결과물일 뿐, 인간 본성의 근원이 될 수는 없다는 생각이 들어 있었다.

하지만 육구연은 동의하지 않았다.

"마음은 곧 만물의 법칙, 즉 리(理)와 같은 것이니, 마음 자체는 선하기만 할 뿐 악할 수는 없지요. 우리가 악하다고 하는 것은 마음이 악한 것이 아니라 행동이 악한 것이고, 그 악한 행동을 없애려면 마음을 본래 상태로 돌려놓으면 되는 것이지요. 내 제자들은 어떤 상황에서 어떤 예의를 갖춰야 할지 굳이 배우지 않아도 사람의 도리를 어기지 않소이다."

"어떤 도리를 행해야 할지도 모르는데, 어떻게 사람의 도리를 어기지 않았다고 말할 수 있는가?"

"그렇다면 책 속에 나오는 도리는 모두 어디서 나온 것입니까? 그것은 모두 성인이 마음으로 깨달아 만든 것이 아닙니까? 또 마음으로 깨달을 수 있는 것은 마음 자체가 깨달음의 본질이기 때문이 아닙니까? 만약 마음이 우주 만물의 원리, 곧 리(理)와 같지 않다면 성인은 어떻게 마음으로 리(理)를 알겠습니까? 따라서 마음을 제대로 알면 숱한 책과 씨름하지 않아도 사람의 도리와 우주 만물의 이치를 알지 못할 까닭이 없지 않습니까?"

"어허, 성급하구만."

"저는 답답하외다."

주희와 육구연의 논쟁은 결국 타협 없는 평행선을 그리고 말았다. 이 일이 곧 성리학과 양명학의 분기점이기도 했다.

육구연은 젊은 시절에 옛날 책을 읽다가 우주라는 글자를 보고 이렇게 풀이했다고 한다.

"사방과 상하를 일러 우(宇)라고 하고, 고금왕래를 일러 주(宙)라고 한다."

즉, 우주라는 단어에서 우(宇)란 공간적인 개념이고, 주(宙)란 시간적 개념이라고 규정하고 이를 합쳐서 우주라고 생각한 것이다. 그렇다면 우주란 시간과 공간을 동시에 지칭하는 개념이 된다.

그는 이렇게 깨닫고 나서 다음과 같이 썼다.

"우주 안의 일이 곧 내 안의 일이요, 내 안의 일이 곧 우주 안의 일이다."

다시 말해 우주는 또 하나의 나이고, 나는 또 하나의 우주이니, 둘은 일치한다는 것이다.

이후에 그는 『상산선생 행장』에서 이렇게 기술하고 있다.

"동해에서 성인이 나온다 해도 그 마음[심(心)]은 같을 것이요, 그 이치도 같은 것이다. 또한 서해, 남해, 북해에서 성인이 나온다 해도 역시 그럴 것이다. 수백, 수천 년 이전에 성인이 나왔을 때도, 이 마음과 같고 이 이치와 같았다. 또 앞으로 수천 수백 년 후에 성인이 나온다 해도 이 마음, 이 이치와 같을 것이다."

육구연은 이렇게 해서 시간과 공간에 상관없이 성인의 마음은 늘 한결같을 것이며, 그 이치도 한결같은 것이라고 결론지었다. 그리고 마음에는 항상 이치가 따라 붙으므로 이 마음과 이치는 실제로는 둘로 나누어져 있는 것이 아니라고 생각하였고, 마음이 곧 이치이고, 이치가 곧 마음이라는 확신을 가지게 되었다. 이 논리는 이정 형제가 말했던 리(理)와 마음은 같을 수밖에 없고, 그래서 마음이 곧 리(理)라는 결론에 도달하게 했다. 이를 간단히 말하면 심즉리(心卽理), 마음이 곧 리(理)라는 것이다. 그러므로 마음만 알면 리(理)를 아는 것이니, 공부 중에서 가장 중요한 공부는 곧 마음 공부라는 것이다.

이렇게 되자, 육구연에게는 자신의 마음이 가장 중요하게 되었다. 마음이 곧 이치라면 자기 마음만 공부하면 이치는 절로 깨치게 된다는 생각이었다. 그래서 굳이 다른 사람에게 이치를 배우려고 애쓸 필요도 없고, 책을 통해 이치를 구할 필요도 없으며, 세상 만물의 원리를 배워 이치에 접근하려고 애쓸 이유도 없었다. 오직 자신의 마음만 탐구하면 되었다.

육구연은 자기 마음을 탐구하는 행위를 '자립(自立)'이라고 규정했다. 말하자면 스스로 자신을 세우는 행위를 통해 스스로 자신의 주재자가 되는 것이 마음 공부의 첫 번째 요건이라고 보았던 것이다.

그리고 그는 자립이란 뜻을 세우는 것, 곧 입지(立志)라고 규정했다. 그렇다면 어떤 뜻을 세워야 할 것인가? 그것은 바로 백성을 위해 뜻을 세워야 하고, 그 뜻을 세우는 자가 바로 공자와 맹자가 말하는 군자라고 결론지었다.

이렇게 함으로써 육구연은 불교의 깨달음의 개념, 즉 선(禪)의 개념과 공자를 연결시켰다.

그런데 육구연의 논리가 성립하려면 마음이 본래 선해야만 가능하다. 이런 의미에서 보자면 그는 맹자의 성선설을 지지하고 있는 것이다.

하지만 그에게는 아직도 풀어야 할 숙제가 있다. 사람의 마음에는 항상 그릇됨이 따라다니기 마련인데, 이를 어떻게 극복할 것인가 하는 점이었다. 그는 이에 대해 이렇게 말한다.

"사람의 마음에는 병폐가 있는데, 이것을 벗겨내야만 한다. 한 번 병폐를 벗겨

내면 그만큼 맑고 밝아진다. 뒤이어 또다시 벗겨내면 또다시 맑고 밝아진다. 그렇게 반복하면 깨끗하게 병폐가 벗겨진다."

그리고 육구연은 그 마음의 병폐를 벗겨내는 방법으로 마음 공부를 택했다. 이는 불교의 선 수행법과 크게 다르지 않다. 말하자면 그는 돈오를 주장했던 것인데, 이렇게 말한다.

"생각이 바르지 못한 사람이라도 순식간에 제대로 알면 바르게 될 수 있고, 생각이 바른 사람이라도 순식간에 그것을 잃어버리면 바르지 못하게 된다."

즉, 항상 자기 마음을 깨끗하게 보전하기 위해 마음 수련을 지속해야 한다는 뜻이다. 이런 의미에서 그의 학문을 심학(心學)이라고 한다. 이런 그의 사상은 훗날 명대에 이르러 왕수인에게 전해져 양명학을 낳게 된다.

육구연의 생애

육구연은 1139년에 지금의 강서성 임천 금계에서 태어났으며, 자는 자정(子靜), 호는 상산(象山)이다.

20대 말에 진사시에 합격하여 정안주부 벼슬을 받았고, 이후 장작감승에 올라 금나라에 대항할 것을 주장하다가 관직에서 밀려났으며, 이후 상산에서 학문에 몰두하며 제자들을 길렀다.

그는 불교의 선종과 유가의 맹자학파에 몰두하여 이를 결합한 뒤, 신유학의 새 장을 열었다. 그는 우주가 곧 내 마음이고 내 마음이 곧 우주라는 개념을 세우고, 그것을 다시 군자의 개념과 연결시켜 신유학의 새로운 길을 열었던 것이다.

그가 중시한 것은 자신의 마음이었다. 그는 자기 마음만 제대로 맑게 만들면 군자가 될 수 있다고 생각했으며, 그래서 그의 학문을 심학이라고 부른다.

육구연이 중시하던 개념은 자존(自存), 자신(自信), 자립(自立)이었다. 즉 스스로 존재하게 하고, 스스로를 믿으며, 스스로 일어서라는 것이었다. 이를 위해 끊임없이 마음을 수련하고 깊게 사유하라고 가르쳤다. 이런 실천 위주의 수행 방식에 대해서만큼은 주희도 높이 평가하였다.

이후 육구연의 마음 공부는 이학을 부르짖었던 주희와 대비되었고, 그래서 그들 두 사람은 남송을 대표하는 사상가로 자리매김하였다. 그런 까닭에 그들 두 사람을 통칭하여 '주육'이라고 부르기까지 했다. 그들은 사상은 달랐지만, 어쩌면 가장 좋은 학문적 동지 관계를 형성했는지도 모른다.

이렇게 육구연은 학문적으로 높이 평가받았지만, 육구연 스스로는 제자들을 앞에 앉혀 놓고 자신의 가슴을 가리키면서 이렇게 탄식했다고 한다.

"나의 공부를 여기에 쌓아두었지만, 애석하게도 이을 사람은 없구나."

하지만 육구연이 죽은 지 280년이 지난 뒤, 그를 이을 사람이 나타났다. 바로 명대의 왕수인이었다.

육구연의 사상은 명대의 왕수인에게 전수되어 육왕학파를 형성하였고, 육왕학파의 사상을 왕수인의 호를 따서 양명학이라고도 하였다.

육구연이 남긴 저작으로는 『상산 선생 전집』이 있다.

깨달음의 유학을 양명학으로 승화시킨

왕수인 王守仁

만물에 모두 리(理)가 있다면 왜 발견할 수 없는 것일까?

주희가 성리학을 주창한 이래, 중국의 학자들은 대부분 주희의 철학에 경도되었다. 왕수인도 그 중 하나였다. 젊은 시절, 왕수인은 당대 그 어느 학자보다도 주희의 열렬한 추종자였다. 그는 대나무를 앞에 놓고 리(理)를 탐구했다. 사사물물(事事物物), 즉 만물에 모두 리(理)가 있다는 말을 믿고 대나무에도 반드시 리(理)가 있다고 믿었다. 그래서 대나무를 뚫어져라 바라보며 생각했다.

"대나무는 곧고 단단하다. 마치 그 줄기는 하늘의 중심을 찌를 듯이 굳세고, 그 잎사귀는 창날 같이 날카롭다. 하지만 속은 비었다. 속이 비어 있으므로 겉은 더 단단하다. 이는 속이 비어 있다는 것을 감추기 위한 대나무의 술책인가? 그 속에 숨어 있는 리(理)는 무엇인가? 비어 있는 것이 가장 단단하다는 뜻인가? 그렇다면 대나무처럼 마음을 비우면 단단한 절개를 가질 수 있는 것인가?"

수인은 푸른 대나무를 앞에 두고 7일 동안 밤낮 없이 명상을 계속했다. 그러나 뚜렷하게 잡히는 것은 없었다. 그저 머리만 깨어질 듯이 아팠다.

"정말 사사물물에 리(理)가 있는 것인가? 그렇다면 이토록 간절히 알아내려

해도 왜 알 수가 없단 말인가?"

수인은 그렇게 주희의 가르침에 대해 의심하기 시작했다. 비록 귀족 집안에서 태어나 관직에 나아가기 위해 비판 없이 주희의 가르침을 믿고 공부했지만, 비로소 회의가 들기 시작했던 것이다. 그로부터 그는 유학 이외의 다른 학문에도 심취했다.

그 무렵, 세상은 어지러웠다. 환관이 다시는 정치에 관여할 수 없게 하겠다고 공언했던 명 태조 주원장의 말이 무색할 지경이 될 정도로 세상은 환관에 의해 좌지우지되고 있었고, 나라 살림은 피폐해지고 농민들은 폭동을 일으켰다. 거기다 조정의 관료들은 당파를 형성하여 서로 잡아먹지 못해 으르렁거리고 있었다.

그런 까닭에 먹물들은 다시 세상을 한탄하며 세속을 등졌고, 그 결과 다시 도교와 불교가 인기를 누리고 있었다. 도교는 장생술로 오래 사는 법을 가르치고 치병술로 병을 다스리는 방법을 고안하여 민심을 유혹했다. 하지만 도교에 대해 왕수인은 이렇게 생각했다.

"어찌 인간이 늙지 않고 병들지 않으리오. 이는 모두 어리석은 자들을 꾀어내기 위한 미신에 불과하다. 공자도 맹자도 장생술과 치병술이 있다는 말을 하지 않았는데, 성인도 모르는 것을 저들이 어찌 알 수 있단 말인가?"

하지만 불교는 도교처럼 그렇게 미신이라고 치부하기는 어려웠다. 모든 인간에게는 깨달음의 본질인 불성(佛性)이 있다고 하고, 만물에 모두 그 불성이 자리하고 있다고 하니, 이는 리(理)와 크게 다른 이치가 아니었다. 기실, 이정과 주희가 앞세웠던 리(理)라는 것도 이름만 다를 뿐 불성과 차이가 없었다. 더구나 불교의 선종에는 깨달음의 학문도 있었다.

"마음만 잘 다스린다면 만상의 이치를 꿰뚫을 수 있다고 했다. 그렇다면 모든 것은 마음속에 다 있다는 뜻이 아닌가? 인간의 마음이 곧 리(理)와 다를 바가 무엇인가?"

그렇게 그는 불교에 기울어져 갔다. 하지만 그는 고개를 내저었다.

"하지만 꼭 세속을 떠나야만 하는 이유는 무엇인가? 왜 머리를 깎아야 하고, 부모 형제와 떨어져야 하며, 세상을 멀리해야만 하는가? 거기다 왜 가정을 꾸리면 안 되고, 사랑을 하면 안 되는 것인가? 불교의 이치는 옳은 것이로되, 그 가르침은 수용할 수 없는 것이로다."

수인은 한때 불가에 귀의해 볼 생각도 있었으나, 여전히 그의 발목을 잡는 것은 유가의 가르침이었다. 불교의 사상은 받아들이고 싶었지만, 현실에 대한 불가의 요구와 가르침은 받아들일 수 없었다. 그는 그렇게 불교에 등을 돌렸다.

그리고 다시 유학으로 돌아왔다. 하지만 그는 여전히 의문을 품고 있었다.

"사사물물에 정말 리(理)가 있을까?"

중요한 것은 사물이 아니라 마음이다

비록 주자학에 회의를 품고 있긴 했으나, 그는 현실적으로 다시 주희의 학문으로 돌아올 수밖에 없었다. 그의 현실 앞에는 과거라는 넘어야 할 산이 놓여있었다. 그는 아버지처럼 관료로 진출하여 정치를 하려 했고, 그 수단으로 성리학을 공부해야 했다. 그래서 주희의 가르침에 열중했다. 덕분에 그는 홍치 12년(1499년)에 진사에 합격하여 병부주사의 관직에 올랐다. 그 몇 년 뒤에 조정은 환관 유근이 장악했다. 이에 왕수인은 유근에게 반기를 들고 대항했다. 그러나 유근의 세력은 그리 호락호락하지 않았다. 결국, 유근의 눈 밖에 난 까닭에 그는 귀주의 용장역승으로 좌천되고 말았다. 말이 좌천이지, 그것은 유배생활과 진배없었다.

하지만 귀주로 좌천된 것은 그의 학문적 발전에는 오히려 도움이 되었다. 귀주 지역에는 문화적으로 뒤떨어진 이민족들이 많았고, 그들 속에서 그는 새로운 세계를 보았다.

"세상에는 관료만 있는 것이 아니다. 또한 학자만이 만물의 이치를 꿰뚫고 있는 것은 아니다. 저자의 장돌뱅이도 마음만 수양한다면 세상의 이치를 알 수 있다."

그는 가난한 이민족들과 함께 지내면서 그들의 지혜와 능력을 새삼스럽게 깨달았다.

"신분에 상관없이 사람이라면 누구나 세상의 이치를 깨달을 수 있다. 그렇다면 무엇으로 그것이 가능한가? 학문인가? 아니다. 그렇다면 학자만이 이치에 도달할 수 있지 않겠는가? 하지만 문자를 모르는 한낱 양치기도 세상의 이치를 알고 있다. 그렇다면 학문으로 이치를 깨닫는 것은 아니다. 그러면 무엇인가?"

그는 그런 의문을 품고 명상하고 또 명상했다. 그러면서 이런 의문을 던졌다.

"나는 지금 명상한다. 그리고 깨닫는다. 그렇다면 나의 무엇이 나를 명상하고 깨닫도록 하는 것인가?"

그때 그의 머리에 스쳐가는 것이 있었다.

"주자께서는 왜 경서 중에 첫 번째로 읽어야 할 책을 『대학』이라고 했을까?"

그런 의문을 품고 그는 『대학』을 다시 읽었다. 그러나 주자가 해석을 단 『대학신본』을 읽지 않고 원본 『대학』을 읽어 나갔다. 그는 『대학』을 읽는 중에 '격물치지(格物致知)'란 문구에서 크게 깨달음을 얻었다.

"주자는 격물이란 사사물물의 리(理)를 궁구(窮究, 속속들이 연구함)하는 것이라고 해석해 놓았는데, 내가 보니 그런 뜻이 아니다. 격물은 사물의 이치를 연구하는 데 목적이 있는 것이 아니라 사물의 이치를 연구하여 마음을 바르게 하는 데 목적이 있다. 다시 말해 사물의 이치를 얻어내는 것은 마음을 바르게 하기 위한 수단일 뿐이다. 그런데 주자는 이 수단을 목적인 것처럼 가르쳤다. 그러니 주자의 방식으로 아무리 격물을 한들 올바른 앎에 이르지 못한다."

그는 스스로의 말을 마치 머릿속에서 천둥이 치는 듯한 느낌으로 읊조렸다. 그러면서 격물치지에 대한 해석을 주자와 달리했다. 주자는 격물치지를 사물의 이치를 파악하여 지식을 명확하게 알게 된다는 의미로 해석했다. 하지만 왕수인은 격물치지란 사물을 통하여 마음을 바로 잡으면 그것이 곧 올바른 지식에 도달하는 것으로 해석했다.

"결국 중요한 것은 사물이 아니라 사람의 마음이다. 그것이 성인이 우리에게 가르치고자 하는 핵심이다."

왕수인은 그 하나의 깨달음을 얻자, 모든 것이 달리 보였다. 또한 그간 주자의 학문을 통해 얻지 못했던 사물의 이치를 단번에 깨쳤다. 이는 주자와 학문적으로 대립했던 육구연의 생각과 거의 일치하는 것이었다.

마음이 가장 완벽한 경전이다

그가 귀주에 머무는 동안 환관 유근이 반란을 일으켰다. 하지만 유근은 성공하지 못했다. 유근이 제거되자, 왕수인의 유배생활도 풀렸다. 그는 다시 중앙 관료로 복귀했다. 그러나 그는 귀주로 떠나기 전의 왕수인이 아니었다. 그는 이미 주자에 대한 철저한 비판론자가 되어 있었다.

그가 세간에 가장 먼저 알린 일은 주자의 『대학신본』 말고 원본 『대학』이 따로 있다는 사실이었다. 그 말을 듣고 많은 선비들이 놀라움을 금치 못했다. 이른바 이때부터 『대학고본』이 선비 사회에 돌아다녔다. 이후 왕수인은 격물에 대한 새로운 해석을 내놓으며 『오경억설』이라는 책을 저술했다.

그러자 그를 추종하는 무리들이 나타났다. 그 무리 중에 한 사람이 왕수인을 찾아와 물었다.

"양명 선생님, 지(知)와 행(行) 중에 무엇을 먼저 해야 합니까?"

그때 이미 세상 사람들은 그를 양명 선생으로 호칭하고 있었다. 그의 물음에 대해 주자학적으로 대답한다면 당연히 앎(知)이 우선이고, 그래서 제대로 알게 되었을 때 행(行)이 이뤄져야 한다고 해야 한다. 또한 육구연에 따르면 마음이 곧 행동을 수반하므로 행이 먼저라고 대답해야 한다. 말하자면 그는 수인에게 주희와 육구연 중에 어느 쪽이 옳은지 묻고 있는 것이다.

이에 대해 왕수인은 이렇게 대답했다.

"알고자 하는 것 자체가 이미 행위이므로 앎과 행동은 하나입니다. 말하자면 앎과 행동은 분리될 수 없는 성질의 것이란 말입니다. 한마디로 표현하면 지행합일(知行合一)이라 할 수 있습니다.”

이는 왕수인의 탁월한 견해였다. 주자가 주장하는 앎의 과정도 받아들이면서 동시에 육구연의 마음에 따른 행동의 중요성도 역설한 것이다.

그가 또 질문했다.

“우리는 어떻게 앎에 이를 수 있습니까?”

이에 왕수인이 이렇게 대답했다.

“우리에게 마음이 있는 한, 우리는 이미 태어날 때부터 앎에 도달해 있습니다. 따라서 마음만 바로 세우면 양지(良知, 올바른 앎)에 도달할 수 있습니다. 때문에 우리는 우리의 마음을 바로잡기만 하면 됩니다.”

이는 주자의 사상에 정면으로 도전하는 행위였다. 주자는 지선후행(知先後行), 즉 먼저 제대로 알고 행동으로 옮겨야 한다고 가르쳤다. 하지만 왕수인은 앎 자체가 행동이며, 마음속에 이미 선천적으로 앎이 있으므로 마음만 바로 세우면 행동은 동시에 이뤄진다고 주장했다.

왕수인이 말을 이어갔다.

“우리가 시시비비를 가린다는 것 자체가 이미 행동입니다. 따라서 지식과 행동은 별개가 될 수 없습니다.”

그러자 그가 다시 물었다.

“그러면 모든 것이 마음만 세우면 된다면 성인들이 남긴 경전을 자세히 공부할 필요가 없습니까?”

위험한 질문이었다. 공자와 맹자의 경전은 곧 성리학에서 절대적인 것으로 경전 자체가 곧 성인의 명령으로 인식되고 있었다. 또한 그것에 대해 주희는 재해석을 하였고, 세상 사람들은 주희의 해석이 곧 공자와 맹자의 말과 같다고 생각했다. 이를 거부하면 주희의 추종자들이 그를 이단시하여 공격할 것이 뻔했다.

하지만 수인은 단호하고 분명하게 대답했다.

“맹자는 누구나 요순이 될 수 있다고 하였소. 이는 누구나 마음을 제대로 닦으면 성인이 될 수 있다는 뜻이오. 지금 우리는 맹자를 성인으로 추앙하고 있지만, 맹자가 살던 시대에는 요순과 공자만이 성인이었소. 그런데 맹자는 누구나 성인이 될 수 있다고 하였소. 옳은 말씀이오. 누구나 요순이 될 수 있듯, 누구나 성인이 될 수 있소. 그것은 오직 우리의 마음에 달렸소. 모름지기 경전이란 성인이 남긴 말이오. 그런데 마음을 바로 잡으면 누구나 성인이 될 수 있다고 했으니, 경전은 성인의 마음에서 비롯된 것이 아니겠소. 그렇다면 마음을 바로 잡아 성인이 된다면 굳이 경전을 뒤져 옳고 그름을 따질 이유가 무엇이오? 경전은 성인의 마음에서 아주 일부만 반영된 것이오. 때문에 경전만 본다면 성인의 마음의 아주 일부만 보는 것과 같을 것이오. 따라서 마음을 제대로 세우는 것이 경전을 보는 것보다 훨씬 넓고 깊게 공부하는 것이 아니겠소? 경전 중에 마음만큼 깊고 넓은 완벽한 경전이 또 어디 있겠습니까?"

성인의 말이란 곧 성인의 마음에서 나온 것이고, 성인의 경전이란 곧 성인의 말을 모아 놓은 것에 불과하다. 또한 경전이 성인의 마음을 모두 담을 수 없으니, 성인의 마음보다 경전이 훨씬 넓고 깊을 수밖에 없다. 그런데 누구나 마음을 바로 세우면 성인이 될 수 있으니, 누구나 성인의 마음이 될 수 있다. 그러므로 성인의 마음을 얻으면 가장 완벽한 경전을 얻는 것이니, 굳이 성인의 마음이 아주 조금 반영된 경전을 공부할 필요가 있겠느냐는 반문이다.

그렇다면 이런 의문이 생길 법도 하다.

'그렇다면 사물은 우리에게 어떤 의미를 가지는가?'

이에 대해 왕수인은 이렇게 대답한다.

"사물은 우리가 마음을 올바로 세우도록 이끌어 주는 수단이다. 사물이 이치에 맞게 움직이는 것을 보고서 마음을 바로 세울 수 있는 판단을 얻는다는 것이다."

왕수인은 이렇게 심학의 체계를 완성했다. 이를 두고 후세 사람들은 그의 호를 따서 양명학이라 이름 붙였다.

경전에 매달려 그 의미를 알기 위해 고민하지 말고 고요히 앉아 자신의 마음을 들여다보라. 그리고 그 마음에 티끌이 생기지 않도록 하라.

이는 불교의 육조 혜능의 말과 크게 다르지 않다. 왕수인의 말을 좀 더 확대해석한다면 불교의 불립문자(不立文字)와 유사하다. 문자는 곧 지식을 얻는 수단이다. 하지만 마음에 선천적으로 모든 지식이 쌓였으니 굳이 문자를 통해 지식을 궁구할 이유가 있겠는가?

다만 육조 혜능이 승려의 삶을 살았다면 왕수인은 유가의 삶을 살았다는 것밖에 큰 차이는 없다. 그래서 양명학을 '선(禪)의 유학'이라고 부르는 것일 게다. 하지만 그는 불교를 강력하게 비판했다. 아마도 속세를 떠나 선을 추구하는 불교의 모습이 그와 맞지 않았던 모양이다. 그만큼 그는 세속에 대한 욕심과 정치에 대한 믿음이 컸던 것이다.

또한 선천적으로 모든 지식이 마음에 들어 있다는 생각은 흡사 칸트의 선험적 관념과 유사하다. 비록 접근 방식에는 차이가 있지만, 그 이해도는 비슷하다. 하지만 칸트는 합리주의를 추구하는 지식론자지만 왕수인은 깨달음을 추구하는 수행론자라는 점에서 근본적 차이가 있다.

왕수인의 생애

왕수인은 1472년에 절강성 여요에서 태어났으며, 초명은 운(雲)이며, 호는 양명(陽明), 자는 백안(伯安)이다. 그의 아버지는 고위 관료였고, 집안은 부유했다. 덕분에 그는 어린 시절부터 주자학을 익혀 과거에 합격하기 위해 노력하였고, 그 과정에서 한때 주자학의 추종자로 살기도 했다. 하지만 진사시에 합격하고, 벼슬을 얻어 환관의 무리들과 대치하다가 지방직으로 쫓겨난 이후, 보다 근원적으로 학문에 접근할 기회를 가진 덕분에 주자학으로부터 벗어날 수 있었다.

주자학으로부터 벗어나는 과정에서 그는 도교와 불교에도 접근하였고, 불교식 참선과 같은 정좌 수행법을 익혔다. 그리고 『대학』을 새롭게 읽는 과정에서 격물치지의 뜻을 재해석하였고, 덕분에 큰 깨달음을 얻어 유학의 새로운 지평을 열었으니, 그것은 곧 육구연이 추구하던 심학의 발전으로 이어졌다.

그는 단순히 육구연의 심학을 반복하는 데 그치지 않고, 자신의 이론을 가미하고 새롭게 만들어 지행합일의 논리를 이끌어냈으며, 덕분에 심학을 완성하여 양명학을 창시하기에 이른다.

양명학에 따르면 우주가 곧 마음이다. 다만 마음은 육체로 인해 우주와 분리된 것처럼 보일 뿐이다. 그러므로 양명학에 있어 모든 인간은 우주를 안고 있는 존재다.

양명학에서 우주와 마음을 동일시하는 이유는, 우주의 본질이 리(理)이고 마음이 곧 리(理)이니 우주와 마음은 하나일 수밖에 없다고 보기 때문이다.

이렇게 심학에 몰두하던 그는 1528년에 57세를 일기로 생을 마감한다. 이후 양명학은 그의 제자인 전서산과 왕룡계 등에 의해 정통파와 신양명파로 갈려 후대로 전승된다.

왕수인의 사상은 주로 그의 제자들이 엮은 양명어록집인 『전습록』에 기록되어 전해지고 있다.

근현대를
이끌어낸
새로운 철학

13장

새로운 질서를 꿈꾸는 철학자들
쇼펜하우어에서
니체까지

헤겔의 절대 관념에 의해 서양 철학은 완성되었다. 하지만 헤겔의 완성은 곧 완성된 철학을 거부하는 새로운 인물들에 의해 도전받는다.

헤겔의 절대 정신에 도전한 대표적인 철학자는 쇼펜하우어, 키에르케고르, 마르크스, 니체 등이다.

이들은 하나같이 헤겔의 범신론적 절대 정신을 비판하면서 철학의 새로운 질서를 요구한다. 쇼펜하우어는 의지와 표상으로서의 세계를 내세우며 철저한 비관주의의 길을 걷고, 키에르케고르는 기독교적 실존주의를 주창하며 헤겔의 절대 정신에 반기를 들게 되며, 헤겔주의의 극단을 달리던 마르크스는 세계 정신을 버리고 변증법적 유물론을 선택한다. 또한 니체는 과거의 모든 가치를 부정하고 새로운 질서를 꿈꾸는 초인 철학을 내세우게 된다.

이런 새로운 사상들은 데카르트 이후 지속적으로 추구됐던 관념적 완전주의 철학을 후퇴시키고 철저한 비판에 바탕을 둔 자연과학적이고 기술적인 철학을 이끌어낸다.

이러한 변화는 서양 철학사에 있어서 근대적 개념의 종말임과 동시에 현대 철학의 시작이라고 해야 할 것이다.

여자를 짐승 취급한 철저한 염세주의자

쇼펜하우어 Arthur Schopenhauer

생존은 고통이다

1820년, 쇼펜하우어는 베를린 대학의 교수가 되었다. 교수가 된 그는 가장 먼저 헤겔과의 대결을 선언했다. 헤겔은 쇼펜하우어보다 열여덟 살이나 연상이었고, 당시 베를린 대학에서 가장 인기 있는 교수였다. 하지만 쇼펜하우어는 그의 인기를 시기했고, 그의 학문을 멸시했다. 그래서 공공연히 헤겔을 헐뜯고 다녔다. 그러던 중에 교수자격을 획득하자 급기야 그와 강의 경쟁을 벌이기로 마음먹고 헤겔의 강의 시간과 같은 시간에 자기 강의를 배정했다. 하지만 그의 이런 도전은 무모한 행동이었다. 그야말로 젊은 혈기만 믿고 설쳤던 것이다.

첫 강의가 있던 날, 쇼펜하우어는 강의실로 들어서다가 하마터면 그 자리에 주저앉을 뻔하였다. 그는 헤겔과 마찬가지로 100명 이상이 앉을 수 있는 강의실을 택했다. 그런데 그 큰 강의실에는 10명도 채 안 되는 학생들이 여기 저기 흩어져 있을 뿐이었다.

쇼펜하우어는 한동안 아무 생각도 할 수 없었다. 그저 분통이 터져 견딜 수가 없었던 것이다. 그러나 그는 가까스로 마음을 진정시키고 수업에 들어갔다.

그의 첫 마디는 헤겔에 대한 비판으로부터 시작되었다.

"단언하건데 헤겔은 고등사기꾼입니다. 그는 허풍스런 헛소리로 사람들을 농락하는 정신병자와 다를 것이 없습니다."

쇼펜하우어의 입에서 터져 나온 욕설에 학생들은 서로의 얼굴을 쳐다보며 납득할 수 없다는 표정을 지었다. 하지만 쇼펜하우어는 학생들의 반응에는 개의치 않았다.

"천박하고, 우둔하고, 역겹고, 메스껍고, 무식한 사기꾼인 헤겔의 말들은 전례 없이 뻔뻔스럽고, 실없고, 어리석은 소리들일 뿐입니다. 나는 지금부터 그것을 여러분에게 증명하고자 합니다."

쇼펜하우어의 얼굴은 붉게 달아올라 있었다. 그의 눈에서는 광기가 타올랐고, 입술은 심하게 떨리고 있었다.

"왜 그는 사기꾼일까요? 왜 그의 철학은 정신병자가 쏟아 놓은 허튼소리에 불과할까요?

그는 이 세계를 하나의 절대 정신이라고 했습니다. 그리고 그는 절대 정신은 완전하고 무한히 발전한다고 했습니다. 이 우주가, 이 자연이, 우리 앞에 펼쳐진 모든 것들이 절대 정신이 드러난 것이기 때문에 완전하며 또 무한히 발전할 수밖에 없는 생명체라고 했습니다. 뿐만 아니라 인간의 내면에는 절대 정신이 깃들어 있기 때문에 인간의 행동과 사고는 곧 자연의 현상과 일치하고, 자연의 현상 역시 절대 정신이 깃들어 있기 때문에 인간의 사고와 일치할 수밖에 없다고 했습니다.

그러나 과연 우리 앞에 펼쳐진 자연은 완전한가요? 우리는 진정 무한히 발전하며 행복한 삶을 누릴 수 있을까요?

나는 부정적입니다. 왜냐하면 우리는 지금도 여전히 자연에서 다툼과 투쟁과 끝없이 반복되는 불화만을 보고 있기 때문입니다. 말하자면 우리 앞에 펼쳐진 세상은 홉스가 말했던 것처럼 '만인의 만인에 대한 투쟁' 외에 아무것도 없습니다.

자연에 있는 모든 생물은 자신의 목숨을 유지하기 위해 살아가고 있습니다. 왜 살아야 하는지도 알지 못하고 그저 살아야 한다는 충동 때문에 움직이고 있고, 또 살아남기 위해 항상 싸워야만 합니다. 여러분은 이런 자연에서 행복을 느낍니까? 이런 자연이 완전하다고 생각하십니까? 이런 싸움밖에 없는 자연에서 세계 정신이 실현될 수 있다고 보느냐 말입니다.

우리 앞에 보이는 것은 한낱 현상들뿐입니다. 그것은 순간순간 달라지는 허상들로 가득합니다. 때문에 여러분은 태양과 지구를 안다고 생각하겠지만 사실 여러분은 태양을 보는 눈과 땅을 만지는 손을 알고 있을 뿐입니다. 여러분은 나무를 안다고 생각하겠지만 한낱 나뭇가지를 잡아 봤을 뿐입니다. 다시 말해 여러분은 사물 자체를 대하고 있는 것이 아니라 단지 사물에 대한 주관적인 표상을 대하고 있을 뿐이라는 뜻입니다. 또한 여러분의 존재는 자기 자신에 의해서 가치를 얻는 것이 아니라 단지 사람들 사이의 관계 속에서만 의미가 있는 것입니다. 이처럼 세계는 확실한 것은 하나도 없고 껍데기만 가득하고, 나는 없고 다른 사람만 가득합니다.

이런 현실 속에서 우리는 지금도 살아남기 위해, 자신을 부각시키고 알리기 위해 매일같이 전쟁을 계속하고 있습니다.

이 살아남으려는 노력과 또 그런 일상의 반복으로 인한 지루함을 벗어던지기 위해 우리는 단 한순간도 쉬지 않고 움직이고 있는 것입니다. 이러한 삶이 과연 헤겔이 지껄이듯이 완전하고 위대한 세계 정신의 표출이라고 할 수 있습니까? 이런 상황 속에서 우리가 정말 낙천적이고 행복한 삶을 누릴 수 있으리라고 생각하십니까?

솔직히 말해서 이렇게 살아있는 것은 고통입니다. 생존은 가장 잔인한 고문인 셈이죠. 항상 서로를 잡아먹지 않으면 안 되는 이 세상에서 어떻게 행복을 기대할 수 있다는 말입니까?

그런데도 헤겔은 이 존재들의 끊임없는 전쟁 속에서, 이 고문의 현장에서 낙관적인 체계를 완성시켜 이 세상을 가장 좋은 곳이라고 떠들고 있으니 이것이 사기 행각이 아니고 무엇입니까?

전쟁터에서 춤추고, 웃고, 행복해 하는 인간들이 정신병자가 아니고 무엇이란 말입니까?

세상이 아름답고, 인간이 행복하다고 떠드는, 우리의 미래가 밝고 끝없이 평화가 이어질 것이라고 떠드는 헤겔 같은 인간은 한마디로 미친놈일 뿐입니다."

쇼펜하우어의 입에서는 헤겔에 대한 욕지거리가 끝없이 쏟아졌다. 그는 마치 먹이를 뜯어먹는 맹수처럼 게걸스럽게 헤겔에 대한 비난을 퍼붓고 있었던 것이다.

그러나 다음날, 그의 강의시간에는 아무도 오지 않았다. 쇼펜하우어는 그런 사실에 절망한 나머지 베를린 대학을 떠나고 말았다.

쇼펜하우어는 인생을 고통 자체라고 생각했다. 그에게는 삶이란 단지 살아남기 위한 노력에 불과했다. 매일같이 잡아먹고 또 먹히는 먹이사슬의 연속이라고 보았다. 이런 가치관을 가진 그에게 비관적이고 염세적인 사상이 싹트는 것은 너무나 당연할 것이다.

그가 이처럼 비관적인 입장이 된 것은 자연을 '만인 대 만인의 전쟁터'로 인식했기 때문이다. 이러한 상태는 이미 결정되어 있는 것이기 때문에 생존해 있는 모든 것은 여기서 벗어날 수 없다. 왜 이런 상황에 처해야만 하는가에 대해서도 그는 설명하지 않는다. 다만 현실이 이런 아귀다툼의 현장이라는 사실만을 강조하고 있다.

쇼펜하우어에게 '나'란 존재는 없다. 다만 '나' 주위를 둘러싸고 있는 관계들과 사물들의 껍데기, 즉 순간적인 현상을 통해 개념으로 남는 표상들뿐이다. 하지만 그는 이 논리에 대해서 증명하려 하지 않는다. 증명할 필요도 없이 너무나 명백한 사실이기 때문이라는 설명이다.

세계가 이처럼 단지 자신의 머릿속에 있는 표상에 지나지 않기 때문에 쇼펜하우어에게는 자연과학도 단순한 '신념'에 불과하다. 단지 그렇게 믿을 뿐이라는 것이지 사실 자체가 그렇지는 않다는 뜻이다.

이렇게 그는 세계를 오직 표상으로만 존재한다고 말하면서 의지에 대한 이야기를 한다. 우리는 표상 외에 의지도 가지고 있다는 것이 그의 주장이다.

그에 따르면 우리는 우리들 자신을 의지로 인식한다. 소망, 욕구, 동경, 희망,

반항, 미움, 도피, 괴로움, 인식, 사고, 표상 등은 모두 의지에서 출발한다. 따라서 우리들의 몸은 의지가 객관화된 것에 지나지 않는다. 걸어가려는 우리들의 의지는 발로 나타나고, 붙들려는 의지는 손으로, 소화를 시키려는 의지는 위장으로, 생각을 하려는 의지는 뇌로 나타날 뿐이다.

이처럼 쇼펜하우어에겐 의지가 모든 것의 근원이다. 자연에서의 모든 힘들, 중력, 구심력과 원심력, 식물들의 성장, 빛을 향한 식물들의 움직임 등에서 인간들의 자기 의식에 이르기까지 모든 것은 의지의 결과이다.

그리고 이러한 의지는 맹목적이다. 이유는 없다. 단지 살아남기 위해 움직이고, 그 움직임의 지루함을 해결하기 위해 또 움직인다. 이런 의지는 아무런 의미도 없으며, 단지 괴로움일 뿐이다. 말하자면 삶의 의지는 한마디로 고통 자체인 것이다.

이러한 고통은 자연의 원리에서도 나타난다. 자연 속에는 먹이사슬이 있고, 이에 따라 무한히 죽이고 죽는 경쟁과 싸움을 반복한다. 홉스의 말처럼 쇼펜하우어의 세계는 오직 전쟁터일 뿐이다.

그나마 이런 고통에서 구제받을 수 있는 유일한 방편이 예술이다. 그는 예술만큼은 맹목적인 행위라고 보지 않았다. 예술은 일상생활과는 달리 세상을 꿰뚫는 일이기 때문이다.

특히 예술 중에도 그는 음악을 최고라고 했다. 음악은 가장 완전한 예술이라는 것이다. 음악은 단순히 이데아를 모방한 것이 아니라 세계 의지 자체의 표출인 까닭이다.

그러나 예술에 의해서 구제받는 것은 아주 일부에 불과하다. 비록 예술에 의해 괴로움을 약간이나마 해결한다고 하더라도 그것은 완전한 구원이 되지 못한다.

그래서 그는 윤리학을 내세운다. 이른바 '동정의 윤리학'으로 불리는 그의 윤리학에서는 연민, 즉 동정이 최고의 가치로 등장한다. 오직 동정심 속에서만 모든 인간은 형제임을 확인할 수 있다는 지론을 펼치고 있는 것이다. 하지만 그것에 대한 증명은 없다.

쇼펜하우어는 이처럼 모든 것에 대해 단정적이다. 이유나 설명은 없다. 그는 항상 주장만 앞세울 뿐 증명을 하지는 않는다. 증명할 필요도 없이 명백하다는 뜻이다. 하지만 이런 행동은 많은 사람들에게 독단으로 비칠 수밖에 없었다.

쇼펜하우어의 생애

쇼펜하우어는 1788년 단치히에서 태어났다. 그의 아버지는 부유한 상인이었고, 어머니는 소설가였다. 어머니는 아버지보다 스무 살이나 어렸으며, 세상에 대한 가치관에 있어서도 현격한 차이를 보였다. 아버지는 교양 있고 체면을 아는 부유한 상인의 성품을 유지한 데 비해 어머니는 활동적이고 경박하며, 재기를 앞세우는 이기적인 여자였다.

쇼펜하우어는 아버지 쪽을 선호했다. 그는 어머니를 경멸했고, 어머니를 닮은 누이동생도 무척 싫어했다. 물론 그의 어머니와 누이동생도 그를 무척 싫어했다. 마치 원수처럼 그들은 서로 으르렁거리고 헐뜯었다.

어머니와 누이에 대한 이런 감정은 모든 여성에게로 확대되어 그는 일종의 여성혐오증 환자처럼 행동하게 된다. 이 때문에 결혼도 하지 않았다. 그는 공공연히 여자보다는 오랑우탄이 더 낫다고 소리치고 다녔다.

그에게 있어서 여자란 덩치 큰 어린아이에 불과했다. 여자는 선견지명도 없고, 어린이와 남자의 중간자이며, 항상 주인을 필요로 하는 그런 종류의 동물이라고 그는 말했다.

이런 여성관을 가진 그는 1820년 베를린 대학에서 교수자격을 획득한다. 하지만 헤겔과의 터무니없는 경쟁에서 참패하여 스스로 교수직에서 물러난다.

교수직에서 물러난 그는 아버지가 남긴 유산으로 여행을 다닌다. 그러면서 많은 문제들을 연구했고, 그에 관한 글들을 썼다. 그는 자유문필가로 살기 시작했던 것이다.

하지만 사람들은 그의 글에 시선을 주지 않았다. 그는 이런 현실을 비관하고 또 비관했다. 세상 사람들이 진정한 철학자를 알아보지 못한다고 통탄해 했다. 그러나 그러한 고통 끝에 빛이 보이기 시작했다. 세인들이 1819년에 출판된 그의 주저 『의지와 표상으로서의 세계』에 서서히 관심을 가지기 시작하더니, 마침내 어느 순간부터 쇼펜하우어는 폭발적인 인기를 누리는 저자가 되었다.

그가 끊임없이 부르짖던 염세주의가 세인들의 관심을 불러일으켰던 것이다. 19세기 유럽의 귀족층은 이미 부유해져 있었고, 때문에 그들은 이제 염세주의에 귀를 기울일 수 있었던 까닭이다.

그러나 쇼펜하우어는 여전히 세인들과 발을 끊고 살았다. 그는 사람보다는 동물들과 더 친근했다. 그는 철저하게 사람들을 멸시했고, 특히 여자는 아예 상종도 하지 않았다.

그에게 있어서 인간들은 지옥에서 아귀다툼만 일삼는 악귀였다. '인간은 모두 결국에는 부서진 돛대로 죽음의 항구로 찾아드는 난파선일 뿐이다.'

그럼에도 불구하고 그는 인간 세상에 오래도록 살았다. 1831년에 베를린에 콜레라가 번졌을 때, 그는 살아남기 위해 프랑크푸르트로 도망갔다. 그리고 1858년 고희가 된 그에게 생일을 축하하는 편지가 쇄도했다. 그는 분명히 이러한 영광을 행복해 했다. 그는 정말 지나칠 정도로 자신에 대한 신문기사에 민감했다. 그래서 심지어는 친구들에게 우송료를 물기까지 하면서 자신과 관련된 기사들을 모아들였다. 철저하게 염세주의를 부르짖었지만, 그 역시 명예와 인기를 좋아했던 것이다.

그러나 건강해 보이던 그도 1860년 72세를 일기로 세상을 떠났다. 그해 9월 20일 그는 침대에서 일어나다가 가슴에 경련이 일어나 쓰러졌다. 그리고 이튿날 아침에 일어나서 냉수욕을 했고, 맛있게 아침을 먹었다. 그런 다음 소파에 앉은 채로 숨을 거뒀다. 가정부가 의사를 데려왔을 때 이미 그의 몸은 싸늘하게 식어 있었다. 하지만 그의 얼굴은 무척 평온한 표정이었다고 한다.

불안은 인간을 발전시키는 원동력이라고 생각한

키에르케고르 Sören Kierkegaard

개인(개별자)은 전체(보편자)에 앞선다

1840년 X월 X일, 하늘은 무너질 듯이 우울한 표정이다

레기네 올센, 마침내 나는 그녀와 약혼했다. 하지만 나는 이 순간, 그 일을 후회하고 있다.

결혼이란, 사랑하는 두 사람이 아무것도 숨김없이 서로의 내면을 보여 줄 수 있는 신뢰에 대한 확인이다. 하지만 나는 그녀에게 털어놓지 못할 일이 너무 많다. 나의 어머니가 한때 아버지의 하녀였다는 사실도, 내가 유년기에 신을 저주한 일도, 또 창녀촌에 가서 옷을 벗고 갈보들에게 망신 당한 일도 나는 그녀에게 털어놓을 수 없다.

이렇게 내 마음을 숨긴 채 결혼한다는 것은 그녀의 대한 모독이다. 또한 그녀를 영원히 나의 죄 속에 가둬 두는 일이다. 그것은 그녀의 자유를 송두리째 빼앗는 일이기도 하다.

나는 그녀와 파혼해야 한다. 결혼이라는 족쇄로 그녀의 자유를 구속할 수는

없다. 그 어떤 관습으로도 개인의 자유가 구속되어서는 안 되기 때문이다. 개인의 자유를 구속할 수 있는 유일한 존재는 하나님뿐이다. 아브라함에게 이삭을 바치라고 명령한 하나님만이 인간의 자유를 시험할 수 있는 것이다. 물론 세상에는 나의 생각에 동의하지 않는 사람들도 많다. 헤겔을 신봉하는 자들은 개인보다는 전체가 중요하고, 자유보다는 관습이 중요하다고 말할 것이다. 하지만 나는 헤겔을 신뢰하지 않는다.

헤겔의 말들은 한마디로 속임수다. 헤겔의 말대로라면 '나'는 없다. 자아도 없다. 개인이란 도대체 아무런 쓸모도 없는 존재다. 그는 '나'를 전체의 목적을 위한 하나의 수단이나 계기로 생각하고 있다. 하지만 '나'가 없는 세계가 무슨 소용이 있단 말인가?

'나'가 없는 전체가 있을 수 있는가? '나'의 활동과 생각과 믿음이 없다면 도대체 전체란 무슨 의미가 있단 말인가?

'나'와 전체 중에 하나를 택하라고 한다면 당연히 '나'를 택해야 한다. 이것은 모든 사람의 타고난 성질이다. 따라서 '나'의 행위는 고유하고, '나'의 자유는 고귀하다.

'나'가 현실 속에 살아있는 그 자체, 즉 실존하고 있는 개인이 전체를 이룬다. 때문에 실존은 언제나 형식에 앞서고, '나'는 언제나 전체에 앞선다. 문제는 본질이 아니라 실존이다. 왜냐하면 실존 없이는 본질도 없기 때문이다.

따라서 내가 결혼이라는 전체의 관습 때문에 레기네의 자유를 구속한다는 것은 죄악이다. 있을 수 없는 일이다.

파혼하자. 하지만 그녀에게 배반감을 안겨 주어서는 안 된다. 그것도 죄악이다. 그녀가 배반감을 느끼지 않고 스스로 물러가는 방법을 택해야 한다. 그것만이 최선이다.

내일부터 당장 나는 그 일을 실행할 것이다. 그녀 스스로 나를 포기하게 만들기 위해 무슨 짓이든 할 것이다.

우선은 내가 마치 여자들 뒤꽁무니나 쫓아다니는 날건달인 것처럼 행동해야 한다. 그리고 그녀가 내게 '결혼 안 할 거예요?'하고 물어 오면 '10년쯤 뒤에나 보자고. 바람기가 좀 잠잠해지면 그때는 아마 당신 같은 요조숙녀를 찾게 되겠지.'하고 대답하는 거야.

물론 잠시 동안 고통이 있겠지. 가슴이 찢어지는 아픔을 겪어야겠지. 하지만 이것이 최선의 선택이야. 그녀도 나중에 나의 행동을 이해하게 될 거야. 그래, 파혼하는 거야. 내일 당장 실행해 보는 거야.

키에르케고르는 정말 레기네 올센과 파혼했다. 너무나 사랑했고, 함께 살고 싶어 했던 그녀와 왜 헤어져야만 했을까?

문제는 불안이었다. 키에르케고르는 어릴 때부터 우울증을 앓고 있었다. 우울증은 두려움에서 비롯된 불안이 원인이었다. 그의 불안을 이해하지 못하고는 그의 철학을 이해할 수 없다.

그는 경건주의에 가까운 기독교 집안에서 태어났다. 아버지는 부유한 상인이었다. 하지만 어머니는 그의 하녀였다. 아버지는 첫 번째 아내가 죽자 하녀인 룬드와 불륜을 저지른다. 그렇게 해서 태어난 사람이 키에르케고르였다. 1813년 5월 5일 덴마크의 코펜하겐에서 그는 세상에 첫 울음을 터뜨렸다.

키에르케고르의 첫 번째 불안은 바로 이 아버지와 어머니의 불륜이었다. 불륜은 죄악이고, 죄악은 반드시 심판을 받는다는 것이 기독교의 논리다. 따라서 불륜과 죄악의 씨앗인 키에르케고르는 심판의 대상인 것이다. 그는 이 심판의 두려움으로 불안에 떨었다.

그리고 폭풍우가 몰아치던 유년기의 어느 날, 그는 소낙비에 흠뻑 젖은 채로 추위에 덜덜 떨었던 적이 있다. 어쩌면 하늘이 자신을 심판하고 있는지도 모른다는 생각에 그는 다짜고짜 신을 향해 저주의 말을 쏟아냈다. 그러나 비가 그친 다음 그는 이 행동으로 인해 죄책감에 시달린다. 그리고 성년이 되었을 때 비로소 아버지에게 이 사건을 털어놓고 집을 나갔다.

그는 아마 하늘에 대고 아버지를 저주했던 것 같다. 아버지의 불륜으로 태어나지 말았어야 할 자신이 태어난 것에 대해 신에게 따졌을 것이다. 그런 행위는 경건주의자들에게는 돌이킬 수 없는 저주였다. 그래서 키에르케고르는 아버지와 결별을 선언하고 집을 나갔던 것이다.

하지만 죄는 거기서 끝나지 않는다. 청년이 된 그는 호기심에 창녀촌을 찾았다. 비록 아무 짓도 하지 못하고 갈보들에게 놀림만 받고 돌아왔지만, 그는 자신의 행동을 죄악시했다.

그는 이러한 죄악들을 약혼녀에게 말할 수 없었다. 심지어 그는 창녀촌 경험이후 자신이 남성 구실을 하지 못할 것이라고 생각했다. 이것도 그가 결혼을 하지 않으려는 이유였다.

그러나 그가 결혼하지 않으려 했던 가장 근본적인 원인은 역시 불안이었다. 그래서 그는 이 불안을 근거로 학문을 펼쳐 나간다. 한때 베를린 대학에서 셸링의 강의를 듣기도 했던 그는 철학적 지식을 바탕으로 자신의 불안을 해부하기 시작했던 것이다.

그는 우선 자신의 불안이 원죄적인 것이라고 생각했다. 마치 아담의 죄로 인해 모든 인간들이 원죄에 묶여 있듯이 아버지의 죄로 인해 자신이 원죄의 사슬에 묶여 있다고 생각했다. 또한 그는 자신의 처지를 아브라함에 의해 제물로 바쳐지는 이삭에 비유했다. 단지 신의 명령을 이행하기 위해 아들을 불 속으로 던져 넣는 아버지. 그는 그것이 곧 인간의 원초적인 한계라고 결론지었다.

이렇게 해서 그는 모든 인간을 불안한 존재로 규정한다. 그리고 불안은 역으로 인간을 발전시키는 원동력이라고 역설한다. '불안이 없다면 인간은 스스로를 무엇으로 확인할 수 있겠는가?' 하고 반문하는 것이다.

불안은 개인적인 것이다. 불안은 개인마다 다르다. 또한 불안은 개인이 살아 있다는 증거이기도 하다. 때문에 불안이 없는 개인이란 있을 수 없다.

불안에서 출발한 그의 철학은 이제 개인에 머무른다. '나'가 없이는 세계는 가치를 상실한다는 입장이 되는 것이다. 자신의 불안과 공포로부터 자신의 존재를 비로소 확인할 수 있었던 그에게는 당연한 결론이었는지도 모른다.

그는 살아있는 존재, 즉 실존에 대해 피력하고 있었던 것이다. 그는 실존이 그 어떤 것보다 우선한다고 보았다. 개인, 즉 개별적인 것 없이는 전체, 즉 보편적인 것은 존재할 수 없다는 결론을 향해 치닫고 있었다.

이런 이유에서 그는 헤겔의 보편자에 반대했고, 헤겔의 절대 정신은 한낱 허상에 불과하다고 주장한다. 헤겔은 시민과 교회가 하나가 되고, 민중과 권력이 하나가 되고, 국가는 걸어다니는 신이라고 보았다. 하지만 키에르케고르는 헤겔의 그런 주장을 통렬하게 비판한다.

그는 합리적으로 이해될 수 있는 것은 신이 아니라고 말한다. 신은 인간의 사고 체계 바깥에 있기 때문에 인간의 관념으로 증명할 수 없는 존재라는 것이다. 그래서 그는 신이 오히려 불합리하기 때문에 믿는다고 주장한다. 불합리함 속에 신적인 요소가 있다고 설명하고 있다.

그에게 있어 신은 신앙의 대상이며, 신앙은 비약적인 형태로만 가능하다. 신앙에서 논리를 찾는 것은 산에서 고기를 찾는 것과 같다는 뜻이다.

그에 따르면 인간의 내면에 이르는 길은 세 가지가 있다. 첫 번째는 자연에 의해 주어진 감각적인 길이고, 두 번째는 행동을 통해 얻어지는 윤리적인 길이며, 세 번째는 신앙에 의해 비약적으로 얻어지는 종교적인 길이다.

이런 이유에서 그는 성직자가 국가를 지배해야 한다고 말한다. 성직자는 아무런 사리사욕도 없고, 단지 신의 명령만을 따르기 때문에 사회가 성직자에게 맡겨질 때 올바르게 될 수 있다고 한다.

하지만 덴마크의 프로테스탄티즘은 그의 이런 논리를 정면 반박한다. 합리적이지 않고, 공익을 위한 것도 아니며, 완전히 개인의 주관적인 판단에 따른 논리이기 때문에 인정할 수 없다는 것이었다. 이로 인해 덴마크의 기독교 사회와 키에르케고르의 싸움은 불가피한 것이었다.

신문은 매일같이 삽화를 통해 그를 풍자적으로 비꼬았다. 키에르케고르는 이것을 참아낼 수 없었다. 그래서 싸웠다. 많은 글들을 써내며 신교도들과 정면으로 대치했다.

그러는 가운데 『이것이냐 저것이냐』, 『죽음에 이르는 병』, 『두려움과 떨림 ─ 변증법적 서정시』, 『불안의 개념』, 『철학적 조각들』, 『그리스도교의 훈련』 등의 책들을 출간했다.

키에르케고르와 기독교도들의 공방은 계속됐다. 하지만 그것은 그렇게 오래

가지는 않았다. 키에르케고르가 1855년 42세를 일기로 세상을 뜨고 말았기 때문이다.

그는 민중과 가난에 대해 역설했지만 부유한 아버지가 물려준 유산 덕분에 풍족하게 살았다. 항상 다섯 개 이상의 방이 딸린 집에서 살았고, 유산과 수입을 남김없이 썼다. 그래서 그가 죽었을 때는 오직 장례비용만 남아 있었다고 한다. 물려받은 유산으로 풍족하게 살다가, 돈을 다 탕진하고 나자 죽음의 세계로 가버린 것이다.

| | | | | | | | | | | | | | | | | | | | | | | | |

마르크스 Karl Heinrich Marx

역사의 주체는 인간이다

사회자가 지명을 하자 안쪽에 앉아 있던 청년 하나가 일어섰다. 청년은 큰 체구에 부리부리한 눈을 가졌으며, 수염이 온 얼굴을 뒤덮고 있었다. 거기다 군데군데 찢겨나가고, 단추도 제대로 달려있지 않은 누더기를 걸치고 있었기 때문에 마치 거리의 부랑아처럼 보였는데, 그가 이 모임을 주도하고 있는 카를 마르크스였다.

'박사클럽'의 정기모임이 진행되고 있었다. 20명 가까운 회원들은 주제 발표자로 내정된 마르크스를 주목하고 있었다. 회원들은 그를 '사상의 창고' 또는 '이념의 황소대가리'라고 부르고 있었다. 그런 별명들은 그의 사상적 창의력이 남달리 탁월하다는 것을 증명하는 것이었다.

"헤겔은 우리에게 역사의 주체는 인간이 아니라 세계 정신 또는 신이라고 가르쳤습니다. 하지만 나는 단언하건데, 역사의 주체는 인간입니다."

마르크스의 말은 그렇게 시작되었다. 그는 언제나 단정적이고 분명한 표현을 사용했다. 그리고 반론을 제기하는 사람에게는 강압적인 언사로 자신의 이론을 주입했다.

"저는 지금부터 역사의 주체가 인간일 수밖에 없다는 사실을 논리적으로 증명하고자 합니다."

마르크스는 형형한 눈을 번뜩이며 회원들을 둘러보면서 자신의 이론을 피력하기 시작했다.

"모든 현실이 절대정신으로부터 비롯되었다는 헤겔의 사상은 전혀 근거가 제시되지 않은 신비주의에 불과합니다. 왜냐하면 헤겔의 철학에는 현실은 없고 현실 위에 떠돌아다니는 주인 없는 정신만 가득하기 때문입니다.

나무가 없는 열매가 존재할 수 없듯이 현실이 없는 정신은 존재할 수 없습니다. 따라서 이제 우리는 철학을 물구나무 세워야 합니다. 사유의 출발을 신으로부터 시작할 것이 아니라 구체적인 현실에서부터 시작해야 한다는 뜻입니다.

구체적인 현실이란 곧 인간의 현실입니다. 인간의 뿌리는 인간이기 때문에 모든 철학은 반드시 휴머니즘에 기초하지 않으면 안됩니다. 다시 말해 철학의 주제는 '신이란 무엇인가?' 하는 문제가 아니라 '인간이란 무엇인가?' 하는 문제라야 합니다.

인간이란 무엇인가? 인간은 우선 사회적 존재입니다. 인간은 이미 사회의 구성원으로 존재하고 있다는 것입니다. 그리고 사회는 공동의 노동에 의해서 형성됩니다. 왜냐하면 인간은 근본적으로 노동의 동물이기 때문입니다.

인간이 노동의 동물이라는 말은 인간이 원래 경제적 존재라는 말과 일치합니다. 따라서 인간의 경제적 관계는 인간이 존재하기 위한 가장 기초적인 토대입니다. 그 토대 위에 국가, 법률, 이념, 도덕, 예술, 종교 등의 부수적인 것들, 즉 상부구조가 성립될 수 있습니다.

때문에 국가나 법률과 같은 상부구조는 노동력에 의해 형성된 경제 관계, 즉 토대를 유지하기 위한 수단에 지나지 않습니다. 그러나 현실은 그렇지 않습니다. 현실은 오히려 수단에 불과한 상부구조가 본질인 노동을 지배하고 있습니다. 이것은 명백한 모순입니다.

이런 모순이 발생하는 근본적인 이유는 이 사회의 잘못된 구조에서부터 시작되었습니다. 고대의 노예시대 이후 인간 사회는 귀족, 영주 그리고 자본가(고용주)의 사회였습니다. 그들의 지배 하에서 대부분의 프롤레타리아(무산자)는 살아남기 위해 그들에게 노동을 바쳐야 했습니다.

노동의 결과물은 언제나 상품이었습니다. 그러나 그 상품은 항상 자본가의 소유였습니다. 따라서 노동자는 목숨을 유지하기 위해 자기가 만든 상품을 고용주로부터 구입해야 하기 때문에 상품의 노예가 되어 버렸던 것입니다.

이것은 인간의 가장 본질적인 행위인 노동을 소외시키는 일입니다. 그리고 이런 소외는 자본가와 무산자 모두에게 해당됩니다. 무산자는 상품의 노예가 됨으로써 소외되고, 자본가는 인간의 본질인 노동을 하지 않고 노동의 결과물인 상품을 소유함으로써 소외되는 것입니다.

노동의 소외란 곧 인간의 소외를 의미하는 것이고, 인간의 소외란 인간이 본질을 상실하는 것을 의미합니다. 이제 인간은 노동에 의해서 자기 존재를 유지하는 것이 아니라 상품과 돈에 의해 매매되고 있습니다.

상품과 돈에 팔려 다니는 인간은 인간성을 완전히 상실한 인간입니다. 인간성을 상실한 인간은 보다 정확한 의미에서 인간이라고 할 수 없습니다. 말하자면 이 사회는 인간이 사는 것이 아니라 인간의 껍데기만 살고 있다는 것입니다.

우리는 이 사회를 인간성 상실에서 해방시켜야 합니다. 그러기 위해서는 지금의 사회를 전복시키지 않으면 안 됩니다. 사회를 전복시키는 목적은 인간을 인간으로 되돌려 놓기 위함입니다. 인간이 굴복당하고 노예로 전락하여 멸시받는 모든 관계를 뒤엎지 않고는 아무것도 해결될 수 없다는 것입니다.

사회를 전복하여 인간성을 회복하고, 인간이 역사의 주체로 나설 때 인간은 비로소 인간의 본질에 도달할 수 있습니다."

마르크스는 23세에 예나 대학에서 철학박사 학위를 받았다. 하지만 그는 예나 대학에서 강의를 들은 적은 거의 없다. 그는 사실 대학 생활에 전혀 충실하지 않았다. 그는 대학의 이방인이었고, 대학의 건달패였다. 누더기를 걸치고 다니며 술을 밥 먹듯 했고, 고성방가로 학생 감옥에 갇히기도 했으며, 칼을 들고 설치다가 경찰에 붙잡혀 감옥신세를 지기도 했다. 하지만 이것이 그의 모습 전부는 아니었다.

그는 대학 외부 단체에서 철학의 깊이를 쌓았다. 청년 헤겔 학도의 모임인 '박사클럽'에서 그는 밤낮없이 토론했고, 수많은 논문을 발표했다. 클럽 친구들은 그에게 '사상의 창고' 또는 '이념의 황소대가리'라는 별명을 붙여 줄 만큼 그는 엄청난 열정을 쏟아냈다.

이때가 그의 20대 시절이다. 1818년 태생이라는 것을 감안할 때 이 시기는 1836년에서 1843년 사이일 것이다.

유태인 변호사 집안에서 7남매 중 셋째로 태어난 그는 아버지를 이어 법률가가 되기 위해 17세에 베를린 대학 법학부에 입학했다. 하지만 그는 법학에 싫증을 느끼고 예나 대학으로 옮겨 철학을 공부하기 시작한다. 이때만 해도 그는 단순한 철학도이자 시인이었다. 당시 그는 열정에 사로잡혀 시들을 쏟아내며 문학가를 꿈꾸기도 했다. 당시만 해도 그는 결코 혁명가도 공산주의자도 아니었다.

적어도 그는 《라인신문》의 편집장 시절까지는 공산주의를 단호하게 거부했다. 하지만 프로이센 왕이 《라인신문》을 '라인강의 창녀'라고 부르며 폐간시키고 난 후 마르크스는 무섭게 공산주의자로 변해 간다.

《라인신문》이 폐간되자 그는 아놀드 루게와 공산주의 공동체 생활을 시작했다. 그리고 『독일, 프랑스 연감』을 발행한다. 하지만 마르크스는 독단적이고 성급한 사람이었다. 이 성격 때문에 그는 루게 가족과 몇 번에 걸쳐 불화를 겪게 되고, 마침내 독일을 떠나 파리로 간다.

'사상의 어항'이라고 불리던 파리에 도착한 마르크스는 「로렐라이」의 시인 하인리히 하이네를 만났고, 프랑스 사회주의자들과 교제했다. 하지만 프로이센 정부의 요청으로 그는 프랑스에서 추방당하고 말았다.

프랑스에서 추방당한 그는 잠시 동안 브뤼셀에 머무르며 16명의 회원들과 함께 제1차 세계 공산당 창당식을 가진다. 그리고 곧장 런던으로 떠났다.

런던에 도착한 그는 사업가 프리드리히 엥겔스를 만나 재정적 지원을 받게 된다. 그리고 1847년 『철학의 빈곤』을 발표했고, 이듬해 엥겔스와 함께 『공산당 선언』을 출판했다.

이 두 저서에서 그는 확연하게 공산주의자의 면모를 드러낸다. 이 글들의 핵심은 기존의 사회는 인간성을 말살시키는 구조를 가졌으므로 전복되지 않으면 안 된다는 말들로 시작하여 프롤레타리아 혁명을 거쳐 인간성 본질의 최고 단계인 공산국가의 건설이라는 대명제로 끝맺고 있다.

그가 공산주의에 이르는 단계는 변증법적으로 서술되어 있다. 인간 소외의 절정인 자본주의 사회에 대한 반정립적 개념으로 프롤레타리아(무산계급) 독재를 설정하고, 그 둘의 종합(지양)으로 계급 없는 공산주의를 이끌어낸다는 논리다.

이것이 그의 유물변증법에 의한 역사관이다. 인간으로 대표되는 물질이 주체가 돼서 역사는 이끌어지는데, 그 역사는 자본가와 무산자의 계급투쟁의 역사라는 것이다. 그래서 이런 대치적 상황을 해결하기 위해 우선 인간성을 말살하는 자본가 중심의 자본주의를 붕괴시켜 프롤레타리아시대를 연 다음 일정 기간 동안의 프롤레타리아 독재 기간을 거쳐 계급이 완전히 없어지는 공산주의시대를 연다는 주장이다.

이렇게 해서 마르크스는 역사적인 유물론의 아버지가 된다. 역사적인 유물론은 근본적으로 인간 중심의 역사를 전제하는 것이므로 마르크스의 출발점이 인간주의라는 것을 알 수 있다. 또한 그것은 실천적인 유물론이라는 측면에서 그를 혁명가로 불리게 한다.

그러나 그의 이론은 당시 사회에서 엄청난 탄압을 받았다. 국가를 전복시켜 새로운 체제를 만들겠다고 공언했으니 탄압은 당연한 결과였다. 그 때문에 그는 처절한 가난 속에서 비참한 인생을 살아야 했다. 몇 명의 아이를 굶겨 죽여야 했고, 빚 때문에 모든 가구와 생필품에 차압 딱지가 붙어 있었다. 그래서 심지어는 옷까지도 차압당해 외출도 못할 지경에 처하기도 했다.

이런 고통 속에서도 그는 집필을 중지하지 않았다. 그리고 마침내 『자본론』 1권을 내놓기에 이른다. 하지만 전체가 3권으로 기획된 이 책이 채 완성을 보기도 전에 그는 세상을 떠났다. 1883년 그의 나이 65세 때의 일이다.

지인들에 의하면 그는 거만했고, 냉소적이었으며, 금속성의 날카로운 음성을 지닌 인물이었다. 극단적이고, 명령조의 말들은 반대자들을 전혀 용납하지 않았고, 항상 신념에 가득 찬 얼굴로 주변의 모든 사람들을 압도하곤 했다. 마치 스스로가 이념의 화신이나 되는 것처럼 그는 프로메테우스를 꿈꾸며 유토피아의 독재자로 군림하고자 했던 것이다.

초인을 꿈꾸던 광란의 철인

니체 Friedrich Nietzsche

신은 죽었다!

차라투스트라는 홀로 산을 내려갔다. 도중에 아무도 만나지 않았다. 그러나 그가 숲 속에 들어섰을 때, 홀연히 한 노인이 나타났다. 그 노인은 속세를 등지고 숲에 오두막을 짓고 사는 성자였는데, 풀뿌리를 구하기 위해 숲을 헤매던 중이었다.

노인이 차라투스트라에게 말을 걸었다.

"젊은이는 낯이 익은데, 몇 해 전에도 이 길을 지나갔었지? 이름이 차라투스트라라고 했던가? 얼굴이 많이 변했구먼.

그때, 그대는 재앙을 산으로 옮겨갔는데, 이제 그대의 불을 골짜기로 옮겨가려 하는가? 그렇다면 그대는 방화자가 될 텐데, 형벌이 두렵지 않은가?

그래, 그대는 차라투스트라가 틀림없구먼. 그런데 눈은 맑아지고, 입가에 가득하던 혐오의 기운도 없어졌군. 그래서 발걸음이 그렇게 가볍게 보였나? 마치 춤을 추는 것 같았거든.

차라투스트라는 확실히 딴사람이 되었어. 어린아이가 된 거라고. 이제 눈을 뜬 것이지. 그런데 새삼스레 무엇 때문에 저 잠자는 사람들 곁으로 가려 하는가?

그대는 지금껏 마치 바닷속에서 홀로 사는 것처럼 고독하게 살아왔고, 바다는 그대를 잘 보살펴 주지 않았는가. 그런데 왜 그대는 다시금 자신을 이끌고 육지에 오르려 하는가? 이 가련한 친구야!'

차라투스트라는 대답했다.

"인간을 사랑하기 때문입니다."

늙은 성자가 다시 말했다.

"오오, 그대는 내가 어찌하여 숲 속에 들어왔으며, 황야에 들어왔는지 모른단 말인가? 그것은 내가 너무나도 인간을 사랑하였기 때문이 아닌가? 하지만 지금 내가 사랑하고 있는 것은 신이지, 인간이 아닐세. 인간은 너무나 불완전한 존재이기에 인간에 대한 사랑은 스스로를 멸망으로 인도할 것이네."

차라투스트라가 말했다.

"거창하게 사랑을 운운할 것까지 있겠습니까? 저는 다만 인간들에게 자그마한 선물을 주고자 할 따름입니다."

그러자 늙은 성자가 꾸짖듯이 말했다.

"인간에게는 아무것도 베풀지 말라! 차라리 그들이 걸머진 것들을 덜어 주게나. 그리하여 그들과 함께 짐을 나누어 져라. 그것이 그대와 그들을 동시에 흐뭇하게 하는 일일 것이다.

만일 그들에게 무엇인가를 주기를 원한다면 다만 보시하는 정도에서 그쳐야 할 것이다. 그것도 그들이 구걸할 때에만 한정해서 말일세."

차라투스트라가 말했다.

"저는 보시 같은 것은 하지 않습니다. 보시만 할 정도로 저는 가난하지 않습니다."

늙은 성자는 차라투스트라의 말을 비웃으며 말했다.

"그렇다면 사람들이 그대의 선물을 받아들이는지 시험해 보라. 그들은 아마 우리가 선물을 하려고 해도 의심의 눈초리를 보낼 것이다. 우리의 발자국 소리가 그들에게는 너무나 이상하게 들릴 것이기 때문이지. 그래서 그들은 마치 한밤중이나 새벽에 들리는 발자국 소리를 들었을 때처럼 '도둑놈이 어디로 가는 게지?' 하고 속삭일 것이다.

그러니 인간에게로 가지 마라. 숲 속에 머무르라! 인간에게 가려거든 차라리 짐승에게 가라. 어찌하여 그대는 나처럼 되고자 하는가?"

차라투스트라가 그에게 물었다.

"당신은 도대체 이 숲 속에서 무엇을 하려고 그러십니까?"

"노래를 지어 부르고, 노래를 지으면서 즐거워하고, 울고, 하소연하노라. 그리하여 신을 찬양하노라. 그런데 그대는 도대체 우리에게 무엇을 주려고 여기에 왔는가?"

"내가 당신들에게 무엇을 주겠습니까? 오히려 나는 당신들에게서 뭔가를 빼앗아야 할지도 모릅니다. 그러니, 어서 나를 떠나게 해 주시오."

이리하여 늙은 성자와 차라투스트라는 헤어졌다. 웃으면서, 마치 소년들처럼 웃으면서.

노인이 가고, 차라투스트라는 홀로 남게 되자 혼잣말로 이렇게 말했다.

"저 늙은 성자는 숲 속에서 아직 아무것도 듣지 못했단 말인가. 신은 죽었다는 사실을." (『차라투스트라는 이렇게 말했다』제1부 두 번째 단락)

니체의 글들은 상징과 예언으로 얼룩져 있다. 그는 모든 것을 뒤집어엎어야 한다고 주장했고, 그래서 더 이상 논리에 얽매이지 않았다. 마치 광야를 떠도는 세례 요한처럼 그는 예언을 말하였고, 새로운 세계와 새로운 인간을 꿈꾸었다.

과거의 모든 사상과 문화, 그리고 전통과 체계를 그는 거부했다. 오히려 그에게 있어서 과거의 모든 것은 쳐부숴야 할 적이었다. 그래서 기독교와 그것을 떠받치고 있는 철학과 관습, 계층과 계급 등 모든 것을 타파해야 한다고 주장했다.

그의 이러한 주장을 대변하는 말이 바로 '신은 죽었다!' 였다. 신이 죽었으므로 그동안 신에 의해서 지탱되던 모든 것도 함께 죽었다. 신을 떠받치는 철학과 신을 위한 역사와 신의 문화, 그리고 신에 대한 신앙, 교회, 관습 등 모든 세계가 함께 죽은 것이다.

이것은 곧 혼돈을 의미한다. 이러한 혼돈을 두고 볼 수 없어 그는 은둔을 포기하고 사람들에게로 나아간다. 그는 자신이 사람들에게 나아가는 이유를 '그들을 사랑하기 때문'이라고 말한다.

사람들 앞에서 그는 이렇게 소리친다.

'나는 그대들에게 초인을 가르치려 하노라.'(『차라투스트라는 이렇게 말했다』제1부 세 번째 단락)

신이 죽은 세상에 그가 내놓은 대안은 초인이었다. 그는 초인이야말로 이 세계가 원하는 진정한 구세주라고 주장한다. '천상의 희망을 말하는 인간들을 믿지 말라. 그들은 간에 독을 넣는 자들이다.'라고 말하면서 기독교인들과 기독교를 떠받치고 있는 철학자들을 무섭게 비난하고 있다. 심지어는 '철학의 명예를 회복하기 위해서는 도덕가들을 교수형에 처하는 수밖에 없다.'는 극단적인 말들을 쏟아내기도 한다.(『도덕의 계보』)

그는 세상에 대하여 선전포고를 했던 것이다. '신은 죽었다.'고 선언함으로써 기존의 세계를 무너뜨리고 새로운 질서를 형성해야 한다고 말한다.

신이 죽었으므로 '참인 것은 이제 아무것도 없다. 모든 것이 다 허용된다.' 의무는 없어지고 의지만 남게 된 것이다. '나는 뭔가를 해야만 한다.'는 의무의식을 벗어 던지고, '나는 뭔가를 하고자 한다.'는 자유의지를 취하고 있다.

모든 것이 거부되는 현실, 이것이 곧 그의 허무의식이다. 그러나 이러한 허무주의는 초인을 통하여 극복된다.

그렇다면 초인은 어떤 자인가? 그것은 대지의 참뜻을 아는 자이다. 인간의 한계를 극복한 존재이다.

그는 "인간이란 짐승과 초인 사이에 놓여 있는 밧줄이다. 하나의 심연을 건너가는 밧줄이다."라고 표현한다. 따라서 인간은 언제든지 짐승도 될 수 있고, 초인도 될 수 있는 것이다. 초인에게로 안내하는 길잡이는 정신이다. 따라서 정신의 변화가 곧 초인을 인식하게 하는 근본이다.

정신이란 그에게 있어서 인간을 가장 인간답게 하는 요체이다. 인간의 정신만이 대지의 참뜻을 알아낼 수 있는 유일한 것이기 때문이다. 여기에 그의 실존 의식이 숨어 있다. 살아 있는 인간이 그 어떤 것보다 가치 있다는 그의 인간 사랑이 살아 꿈틀거리고 있다.

『차라투스트라는 이렇게 말했다』를 비롯해 『권력에로의 의지』, 『도덕의 계보』, 『선악의 저편』, 『비극의 탄생』 등의 저작들은 바로 그의 인간 사랑에 대한 표현이다. 그리고 이 사랑을 실천하기 위해 그는 '신은 죽었다!' 는 말로 서양 정신에 선전포고를 감행했던 것이다.

니체의 생애

니체는 1844년 10월 15일, 작센주의 뤼쎈 근처의 뢰켄이라는 마을에서 한 목사의 아들로 태어났다. 그의 가계는 대대로 성직자였고, 그도 한때는 목사를 꿈꾸었다. 하지만 그는 18세가 되면서 기독교를 버리고 새로운 사상을 찾아 방황하기 시작했다.

본 대학의 신학부에 등록했다가 1학기 만에 신학을 포기하고, 라이프치히 대학으로 가서 언어학을 전공하며 철학에 심취했다. 그가 몰두한 사상가는 쇼펜하우어였다. 그의 염세주의와 비관적 사고 속에서 니체는 세계에 대한 허무의식을 배웠다. 그리고 예술이 그러한 허무에서 벗어날 수 있는 유일한 것이고, 또한 음악이 예술의 극치라는 쇼펜하우어의 가르침에 따라 그도 음악에 열을 올린다.

그러는 가운데 그는 군에 징집되었다. 23세 때였다. 그는 멋진 군 생활을 설계했다. 진정으로 전사다운 기백과 용기를 익히려고 마음먹었다. 하지만 그는 말에서 떨어져 가슴에 상처를 입고 제대해야 했다. 위대한 전사로서의 삶은 그렇게 싱겁게 막을 내렸고, 그는 비통한 심정으로 대학으로 돌아왔다. 이제 칼 대신 펜으로 전사의 길을 가겠다는 마음을 다지며 25세의 나이로 바젤 대학의 언어학 교수가 되었던 것이다.

바젤에서 멀지 않은 트리부쉔에 당대 음악의 최고 거장 리하르트 바그너가 살고 있었다. 음악적 열정에 사로잡혀 있던 니체는 바그너를 존경했고, 1869년 크리스마스에 바그너의 집에 초대받았다.

이렇게 해서 풋내기 학자와 음악의 대가는 교제를 시작했다. 그들의 나이 차이는 많았지만 그들은 친구처럼 지냈다. 바그너는 니체에게 음악의 스승이 되었고, 니체는 바그너에게 사상의 인도자가 되었던 것이다.

그런데 이듬해 또다시 독일과 프랑스 사이에 전쟁이 발발했다. 니체는 다시 징집되어 의무병으로 복무했다. 그러나 이번에도 그는 중도에서 하차하고 말았다. 몸이 지나치게 병약해져 귀가조치를 당했던 것이다.

집으로 돌아온 그는 다시 바그너를 찾았다. 하지만 그들의 우정은 오래 가지 못했다. 디오니소스적인 자유를 추구하던 니체는 바그너의 아폴로적인 형식과 예수에 대한 지나친 찬양을 두고 볼 수가 없었던 것이다.

바그너와 결별을 선언한 니체는 그때부터 바그너의 가장 큰 적이 되었다. 그는 바그너를 두고 '서양을 몰락시키는 화신'이라고 공격해댔다. 그들의 관계는 그렇게 끝장났다. 그리고 니체의 음악에 대한 열정도 함께 꺼져 갔다. 또한 쇼펜하우어에 대한 도취에서도 깨어나기 시작했다.

이제 니체는 생의 두 번째 시기를 맞이하고 있었다. 열정과 감흥에 사로잡힌 청년기를 마감하고 갑자기 과학적인 이론을 앞세운 장년기가 열렸다. 그는 거부 반응을 보여 왔던 소크라테스와 프랑스 계몽주의자들에게 눈을 돌리고 있었다. 그래서 『인간적인 너무나 인간적인』, 『아침 노을』, 『즐거운 학문』 등의 글들을 쏟아 놓는다.

하지만 이런 시기는 오래 가지 않았다. 병약한 그의 몸은 다시 극도로 쇠약해졌고, 죽음의 공포 앞에서 그는 유언을 남기기까지 하였다. 그러나 죽음은 그렇게 쉽게 찾아오지 않았다.

건강이 조금 회복되자 그는 다시 집필을 시작했다. 그리고 한 여자를 사랑하게 되었다. 그녀는 루 살로메였다. 그는 사랑을 고백했지만 그녀는 그를 받아들이지 않았다. 그러자 그는 "철학자가 결혼하는 것은 코미디에나 어울린다."고 말하면서 결혼을 완전히 포기한다.

그리고 그는 미친 듯이 집필에 몰두했다. 『차라투스트라는 이렇게 말했다』, 『도덕의 계보』, 『선악의 저편』, 『권력에의 의지』, 『생성의 순결』, 『니체의 유언』, 『바그너의 몰락』, 『니체 대 바그너』, 『우상들의 황혼』, 『그리스도인을 반대하다』, 『이 사람을 보라』 등은 모두 이 시기의 글들이다.

극단적인 면들을 드러내며 다소 병적인 양상을 띠는 이 글들은 니체 사상을 명확하게 드러내고 있다. 비록 논리와는 거리가 먼 즉흥적인 내용들과 예언과 상징으로 얼룩져 있지만, 그의 허무의식과 실존, 그리고 인간애를 담아내고 있다.

그 속에는 정열과 광기, 정신병적 징후들과 패배의식, 그리고 스스로에 대한 과대망상, 도취 등이 흩어져 있었고, 그 너머에는 다시 허무주의를 극복하고 초인으로 당당히 등장하려는 냉철한 이성이 살아있었던 것이다.

그러나 그때는 이미 그에게 죽음의 그림자가 드리워져 있었다. 니체의 육체는 오래전부터 병들어 있었고, 정신 또한 온전치 않았다. 1889년 1월, 그는 투우린 거리에서 쓰러졌고, 깨어났을 때는 이미 정신착란증에 빠져 있었다. 의사는 그 원인을 매독이라고 했다. 20대 초반에 들락거렸던 창녀촌에서 니체의 몸속으로 이주한 매독균은 어느새 뇌까지 파고들어 초인을 꿈꾸던 철학자를 정신병자로 전락시켰던 것이다.

이듬해 8월, 니체는 어머니와 누이동생이 지켜보는 가운데 조용히 생을 마감하였다. 그때 그의 나이 56세였다. 그가 죽고 난 뒤 히틀러와 무솔리니는 그의 철학을 인용해 스스로 '초인' 이라고 말하기도 하였다. 니체는 인간을 구제하는 초인을 부르짖었는데, 살인마들이 스스로 초인이라고 했으니 참으로 아이러니가 아닐 수 없었다.

14장

20세기의 철학자들

베르그송에서
사르트르까지

19세기까지의 철학이 인간, 세계, 신 등 모든 것들을 포괄하는 절대적 진리를 추구한 데 비해, 20세기 철학은 과학적 사고에 바탕을 둔 현실적인 문제에만 집착한다. 그 결과 객관으로의 전환, 존재에로의 전환, 실존으로의 전환 등의 세 가지 양상이 분명한 특징으로 드러난다.

이러한 세 가지 양상은 프래그머티즘, 삶의 철학, 현상학, 기호논리학, 실존 철학 등의 이름으로 단장된다.

프래그머티즘은 퍼스에서 시작되어 제임스를 거쳐 듀이에서 절정에 이르고, 삶의 철학은 베르그송에 의해 주창되어 블롱델 등으로 이어지면서 20세기 초반기를 장식하다 사라진다.

또한 현상학은 후설에 의해 기초가 세워지고 셸러에 의해 완성되어 20세기 전반의 학문에 영향을 끼쳤으며, 기호논리학은 무어, 러셀 등에 의해 정립되어 비트겐슈타인, 카르납, 화이트헤드 등에 와서 새롭게 해석된다. 특히 비트겐슈타인은 철학의 목적을 언어비판이라고 정의하면서 20세기 철학의 극점인 언어 철학을 태동시킨다.

그리고 19세기의 반헤겔적이고 니체적인 사상에 영향을 받은 독일의 야스퍼스와 하이데거는 실존 철학을 정립시키고, 프랑스의 사르트르가 그 전통을 잇게 됨으로써 인간 실존의 문제를 20세기 철학의 중심으로 끌어들이는 데 성공한다.

생물은 스스로의 생명력에 의해 창조적으로 진화한다고 본

| | | | | | | | | | | | | | | | | | | | | | | | | | | |

베르그송 Henri Bergson

생명이 곧 신이다

1907년 베르그송은 『창조적 진화』를 출판했다. 그리고 이 책으로 그는 일약 세계적인 유명인사가 되었다. 그가 재직하고 있던 프랑스 대학의 강의실에는 학생들뿐만 아니라 지방 유지들과 관료, 그리고 명망 있는 지식인들이 자리를 가득 메웠다. 철학자인 그는 대중적인 작가들보다 더 대중적인 인물이 됐던 것이다.

이러한 그의 인기는 비단 프랑스에만 한정되지 않았다. 유럽의 모든 나라와 미국에서도 『창조적 진화』는 선풍적인 인기를 끌었다. 그래서 여행을 좋아하지 않았던 그도 1911년에는 영국에 초청받아 옥스퍼드와 버밍햄에서 강연을 했고, 1913년에는 미국 뉴욕에서 강연을 했다.

뉴욕 강연장에는 많은 학생들과 지식인들이 모여들었다. 그의 책에 감명받은 많은 독자들이 저자의 음성을 직접 들으며 『창조적 진화』를 음미하고자 했다.

"무엇보다도 분명한 것은 제가 살아있다는 사실입니다. 지금 이 순간에 산 채로 이렇게 숨 쉬고 있다는 바로 그 사실은 아무도 거부할 수 없는 자명한 사실입니다."

베르그송은 첫마디를 그렇게 시작했다. 스피커를 탄 그의 음성이 장내에 쟁쟁히 울려 퍼졌고, 사람들은 그의 몸짓과 표정에 시선을 모았다.

"그러나 우리는 지금껏 우리가 살아 움직이고 있다는 사실을 간과하고 우리의 바깥에서 우리의 근거를 찾으려 했습니다. 그러다 보니 우리는 이제 눈앞에서 벌어지는 현상과 물질, 그리고 지식적인 논리에만 집착할 수밖에 없었습니다.

가장 중요하고, 가장 현실적인 사실, 즉 우리가 살아있는 생명이라는 사실을 간과하고 있었던 것입니다. 단 한순간도 멈추지 않고 부단히 살아 꿈틀거리는 이 생명이 모든 현상의 근원이라는 사실을 잊었던 것입니다.

저도 한때는 허버트 스펜서를 숭배했습니다. 그의 유물론적인 기계론을 찬양했습니다. 그러나 기계론은 결코 저를 만족시키지 못했습니다. 왜냐하면 기계론에는 생명이 없었기 때문입니다. 그것은 단지 생명의 단면도에 불과했습니다. 마치 움직이는 물체를 사진으로 찍어, 그 사진이 물체의 전부인 것처럼 말하고 있었던 것입니다.

기계론에는 지성은 있으나 삶은 없습니다. 또한 관념론에는 논리는 있으나 생명은 없고, 인식은 있으나 존재는 없습니다. 그러나 존재가 없는 인식은 강물에 떠다니는 부유물과 같습니다. 그래서 저는 '삶은 앎에 앞서고, 의식은 인식에 앞선다.' 는 분명한 명제를 세웠습니다.

존재의 본질은 생명입니다. 존재는 '생명의 약동' 이기 때문입니다. 하지만 사고는 생명의 현상일 뿐입니다. 또한 사고에서 출발하는 논리와 논리를 기반으로 하는 지성 역시 생명의 부대현상에 지나지 않는 것입니다.

따라서 철학의 목적은 생명에 도달하는 것이며, 그것은 인간의 의식에 도달하는 것입니다. 하지만 우리는 의식이 단순히 뇌의 작용에 의해서 얻어지는 결과라고 믿고 있습니다. 그러나 저는 의식이 육체의 기계적 운동에 의해서 얻어지는 것이 아니라 생명의 힘에 의해 창조적으로 얻어진다고 생각합니다.

그렇다고 의식이 뇌에 의존하고 있음을 부정하는 것은 아닙니다. 의식이 뇌와 운명을 함께하는 것은 분명하지만, 뇌의 작용만으로는 의식을 만들어낼 수 없다고 말하고 있는 것입니다.

이것은 못에 걸어놓은 옷이 못과 함께 떨어지는 현상에 비교될 수 있습니다. 못이 빠지면서 그것에 걸어 놓은 옷이 함께 바닥으로 떨어졌다고 해서 우리는 옷이 못의 부대현상이라고 말하지 않듯이, 뇌의 작용이 멈춰 의식이 사라진다고 해서 의식이 뇌의 부대작용이라고 말할 수 없다는 것입니다. 즉, 의식은 비록 의식의 활동을 가능케 하는 육체기관과 흥망성쇠를 같이한다 하더라도 이 기관과는 명백히 구별된다는 것입니다. 단적으로 말해서 의식은 뇌의 운동과 생명의 창조적 작용에 의해서 생겨난다는 뜻입니다.

하지만 논리적 사고에 바탕을 두고 있는 지성은 다릅니다. 지성은 물질과 공간에 대한 개념과 법칙 같은 관념을 이끌어 내게 되는데, 이러한 관념은 죽은 의식에 불과합니다. 그것은 마치 살아 꿈틀대는 생명체를 사진으로 찍어 하나의 동작에만 고정시켜 놓은 것과 같습니다. 왜냐하면 지성이 관념을 끌어내는 그 순간에도 생명은 여전히 변화하고 생성되는데, 지성은 결코 생명의 그 지속적인 흐름을 잡아낼 수 없기 때문입니다. 그러므로 지성에 의존하고 있는 모든 학문과 과학은 결코 세계의 본질을 설명할 수 없습니다.

지성에 의존한 과학은 정지된 힘은 설명할 수 있겠지만, 움직이는 힘을 증명할 수는 없을 것입니다. 과학은 오히려 원자의 핵에서 에네르기(힘)가 분출되는 것을 발견하면 당황하여 어쩔 줄을 모릅니다. 기계적 작용이 없는 원자의 핵에서 힘이 발생하고 있다는 것을 어떻게 기계론으로 설명할 수 있겠습니까?

그렇다면 우리는 지성에 의존하지 않고 어떻게 생명의 흐름과 본질을 파악할 수 있을까요?

그것은 바로 직관을 통해서 가능합니다. 살아있는 것은 반드시 의식을 가졌고, 그 의식은 언제나 자유롭게 움직입니다. 다시 말해 의식은 필연적으로 자유의지를 만들어낸다는 것입니다. 자유의지를 만든다는 것은 의식이 스스로가 무엇을 하고 있는지 알고 있다는 뜻입니다. 따라서 의식은 처음부터 본질에 다가갈 수 있는 힘을 가졌다는 결론이 나옵니다. 이것이 곧 '직관'입니다. 생명의 원초적인 능력인 셈이지요.

의식적 존재가 자유롭다는 것은 바로 항상 변화한다는 뜻이기도 합니다. 의식적 존재는 끊임없이 흐르고 있고, 흐름은 곧 변화이기 때문입니다. 그리고 이러한 변화는 본질을 향해 다가가는 것이고, 그것은 곧 성숙함을 의미하며, 결론적으로 무한히 창조해 나간다는 것을 의미합니다.

끊임없이 흐르고 무한히 창조하는 것, 이것이 곧 시간입니다. 시간은 벽에 걸린 시계의 움직임이 아니라 바로 생명의 끊임없는 흐름이기 때문입니다.

모든 개체 속에서 일어나는 변화와 창조가 동일하지 않듯이 시간도 개체에 따라 다릅니다. 인간도 예외가 될 수는 없습니다. 말하자면 개개인의 시간은 다르다는 것이지요. 진행이 다르고, 성숙이 다르고, 생성과 변화가 다릅니다. 세계는 이처럼 숱한 생성과 변화, 그리고 시간과 지속으로 이뤄져 있습니다.

이것은 곧 '창조적 진화'를 의미합니다. 무(無)에서 유(有)가 올 수는 없기에, 생명이 없이는 어떠한 창조도 진화도 있을 수 없습니다. 세계의 근원에 창조적인 힘이 독자적으로 존재하면서 생성과 변화를 이뤄내지 않고는 어떠한 창조도, 진화도 있을 수 없다는 것입니다. 이 말은 다윈의 기계론적 진화론을 이길 수 있는 유일한 논리이기도 합니다.

그래서 저는 결론적으로 다음과 같이 덧붙이고 싶습니다.

모든 개체와 모든 종(種)을 실험재료로 삼는 이러한 끈질긴 창조적 생명은 바로 우리가 신이라고 부르는 것입니다. 즉 신과 생명은 동일합니다. 그리고 그 생명의 중심에 인간이 서 있습니다. 동물은 종의 습성에 갇혀 스스로를 창조적으로 발전시키지 못하지만, 인간은 자신의 의식을 자유롭게 하는 유일한 존재이기에 인간만이 근본적으로 자유로운 존재입니다."

베르그송의 관심사는 생명이었다. 생명을 설명할 수 있는 학문을 하고 싶었던 것이다. 그리고 그것은 곧 기계적 유물론과 헤겔의 절대적 관념론을 부정하는 길이기도 했다.

그 결과 지성보다는 의식을 앞세우고, 의식의 근원에 생명이 독자적으로 존재함으로써 무한한 창조적 발전을 이룰 수 있다는 '생명(삶)의 철학'을 주장하게 된다.

생명의 철학에서 가장 중요한 두 가지 개념은 '생의 약동'과 '멈추지 않는 시간'이다. 즉, 모든 물질은 생명의 영원한 비약적인 운동에 의해 추진되며, 물리학적 시간은 단지 추상적인 고안을 통한 획일적인 약속일 뿐이고 실제 시간은 끝없는 지속이라는 것이다. 따라서 그의 철학에서는 추상적 논리에 의존하고 있는 관념론과 물질세계에만 의존하고 있는 기계론은 당연히 거부된다.

그의 이러한 주장을 담고 있는 책이 『창조적 진화』다. 이 제목에서 드러나듯, 그는 모든 생물이 스스로의 생명의 힘에 의해 창조적으로 진화한다고 생각하고 있다. 그리고 이러한 진화 자체가 바로 시간이다.

때문에 그의 논리에서 생명은 절대적이다. 헤겔에게 있어서 세계 정신이 신이었다면, 그에게는 생명이 신이었던 것이다.

이런 『창조적 진화』는 19세기의 절대자로 군림했던 헤겔의 절대 정신과 반헤겔주의로부터 본격화된 현상주의와 유물론적 기계론이 판을 치고 있던 서구 세계에 엄청난 충격을 던졌다. 프랑스 대중 문학계는 이 책에 대해 격찬을 아끼지 않았고, 세계는 노벨상을 던져 주었다.

책 제목에 걸맞게 그것은 서구 사상계에 '창조적 진화'의 계기를 마련해 주었던 것이다. 적어도 1910년부터 약 20년 동안 서구인들은 그렇게 믿고 있었다. 마치 유행병처럼 서구 전역에 생명의 바람이 몰아쳤다. 하지만 이런 분위기는 제2차 세계대전을 기점으로 완전히 사라졌다. 수백만 명이 죽어간 공포의 전쟁을 겪으면서 서구인들은 더 이상 '창조적 진화'를 믿지 않게 되었다.

인간의 진화를 통한 물질문명의 발달이 얼마나 무서운 결과를 초래했는지 사람들은 체험으로 깨달았다. 그 깨달음은 가장 먼저 베르그송의 긍정적인 생명론에 대한 무관심으로 드러났다. 때문에 『창조적 진화』는 프랑스인조차도 외면하는 먼지 덮인 고전으로 전락하고 말았다. 그렇다고 해서 한때 서구 전역에 구호처럼 떠돌았던 베르그송이란 이름을 완전히 잊어버린 사람은 없었다.

베르그송은 1859년 10월 18일 프랑스 파리에서 태어났다. 그의 아버지는 폴란

드게 유태인으로 음악가이자 작곡가였고, 어머니는 북잉글랜드계 유태인으로 그에게 영어를 가르쳤다.

그가 태어난 1859년에는 다윈의 『종의 기원』이 출판되었으며, 동시대의 거장들인 후설과 듀이가 태어났다. 그러나 그는 같은 해에 태어난 『종의 기원』을 신랄하게 비판했으며, 현상학자 후설과 실용주의자 듀이와도 완전히 다른 길을 선택했다.

처음에 그는 수학과 물리학을 공부했다. 이 과정에서 근대과학의 실상과 한계를 맛보았고, 결국 과학의 배후에 숨어 있는 형이상학에 대한 접근을 시도한다. 그는 아주 자연스럽게 철학도의 길로 접어들게 된 것이다.

대학을 졸업한 후 그는 클레르몽 페랑 고등학교에서 철학교사로 지냈고, 여기에서 최초의 저작 『의식에 직접 주어져 있는 것에 대한 시론』을 썼다. 그리고 8년 후 두 번째 저서 『물질과 기억』을 발표하면서 세인들의 주목을 받기 시작하여 고등사범학교 교수가 되었고, 다시 프랑스 대학으로 자리를 옮길 수 있었다.

하지만 그의 가장 대표적인 저서는 역시 1907년에 내놓은 『창조적 진화』였다. 『창조적 진화』는 인기 있는 소설에 버금갈 정도로 많이 팔렸고, 덕택에 그는 세계적인 명성을 얻게 되었다. 이 책 한 권으로 그는 하룻밤 사이에 일약 철학계의 가장 인기 있는 인물이 되었던 것이다.

이러한 인기에 힙 입어 그는 1911년에는 옥스퍼드와 버밍햄의 강연에 연사로 참여했고, 1913년에는 미국에 초빙되어 뉴욕에서 강연을 했다.

그런데 1914년 가톨릭 교황청이 그의 책들을 금서목록에 올렸다. 가톨릭 신자가 아닌 사람의 저작에 대해 교황청이 그런 결정을 내린 것은 참으로 이례적인 일이었다. 교황청으로서는 가톨릭 혁신주의자들 사이에 베르그송의 사상이 지대한 영향을 끼치고 있는 것을 구경만 할 수 없었던 것이다.

그러나 교황청의 이러한 결정은 오히려 『창조적 진화』의 인기를 신장시키는 역효과를 낳고 말았다.

명성이 드높아진 그는 제1차 세계대전 동안 시사적인 논문들을 발표하여 대중들의 주목을 끌었고, 1917년 2월에는 미국으로 외교여행을 떠나기도 했다. 그의 임무는 미국이 전제주의에 대항하여 전쟁에 참여해야 한다고 미 행정부와 대통령을 설득하는 일이었다. 그의 이런 노력이 어떤 영향을 끼쳤는지 평가하기 어렵지만, 1918년 미국은 결국 참전했다.

전쟁이 끝난 뒤, 그는 '지적 협력에 관한 국제협의회' 의장으로 활동했고, 1919년에는 정신과 육체에 관한 논문들을 모아 『정신적 에너지』를 출판했으며, 1922년에는 아인슈타인과 상대성이론의 의미와 결과를 논한 『지속과 동시성』을 출간했다.

이후 1927년에는 노벨문학상을 받았으며, 1932년에는 『도덕과 종교의 두 원천』을, 그리고 2년 뒤에는 『사유와 운동』을 내놓았다.

그리고 제2차 세계대전이 발발한 후 나치에 의해 프랑스가 점령당하자 유태인으로 등록받기 위해 오랫동안 줄을 서 있다가 폐렴으로 사망했다. 1941년 1월 3일, 나치 치하에 있던 파리에서 그는 82세를 일기로 생을 마감했던 것이다.

삶의 철학은 비단 베르그송이 독자적으로 일으킨 것은 아니었다. 비록 그의 『창조적 진화』에서처럼 우주적 생명을 철학의 과제로 삼지는 않았지만 프랑스의 블롱델은 행동을 중심으로 한 삶의 철학을 형성했고, 독일의 딜타이, 짐멜, 오이켄, 트뢸치 등은 삶을 삶 자체로 이해하려는 정신과학적인 삶의 철학을 주창했다. 또한 슈펭글러, 클라아게스 등은 자연과학적인 삶의 철학을 내세우기도 했다.

이런 삶의 철학은 이제 실존주의에서나 일부 찾아볼 수 있을 뿐 현대철학에서는 그다지 관심을 보이지 않고 있다.

현상 자체만으로 객관성을 확보할 것을 주창한

| | | | | | | | | | | | | | | | | | | | | | | | | | | | | | |

후설 Edmund Husserl

사태(사실), 그 자체로 돌아가라!

나는 하나의 세계를 알고 있다. 그것은 끝없이 펼쳐진 공간과 끝없이 생성하는 시간의 세계이다. 내가 이러한 세계를 알고 있다는 말은 내가 이 세계를 직관을 통해 직접 깨닫고, 경험하고 있다는 뜻이다.

공간 속에 있는 (물체적) 사물들은 단지 여러 가지 감각적 지각, 즉 시각, 촉각, 청각 등의 작용을 통해서 '단순하게 거기에 있는' 것일 뿐이다. 말하자면 모든 사물은 말 그대로 내 손 앞에 '있는' 것이다. 물론 그것은 내가 그 사물들과 사고적·관찰적·감정적·의욕적으로 관계되어 있든 그렇지 않든 상관없다.

인간 역시 나에게는 단지 직접적으로 '거기에 있는' 존재일 따름이다. 나는 직접적으로 '거기에 있는' 사람들을 쳐다보고, 그들의 소리를 듣고, 그들의 몸을 만져보고, 그들과 대화하면서 그들이 무엇을 생각하고, 또 표상하고, 어떤 감정을 가지며, 무엇을 희망하는지를 파악한다. 그들 역시 나에 대해 마찬가지일 것이다. 내가 그들에게 주목하는 것과 상관없이 나는 그들에게 '거기에 있는' 존재로서 그들의 손 앞에 있는 것이다.

또한 그들도 다른 모든 대상들과 마찬가지로 반드시 내 지각의 영역 속에 있어야 하는 것은 아니다. (중략) 다시 말해서 내 의식이 내 손 앞에 있는 모든 것을 담을 수 있는 것은 아니라는 뜻이다.

오히려 이 세계는 고정된 존재들이 무한으로 펼쳐져 있다. 그 중에는 현실적으로 뚜렷하게 지각된 것과 그렇지 않은 것이 있다. 또한 뚜렷하게 지각되어 명백하게 규정된 것 속에도 명료하지 않은 것이 있으며, 또 그 명료한 것의 주변에도 규정되지 않은 불투명한 것들이 둘러싸고 있다.

나는 그 불투명한 시계(視界) 속으로 주의력을 집중시킨다. 그러면 명료하지 않던 것들이 점차 명료해지고, 결국 뚜렷한 것들이 보인다. 이와 같은 회상의 사슬은 지속되고, 명료하게 규정되는 범위는 점차 확대되어, 어떤 것을 중심으로 주위가 뚜렷해지는 것이다. 이러한 것들은 분명 의식과 관련이 있다.

하지만 저마다 결과는 다르게 나타날 수 있다. 명료하지 않은 것들이 모든 가능성과 개연성을 가지고 있기 때문에 형식적인 측면에서는 일치되나 본질적인 측면에서는 일치를 이룰 수 없는 까닭이다. 본질 주위에 규정되지 않은 것들이 짙은 안개를 형성하고 있어 시계는 언제나 불투명하다.

시간적 양상에서도 이런 공간적 불투명성은 똑같이 드러난다. 내 손 앞에 있는 (공간적) 세계와 '지금 막' 깨닫는 (시간적) 세계는 두 가지 방향으로 무한한 시간적 시계를 형성한다. 즉, 알고 있는 과거와 아직 알지 못하는 현재, 그리고 직접적으로 생생한 과거와 불확실한 미래 등의 두 방향이다.

그럼에도 불구하고 손 앞에 있는 것들을 (직관할 수 있게 하는) 경험의 순간에 나는 자유롭게 움직여 나를 둘러싸고 있는 현실을 더듬어 볼 수 있다. 이것은 공간과 시간 속에서 내가 스스로 입장을 변경하고 시선을 돌려 시간적인 순서를 변화시킬 수 있다는 뜻이다. 말하자면 나는 끊임없이 새롭고 명료한 지각과 표상을 스스로 획득할 능력을 가진 것이고, 또한 시간과 공간 속의 고정적인 질서 내에서 (항상 가능성과 개념성을 지니고 있는) 불투명한 것들을 직관할 수 있게 된 것이다.

이렇게 해서 (뚜렷하게 의식이 깨어 있는 상태를 전제로) 나는 비록 세부적인 사항들이 다른 경우에도 역시 똑같은 세계와 관계하고 있는 나 자신을 발견한다. 이 사실은 결코 변경될 수 없는 것이다.

따라서 이 세계는 항상 나의 손 앞에 '있다'. 그리고 나 자신도 항상 이 세계의 구성원이 되어 있다. 또한 이 세계는 단순히 나의 사상적 세계로만 존재하는 것이 아니라 가치의 세계와 복리의 세계, 그리고 실천적 세계로서 '거기에 있는' 것이다.

나는 손 앞에 있는 것들에 대해 사상적인 세계를 인정하고 있는 것과 마찬가지로 '아름답다', '추하다', '적절하다', '부적절하다', '유쾌하다', '불쾌하다' 등의 가치의 세계를 인정한다. 그리고 사물은 직접적으로 사용되는 객관적 대상으로서 '거기에 있다'는 실천적 세계도 인정한다. 예를 들자면 책을 올려놓은 책상, 컵, 꽃병, 피아노 등은 객관적인 대상으로 거기에 있다는 것이다.

이러한 가치적 성질이나 실천적 성질 역시 손 앞의 대상이나 또 다른 일반적인 대상이 나와 관계하든 하지 않든 '손 앞에 있는 대상 그 자체의 구성원'이다. 이 것은 일반적인 사물은 물론이고 동물이나 인간도 예외가 될 수 없다.

―『이념들』 2부 1장 서두에서

이 글은 후설의 『이념들(Ideen)』 2부 1장의 「순수 현상학의 일반적 서론」 서두 부분이다.

장황하게 늘어놓고 있는 이 서두를 요약하면 요지는 간단하다. 그는 스스로가 공간과 시간 속에 있다는 사실을 전제로, 그 시간적·공간적 세계 속에서 스스로가 사물에 대하여 직관할 수 있는 능력이 있다는 것을 증명하고 있다. 또한 직관능력이 있는 자신 역시 객관적인 세계 속에서 하나의 대상으로 존재하고 있음을 확인시키고 있다.

사람이 직관능력이 있고, 또 그 사람이 세계 속에 객관적 대상으로 존재하고 있다는 사실을 증명하려 하는 것은 후설 철학의 중심이 되는 본질 개념에 도달하기 위함이다.

즉, 직관을 통해서 사물의 본질에 도달할 수 있다는 것을 증명함으로써 직관의 객관성을 확보하고자 했던 것이다.

그의 이런 시도는 우선 심리학주의에 대한 반대로부터 시작된다. 심리학주의는 그 사고 영역이 유물론적 논리학에 바탕을 두고 있다는 측면에서 경험론의 아들이다.

심리학주의에서는 논리학의 법칙들을 사고의 습관, 그리고 생각의 경제적 실천을 고려한 사실의 법칙으로 한정짓는다. 말하자면 학문과 진리를 논할 때 그것은 언제나 주관과 주관의 심리적인 과정에서 출발하고 있기 때문에 객관, 즉 보편성을 인정하지 않는다. 때문에 심리학주의자에게 있어서 내적인 본질이란 유명무실하거나 아예 논의 가치가 없는 것이다. 그러다 보니 자연히 상대주의나 유명론 또는 허구설 등에 빠질 수밖에 없었다.

후설은 이러한 심리학주의에 반기를 들었다. 그는 수학적인 판단을 바탕으로 개인의 심리적인 사고행위와 객관적인 사고내용은 구별되어야 한다고 주장한다. 만약에 객관적인 사고내용이 받아들여지지 않는다면 '2 + 2 = 4'라는 수학적 사실 역시 단순히 주관적 판단으로 봐야 하기 때문이다.

그는 이런 생각을 바탕으로 이렇게 말한다.

'사고의 습관은 분명히 심리학, 인간학 및 사회학의 대상이 될 수 있다. 그러나 사고의 습관이 원래부터 논리적인 것은 아니며, 따라서 진리와 학문을 기초할 수 없다.'

그는 경험에서 비롯된 주관을 학문의 영역에서 걷어내려 했다. 순수 현상만을 인정함으로써 명확하고 분명한 객관적인 현실만을 받아들이자는 논리였다. 즉, 모든 철학의 영역에서 '사태 그 자체로 돌아가야 한다.'는 뜻이다. 이것이 흔히 부르짖는 '객관과 본질로의 전환'이며, 곧 현상학의 과제이다.

사태 그 자체로 돌아가라! 이것은 현상학의 구호였다. 다시 말해 아무런 선입관도 없이 사물들 자체가 표현하게 내버려 두는 것이다.

사물들 자체의 표현, 즉 본질에 접근하는 유일한 길은 직관이다. 본질에 이를 수 있는 이 직관을 그는 '본질직관'이라고 했다.

이러한 본질직관은 경험과 무관해야 하므로 당연히 선험적이어야 하며 인간의 내부에 있다. 그리고 여기에 의존하고 있는 현상학은 모든 것에 대한 확인을 함에 있어 순수한 내적인 직관으로서 스스로에게 주어져 있는 영역을 넘어서는 것을 거부한다.

이러한 견해는 기본적으로 칸트의 선험철학과 연관되어 있다. 어떠한 경험적인 것들의 영향도 받지 않는 순수한 직관, 그것은 선험적 관념과 다르지 않기 때문이다.

선험적인 관념 역시 본질적으로는 주관적인 의식이다. 이런 의미에서 칸트는 판단에 있어 주관적인 의식을 넘어서지 않아야 한다고 생각했다. 이러한 생각은 흄의 경험론에 따른 것이다. 따라서 후설의 현상학 역시 경험론으로 돌아가고 있음을 알 수 있다.

그가 그토록 반대하고 있었던 심리학주의가 경험론의 아들임을 감안할 때 현상학이 경험론을 따르고 있는 것은 다분히 모순적이다. 하지만 그가 경험론의 전부를 수용한 것이 아니라 경험론으로부터 야기된 선험철학적 경향만을 받아들이고 있기 때문에 현상학을 경험론에 동조하는 철학으로 보는 것은 잘못이다.

후설의 현상학에서 가장 중요한 것은 주관적인 의식이 아니라 무엇보다도 객관적인 직관이다. 이는 곧 아무것도 섞이지 않은 순수한 자아로 돌아가야 한다는 뜻이기도 하다. 즉, 모든 것에 대한 판단에 있어서 인간의 선입관을 바탕으로 한 간섭을 배제하고 본질직관을 통해 현상 자체만으로 객관성을 확보하는 것이 현상학의 목적이다. 이러한 목적을 달성하기 위한 전제로 현상학자들은 '사태, 그 자체로 돌아가라!' 고 부르짖은 것이다.

이런 현상학적 개념을 정립한 후설은 1859년 4월 8일 당시 오스트리아령이었던 체코 프로스티츠의 유태인 가정에서 태어났다.

그는 처음에는 라이프치히 · 베를린 · 비인 대학 등에서 수학을 전공했다. 그러나 수 개념의 본질에 대해 연구하다가 철학에 접근하게 된다.

브렌타노, 프레게 등의 영향 아래서 철학을 시작한 그는 심리학에 대한 반감을 갖기 시작했다. 당시 많은 학자들이 수학의 뿌리가 심리학에 닿아 있다고 생각했는데, 그는 이를 비판하면서 현상학적 개념을 정립하기 시작한다.

그래서 할레 대학의 강사로 있던 시기인 1887년에서 1901년 사이에는『수 개념에 관하여』,『산술의 철학』,『논리 연구 - 순수논리학』,『논리 연구 - 현상학과 인식 이론의 연구』등의 다분히 수학적인 글들을 내놓던 것이 괴팅겐 대학으로 옮긴 1901년 이후에는『논리 연구 - 인식의 현상학적 해명의 기본』,『내적 시간 의식의 현상학 강의』,『현상학의 이념』,『엄밀한 학문으로서의 철학』,『순수 현상학과 현상학적 철학의 이념들』등의 현상학적인 내용으로 바뀐다. 그리고 1916년 이후, 즉 프라이부르크 대학 시절에는『이념들』,『형식논리학과 선험논리학 - 논리적 이성 비판 시론』,『데카르트적 성찰』,『유럽 학문의 위기와 선험적 현상학』등을 통해 칸트적인(선험적인) 현상학을 시도하게 된다. 이런 저작을 내놓고 그는 1938년 79세를 일기로 세상을 떠났다.

선험적 현상학은 모든 것에 대한 판단을 인간의 내부에 맡긴다는 사실을 고려할 때 후설의 철학은 내재적인 문제에 한정되어 있었다. 말하자면 모든 것에 대해 인간의 내부로 한정시키는 울타리를 치고, 외재적인 문제 즉, 인간, 신, 세계 등은 외면했던 것이다.

후설의 이런 내재철학적 한계를 극복한 사람은 막스 셸러(Max Scheler, 1874~1928년)였다. 셸러는 모든 것이 자체의 독자적인 가치를 지녔다는 전제를 세우고, 후설의 선험적 직관을 가치 직관으로 대체한다.

말하자면 모든 것에는 이미 가치들이 붙어 다닌다는 것이다. 그래서 인간은 스스로 가치 있는 것을 느끼는 감각을 지니게 된다. 때문에 인간에게는 무조건적인 명령은 필요 없어졌다. 스스로 가치 직관을 통해 행동 방향을 결정할 수 있기 때문에 통제받을 이유가 없다는 것이다.

모든 것의 가치는 낡지도 않고, 새롭게 되지도 않는다. 단지 사람들은 이미 있는 가치들을 발견할 뿐이다. 가치에 있어서는 태어나고 죽는 것은 없고, 다만 발견만 있다는 뜻이다. 감각적인 사물들은 지각이 되고, 개념들은 생각이 되고, 가치들은 느껴진다는 것이다.

따라서 셸러에게 있어서는 자아와 인격도 이미 완성되어 있는 것이다. 다만 완전히 발견되지 못해 완성이 미뤄지고 있는 것뿐이다. 그러나 가치들을 실현시켜 나감으로써 언젠가는 완성에 도달하게 될 것이다.

이러한 가치 감각과 본질에 대한 앎이 정신이다. 그리고 정신을 형성하는 기본적 토대는 충동이다. 인간의 근본적 충동이 모든 힘의 원천이라는 것이다. 또한 충동은 신의 속성에 속한다. 때문에 셸러에게 있어서 신은 이미 완성되어 있지만 가치들이 아직 완전히 발견되지 않았기에 완성되고 있는 중이다. 그것은 마치 인격이 완성되어 가고 있는 것과 같은 이치다.

이렇게 해서 현상학은 내재적인 문제와 외재적인 문제를 포괄하게 된다. 후설에 의해 기초된 현상학은 셸러에 의해 비로소 완성에 도달한 셈이었다.

이러한 현상학적 개념은 알렉산더 펜더, 가이거, 라이나호, 힐데브란트, 베커 등의 학자들에 의해 계승 발전되고, 일부 이론이 하이데거에 의해 실존주의로 흡수되면서 20세기 철학의 토대가 된다.

실용주의와 진화론을 바탕으로 도구주의를 역설한

| | | | | | | | | | | | | | | | | | | | | | | | | | | | | | | |

듀이 John Dewey

철학은 사회적 투쟁을 처리하는 도구이다

도덕이나 철학은 그 최초의 사랑, 즉 선(善)의 유모격인 '지혜에 대한 사랑 (Philosophy)'으로 돌아가야 한다. 다시 말해서 탐구와 음미에 대한 많은 특수한 방법을 갖추고 있고, 대량의 조직화된 지식을 소유하고 있으며, 현재까지 획득한 모든 가치에 만인을 흡수할 수 있는 힘을 가진 산업, 법률, 교육 등을 하나로 집 중시킬 수 있는 소크라테스적 원리(지행합일의 원리)로 돌아가야 한다는 뜻이다.

－『철학에 미친 다윈의 영향』

이러한 지행합일을 보장해 주는 실험적인 노력을 함에 있어 철학은 관념들을 아주 명확하게 활용하여 실천의 이론을 구축해야 한다. －『확실성 탐구』

데카르트는 '물질적 사물의 본성은 한순간에 완성된 완전한 상태로 만들어졌 다고 생각하는 것보다는 점차적으로 발달해 왔다고 보는 것이 낫다.'고 말했다. 그리고 그 후로 우리는 근대 세계를 지배하게 된 논리, 즉 다윈의 『종의 기원』을 최고의 과학적 업적으로 받아들이는 논리를 얻게 되었다.

-『철학에 미친 다윈의 영향』

　　의사 또는 기술자는 자신이 다루고 있는 것에 대해 아는 것만큼 사상과 행동의
자유를 알게 된다. 이런 원리에서 우리는 자유를 얻어내는 열쇠를 찾아낼 수 있
을 것이다.
-『인간성과 행위』

　　철학을 전문으로 하지 않는 사람들이 가장 알고 싶어 하는 것은 산업, 정치,
과학 등의 새로운 전개가 우리의 지적 유산에 어떤 변화를 일으키는가 하는 것이
다. (중략) 따라서 철학의 과제는 사회적·도덕적 투쟁에 대한 인간의 관념을 명
료하게 하는 일이다. (중략) 철학의 목적은 바로 이러한 투쟁을 처리하는 도구가
되는 것이다. (중략) 앞날을 내다보며 서로 대립된 생활의 요인들을 조정하는 보
편적인 이론이 바로 철학인 것이다.
-『창조적 지성』

이 다섯 개의 짧은 발췌문은 듀이의 철학이 어디에서 시작하고 있으며, 어디
로 향하고 있는지를 분명하게 보여 준다.

듀이 철학의 출발은 윌리엄 제임스의 실용주의와 찰스 다윈의 진화론이다. 철
학의 가치는 단순히 주어져 있는 대상을 파악하는 데 있는 것이 아니라 실용성
에 있다는 프래그머티즘의 구호에다 생물학적 진화 원리를 응용했던 것이다.

그는 다윈주의에 기초해 인간의 육체는 물론이고 정신까지도 생존경쟁을 통
해 낮은 형태로부터 진화해 온 기관의 하나로 보았다. 따라서 그에게는 초자연
적인 인과관계나 신은 중요하지 않았다. 오직 자연 환경이 모든 것을 결정하는
요체였다. 그리고 인간과 인간 사회도 자연 환경의 일부에 지나지 않는다.

그에게 형이상학은 신학의 다른 이름에 불과했기에, 형이상학이 그대로 유지
되는 한 중세는 여전히 지속되는 것과 같았다. 그는 이러한 중세적 경향을 철저
히 배제시키며 자연주의적 관점에 따라 자신의 사상을 정립해 나갔다. 자연주의
적 관점이 모든 분야에서 채택될 때 비로소 현대가 시작된다는 것이 그의 지론

이었기 때문이다.

이것은 단순히 정신을 물질로 환원하려는 행동이 아니다. 다만 정신과 생명은 신학적 개념으로는 설명될 수 없고, 생물학적 개념으로 설명되어야 한다는 뜻이다.

예를 들면 그는 뇌를 세계를 인식하는 기관으로 본 것이 아니라 단지 행동기관의 하나라고 주장한 것이다. 따라서 생각은 팔이나 다리, 또는 치아와 마찬가지로 하나의 기관에 지나지 않는다.

말하자면 사고를 하나의 기관으로 보고, 그것에 다윈의 진화론을 대입하고 있는 것이다. 환경의 변화에 따른 적응을 위해 사고 역시 손이나 다리, 또는 척추나 치아처럼 진화해 왔다는 의미다.

생물이 환경에 적응하기 위해 진화를 지속하고 있는 것은 살아남기 위한 것이며, 살아남으려는 노력은 생물이 취할 수 있는 가장 현실적인 행위다.

듀이는 이런 가장 현실적인 행위를 인간에게 대입하여, 가장 현실적인 인간과 가장 현실적인 사회를 이룩하려 하였다. 때문에 철학도 가장 현실적인 인간 사회를 건설하기 위한 도구로 사용되어야 한다. 이것이 그의 '도구주의' 다.

그의 도구주의에서는 모든 것이 진화의 과정에 있다. 도덕과 윤리, 정치와 학문 등도 예외가 될 수 없다. 진화론에서는 모든 생물은 진행 상태에 있기 때문에 완전한 상태가 있을 수 없다. 마찬가지로 도구주의에서도 완전성은 없고, 다만 완성, 성숙, 세련의 영속적인 과정만이 있을 뿐이다.

이런 논리는 도덕적인 가치관에도 적용된다. 즉, 항상 선한 사람도 없고, 항상 악인도 없다. 비록 과거에는 착했다 하더라도 현재 악한 모습을 보이고 있으면 그는 점차 악해지고 있는 것이다. 그리고 반대로 과거에 아무리 악한이었다 하더라도 현재 착한 모습을 보이고 있으면 그는 점점 착해지고 있는 자다.

이데올로기에 있어서도 마찬가지다. 사회주의가 한때 좋았다 하더라도 현재 좋지 않다면 그것은 좋지 않은 것이다. 예술, 종교, 노동, 무역 등에도 이런 논리는 그대로 적용된다.

그렇다면 무엇이 좋은 것이고, 무엇이 나쁜 것인가? 이 물음에 대해 듀이는 분명하게 대답한다. 현재 상태에서 인간(자신)을 이롭게 하는 것은 좋은 것이고, 인간(자신)을 이롭게 하지 않는 것은 좋지 않은 것이다. 또한 인간은 실용적인 것을 이로운 것이라고 생각하고 있기 때문에 현실에서 인간에게 실용적인 것은 좋은 것이고, 비실용적인 것은 좋지 않은 것이다.

이처럼 그에게는 모든 게 단지 진화하는 과정에 있다. 진화란 환경이 달라지면 적응하기 위해 스스로를 변화시켜 살아남으려 하는 노력이기에 항상 절대적인 선택은 없다. 단지 그 현실에서 어떤 것이 더 실용적인가 하는 것이 관건이다. 모든 생물은 반드시 실용성을 향해 움직이기 때문이다.

철학도 마찬가지다. 철학이 현실과는 무관하게 과거의 진리에만 집착해 있다면, 또 철학이 인간 생활과는 거리가 먼 신의 문제에만 집착해 있다면 그 철학은 쓸모없는 철학이다.

철학은 철저하게 세속화되어 있어야 하며, 지상에서 벌어지는 모든 일에 대해 해명하고, 그 일을 실용적인 방향으로 이끌어 가는 것을 유일한 소임으로 삼아야 한다.

법적·도덕적·상업적 문제로 인해 벌어지는 싸움을 해결해 주고 더 나은 방향을 제시해 주지 못하는 철학은 무익한 철학인 것이다. 철학은 오직 사회의 여러 가지 문제를 해결하기 위한 도구로 쓰일 때 진정한 가치가 있기 때문이다.

이렇게 해서 철학은 인간의 사회적·도덕적 문제에서 발생하는 투쟁을 조정하고 처리하기 위한 도구임이 명확해진다. 마치 생물의 육체가 실용적인 이유로 진화해 온 것과 같은 이치로 철학도 살아남기 위해 무한히 진화하고 있는 것이다.

듀이가 이처럼 다원주의와 실용주의를 중심으로 자신의 도구적 철학을 주창하게 된 것은 그의 인생 역정과도 깊은 관련이 있다.

듀이는 1859년 10월 20일 미국의 버몬트주에 있는 벌링턴에서 태어났다. 그의 조상은 영국계 이주민으로 아버지 존은 농사를 짓다가 벌링턴으로 이사한 뒤에는 가게를 운영했다.

때문에 듀이는 학교 공부보다는 일에 익숙했다. 경제적으로 풍족하지 못했던 그는 책을 사기 위해 때로는 신문을 배달하고, 목재상에서 종업원으로 일하기도 했으며, 친척의 농장에서 나무를 심기도 했다.

유년기의 이런 체험은 그의 가치관에 많은 영향을 끼친 것으로 보인다. 말하자면 그는 아주 어릴 때부터 일과 학문이 유기적으로 연계된 상황 속에 있었던 것이다.

그는 15세에 고등학교를 마치고 버몬트 대학에 입학하였다. 그곳에서 그는 그리스어, 라틴어, 고대사, 기하학, 해석학, 수학, 지질학, 생물학 등을 배웠다.

당시 미국에는 대학에서 진화론자인 헉슬리의 책이 교과서로 채택될 정도로 진화론적 사고관이 팽배해져 있었는데, 그도 콩트의 실증주의와 더불어 다윈주의에 매료되어 있었다.

대학을 마친 후 그는 2년 동안 고등학교 교사로 있었으며, 그 후에는 잠시 동안 초등학교에서 교편을 잡기도 하였다. 하지만 그는 결국 철학을 하기 위해 대학으로 돌아갔다.

1882년 그는 철학을 공부하기 위해 당시 미국에서 유일하게 대학원 과정을 개설했던 존스홉킨스 대학에 입학했다. 존스홉킨스 대학에서 그는 모리스 교수로부터 헤겔의 관념론을 배우고 철학에 눈을 떴다. 그리고 대학원을 마친 후에 모리스의 추천에 힘입어 미시간 대학의 강사로 출강하게 된다.

1894년에 출판된 제임스의 『윤리학 연구』와 『심리학의 제원리』를 읽기 전까지는 그도 그저 일반적인 철학강사와 다를 것이 없었다. 하지만 제임스의 실용주의 철학을 대하고부터 그는 달라지기 시작했다.

제임스는 찰스 퍼스가 주창한 프래그머티즘 이론에 실천성을 부여하고, 프래그머티즘적인 종교와 진리를 이끌어내고 있었다. 듀이는 제임스의 이런 실용주의사상을 접하자 곧 그의 추종자가 되었다. 말하자면 제임스는 듀이 자신의 표현대로 '정신적 조상'이었던 것이다.

제임스에 대한 몰입은 1910년에 『사고의 방법』을 출간하는 것으로 이어진다. 이 책은 논리학적이고, 심리학적인 내용을 담은 교육방법에 대한 저술이었다. 그리고 1916년에 내놓은 『민주주의와 교육』에서 그는 본격적으로 교육문제에 접근하기 시작한다. 이 책은 실천적인 교육의 실현을 역설하여 미국인들에게 듀이의 이름을 각인시킨 것이기도 하다.

그리고 1922년에는 『인간성과 행위』, 1925년에는 『경험과 자연』, 4년 뒤에는 다시 『확실성의 탐구』 등을 통해 진화론적 사고관에 바탕을 둔 도구주의적 도덕 철학을 확립하게 된다. 또한 1934년에 내놓은 『경험으로서의 예술』과 『공통의 신앙』에서는 그간 별로 관심을 보이지 않았던 예술과 신앙에 관한 이론을 전개하고 있다. 그리고 1939년 80세의 노익장을 과시하며 출간한 『평가의 논리』에서는 자신의 가치 철학을 종합적으로 체계화하고 있다.

그는 명예나 명성에는 별로 관심을 보이지 않았다. 하지만 그의 명성은 동양에까지 알려졌다. 북경 대학이 그에게 명예학위를 주면서 '제2의 공자'라고 칭송할 정도였고, 일본에서도 훈장을 보냈다. 하지만 그는 일본 정부가 비민주적이라고 해서 일본에서 보낸 훈장을 사양했다.

또한 그는 검소하고 성실했다. 그래서 대학에서 정년퇴임한 이후에는 손수 닭을 키우며 계란을 팔러 다니기도 했다.

실천과 실용성을 최고의 가치로 내세운 자신의 사상을 현실에서 실행하는 데 주력했던 것이다. 그래서 시카고 대학에 재직할 때는 실험학교를 운영하여 새로운 학교상을 정립하려 했고, 교육자의 권익을 위해 교원조합을 조직했으며, 1940년 81세 때에는 '세계문화 자유회의 미국 본부'를 조직하여 지도하기도 했다. 그리고 1951년 92세의 나이로 생을 마감할 때까지 이러한 그의 사회참여는 계속된다.

그는 자유민주주의를 좋아하지는 않았지만 결코 사회주의를 옹호하거나 공산국가의 계급 혁명을 찬성하지도 않았다. 또한 그는 결코 어떤 정당이나 단체에 매이지도 않았다. 그는 자신의 이론에 따라 현실에 가장 필요한 정당을 지지했다. 그래서 어떤 때는 민주당을 지지하기도 했고, 또 어떤 때는 사회당을 밀기도 했다. 그리고 루스벨트의 지지기반이었던 노동당이 분열되어 자유당을 창립했을 때 가담했는가 하면 민주당과 공화당 외에 새로운 진보당이 있어야 함을 꾸준히 역설하기도 했다.

이러한 그의 입장 변화는 마치 동물들이 환경 적응을 위해 끊임없이 진화의 과정을 거치는 것과 유사했다. 그는 사회적인 정당조차 진화하고 있다고 믿었던 것이다. 말하자면 정당은 사회의 실용성을 구현하기 위한 도구에 불과했던 셈이다.

이런 의미에서 그의 철학은 가장 미국적인 철학이라고 할 수 있다. 20세기가 계약과 약속을 통한 실리적인 국가를 지향하고 있다면, 그것에 가장 근접한 국가는 미국일 것이고, 또한 그러한 미국의 행동반경을 제시해 준 대표적인 사상이 프래그머티즘에 기반을 둔 도구주의였기 때문이다.

언어의 명료화를 추구한 분석의 천재

비트겐슈타인 Ludwig Wittgenstein

모든 철학은 언어의 비판이다

1 세계는 사실의 총체이다.

2 사실 그것은 사건들의 발생이다.

2.1 우리는 사실을 그린다.

(중략)

2.141 하나의 그림은 하나의 사실이다.

(중략)

2.2 그림은 그것이 묘사하고자 하는 것과 논리적·표상적 형식을 공통으로 가진다.

(중략)

3 사실들에 대한 하나의 논리적 그림은 하나의 생각이다.

4 하나의 생각은 의미를 가지고 있는 하나의 명제이다.

4.001 명제들의 총화는 언어이다.

(중략)

4.0031 모든 철학은 어떤 의미에서 '언어의 비판'이다. 명제의 외관적 논리형식이 반드시 그 진정한 논리형식은 아니라는 것을 증명해 보인 사람은 바로 러셀이었다.

4.01 하나의 명제는 실재에 대한 하나의 그림이다.

하나의 명제는 우리의 사고에 따른 실재에 대한 하나의 모델이라는 것이다.

(중략)

4.021 명제는 실재에 대한 그림이다. 왜냐하면 내가 명제를 이해할 때 나는 그 명제가 표현하는 상황을 파악한다. 그리고 나는 그 명제의 의미를 모르고서도 그 명제를 이해할 수 있기 때문이다.

(중략)

4.0311 하나의 이름은 하나의 사물을 나타내고, 다른 이름은 다른 사물을 대표한다. 그 사물들은 서로 관련되고, 이러한 방식으로 모두가 모이면 활극 같은 사태가 된다.

(중략)

6 대답이 단어들에 담아질 수 없다면 물음도 단어들에 담아질 수 없다.

수수께끼는 존재하지 않는다.

그러므로 물음이 제기될 수 있다면 또한 그것에 대한 대답도 가능하다.

(중략)

6.52 가능한 과학적 물음들이 모두 답해졌다 하더라도 인생의 문제는 완전히 그대로 남아 있을 것으로 생각된다. 물론 아무런 물음도 남아 있지 않다면 이것이 바로 그 대답일 것이다.

6.521 인생의 문제에 대한 해결은 그 문제의 소멸에서 찾아진다.

6.522 단어들에 담아질 수 없는 것들이 있다. 그것들은 스스로 드러내는 것들로서, 신비로운 것들이다.

6.53 철학의 올바른 방법은 다음과 같은 것이다 : 말할 수 있는 것 외에는 아무 말도 하지 않아야 할 것이다. 말할 수 있는 것이란 자연과학의 명제들이며 이 외에는 철학과는 아무런 상관이 없는 것들이다. 또한 어떤 사람이 어떤 형이상학

적인 것을 말하고자 할 때 철학은 그 사람에게 그가 사용하는 명제의 어떤 부호에도 의미를 부여하고 있지 않다는 사실을 지적해 주는 것이다. 우리는 그에게 철학을 가르쳤다는 느낌을 갖지 못할 수도 있고, 또 만족스러운 행동도 아닐지 모르지만 이 방법이야말로 엄밀한 표의를 위한 유일한 방법이라 할 것이다.

　　6.54 나의 명제들은 다음과 같은 의의를 지니고 있다 : 나의 명제들을 이해하게 된 사람들은 이 명제들을 발판으로 이 명제들을 극복하게 될 것이고, 결국 이 명제들이 무의미하다는 것을 깨닫게 될 것이다. (말하자면 나의 독자는 사다리 끝까지 올라온 다음에 그 사다리를 뒤로 밀어버려야 한다.)

　　나의 독자는 이 명제들을 초월해야 한다. 그때 비로소 그는 세계를 똑바로 바라볼 수 있을 것이다.

　　7 말할 수 없는 것에 대해서는 침묵을 지켜야 한다.

마치 성경 문구처럼 서술된 이 글은 비트겐슈타인이 생전에 출판한 유일한 저작물인 『논리 - 철학논고』의 일부분이다.

그의 성격과 철학적 가치관이 그대로 반영된 이 글은 1918년 8월에 완성됐다. 당시는 제1차 세계대전 중이었고, 비트겐슈타인은 오스트리아의 포병부대에 입대한 상태였다. 동부전선에 배치된 그는 전공을 세워 몇 차례 훈장을 받기도 할 만큼 성실한 군인이었고, 한편으로는 철학도였다. 1913년 이후 그는 '철학은 무엇인가?' 라는 물음에 매달려 있었고, 전쟁터에서 기어이 『논리 - 철학논고』를 완성했다.

하지만 그는 그해 11월에 남부 티롤전선에서 이탈리아군에게 포로로 붙잡혔다. 그러나 몽테카지노의 포로수용소에 갇힌 상태에서도 그는 자신이 쓴 글을 책으로 출판해야 한다는 의지를 굽히지 않았다. 그리고 운 좋게도 그의 글은 스승 러셀에게 보내졌다.

제1차 세계대전이 끝난 후 비트겐슈타인은 러셀을 만날 수 있었다. 그들은 만나자마자 『논리 - 철학논고』에 대한 진지한 토의를 시작했다.

그들은 문장마다 세밀하게 검토한 뒤 1921년 독일어로 출판하였다. 그리고 같은 해 러셀이 서문을 쓴 독일어판과 영어대역판도 출판되었다.

『논리 - 철학논고』는 겨우 2만 자 안팎의 짧은 글로서 기껏해야 10페이지도 되지 않았다. 이렇게 30분 이내에 완독을 할 수 있을 만큼 작은 책자였지만 여러 해 동안 철학을 공부한 사람조차도 이 짧은 글을 쉽게 이해하지는 못했다.

이 책은 매우 특이하게 구성되어 있었다. 정상적인 장의 구분은 없고, 일련번호를 매긴 것부터가 다른 책과는 달랐다. 거기다 접속사는 완전히 생략됐고, 구체적인 설명도 없었다. 단지 단정적인 명제에서 다시 단정적인 명제로 연결되는 형식만을 띠고 있었다.

어떻게 보면 그것은 마치 예언서 같기도 했다. 마치 요한계시록에 대한 신학자들의 해석이 각양각색인 것처럼 구구절절 전문가의 해석이 필요했고, 또 그 해석조차도 다양하게 전개되었다.

하지만 문장 하나하나는 매우 정밀하고 경제적으로 짜여 있다. 숱한 생각들을 몇 개의 문장으로 간결하게 정리하였고, 다시 여러 차례에 걸쳐 수정작업을 거친 것이었다.

사람들은 그의 문장들에 난색을 표했다. 그러면서도 그것이 언어의 본질과 언어의 세계에 대한 관계를 아주 정밀하게 다루고 있다는 이유에서 그들은 비트겐슈타인에게 아낌없는 찬사를 보냈다. 내용의 난해함은 오히려 그것에 대한 관심을 자극하는 마력으로 작용했던 것이다. 그 바람에 비트겐슈타인은 철학계에서 신비하고 천재적인 인물로 부상했다.

비트겐슈타인이 『논리 - 철학논고』에서 보여 주고 있는 것은 언어의 그림이론이다. 그에 의하면 '세계는 사실들의 집합(총체)이다.' (본문1) 그리고 우리는 하나의 사실을 그린다.(2.1) 말하자면 하나의 사실은 하나의 그림인 셈이다.(2.141) 그런데 그림은 묘사하고자 하는 모습과 더불어 논리적이고 표상적인 형식을 함께 지니고 있다.(2.2) 따라서 사실들에 대한 하나의 논리적 그림은 하나의 생각이다.(3)

하나의 생각이란 의미를 지니고 있는 하나의 명제이다.(4) 또한 명제들의 총화는 언어이므로(4.001) (생각을 기반으로 하는) 모든 철학은 어떤 의미에서 '언어

의 비판'이다.(4.0031)

이렇게 해서 그는 일단 철학이 언어의 비판임을 증명한다. 이처럼 비트겐슈타인에게 있어서 철학은 언어의 비판일 수 있으므로, 철학은 다시 문장에 대한 비판이다. 문장이란 곧 명제들로서, 명제에 대한 설명이 철학에 대한 설명이라는 논리가 성립된다.

이러한 서술을 생략한 채, 그는 이제 명제에 대한 설명을 시작한다. 그는 단적으로 '하나의 명제는 하나의 실재에 대한 그림이다.'(4.01)라고 정의한다. 다시 말해 이것은 하나의 명제는 우리의 생각에 따라다니는 실재에 대한 모델이라는 뜻이다.

왜냐하면 우리가 명제를 이해할 때, 우리는 동시에 그 명제가 표현하는 상황을 파악하기 때문이다. 따라서 우리는 그 명제의 의미를 모르고도 상황 파악만으로 그 명제를 이해할 수 있는 것이다.(4.201)

즉, 비트겐슈타인은 하나의 명제는 하나의 상황에 대한 묘사일 뿐이라고 말하고 있는 것이다. 말하자면 그는 하나의 명제는 실재를 언어로 묘사해 놓은 하나의 그림과 같다고 단정하고, 결국 모든 명제는 실재에 대한 그림이라고 결론짓고 있다는 뜻이다.

이런 결론은 곧 인간이 실제 상황들을 담아낼 수 있는 유일한 도구가 언어이며, 그 언어에 대한 비판이 곧 철학이라는 논리로 치닫는다.

철학이 철학적 본질에 대한 물음이라고 전제했을 때, 이 물음과 물음에 대한 답은 반드시 언어로, 더 정확한 의미로는 단어로 표현되어야 한다. 따라서 어떤 철학적인 물음에 대한 답을 단어로 담아낼 수 없을 때, 그 물음은 무용한 것이다. 다시 말해서 대답을 단어로 담아낼 수 없다면 물음 역시 단어로 담아낼 수 없는 것이다.(6) 설사 우리가 마구잡이로 어떤 물음을 던졌다 하더라도 그 대답을 단어로 담아낼 수 없다면 그 물음은 아무런 가치가 없는 것이란 뜻이다.

이렇게 그는 모든 철학적인 문제를 언어에 한정시킨다. 하지만 언어가 모든 것을 담아낼 수 있다고 생각하지는 않는다. 특히 인생과 종교의 문제는 언어 밖의 문제일 수 있다고 말하고 있다. 왜냐하면 언어는 철저하게 논리와 기호에 귀속되어 있는 데 반해 인생과 종교는 논리와 기호로 설명할 수 없는 것이 너무 많기 때문이다. 그래서 그는 다음과 같이 말한다.

과학적인 물음들에 대한 모든 대답을 했다손 치더라도 인생의 문제는 그대로 남아 있을 수 있다. 물론 아무런 물음도 남아 있지 않다면 이것이 바로 그 대답이 될 것이다.(6.52) 왜냐하면 우리는 인생의 문제에 대한 해결을 그 문제의 소멸에서 찾아야 하기 때문이다.(6.522)

그러나 단어로 담아낼 수 없는 것들이 있다. 그것들은 스스로 드러나는 신비로운 것들이다.(6.522) 철학의 올바른 태도는 이런 말할 수 없는 것에 대해서는 아무 말도 하지 않는 것이다. 즉, 우리가 말할 수 있는 자연과학적 명제 이외의 것들은 철학과 상관없다는 뜻이다. 그런데 만약 어떤 사람이 형이상학적인 것을 말하고 싶어 한다면 우리는 그 사람에게 형이상학적인 문제를 단어로 담아낼 수 없다는 것을 알려 주어야 한다. 비록 이런 태도가 만족할 만한 것은 못 된다 할지라도 이것만이 유일한 방법이다.(6.53) 다시 말하지만 말할 수 없는 것에 대해서는 침묵을 지켜야 할 것이다.(7)

이렇게 해서 그는 철학의 과제에 대해 분명한 선을 그어 주었다. 세계는 사실들의 총체이지만 인간은 그 사실들을 모두 언어로 담아낼 수 없다. 때문에 세계에는 인간이 언어로 담아낼 수 있는 것이 있고, 담아낼 수 없는 것이 있다. 이 중에 담아낼 수 있는 것에 대해 묻는 것이 철학이다. 말하자면 철학은 언어의 비판이라고 할 수 있다. 그리고 언어로 담아낼 수 없는 사실들에 대해 침묵하는 것이 철학자의 올바른 태도라는 것이다.

또한 그는 언어가 실제 상황에 대한 하나의 그림과 같다고 정의함으로써 인간이 언어를 통해 단지 언어의 내용을 이해하는 것이 아니라 상황을 이해한다는 점을 증명했다. 말하자면 언어는 모든 사실과 경험의 총화인 것이다.

비트겐슈타인의 생애

비트겐슈타인은 1889년 오스트리아 비인의 유태인 집안에서 태어났다. 그의 집안은 부유했고, 브람스 같은 음악가들이 수시로 드나들 만큼 예술적 분위기가 넘쳐나는 곳이었다. 부친은 오스트리아 철강산업을 주도하고 있었으며, 그를 포함한 아홉 명의 형제들은 모두 뛰어난 음악적 재능을 가지고 있었다. 특히 폴 비트겐슈타인은 세계적인 피아니스트였는데, 제1차 세계대전 중에 팔 하나를 잃고도 국제적인 명성이 사라지지 않을 정도였다.

비트겐슈타인은 이런 분위기 속에서 14세 때까지 집에서 가정교사에게 교육을 받았다. 그리고 린츠에서 3년 동안 고등학교 과정을 공부했고, 다시 베를린으로 유학하여 공학을 전공하였다.

1908년 그는 맨체스터 대학에 연구학생으로 등록하였고, 이때 비행기의 분사 반동 엔진을 설계하였다. 그리고 프로펠러를 연구하면서 그의 관심은 공학에서 수학으로 옮겨 갔다.

수학을 하기로 마음을 굳힌 그는 1911년 예나 대학의 프레게(Gottlob Frege, 1848~1925년)를 찾아갔다. 당시 프레게는 논리학을 철학의 기초로 생각하고, 논리학에서 수학이 도출된다는 주장을 펴고 있었다. (이런 주장은 1920년대에 이르러 기하학을 수학의 근본이론으로 생각하는 것으로 바뀐다.) 그래서 그는 1884년 『산수의 기초』를 출판하여 수를 통하여 철학의 본질에 접근했다.

프레게는 수라는 것이 완전한 상태로 세상과 동떨어져 있는 것이 아니라 단순히 개념에 속하는 것이라고 설명한다. 예를 들어 '0(제로)' 이라는 수는 '자기 자신과 같지 않은' 이라는 개념에 속하는 것이지 따로 떨어져 있는 완전한 영역은 아니라는 것이다.

비트겐슈타인은 프레게의 이런 분석적 수리 철학에 관심을 갖고 그를 방문했던 것이다. 그러나 비트겐슈타인과 대화를 나눈 후 프레게는 영국 케임브리지 대학의 러셀(Bertrand Arthur Russell, 1872~1970년)에게 그를 천거한다.

러셀은 영국에서 누구나 인정하는 귀족가문 출신의 철학자였다. 그는 네 살

때 부모를 여의고 엄격한 할머니 품에서 자라났으며, 대학에 들어갈 때까지 집에서 가정교사에게 교육받았다. 그리고 수학으로 케임브리지 대학에 장학생으로 입학하였다.

학문에 몰두하면서 그의 관심은 수학에서 철학으로 옮겨 갔고, 점차 수학을 철학의 근본 원리로 삼게 되었다. 그는 가장 분명하고 정확한 학문만이 진정한 학문이라고 생각하고, 그 대상으로 수학을 꼽았다. 그래서 관심이 철학으로 옮겨 간 이후에도 수학적 원리를 고수했고, 결국 수학은 그의 분석적 언어 철학의 모태가 되었다.

비트겐슈타인은 프레게의 조언에 따라 러셀을 만나기 위해 케임브리지로 떠났다. 1912년 그가 케임브리지에 도착했을 때 러셀은 화이트헤드(A. N. Whitehead, 1861~1947년)와 함께 『수학의 원리』를 출판한 상태였다.

『수학의 원리』는 기초논리학의 고전으로 자리하게 되는데, 러셀은 이 책을 위해 하루에 10시간을 투자하며 8개월 동안 책상과 씨름해야 했다. 그리고 이 책은 비로소 러셀을 유명하게 만들었다.

비트겐슈타인은 케임브리지에서 한 학기 동안 강의를 들은 다음 러셀을 찾아가 다짜고짜 자신이 바보인지 아닌지 대답해 달라고 말했다. 이 말을 들은 러셀이 의아한 표정으로 왜 그런 것을 묻느냐고 하자, 비트겐슈타인은 만일 자신이 바보라면 비행사가 되고, 그렇지 않다면 철학자가 되겠다고 대답했다. 그러자 러셀은 그에게 과제를 내주면서 방학 동안 작성한 보고서를 보고 대답해 주겠다고 말했다. 그리고 다음 학기가 시작되었을 때 비트겐슈타인이 보고서를 가지고 러셀을 찾아왔다. 러셀은 단지 보고서의 첫 문장만을 읽고 그에게 철학을 권했다고 한다.

비트겐슈타인은 케임브리지에서 철학자 무어(George Edward Moore, 1873~1958년)와 경제학자 케인즈(J. M. Keynes)도 사귈 수 있었다.

무어는 러셀과 더불어 케임브리지에 있으면서 영국의 철학계를 이끌고 있었다. 그는 관념 철학을 과감하게 비판하면서 3가지 주요 영역을 철학적 관심사로 설정했다.

그의 첫 번째 관심의 대상은 우주 전체를 일반적으로 묘사해 내는 것으로서 사물들에 대해 언급하는 일이었다. 그리고 두 번째는 우리가 사물에 대한 지식을 갖게 되는 방식들을 검토하는 것이었으며, 세 번째는 윤리학이었다.

이러한 세 가지 관심사를 정한 다음 그는 『윤리학의 원리』를 내놓았다. 이 책의 중심 내용은 선(善)의 개념을 정의하는 것이었는데, 그는 선이란 정의가 불가능하고, 더 이상 분석이 불가능하며 따라서 증명도 반증도 불가능한 것이라고 주장했다.

그는 이처럼 선의 개념을 정리하기 위해 언어의 명료화를 추구했고, 그 과정에서 철저하게 분석적 방법을 사용하였다.

비트겐슈타인은 무어와 러셀, 이 두 스승에게서 5학기 동안 강의를 들었다. 그리고 노르웨이의 시골에 오두막을 짓고 그곳에서 철학적 탐구에 몰두하였다. (이 시기에 그는 노트에 자신의 생각을 정리하곤 했는데, 그가 죽은 후에 이 노트들이 한 권의 책으로 묶여 『논리학 노트』로 출판된다.)

하지만 1914년에 발발한 제1차 세계대전이 그를 오두막에서 끌어냈다. 전쟁이 터지자 그는 오스트리아의 포병부대에 지원하였고, 전쟁 중인 1918년 8월에 첫 번째 저작 『논리 - 철학논고』를 탈고한다.

비록 이탈리아군에게 붙잡혀 포로가 되긴 했지만, 그는 『논리 - 철학논고』의 출판을 위해 노력했고, 결국 자신의 원고를 케임브리지 대학의 러셀에게 전달한다. 이듬해 전쟁이 끝나자 그는 포로수용소에서 풀려나 고향으로 돌아온 뒤에, 자신에게 상속된 재산을 주위 사람들에게 나눠주고 비엔나의 사범대학에 입학하였다. 그리고 그해에 네덜란드에서 러셀을 만났다.

러셀은 제1차 세계대전을 겪으면서 완전히 다른 사람이 되어 있었다. 그저 창백한 얼굴로 수학의 원리를 논하던 그는, 자본주의에 대한 거침없는 비판을 쏟아내는 공산주의자로 변해 있었다. 하지만 그는 프롤레타리아 독재를 옹호하지는 않았다. 그는 단지 평화주의자였고, 인간 평등주의자였다. 그런 원칙에 따라 평화와 인간주의를 거부하는 모든 세력과 대치하고 있었다. 그는 이제 완전히 정치사상가로 변모했던 것이다. 러셀의 이런 평화주의적 사회활동은 1970년 그가 98세를 일기로 세상을 떠날 때까지 계속된다.

하지만 러셀은 학문적 열정도 결코 포기하지 않았다. 자신을 찾아온 비트겐슈타인을 반갑게 맞은 그는 며칠 동안 머리를 맞대고 『논리 - 철학논고』의 원고를 검토하였다. 그리고 토의가 끝난 1921년에 『논리 - 철학논고』는 독일어판으로 출판되었고, 다시 러셀이 서문을 쓴 영어대역판도 출판되었다. 이것이 비트겐슈타인이 생전에 출판한 유일한 책이었다.

『논리 - 철학논고』는 짧고 간단했지만, 난해한 책이었다. (이에 대해서는 이미 설명한 바 있다.) 하지만 이 책으로 비트겐슈타인은 박사학위와 명성을 동시에 얻게 된다.

비인에서 사범대학을 졸업한 그는, 1920년부터 6년 동안 산골 초등학교에서 교사생활을 하였다. 교사생활은 일종의 도피였는지도 몰랐다. 친구 엥겔만에게 보낸 편지에 의하면, 그는 이 시기에 몇 번이나 자살을 꿈꾸기도 했다. 철학적 과제를 안고 있으면서도 도피하기만 하는 자신이 미웠던 모양이다.

그래서 결국 1926년, 교사생활을 청산하고 수도원에서 잠시 정원사 노릇을 하다가 누이의 집에서 2년 정도 지냈다. 그는 이 시기에 주로 누이를 위한 집을 설계하는 데 시간을 보냈다. 그리고 비인 대학의 철학교수 슐리크(Moritz Schlick)와 그의 동료 카르납(Rudolf Carnap), 파이글, 바이스만 등과 알게 되어, 그들과 다시 철학에 관해 토의하게 되었다. 이 토의과정에서 그는 자신의 『논리 - 철학논고』에 문제가 있음을 발견한다.

1929년 비트겐슈타인은 다시 케임브리지로 돌아갔다. 그리고 『논리 - 철학논고』로 박사학위를 받았다. 이때 심사위원은 러셀과 무어였다. 그들은 특별히 그에게 구술시험만을 보게 하여 학위시험에 합격시켰다.

그 덕택으로 그는 케임브리지의 연구원이 되었고, 이듬해부터 강의를 할 수 있었다.

그의 강의 방법은 독특했다. 별다른 강의노트도 없이 즉석에서 학생들을 대상으로 자신의 말을 이어나가는 것이 강의의 전부였다. 그러다가 말이 막히면 한참 동안 생각에 잠겨 있기도 하였다. 하지만 학생들의 질문은 용납하지 않았다.

그는 수업에 들어가기 전에 항상 학생들에게 자신의 말을 인내심을 가지고 끝까지 들어줄 것을 부탁했고, 학생들은 이러한 그의 요구에 따라 일체 아무 질문도 하지 않았다. 무려 5년 동안 이런 형태의 강의는 계속되었다. 그것은 강의라기보다는 어쩌면 탐구라고 하는 편이 옳을지도 몰랐다. 그는 강의 중에 꾸준히 자신의 생각들을 정리해 노트에 기록하고 있었기 때문이다.

그 결과 1930년대는 그가 가장 활발하게 철학에 몰두하며 저술활동을 벌인 시기가 되었다. 『철학적 진술』, 『철학적 문법』 등의 원고도 이때 작성되었다. 물론 이것들은 생전에 출판되지는 않았지만, 이 글들 속에서 그는 『논리 - 철학논고』의 몇몇 이론들을 철회한다. 아마 비인의 논리실증주의자들의 영향 때문이었을 것이다.

또한 그는 1935년 케임브리지를 떠나 구 소련을 방문하였다. 그곳에서 스탈린 독재를 목격하고 그는 다시 노르웨이로 갔다. 그곳에서 오두막을 짓고 1년 동안 머무르면서 그는 자신의 가장 원숙한 철학서인 『철학적 탐구』를 쓰기 시작하였다. 그리고 이 작업은 그가 죽을 때까지 계속된다.

1937년 그는 케임브리지로 돌아왔고, 오스트리아가 독일에 합병되자 그는 영국 시민이 되었다. 그리고 2년 뒤에 무어의 후계자로 케임브리지 대학의 철학 정교수에 임명되었다. 하지만 그해에 다시 제2차 세계대전이 발발했고, 그는 런던의 한 병원의 보조간호병으로 활동했다.

1945년 전쟁이 끝나자 그는 다시 케임브리지 대학의 정교수로 돌아갔다. 하지만 그는 학사업무를 못마땅하게 생각했고, 교수생활도 좋아하지 않았다. 그래서 2년 뒤에 교수직을 사임하고 아일랜드로 갔다. 그는 그곳에서도 여전히 오두막을 짓고 철학에 몰두하였고, 1948년 시작한 지 13년 만에 마침내 역작 『철학의 탐구』를 완성하였다.

이듬해 그는 미국을 방문해 코넬 대학에서 교수생활을 하고 있던 말콤(Norman Malcolm)을 만났다. 말콤은 이때 만난 비트겐슈타인을 회고하면서 나중에 그에 대한 회고록을 출판한다.

1949년 비트겐슈타인은 다시 영국으로 돌아왔다. 그리고 그해 가을 이미 말기에 접어든 암을 발견했다. 그럼에도 불구하고 그는 케임브리지와 옥스퍼드 대학의 친구들과 철학 토론을 즐기면서 여생을 보냈다. 이때 그가 쓴 글들은 1969년에 『확실성』이란 제목으로 출판된다.

1951년 4월 29일, 그는 케임브리지에 살던 주치의 베번의 집에서 62세를 일기로 생을 마감하였다. 그리고 1953년 그의 주저 『철학적 탐구』가 비로소 출판되었다. 또한 그의 강의노트들에서 간추린 『수학적 기초』가 1956년에 나왔고, 다시 나머지 부분이 『제텔』이란 제목으로 1967년에 나왔다. 이 모든 책들은 『논리 - 철학논고』와 함께 언어 철학의 고전으로 남아 있다. 분석의 천재가 오두막에서 자신과 싸우며 이뤄낸 성과로 20세기는 언어 철학의 진수를 맛볼 수 있었던 것이다.

한계상황에 놓인 고독한 실존주의자

야스퍼스 Karl Jaspers

이성과 실존은 불가분의 관계다

포괄자(현존재)의 모든 양식 안에서 마주치게 되는 우리 존재의 커다란 양극은 이성과 실존이다. 이 두 가지는 분리될 수 없다. 한쪽이 없어지면 다른 쪽도 없어진다. (중략) 왜냐하면 실존은 오직 이성에 의해서만 명료해지고, 이성은 실존에 의해서만 내용을 얻을 수 있기 때문이다.

(중략) 이성은 타자인 (즉 이성에 의해 명료해지고 이성에게 결정적인 충동을 일으키며 이성을 지탱하고 있는) 실존에 의존하고 있다. 실존적 내용이 없는 이성은 단순한 오성에 불과하며, 또한 이성으로서의 기반을 상실한다. 직관이 없는 오성이 공허한 것과 마찬가지로 실존이 없는 이성 역시 공허한 것이다. 이처럼 이성은 단순한 이성으로서가 아니라 가능적 실존의 행위로서 존재하는 것이다.

(중략) 또한 실존 역시 이성에 의존하면서 이성의 명료함을 통해 초월적인 존재의 요구와 불안을 경험한다. 그리고 이성의 자극에 의해 비로소 본래적인 운동을 하게 된다. 따라서 이성이 없으면 실존은 어떠한 활동도 할 수 없으며 계속해서 잠만 자게 되어, 마치 없는 것과 다름없게 된다.

이처럼 이성과 실존은 서로 싸우면서 존재하는 대립적인 힘은 아닌 것이다. 오히려 이들은 상대방에 의해 자신의 존재를 유지하게 된다. 이들은 상호보완적인 관계 속에서 발전하며, 서로 (이성의) 명료성과 (실존의) 현실성을 발견하게 되는 것이다.

(초월적 존재가 있음으로 해서) 비록 이성과 실존이 궁극적인 전체가 되지는 못한다고 하더라도 모든 순수한 현실화는 오직 이성과 실존에 의해서만 전체를 이룬다.

(중략) 실존을 상실한 이성은 역사성과 결합될 수 있는 근거를 상실한 것이므로 이미 이성이 아니며, 이성을 상실한 실존은 감정, 체험, 충동, 본능 및 자의에 의존하며 맹목적인 행태를 강제당하기 때문에 이미 실존이 아니다.

양자는 이처럼 상호관계 없이는 참된 이성과 참된 실존의 고유성을 완전히 상실하게 되는 것이다.

— 『이성과 실존』 제2장 다섯 번째 단락 '이성과 실존'에서

키에르케고르의 유신론적 실존주의와 니체의 실존적 허무주의는 실존과 이성은 대립적인 위치에 있다고 주장했다. 하지만 야스퍼스의 생각은 다르다. 오히려 그는 이성과 실존이 현존재(Dasain, 거기에 있는 것)를 구성하는 양극이라고 말하고 있다.

위 글에서 알 수 있듯이 야스퍼스는 기본적으로 실존을 어떻게 해명할 것인가에 몰두하고 있다. 그리고 이러한 실존에 대한 해명을 위해서 그는 먼저 현존재에 대한 이해를 요구하고 있다.

현존재란, 이미 후설의 현상학에서 언급됐던 것처럼 '손 앞에 있는 것' 즉 '거기에 있는 것'이다. 말하자면 그것은 (인간을 포함한) 모든 사물인 것이다.

이러한 현존재는 개별적으로는 실존적인 존재이고, 전체적으로는 보편적인 존재이다. 때문에 그것은 개별성과 보편성을 동시에 지닌 포괄자로 이해된다.

야스퍼스는 개별성은 실존으로 대표되고, 보편성은 이성으로 대표된다고 보았다. 따라서 그의 존재에 대한 설명은 실존과 이성에 대한 설명으로 대체될 수

있다.

이미 언급했듯이 야스퍼스는 근본적으로 실존과 이성이 대립하는 것이 아니라 상호보완적인 관계라고 설명하고 있다. 실존 없는 이성은 소리만 있고 소리의 주체가 없어 공허하고, 이성 없는 실존은 소리를 내는 주체는 있으나 그 소리를 알아들을 수 없기 때문에 무가치하다.

그러므로 이성을 지닌 실존이 진짜 실존이며, 실존에 근거한 이성이 진짜 이성이다. 말하자면 이성과 실존이 함께 할 때만 진정 존재로서의 의미가 있다는 뜻이다.

이렇게 볼 때 야스퍼스의 실존은 삶과 정신이 결합된 형태임을 알 수 있다. 즉, 역사적이고 일회적인 것 속에서 개인이 획득한 것과 정신과 논리 등으로 보편화된 것이 하나로 합쳐져 실존을 이룬다는 뜻이다.

이를 플라톤이나 아리스토텔레스의 이론에 적용한다면 실존은 보편자와 개별자가 공유하고 있는 방이다. 이러한 포괄자로서의 실존 속에서 실존(삶)과 이성은 서로 관계하면서 포괄자를 유지하게 된다.

그의 실존을 곤충에 비유한다면, 실존적인 것은 몸체요, 이성적인 것은 더듬이라고 할 수 있다. 더듬이만 있고 몸체가 없는 곤충은 있을 수 없고, 몸체만 있고 더듬이가 없는 곤충이 살아남을 수 없듯이 이성과 실존은 더듬이와 몸체처럼 하나로 존재할 때 그 기능을 다할 수 있는 것이다.

야스퍼스는 인간이 이 두 가지(이성과 실존)를 가지고서 초월적인 것과 신에게로 나아간다고 믿었다. 하지만 실존은 항상 초월적이고 신적인 것을 향해 나아가고 있을 뿐, 초월 자체이거나 신 자체가 될 수는 없다. 실존은 항상 일정한 상황 속에 존재해야 하기 때문이다. 말하자면 실존은 언제나 상황 속에 한정되어 있어야 하는 것이다. 이것이 실존의 한계상황이다.

이러한 한계상황은 인간의 비애이자 희망이다. 항상 상황 속에 갇혀 있어야 한다는 비애감을 맛보는 동시에 스스로가 실존적 존재임을 자각하기 때문이다.

그렇다면 인간은 이러한 한계상황을 무엇을 통해 초월할 수 있는가? 그 수단은 바로 신앙이다. 언제나 상황 속에 갇힐 수밖에 없는 인간은 근본적으로 신앙의 속성을 타고 태어나기 때문이다. 끝없이 닥치는 한계상황은 인간으로 하여금 초월을 꿈꾸게 하고, 그 꿈을 통해 절대자를 만나는 것이다.

이 신앙은 물론 틀에 박힌 기독교, 불교, 회교 등의 교조적인 신앙이 아니다. 이것은 한계상황에 놓인 모든 실존들이 가지고 있는 본성에서 기인하는 그런 철학적 신앙이다.

하지만 이 신앙은 허무주의에 의해 가차 없이 파괴될 수 있다. 허무주의 역시 한계상황에 놓인 실존이 가진 또 하나의 본성이기에, 인간은 허무주의를 극복하지 않고는 결코 신앙을 지켜낼 수 없다. 따라서 모든 사람의 공통된 적은 자신의 내부에 근본적으로 자리 잡고 있는 허무주의인 것이다.

야스퍼스는 키에르케고르에게서 신앙을 찾아냈고, 니체에게서 허무주의를 찾아냈다. 그리고 신앙과 허무주의를 종합하여 자신의 실존주의를 엮었다. 이러한 종합은 칸트가 코페르니쿠스적 전환을 통한 종합판단으로 경험주의와 합리주의를 극복한 것과 흡사하다. 즉, 그는 칸트의 비판철학에서 자신의 실존주의적 방법론을 찾아냈다. 비판이성에서는 이성을, 실천이성에서는 실존을 발견한 것이다.

이처럼 야스퍼스의 실존에는 키에르케고르의 신앙과 니체의 허무주의가 공생하며 끝없이 투쟁을 벌이고 있다. 신앙과 허무주의는 끝없는 투쟁을 계속하고, 이러한 실존적 투쟁은 좌절과 희망을 동시에 안겨 주게 된다. 그러나 키에르케고르의 신앙으로 니체의 허무주의를 극복해야만 그의 실존은 절대적인 진리, 즉 초월과 신에게로 나아갈 수 있다. 따라서 인간은 항상 자신의 내부에 꿈틀대는 허무주의를 쳐부수지 않으면 안 되는 것이다.

야스퍼스의 생애

야스퍼스는 1883년 2월 23일 독일 오르덴부르크에서 태어났다. 그의 아버지는 젊은 시절에는 지사를 지냈고, 그 뒤에는 은행장으로 성공했다. 그 덕분에 야스퍼스는 경제적 풍요 속에서 어린 시절을 보낼 수 있었다.

그 뒤 그는 고등학교를 졸업한 후 법학을 전공하기 위해 프라이부르크로 갔으나 폐결핵에 걸려 고향집으로 돌아와야 했다. 병을 앓은 그의 관심은 법학에서 의학으로 옮겨 갔고, 그는 정신의학과 심리학에 몰두하게 되었다.

그 결과 1905년에 괴팅겐 대학에서 의사 예비시험에 합격하고, 3년 뒤에 하이델베르크에서 국가고시에 합격하여 정식 의사가 되었다. 그리고 1913년 정부로부터 정신병리학 교과서를 집필해 달라는 요청을 받아 『정신병리학 총론』을 내놓았다.

하지만 그의 의학적 성과는 이 책으로 끝을 맺는다. 건강이 악화되어 의사직을 포기해야만 했던 것이다.

의사직을 포기한 그는 철학으로 눈길을 돌린다. 그는 단 한 번도 누군가로부터 집중적으로 철학에 대해 배운 적이 없었다. 그러나 그는 스스로 플로티노스, 스피노자, 칸트, 헤겔, 쇼펜하우어, 키에르케고르, 니체 등을 읽었다. 그 중에서도 특히 키에르케고르와 니체의 철학에 감동을 받았다.

이 두 철학자가 그에게 안겨 준 감동은 실존에 대한 확신으로 이어졌다. 그는 칸트가 경험주의와 합리주의를 선험적 관념론으로 종합했듯이 키에르케고르와 니체를 종합하여 자신의 실존주의를 이끌어내는 데 성공했다.

인간으로 대표되는 그의 실존은 삶과 이성을 포괄하는 존재이며, 또한 언제나 상황의 벽에 부딪히는 존재이다. 하지만 신앙과 신의 계시를 통해 실존적 한계상황을 극복하고, 절대적 진리에 이를 수 있는 존재이다. 실존이 절대적 진리에 도달하기 위해서는 반드시 넘어야 하는 산이 있다. 그것은 바로 실존 자체의 한계상황에서 비롯되는 허무의식이다. 인간은 끝없이 이 허무의식과 싸우며 자신의 실존을 완성해 가야 하는 것이다.

야스퍼스 사상의 골자는 이런 것이었다. 그는 이런 주장을 설명하고, 부연하기 위해 『철학』, 『이성과 실존』, 『실존 해명』, 『형이상학』, 『실존철학』, 『계시에 직면한 철학적 신앙』 등의 저서들을 내놓았다.

그는 스스로 철학에 대한 맹세를 할 만큼 철학 자체에 대한 일종의 신앙심을 가지고 있었다. 쌀쌀맞고, 냉철하며, 차가운 성격을 가진 그는 철학적 신앙을 바탕으로 모든 사람들과 거리감을 유지하길 좋아했고, 스스로 고독한 인간임을 자처하며 살았다.

그의 이런 고고한 태도를 보고 카를 바르트는 '야스퍼스의 연극'이라고 빈정거렸고, 아인슈타인은 그의 사상을 '주정뱅이의 허튼 소리'라고 욕했다.

하지만 그는 그런 말들에 개의치 않았다. 그는 "나의 분야는 인간이다."라고 말하면서 심각함과 진지함을 잃지 않았다. 인간에 대한 문제는 인간으로부터 일정한 거리를 두지 않으면 보이지 않기 때문이다. 그래서 그는 마치 고독이 천성이나 되는 것처럼 그것을 향유하며 살았다.

1969년 87세를 일기로 세상을 떠날 때까지 지속된 이러한 고독의 뿌리에는 어린 시절부터 앓은 폐결핵이 도사리고 있었다. 그는 이 병 때문에 친구들과 어울릴 수도 없었고, 승마나 수영 등의 운동도 즐길 수 없었다. 그러나 그는 이 고독으로부터 인간의 한계상황을 찾아냈고, 철학적 주제를 이끌어냈다. 말하자면 고독은 그의 철학을 유지하는 힘이었던 것이다.

존재의 집을 짓는 철학계의 거미

| | | | | | | | | | | | | | | | | | | | | | | | | | | | | |

하이데거 Martin Heidegger

언어는 존재의 집이다

발췌1 : 철학은 그것의 본래적인 빛에 해당하는 형이상학을 벗어날 수 없다.

― 교수 자격논문의 '맺음말'(1916년)에서

발췌2 : 그러면 '형이상학이란 무엇일까?' 이 물음은 앞으로 형이상학에 대해 무엇인가를 따져야만 할 것 같은 기대감을 불러일으킨다. 하지만 우리는 그것을 단념해야 한다. 그 대신 우리는 형이상학적인 물음을 검토해 보자. 그러면 아마 우리는 형이상학 속으로 들어갈 수 있을 것이다. 이렇게 해야만 형이상학이 스스로를 드러내게 할 수 있을 것이다.

하나의 형이상학적인 물음으로부터 시작하여, 그 물음을 밝히고, 끝으로 그 물음에 대답하려는 것이 우리들의 계획이다.

― 『형이상학이란 무엇인가』(1928년)에서

발췌3 : 다음의 연구는 칸트의 『순수이성비판』을 형이상학의 기초를 밝히는 것이라고 풀이함으로써 형이상학의 문제를 기초 존재론의 문제로 삼는 것을 과제로 한다.

기초 존재론이란 유한한 인간 존재자의 존재론적인 분석이다. 이것은 인간의 본성에 해당하는 형이상학의 기초를 마련하고 있는 것이다. 따라서 이 기초 존재론은 형이상학을 가능하게 하는 데 꼭 요구되는 인간적인 현존재의 형이상학이다.

— 『칸트와 형이상학의 문제』(1926년)에서

발췌4 : 존재적 진리는 그것의 존재자에 있어서의 존재자에 관계하고, 존재론적 진리는 존재자의 존재에 저마다 따로 관계한다. 이 두 진리는 존재자와 존재의 구별(존재론적 분별)에 대한 그것들의 관계를 기초로 하여 서로 본질적으로 관련되어 있다.

이렇게 필연적으로 존재적·존재론적으로 나눠지는 진리의 본질은 이러한 구별에 의해 드러날 수 있다. (중략) 이러한 존재론적 분별의 근거를 우리는 현존재의 초월이라고 한다.

(중략) 그러나 초월의 본질을 보다 철저하고 광범위하게 파악하는 것이야말로 존재론과 형이상학의 이념을 보다 근원적으로 밝혀내는 것이 된다.

— 『근거의 본질에 관하여』(1929년)에서

발췌5 : 본질적으로 존재가 사용하는 말을 듣는 경우에만 인간은 참되게 존재하는 것이다. 하지만 지금껏 형이상학은 이 본질적인 것을 도외시해 왔다. '말을 사용하는 것'에 의해서만 인간은 자신의 본질이 어디에 머물고 있는지 발견할 수 있다는 것이다. (중략) 하지만 이 거처는 인간의 본질을 유지하기 위해서 스스로로부터 이탈해 있다. 따라서 나는 존재 속에 있는 것을 인간의 탈존(Ek-sistanz, 스스로로부터 이탈하여 존재함)이라고 부른다.

— 『휴머니즘에 관하여』(1946년)에서

발췌6 : 존재자의 존재에 대해서 응답하는 것이 철학이다. (중략) 이 응답은 존재가 사용하는 말(언어)과 그 말이 어떻게 들리는지, 그리고 그 들린 말이 제대로 된 말로 나타나는지 등에 따라서 여러 가지 양식으로 나타난다.

— 『철학이란 무엇인가?』(1955년)에서

발췌7 : 우리는 아직도 행동의 본질을 정확하게 알지 못하고 있다. (중략) 다만 분명한 것은 행동의 본질은 수행이라는 점이다. 수행한다는 것은 어떤 것의 본질을 충실하게 전개시킨다는 뜻이며, 또한 본질에 충실하게 이끄는 것이고, 그 무엇을 산출하는 것이다. 그리고 무엇보다도 존재하는 것만이 수행될 수 있다.

이러한 존재로 하여금 인간의 본질과 관계를 수행하는 것은 사유(사고작용)이다. 하지만 사유는 이러한 관계를 만들거나 실현하지는 못한다. 존재는 단지 사유에 관계를 맡겼을 뿐이고, 사유는 존재에 관계를 제공할 뿐이다. 사유가 존재에게 관계를 제공할 수 있는 것은 사유 내에 마련되어 있는 언어(언어체계) 덕분이다.

따라서 언어는 존재의 집이다. 이 언어라는 집에서 인간은 거주한다. 사색하는 철학자와 시를 짓는 시인은 이 집을 지키는 사람들이다. 그들의 발언을 통해 존재의 모습이 언어로 나타나고, 또 언어 속에서 존재의 모습은 완전히 드러나는 것이다.

— 『휴머니즘에 관하여』(1946년)에서

하이데거는 스스로를 실존주의자가 아니고 존재론자라고 못 박았다. 그것은 자신의 철학이 도달하고자 하는 궁극적인 목표가 실존이 아니라 존재이기 때문이라고 설명하고 있다. 따라서 하이데거를 이해하기 위해서는 그가 존재를 어떻게 규정하고 있으며, 존재를 찾아내기 위해 어떤 방법을 택하고 있는지 알아내야 할 것이다.

위에 인용한 7개의 발췌문에는 하이데거가 존재에 접근해 가는 단편적인 과정들이 정리되어 있다.

하이데거 철학의 출발점은 '발췌문1'에서 잘 드러나듯이 "형이상학이 없는 철학은 있을 수 없다."는 명제다. 이 명제는 경험주의자들과 기호논리학자들의

'형이상학은 철학의 영역이 아니다.' 라고 하는 주장을 정면으로 거부하고 있다.

그는 이 명제에 대한 증명은 하지 않았다. 다만 '형이상학이란 무엇인가?' 라는 물음을 통해 형이상학의 중요성을 인식시키고 있을 따름이다. 그러나 그는 '형이상학이란 무엇인가?' 라는 물음에 대해 단정적인 답은 내리지 않는다. '발췌문2' 에서 밝히고 있는 것처럼 그는 그저 하나의 형이상학적 물음을 지속하면서 형이상학에 대한 이해를 돕는 데만 열중한다.

그리고 형이상학의 문제를 이해하기 위해서는 기초 존재론을 알아야 한다고 말한다. 왜냐하면 존재론이 곧 형이상학의 기초이기 때문이다.(발췌문3)

이렇게 해서 하이데거는 형이상학의 문제를 존재론의 문제로 옮겨 놓는다. 그리고 존재에 대한 올바른 접근을 위해 존재의 진리를 언급한다. 그는 존재의 진리에 대한 연구에서, 존재의 진리를 존재적 진리와 존재론적 진리로 구분한다. 존재적 진리는 존재 전체에 해당하는 보편적 진리이며, 존재론적 진리는 개별적인 현존재(사람)들에 해당하는 진리로서 개별적 진리라고 할 수 있다.

말하자면 존재적 진리란 존재의 근원적인 진리에 해당하고, 존재론적 진리란 드러난 현상적 진리를 말한다. 그리고 우리는 현상적 진리에 의해 비로소 근원적 진리에 도달하게 된다. 따라서 존재론적 진리는 존재적 진리를 가능케 한다. 이것을 하이데거는 '초월' 이라고 부른다. 즉, 초월은 현존재인 인간이 진리의 본질에 도달하는 것이다. 또한 초월의 본질을 밝혀내는 것이 존재론과 형이상학의 이념을 밝혀내는 것이라고 말하면서 다시 초월의 본질로 파고든다.(발췌문4)

그리고 그는 '발췌문5' 에서 초월의 본질, 즉 존재의 본질에 도달하는 수단을 '언어' 라고 규정한다. 존재의 언어를 듣고 있는 인간만이 참다운 현존재인 것이다.

하지만 언어는 말하는 순간 스스로로부터 떨어져 나간다. 그때부터 언어는 독자적인 영역과 힘을 갖게 되는 것이다. 그는 이렇게 자신으로부터 이탈한 언어 속에 존재가 있다고 주장한다.

이미 자신으로부터 이탈하여 독자적으로 존재하고 있는 언어는 어떤 감정에도 구애받지 않는 진정한 존재로 자리하며, 이러한 상태를 그는 '탈존' 이라고

부른다.(발췌문5)

탈존의 상태는 존재가 이미 무(無)의 경지, 즉 자기 자신으로부터 완전히 떨어져 나왔을 때 가능하다. 이런 무의 경지 속에 있는 존재야말로 참된 존재인 것이다. 스스로에 전혀 구애받지 않고 독립적으로 존재해야 존재의 본질과 합쳐질수 있기 때문이다. 이처럼 존재의 본질과 합쳐져 존재에 응답하는 것이 철학이다.(발췌문6)

존재의 본질과 합쳐진 이 무의 경지는 바로 언어이다. 언어만이 유일하게 인간의 존재를 독립적으로 담고 있는 것이다. 인간의 실존은 행동으로 드러나고, 행동은 어떤 것이 '있음'으로 현실화될 수 있기에, 행동은 존재를 전제로 하는것이다.

존재를 존재의 본질과 관계하도록 하는 것은 '사유'이다. 하지만 사유는 결코 관계 자체를 만들어내지 못한다. 또한 사유로 하여금 관계를 만들 수 있게 하는것은 언어(언어체계)뿐이다. 즉 존재는 언어에 의해서만 본질을 드러낼 수 있다는 것이다. 따라서 언어는 존재의 집이다.(발췌문7)

또한 존재 속의 현실적 존재인 현존재, 즉 인간이 자신으로부터 이탈하여 무의 경지 속으로 빠질 수 있는 것도 언어를 통해서만 가능하다. 그러므로 언어는 인간이 탈존적으로 존재하는 유일한 집이며, 인간이 자기를 벗어나 무의 경지속에서 인간의 본질에 도달할 수 있는 유일한 길인 셈이다.

하이데거의 생애

하이데거는 1889년 9월 26일 독일의 바덴에서 태어났다. 그의 부친은 성당의 종지기였으며, 물통이나 술통 따위를 팔러 다니는 통장수였다. 하지만 그는 부지런하고 성실한 사람이었고, 아버지의 이런 근면성 덕분에 하이데거는 별다른 어려움 없이 어린 시절을 보낼 수 있었다.

그는 고등학교 시절부터 어려운 철학서를 끼고 다니며 철학에 몰두했다. 특히 고등학교 졸업반 때 접한 브라이히의 『존재론의 개요』는 그에게 많은 영향을 끼쳤다. 하지만 그는 철학과로 진학하지 않고, 1909년 프라이부르크 대학 신학부에 입학하였다. 성당지기의 아들로 자란 그는 성직자가 되기 위해 예수회의 수련사로 들어갔던 것이다.

그러나 그는 신학을 공부하면서 틈틈이 철학을 접했다. 대학 첫 학기부터 후설의 『논리 연구』를 읽으며 철학에 대한 열정을 키워 나갔다. 그리고 마침내 철학적 열정에 이끌려 신학을 포기하고 철학을 전공하게 된다.

철학부로 옮긴 그는 리케르트의 지도 아래 신칸트주의 철학을 공부하였다. 그리고 1913년에 그가 내놓은 논문은 「심리주의에 있어서의 비판문 - 논리학에 대한 비판적 적극적 기여」였다. 심리주의적인 판단을 문제 삼음으로써 그는 인식론에 접근하고 있었던 것이다. 하지만 3년 뒤인 1916년에 그는 인식론을 거쳐 철학의 근본 문제인 형이상학을 다루기 시작했다. 그리고 형이상학에 대한 관심은 그를 존재론으로 이끌었다. 이때부터 하이데거와 존재론과의 싸움이 시작된다.

그는 존재의 본질에 접근하기 위해 우선 실존적인 문제에 몰두한다. 그리고 10년 만에 비로소 『존재와 시간』을 내놓는다. 이 책으로 그는 철학계의 시선을 끌게 되는데, 중심 내용은 존재가 시간에 한정되어 있다는 것이었다. 이때 그가 말하는 존재는 실존이다. 말하자면 그는 인간의 실존 구조를 시간이라고 보았던 것이다.

하지만 그는 시간에 매달리지 않았다. 그의 숙제는 역시 실존의 토대인 존재의 본질에 접근하는 것이었기 때문이다. 그래서 그는 칸트를 파기 시작한다. 그리고 곧 『칸트와 형이상학의 문제』를 통해 형이상학의 토대가 존재론임을 밝힌다.

이러한 존재론에 대한 깊이는 1928년에 쓴 『형이상학이란 무엇인가』와 이듬해에 발표한 『근거의 본질에 관하여』로 드러난다.

이 두 책에서 그는 실존이 존재의 본질에 닿아있음을 어렴풋이 밝혀낸다. 그리고 그는 이 두 책을 끝으로 실존주의자의 길을 마감한다. 실존주의의 한계를 발견하고 다시 존재론으로 몰입했던 것이다.

그 결과 1930년 이후에 출판한 저작물에서는 실존보다는 존재 자체를 중시하는 경향이 뚜렷이 드러난다. 또한 그는 스스로가 실존주의자로 불리기를 원하지 않는다고 말한다.

존재의 본질을 추적하는 작업을 통해, 그는 『휴머니즘에 관하여』, 『철학이란 무엇인가』, 『신은 죽었다는 니체의 말에 관하여』, 『무엇을 위한 시인인가』 등의 책들을 쏟아낸다.

이 책들에서 그는 존재의 본질을 언어와 연관시키는 작업을 한다. 말하자면 인간으로부터 나와서 인간과 독립적으로 존재할 수 있는 유일한 것이 언어이고, 따라서 언어는 인간 존재의 유일한 집이라는 것이 그의 결론이다.

'언어는 존재의 집이다.' 라는 결론에 도달함으로써 그는 스스로 실존주의적 한계를 극복하고 형이상학의 새로운 지평을 열었다고 확신하고 있었다. 그러한 확신을 바탕으로 그는 수많은 강연을 하였고, 또 많은 제자들을 길러냈다. 마치 거미가 집을 짓듯 그는 존재론으로 철학의 집을 짓고 있었던 것이다.

이렇듯 학문 분야에서 명석함을 드러내고 있는 그였지만, 그의 실생활은 소박하고 검소했다. 그는 항상 농부 같은 차림으로 거리를 누볐고, 실제로 농사를 지으며 지냈다. 그래서 그가 어느 강연장에 앉아 자신의 철학에 대한 다른 사람의 강연을 듣고 있을 때 강사가 그를 단지 평범한 농부로 알았다는 이야기도 있다. 땅은 그 어떤 학문보다도 그의 위대한 스승이었던 것이다.

또한 그는 스키를 지나치게 좋아하는 스포츠맨이기도 했다. 그는 철학 강연도 많이 다녔지만, 스키강사 노릇도 아주 훌륭하게 해냈다. 철학자라는 꼬리표와는 너무도 거리가 먼 스키강사로서의 하이데거를 좋아하는 사람이 더 많을 만큼 그는 스키강사 노릇에 열정을 아끼지 않았다.

그는 이처럼 철학뿐만 아니라 모든 생활에서 성실과 열정을 드러내며 지냈다. 그리고 노익장을 과시하며 1976년 87세를 일기로 세상을 떠날 때까지 그의 이러한 소박하면서도 열정적인 태도는 변하지 않았다.

휴머니스트를 자처한 자유의 전도사

| | | | | | | | | | | | | | | | | | | | | | | | | | | |

사르트르 Jean-Paul Sartre

인간의 본질은 자유다

1941년 3월, 사르트르는 석방되었다. 독일군에게 포로로 잡힌 지 9개월 만이었다. 차가운 감방 바닥, 구역질이 나는 인간 냄새, 독일군의 호각 소리, 동료들의 아우성, 배고픔, 하루도 빠짐없이 계속되는 노역, 싸움, 욕설, 피투성이가 된 얼굴……. 그 속에서 그는 자유의 가치를 배웠고, 삶에 대한 구토를 경험했다. 그럼에도 불구하고 죽지 않고 살아남아 파리로 돌아왔다.

입대 전에 그는 중학교에서 교편을 잡고 있었다. 그놈의 전쟁만 일어나지 않았다면 그는 여전히 아이들과 함께 분필가루를 마시며 철학을 논하고 있었을 것이다. 그러나 전쟁이 모든 것을 앗아갔다. 아이들을 앗아갔고, 학교를 앗아갔고, 교사를 앗아갔다. 전쟁은 앗아가기만 할 뿐 결코 돌려주는 법은 없었다. 그러나 운 좋게도 그는 자신의 몸을 돌려받아 파리로 돌아왔다.

파리로 돌아온 그는 전쟁 전의 생활을 되찾기 위해 다시 교사가 되었다. 콩도르세 중학교의 철학교사직을 맡은 것이다.

첫 번째 강의가 시작되었다. 그는 강단 위에 서서 잠시 동안 학생들을 물끄러미 바라보았다. 아이들의 모습이 말이 아니었다. 그들은 하나같이 누더기 같은 옷을 걸쳤고, 깡마른 얼굴에 깊숙이 기어들어간 눈을 가지고 있었다. 개중에는 눈 한쪽이 달아나고 없는 아이도 있었고, 손목이 잘리거나 다리를 절고 있는 아이도 있었다. 하지만 그들의 표정은 비교적 밝았고, 목소리도 낭랑했다.

"일부 몰지각한 어른들의 전쟁 때문에 여러분이 고생이 많다."

그는 한참 만에 입을 열었다.

"하지만 여러분은 이런 피해를 당연하게 생각해서는 안 된다. 전쟁은 모름지기 인간에 대한 잘못된 이해에서 비롯된다. 그리고 그것은 잘못된 교육 탓이기도 하다. 여러분 역시 잘못된 교육을 받으면 나치주의자들과 같은 행동을 할 수 있다. 그래서 나는 오늘 첫 시간에 여러분을 나치주의자로 만들지 않기 위해 인간을 가르치려 한다."

그는 그렇게 말하고 백묵으로 칠판에 이렇게 썼다.

'인간은 무엇인가?'

"우리는 먼저 이 문제를 풀어야 한다. 인간은 무엇인가? 우리가 이런 질문을 할 수 있다는 것은 인간이 그 '무엇'이기 때문이다. 그리고 그 '무엇'이라는 것은 우선 인간이 이 땅 위에 '있다'는 말과 같다. 또한 '있다'는 것은 '존재한다'는 뜻이다. 따라서 인간은 존재이다."

그는 '인간은 무엇인가?'라는 문장 옆에 줄을 긋고, '인간은 존재이다.'라고 썼다.

"그렇다면 인간은 어떤 존재인가? 인간은 '살아있는' 존재이다. 살아있다면 어떻게 살아있는가? 제각각 자기 생명을 통하여 개체로, 즉 '나'로 살아있다. 이렇게 '나'로 살아있는 인간을 '실존'이라고 부르자."

그는 다시 '인간은 존재이다.'라는 문장 밑에다 '인간은 실존적 존재이다.'라고 썼다.

"자, 이렇게 해서 우리는 인간이 실존적 존재라는 사실을 알았다. 다시 말해서 인간 하나 하나가 모두 살아 숨 쉬며 실존하고 있다는 뜻이다. 그렇다면 실존적 존재인 인간의 본질은 무엇일까?"

그는 '인간은 무엇인가?' 라는 문장 아래쪽에 '실존적 존재인 인간의 본질은 무엇인가?' 라는 문장을 써넣었다.

"실존적 존재인 인간의 본질은 무엇인가? 우리는 이 문제를 풀기 위해 우선 실존적인 인간의 특성을 알아야 한다. 실존적인 인간의 특성은 아까도 말했듯이 살아 숨 쉬면서 끊임없이 행동하는 것이다. 살아 숨 쉬지 않으면 실존한 것도 아니고 움직이지 않으면 살아 있는 것도 아니기 때문이다.

이렇듯 끝없이 행동하는 인간에게는 행동이 가장 중요하다. 다시 말해서 행동의 제약을 받지 않는 것이 가장 중요하다. 왜냐하면 행동의 제약을 받는다는 것은 이미 인간의 실존적인 권리를 침해받고 있다는 뜻이기 때문이다. 따라서 인간이 완전한 실존으로 남기 위해서는 어떠한 제약도 받지 않아야 한다. 이것은 곧 자유를 필요로 한다는 뜻이다. 즉 실존적인 인간은 자유로운 행동을 할 수 있는 자유인간인 것이다."

그는 '실존적 존재인 인간의 본질은 무엇인가?' 라는 물음 옆에 줄을 긋고 '그것은 자유이다.' 라고 썼다.

"이렇게 해서 우리는 실존적 존재인 인간의 본질을 파악했다. 인간의 본질은 바로 자유이다. 이 말은 자유를 침해하는 것은 인간의 본질을 침해하는 것이고, 그것은 인간을 죽이는 행위이다. 말하자면 자유를 억압하는 것은 살인이다.

이러한 자유에 대한 억압은 많은 곳에서 벌어지고 있다. 우선 여러분이 경험한 전쟁은 한 나라가 다른 나라의 자유를 빼앗기 위해 벌인 억압적인 행동이며, 또 국가가 개인에게 행하는 강제성, 부자가 가난한 사람에게 강요하는 행동, 개인이 개인의 자유를 빼앗는 행동 등등 국가에서 개인에 이르기까지 많은 곳에서 자유에 대한 억압이 벌어지고 있다. 또한 종교의 교리로 개인을 지배하는 것과 신앙에 의해 신의 지배를 받는 것도 역시 자유에 대한 침탈이다.

하지만 지상의 어느 누구도 타인의 자유를 침해할 권리는 없다. 때문에 곳곳에서 벌어지는 자유에 대한 억압은 곧 인간에 대한 살인 행위이다. 우리는 이 살인 행위와 대적해야 한다. 그것이 곧 '나' 를 지키는 것이고, 인간을 지키는 것이다. 자유만이 유일무이한 인간의 본질이고, 따라서 자유를 잃어버린 인간은 참된 인간이 아니기 때문이다."

　사르트르 철학의 핵심은 '인간의 자유', 더 정확히 말해서 '개인의 자유'이다. 말하자면 개인의 자유를 최우선으로 하는 학문을 추구하고 있는 것이다.

　이러한 그의 사상은 물론 키에르케고르, 니체, 하이데거 등의 실존주의의 영향 아래 형성된 것이지만, 나중에는 인간의 자유가 오히려 모든 실존사상을 포용해 버린다. 즉, 실존주의에서 개인의 자유를 이끌어내지만, 나중에는 개인의 자유를 지키기 위해 실존주의를 도구로 사용하게 된다는 뜻이다.

　인간의 자유는 평등을 추구한다. 때문에 사르트르의 실존주의는 궁극적으로는 휴머니즘이다. 말하자면 '자기사랑'이고 동시에 '인간사랑'인 것이다.

　그가 이런 휴머니스트의 길로 접어드는 길목에는 니체와 키에르케고르, 그리고 하이데거와 야스퍼스가 버티고 서 있다. 특히 하이데거의 실존은 그에게 막대한 영향을 끼친다.

　하이데거와 마찬가지로 사르트르도 '존재는 자신에게서 빠져나와 무(無)의 경지로 들어갔을 때 본질에 도달할 수 있다.'고 생각했다. 하지만 그는 하이데거처럼 '언어는 존재의 집'이라고 생각하지는 않았다. 그는 하이데거를 알고 나서 곧 그를 빠져나와 자신의 독자적인 영역을 개척하기 시작했다.

　모든 실존주의자들과 마찬가지로 사르트르 역시 '인간이란 무엇인가?'를 철학의 첫 번째 과제로 삼았다. 이 문제를 풀기 위해 그는 우선 '존재'의 본질에 접근한다.

　존재의 본질에 접근함에 있어 유일한 단초는 현상적인 존재뿐이다. 인간이 접할 수 있는 유일한 것은 사물의 현상뿐이기 때문이다. 이 현상적인 존재를 그는 '즉자'라고 표현한다. 그러나 이러한 즉자만으로 인간을 설명할 수는 없다. 인간은 그러한 현상적인 존재인 즉자를 의식하는 존재이기도 하기 때문이다. 이렇게 즉자를 의식하는 존재로서의 인간을 그는 '대자'라고 이름 붙였다. 이렇게 해서 인간은 즉자인 동시에 대자인 이중적인 존재로 규명된다.

　한편 이 세계는 존재와 무(없음)로 분열되어 있다. 말하자면 무는 존재의 객지인 셈이다. 무는 즉자와 대자 사이에 항상 끼어 있다. 따라서 무는 즉자와 대자의 분기점이기도 하다.

객지생활을 해 보지 않은 사람은 결코 고향의 실체를 알 수 없듯이 즉자와 대자는 무의 경지에 들어가 보지 않고는 결코 자신의 실체를 알 수 없다. 존재는 무의 경지에서만 비로소 본모습을 드러내기 때문이다.

이렇게 해서 즉자와 대자의 관계는 정립된 듯이 보인다. 하지만 인간은 자유로운 동물이다. 행동과 의식이 자유롭다는 뜻이다. 즉 인간은 고정되거나 머물러 있는 존재가 아니라는 것이다. 따라서 인간에게 있어서 즉자와 대자의 관계는 일방적으로 형성될 수 없다.

여기서 인간의 혼란이 시작된다. 한 인간을 단순히 정지된 물체로 바라보았을 때 그는 그저 하나의 즉자에 지나지 않지만, 즉자였던 그가 보는 이의 의식에 영향을 끼칠 때는 이미 그는 즉자가 아니다. 그 역시 하나의 대자로 자리하고 있는 것이다.

여기서 '자기기만'이 일어난다. 상대방을 위한 행동이 일어나고, 그 행동을 하는 자신을 참된 자기로 인식하는 것, 이것이 바로 자기기만인 것이다. 진실, 성실, 충실, 준법, 애무 등의 모든 행동은 자기기만적인 행동이다. 또한 타인의 관심과 눈길에 의해 자기의 행동과 의식이 달라지기도 한다. 이것은 곧 타인이 내 속으로 들어오는 것과 같다. 또한 나도 타인 속으로 들어가는 것이다. 이런 상태를 하이데거는 '공동인간'이라고 했다. 사르트르 역시 이 점을 수용한다.

이렇게 해서 인간은 자기기만적인 존재이고, 동시에 공동인간이다. 그리고 모든 것은 상대주의화된다. 절대적인 것은 모두 사라진다. 그에게 있어 절대적 가치는 오직 자유뿐인 것이다. 자유만이 인간의 본질로 남게 된 것이다.

또한 인간, 즉 실존은 모든 일반성과 전체성, 그리고 보편성보다 중요해진다. 모든 것의 가치는 개인에 따라 달라지는 것이다. 때문에 사르트르에게 있어서 전체와 보편과 일반은 중시되지 않는다. 그에게 중요한 것은 개인이지 전체가 아니다. 이것은 "실존은 언제나 본질보다 앞선다."는 그의 믿음에 기초하고 있다.

절대적인 것이 없어진 그에게 신도 무의미한 것이었다. 왜냐하면 신이 있다면 인간의 자유는 침해받기 때문이다. 신의 논리에 따라 행동하면 인간의 본성이 상실되기 때문이다. 그러한 강제성 하에서는 결코 자유를 누릴 수 없기 때문이다. 그래서 그는 종교를 거부한다. 그의 신과 종교는 단지 '자유' 뿐이었다. 말하자면 그는 '자유의 전도사'였던 것이다.

사르트르의 생애

사르트르는 1905년 6월 21일 프랑스 파리에서 태어났다. 아버지는 파리 대학 출신으로 해군 장교였으나 베트남에서 열병에 걸려 죽었다. 어린 시절 아버지를 잃은 사르트르는 어머니가 재가함에 따라 양부 밑에서 자랐다.

그의 양부가 로셸의 조선소 소장이었기에, 사르트르는 유년기를 로셸에서 보내야 했다. 그리고 1925년 파리의 고등사범학교에 입학하면서 독립적인 생활을 시작했다.

대학에서 그는 철학에 열중했다. 어릴 때부터 사색적이고, 시적인 경향이 짙었던 그로서는 어쩌면 철학을 선택한 것이 행운이었는지도 모른다. 후설의 존재론에서 시작된 그의 철학적 탐구는 키에르케고르, 니체, 야스퍼스, 하이데거 등의 실존 철학으로 이어졌다. 그리고 그는 실존주의자가 되기로 마음먹었다.

그는 동기들 중에 단연 두각을 나타냈다. 1929년 학사학위를 취득하고, 또 교수자격 시험에도 수석으로 합격했다. 그리고 르브아르에서 고등학교 철학교사로 취직하였다.

교사생활이 10년째 접어들던 때쯤 그는 대표작 『구토』를 발표했다. 『구토』는 철학적 소설이었다. 얼핏 보면 소설이라는 생각이 들지 않을 정도로 사색적인 이 글은 그다지 큰 호응을 얻지 못했다. 하지만 그는 이듬해 다시 단편집 『벽』을 발표하여 다시 한 번 자신의 철학소설을 시험받았다.

이 두 책의 주인공들은 음산하고 어둡다. 그리고 절망적이다. 40대에 이르러

생의 권태를 느끼며 실존적 구토를 해대는 『구토』의 로캉탱이나 『벽』에 등장하는 사형수들은 모두 철저하게 절망을 경험하고 있다. 이러한 절망 속에서 그는 실존의식을 불러일으키려 했던 것이다.

하지만 그는 창작활동을 일시 중단해야만 했다. 그에게 징집영장이 날아온 것이다. 1939년, 그는 34세의 나이로 입대했다. 학위 문제로 너무 오랫동안 국방의 의무를 미룬 탓이었다. 그리고 불행하게도 그해에 제2차 세계대전이 발발해 전쟁에 참가해야 했다.

그는 위생병이었다. 하지만 위생병 생활은 오래가지 않았다. 이듬해 6월 그는 독일군에게 포로로 붙잡히는 신세가 되고 말았기 때문이다.

포로 신세가 된 그는 독일로 끌려갔다. 그리고 그곳 포로수용소에서 9개월을 지낸 후, 겨우 풀려날 수 있었다. 프랑스가 독일에 항복했던 것이다.

파리로 돌아온 그는 다시 교사생활을 시작했다. 교사생활을 하면서 그는 키에르케고르와 하이데거의 철학서들을 숙독하였다. 그 결정체가 1943년에 출판된 철학서 『존재와 무』와 희곡 『파리떼』였다.

『존재와 무』에서 그는 자신만의 독특한 실존사상을 피력했고, 그 사상을 『파리떼』 속에 녹여 현실감 있게 보여 주었다. 그 결과 독일에서는 이미 시들고 있던 실존주의가 프랑스에 다시 뿌리를 내리기 시작했다. 사람들은 그를 환호했고, 동시에 실존주의는 마치 유행병처럼 프랑스 전역으로 번져나갔다.

그는 레지스탕스 그룹에도 가담하였다. 한때 자신을 포로로 잡았던 독일의 나치당에 대항하기 위함이었다. 그리고 레지스탕스 조직원으로 4년을 보냈을 때 비로소 독일은 연합군에 항복했다.

전쟁이 끝나자 그는 교사직을 그만두고 본격적으로 창작에만 매달려 희곡, 수필, 철학서들을 쏟아내기 시작했다. 1945년에는 『철날 무렵』, 『유예』 등이 출간됐고, 이듬해에는 미국, 아프리카, 스칸디나비아, 구 소련 등지를 여행하며 『실존주의는 휴머니즘이다』, 『무덤 없는 사자』, 『공손한 창부』 등을 내놓았다.

그리고 그 이후에는 『보들레르론』, 『내기는 끝났다』, 『상황』, 『더러운 손』, 『닫힌 문』, 『영혼의 죽음』, 『정치에 관한 좌담』, 『악마와 신』, 『성 즈네』, 『킨』, 『네끄

『라소프』 등의 글을 내놓으며 자신의 실존주의를 휴머니즘으로 끌고 간다.

그는 정치적인 문제에도 민감한 반응을 보이곤 하였다. 베트남 참전을 반대하는가 하면, 강국들의 제3세계 침탈을 비판했고, 1957년의 헝가리 자유혁명을 지지하기도 했다. 또한 한국 정부가 김지하를 반공법으로 감옥에 가둔 것에 대해서도 비난을 쏟아 부었다. 그래서 일본을 방문했을 때는 김지하의 석방을 위해 노력을 아끼지 않겠다고 공식 선언을 하기도 했다.

또한 그는 자본가가 빈민들의 노동을 값싸게 착취하는 것도 비난하였다. 그는 자본주의 자체에 문제가 있다고 말하면서 스스로 공산주의자라고 자처하기도 하였다. 하지만 스탈린의 독재에는 찬성하지 않았다. 인간의 자유를 억압하는 것은 그 어떤 명분으로도 정당화될 수 없다는 것이 그의 주장이었다.

인간의 자유를 침해하는 것은 그에게는 모두 적이었다. 국가, 관습, 법, 도덕도 예외가 될 수 없었다. 그래서 그는 결혼이라는 관습에 얽매이지 않기 위해 평생을 계약결혼 상태로 살았다. 그의 아내는 시몬 드 보부아르였다. 그녀는 대학시절부터 그의 추종자였고, 그녀 역시 철저한 실존주의자였다. 그런 까닭에 그들은 문제 없이 지낼 수 있었다.

그의 이런 사상은 프랑스를 비롯한 유럽 전역에 엄청난 반향을 불러일으켰다. 수많은 사람들이 그의 열렬한 팬이 되었다. 그는 여성옹호론을 펴고 있었기 때문에 팬들 중에는 여자가 절대 다수로 많았다. 또한 제3세계 국민들 역시 평화주의자라는 이유로 그를 선호하였다.

하지만 그에게 비판의 화살을 보내는 사람들도 적지 않았다. 그를 비판하는 사람들은 그를 향해 스캔들을 일삼는 놈, 제3세계의 선동가, 역겨운 냄새를 풍기는 작가, 반사회주의자, 철저한 이기주의자 등등의 욕설을 쏟아 부었다.

이런 비난에도 불구하고 그는 결코 자신의 사상을 굽히지 않았다. 오히려 노익장을 과시하며 70세를 넘긴 나이로 『권력과 자유』를 출판했다.

그러나 무정부주의자였으며, 철저한 휴머니스트이자 뛰어난 선동가였고, 무신론자이자 공산주의자이면서, 무엇보다도 '자유의 전도사' 였던 그도 1980년 75세를 일기로 찬란했던 실존주의자의 삶을 마감해야만 했다.

．
．
．
．

박영규의
생각 자료실 20제

1. **우주**(宇宙, universe) : 우주의 우(宇)는 공간(space)이며, 주(宙)는 시간(time)
이다.

　　1-1 공간은 무공(無空)과 허공(虛空)으로 구분된다. 무공은 아무것도 없
이 비어 있는 공간이며, 허공은 기(氣)로 채워진 공간이다. 따라서 무공
에 기가 더해지면 허공이 된다.

　　1-2 시간은 공간의 변화다. 공간의 변화는 곧 기의 흐름을 일컫는다. 따
라서 무공의 상태에서는 시간이 형성되지 않으며, 허공의 상태에서만
시간이 형성될 수 있다.

2. **기**(氣) : 물질을 생성하는 근원이다. 기에는 진기(珍氣)와 위기(僞氣)가 있다.
진기는 물질을 움직이게 하는 힘이고, 위기는 진기에 의해 움직이는 물질 자

체다. 진기는 일정한 운행원리에 의해 위기를 움직여 물체를 형성한다.

2-1 진기(眞氣)는 물질을 뭉치게 하기도 하고, 흩어지게도 하는 힘이다. 진기가 물질을 뭉치면 물체는 일정한 모양을 갖게 되고, 진기가 물질을 흩어지게 하면 물체는 모양을 잃는다. 모양을 가질 때는 진기가 물질의 결합체인 물체 속에 함께 머물고, 모양이 흩어질 때는 진기가 물체에서 빠져나온다. 따라서 진기가 결합체 속에 있으면 물체는 스스로 움직이고, 진기가 결합체에서 빠져나오면 물체는 스스로 움직일 수 없다.

2-2 위기(僞氣)는 물질 자체, 즉 질료다. 질료는 진기가 물체를 이룰 때 사용되는 재료다. 때문에 항상 진기의 움직임에 따라 모양이 결정되는 수동적인 것이다. 하지만 위기가 어떤 물체를 이루는 데 필요한 일정한 양을 유지하지 못하면 진기는 더 이상 그 물체 속에 머무를 수 없다. 따라서 진기는 위기가 없이는 힘을 발휘할 수 없다.

3. **운행원리**(idea 또는 리理) : 우주를 움직이는 일정한 법칙이다. 이데아(idea) 또는 리(理)라 할 수 있다. 이데아에는 바깥이데아(outside-idea)와 안이데아(inside-idea)가 있으며, 리(理)에는 외리(外理)와 내리(內理)가 있다. 외리는 outside-idea와 같고, 내리는 inside-idea와 같다.

3-1 외리 - 물체 바깥에 있으며, 물체 속에 있는 이데아와 교감하여 물체를 일정한 방향으로 유도한다. 외리는 항상 일정한 틀을 가지고 있으며, 어떤 상황에서도 변하지 않는다.

3-2 내리 - 물체 속에 있으며, 물체 바깥에 있는 이데아와 교감하여 물체를 외리에 부합하도록 유도한다. 하지만 내리는 물체에 막혀 있기 때문에 진기와 위기의 영향을 받는다. 따라서 내리는 항상 외리와 일치될 수 없다. 다만 내리는 외리와 일치되려고 할 뿐이다.

4. **이데아(理)와 기(氣)의 관계** : 이데아와 기의 관계는 암수의 관계와 같다. 이데 아는 반드시 기를 통해야만 법칙을 드러낼 수 있기 때문에, 이데아는 스스로 법칙을 표출하지 못한다. 또한 기는 이데아의 법칙 없이는 혼돈 상황에 놓이 기 때문에 이데아와 결합하지 않고는 물체를 이루지 못한다. 이는 마치 수컷 이 암컷을 통해야만 새끼를 얻을 수 있고, 암컷이 수컷의 씨를 받아야만 새끼 를 낳을 수 있는 것과 같은 이치다. 이런 의미에서 보면 우주는 수컷인 이데아 와 암컷인 기로 이뤄진 암수 한 몸의 생명체에 비유될 수 있다.

5. **물질** : 물질은 위기의 다른 말이며, 곧 질료다. 물질이 진기의 힘에 의해 뭉쳐 져 하나의 형상을 가지게 될 때 그것을 물체라고 한다.

6. **생명체** : 물체에 깃든 진기의 힘이 내리와 외리의 교감에 따라 위기(질료)를 스스로 움직일 수 있게 한 것을 생명이라고 하고, 그 생명을 가진 물체를 생명 체라고 한다. 생명체는 살아 움직이는 모든 것을 일컫고, 우주 또한 하나의 생 명체이며, 우주에는 셀 수 없이 많은 생명체가 존재한다. 생명체가 형성되는 순간, 그 속에는 본능이 자리하게 된다.

7. **본능** : 생명체 속에 들어 있는 진기의 일종이다. 생명체의 본능은 모두 생존을 향해 있다. 이를 생존 본능이라고 하는데, 생존 본능은 모든 욕구의 원천이다.

8. **삶** : 생명체가 일정한 법칙에 의해 하나의 모양을 가진 채 리와 기를 간직하고 있는 상태를 일컫는다.

9. **죽음** : 생명체에서 진기와 내리가 빠져나가 일정한 모양을 잃게 되는 것을 가 리킨다. 즉, 생명체 속에서 내리와 진기가 빠져나가고, 위기만 남은 상태를 주

검이라고 하고, 그 주검으로 되는 것을 죽음이라고 하는 것이다.

10. 감각 : 모든 생명체는 감각을 지닌다. 감각은 진기에 의해 뭉쳐진 질료가 내부의 진기를 통해 외부의 진기와 교류하는 것을 일컫는다.

11. 지각 : 감각을 통해 내리가 외리와 일치되려고 하는 작용을 일컫는다. 이때 내리의 작용은 진기의 힘과 위기, 즉 질료의 결합에 의해 이뤄진다.

12. 생각 : 내리가 지각과 지각을 결합하여 스스로 새로운 지각을 생산하는 것을 일컫는다. 이때 내리는 외리와 동일화되려는 경향을 띠며, 이를 위해 내리는 진기를 움직여 위기를 조종한다. 하지만 내리는 늘 진기와 위기에 막혀 있기 때문에 외리와 항상 일치될 수는 없다.

13. 관념 : 생각이 결합되어 하나의 일정한 법칙으로 만들어진 것을 일컫는다. 이 관념은 궁극적으로 외리를 지향한다. 외리를 지향하여 관념이 외리와 일치되면, 그것을 순수관념이라 하고, 외리와 일치되지 않는 관념을 불순관념이라고 한다. 인간의 관념은 기로 둘러싸여 있기 때문에 순수관념보다는 주로 불순관념을 생산한다. 순수관념은 객관적 사고로 이어지고, 불순관념은 주관적인 사고로 이어진다. 따라서 순수관념은 외리의 객관적 진리를 깨닫게 하고, 불순관념은 생명체의 이기적 행동을 유발한다.

14. 감정 : 불순관념의 일종으로, 인간의 행동을 결정하는 요체라 할 수 있다.

15. 언어 : 생명체들이 관념을 소통하는 수단을 일컫는다. 이러한 소통 수단, 즉 언어가 형성된 생명체들은 순수관념이 희미해지고, 언어체계에 의한 관념이

강화된다. 따라서 언어체계가 발달된 생명체일수록 감각과 지각은 무뎌진다. 대신 언어체계 속에서 생각이 발달하여 관념이 복잡해진다. 이런 관념을 소통관념이라고 한다. 인간은 지구 생명체 중에서 언어가 가장 발달한 존재이므로 생각하는 능력이 가장 발달되었고, 또한 소통관념이 가장 복잡해졌다. 이런 탓에 인간은 어느 생명체보다 복잡한 소통경로를 가지게 되었다. 이는 불순관념을 무한히 생산하는 요체가 되고 있다.

16. **정신** : 진기와 위기가 정상적으로 유지되는 상황에서 내리와 외리가 교감할 수 있는 능력을 발휘할 수 있는 상태를 말한다.

17. **마음** : 정신에 소통관념이 깃들어 있는 상태를 지칭한다. 따라서 마음이 편안해지려면 정신에 깃든 소통관념을 최대한 순수관념과 일치시켜야 한다. 이를 위해서는 정신이 언어체계의 지배에서 벗어나야 한다.

18. **사회** : 둘 이상의 생명체가 공존을 위해 형성한 공존체계를 일컫는다. 대다수의 생명체는 이러한 공존체계에 속하게 되며, 이 공존체계를 유지하기 위해 공존질서를 갖는다. 이러한 공존질서를 형성하는 과정에서 지배자와 피지배자가 발생한다. 지배자와 피지배자의 자리를 놓고 권력투쟁이 발생하며, 평화와 전쟁이 발생한다.

19. **가정** : 생존본능을 기반으로 형성된 가장 작은 단위의 사회다. 가정은 생존본능에 뿌리를 두고 있는 번식욕의 결과로 형성되며, 가장 결속력이 강한 공존체계라 할 수 있다.

20. **국가** : 인간이 공존을 위해 형성한 가장 큰 단위의 사회다. 국가의 최소 단위는 개인이지만, 대개 가정이라는 최소 단위의 사회가 생존과 이익을 지향하는 공존체계라 할 수 있다. 따라서 국가를 형성하는 가장 중요한 요소는 생존과 이익이며, 국가는 개인 또는 가정의 생존과 이익에 따라 언제든지 해체될 수 있는 가장 결속력이 약한 공존체계라 할 것이다.